요한계시록 주석은
고려신학대학원(원장 기동연) 후원으로
제작되었습니다.

Revelation. Kosin Bible Commentary by Jonggil Byun

대한예수교장로회
고 신 총 회
성 경 주 석

요한계시록

변종길 지음
고신성경주석편집위원회 편

대한예수교장로회
총회출판국

목차

특주 목차

발행인 서문

제61회 대한예수교장로회 고신총회(2011)는 고신총회 설립 60주년을 맞이하면서 『고신총회 설립 60주년 기념 성경주석』을 편찬하기로 가결하였습니다. 이미 많은 성경 주석들이 나와 있기는 하지만, 다음의 목적으로 본 주석 시리즈의 출간 사역은 태동되었습니다.

첫째, 개혁주의 신학에 입각한 바른 성경 해석을 정립하고,

둘째, 혼탁해져가는 이 세대에 설교자들로 하여금 정통신학에 근거한 분명한 하나님의 말씀을 명쾌하게 깨닫고, 타협하지도 않고 가감 없이 대담하게 선포하는 데 도움이 될 실제적인 자료를 만드는 것이며,

셋째, 순교자의 후손들로서 마땅히 남겨야 할 영적 자산을 본 총회 안에 그리고 한국 교계에 남기기 위함이었습니다.

이제 10년 세월이 지났는데 아쉽게도 처음의 계획대로 그렇게 빠르게 진행되지는 못했습니다. 그래서 제72회 총회(2022)에서 본 주석 시리즈는 그 이름을 『고신총회 성경주석』으로 변경하기에 이르렀고, 제74회 총회(2024)에서는 본 주석 시리즈 출간의 업무를 '총회성경연구소'로 이관하여 계속 진행하기로 결정했습니다.

총회성경연구소는 본 주석 시리즈 외에도 『성경연구』 시리즈와 『원문새번역 노트』 시리즈의 출간을 진행해 오고 있습니다. 『성경연구』 시리즈는 성

경 각 책을 입체적으로(본문비평 및 번역, 성경난제, 성경역사와 배경, 성경주해 및 강해) 접근하여 연구하는 내용입니다(24권a-b, 총 48권). 그리고 『원문새번역 노트』 시리즈는 구약과 신약을 성경원문(히브리어, 아람어, 헬라어)에서 직역하는 것을 원칙으로 하되 본문 비평작업과 원문연구를 주석으로 달아서 성경 번역이 정확하게 그리고 그 근거를 제시하여 권위 있는 성경 번역을 뒷받침하고 성경 말씀의 깊이를 더욱 풍성하게 하는 것을 목표로 출간을 진행하고 있는 시리즈입니다(총 24권).

이제 총회성경연구소는 고신총회의 성경연구 기관으로서 『성경연구』 시리즈, 『원문새번역 노트』 시리즈와 함께 『고신총회 성경주석』의 출간을 감당하게 되므로 명실상부 종합적인 성경 연구의 한 장을 이루어 나가게 되었습니다. 본 주석 시리즈를 통하여 이 땅의 모든 하나님의 백성들에게 그분의 뜻을 밝히 드러내 보여줄 뿐 아니라 마땅히 지키고 나아갈 '기준'들을 제시해 줄 수 있게 됨을 감사 감사드리고 하나님께 영광을 돌립니다.

본 주석 시리즈의 한 권 한 권은 평생을 말씀 연구에 헌신하여 드린 신학자들의 지혜와 노고가 희생된 결과들입니다. 감사드립니다. 그리고 본 시리즈의 발간은 이것을 위해서 기도하고 발간을 후원하는 발간 매칭 교회들이 없이는 결코 빛을 볼 수가 없었을 것입니다. 감사드립니다. 이제부터는 이 모든 일들이 하나님의 도우심으로 아름답게 빛을 비출 수 있기를 기도합니다.

내 하나님이여 이 일로 말미암아 나를 기억하옵소서
내 하나님의 전과 그 모든 직무를 위하여 내가 행한 선한 일을
도말하지 마옵소서
느헤미야 13장 14절

2025년 4월

총회성경연구소장 김하연 목사(Ph. D., 구약학)

시리즈 머리말

지금까지 이 세상에 많은 성경 주석이 발간되었습니다. 그런데 우리 총회가 주석을 별도로 펴내는 것은 우리가 가진 신학과 신앙에 맞는 주석이 필요하기 때문입니다. 게다가 성경 해석이란 게 쉽지 않은 작업이기 때문입니다. 성경 해석은 난해하고 복잡한 영역이어서 어떤 해석을 받아들여야 할지 몰라 혼란스러울 때가 많습니다. 또한, 잘못된 해석을 추구하는 주석이 많아서 자칫하다가는 성경의 정확한 뜻을 곡해할 수가 있습니다.

고신총회가 발행하는 본 주석은 이런 문제와 필요를 해소하려는 목적으로 기획되었습니다. 각 주석의 저자들은 뛰어난 학문 역량을 갖추었고, 목회 현장을 잘 알고 있습니다. 그들은 하나님의 말씀을 사랑하며 존중하는 가운데, 선조들이 물려준 순수한 신앙과 건전한 신학의 토대 위에서 하나님의 말씀을 풀어 설명하려고 노력했습니다. 따라서 본 주석은 학문적이면서 동시에 실용적이라 할 수 있습니다. 구체적으로 본 주석은 다음과 같은 특징을 지니고 있습니다.

첫째, 본 주석은 '개혁주의적인 주석'이 되고자 했습니다. 성경을 정확무오한 하나님의 말씀으로 믿고 고백하는 가운데 정확하게 해석하려고 노력했습니다. 인간의 이성(理性)이나 경험(經驗)이 성경 해석의 최고 권위가 아님을 명심했습니다. "성경이 그 자신의 해석자이다"(Sacra Scriptura sui ipsius interpres est)라는 종교개혁자들의 성경 해석 원리를 따라 성경이 성경을 해석하도록 했습니다. 이것은 성경을 하나님의 말씀으로 존중하는 표식입니다.

둘째, 본 주석은 목회자들과 성도들에게 '실질적 도움이 되는 주석'이 되고자 했습니다. 세상에 나온 많은 주석 가운데는 성도들의 실제 생활과 관계없는 학적 논의가 많습니다. 하지만 본 주석은 불필요한 논쟁을 되도록 피하고 성도들의 실제 생활에 도움이 되는 주석이 되게 했습니다. 물론 이는 주석의 학적 수준이 낮다는 뜻이 아닙니다. 오히려 어려운 단어나 구절은 간결하게 설명했으며, 복잡한 학문적 논의는 작은 글자로 처리하거나 각주에서 다루었습니다.

셋째, 본 주석은 성경의 의미를 밝히는 것으로 끝나지 않고 '오늘날 우리에게 주는 교훈'이 무엇인지를 드러내기 위해서 노력했습니다. 이는 믿음이 실천으로 이어져야 하기 때문입니다. 그래서 각 단락의 마지막 부분에 <교훈과 적용>을 두었습니다. 이는 본문 주해를 종합하고 정리하는 동시에 오늘날 우리가 본문을 통해서 어떤 교훈을 얻을 수 있는지를 알려주는 역할을 합니다. 더욱이 목회자들이 설교문을 작성할 때 이 부분을 통해서 도움을 얻을 수 있습니다.

넷째, 그 외에도 본 주석은 '독자들의 편의'를 위해 여러모로 세심한 노력을 기울였습니다. 각 단락에 <본문 개요>와 <내용 분해>를 넣어서 단락의 요점을 한눈에 파악할 수 있도록 했습니다. <본문 주해>에서는 전체 내용을 개괄한 후에 절별로 주해함으로써 본문을 더욱 명확하게 이해하게끔 했습니다. 원어 사용은 되도록 피하되, 주해를 위해 꼭 필요하다고 판단될 때 한글 음역과 함께 언급했습니다. 그리고 앞에서 언급한 대로 단락 마지막에 <교훈과 적용>을 넣음으로써 본문의 핵심 의미를 정리하고 교훈을 되새기며 삶에 적용할 수 있도록 했습니다.

이러한 노력에도 불구하고 독자마다 요구사항과 관심사가 다르기에 미흡함을 느낄 수 있습니다. 편집위원회는 이런 사실을 충분히 인지하고 있습니다. 편집위원회는 주석의 질을 높이기 위해서 꾸준히 노력하겠습니다. 내용을 계속해서 업그레이드하여 더욱 높은 수준의 주석이 되게 하겠습니다. 특별히 잘못된 해석이 난무하는 이 시대에 올바른 해석을 제공하겠습니다. 성경 해석이 바로 되어야 신앙과 생활이 바로 되며, 나아가 교회가 바로 설 수 있습니다. 하나님의 은혜와 섭리, 그리고 교회의 기도와 지원으로 주석 간행 사업이 잘 진행되어 교회에 크게 공헌할 수 있기를 소망합니다. 본 주석을 사용해 주시는 독자들께 감사드립니다.

2025년 4월

편집위원장 황원하 목사(Ph.D., 신약학)

저자의 말

본 주석은 필자가 고려신학대학원에서 20년간 강의한 것을 토대로 점차적으로 발전하여 나온 것이다. 필자는 원래 요한계시록을 강의할 계획이 없었으나 마음을 바꾸어 2002년부터 강의하기 시작하였다. 왜냐하면 그 당시 한국 교회에서는 이단들의 극심한 활동으로 말미암아 요한계시록에 대한 관심이 높아졌으며, 또 요한계시록을 학적으로 연구하여 강의하는 학자들이 생겨났기 때문이다. 그래서 네덜란드 캄펀에서 개혁신학을 공부한 필자로서 침묵하는 것은 옳지 않다고 생각되었다. 그러던 중 총회이단연구소장을 맡고 있던 최병규 박사의 노력으로 2007년 6월 5일 서울 연지동 여전도회회관에서 한국장로교총연합회 이단·사이비대책위원회 세미나가 개최되었는데, 그때 필자는 "이단들의 계시록 오용 비판과 요한계시록 주해: 12-22장"이라는 제목의 논문을 발표하였다. 이듬해인 2008년 고신 총회(유사종교대책위원회)에서는 고려신학대학원 교수회에 요한계시록에 대한 표준교재 집필을 위촉하였고 교수회는 필자를 포함한 세 사람으로 위원회를 구성해 집필을 의뢰하였다. 위원회가 원고를 완성하여 교수회에 제출하니 교수회에서 그대로 받아 총회에 제출하였다. 총회에서는 『요한계시록 주석』(총회출판국)이란 제목의 책으로 제작하여 2009년 9월 총회에서 제출하니, 총회가 그대로 받아 보급하였다.

책이 출간된 후 간결하게 잘 정리되었다는 반응과 함께, 너무 간결하여 좀 더 자세한 설명이 필요하다는 반응도 있었다. 그러는 가운데 필자는 2017년에 말씀사에서 필자의 이름으로 『요한계시록 주석』을 출판하였다. 이 책은 전에 교수회에 제출했던 요한계시록 주석 원고 중 필자가 집필했던 본문을 토대로 학적으로 많이 보완한 것이었다. 또한 당시에 논란되고 있던 이단들과 일부 목사들의 주장을 군데군데 소개하고 비판하였다.

그 후 2024년에 총회 성경주석간행위원회에서 필자에게 요한계시록 주석 집필을 의뢰해 왔다. 필자는 말씀사의 동의를 얻어 말씀사가 출판한 『요한계시록 주석』의 원고를 가지고 전면적인 개편과 보완 작업을 하였다. 우선 성경 본문을 개역개정판으로 바꾸고 매 단락 <본문 주해> 끝에 <교훈과 적용>을 추가하였다. 총회 성경주석편집위원회의 검토와 의견을 따라 오탈자를 수정하고, 기존에 작은 글씨로 논했던 전문적이거나 복잡한 논의들 중 많은 것을 <특주>로 처리하였다. 그리고 편집진의 수고로 각주 처리 방식과 기술적인 부분들에 많은 변경이 있게 되었다. 총회교육원의 윤웅열 목사와 편집실무진의 수고와 노력에 감사드린다.

본 주석에서는 또한 요한계시록 20장 부분에서 기존의 말씀사 간행본에 없는 논의를 몇 가지 더 추가하였다. 이 부분에는 기존의 주석에서 찾기 어려운 새로운 논의들이 많이 있으며, 기존의 해석들 중 많은 것이 왜 잘못되었는지를 비교적 자세히 설명해 놓았으니 관심 있는 분들의 정독을 요망한다.

이 책 말미에는 필자가 2012년에 고려신학대학원 교수논문집 『개혁신학과 교회』에 발표한 논문인 "이단들은 요한계시록을 어떻게 해석하는가?"를 <부록>으로 첨부하였다. 이 논문에서 필자는 한국 교회에서 이단들이 어떻게 시작하고 발전하였는가에 대해 간략히 기술한 후에 오늘날 많이 논란되고 있는 신천지와 그 외 이단들의 주장을 간단히 소개하고 논박하였다. 그리고 이런 이단들의 발흥을 막을 수 있는 대책이 무엇인가를 제안해 놓았으니, 각 교회와 한국 교회에 도움이 되기를 희망한다.

이 책이 나오기까지 수고해 주신 모든 분에게 감사드린다. 특히 고려신학대학원 교수회와 고신총회, 고신 총회성경연구소와 편집위원회, 그리고 기도하고 후원해 주신 교회들과 고려신학대학원(원장 기동연)에게도 깊은 감사를 드린다. 아무쪼록 이 책을 통해 하나님의 말씀이 바로 드러나고, 하나님께서 사도 요한을 통해 우리에게 주시기를 원하셨던 원래의 의미가 잘 전달되기를 소망한다. 이를 통해 한국 교회가 진리의 말씀 위에 굳게 서고 올바른 신앙의 바탕 위에 나아가기를 빈다. 신앙이 바로 서야 생활이 바로 되고 교회가 바로 서며, 나아가서 나라가 든든히 서게 된다. 이를 위해 이 책이 조그만 도움이 되기를 기원한다.

2025년 6월
변종길

약어표

AB	The Anchor Bible
BDAG	W. Bauer, F. W. Danker, W. F. Arndt, F. W. Gingrich, *A Greek-English Lexicon of the New Testament and Other Early Christian Literature*. 3rd ed.
BECNT	Baker Exegetical Commentary on the New Testament
BNTC	Black's New Testament Commentaries
CNT	Commentaar op het Nieuwe Testament
ESV	English Standard Version
Gesenius	Gesenius, *Hebrew-Chaldee Lexicon to the Old Testament Scriptures*, tr. S. P. Tregelles.
HSV	Herziene Statenvertaling
ICC	International Critical Commentary
KJV	King James Version
KNT	Kommentaar op het Nieuwe Testament
Luth	Luther Bible
MT	Majority Text
NA	Novum Testamentum Graece
NASB	New American Standard Bible
NBG	Nederlands Bijbelgenootschap
NICNT	The New International Commentary on the New Testament
NIGTC	The New International Greek Testament Commentary
NIV	New International Version
NKJV	New King James Version
NRSV	New Revised Standard Version
NTC	New Testament Commentary

NV	Nieuwe Bijbelvertaling
RSV	Revised Standard Version
SV	Statenvertaling
UBS	The Greek New Testament
WBC	Word Biblical Commentary
Zer.-Gros.	Zerwick-Grosvenor, *Grammatical Analysis of the Greek New Testament*, 1981.

요한계시록 서론

I. 요한계시록을 읽는 태도

요한계시록은 오늘날 우리에게 신비하고 두려운 책으로 여겨진다. 그래서 이 책을 읽을 때 어떤 사람은 두려움과 공포에 떨기도 하고 막연한 불안감에 휩싸이기도 한다. 뿐만 아니라 읽어도 무슨 뜻인지 이해하기 어렵다. 그래서 요한계시록을 읽지 않고 그냥 덮어버리는 사람들이 많다. 교회에서 잘 가르쳐 주지도 않고 설교하지도 않는다. 왜냐하면 목사들도 잘 모르고 설교하기에 부담스럽기 때문이다. 그런데 이런 빈틈을 이단들이 파고든다. 계시록의 비밀을 가르쳐 준다고 하면서 교회 성도들을 미혹하고 있다.

그러면 우리는 요한계시록을 어떻게 대하여야 할 것인가? 그저 무서운 책, 알기 어려운 책으로 생각하고 덮어버려야 할 것인가? 장 칼뱅도 요한계시록을 주석하지 않고 남겨 두었는데, 우리도 계시록을 그냥 덮어 두는 것이 옳은 태도일까?[1]

---

1. 칼뱅은 요한계시록뿐만 아니라 요한 2서, 3서도 주석하지 않았다. 구약 중에서는 사사기, 룻기, 사무엘, 열왕기, 역대기, 욥기, 잠언, 전도서, 아가서 등도 주석하지 않았다(사무엘과 욥기에 대해서는 설

아니다. 요한계시록 1:1은 '예수 그리스도의 계시'라고 한다. 여기서 '계시'(ἀποκάλυψις, *아포칼뤼시스*)란 말은 원래 '베일을 벗겨서 드러낸 것'이란 뜻이다.[2] 예수 그리스도께서 우리에게 알리려고 나타내 주신 것이다. 요한은 이 용어로써 문학 장르로서의 소위 '묵시록'(apocalypse)을 가리키는 것이 아니다. 왜냐하면 요한은 그의 책을 '예언'(계 1:3) 또는 '예언의 책'(계 22:7, 10, 18-19)으로 말하기 때문이다.[3] 그리고 "이는 하나님이 그에게 주사 반드시 속히 일어날 일들을 그 종들에게 보이시려고 그의 천사를 그 종 요한에게 보내어 알게 하신 것이라."고 한다(계 1:1). 따라서 요한계시록은 우리 성도들에게 '보이려고' 주신 것이지 '덮으라고' 주신 것이 아니다.

그렇다고 요한계시록을 쉽게 생각하여 함부로 해석해도 좋다는 뜻은 아니다. 사실 요한계시록에는 신비하고 알기 어려운 것들이 많이 있다. 고도의 상징으로 표현된 환상들, 예언적 언어들, 상징적인 숫자들 등, 성경 전체의 조망하에서 조심스럽게 풀지 아니하면 이상한 길로 빠질 수 있는 것들이 많다. 그래서 한낱 미래에 대한 호기심을 충족시키기 위해 접근할 때에는 잘못된 방향으로 빠질 위험성이 크다.

따라서 우리는 요한계시록을 해석할 때 상당한 주의를 기울여야 한다. 요한계시록을 올바르게 이해하기 위해서는 성경 원어에 대한 지식과 함께 성경 전체에 대한 균형 잡힌 이해가 있어야 한다. 이를 위해서는 성경을 사사로이 풀 것이 아니라(벧후 1:20), 올바른 신학 전통에 서 있는 경건한 개혁주의

교집이 남아 있다). 참조. 불페르트 더 흐레이프, 『칼빈의 생애와 저서들』, 황대우, 김미정 역 (서울: SFC 출판부, 2006), 131-82. 그 이유는 시간의 부족 때문이었다. 만일 칼뱅이 더 오래 살았더라면 혹 요한계시록에 대한 주석을 집필했을지는 알 수 없다. 그렇지만 칼뱅이 요한계시록에서 아무런 설교도 하지 않았다는 사실은 이 책에 대해 조심스러워했다는 짐작을 가능하게 한다.

2. 헬라어 ἀποκάλυψις(*아포칼뤼시스*)는 'κάλυμμα(*칼륌마*, 보자기, 덮개, 수건)를 벗기는 것'을 말한다. 참조. S. Greijdanus, *De brief van den apostel Paulus aan de gemeenten in Galatië*, KNT (Amsterdam: H. A. van Bottenburg, 1936), 80 (갈 1:12 주석 중).

3. D. E. Aune, *Revelation 1-5*, WBC 52A (Dallas: Word Books, 1997), 12.

신학자들의 주석들을 참고하는 것이 필요하다.[4]

II. 저자

요한계시록을 기록한 저자는 예수님의 열두 제자 중 하나인 세베대의 아들 사도 요한이다. 계시록은 이 책의 저자를 '요한'이라고 말한다(계 1:1, 4, 9; 22:8). 이 '요한'은 요한복음과 요한서신들의 저자와 동일한 사도 요한이다.[5] 그는 에베소를 중심으로 한 아시아에서 복음을 전하다가 핍박을 받아 밧

---

4. 이 주석에서 필자는 저명한 개혁주의 주석가인 S. Greijdanus, *De Openbaring des Heeren aan Johannes*, KNT (Amsterdam: H. A. van Bottenburg, 1925)와 J. van Bruggen 박사에게서 요한계시록 연구로 박사 학위를 받은 H. R. van de Kamp, *Openbaring. Profetie vanaf Patmos*, CNT 2e dr. (Kampen: Kok, 2002)와, 미국 웨스트민스터 신학교의 교수를 지낸 G. K. Beale, *The Book of Revelation*, NIGTC (Grand Rapids: Eerdmans, 1999)을 많이 참조하였다. 그리고 간단하지만 W. Hendriksen, *More than Conquerors. An Interpretation of the Book of Revelation*, NTC (Grand Rapids: Baker Books, 1998)도 개혁주의적 입장에서 쓴 좋은 책이다. 또한 R. H. Mounce, *The Book of Revelation*, NICNT, rev. ed. (Grand Rapids: Eerdmans, 1998)도 많이 참조하였다. 그리고 네덜란드의 가톨릭 주석가이긴 하지만 종종 깊이 있고 탁월한 주석을 제공해 주고 있는 J. Keulers, *De katholieke brieven en het boek der Openbaring* (Roermond en Maaseik: J. J. Romen & Zonen, 1956)도 큰 도움이 되었으며(물론 가톨릭적 견해는 분별하여 걸러 내었다), 또한 네덜란드 아펄도른 신학교의 교수를 지낸 바 있는 J. de Vuyst, *De Openbaring van Johannes* (Kampen: J. H. Kok, 1987)도 간결하긴 하지만 올바른 해석의 통찰력을 제공해 준다. 그 외에 평신도들을 위해 개혁주의적 입장에서 간결하게 쓴 것으로 고려신학대학원 교수회, 『요한계시록 주석』, 총회유사기독교연구위원회·연구소 편 (서울: 총회출판국, 2009)이 있다.
5. 흐레이다너스는, 에베소에 '요한'의 무덤이 둘 있었다는 전승에 근거하여 '요한'이라는 이름의 장로가 둘 있었다고 하는 주장(참조. Eusebius, *Hist. Eccl.* VII,25,16)은 근거가 없다고 일축한다. 디오니시우스(Dionysius)가 말하는 것은 단지 에베소에 요한의 것이라고 하는 두 개의 무덤에 대해 들었다는 것이다. 이것은, 디오니시우스 자신의 의견과는 달리, 에베소에 단 한 명의 요한이 있었는데 그 무덤의 장소에 대해서는 전승이 일치하지 않는다는 것이라고 한다. 고대의 역사적 전승은 소아시아에 단 한 명의 요한에 대해서만 알고 있을 따름이다. 참조. S. Greijdanus, *Bizondere Canoniek*, II (Kampen: J. H. Kok, 1949), 364 이하. 판 하우얼링언도 유세비우스의 '두 요한' 견해를 배척하면서 사도 요한이 네 번째 복음의 저자임을 말한다. 참조. P. H. R. van Houwelingen, *Johannes. Het evangelie van het Woord*, CNT 2e dr. (Kampen: J. H. Kok, 2004), 25 이하.

모 섬에 유배되어 있을 때에 성령에 감동되어 보고 들은 것을 기록하였다(계 1:9-11). 사도 요한이 계시록의 저자라는 사실은 고대 저술가들도 많이 증거하고 있다.

> 순교자 유스티누스(Justinus Martyr)는 사도 요한이 계시록을 기록했다고 말한다. "다음으로 우리 가운데 한 사람 곧 그리스도의 사도들 중 하나인 요한이 그에게 주어진 계시에 의해, 우리의 그리스도를 믿는 자들은 예루살렘에서 천년을 보낼 것이라고 예언하였다."[6] 그리고 이레네우스(Irenaeus)는 계시록을 여러 번 인용하면서 '주의 제자 요한'의 작품으로 보았다.[7] 알렉산드리아의 클레멘스(Clemens of Alexandria)도 계시록을 여러 번 인용하면서 사도 요한의 작품으로 여겼다.[8] 테르툴리아누스(Tertullianus)는 계시록의 대부분의 장(章)을 인용하면서 그것을 사도 요한의 작품으로 보았다.[9] 그 외에도 오리게네스(Origenes), 히폴리투스(Hippolytus) 등이 사도 요한 저작을 증거한다.[10]

그러나 이보다 더 중요한 것은 이 책의 '제일 저자'(primary author)는 하나님이라는 사실이다. 사도 요한은 하나님이 주신 말씀을 기록한 '제이 저자'(secondary author) 또는 '인간 저자'(human author)일 따름이다. 계시록 1:1은 '예수 그리스도의 계시'라고 말하고 있다. 그런 점에서 이 책의 제목을 '요한계시록'이라고 하기보다 '요한에게 주신 예수 그리스도의 계시'라고

---

6. Justin Martyr, *Dialogus cum Tryphone*, 81,4.
7. Irenaeus, *Adv. Haer.* IV,14,1; V,26,1.
8. Clement of Alexandria, *Paed.* 2,119; *Quis Div. Salv.* 42; *Strom.* 6,106-7.
9. Tertullian, *Adv. Marc.* 3,14; 3,24.
10. 계시록의 저자에 대한 고대 저술가들의 증거에 대해서는 Mounce, *Revelation*, 11(또한 각주 54)을 보라.

하는 것이 더 옳을 것이다.[11] 요한계시록은 사도 요한의 사상이나 생각을 적은 것이 아니다. 요한이 구약 성경과 외경 책들을 펼쳐 놓고서 당시 교회 성도들에게 어떤 말씀을 주어야 할 것인가를 생각해서 적은 것이 아니다. 이렇게 보는 것은 요한계시록의 자체 증거에 명백히 위배된다. 사도 요한은 밧모 섬에서 직접 하나님의 계시를 보고 들었으며(계 1:9-11; 22:8), 그 보고 들은 바를 기록했다(참조. 계 1:11, 19; 19:9). 우리는 이 말을 그대로 믿어야 한다. 이 증거를 참된 것으로 받아들이느냐 받아들이지 않느냐 하는 것은 요한계시록 해석에 있어서 결정적으로 중요하다.[12]

> 그러면 사도 요한은 언제 팔레스타인을 떠났을까? 사도행전에 보면 베드로와 함께 사마리아를 방문한(8장) 후에 그의 이름은 더 이상 나타나지 않는다. 그러나 사도행전 15장의 예루살렘 회의에 요한이 분명히 참석했을 것이다(참조. 갈 2:9). 흐레이다너스(S. Greijdanus)는 사도 요한은 유대인의 전쟁 (발발) 후에 아시아에 왔다고 말한다. "예루살렘 멸망으로 귀착된 유대인의 전쟁 후에, 전승에 의하면 사도 요한과 다른 사람들이 아시아에 왔다. 참조. 예를 들어 Polycrates, in Eusebius, *Hist. Eccl.*

11. 예를 들면, 흐레이다너스는 자기의 주석 이름을 『요한에게 (주신) 주님의 계시』(*Openbaring des Heeren aan Johannes*)라고 하였다.
12. Greijdanus, *Openbaring*, Inleiding, xvii: "요한의 증거를 참된 것으로 받아들이느냐 아니면 그것을 단지 문학적인 각색과 수사적인 표현으로 보느냐 하는 것은 계시록을 평가하고 이해하고 해석하는 데 있어서 결정적으로 중요한 의미를 가진다. 이것은 사람이 먼저 분명하게 고려해야 하며 명확하게 말해야 할 원리적인 문제이다. 이 요한의 증거를, 그의 분명한 의도에도 불구하고, 진실을 전달한 것으로 받아들이지 아니하고 단지 서술 방식으로 이해하는 사람은 처음 시작부터 요한과 그의 책에 대항하는 입장을 취하는 것이며, 따라서 이 책을 요한 자신의 의도를 따라 해석하는 것은 어려울 것이다. 필자 자신은 요한의 이 증거를 참된 것으로 완전히 받아들인다는 것에 대해서는 더 이상 말할 필요가 없을 것이다." 흐레이다너스는 또 다른 곳에서 이렇게 말한다. "이 책의 내용은 요한 자신의 정신에서 생겨나거나 흘러나온 것이 아니다. 그가 생각해 낸 것이 아니며, 그의 상상이나 심사숙고에 의해 생겨나거나 형성된 것이 아니다. … 달리 말하자면 환상을 듣고 봄으로써 외부에서 그의 의식 속으로 들어온 것이다. 그래서 그는 그가 듣고 보도록 주어진 것을 단지 종이 위에 받아 적었다." Greijdanus, *Bizondere Canoniek*, II, 362.

III,31."[13] 그러나 언제 팔레스타인을 떠났는가에 대해 흐레이다너스는 분명하게 언급하지 않는다.

유세비우스는 그의 『교회사』 제3권 5장에서 다음과 같이 말한다. "한편, 그 전쟁이 발발하기 전에 예루살렘 교회의 성도들은 합당한 자들에게 계시로 주어진 말씀에 의해 그 도시를 떠나 펠라(Pella)라 불리는 페레아(Perea)의 도시에 거주하도록 지시받았다."[14] 그래서 테오돌 찬(Th. Zahn)은 다음과 같이 말한다. "66년과 69년 사이에 사도들과 예수의 다른 제자들이 아시아에 온 시간에 대해서는 야고보의 죽음 후와 유대인의 전쟁 발발 직전에 사도들이 팔레스타인과 예루살렘 모교회를 떠났다고 하는 전승이 또한 증거한다."[15] 그래서 주의 동생 야고보의 순교(62년)와 유대인의 전쟁 발발(66년) 사이에 떠났다고 보는데, 유대인의 전쟁 발발 직전에 초점이 있는 것 같다. Zahn의 *Einleitung*, Teil II, S.656의 연대표(Zeittafel)에 보면, 사도 요한과 그 외 제자들(Philippus, Aristion 등)이 아시아 주로 이주한 시기를 68년경으로 표시하고 있다. 따라서 사도 요한은 66년경 유대인의 전쟁 발발 직전에 팔레스타인을 떠나서 68년경(66~69년 사이)에 아시아(에베소)에 와서 30년 정도 체류하였다고 볼 수 있다.

그러나 사도 요한이 66년 이전에 아시아에 왔다고 보기는 어렵다. 왜냐하면 그때는 사도 바울의 제자인 디모데가 에베수에서 목회하고 있었기 때문이다(딤전 1:3; 참조. 딤후 4:9; 딛 3:12). 따라서 디모데가 에베소를 떠난(66년 가을경[16]) 후에, 아마도 바울이 순교하고(66년 말/67

---

13. Greijdanus, Openbaring, 53.

14. Eusebius, *Hist. Eccl.* III,5,3.

15. T. Zahn, *Einleitung in das Neue Testament* (Wuppertal und Zürich: R. Brockhaus, 1994), Teil II, 463. 그는 이 책 472쪽에 있는 각주(A. 23)에서 유세비우스를 비롯한 여러 전거(典據)들을 제시한다: Eus. *h.* e. III,5,2 이하; *demonstr. ev.* VI,18,14. Epiph. *de mens.* 15; *haer.* 29,7; 30,2 (oben S. 314 이하. A 3) 참조. Theod. Mop. ed. Swete I,115 이하.

16. 참조. 변종길, 『신약 총론』 (대구: 말씀사, 2020), 355.

년 초) 난 후에, 사도 요한이 에베소에 왔다고 보는 것이 제일 자연스러워 보인다.[17]

III. 기록 시기와 장소

요한계시록을 기록한 시기는 이 책에 구체적으로 나와 있지는 않으나 그 시기를 가늠케 하는 간접적인 증거들은 많이 있다. 계시록 1:9-10은 요한이 복음 증거를 인하여 밧모 섬에 유배되어 있을 때 '주의 날'에 성령에 감동되어 계시를 받았다고 말한다. 사도 요한은 아시아(에베소)에서 복음을 전하다가 도미티아누스 통치(주후 81-96년) 말기에 밧모 섬으로 추방되었다.[18] 그러다가 도미티아누스가 사망하고 네르바(96. 9. 18 - 98. 1. 25)가 취임하자 사면(赦免)되어 에베소로 돌아왔다고 한다.[19] 이레네우스는 "그것[요한계시록]은 과히 오래지 않은, 거의 우리 세대인 도미티아누스 통치 말년에 이를 즈음에 나타났다."고 말한다(*Adv. Haer.* V,30,3). 따라서 사도 요한은 밧모 섬에 유

17. 컬러르스도 요한이 67년 이전에는 에베소에서 사도적 활동을 시작할 수 없었다고 한다. 왜냐하면 바울 서신과 사도행전에 그(요한)에 대해 아무런 언급이 없기 때문이라고 한다. 참조. Keulers, *Katholieke brieven en Openbaring*, 240 이하.

18. Eusebius, *Hist. Eccl.* III,18,1-3. 빅토리누스(Victorinus)는 "도미티아누스는 요한을 밧모로 추방한 황제이다."고 말한다(*In Apoc.* 10:11; 17:10). 히에로니무스(Hieronymus)도 이와 같이 말한다(*Vir. ill.* 9). 그리고 오리게네스는 "요한은 로마의 황제에 의해 밧모로 추방되었다."고 말한다(*In Matt.* 20:20). 참조. Van de Kamp, *Openbaring*, 34 이하. 또한 Tertullian, *De praescr.* 36도 요한의 밧모 추방에 대해 말한다. 참조. Greijdanus, *Openbaring*, 27.

19. 알렉산드리아의 클레멘스는 요한은 "폭군의 사망 후에 밧모 섬에서 에베소로 돌아왔다."고 말한다(*Quis dives salv.* 42,1-15). 유세비우스(Eusebius)는 "사도 요한은 그때(네르바 황제 때) 그 섬의 유배지에서 에베소의 거주지로 돌아왔다."고 말한다(*His. Eccl.* III,20,8-9). 또한 플리니우스(Plinius)도 도미티아누스의 후임인 네르바가 그 전임자의 추방령을 96년에 취소하였다고 한다(*Ep.* 1,5,10; 9,13,5). 참조. Van de Kamp, *Openbaring*, 72.

배되어 있던 95-96년경에 이 책을 기록한 것으로 볼 수 있다.[20]

> 한편, 고대 교부들 가운데 에피파니우스(Epiphanius)는 요한계시록이 클라우디우스(Claudius) 통치 때(41-54년) 기록되었다고 말한다. 그러나 이때는 요한이 편지를 보내는 대상인 아시아 일곱 교회가 아직 존재하지도 않았기 때문에 이 주장이 잘못임은 분명하다.[21] 또 어떤 학자들은 이 책이 트라야누스(Trajanus) 통치 때(98-117년) 기록되었다고 주장하는데, 이것은 이레네우스(Irenaeus)의 말을 오해한 데서 비롯된 것이다.[22] 이레네우스는 "바울이 기초를 세웠고 요한이 거기서 트라야누스까지 시무했던 에베소 교회는 사도들의 전통에 대한 참된 증인이다."고 말하는데(*Adv. Haer.* II,22,5), 이 말은 사도 요한이 트라야누스 시대까지 살았다는 것이지 계시록이 그때 기록되었다는 것은 아니다.

뿐만 아니라 계시록 자체의 내용도 이 견해를 지지해 준다. 도미티아누스 때에 '황제숭배' 문제로 인하여 소아시아 일대에 큰 핍박이 있었는데, 계시록 전체는 이런 핍박을 배경으로 하고 있다.[23] 특히 서머나 교회(계 2:10)와 버가모 교회(계 2:13)와 빌라델비아 교회(계 3:8)가 이런 핍박을 배경으로 하고 있다. 뿐만 아니라 50년대 초에 사도 바울에 의해 설립된 에베소 교회(행 18:18-21)가 '처음 사랑'을 잃어버렸다는 것은 설립 후 40년 정도 경과한 90년대 상황에 잘 들어맞는다. 또 네로 통치 시대에 지진(60-61년)으로 파괴되

---

20. 박윤선은 95년경에 기록했다고 본다. 참조. 박윤선, 『성경주석 요한계시록』 (서울: 영음사, 1981), 18. 빌도 95년경에 기록했다고 본다. Beale, *Revelation*, 4.
21. Greijdanus, *Bizondere Canoniek*, II, 380 이하. 껄러르스도 에피파니우스의 주장은 스스로 모순된다고 말한다. 참조. Keulers, *Katholieke brieven en Openbaring*, 240.
22. Greijdanus, *Bizondere Canoniek*, II, 381.
23. 초대 교회의 '황제숭배' 의식에 대해서는 Van de Kamp, *Openbaring*, 27-31; Beale, *Revelation*, 5-12를 보라.

었던 라오디게아는 재건되어 풍요를 과시하고 있었다(계 3:17). 따라서 이런 외적, 내적 증거들을 살펴볼 때 도미티아누스 통치 말기인 95년 또는 96년경에 기록되었다는 견해는 거의 확실하다고 할 수 있다.[24]

> 소수의 학자들은 계시록 11장에서 예루살렘의 성전에 대해 말하고 있다는 것을 근거로 요한계시록이 예루살렘 멸망 이전에 기록되었다고 주장한다(Robinson, Wilson). 그러나 계시록 11장은 요한이 본 '환상'에 속하며, 실제로 예루살렘에 성전이 존재한다는 것을 말하는 것은 아니다. 요한계시록이 전반적으로 그러하지만, 특히 11장은 상징적으로 이해해야 하며 문자적으로 이해하면 안 된다.[25] 계시록 11장은 10장부터 시작되는 요한이 '보았다'(εἶδον, *에이돈*)고 하는 '환상'(vision)에 속한다. '환상(幻像)'은 어떤 영적 진리나 교훈을 가르쳐 주는 것이 목적이며, 반드시 어떤 구체적인 역사적 사실을 그대로 보여 주고자 하는 것은 아니다. 에스겔 선지자는 예루살렘에 더 이상 성전이 존재하지 않던 시대에 '성전 환상'을 보고 예언하였다(겔 40-48장). 뿐만 아니라 그리스도인들에게는 돌로 된 '성전'이 더 이상 중요한 것이 못 되었다. 그리스도인들에게는 그들의 '몸'이 곧 성령이 거하시는 성전이다(고전 3:16; 6:19). 유대인들에게는 돌로 된 성전이 중요했겠지만, 그리스도인들에게 돌로 된 성전의 존재 유무는 더 이상 큰 의미가 없었다(히 9, 10장).
>
> 따라서 요한계시록의 기록 시기를 이른 시기로 보는 견해에 대한 논거들은 이레네우스 이후의 강한 전승을 변경할 정도로 충분하지는 않다.[26]

---

24. 박윤선, Hendriksen, Beale, Greijdanus, Van de Kamp 등 대다수 학자들. Caird도 95년경으로 본다. 참조. G. B. Caird, *The Revelation of St. John the Divine*, BNTC (London: Adam & Charles Black, 1966), 6.
25. Beale, *Revelation*, 20 이하.; Van de Kamp, *Openbaring*, 35; Greijdanus, *Bizondere Canoniek*, II, 381 등.
26. Van de Kamp, *Openbaring*, 36; Beale, *Revelation*, 4-27.

> 우리는 많은 교부들의 전승과 계시록 자체 내의 증거들을 볼 때, 이 계시록이 도미티아누스 통치 말기에 기록되었다는 것은 거의 확실하다고 말할 수 있다.

기록 장소는 계시록 1:9이 말하는 대로 '밧모 섬'이라고 할 수 있다. 물론 밧모 섬에서 계시를 받았다가 나중에 에베소로 돌아와서 에베소 또는 아시아에서 기록했다고 볼 수도 있겠지만,[27] 계시를 받았을 때에 바로 그리고 유배지에서 시간적 여유가 있을 때에 기록해서 아시아 일곱 교회에 보내었다고 보는 것이 더 타당해 보인다. 이렇게 보는 것은 위에서 살펴본 것처럼, 요한계시록은 "도미티아누스 통치 말년에 이를 때 즈음에 나타났다."고 하는 이레네우스의 증거와 잘 부합한다.

IV. 황제숭배와 핍박

요한계시록에 보면 당시 기독교인들이 황제숭배 의식에 참여하도록 강

---

27. 흐레이다너스는 계 1:9의 "밧모 섬에 있었다"는 말은 요한이 이 책을 기록할 때에 그 섬에 없었다는 인상을 준다고 한다. 그래서 그는 사도 요한이 밧모 섬에 있을 때에 그가 보고 들은 모든 것을 적어 놓았다가 소아시아에 돌아왔을 때, 아마도 에베소에서 이 책을 기록해서 출판하여 교회들에 보내었다고 본다. 그렇다면 요한계시록의 기록 시기는 96-100년 사이가 될 것이라고 본다. Greijdanus, *Bizondere Canoniek*, II, 380. 그러나 그는 이 견해를 강하게 주장하지는 않았다. 1925년에 출판된 계시록 주석에서 그는 요한계시록이 도미티아누스 통치(81-96) 말년에 기록되었다는 오래된 교회 전승을 떠날 아무런 이유도 없다고 한다. *Openbaring*, Inleiding xxiv-xxv. 1938년에 출판된 『꼬르떠 페르끌라링(Korte Verklaring) 계시록 주석』에서 그는 요한계시록은 도미티아누스 통치 말년 곧 95년경에 기록되었다고 말한다. 참조. S. Greijdanus, *De Openbaring des Heeren aan Johannes*, Korte Verklaring, 2e dr. (Kampen: J. H. Kok, 1938), 11. 계 1:9의 "밧모 섬에 있었다"는 표현을 위의 흐레이다너스처럼 이해하는 것도 가능하지만 꼭 그런 것은 아니다. 아오리스트 ἐγενόμην(*에게노멘*, 있었다, 되었다)은 요한이 밧모 섬에 머물고 있었을 때에도 사용할 수 있다. 아오리스트 사용 그 자체는 어느 견해도 지지하지 않는다. 참조. Aune, *Revelation 1-5*, 77.

요되었음을 알 수 있다(예를 들면 13:4-8, 15-16; 14:9-11; 15:2; 16:2; 19:20; 20:4).[28] 교회는 이로 인하여 핍박을 당하고 환난을 당하였다(계 2:13; 13:10, 15-17). 이 배경을 잘 이해하는 것이 요한계시록 해석의 중요한 기초가 된다. 따라서 주후 1세기 전후 황제숭배의 역사와 현황에 대해, 그리고 그로 말미암은 기독교인 핍박에 대해 간단히 살펴보고자 한다.

1. 황제숭배

로마 제국에서 황제숭배의 역사는 율리우스 카이사르(Julius Caesar) 사후(死後)에 시작되었다. 그는 주전 44년에 피살된 후에 로마 원로원에 의해 국신(國神)으로 추대되었다. 옥타비아누스(Octavianus)는 주전 27년에 원로원에서 '아우구스투스'(Augustus)라는 칭호를 부여받았다. '아우구스투스'는 '높임 받은 자'(the Exalted)라는 뜻으로 신적(神的)으로 들리는 칭호였다. 그러나 그의 생전에는 그에 대한 제사(祭祀)가 없었다. 티베리우스(Tiberius, 14-37)는 아우구스투스 숭배를 촉진하였다. 그러나 자신은 신적 칭호를 거절하였다. 칼리굴라(Caligula, 37-41)는 자신의 신격화를 시도하였다. 제단들과 신전들이 그를 위해 세워졌다. 그러나 클라우디우스(Claudius, 41-54)는 티베리우스의 신중한 노선을 따랐다. 네로(Nero, 54-68)는 신성(神性)이 자기 안에 현현(顯現)하였다고 주장하였다. 베스파시아누스(Vespasianus, 69-79)는 옛 로마인들의 회의주의적 경향을 따랐다. 그러다가 도미티아누스(Domitianus, 81-96) 때 황제숭배 의식이 공적인 국가종교로 발전하였다. 로마 제국 곳곳에 황제의 동상이 세워졌다. 처음에는 황제 사후(死後)에 신격화하던 것이 점차 살아 있는 황제숭배 의식으로 발전한 것이다.[29]

이런 황제숭배에 있어서 아시아(Asia)는 그 중심지였다. 아우구스투스 황

28. Beale, *Revelation*, 5.

29. 이상은 Van de Kamp, *Openbaring*, 27 이하에서 많이 참조하였다.

제와 티베리우스 황제 때 이미 버가모와 서머나에 여신 '로마'(Roma)와 '아우구스투스'(Augustus)를 위한 신전이 있었다. 클라우디우스 황제 때 에베소에 황제를 위한 신전이 세워졌다. 그리고 도미티아누스를 위한 거대한 입상(立像)이 에베소 항구에 세워졌다. 올림픽 경기는 새로운 종교적 지위를 기념하여 행해졌으며, 도미티아누스 황제를 위한 기념주화가 발행되었다. 에베소와 버가모와 라오디게아와 두아디라에서 발견된 비문들은 황제숭배를 증거하고 있다. 요한계시록은 그리스도인들이 이러한 황제숭배 의식에 참여할 것을 강요당하고 있었음을 전제하고 있다(2:12-17, 18-29; 13:4-8, 15-16; 14:9-11; 15:2; 16:2; 19:20; 20:4).[30]

이상의 고찰을 통해 판 드 캄프는 다음과 같이 결론 내린다. 도미티아누스 시대에 집단적인 핍박은 아니었지만 선별적인 핍박이 있었다.[31] 그레고리 빌의 결론도 동일하다.[32] 즉, 이런 증거들은 '도미티아누스 치하 때 선별적이긴 하지만 유의미한 핍박'(selective yet significant persecution under Domitian)이 있었다는 가능성을 가리킨다.[33] 그렇지만 네로 황제 때 소아시아에 그에 의한 핍박이 있었다는 증거는 없다고 한다.[34] 오스본(Osborne)도 마찬가지로 "자료들이 우리에게 말해 주는 바에 의하면 네로의 핍박은 로마에 국한되었으며, 그것이 그 당시에 아시아 주에까지 확장되었다는 증거는 없다."고 한다.[35]

30. Van de Kamp, *Openbaring*, 28.
31. Van de Kamp, *Openbaring*, 29.
32. 사실은 판 드 캄프가 빌의 결론을 따랐다고 할 수 있다.
33. Beale, *Revelation*, 13.
34. Beale, *Revelation*, 12: "There is no evidence that Nero's persecution of Christians in Rome extended also to Asia Minor, where the churches addressed in the Apocalypse are located."
35. G. R. Osborne, *Revelation*, BECNT (Grand Rapids: Baker Academic, 2002), 8.

2. 기독교인 핍박

황제숭배를 거절하는 그리스도인들을 핍박했다는 분명한 증거는 트라야누스 황제 때인 주후 113년에 비두니아의 총독 플리니우스(Pliny the Younger)가 트라야누스에게 쓴 편지와 트라야누스의 답신에 나타난다. 황제숭배를 거부하는 그리스도인들을 어떻게 처결할 것인가를 묻는 플리니우스의 편지에 대해 트라야누스는 그들을 수색하지는 말고, 만일 고소가 들어와서 유죄 판결이 나면 다루라고 하였다.[36] 이런 맥락에서 유세비우스는 "도미티아누스는 그리스도인들이 정치적으로 위험하지 않다는 이유로 그들에 대한 핍박을 중지하도록 명령을 내렸다."고 한다.[37] 물론 이것은 당시에 핍박이 전혀 없었다는 말이 아니라 기독교인들을 표적으로 한 특별한 핍박에 대해 말했을 것이다.[38] 따라서 그리스도인 핍박은 황제 자신에 의해서라기보다 황제의 총애를 받으려는 지방 총독들의 열심에 의해 많이 좌우되었음을 알 수 있다.[39]

플리니우스의 편지 중에는 '수년'(many years) 전에 배교한 사람들을 언급하는데, 심지어 '25년 전'에 곧 도미티아누스 때 배교한 몇몇 사람들에 대해 말한다. 그러한 배교는 '산발적이긴 하지만 유의미한 핍박'(significant though sporadic persecution)이 이전에 이미 있었다는 것을 강력하게 시사한다.[40]

플리니우스는 어떤 사람이 그리스도인인지 아닌지를 알기 위해 다음과 같이 명령했다고 한다. 1) 로마 신들의 이름을 부를 것; 2) 황제의 동상 앞에서

---

36. 참조. R. L. Wilken, *The Christians as the Romans saw them* (New Haven and London: Yale University Press, 1984), 28.
37. Eusebius, *Hist. Eccl.* III,20,5.
38. Van de Kamp, *Openbaring*, 32.
39. Van de Kamp, *Openbaring*, 32.
40. Beale, *Revelation*, 5.

향과 포도주를 가지고 기도할 것; 3) 그리스도를 저주할 것.[41] 황제를 숭배하기 위한 '행진들'이 행해졌으며, 시민 각자는 그 행렬이 자기 집을 지나갈 때에 향을 피워야 했다.[42] 그리스도인에 대한 재판 절차에 대해 플리니우스는 다음과 같이 말한다. 그는 먼저 각자에게 그리스도인인지 여부를 물었다. 동시에 만일 그가 '예'라고 대답하면 처형될 것이라고 경고했다. 첫 번째 질문을 한 후 두 번째에 같은 질문을 하고, 그 다음에 세 번째로 같은 질문을 했다. 그래서 그들에게서 분명하게 '예'라는 대답을 들으면 그들을 처형하도록 내보내었다고 한다.[43]

호레이다너스는 다음과 같이 말한다. "가이사는 주이시다"(κύριος καῖσαρ, *퀴리오스 카이사르*)라고 말하는 것을 거절하거나 황제의 동상 앞에 분향하는 것을 거절하는 것은 로마 제국에 대한 '배신자'와 '반란자'로 여겨질 위험성이 있었다.[44] 그러나 그리스도인들에게 있어서 황제를 신격화하고 경배하는 것은 그리스도에 대한 불충이며 그의 영원한 나라를 빼앗기는 것을 의미했다.[45] 그래서 당시의 그리스도인들은 황제숭배로 말미암아 큰 어려움을 겪었으며, 일상생활과 사업에 있어서 신앙상 갈등이 많았음을 알 수 있다.

> 그러나 유대인들은 이러한 핍박에서 자유로웠다. 유대인들은 '허용된 종교'(religio licita)라는 특권을 누리고 있었는데, 그들은 회당에 모여 예배드릴 자유를 가졌을 뿐만 아니라 황제숭배 의식도 면제받았다. 유대인들은 황제를 신으로 숭배하지 않는 대신에 그를 위하여 하나님께 희생제물

---

41. Van de Kamp, *Openbaring*, 32.
42. Van de Kamp, *Openbaring*, 31.
43. Wilken, *The Christians as the Romans saw them*, 23. 이런 간단한 재판 절차를 "cognitio extra ordinem"(특별 심리)라고 불렀다고 한다.
44. Greijdanus, *Openbaring*, 71.
45. Greijdanus, *Openbaring*, 71 이하.

을 드렸다.[46] 이런 식으로 유대인들은 핍박에서 벗어났으며, 기독교인들만 황제숭배 의식으로 인하여 어려움을 겪게 되었다.

V. 기록 목적과 주제

계시록을 기록한 목적은 1:1에 나와 있다. "이는 하나님이 그에게 주사 반드시 속히 일어날 일들을 그 종들에게 보이시려고 그의 천사를 그 종 요한에게 보내어 알게 하신 것이라."(참조. 계 22:6) '반드시 속히 일어날 일들'(ἃ δεῖ γενέσθαι ἐν τάχει, *하 데이 게네스따이 엔 타케이*)은 계시록에 기록된 내용을 가리킨다(참조. 계 1:19). 이것을 그의 종들(성도들)에게 보여 주신 목적은 황제숭배와 악한 세상에 의해 핍박당하는 그리스도인들을 위로하고 격려하기 위함이었다. 헨드릭슨의 표현을 빌리자면 "악의 세력과 대항하여 싸우는 선투적 교회를 위로하는 것"이라고 말할 수 있다.[47] 이것은 물론 당시에 환난당하고 있던 아시아 일곱 교회에 주신 말씀이지만, 또한 오늘날 우리에게도 해당되는 말씀이다. 곧 모든 시대에 해당되는 말씀인데, 특별히 1세기 말 소아시아 교회들을 염두에 누고 주신 말씀이라고 할 수 있다.

따라서 우리는 계시록의 말씀을 한낱 말세의 신비한 일들을 가르쳐 주는 비밀스런 책으로 보면 안 된다. 계시록은 그저 인간의 호기심을 만족시켜 주기 위한 책이 아니다. 계시록은 악한 세상에서 힘들게 살고 있는 성도들에게 끝까지 믿음을 지키고 세상의 죄에 참여하지 말라고 격려하기 위해 주어진 위로와 격려의 책이다.

이를 위해 하나님은 요한에게 이 세상의 현실을 뛰어넘는 영적 실재와 세

---

46. Beale, *Revelation*, 8. 그리고 그곳에 있는 각주 28.
47. 헨드릭슨, 『요한계시록』, 7.

상 역사의 진행을 보여 준다. 이 세상 세력의 배후에는 '용' 곧 마귀가 있지만, 교회의 배후에는 '어린양' 그리스도가 계신다. 현 세상에서는 마귀가 권세를 부리고 있지만, 결국에는 어린양 예수 그리스도가 마귀를 이기고 승리하실 것이다. 따라서 그를 따르는 교회도 반드시 승리하게 될 것이다. "그들이 어린양과 더불어 싸우려니와 어린양은 만주의 주시요 만왕의 왕이시므로 그들을 이기실 터이요 또 그와 함께 있는 자들 곧 부르심을 받고 택하심을 받은 진실한 자들도 이기리로다."(계 17:14) 이런 승리의 확신을 가진 교회는 현재 닥치는 고난과 어려움을 잘 견뎌내어야 한다.

VI. 요한계시록의 중심 사상

요한계시록의 중심 사상에 대해 간단히 다음 네 가지로 정리해서 살펴보고자 한다.[48]

1. 이제 있는 일과 장차 있을 일

요한계시록은 하나님이 '반드시 속히 일어날 일들'을 그의 종들에게 보이시려고 주신 것이다(계 1:1). '속히 일어날 일들'은 앞으로 있을 일들을 말하는데, 여기에는 '지금 있는 일'과 '장차 될 일'을 포함한다(계 1:19). '지금 있는 일'은 2-3장에 있는 일곱 교회에 대한 말씀이요, '장차 될 일'은 4장 이후에 나오는 말씀을 가리킨다고 볼 수 있다.[49]

그러나 '장차 될 일'이라고 해서 꼭 마지막 종말 때에 있을 사건들을 가리킨다고 보면 안 된다. '장차 될 일'은 말 그대로 사도 요한의 때로부터 이 세

48. 아래의 내용은 헨드릭슨, 『요한계시록』, 270-86과 Greijdanus, *Openbaring*, Inleiding, xxix-xxxiv를 많이 참조하였다.

49. Greijdanus, *Openbaring*, 39.

상 마지막 날까지 곧 새 하늘과 새 땅이 이루어질 때까지 있을 일들을 가리킨다고 보아야 한다. 다르게 말하면, 전(全) 교회 시대의 일을 기록한 것이라고 보아야 한다. 나아가서 교회 시대의 일이라고 해서 몇 년도에 무슨 일이 일어나고 몇 년도에 무슨 일이 일어나고 하는 식의 연대기적 사건들을 기록한 것이라고 생각하면 안 된다. 성경은 그런 미래에 대한 인간의 호기심을 충족시키기 위해 주어진 책이 아니다. 하나님은 "사람으로 그 장래 일을 능히 헤아려 알지 못하게 하셨느니라."고 하셨다(전 7:15; 참조. 잠 25:2; 신 29:29).

물론 하나님은 성령을 통하여 우리에게 '장래 일'을 알려 주셨다(요 16:13). 사도 바울은 벨릭스에게 '의와 절제와 장차 오는 심판'을 강론하였다(행 24:25). 이러한 것들은 미래 사건들에 대한 연대기적 시나리오를 말하는 것이 아니라, 세상 종말에 있을 예수 그리스도의 재림과 부활과 심판을 말한다. 그리고 '장래 일'은 미래에 대한 인간의 호기심을 충족시키기 위한 것이 아니라, 현재 이 세상을 살아가고 있는 사람들이 하나님 앞에서 어떻게 살아야 할 것인가를 가르쳐 주는 데 그 목적이 있다.

2. 교회와 세상의 싸움

따라서 계시록의 주제는 미래의 사건들에 대한 비밀을 찾도록 하는 것이 아니라, 이 세상에 있는 교회가 어떤 영적 싸움을 싸우는가를 보여 주는 것이다. 교회는 이 세상에서 많은 환난과 핍박을 당한다. 이단들의 미혹과 세상의 유혹, 그리고 박해자들의 탄압과 핍박을 받으며, 사회 활동과 경제 활동에도 많은 어려움을 당하며 종종 순교자를 내기도 한다.

이러한 세상의 배후에는 '용' 곧 사탄이 있다. 사탄은 세상의 권력들과 거짓 선지자들을 통해 교회를 핍박하고 미혹한다. 사탄은 할 수 있는 모든 수단을 다 동원하여 복음을 전하지 못하게 하며 하나님의 교회를 핍박한다. 그래서 교회는 마치 죽임을 당하여 그 존재가 끊어지는 듯이 보이기도 한다. 즉, 사탄이 승리한 것처럼 보인다. "무저갱으로부터 올라오는 짐승이 그들과 더불어 전쟁을 일으켜 그들을 이기고 그들을 죽일 터인즉 그들의 시체가 큰 성 길에 있으리니 그 성은 영적으로 하면 소돔이라고도 하고 애굽이라고도 하니 곧 그들의 주께서 십자가에 못 박히신 곳이라."(계 11:7-8) 그래서 세상은 기뻐하여 서로 예물을 보내며 즐거워한다(계 11:10).

그러나 이러한 기쁨은 시기상조이다. 왜냐하면 마지막 순간에 하나님이 개입하셔서 사태를 역전시키시기 때문이다. "삼 일 반 후에 하나님께로부터 생기가 그들 속에 들어가매 그들이 발로 일어서니 구경하는 자들이 크게 두려워하더라. 하늘로부터 큰 음성이 있어 이리로 올라오라 함을 그들이 듣고 구름을 타고 하늘로 올라가니 그들의 원수들도 구경하더라."(계 11:11-12) 이처럼 세상과의 싸움에서 결국 교회가 승리한다. 왜냐하면 교회의 배후에는 그리스도가 계시고, 그리스도께서 사탄을 이기셨고 또 이기실 것이기 때문이다. 그래서 이 세상은 궁극적으로 하나님과 그의 기름 부으신 자의 나라가 되어 그가 세세토록 왕노릇하실 것이다(계 11:15).

3. 그리스도와 교회의 승리

따라서 요한계시록에는 그리스도께서 '승리자' 되심을 반복적으로 말하고 있다. 그는 '처음이요 마지막이며 죽었다가 살아나신 자'이며, '세세토록 살아 있어 사망과 음부의 열쇠를 가지고' 계신다(계 1:18-19). 또한 "유대 지파의 사자(獅子) 다윗의 뿌리가 이기었다."고 한다(계 5:5). 그리고 "흰 말이 있는데 그 탄 자가 활을 가졌고 면류관을 받고 나아가서 이기고 또 이기려고 하더라."고 한다(계 6:2). 그리스도는 사망과 음부의 권세를 이기시고, 또한 용과 짐승과 그에게 경배하는 무리들을 이기신다(계 12:10; 19:16; 20:2, 10, 14 등).

그러면 승리한 듯이 보이는 '용'(계 12:3), '짐승'(계 13:1), '거짓 선지자'(계 13:11), 그리고 '큰 음녀'(계 17:1) 곧 '바벨론'(계 14:8)은 어떻게 되는가? 그들은 결국 멸망한다. '용' 곧 온 천하를 꾀던 마귀는 결국 불과 유황 못에 던져지며(계 20:10), 그를 따르던 '짐승'과 '거짓 선지자'도 영원한 불못에 던져진다(계 19:20). 사치와 권세를 자랑하며 음행으로 만국을 미혹하던 '큰 성 바벨론'도 일순간에 무너진다(계 18:2, 3, 19). "무너졌도다 무너졌도다 큰 성 바벨론이여, 귀신의 처소와 각종 더러운 영이 모이는 곳과 각종 더럽고 가증한 새들이 모이는 곳이 되었도다."(계 18:2)

'음녀' 또는 '바벨론'으로 비유된 세상은 무엇보다도 '크다'는 것을 자랑하고 뽐낸다. 거대주의, 물량주의를 내세우며 부귀와 사치를 누리던 세상, 그리고 온갖 더러운 것들이 모여서 하나를 이룬 혼합주의, 통합주의의 세상, 그래서 그 앞에 무릎을 꿇지 아니하는 성도들을 탄압하고 박해하던 '큰 성 바벨론'은 결국 한순간에 무너지고 만다. 그러자 하늘과 땅의 성도들은 기뻐하며 즐거워한다. "하늘과 성도들과 사도들과 선지자들아, 그로 말미암아 즐거워하라. 하나님이 너희를 위하여 그에게 심판을 행하셨음이라."(계 18:20)

4. 믿음과 인내

이러한 승리의 확신을 가진 교회는 어떻게 살아야 할 것인가? 무엇보다도 이 세상의 죄에 참여하지 말아야 한다. "내 백성아, 거기서 나와 그의 죄에 참여하지 말고 그가 받을 재앙들을 받지 말라."(계 18:4) 여기서 "거기서 나오라"는 말씀은 이 세상의 삶을 포기하라는 것이 아니다. 이 말은 우리가 이 세상의 죄에 참여하지 말고 그 죄에서 나오라는 의미이다(참조. 요 17:15). 비록 이 세상의 권세가 크고 부요하고 유혹하는 것이 많다고 할지라도 성도들은 거기에 참여하면 안 된다는 것이다. 그것들이 비록 크고 아름다워 보일지라도 실은 온갖 더러운 것들과 부정한 것들로 가득 차 있다. 그 배후에는 사탄의 조종을 받는 더러운 영들이 역사하고 있다. 그러한 죄에 빠져 살다가는 하나님의 무서운 재앙을 받아 일순간에 멸망하게 될 것이다. 따라서 하나님의 백성은 그러한 세상에서 나와서 거룩하게 살아야 한다.

그러므로 그리스도의 피로 구속함을 받은 성도들은 무엇보다도 이 세상의 죄로 자신을 더럽히지 않고 주님을 믿는 정절을 지켜야 한다. "이 사람들은 여자로 더불어 더럽히지 아니하고 순결한 자라. 어린양이 어디로 인도하든지 따라가는 자며 사람 가운데에서 속량함을 받아 처음 익은 열매로 하나님과 어린양에게 속한 자들이니 그 입에 거짓말이 없고 흠이 없는 자들이더라."(계 14:4-5) 여기서 '이 사람들'은 땅에서 속량함을 받은 '십사만 사천'을 말한다. 따라서 '십사만 사천'(계 14:1, 3; 7:4)은 문자적으로 144,000명을 뜻하거나 또는 유대인들 가운데서 구원받은 자들만을 가리키는 것이 아니다. 이들은 이 세상에서 어린양의 피로 속량(구원)받은 자들로서 하나님과 어린양에게 속한 자들이다. 곧, 이 세상에서 구원받은 모든 성도들을 가리킨다. 따라서 계시록을 유대주의적 관점에서 유대인들만을 위한 특별한 책으로 보는 것은 잘못이다.[50]

이 세상에서 죄와 타협하지 아니하고 정절을 지키는 것은 힘들고 어려운 일이다. 그렇지만 주님은 우리에게 끝까지 배반하지 말고 충성할 것을 요구하신다. 서머나 교회에 보낸 편지에서 주님은 "네가 죽도록 충성하라. 그리하면 내가 생명의 관을 네게 주리라."고 하셨다(계 2:10). 여기서 "죽도록 충성하라"란 말은 한국 교회 성도들이 일반적으로 이해하고 있는 것처럼 "열심히 봉사하라. 있는 힘을 다해 물질을 바치고 몸이 피곤하도록 교회를 섬기라."는 뜻이 아니다. 이 말씀은 "비록 죽음이 온다고 할지라도 주님께 대한 믿음을 저버리지 말라."는 뜻이다. 곧, 옛날에 신하가 임금을 섬길 때 어떤 어려운 일이 닥쳐와도 한번 충성을 맹세한 임금에 대한 절개를 변치 않고 끝까지 충성하는 것을 뜻한다. 우리는 주 예수 그리스도의 신하들로서 끝까지, 죽음에 이르기까지 충성해야 한다.

---

50. 이에 대해서는 H. R. Van de Kamp, *Israël in Openbaring* (Kampen: J. H. Kok, 1990. 박사학위 논문)을 보라. 이 논문의 요지는 "계 7:1-8과 14:1-5의 인 맞은 자 144,000은 모든 민족에게서 나오는 하나님의 종들이다. … 이스라엘 민족에 대한 특별한 지위는 - 계 21:14의 열두 사도들을 제외하고는 - 계시록 책이 묘사하는 미래의 모습에는 나타나 있지 않다."는 것이다(316 이하).

그러므로 계시록에서는 '인내'가 강조되고 있다. 빌라델비아 교회는 작은 능력을 가지고도 주님의 말씀 곧 '인내의 말씀'을 지켰다(계 3:8, 10). 주님의 말씀은 인내가 있어야만 지킬 수 있는 말씀이며 인내가 있어야만 결실할 수 있는 말씀이기에 '인내의 말씀'이라고 불린다. "성도들의 인내가 여기 있나니 그들은 하나님의 계명과 예수에 대한 믿음을 지키는 자니라."(계 14:12; 13:10)

VII. 요한계시록의 해석 원리

요한계시록은 어떻게 해석해야 하는가? 많은 사람이 다양하게 해석하고 있는데, 우선 그 해석 유형을 정리하면 다음과 같다.[51]

1. 역사주의적 해석(Historicist Interpretation)

이 해석 방법은 12세기의 요아킴 피오레(Joachim Fiore)로부터 시작되었는데, 그는 계시록의 1,260일은 사도 시대부터 현재까지의 서양 역사의 사건들을 예언한 것이라고 환상을 통해 들었다고 주장했다. 프란체스코 수사들(Franciscans)이 그를 따라 계시록은 이교적 로마와 교황제도에 대해 말한다고 보았다. 전통적인 세대주의자들도 일곱 교회에 보낸 편지는 교회 시대의 일곱 시기를 예언했다고 믿는 점에서 이 접근 방법을 따랐다. 이런 해석 방법에 의하면 계시록의 '짐승'은 교황이나 나폴레옹 또는 무솔리니, 히틀러 등으로 본다.[52]

그러나 이 방법의 문제점은 1) 오직 서양 교회 역사만 생각한다는 것; 2) 세

---

51. 여기의 해석 유형은 Osborne, *Revelation*, 18-22에서 많이 참조하였다.

52. Osborne, *Revelation*, 18 이하.

상 역사 속의 병행 사건들을 찾는 데 있어서의 사변적 노력들; 3) 세상 역사의 새 시대마다 새로 작업해야 한다는 점; 4) 사도 요한과 그의 원(原) 독자들과의 관련성을 완전히 무시한다는 것 등이 있다. 그래서 오늘날 이 방법을 따르는 학자들은 거의 없다.[53]

2. 과거주의적 해석(Preterist Interpretation)

이것은 계시록의 내용은 미래의 일이 아니라 요한이 살았던 시대 상황에 관련된다고 보는 해석 방법이다. 그래서 계시록의 상징들은 원 독자들이 경험했던 1세기 세상의 사건들과 관련된다고 본다. 여기에는 크게 세 가지 유형의 견해들이 있다.[54]

1) 계시록은 로마의 압제와 로마 제국의 멸망에 대해 기록한 것으로 보는 견해(R. H. Charles, Sweet, Roloff 등). 짐승은 로마 제국 또는 로마 황제로 본다.
2) 당시에 핍박이 거의 없었다고 보는 견해(Yarbo Collins, L. Thompson, Krodel, Barr 등). 계시록이 말하는 것은 외적 핍박이 아니라 '내적 영적 위기'(an internal spiritual crisis)이다. 독자들은 '이 세상'에서 나와야 하며 '다른 세상'을 택해야 한다.
3) 계시록은 70년대 이전에 기록되었으며, 배교한 이스라엘에 대한 하나님의 심판으로서 예루살렘 멸망을 예언한다고 보는 견해(Gentry, Chilton 등). 짐승은 로마로 보고 동방에서 오는 왕들은 예루살렘을 파괴하러 온 로마 장군들로 본다. 아마겟돈은 문자적인 예루살렘 포위로 본다. 그러나 이 세 번째 견해는 이른 시기의 문제점뿐만 아니라 온 세

---

53. Osborne, *Revelation*, 19. 이에 대해서는 또한 Beale, *Revelation*, 46을 보라.
54. Osborne, *Revelation*, 19 이하.

계적인 언어(민족들, 방언들, 부족들, 나라들)를 유대 민족에게만 한정시키고 있기 때문에 가장 설득력이 떨어진다.[55] 앞의 두 견해들도 문제가 많은데, 왜냐하면 마지막 심판과 세상 종말은 로마 제국의 멸망과 함께 오지 않았기 때문이다.[56]

3. 이상주의적 해석(Idealist Interpretation)

계시록의 상징들은 역사적 사건들을 가리키지 않고 무시간적 영적 진리들을 가리킨다고 본다(Hendriksen, Hoekema, P. Hughes 등). 계시록은 주로 그리스도의 초림과 재림 사이의 교회에 대해 말하는 것으로 본다. 교회 시대에 항상 있는 하나님과 악 사이의 전쟁, 교회와 세상 사이의 전쟁에 관한 것이다. 인들과 나팔들과 대접들은 모든 시대의 죄인들에 대한 하나님의 심판을 묘사한다. 짐승은 역사 속에 있는 모든 적그리스도적 제국들과 통치자들을 가리킨다. 따라서 계시록은 그리스도와 그의 백성의 승리를 묘사한다. 천년왕국은 미래의 사건이 아니라 교회 시대를 묘사한다.[57]

이런 해석에 대해 오스본은 1) 역사적 연관성의 부재, 2) 많은 예언들의 미래적 성격을 보는 데 있어서 또는 어쨌든 역사와 연결시키는 데 있어서의 실패를 지적한다.[58]

오스본의 이런 지적에 대해 우리는 다음과 같이 평하고자 한다.

1) 우선 '이상주의적 해석'(idealist interpretation)이란 용어는 적절하지 않다고 본다. 이 해석은 세상 역사를 무시하고 이상주의(idealism)에 빠지는 것이 아니다. 차라리 '교회 시대 해석'이라 함이 더 나은 용어

55. Osborne, *Revelation*, 20.
56. Osborne, *Revelation*, 20.
57. Osborne, *Revelation*, 20.
58. Osborne, *Revelation*, 20.

라고 생각된다.

2) 이 해석은 역사적 관련성을 부정하는 것이 아니라 계시록이 세상 역사에 대한 예언임을 인정하고 강조하고 있다. 다만 계시록의 많은 상징들을 각각 역사 속의 어떤 특정한 사건에 관련시키는 것은 부당하다고 보며, 교회 시대 전체에 일어나는 사건들을 통칭하여 보여 주거나 또는 그 원리를 보여 준다고 본다. 그리고 이 해석에서도 어떤 본문들은 역사 속의 특정 사건을 가리킨다고 본다. 예를 들면 2, 3장의 많은 구절들, 그리고 마지막 심판, 그리스도의 재림, 의인과 악인의 부활 등을 가리키는 구절들은 분명히 역사 속의 특정 사건을 가리킨다고 본다. 그 이유는 그렇게 해석하는 것이 문맥상 옳기 때문이다.

3) 오스본이 소위 '이상주의적 해석'은 어떤 예언들이 미래를 가리키는 것을 보지 못한다고 비판하는 것은 결국, 자기가 그런 예언들에 대해 미래를 가리키는 것이라고 본다는 것을 나타낼 따름이다. 그런데 그 예언들이 정말로 미래의 사건을 가리키는지 교회 시대에 있을 일들을 가리키는지 또는 다른 무엇을 가리키는지는 우리가 본문에서 살펴보고 판단해야 할 문제이다. 따라서 본문에 대한 올바른 해석이 어느 견해가 옳은지를 드러낼 것이다.

4. 미래주의적 해석(Futurist Interpretation)

이것은 몇몇 초기 교부들(유스티누스, 이레네우스, 히폴리투스 등)에 의해 취해진 해석인데, 16세기 말에 프란시스쿠스 리베이라(Franciscus Ribeira)가 종교개혁에 대한 반동으로 계시록을 문자적으로 해석했다. 미래주의는 계시록 4-22장은 일차적으로 역사의 끝에 일어날 사건들을 가리킨다고 본다. 여기에는 두 종류가 있다.

1) 세대주의(Dispensationalism)

세대주의자들은 하나님은 각 단계의 세대마다 구원의 계획을 가지고 실행하신다고 본다. 이스라엘의 선택이 그 중심에 있다. 따라서 교회 시대는 그 계획에 있어서 하나의 '괄호'(parenthesis)에 해당한다. 유대 백성이 민족적으로 회개하고 돌아올 때까지 하나님은 이방인들에게로 향하셨다고 본다(롬 11:25-32). 그 시대 끝에 교회는 휴거될 것이며 7년 환난기가 시작될 것이다. 그 환난 기간 중에 적그리스도가 자신을 드러낼 것이며(계 13장), 대환난을 일으킬 것이다. 곧 144,000과 이스라엘 가운데서 그리스도인이 된 다른 사람들에 대해 대핍박을 일으킬 것이다. 그 기간 끝에 그리스도의 재림과 심판이 있고, 문자적인 천년왕국(계 20:1-10)과 백보좌 심판(계 20:11-15)이 있을 것이며, 영원한 천국 복락이 시작될 것이다(계 21:1-22:5).[59]

2) 전통적 전천년주의(Classical Premillennialism)

이는 세대주의와 비슷하지만 세대들(dispensations)을 수상하시는 않는다. 환난기 후에 단 한 번의 그리스도 재림이 있다고 믿으며(마 24:29-31; 참조. 계 19:11-21), 환난을 통과하는 것은 이스라엘 민족만이 아니라 온 교회라고 본다. 세대주의자들이 계시록의 상징들을 문자적으로 보는 반면에, 이들은 계시록의 많은 부분을 상징적으로 본다.[60]

그러나 이들 전천년주의자들은 다음과 같은 약점을 가지고 있다. 1) 1세기 그리스도인들에 대한 적용을 제거하는 해석을 발전시킬 수 있다. 2) 종종 1세기 배경에서 유리된, 순전히 사변적인 것으로 전락할 수 있다. 3) 계시록에서 상징적/신학적 의미를 인정하지 않는다면 이 책의 많은 부분은 능력을 잃어버릴 것이다.[61]

59. Osborne, *Revelation*, 21.
60. Osborne, *Revelation*, 21.
61. Osborne, *Revelation*, 21.

이러한 오스본의 지적에 덧붙여 필자는 중요한 것 하나를 더 추가하고자 한다. 세대주의와 전통적 전천년주의에 의하면, 그리스도의 재림 후에 세상의 종말이 오지 않고 소위 '천년왕국'(Millennium)이 온다고 주장한다. 그런데 예수님이 재림하셨는데도 불구하고 불신자들이 남아 있고 악을 행하는 것은 어찌 된 것인가? 죽은 성도들이 부활했는데도 그들을 보고도 믿지 않는 사람들이 여전히 많으며, 부활 성도들과 그렇지 않은 성도들과 불신자들이 함께 계속 살아간다는 것은 이상하다. 그렇다면 예수님의 재림은 무슨 의미가 있단 말인가? 예수님에게 능력이 부족하다는 말인가?

5. 절충주의적 해석(Eclectic Interpretation)

근래의 많은 학자들은 위 견해들의 몇 개를 조합한다(Morris, Johnson, Giesen, Mounce, Beale 등). 이 방법은 과거론적 해석과 이상주의적 해석과 미래주의적 해석이 상호작용하여 각 방법의 장점은 극대화되고 약점은 최소화되도록 한다. 예를 들면, 빌은 그의 방법을 '수정된 이상주의의 구속사적 형태'(a redemptive-historical form of modified idealism)라고 부른다(1999: 48). 그는 상징들에 대해 현재부터 미래까지의 교회 시대를 묘사한다고 본다. 예를 들어, 계시록 13:1-8의 짐승은 교회사를 통해 반복적으로 나타나는 '많은 적그리스도들'을 가리키는 동시에 또한 종말의 마지막 적그리스도를 가리킨다고 본다(1999: 680-81).[62]

오스본은 자신의 방법이 이와 비슷하지만 이상주의적 견해보다는 미래주의적 견해에 가깝다고 한다. 요한의 환상(특히 4-22장)은 주로 세상 역사의 종말 사건들을 묘사한다고 본다. 이 장들의 성도들은 이 마지막 시기에 살아 있는 신자들을 가리킨다. 짐승은 하나님의 모든 백성을 대적하는 마지막 학살 때의 '땅에 거하는 자들/불신자들'을 인도할 적그리스도이다. 인들,

---

62. Osborne, *Revelation*, 21.

나팔들, 대접들은 마지막 심판 시리즈를 상징한다. 짐승은 마지막 때의 네로와 같은 인물이다. 3년 반 대환난은 역사상 (반복적으로) 일어나는 유사한 환난들에 대한 모델을 제공한다. 따라서 자신의 주석은 미래주의적 접근의 중요한 부분들을 제외하고는 빌(Beale)의 것과 아주 유사하다고 하며 또한 래드(Ladd), 비슬리-머리(Beasley-Murray), 마이클즈(Michaels), 마운스(Mounce)의 해석 방법과 유사하다고 한다.[63]

6. 올바른 입장

요한계시록에 대한 우리의 입장은 성경이 말하는 대로 해석해야 한다는 것이다. 성경은 성경 자신의 해석자이다(Sacra Scriptura sui ipsius interpres est). 우리는 성경을 하나님의 말씀으로 믿는 가운데 문맥을 고려하면서 성경이 말하는 바를 최대한 올바르게 드러내려고 노력해야 한다. 우리는 이 입장을 '개혁주의적 해석 방법'이라고 부를 수 있을 것이다.

여기서 '개혁주의'라 함은 특정한 누구를 따른다는 의미가 아니라, 성경이 말하는 바를 성경을 따라 바르게 해석하려는 입장을 말한다. 우리의 입장은 소위 '이상주의'에 가깝다고 말할 수 있겠지만 이 용어의 부적절성에 대해서는 이미 지적하였다. 우리는 어떤 입장이나 주의를 따르는 것이 아니라 성경이 말하는 대로 따라가려고 한다. 따라서 '사전에'(a priori) 어떤 해석 원리나 주의를 가지고 접근할 것이 아니라, 계시록의 각 구절들을 한 절 한 절 해석함으로써 전체적인 방향을 잡아나가야 할 것이다.

따라서 우리는 어떤 구절이 1세기의 교회나 그 시대의 사건이나 상황을 말하면 그렇게 해석하고, 전(全) 교회 시대를 말하면 그렇게 해석할 것이며, 또 마지막 종말 때를 말하면 그렇게 해석하고, 종말 직전에 있을 마지막 때의 모습을 말하면 그렇게 해석할 것이다. 나아가서 마지막 심판 이후에 있을 일들

---

63. Osborne, *Revelation*, 22.

에 대해 말하면 또 그렇게 해석할 것이다. 따라서 우리는 어떤 한 원리에 얽매이지 아니하고 오직 성경이 말하는 대로 따라가야 할 것이며, 성경이 가르쳐 주는 것이 우리의 기존 견해와 다르면 기존 견해를 수정해야 할 것이다.

어떤 표현이나 구절을 문자적으로 해석할 것이냐 또는 상징적으로 해석해야 할 것이냐 하는 질문에 대해서도 마찬가지로 대답할 수 있다. 우리는 어떤 원리를 미리 가지고 있지 않으며, 그 구절이 그것을 문자적으로 보는 것이 타당하다고 판단되면 문자적 의미로 볼 것이며, 상징적으로 보는 것이 타당하다고 판단되면 상징적으로 볼 것이다. 문자적 의미냐 상징적 의미냐 하는 것은 오직 그 구절을 문맥에서, 그리고 계시록 전체에서, 나아가서 성경 전체에서 종합적으로 살펴보아 결정할 성질의 것이다.

따라서 성경 각 구절과 단어와 표현들을 어떻게 해석하느냐 하는 것이 중요하다. 이를 위해 우리는 개혁주의 성경 해석의 원리를 따라 성경 원어에 입각하여 문맥과 계시록 전체의 성격과 조망과 표현들을 고려하면서, 또한 성경 전체의 조망과 내용을 따라서 한 구절 한 구절 해석해 나갈 것이다. 이것이 계시록 해석에 대한 우리의 입장이다.

제1장

서두 및 인사말

(1:1-8)

요한계시록은 먼저 서두와 인사말로 시작한다(1:1-8). 서두(1-3절)에서는 이 책이 어떤 책인지에 대해 간략히 말한다. 그리고 나서 요한은 아시아에 있는 일곱 교회에 대해 기원(祈願)의 인사말을 하고 있다(4-6절). 그 다음에 예수 그리스도의 재림(7절)과 하나님의 자기 계시(8절)에 대해 말한다.

본문 개요

요한계시록은 먼저 '예수 그리스도의 계시'라는 말로 시작한다(1절). 어떤 사람의 창작 작품이나 인간의 사상이 아니라 예수 그리스도께서 주신 '계시(啓示)'임을 분명히 한다. 좀 더 구체적으로 하나님이 예수 그리스도에게 주신 것을 천사를 통해 요한에게 주셨는데, 그 목적은 '반드시 속히 일어날 일들'을 하나님의 종들 곧 그리스도인들에게 알게 하기 위한 것이라고 말한다(1절). 사도 요한은 자기가 본 것 곧 하나님의 말씀과 예수 그리스도의 증거를 다 전하였다(2절). 그러면서 이 '예언'의 말씀을 읽는 자와 그 가운데에 기록된 것을 듣고 지키는 자가 복이 있다고 한다(3절).

그리고 나서 요한은 아시아에 있는 일곱 교회에 인사말을 한다(4-5상). 곧, 성부와 성령과 성자로부터 은혜와 평강이 있기를 기원한다. 성부(聖父)는 '이제도 계시고 전에도 계셨고 장차 오실 이'라고 말한다(4상). 성령(聖靈)에 대해서는 '그의 보좌 앞에 있는 일곱 영'이라고 말한다(4하). 마지막으로 성자(聖子)에 대해 말한다(5상). 이렇게 성부와 성령과 성자의 순서로 나오는 것이 특이하다.

이어서 성자 하나님에 대한 송영이 나온다(5하, 6절). 이 예수 그리스도는 "구름을 타고 오시리라."고 말하며, "각 사람의 눈이 그를 볼 것"이라고 말한다(7절). 마지막으로 하나님의 자기 계시가 나온다. "나는 알파와 오메가라. 이제도 있고 전에도 있었고 장차 올 자요 전능한 자라."고 말한다(8절).

내용 분해

1. 서두(1:1-3)
   1) 예수 그리스도의 계시(1절)
   2) 요한의 증언(2절)
   3) 복 있는 자(3절)
2. 기원과 송영, 재림, 하나님의 자기 계시(1:4-8)
   1) 요한의 기원(4절, 5상)
   2) 예수 그리스도에 대한 송영(5하, 6절)
   3) 그리스도의 재림(7절)

본문 주해

1. 서두(1:1-3)

1 예수 그리스도의 계시라 이는 하나님이 그에게 주사 반드시 속히 일어
날 일들을 그 종들에게 보이시려고 그의 천사를 그 종 요한에게 보내어
알게 하신 것이라 2 요한은 하나님의 말씀과 예수 그리스도의 증거 곧 자
기가 본 것을 다 증언하였느니라 3 이 예언의 말씀을 읽는 자와 듣는 자
와 그 가운데에 기록한 것을 지키는 자는 복이 있나니 때가 가까움이라

1절은 먼저 요한계시록이 어떤 성격의 책인지, 어떤 과정으로 주어진 것인지를 말한다. 요한계시록은 예수 그리스도의 계시이며, 하나님이 그에게 주신 것을 천사를 통해 사도 요한에게 알려 주신 것이다. 그 목적은 이것을 하나님의 종들 곧 그리스도인들에게 알려 주기 위함이다. 사도 요한은 이 사명을 충실하게 완수하였다(2절). 그리고 이 '예언'의 말씀을 읽는 자와 그 가운데 기록된 것을 듣고 지키는 자가 복이 있다고 한다. 그 이유는 때가 가깝기 때문이다(3절).

1) 예수 그리스도의 계시(1절)

요한계시록은 먼저 "예수 그리스도의 계시라."는 말씀으로 시작한다(1절). 원문에 보면 '계시(啓示)'란 단어가 제일 먼저 나온다. '계시'(ἀποκάλυψις, *아포칼륍시스*)는 원래 '베일(κάλυμμα, *칼륌마*)을 벗겨내다'는 뜻에서 왔다.[1] 곧, 여태까지 감춰었던 것을 드러내는 것을 의미한다. 따라서 계시록은 무엇보다도 '계시' 곧 예수 그리스도께서 우리에게 나타내 주신 것임을 알 수 있다. 요한이 자기 머릿속에서 생각해 내거나 이 책, 저 책을 뒤적이면서 비교하고 연구해서 적은 것이 아니다. 요한계시록은 말 그대로 예수 그리스도께서 요한에게 주신 '계시'이다. 이것을 문자 그대로 받아들이는 것이 계시록 해석에 있어서 결정적으로 중요하다.

1절하에서는 계시의 전달 과정을 구체적으로 말해 준다. 이 계시는 '하나님'께서 먼저 '예수 그리스도'에게 주셨고, 이것은 다시 '천사'를 통해 '사도 요한'에게 주어졌다(하나님 ⇨ 예수 그리스도 ⇨ 천사 ⇨ 사도 요한). 그런데 이 계시는 단지 요한 혼자서 받아 가지고 있기 위함이 아니라 '하나님의 종들' 곧 모든 신자들(계 2:20; 7:3; 19:2, 5 등)에게 보이기 위함이다.[2] 따라서 계시록은 단지 그 당시 사람들에게만 주어진 것으로 보면 안 되며, 오늘날 우리에게도 주어진 하나님의 말씀으로 받아들여야 한다.

그리고 이 계시는 '반드시 속히 일어날 일들'(ἃ δεῖ γενέσθαι ἐν τάχει, *하 데이 게네스따이 엔 타케이*)을 보이시려고 주신 것이라고 한다. 하나님이

---

1. 참조. J. A. C. van Leeuwen, *Paulus' zendbrieven aan Efeze, Colosse, Filémon, en Thessalonika* (Amsterdam: H. A. van Bottenburg, 1926), 42 (엡 1:17 주석 중).
2. Greijdanus, *Openbaring*, 6.

역사를 운행하시기 때문에 이 계시는 '반드시' 이루어지고 만다. 그리고 '속히'(ἐν τάχει, *엔 타케이*)란 말은 지체 없이 이루어진다는 뜻이다. "땅과 천체의 운동들, 이 사건들과 시간의 경과, 자연적인 그리고 영적인 발전 과정들은 빠른 속도로 진행된다."[3] 달리 말하자면, 이 세상 역사는 지체 없이 계속해서 속히 움직이고 있다. 그 모든 것은 예수 그리스도의 재림으로 귀착될 것이다.[4]

2) 요한의 증언(2절)

요한은 자기의 '본 것들' 곧 '하나님의 말씀'과 '예수 그리스도의 증거'를 다 증언하였다고 한다(2절). 이런 점에서 사도 요한은 충실한 증인이었다. 곧, 요한은 자기의 생각이나 사상을 보태거나 섞어서 전한 것이 아니라 '자기가 본 것'을 다 전하였다. 그래서 요한계시록의 말씀은 요한이 기록하였지만 무엇보다도 예수 그리스도의 계시 곧 하나님의 말씀으로 받아들여야 하는 것이다.

3) 복 있는 자(3절)

3절에서는 "이 예언의 말씀을 읽는 자와 듣는 자와 그 가운데 기록한 것을 지키는 자는 복이 있다."고 말한다. 여기서 '예언'(προφητεία, *프로페테이*

---

3. Greijdanus, *Openbaring*, 7.

4. 여기의 '속히'를 문자 그대로 '짧은 기간 안에' 또는 '짧은 시간 안에'로 보는 것은 옳지 않다. 만일 그렇다면 계 22:7과 12절, 20절의 "내가 속히(ταχύ, *타퀴*) 오리라"는 말씀은 어떻게 이해할 것인가? 예수님은 주후 1세기에 오시지 않았으므로 이 예언은 실현되지 않았다고 할 것인가? 우리는 예수님께서 '속히 오신다'는 것을 '지체 없이' 오신다는 의미로 이해해야 한다. "주님의 오심은 속히 일어난다. 하지만 그것은 이미 수세기 동안 지속되고 있는데, 그 이유는 수많은 것들이 일어나야만 하기 때문이다. 그러나 일어나는 모든 일 가운데서 주님은 오시기 위해 활동하고 계신다." Greijdanus, *Openbaring*, 441. 우리는 "주께는 하루가 천년 같고 천년이 하루 같다"(벧후 3:8)는 말씀도 기억해야 할 것이다. 헬라어 *타퀴*는 '동작이나 사건의 속도에 초점을 둔'(with focus on speed of an activity or event) 단어다. 참조. BDAG, s.v. ταχύς. 박윤선은 그의 욜 1:15 주석에서 "이 장절이 말한 대로 우주의 종말이 가깝다는 개념은, 천년을 하루같이 보시는 하나님의 견지의 것이고 인간의 견지의 것은 아니다."고 말한다. 박윤선, 『성경주석 소선지서』 (서울: 영음사, 1991), 117.

아)은 빌의 견해처럼 '일차적으로 앞일을 가리키는 계시라기보다는 윤리적 반응을 요구하는 신적 계시'라고 볼 수 있다.[5] 그러나 '현재 일'과 '장래 일'을 둘 다 포함한 것으로 보는 것이 더 좋을 듯하다. '예언'은 하나님 앞에서 하나님의 말씀을 받아서 말한 것인데, 이에는 사람들의 죄를 책망하고 경고하고 또 위로하고 권면하는 내용이 주를 이루지만 앞으로 일어날 일에 대한 말씀도 있기 때문이다.

그리고 '읽는 자'(ὁ ἀναγινώσκων, *호 아나기노스콘*)는 단수로서 당시 교회에서 공예배 시에 낭독하는 사람을 말한다. 당시에는 성경이 귀했기 때문에 안식일 또는 주일에 모여서 함께 성경을 읽는 것이 중요하였다. '듣는 자와 … 지키는 자'(οἱ ἀκούοντες καὶ τηροῦντες, *호이 아쿠온테스 카이 테룬테스*)는 복수로서 이 예언의 말씀을 듣고 지키는 자들을 말한다. 우리말 번역에는 '듣는 자들'과 '지키는 자들'이 떨어져 있어서 별개의 그룹인 것처럼 생각될 수 있으나, 원문에 의하면 '듣는 자들'과 '지키는 자들'은 하나의 관사로 연결되고 있다. 따라서 이들은 하나의 그룹이다. 곧 '… 듣고 지키는 자들'이다. 성경은 '말씀을 듣는 자들'과 '말씀을 지키는 자들'이 따로 분리되어 있어서 각각 복이 있다고 말하지 않는다. 말씀을 '듣고 지키는 자들'이 복 있다고 말한다(마 7:24; 눅 6:47).

복된 이유는 때가 가깝기 때문이다. '때'는 예수님의 재림 때를 말하는데, 그때에는 말씀을 듣고 지킨 자들에게 상급이 있다. 상급(賞給)은 하나님이 우리에게 주시는 것인데, 기본적으로 모든 성도에게 영생(구원)이 있고, 그 위에 합당한 자에게 주님의 칭찬과 인정이 있을 것이다.[6]

---

5. Beale, *Revelation*, 184 이하.

6. 상급에 대해서는 변종길, "천국에 상급이 있는가?", 신약 난제 해설(6), 『선지동산』 64호 (천안: 고려신학대학원, 2013), 8-9를 보라.

교훈과 적용

1. 요한계시록은 무엇보다도 예수 그리스도의 계시이다(1절). 사도 요한이 밧모 섬에 추방되어 있을 때 성령에 감동되어 보고 들은 바 계시를 기록한 책이다(9-10절). 요한이 본 환상(幻像)은 그가 황홀경이나 무아지경에 빠져 체험한 것이 아니다. 요한은 성령에 감동되어 맑은 정신으로 예수 그리스도의 계시를 똑똑히 보고 듣고 기억하여 기록하였다. 따라서 요한계시록을 당시의 묵시문학들처럼 인간의 생각과 상상력으로 만들어 낸 인간의 작품으로 보는 것은 처음부터 잘못된 것이다. 요한계시록은 하나님이 예수 그리스도를 통해 사도 요한에게 주신 계시이며 하나님의 말씀이다.
2. 요한계시록은 하나님께서 우리에게 알려 주시려고 주신 것이다(1절). 따라서 어렵고 알 수 없다는 이유로 덮어 두는 것은 옳지 않다. 물론 요한계시록은 이해하기 어려우며 잘못 해석하면 위험한 것들이 많이 있다. 그러나 그렇다고 해서 읽지도 않고 가르치지도 않고 덮어 두고 있으면 안 된다. 이 빈틈을 타고 이단들이 들어와서 성도들을 미혹하기 때문이다. 따라서 우리는 요한계시록을 읽고 이해해야 하며, 이를 위해 교회는 요한계시록을 가르쳐야 한다. 문제는 바르게 이해하고 바르게 가르치는 것이다. 이를 위해서는 올바른 개혁주의 신학에 입각한 바른 해석이 필요하다.
3. 요한계시록의 말씀을 읽고 그것을 듣고 지키는 자들이 복이 있다(3절). 듣고 지켜야 한다. 단지 지식적으로 아는 것만으로는 충분하지 않다. 계시록에서 말세의 신비한 지식을 얻으려 하거나 세상 종말에 무슨 일이 일어날 것인지에 대한 호기심으로 접근하는 것은 옳은 태도가 아니다. 우리는 계시록이 우리에게 주는 교훈을 바로 이해하고 그것을 지켜 행하도록 해야 한다. 듣기만 하고 행하지 않는 것은 소용이 없다. 하나님의 말씀을 듣고 행하는 자가 복이 있다(마 7:24; 눅 6:47).

2. 기원과 송영, 재림, 하나님의 자기 계시(1:4-8)

4 요한은 아시아에 있는 일곱 교회에 편지하노니 이제도 계시고 전에도 계
셨고 장차 오실 이와 그의 보좌 앞에 있는 일곱 영과 **5** 또 충성된 증인으
로 죽은 자들 가운데에서 먼저 나시고 땅의 임금들의 머리가 되신 예수
그리스도로 말미암아 은혜와 평강이 너희에게 있기를 원하노라 우리를 사랑

하사 그의 피로 우리 죄에서 우리를 해방하시고 6 그의 아버지 하나님을
위하여 우리를 나라와 제사장으로 삼으신 그에게 영광과 능력이 세세토
록 있기를 원하노라 아멘
7 볼지어다 그가 구름을 타고 오시리라 각 사람의 눈이 그를 보겠고 그
를 찌른 자들도 볼 것이요 땅에 있는 모든 족속이 그로 말미암아 애곡하
리니 그러하리라 아멘
8 주 하나님이 이르시되 나는 알파와 오메가라 이제도 있고 전에도 있
었고 장차 올 자요 전능한 자라 하시더라

4-5상은 기원(祈願)인데, 누가 누구에게 은혜와 평강이 있기를 기원한다는 형식으로 되어 있다. 5하-6절은 예수 그리스도에 대한 송영(頌榮)이다. 이어서 7절은 예수 그리스도의 재림에 대해 말하고, 8절은 하나님의 자기 계시이다.

1) 요한의 기원(4절, 5상)

먼저 기원의 주체(기원자)는 사도 요한이다(참조. 9절). 기원의 대상(수신자)은 아시아에 있는 일곱 교회이다(참조. 11절). 이 일곱 교회는 당시에 실제로 존재했던 교회들이다. 따라서 이 일곱 교회는 문자적 의미로 받아들여야 하며, 역사상의 특정 시대로 구분해서 유형적으로 보면 안 된다.[7] 요한계시록은 일차적으로 주후 1세기 말의 아시아 일곱 교회에 주신 말씀이다. 물론 요한계시록은 하나님의 말씀이기 때문에 그것은 또한 오늘날 우리에게 주시는 교훈의 말씀이기도 하다. 이것은 단지 요한계시록의 경우에만 그런 것이 아

7. 예를 들면, 할 린지(Hal Lindsey)는 계 2, 3장의 일곱 편지는 교회사의 파노라마를 제공한다고 본다. 에베소 교회: 33-100년; 서머나 교회: 100-312년; 버가모 교회: 312-590년; 두아디라 교회: 590-1517년; 사데 교회: 1517-1750년; 빌라델비아 교회: 1750-1900년; 라오디게아 교회: 1900-'대환난'(휴거). 참조. Van de Kamp, *Israël in Openbaring*, 18.

니라 성경 전체에게 해당되는 원리이다(롬 15:4; 왕하 22:13).

여기서 '일곱 교회'는 당시에 있었던 문자적으로 일곱 개의 교회를 가리킴이 분명하다. '아시아 일곱 교회'는 당시에 실제로 존재하였으며, 우리 주님은 각 교회의 구체적 상황을 염두에 두고 말씀하신다. 그러나 '일곱'이란 숫자는 또한 상징적 의미를 지닌다고 볼 수 있다. 아무런 의미 없이 그냥 '일곱 교회'를 택했다고 보기는 어렵다. 계시록에서 '일곱(7)'은 상징적 의미로 많이 쓰였는데 완전, 충만을 의미한다. 따라서 여기의 '일곱 교회'는 당시에 존재했던 문자적 의미에서의 일곱 교회이지만, 그것은 또한 전(全) 세계의 모든 교회를 염두에 두고 있다고 보아야 한다.

> 개역한글판과 개역개정판에는 4절에 '편지하노니'를 보충하고 있는데, 엄밀하게 말하면 이것은 잘못이다. 당시의 편지 형태에 의하면 발신인과 수신인이 나오고 나서 '문안하노라'에 해당하는 단어인 '*카이레인*'(χαίρειν)을 사용하였나(행 15:23, 23:26; 약 1:1). 그러나 기독교회는 이것을 대개 "은혜와 평강이 있기를 원한다."는 기독교적 기원(祈願)으로 바꾸었다(롬 1:1-7; 고전 1:1-3; 고후 1:1-2; 갈 1:1-3; 엡 1:1-2; 빌 1:1-2; 골 1:1-2 등).[8] 따라서 여기의 이 문장도 기원문으로 이해하여야 한다. 그래서 동사를 보충한다면 '편지하노라'가 아니라 '기원하노라'를 보충하는 것이 옳다.

기원의 내용은 "은혜와 평강이 있기를" 원한다는 것이다. '은혜'(χάρις, *카리스*)는 하나님이 우리에게 값없이 주시는 모든 좋은 것을 총칭한다. '평강'(εἰρήνη, *에이레네*)은 하나님이 의인(義人)에게 주시는 선물인데 하나님과 적대관계가 없는 것, 그래서 하나님과 화평이 있는 것, 그 결과로 사람들

---

8. 참조. S. Greijdanus, *De brieven van de apostelen Petrus en Johannes, en de brief van Judas* (Amsterdam: H. A. van Bottenburg, 1929), 33.

사이에 화평을 누리는 것 등이 포함된다(롬 5:1). 나아가서 건강한 것과 평안하게 지내는 것도 포함된다고 할 수 있다.[9]

그런데 그 은혜와 평강의 출처(수여자)로서 '성부'와 '성령'과 '성자'를 말하고 있다. 성부는 '이제도 계시고 전에도 계셨고 장차 오실 이'(ὁ ὢν καὶ ὁ ἦν καὶ ὁ ἐρχόμενος, *호 온 카이 호 엔 카이 호 에르코메노스*)라고 표현되어 있다(4절). 먼저 '현재'부터 말하고 있는 것이 특별하다. 사람들은 대개 '과거'부터 말하기를 좋아하지만, '과거'는 지나간 일이며 우리의 '기억' 속에 있을 따름이다. 우리에게는 '현재'가 중요하다. 왜냐하면 '현재'는 우리가 하나님을 대면하는 시간이며 하나님이 주신 사명을 이루는 시간이기 때문이다. 그리고 '장차 계실 이'라고 하지 않고 '장차 오실 이'라고 하고 있는 것도 특별하다(원어 표현은 <관사 + 현재 분사>). 하나님은 단지 장차 미래에 계실 분, 그저 기계적이고 철학적인 신이 아니라 장차 우리에게 '오시는 분'이시다. 우리에게 '오신다'는 것은 우리와 상관하신다는 것을 의미한다. 하나님은 믿지 않는 자들을 심판하시지만 우리에게는 상급을 주실 것이다. 따라서 우리는 하나님 앞에 책임져야 할 존재이다. 하나님은 예수 그리스도의 재림을 통해 우리에게 오시고 우리와 함께 거하신다(계 21:3).

다음에 '그의 보좌 앞에 있는 일곱 영'은 성령을 가리킨다(참조. 계 4:5; 5:6). 이것이 천사(天使)나 영물(靈物)을 가리킬 수는 없다. 성경 어디에도 '천사'로부터 은혜와 평강에 있기를 비는 기원(祈願)은 없다. 따라서 '성부'와 '성자' 사이에 말해지면서 우리에게 은혜와 평강을 주는 주체로서의 '일곱 영'은 성령을 가리킬 수밖에 없다.

그러면 왜 '일곱 영'이라고 표현했을까? '일곱'은 완전수이므로 '일곱 영'은 성령의 충만한 사역을 따라 말한 것으로 볼 수 있다.[10] 좀 더 직접적인 이

---

9. 참조. Gesenius, s.v. שָׁלוֹם.

10. Greijdanus, *Openbaring*, 15.

유는 성막(聖幕)의 구조와 관계된다.[11] 성막의 왼쪽[12] 앞에 일곱 등잔을 가진 '등대'가 있는데(출 25:31-40; 37:17-24; 40:25), 이 등대는 '일곱 교회'를 의미하는 동시에(계 1:20) 또한 교회 안에 내주하시면서 능력을 주시는 '성령'을 의미한다(슥 4:2-7).[13] 요한계시록에서 '성령'과 '교회'는 밀접하게 관계되어 있다(계 2:7, 11, 17, 28; 3:6, 13, 22; 5:6; 22:17). 따라서 '일곱 교회' 안에 내주하시는 '성령'을 가리키기 위해 '일곱 영'이란 표현이 사용되었다고 볼 수 있다. '성부' 다음에 '성령'이 나오는 이유도 언약궤가 들어 있는 '지성소'가 성부 하나님을 가리킨다면, 성소 안의 일곱 등잔을 가진 '등대'가 성령을 가리키고, 성소 앞에 있는 '번제단'이 어린양 성자를 가리키기 때문이다. 따라서 성부, 성령, 성자의 순서는 성막의 구조를 따라 말해진 것이라고 할 수 있다. 또 다른 이유로는 성자 예수 그리스도에 대해서는 말할 것이 많기 때문에(5-7절) 제일 마지막에 말했다고 볼 수도 있다.

성자에 대해서는 '충성된 증인', '죽은 자들 가운데에서 먼저 나신 자', '땅의 임금들의 머리가 되신 자'라고 말해진다(5절). '충성된 증인'(ὁ μάρτυς ὁ πιστός, *호 마르튀스 호 피스토스*)[14]이란 표현은 고난과 핍박 가운데서도 변치 않고 신실하게 하나님을 증거한 자란 뜻이다. 이것은 요한 당시에 핍박받고 있던 성도들의 상황과 관련하여 특별히 의미 있는 표현이라고 생각된다.

---

11. Greijdanus, *Openbaring*, 16.
12. 성막 안에서 지성소 방향으로 바라볼 때에 왼쪽임.
13. Beale, *Revelation*, 189.
14. NA 27/28판과 UBS 4/5판은 ὁ μάρτυς, ὁ πιστός(*호 마르튀스, 호 피스토스*)로 가운데에 쉼표를 찍어 놓아서 '증인, 충성된 자'로 이해하고 있다. 그러나 MT 제1판(1982)과 제2판(1985)는 ὁ μάρτυς ὁ πιστός(*호 마르튀스 호 피스토스*)로 되어 있어서 '충성된 증인'으로 이해하고 있다. 문법적으로 둘 다 가능하지만, 계시록의 전체 사상을 볼 때 예수 그리스도는 환난 중에도 굴하지 않은 '충성된 증인'이었다는 것이 더 타당하다고 생각된다(계 22:16).

2) 예수 그리스도에 대한 송영(5하, 6절)

그리고 나서 예수 그리스도에게 영광을 돌리고 있다. 그는 “우리를 사랑하사 그의 피로 우리 죄에서 우리를 해방하신 자”이시다(5하). 여기서 ‘사랑하다’(ἀγαπῶντι, *아가폰티*)는 동사(분사)는 현재 시상으로서 예수님은 지금도 계속해서 우리를 사랑하신다는 의미이다. ‘해방하다’(λύσαντι, *뤼산티*)라는 동사(분사)는 아오리스트(aorist)로서 점 동작이다. 곧, 예수님의 십자가 죽음으로 우리를 단번에 속량하시고 해방하셨다.

그리고 예수님은 우리를 ‘나라’와 ‘제사장’으로 삼으신 자이다(6상). 여기서 ‘나라’(βασιλεία, *바실레이아*)는 하나님 나라의 백성을 말하고, ‘제사장’(ἱερεῖς, *히에레이스*)은 하나님을 섬기는 자란 뜻이다(벧전 2:9). 이 예수 그리스도에게 영광과 능력(권세)이 세세토록 있기를 기원한 이유는, 세상의 권세자들 특히 당시에 권세를 잡고 성도들을 핍박하던 로마의 황제가 아니라 ‘예수 그리스도’께서 만왕의 왕이 되셔서 세상 역사를 주관하시고 다스리시기 때문이다.

3) 그리스도의 재림(7절)

이와 같은 맥락에서 예수 그리스도의 재림에 대해 말한다. 그의 재림은 성도들을 핍박하는 이 세상에 대해 하나님의 심판이 있을 것이라는 사실을 말해 준다. 뿐만 아니라 환난과 핍박 가운데서 신앙을 지키고 있는 성도들에게 큰 위로와 소망이 된다.

“구름을 타고 오시리라.”(ἔρχεται μετὰ τῶν νεφελῶν, *에르케타이 메타 톤 네펠론*)는 말씀(7상)은 재림 예수는 땅에서 오시지 않고 하늘로부터 구름들과 함께[1515] 영광 가운데 오시는 것을 말한다.[16] 여기의 ‘구름’은 문자적 의

---

15. 여기 계 1:7에서는 ‘구름들과 함께’(μετὰ τῶν νεφελῶν, *메타 톤 네펠론*) 온다고 했고, 마 24:30에서는 ‘하늘의 구름들 위에서’(ἐπὶ τῶν νεφελῶν τοῦ οὐρανοῦ, *에피 톤 네펠론 투 우라누*) 온다고 했다. 병행구절인 막 13:26에는 ‘구름들 가운데’(ἐν νεφέλαις, *엔 네펠라이스*) 온다고 했고, 눅

미로 이해해야 한다.[17] 왜냐하면 사도행전 1:11에서 "이 예수는 하늘로 가심을 본 그대로 오시리라."고 하였기 때문이다. 예수님이 하늘로 올려져 가실 때 "구름이 그를 가리어 보이지 않게 하셨다."고 한다(행 1:9). 이 '구름'은 문자적인 구름이다. 따라서 예수님이 재림하실 때에도 문자적인 '구름'과 함께 오실 것이다(마 24:30). 그러나 이단들은 이 '구름'을 영적으로 이해하는 경향이 있다. 왜냐하면 그들의 교주는 구름을 타고 온 것이 아니라 땅에서 왔기 때문이다.[18]

"각 사람의 눈이 그를 보겠고"란 말씀도 예수님의 재림은 은밀한 사건이 아니라 공개적인 사건임을 말해 준다. "그를 찌른 자들도 볼 것이요"라는 말씀은 히브리 본문 스가랴 12:10을 그 배경에 가지고 있는데, 스가랴의 문맥에서는 이것이 메시아의 초림 때 있을 일을 가리킨다고 볼 수 있지만 여기 계시록의 문맥에서는 분명히 예수님의 재림 때의 일을 가리킨다. 즉, 예수님의 재림은 비밀리에 행해지는 것이 아니라 공개적으로 모든 사람에게 임하는 사건임을 말한다.

21:27에서는 '구름 가운데'(ἐν νεφέλῃ, *엔 네펠레)* 온다고 했다. 표현은 조금씩 다르지만 가리키는 바 내용은 같다. 다 상징적 의미가 아니라 문자적 의미에서의 구름을 가리킨다.

16. 마 24:30에는 "그들이 인자가 구름을 타고 능력과 큰 영광으로 오는 것을 보리라."고 하였고, 마 16:27에서는 "인자가 아버지의 영광으로 그 천사들과 함께 오리니"라고 하였다. 살전 4:16에서는 "주께서 호령과 천사장의 소리와 하나님의 나팔로 친히 하늘로 좇아 강림하시리니"라고 하였고, 살전 3:13에서는 "우리 주 예수께서 그의 모든 성도와 함께 강림하실 때에"라고 하였다. 살전 1:10에서는 "그의 아들이 하늘로부터 강림하심을 기다린다."고 하였다.

17. 박윤선, 『요한계시록』, 50: "그러나 이 구름을 문자적으로 자연계의 것으로 보아서 틀릴 것 없다(Lange). 그가 승천하실 때에는 구름이 그를 가리운 일도 있었고(행 1:9), 그가 다시 오실 때에 그와 같은 모양으로 오실 것이라고 하였다(행 1:10)."

18. 예를 들어 신천지에서는 "하나님께서 임하실 때마다 동반된 구름은 성령의 강림하심을 뜻한다."고 한다. 그리고 "주께서 구름을 타고 오신다는 것은 영으로 오신다는 뜻이다."고 한다. 참조. 보혜사·이만희, 『천국 비밀 요한계시록의 실상. 요한계시록의 예언과 성취』 (도서출판 신천지), 55. 물론 구름은 하나님의 임재와 함께 나타날 때도 많지만(출 13:21; 16:10; 19:9; 40:34-38 등), 그 구름은 단지 '상징'이 아니라 '실제 구름'(그러나 좀 특별한 구름)으로 보아야 할 것이다.

이필찬은 7절의 '오다'(ἔρχεται, *에르케타이*)가 현재형임을 근거로 "메시아로서 예수님의 역사적 오심으로 이해해야 한다."고 주장하였다.[19] 이러한 주장은 여기의 '애곡하다'를 회개로 보고 '재림의 때까지 반복해서 일어날 일들'로 보는 것과 맥을 같이 한다.[20] 그래서 여기의 '오다'를 재림으로 보지 아니하고 '초림과 재림 사이에 일어나는 상시적 오심'으로 본다.[21]

그러나 '오다' 동사의 시상(時相)이 현재임을 들어 초림으로 이해하는 것은 문법적으로 옳지 않다. 왜냐하면 헬라어에서 현재는 종종 미래를 대신하여 사용되기 때문이다.[22] 특히 '오다'(ἔρχομαι, *에르코마이*)는 동사는 현재로서 미래를 나타내는 경우가 아주 많다. 예를 들면, 누가복음 12:40 "생각지 않은 때에 인자가 오리라(ἔρχεται, *에르케타이*)"; 요한복음 4:35 "너희는 넉 달이 지나야 추수할 때가 이르겠다(ἔρχεται, *에르케타이*) 하지 아니하느냐"; 요한복음 14:28 "내가 갔다가 너희에게로 온다(ἔρχομαι, *에르코마이*) 하는 말을 너희가 들었나니."[23] 이처럼 헬라어에서 '오다'라는 동사는 현재로서 미래를 나타낼 수 있는 것이다.

그런데 이필찬은 2021년에 나온 책에서 자기의 견해를 바꾸어 이것을 예수님의 승천으로 보았다.[24] "예수님이 구름과 함께 오시는 것은 지상으로 오시는 재림이 아니라 하늘로 가시는 승천을 의미하는 것이 분명

---

19. 이필찬, 『내가 속히 오리라』 (서울: 이레서원, 2012), 60.
20. 이필찬, 『내가 속히 오리라』, 60.
21. 이필찬, 『내가 속히 오리라』, 59.
22. 참조. M. Zerwick, *Biblical Greek*, English edition by J. Smith (Rome: Pontificio Istituto Biblico, 1963), §278: "**The present** very often stands **for the future**, apparently owing to the influence of Aramaic, which readily uses the (present) participle especially for the proximate future, …"
23. 이 예들은 위 체르윅에게서 취하였다.
24. 이필찬, 『에덴 회복의 관점에서 읽는 요한계시록. 1-11장: 때가 가까우니라』 (용인: 에스카톤, 2021), 96-99.

하다."고 한다.[25] 그 근거는 본문의 배경인 다니엘 7:13에서, "인자 같은 이가 옛적부터 항상 계셨던 하늘에 계신 하나님께로 오기 때문"이라고 말한다.[26] 그리고 계시록 1:7의 '오다'라는 동사가 헬라어로 '현재 시제'인 것에 대해 그는, 이것을 '역사적 현재'(historical presence[27])로 보면 과거에 발생한 승천의 의미와 전혀 모순되지 않는다고 주장한다.[28] 그러나 "구름을 타고(구름과 함께) 오신다"를 "구름과 함께 오셨다/가셨다(과거)"는 것을 생생하게 묘사한 표현(역사적 현재)으로 볼 수 없다. 그렇다면 이어서 나오는 "각인의 눈이 그를 볼 것이요 … 땅의 모든 족속이 그를 인하여 애통하리라."는 어떻게 이해할 것인가? 이필찬은 이것을 (히브리어 미완료형 용법에 근거해서) "승천하신 후에 은총과 간구의 영을 주실 때마다 반복해서 일어나는 현상"으로 이해할 수 있다고 하나 수긍하기 어렵다. 예수님의 승천 후에 땅의 모든 사람이 다 회개한 것도 아니다.

빌도 이것을 '역사 속에 계속 일어나는 과정'(a process occurring throughout history)으로 이해한다. '재림'이란 것도 이러한 오심들의 전(全) 과정을 완성하는 마지막 오심으로 본다.[29] 예수님의 재림을 포함해서 이해하기는 하지만, 기본적으로 역사 속에 반복적으로 일어나는 오심 곧 인간의 회개를 통해 각자에게 찾아오는 오심으로 이해하고 있다. 그러나 오스본은, 빌의 이 견해가 '구름 속에 오시는' 그리스도의 모습에 맞지 않다고 바르게 지적하였다.[30] 김추성도 "이것은 종말적 재림을 나타내는 말씀이지 초림과 재림 이전에 찾아오시는 예수님의 일상적 모습이 아니다."고 말한다.[31]

25. 이필찬, 『요한계시록. 1-11장』, 97.
26. 이필찬, 『요한계시록. 1-11장』, 97 이하.
27. 이것은 "present"의 오타로 보인다.
28. 이필찬, 『요한계시록. 1-11장』, 99.
29. Beale, *Revelation*, 198.
30. Osborne, *Revelation*, 69 각주 27.
31. 김추성, 『요한계시록 1-9장』 (용인: 킹덤북스, 2018), 131. 계 1:7과 관련한 자세한 논의, 특히 속

> 따라서 계시록 1:7의 "구름을 타고 오시리라."는 말씀은 마태복음 24:30의 "… 그들이 인자가 구름을 타고 능력과 큰 영광으로 오는 것을 보리라."(또한 막 13:26; 눅 21:27; 마 26:64; 막 14:62)는 말씀과 계시록 22:7, 12의 "보라 내가 속히 오리라…"는 말씀과 함께 볼 때, 세상 종말 때의 예수 그리스도의 재림을 가리키는 것이 분명하다(또한 행 1:11 참조).[32]

"땅에 있는 모든 족속이 그를 인하여 애곡한다."(7하)는 것은 회개한다는 뜻이 아니다.[33] 이것은 예수님을 믿지 않은 것에 대한 때늦은 후회이며, 하나님의 심판에 대한 두려움에서 나오는 통곡이다. 이런 애곡(哀哭)은 소용이 없으며 하나님이 받지 않으신다. 따라서 우리는 주님이 오시기 전에, 기회 있을 동안에 회개하고 믿어야 한다.

> 오늘날 많은 학자들은 계시록 1:7의 배경에 스가랴 12:10이 있다고 보고 그런 배경에서 해석한다. 물론 계시록 1:7의 배경에 스가랴 12:10이 있다

12:10과 단 7:13-14 문제 등에 대해서는 변종길, "박윤선 박사의 요한계시록 주석과 개혁신학", 『요한계시록, 현재의 눈으로 다시 보기』 (제34회 정암신학강좌) (수원: 합동신학대학원대학교 총동문회, 2022), 8-16을 보라. 이 논문은 또한 『신학정론』 40권 2호(2022. 12): 11-75에도 실려 있다.

32. 이필찬은 계 22:7에서는 '재림'과 '상시적 오심'의 의미 둘 다 취하고 있다(『내가 속히 오리라』, 944). 12절에서는 7절보다 '재림의 의미'를 강하게 드러내고 있다고 본다(951쪽). 그러나 그는 전체적으로 '초림 이후에 일어나는 상시적 오심'의 의미에 상당한 초점을 두고 있다. 그렇게 함으로써 그는 요한계시록에서 '재림 대망'을 상당히 약화시키고 있다. 그런데도 그의 책 제목이 '내가 속히 오리라'는 사실이 아이러니하다.

33. 이필찬은 '땅의 모든 족속이 애곡하는 것'을 '회개를 위한 거룩한 슬픔'으로 보며, 그리고 이러한 회개의 역사는 '예수님의 초림 이후에 재림의 때까지 지속적으로 일어나는 사건'으로 본다. 이필찬, 『내가 속히 오리라』, 59. 그러나 계 1:7에는 '회개'를 나타내는 말이 하나도 없다. 예수님의 재림 때에는 더 이상 '회개'가 없으며 '심판'이 있을 따름이다(마 25:10-12, 31; 7:22; 8:12; 16:27; 22:11-13; 24:50-51 등). 이필찬이 이렇게 보는 이유는 계 1:7의 배후에 단 7:13과 슥 12:10이 있다고 보고, 계 1:7은 이 두 구절의 조화로 보기 때문이다. 그래서 계 1:7은 "온 나라에 대한 주권을 이양받는 메시아로서 왕의 즉위를 말하는 단 7:13과 하나님을 떠났던 이스라엘의 회개를 말하는 슥 12:10의 조화이다. 이 두 가지 모두를 예수님에게 적용하므로서 왕적 메시아이신 예수님의 오심으로 말미암아 회개의 역사가 일어나게 됨을 말한다."고 한다. 이필찬, 『내가 속히 오리라』, 59 이하.

고 볼 수 있지만, 그렇다고 해서 스가랴 12:10을 가지고 바로 계시록 1:7을 해석하면 위험하다. 왜냐하면 스가랴 12:10과 계시록 1:7은 각각 그 가리키는 바가 다르기 때문이다. 스가랴 12:10은 그 전후 문맥으로 보아 메시아 시대의 회개를 가리키는 반면, 계시록 1:7은 "그가 구름을 타고 오시리라 …"고 하여 예수님의 재림 시의 모습을 가리킨다. 신약의 구절은 그 신약 구절 자체의 문맥에서 해석해야 하며 구약의 구절이나 다른 구절에서 바로 해석하면 안 된다. 설령 신약의 어떤 구절이 구약의 구절을 인용하는 경우에도 그것이 인용된 신약 구절의 문맥에서 우선적으로 해석해야 하며, 구약 구절의 문맥에서 바로 해석하면 안 된다. 왜냐하면 신약 저자가 구약의 어떤 말씀을 인용할 때 그 단어들이나 표현들 또는 내용의 일부를 사용하더라도 그 의미는 신약에서 지금 그가 말하고 있는 그 구절의 의미에 의해 결정되기 때문이다. 예를 들어, "애굽에서 내 아들을 불렀다"는 호세아 11:1의 말씀을 마태는 예수님의 애굽 피신 후 나오심에 대한 증거 구절로 사용하고 있다(마 2:15). 그런데 마태복음 2:15의 인용 구절의 의미를 호세아 11:1의 문맥을 따라 '이스라엘 백성의 출애굽'으로 이해하면 안 되는 것이다.[34] 따라서 똑같은 문장이라 할지라도 그것이 사용된 문맥에 따라 가리키는 바 의미가 달라짐을 알 수 있다.[35]

이런 점에서 박윤선은 이 구절 해석에서, "그들이 '애곡(哀哭)'하는 이유는, (1) 그렇게 종말이 이르기 전에 회개(悔改)하지 못한 것을 뉘우쳐(회개는 아님 - 마 27:3) 통분히 여기는 까닭이며, (2) 이제 오신 주님으로

---

34. 이것을 홀버다처럼, "그[그리스도] 안에서 이스라엘의 역사는 다시 살아졌고 성취되었다."(In him the history of Israel is relived and fulfilled.)거나 "예수는 이스라엘의 역사를 다시 살고 성취한다."(Jesus relives and fulfills the history of Israel.)고 생각하면 안 된다. 참조. D. E. Holwerda, *Jesus and Israel. One Covenant or Two?* (Grand Rapids: Eerdmans, 1950), 37-41. 예수께서 애굽에서 나오신 것은 죄 많은 이스라엘의 역사를 '다시 사신 것'이 아니라 호세아 11:1의 '숨겨진 의미'(메시아의 출애굽)를 성취하신 것이다.

35. 선지서 예언의 해석 문제에 대해서는 변종길, "선지서 예언의 해석과 적용", 『그말씀』 59 (1997년 6월), 189-96을 보라.

말미암아 무서운 심판 받을 것을 두려워하는 까닭이다(마 8:12)."고 말한다.[36] 간결하지만 핵심을 바르게 잘 설명하고 있다. 이상근도 마찬가지로 "불신에 대한 후회와 심판에 대한 두려움에서 오는 애곡일 것이다."고 바로 말한다.[37]

4) 하나님의 자기 계시(8절)

8절은 하나님의 자기 계시이다. 하나님은 스스로 자기가 누구인지를 말씀해 주신다. "나는 알파요 오메가"란 말씀은, 하나님은 역사의 시작자와 종결자가 되시며 따라서 역사의 주관자가 되신다는 뜻이다. "이제도 있고 전에도 있었고 장차 올 자"란 말씀은 하나님은 영원한 분이시며 장차 오셔서 우리를 심판하실 분이라는 의미를 담고 있다. '전능한 자'(ὁ παντοκράτωρ, *호 판토크라토르*)란 말이 덧붙었는데, 히브리어로 '샷다이'(*Shaddai*)이다(창 49:25; 룻 1:20-21; 욥 5:17; 6:4; 8:3; 13:3). 보통은 '엘-샷다이' 곧 '전능하신 하나님'으로 불린다(창 17:1; 28:3; 35:11; 출 6:3). 우리 하나님은 말뿐인 신이 아니라 온 세상을 주관하시고 뜻대로 다스리시며 약속을 반드시 이루시는 능력을 가진 분이라는 의미이다.

교훈과 적용

1. 우리 하나님은 '이제도 계시고 전에도 계셨고 장차 오실 자'이시다. 지금 계신 분이라는 사실이 중요하다. 과거는 이미 지나갔고 미래는 오지 않았다. 따라서 실제로 존재하는 것은 현재뿐이다. '현재'는 우리가 하나님을 만나는 시간이요 하나님이 주신 사명을 이루는 시간이다. 따라서 우리는 오늘 하루를 중요하게 생각하고 하루 하루를 성실하게 살아야 한다(마 6:34; 히 3:13). 지나간 과거는 예수님의 십자가 보혈에 묻어 버리고, 장차 우리에게 오셔서 구원과 상급을 주실 하나님을 바라보면서, 오늘

36. 박윤선, 『요한계시록』, 50 이하.
37. 이상근, 『요한계시록』, 52.

하루를 감사함으로 살아가는 성도가 되어야 하겠다.

2. 예수님은 마지막 날에 구름을 타고 다시 오신다(7절). 세상의 모든 사람이 눈으로 볼 수 있게 오신다(행 1:11). 따라서 지금 자기가 재림 예수라고 주장하는 사람들은 다 이단이다. 왜냐하면 그들은 구름을 타고 오지 않았으며 땅에서 왔기 때문이다. 오늘날에도 '영적 강림'을 주장하거나 예수님의 재림을 '상징'으로 해석하는 사람들이 있으나 옳지 않다. 예수님은 큰 나팔 소리와 함께 하늘로부터 구름을 타고 강림하실 것이다(살전 4:16; 마 24:30-31; 16:27). 그때가 되면 회개하기에 이미 늦었으며 후회와 슬픔의 통곡이 있을 것이다.

3. 우리 하나님은 알파와 오메가가 되시며 전능한 자이시다. 곧, 하나님은 역사의 시작자가 되시고 종결자가 되시며, 모든 역사를 뜻대로 주관하시고 운행하신다. 지금 세상에는 악이 지배하고 횡행하고 있지만 하나님이 이 모든 것을 주관하신다. 하나님은 이 세상에 마귀가 활동하도록 허용하고 계시며(욥 1:12; 2:6), 마지막 종말이 되면 마귀와 모든 악한 세력을 다 심판하시고 '새 하늘과 새 땅'을 이루실 것이다. 그때에는 죽은 자들이 부활하며 성도들은 온전한 새 사람을 이루어 죄와 고통과 사망이 없는 새 하늘과 새 땅에서 영원토록 생명을 누릴 것이다.

제2장

인자 같은 이 환상

(1:9-20)

서두 부분이 끝나고 나서 사도 요한은 언제 어디서 어떻게 이 계시를 받았는지를 설명한다. 그는 핍박으로 말미암아 밧모 섬에 유배되어 있을 때 주의 날에 성령에 감동되어 계시를 받았다(9-10절). 그는 자기가 보는 것을 아시아에 있는 일곱 교회에 보내라는 지시를 받았다(11절). 이어서 요한이 본 '인자 같은 이'의 모습에 대해 묘사하고 나서(12-17절), 그분이 주시는 말씀을 기록해 주고 있다(18-20절).

본문 개요

요한은 먼저 자기는 "너희 형제요 예수의 환난과 나라와 참음에 동참하는 자"라고 말한다(9상). 그리고 "하나님의 말씀과 예수를 증언하였음으로 말미암아 밧모라 하는 섬에 있었음"을 말한다(9하). 당시에 기독교 신앙으로 인한 핍박이 있었음을 알 수 있다. 요한이 그 섬에 유배되어 있을 때 주의 날에 성령에 감동되어 나팔 소리 같은 큰 음성을 듣고 또 환상을 보았다(10절). 그리고 그가 보는 것을 책에 써서 아시아 주에 있는 일곱 교회에 보내라는 지시를 받았다(11절). 이 일곱 교회는 상상 속의 교회가 아니라 당시에 실제로 있었던 교회였다.

그리고 나서 요한은 일곱 금 등대(촛대)를 보았다(12절). 그 등대 사이에 '인자 같은 이'의 모습을 보았다(13-16절). 요한이 그의 발 앞에 엎드러져 죽은 자같이 되었을 때, 그가 말하기를 "나는 처음이요 마지막이니 곧 살아 있는 자라…"고 하셨다(17-20절). 따라서 이 '인자 같은 이'는 바로 부활하신 예수님임을 알 수 있다. 그리고 '일곱 촛대'는 일곱 교회이며 '일곱 별'은 일곱 교회의 사자(使者)라고 하신다(20절).

내용 분해

1. 밧모 섬에서 계시를 받음(1:9-11)
   1) 사도 요한의 자기소개(9절)
   2) 주의 날에 계시를 받음(10상)
   3) 나팔 소리 같은 큰 음성(10하, 11절)
2. 인자 같은 이의 모습(1:12-16)
   1) 일곱 금 촛대(12절)
   2) 인자 같은 이의 모습(13-16절)
3. 인자 같은 이의 말씀(1:17-20)
   1) 살아 있는 자(17-18절)
   2) 기록하라(19절)
   3) 일곱 별과 일곱 금 촛대(20절)

본문 주해

1. 밧모 섬에서 계시를 받음(1:9-11)

9 나 요한은 너희 형제요 예수의 환난과 나라와 참음에 동참하는 자라 하
나님의 말씀과 예수를 증언하였음으로 말미암아 밧모라 하는 섬에 있었
더니 10 주의 날에 내가 성령에 감동되어 내 뒤에서 나는 나팔 소리 같은 큰
음성을 들으니 11 이르되 네가 보는 것을 두루마리에 써서 에베소, 서머
나, 버가모, 두아디라, 사데, 빌라델비아, 라오디게아 등 일곱 교회에 보
내라 하시기로

1) 사도 요한의 자기소개(9절)

사도 요한은 자기 자신에 대해 간단히 소개한다. "나 요한은 너희 형제요 예수의 환난과 나라와 참음에 동참하는 자라."(9절) 먼저 '너희 형제'로 소개한 것은 자기도 환난당하는 성도들과 같은 입장에 있다는 것을 말한다. 개역한글판과 개역개정판의 '예수의'(ἐν Ἰησοῦ, *엔 예수*)는 원어상 '예수 안에서'란 뜻이다. 이것은 두 가지로 이해할 수 있는데, 첫째는 '예수님 때문에' 오는 환난과 나라와 참음이란 뜻이다. 둘째는, '예수님이 주시는 힘으로' 환난과 나라와 참음에 동참하는 자란 의미이다. 둘 다 가능하다.

요한은 그가 언제, 어디서, 어떻게 계시를 받게 되었는지를 말한다. 계시를 받은 장소는 '밧모 섬'이었다(9하). 밧모(Patmos)는 밀레도에서 서남서 방향으로 약 60km쯤 떨어진 곳에 있는 돌이 많은 섬이며(길이 12.5km, 폭 4km), 옛날에 죄수들을 유배 보내는 곳이었다.[1] 사도 요한은 도미티아누스 황제(81-96년) 때에 '복음'을 전하다가 이 섬에 유배되었다(95년경). "하나님의 말씀과 예수를 증언하였음으로 말미암아" 밧모 섬에 있었다는 것은 요한이 죄를 지어서 유배된 것이 아니라 하나님의 복음 때문에 핍박받은 것임을 말해 준다.

> 그러면 사도 요한은 언제 밧모 섬으로 추방되었을까? 이에 대해 성경은 아무것도 말하지 않는다. 교회 전승은 도미티아누스 치하 때 추방되었다고 말한다. 유세비우스(Eusebius)는 그의 『교회사』 III,18,1에서 이렇게 말한다. "전승에 의하면, 사도이며 전도자인 요한은 그 당시에 아직 살아

---

1. 밧모(Patmos) 섬에 대해서는 Van de Kamp, *Openbaring*, 70 이하를 보라. 밧모 섬에 탄광이 있었다고 주장하는 사람이 있으나(예: 렌스키, 『성경주석 계시록』, 배영철 역 [서울: 백합출판사, 1979], 52; 이광복, 『계시록 강해』, 제2권 [서울: 흰돌, 1993], 340 각주 425), 윌리엄 램지는 분명하게 "밧모에 탄광은 없었다."(There were no mines in Patmos.)고 말한다. 참조. W. M. Ramsay, *The Letters to the Seven Churches* (Grand Rapids: Baker Book House, 1985), 85. 컬러르스(Keulers)도 밧모에 광산은 없었다고 말한다(*Katholieke brieven en Openbaring*, 241).

있었으며, 하나님의 말씀에 대한 증거 때문에 밧모 섬에 살도록 정죄되었다."[2] 또 III,18,4에서는 도미티아누스 제15년에 큰 핍박이 있었다고 말한다.[3] 도미티아누스 15년은 95년경이 된다. 유세비우스는 또 『교회사』 III,20,18에서 다음과 같이 말한다. "도미티아누스가 15년을 통치한 후에 네르바가 계승하였다. 로마 원로원의 칙령에 의해 도미티아누스의 영예들은 취소되었으며, 부당하게 추방된 자들은 돌아오고 그들의 재산은 회복되었다. 그때에 또한, 초기 기독교 전승에 의하면, 사도 요한이 섬에 추방된 후에 에베소에 다시 돌아와 살았다고 한다."[4] 그 외에도 사도 요한이 밧모 섬에 추방되었다는 기록은 테르툴리아누스(*De praescr.* 36), 알렉산드리아의 클레멘스(*Quis dives salv* 42), 오리게네스(*Comm. in Matt.* 16.6), 히에로니무스(*De vir.* ill. 9), 플리니우스(*Ep.* 1,5,10; 9,13,5)에게도 나온다.[5] 그래서 흐레이다너스 같은 학자는 "요한이 밧모 섬에 추방되었다는 전승은 거의 일치하고 있다."고 말한다.[6]

2) 주의 날에 계시를 받음(10상)

계시를 받은 때는 '주의 날에'(ἐν τῇ κυριακῇ ἡμέρᾳ, *엔 테 퀴리아케 헤메라*)이었다(10절). 여기에 '주의 날' 곧 '주일(主日)'이라는 표현이 처음 등장하는데, 그 전에는 '안식 후 첫날'(마 28:1; 막 16:2, 9; 눅 24:1; 요 20:1, 19; 행

---

2. Eusebius, *Hist. Eccl.* III,18,1: "Ἐν τούτῳ κατέχει λόγος τὸν ἀπόστολον ἅμα καὶ εὐαγγελιστὴν Ἰωάννην ἔτι τῷ βίῳ ἐνδιατρίβοντα, τῆς εἰς τὸν θεῖον λόγον ἕνεκεν μαρτυρίας Πάτμον οἰκεῖν καταδικασθῆναι τὴν νῆσον."
3. 유세비우스는 여기서, 이방인 저술가들도 이 핍박과 순교에 대해 그들의 역사책에 인용하고 있다고 하면서 심지어 정확한 시간까지 말하였다고 한다. 즉, "도미티아누스 제15년에 그 해 로마의 집정관 중 하나였던 플라비우스 클레멘스(Flavius Clemens)의 조카딸인 플라비아 도미틸라(Flavia Domitilla)가 다른 많은 사람들과 함께 그리스도를 고백했다는 이유로 폰티아(Pontia) 섬으로 추방되었다."
4. Eusebius, *Hist. Eccl.* III,20,8.
5 이 출처들에 대해서는 Greijdanus, *Openbaring*, 27과 Van de Kamp, *Openbaring*, 72를 보라.
6. Greijdanus, *Openbaring*, 27.

20:7), '매주일 첫날'(고전 16:2) 등의 표현이 사용되었다. '주의 날'은 '주님께 바쳐진 날'이란 뜻으로서 예수님의 부활을 기념하여 모인 날이다.[7]

계시를 받은 방법에 대해서는 그냥 "성령에 감동하여"라고 말한다(10절). 원문에 의하면 "성령 안에서 되었다"(ἐγενόμην ἐν πνεύματι, *에게노멘 엔 프뉴마티*)고 되어 있다. '되었다'는 것은 광범위하고 모호한 표현이다. 그만큼 계시받게 될 때의 상황을 인간의 언어로 표현하기가 어려웠을 것이다. 그러나 이것은 오늘날 흔히 생각하듯이 '무의식(無意識) 상태'나 '무아지경(無我之境)' 또는 '황홀경(恍惚境)'이나 '입신(入神) 상태'에 빠진 것을 말하는 것은 아니다.[8] 요한은 의식이 또렷했으며, 자기가 보고 들은 것을 정확하게 기억하고 기록할 수 있었다.[9] 성령은 우리의 의식을 또렷하게 하시며 모든 진리 가운데로 인도하신다(요 16:13). 따라서 의식이 흐리멍덩해지거나 뒤로 넘어

---

7. 참조. Keulers, *Katholieke brieven en Openbaring*, 251. 한편, 안식교 학자인 바키오키(S. Bacchiocchi)는 "일요일의 기원이 유대교적인 요소와 이교적인 요소, 그리고 기독교적인 요소의 상호작용에서 기인했다."고 본다. 그래서 "안식일을 대신하여 일요일 준수를 도입한 것은 그리스도의 권위나 사도들의 권위에 의해 초기 예루살렘 교회에서 발생한 것이 아니라 수십 년 후에 아마도 로마교회에서 외부적인 환경들로 말미암아 발생했던 것"이라고 주장한다. 참조. 사무엘레 바키오키, 『안식일에서 주일로』 이국헌 역 (서울: 나무그루, 2012), 411, 412. 그러나 그는 제일 중요한 자료인 신약의 세 구절(고전 16:1-2; 행 20:7-11; 계 1:10)을 무시해 버린다(406쪽). 따라서 그의 연구는 많은 연구에도 불구하고 편향적이고 중대한 오류를 지니고 있다고 할 수 있다.
8. 이필찬은 계 1:10과 4:2에서의 이 문구는 "성령에 의해 '황홀경'(rapture)의 상태에서 주어지는 환상에 대한 환상가(visionary)의 체험을 표현하는 전문적 용어(technical term)라고 할 수 있다."고 한다. 이어서 "'황홀경'의 상태는 자신의 의식 세계를 벗어나는 것을 의미한다."고 말한다. 이필찬, 『내가 속히 오리라』, 79. 또한 G. E. Ladd, *A Commentary on the Revelation of John* (Grand Rapids: Eerdmans, 1972), 31도 마찬가지로 본다: "The phrase here means to be caught up in an ecstatic experience, to enter into a trance(see Acts 11:5; 22:17)." R. H. Charles도 '황홀 상태'(ecstatic condition) 또는 '무아지경'(trance)로 본다. 참조. R. H. Charles, *The Revelation of St. John*, ICC, I (Edinburgh: T. & T. Clark, 1920), 22.
9. Van de Kamp, *Openbaring*, 75 이하. 또한 Greijdanus, *Openbaring*, 28: "이로써 요한은 잠에 빠지지도 않았으며, 그의 의식이 어두워지지도 않았다. 오히려 그 반대로, 말하자면, 그의 영의 지각(知覺)의 문들이 열려서 분명한 자의식(自意識)을 가지고 물질세계의 베일 뒤에서 일어나는 것까지 보고 들을 수 있게 되었다."

지는 것은 올바른 성령의 역사가 아니다.

3) 나팔 소리 같은 큰 음성(10하, 11절)

요한이 성령에 감동되었을 때, 먼저 그의 뒤에서 나는 '나팔 소리 같은 큰 음성'을 들었다고 한다(참조. 출 19:16, 19; 20:18). 이것은 웅장하고 위엄 있는 소리를 말한다. 그 내용은 "네가 보는 것을 책에 기록하라."는 것이었다. 그리고 아시아의 "일곱 교회에 보내라."는 것이었다(11절). 따라서 이 계시의 내용은 어떤 한 개인의 유익이나 영광만을 위해 주어진 것이 아니라, 처음부터 아시아에 있던 구체적인 일곱 교회에 주신 말씀임을 알 수 있다. 뿐만 아니라 이것은 오늘날 우리 모두에게 주시는 하나님의 말씀이기도 하다. 여기에 나오는 '일곱 교회'는 당시 아시아 주에 있던 실제로 존재하는 교회들이었다.[10]

교훈과 적용

1. 사도 요한은 복음을 전하다가 핍박을 받아 밧모 섬에 유배되었다. 이때는 도미티아누스 황제 통치 말기로(95년경) 교회에 대한 핍박이 심하였다. 사도 요한은 그 당시 에베소에 머물면서 주위의 여러 교회를 돌보고 있었다. 그는 백발이 성성할 때까지, 거의 1세기 말까지 살면서 복음을 전하였다. 그는 황제숭배를 강요하며 교회를 핍박하는 총독의 압제를 거부하다가 외딴섬에 유배되었다. 이처럼 그는 복음 때문에 받는 환난과 핍박을 피하지 아니하고 그를 사랑하시는 주님께 충성하였다(2:10).
2. 요한은 밧모 섬에 유배되어 있을 때 계시를 받아 계시록을 기록했다. 때는 '주의 날'이었고 방법은 '성령에 감동되어'라고 말한다(10절). '성령에 감동되어'는 원어로 보면 '성령 안에서' 또는 '성령으로'가 되는데, 성령의 역사(役事)로 말미암아 계시를 받게 되었다는 뜻이다. 구체적으로 어떻게 되었는지는 우리가 알지 못한다. 성령의 역사 자체가 신비적이기 때문에 인간의 언어로 표현하는 것이 불가능하다. 그러나 '무아지경(無我之境)'이나 '황홀경(恍惚境)'은 아니다. 요한은 그때 분명한 의식이 있었으며, 보고 들은 것을 정확하게 기억하고 기록하였다. 따라서 성령의 역사는 이방 종

10. '일곱 교회'에 대한 여러 견해에 대해서는 Van de Kamp, *Openbaring*, 77 이하를 보라.

교의 신비 체험과는 다른 것이다.

3. 요한이 책을 써서 보낸 아시아 일곱 교회는 당시에 실제로 존재했던 교회였다. 여기서 '아시아'는 에베소와 서머나, 버가모 등을 중심으로 한 현재 튀르키예 중서부 해안과 그 인근 내륙 지역을 일컫는 주(州) 이름이었다. 이 일곱 교회는 사도 바울과 그에게서 배운 제자들에 의해 설립되었으며, 1세기 말에는 사도 요한이 돌보고 있었다. 따라서 요한이 이들 교회에 편지를 보내어 그들을 위로하고 격려한 것은 자연스러운 일이었다. 물론 이 편지들은 또한 영감된 하나님의 말씀이었기 때문에 그 후 모든 시대의 온 세계 교회들에게 주시는 하나님의 말씀이기도 하다(롬 15:4).

2. 인자 같은 이의 모습(1:12-16)

12 몸을 돌이켜 나에게 말한 음성을 알아 보려고 돌이킬 때에 일곱 금 촛대
를 보았는데 13 촛대 사이에 인자 같은 이가 발에 끌리는 옷을 입고 가슴에
금띠를 띠고 14 그의 머리와 털의 희기가 흰 양털 같고 눈 같으며 그의 눈
은 불꽃 같고 15 그의 발은 풀무불에 단련한 빛난 주석 같고 그의 음성은
많은 물 소리와 같으며 16 그의 오른손에 일곱 별이 있고 그의 입에서 좌우
에 날선 검이 나오고 그 얼굴은 해가 힘있게 비치는 것 같더라

1) 일곱 금 촛대(12절)

요한은 이 음성을 듣고 보려고 몸을 돌이킬 때에 '일곱 금 촛대'를 보았다(12절). 여기서 '촛대'라고 번역되어 있는 단어(λυχνία, *뤼크니아*)는 원래 '등대(燈臺)'를 의미한다. 이스라엘의 성막에는 일곱 등잔을 가진 한 개의 '등대'가 있었다(출 25:31-40; 40:24-25). 이 등대에는 올리브기름(감람유)을 사용한다. 따라서 '촛대'라는 번역은 오역이라고 할 수 있다. 요한은 여기서 일곱 개의 금 등대들을 보았다.

2) 인자 같은 이의 모습(13-16절)

이어서 요한은 촛대(등대) 사이에 '인자(人子) 같은 이'가 계신 것을 보았다(13절). '인자 같은 이'(ὅμοιον υἱὸν ἀνθρώπου, *호모이온 휘온 안뜨로푸*)는 예수 그리스도를 가리킨다. 부활하셔서 하늘나라에 계신 예수님은 우리와 같은 '사람' 곧 '인자(사람의 아들)'의 모습을 하고 있다(참조. 단 7:13). 하지만 그는 지금 영광스러운 모습을 하고 있다. 여기에 '같은'(ὅμοιον, *호모이온*)이란 단어가 사용된 것은 '실물(實物)' 자체를 본 것이 아니라 '환상(幻像)' 속에서 본 모습이기 때문에 그러하다.

그 영광스러운 모습이 여기에 여러 가지로 묘사되어 있다. "발에 끌리는 옷을 입었다"는 것은 [대제사장적인] 위엄 있는 모습을 의미한다(출 28:4; 29:5). "가슴에 금띠를 띠었다"는 것은 왕적인 위엄을 나타낸다.[11] "그의 머리와 털의 희기가 흰 양털 같고 눈 같다"(14절)는 것은 정결함과 성결함(시 51:7; 사 1:18)을 나타내며,[12] 또한 영광스러움(잠 16:31)을 나타낸다.

"그의 눈은 불꽃 같다"(14하; 참조. 계 2:18; 19:12; 단 10:6)는 것은 모든 것을 감찰하신다는 것을 의미한다(왕상 8:39; 대상 28:9; 시 7:9; 렘 11:20; 17:10; 20:12; 행 1:24 등). "그의 발은 풀무에 단련한 빛난 주석 같다."고 하는데(15상), 여기에 '주석(朱錫)'으로 번역된 단어(χαλκολίβανος, *칼코리바노스*)는 정확한 실체가 밝혀지지 않은 것으로서 대개 '청동'이나 '놋쇠'로 번역할 수 있다.[13] 따라서 이것은 그리스도의 통치의 견고함을 의미한다(단 2:33, 41). 그리고 "그의 음성은 많은 물소리와 같다."(15하)는 것은 우렁참과 장엄함을 의미한다(겔 43:2).

"그의 오른손에 일곱 별이 있다."(16상)는 것은 그리스도께서 교회를 주

---

11. Greijdanus, *Openbaring*, 33.
12. Greijdanus, *Openbaring*, 34.
13. Zer.-Gros. *ad* Rev. 1:15: "*bronze*; exact substance unidentified"; BDAG, s.v.: "Since the word is found nowhere independent of Rv, the exact nature of this metal or alloy remains unknown."

관하신다는 것을 의미한다. 그의 손에 있는 '일곱 별'은 (아시아) 일곱 교회의 사자(使者)를 의미하는데(20절), 이는 또한 교회 전체를 대표한다고 볼 수 있다. "그의 입에서 좌우에 날선 검이 나온다."(16중)는 것은 하나님의 말씀의 역사를 의미한다(엡 6:17). 하나님의 말씀은 회개케 하는 역사(히 4:12)와 심판하는 역사(사 11:4)를 행한다. "그의 얼굴 모습은 해가 힘 있게 비치는 것 같다."(16하)는 것은 그리스도의 찬란한 영광을 의미한다(마 17:2; 13:43; 계 10:1).

교훈과 적용

1. 사도 요한이 성령에 감동되어 제일 먼저 본 것은 '일곱 금 촛대'였다(12절). 여기에 '촛대'로 번역된 단어는 사실 '등대'이다. '초'는 나중에 발명된 것이고 구약 시대에는 성막과 성소에서 '등대'를 사용하였다. '등대'(메노라)는 일곱 등잔을 가지고 있었으며, 이것을 밝히기 위해 처음 짜낸 올리브기름을 사용하였다. 요한은 '일곱 등대'를 보았는데, 이것은 곧 일곱 교회라고 말한다(20절). 이 일곱 교회는 당시 아시아 주에 있던 실제 교회였다. 또한 동시에 온 세계에 있는 모든 시대의 교회를 대표한다고 볼 수 있다. 중요한 것은 이 등대 사이에 '인자 같은 이' 곧 예수님이 다니신다는 사실이다. 예수님은 교회의 머리가 되시며 교회를 감찰하신다.

2. 부활 승천하신 우리 주 예수님은 지금 영광스러운 모습으로 계신다(13절). 우리의 대제사장과 만왕의 왕으로서 우리를 위해 기도하시며(히 4:14-16; 7:25; 롬 8:34), 온 세상을 다스리신다(계 17:14). 로마의 황제가 온 세상을 다스리는 것이 아니라 예수 그리스도께서 온 세상을 다스리고 주관하신다. 그리고 예수님은 온 세상을 감찰하시며(14절), 권세와 위엄과 영광을 가지고 계신다(15절). 무엇보다도 교회의 사자(지도자)를 그의 오른손에 붙들고 계시며 하나님의 말씀으로 다스리신다(엡 6:17; 히 4:12).

3. 교회가 어려운 상황 가운데 있을 때에도 부활하신 주 예수께서 온 세상을 다스리고 계심을 믿어야 한다. 비록 세상에서는 악한 자들이 권세를 잡고 교회를 핍박하는 것처럼 보이지만, 사실은 그 배후에 예수님께서 만왕의 왕, 만주의 주로서 세상을 다스리고 계신다. 현 세상에서는 악한 자들이 활동하도록 하나님이 허락하시지만, 마

지막 날에 예수님이 재림하셔서 모든 악한 자들을 심판하시고 멸망시키실 것이다. 따라서 교회는 세상 역사를 주관하시는 하나님을 굳게 믿고 교회의 머리가 되시는 예수님께 끝까지 충성하여야 한다(계 2:10).

3. 인자 같은 이의 말씀(1:17-20)

17 내가 볼 때에 그의 발 앞에 엎드러져 죽은 자같이 되매 그가 오른손을
내게 얹고 이르시되 두려워하지 말라 나는 처음이요 마지막이니 18 곧 살
아 있는 자라 내가 전에 죽었었노라 볼지어다 이제 세세토록 살아 있어 사
망과 음부의 열쇠를 가졌노니 19 그러므로 네가 본 것과 지금 있는 일과
장차 될 일을 기록하라 20 네가 본 것은 내 오른손의 일곱 별의 비밀과 또
일곱 금 촛대라 일곱 별은 일곱 교회의 사자요 일곱 촛대는 일곱 교회니라

1) 살아 있는 자(17-18절)

요한은 이런 주님의 모습을 보았을 때 "그의 발 앞에 엎드러져 죽은 자같이 되었다."고 한다(17상). 이것은 예수님 앞에 선 인간의 연약함과 죄인 됨을 나타낸다(눅 5:8; 사 6:5). 이를 통해 또한 예수님의 권위와 신성을 드러낸다. 그러자 예수님이 오른손을 요한에게 얹고서 "두려워하지 말라."고 말씀하셨다. 이것은 우리 인간을 용서하시고 위로하시는 주님의 음성이다.

그리고 나서 예수님은 자기가 누구인지 분명히 말씀하신다. "나는 처음이요 마지막이니"(17하)라고 하신 것은 예수님께서 역사의 시작자와 종결자 곧 역사의 주관자가 되심을 말한다. "곧 살아 있는 자라"(18상)는 것은 죽음이 그를 주장하지 못함을 보여 준다. "내가 전에 죽었었노라"(ἐγενόμην νεκρός, *에게노멘 네크로스*)는 것은 죽음도 과거의 한 경험에 불과하다는 것을 나타낸다. 우리가 천국에 가면 죽음도 마치 어릴 때의 상처처럼, 어릴 적의 추억처럼 될 것이다. 천국에서 우리는 "나는 그때 저 세상에 있을 때에 그렇게 죽

었었지…" 하면서 서로 이야기할 것이다. 이처럼 이 세상에서의 모든 삶은 죽음을 포함해서 하나의 경험이 된다. 예수님은 전에 이 세상에서 죽었던 경험을 가지고 계신다. 이 사실은 예수님께서 죽음을 극복하시고 영원토록 살아 계신다는 것을 말한다.

이어서 예수님은 "볼지어다. 이제 세세토록 살아 있어 사망과 음부의 열쇠를 가졌다."(18하)고 말씀하신다. 여기서 '음부(陰府)'(ᾅδης, *하데스*)는 죽은 자들이 가는 장소로서 '사자(死者)의 나라' 또는 '죽은 자들의 장소'로 볼 수 있다(계 6:8; 20:13-14).[14] 그렇다면 불신자들이 영원토록 형벌받는 장소인 '지옥(地獄)'(γέεννα, *게엔나*)과 구별된다고 할 수 있다. 그러나 이 단어(음부)는 여기서 '사망'과 함께 사용되어서 부정적인 이미지를 가지고 있으므로 '지옥'과 동일한 의미로 볼 수도 있을 것이다.[15] 어쨌든 예수님은 사망과 음부(사후 세계 또는 지옥)에 대해서도 주관하시므로, 성도들은 죽음을 두려워하지 말고 신앙을 굳게 지키라는 의미를 담고 있다.

---

14. Greijdanus, *Openbaring*, 38. 헨드릭슨은 '무덤'이나 '지옥'이 아니라 '몸과 영혼이 분리된 죽음의 상태'로 본다. 헨드릭슨, 『요한계시록』, 64 이하. 휴즈는 '무덤' 또는 '죽음의 상태'로 본다. 참조. 필립 E. 휴즈, 『요한계시록 주석』 (서울: 여수룬, 1994), 41.

15. 박윤선은 구약에서는 '스올'이 여러 의미로 사용되었지만, 신약에 와서는 '내세의 흉한 처소'를 의미하고 있다(눅 16:23)고 한다. 박윤선, 『요한계시록』, 56. 마 11:23 주석 중에서도 "'음부'는, 구원받지 못한 자들이 가는 흉한 곳이다(눅 16:23)."고 말한다. 참조. 박윤선, 『성경주석 공관복음』 (서울: 영음사, 1981), 273. 또한 R. H. Charles도 "계시록에서 hades는 죽은 불의한 자들 곧 구원받지 못한 자들이 일시적으로 머무는 장소"라고 한다. Greijdanus, *Openbaring*, 38에서 인용. 또한 1637년에 출판된 화란국역(SV) 성경은 마 11:23; 16:18; 눅 10:15; 16:23; 행 2:27, 31; 계 1:18; 6:8; 20:13, 14 등 신약의 모든 곳에서 hades를 별다른 설명 없이 "hel"(지옥)로 번역하고 있다(단, 계 6:8과 20:13에서만 각주에서 또는 "het graf"(무덤)로 번역할 수 있다고 언급한다).

❖ 특주: 음부(陰府)의 의미

'음부(陰府)'는 구약에서 '스올'로 불린다. '스올'(שְׁאוֹל)의 의미는 다음 세 가지로 정리할 수 있다. 1) 무덤(창 37:35; 욥 17:13; 시 6:5; 30:3; 잠 1:12; 27:20; 사 5:14; 38:18). 2) 죽은 자가 가는 곳, 지하 세계, 사후 세계 - 여기에는 의인이나 악인의 구별이 없다(욥 10:21, 22; 26:5; 시 88:11; 잠 2:18; 9:18; 21:16; 사 14:9; 26:14, 19). 3) 악인이 가는 곳, 저주받은 장소. 지옥과 동의어(신 32:22; 욥 11:8). 참조. 박윤선, 『요한계시록』, 55 이하. (여기에는 '음부'의 헬라어 원어가 εἶδες로 잘못 표기되어 있다. ᾅδης가 맞다). 화란국역(SV) 성경은 사도행전 2:27(이는 내 영혼을 음부에 버리지 아니하시며…)의 난하주 설명에서 다음과 같이 설명한다(필자 번역). "히브리어 **스올**과 여기에 사용된 헬라어 **하데스**는 어떤 때는 저주받은 자들의 장소를 뜻하는데(신 32:22; 욥 11:8; 마 11:23; 눅 16:23), 여기서는 이런 의미로 받아들일 수 없다. 왜냐하면 죽음에 의해 육체와 분리된 **그리스도**의 영혼은 그런 장소에 있는 것이 아니라 낙원에 있었기 때문이다(눅 23:43). 어떤 때에는 이것이 지옥 같은 고통과 곤경을 의미한다(삼상 2:6; 시 18:6; 116:3). 어떤 이들은 여기의 이 단어가 그런 의미로 취해질 수 있다고 생각한다. 즉, 그리스도는 그의 죽음을 앞두고 그의 영혼에 그런 고통을 겪었다는 의미로 생각한다. 하지만 이 단어는 또한 종종 무덤이라는 의미로 취해질 수 있다(창 37:35; 욥 17:13; 시 6:5; 30:3; 잠 1:12; 27:20; 사 5:14; 38:18; 계 20:13). 그리고 여기서는 그리스도의 죽음 후와 죽음에서 부활하신 **그리스도**의 상태에 대해 말한다. 그래서 이것은 여기서 **그리스도**의 영혼 곧 **그리스도**가, 그의 육체를 따라서 제3일이 되기까지 누워 있었던 무덤으로 이해하는 것이 가장 적합하다고 생각된다."

2) 기록하라(19절)

그러고 나서 예수님은 요한에게 임무를 주신다. 그것은 "네가 본 것과 지금 있는 일과 장차 될 일을 기록하라."는 것이다(19절). 이것은 요한이 '본 것들'(ἃ εἶδες, *하 에이데스*)과 '현재 있는 것들'(ἃ εἰσίν, *하 에이신*)과 '이 일들 후에 장차 될 것들'(ἃ μέλλει γενέσθαι μετὰ ταῦτα, *하 멜레이 게네스따이 메타 타우타*)을 기록하라는 의미인데, 이것을 보면 요한계시록은 마지막 종말 때의 일들만 기록한 것이 아니라 이 세상의 전(全) 역사를 기록한 것임을 알 수 있다.[16] 전체 교회 시대와, 나아가서 세상 역사 전체에 대한 하나님의 운행을 기록한 것이라고 할 수 있다.

❖ 특주: 1장 19절의 '장차 될 일'

이광복은 19절의 '장차 될 일'에 대해 '4-22장의 사건을 담은 미래의 극심한 대환난 때에 일어날 일들'로 본다.[17] 이것은 '지금 있는 일'은 2-3장의 내용으로 교회 시대 전체를 가리킨다고 보는 그의 견해와 맞물려 있으며, '장차 될 일'은 세상의 종말 때의 일을 가리킨다고 보는 '미래주의 학파'의 견해이다. 이광복은 자기의 견해는 세대주의 학파의 견해와 다르다고 주장한다.[18] 물론 그의 견해는 부활과 휴거, 예수님의 재림에 있어서 세대주의자들의 견해와 다른 것은 사실이지만, 미래주의적으로

16. 흐레이다너스는 '네가 본 것들'은 1장 12절 이하의 환상을 말하고, '지금 있는 일들'은 2-3장에 있는 일곱 교회에 대한 말씀을 말하고, '장차 될 일들'은 4장 이후의 내용을 가리킨다고 본다. Greijdanus, *Openbaring*, 39. 그러나 이것은 너무 도식적이라는 생각이 든다. 2-3장의 말씀 중에도 미래와 관계된 내용이 있으며, 4장 이후의 말씀 중에도 미래뿐만 아니라 현재와 관계된 내용들도 있다. 따라서 요한계시록 전체가 전(全) 시대의 역사를 다룬다고 보는 것이 더 옳을 것이다.
17. 이광복, 『계시록 강해』, 제2권, 504.
18. 이광복, 『계시록 강해』, 제2권, 507-10.

해석하는 점에 있어서는 큰 차이가 없다. 이광복은 자신의 견해를 세대주의자들의 '극단적인 미래주의자의 해석'에 대비하여 '온건한 미래주의자의 견해'라고 지칭한다. 그러나 계시록 4장 이후의 사건을 '미래의 극심한 대환난 때에 일어날 일들'로 보는 점에 있어서는 비슷하다고 해야 할 것이다. 구체적으로 이광복은 계시록 6:1부터 '환난'이 시작되며, 6:1에서 19:11까지 '대환난 기간'으로 본다. 19:11에서 '환난 후 재림'이 있으며 '성도의 휴거'가 일어난다고 본다.[19]

그러나 이러한 주장은 성립될 수 없다. 우선 계시록 2-3장의 내용을 '신약 시대의 7 시대'를 가리키는 것으로 보는 그의 견해는 옳지 않다. 2-3장의 일곱 교회는 당시에 실제로 존재하던 '아시아의 일곱 교회'였으며, 사도 요한은 이들 일곱 교회에 실제로 편지를 보내었다. 신약 시대가 계시록 2-3장에 소개된 일곱 교회의 모습과 "시대적으로 그 내용이 100% 일치한다."는 그의 주장[20]은 사실이 아니다. 그리고 4장 이하의 내용이 사도 요한의 때로부터 1,800여년을 뛰어넘어서 마지막 종말 때의 환난을 다룬다는 주장도 맞지 않다. 4:1에서 '이후에 마땅히 일어날 일들'(ἃ δεῖ γενέσθαι μετὰ ταῦτα, *하 데이 게네스따이 메타 타우타*)이라 한 것은 같은 절 안의 "이 일 후에 내가 보았다"(μετὰ ταῦτα εἶδον, *메타 타우타 에이돈*)는 말과 비교해 볼 때, 사도 요한이 계시록 1-3장에서 본 일들 후에 4장의 환상을 보았다는 말이다. 따라서 '이 일들 후에 마땅히 될 일들'은 사도 요한 이후로 일어날 일들로 보아야 하며, 갑자기 1,800여년을 뛰어넘어서 마지막 종말 때의 일들로 보는 것은 옳지 않다. 6장 이하의 내용들이 단지 마지막 종말 때의 일들만 가리키는 것이 아니라 교회 시대 전체에 있을 일들(물론 재림과 마지막 심판, 재림 후의 일들을 가리키는 몇몇 계시들은 그 후에 있을 일들)을 가리킨다

19. 이광복, 『계시록 강해』, 제2권, 508.
20. 이광복, 『4대 학파로 본 계시록 종말론의 비극』 (서울: 흰돌, 2012), 292.

는 것은 이 주석에서 차차 밝혀나갈 것이다.

그리고 이광복이 '장차 될 일'(ἃ μέλλει γενέσθαι, *하 멜레이 게네스따이*)에 대해 원어 풀이 해 놓은 것은 도무지 이해할 수 없다. 그는 이렇게 말한다. "… '~하려고 하다'(to be about)를 의미하는 *멜로*(μέλλω)의 현재 능동태 직설법 *멜레이*(μέλλει)를 수반한 중간태 현재 부정사 *게네스다이*(γενέσθαι)가 사용되어 부정과거의 미래가 함께 사용되었다."[21] '*멜레이*'(μέλλει)가 현재 능동태 직설법인 것은 맞지만, '*게네스따이*'(γενέσθαι)는 아오리스트(부정과거) 중간태 부정사이다. '현재'가 아니다. 그 다음에 나오는 "부정과거의 미래가 함께 사용되었다"는 말은 도무지 맞지 않다. 여기에 부정과거의 미래와 같은 것은 없다. μέλλει(*멜레이*)는 문법적으로 현재이며 뜻은 미래의 일을 가리킨다. 이광복이 생각하듯이 먼 미래, 마지막 종말 때를 가리키는 것이 아니라 현재 이후는 다 μέλλει(원형은 μέλλω)가 나타내는 미래이다. 예를 들면, 예루살렘의 선지자 아가보는 클라우디우스 황제 때 있을 흉년에 대해 "장차 큰 흉년이 있을 것"(λίμον μεγάλην μέλλειν ἔσεσθαι, *리몬 메갈렌 멜레인 에세스따이*)이라고 예언하였다(행 11:28). 또 사도 요한은 오순절 날 이후의 성령 받음에 대해 "그를 믿는 자들이 장차 받을 성령"이라고 말하였다(요 7:39). 이러한 예들은 수없이 많은데, 이것은 마치 영어의 "will"이란 난어가 (시간 미래를 나타낼 경우) 가깝든 멀든 현재 이후의 일들을 가리키는 것과 같다. 이처럼 '장차 될 일'은 현재 이후의 모든 일들을 나타내는 표현이며, 꼭 마지막 종말 때의 일들만 가리키는 것은 아니다.

---

21. 이광복, 『계시록 강해』, 제2권, 506.

3) 일곱 별과 일곱 금 촛대(20절)

그리고 나서 예수님은 요한이 본 '일곱 별의 비밀'과 '일곱 금 촛대'에 대해 설명해 주신다(20절). '일곱 별'은 '일곱 교회의 사자(使者)'라고 말씀하신다. 여기서 '사자'(ἄγγελος, *앙겔로스*)를 천사(天使)로 볼 수는 없다. 계시록 2-3장에 나오는 '사자'는 일곱 교회를 각각 대표하는 지도자로 보아야 한다(아래 설명 참조). 따라서 여기 1장의 '사자'도 교회를 대표하는 지도자로 보아야 한다. 교회 지도자는 또한 그 교회 전체를 대표한다. 따라서 예수님께서 '일곱 교회의 사자들'을 '손에 가지고 있다'는 것은 아시아의 일곱 교회를 주관하신다는 의미이다. 이것은 나아가서 이 세상의 교회 전체를 주관하고 계신다는 의미도 된다(엡 5:23; 골 1:8).

❖ 특주: 1장 20절의 '앙겔로이'

빌은 1:20의 ἄγγελοι(*앙겔로이*)는 천상적 존재들과 지상의 교회들 둘 다 가리킨다고 본다. 계시록에서 천사적 존재들은 그리스도인들과 집합적으로 동일시되고 있다고 한다(예: 계 19:10과 22:9의 천사). 이것을 빌은 '집합적 대표'(corporate representation) 사상이라고 부른다. 따라서 1:20하의 '사자들'(angels)은 '또한 교회를 대표하는 천상적 존재들'(heavenly beings who also represent the church)이라고 한다.[22] 빌의 견해 중 계시록 22:9을 이렇게 보아야 하는지는 매우 의문스럽고,[23] 또한 '집합적 대표'라는 용어에 대해서도 약간의 유보(留保)가 있지만,[24]

---

22. Beale, *Revelation*, 217.
23. 계 22:9의 '함께 된 종'(= 8절의 ὁ ἄγγελος, *호 앙겔로스*)은 그냥 천사(天使)로 보아야 할 것이다.
24. '집합적 인간'(corporate personality) 사상의 문제점에 대해서는 변종길, "헤르만 리덜보스의 『바울 신학』에 나타난 주요 문제점", 『개혁신학과 교회』 5 (1995), 39-70을 보라.

고려할 만한 가치는 있다고 생각된다.[25]

다른 한편, 판 드 캄프는 여기의 *앙겔로이*에 대한 여러 견해들을 소개하고 나서, 그 답을 찾기 어렵다고 말하면서 자신은 일곱 교회에서 온 사자들 곧 파송 사절들로 보는 것이 가장 그럴 듯하다고 한다.[26] 그는 그 이유를 다음과 같이 제시한다.

1) 그리스도의 말씀은 이미 도착했거나 오고 있는 일곱 방문자들을 가리키고 있다.
2) 그들은 요한을 도우러 왔으며, 그들 교회에 대한 특별한 메시지와 전체 계시를 가지고 돌아간다.
3) 일곱 촛대는 일곱 교회라는 그리스도의 설명도 이 해석을 지지한다. 왜냐하면 촛대는 교회의 구체적인 현실을 상징하기 때문이다. 그렇다면 별들도 또한 객관적인 현실을 상징해야만 한다.

그러나 이러한 설명은 다음과 같은 의문을 불러일으킨다.

1) 일곱 교회에서 파송한 일곱 파송 사절이 똑같이 밧모의 요한에게 왔다고 보는 것은 부자연스럽다. 서로 의논하고 왔을까? 또 그들이 도착한 바로 그때에 그들 교회에 대한 계시가 주어졌단 말인가?
2) 사절들이 와 있었다면 "편지하라"는 명령이 불필요했을 것이다. 그 사절들에게 구두로 말하고 부탁하면 되었을 것이다.
3) 사절들이 와 있는데도 사도 요한이 따로 한가하게 긴 글을 쓴다

---

25. 포이쓰레스도 빌과 같은 방향으로 생각한다. 참조. 번 S. 포이쓰레스, 『요한계시록 맥잡기』, 유상섭 역 (고양: 크리스챤 출판사, 2002), 89: "그러므로 천상의 영역과 지상의 영역들은 긴밀하게 연결되어 있으며, 하늘에 있는 상황들과 과정들은 신비로운 방식으로 지상에 있는 과정들과 일치한다. 따라서 동일한 메시지는 하늘의 천사들과 이 땅에서 이에 상응하는 교회들에게 적용된다."
26. Van de Kamp, *Openbaring*, 86-90.

는 것은 실제로 쉽지 않다. 글이나 책은 조용하고 한가할 때에 주로 쓰게 된다.

이상의 사실들을 고려해 볼 때 '일곱 교회의 파송 사절들'로 보는 견해는 받아들이기 어렵다. 따라서 우리는 2-3장에 나오는 '사자(使者)'라는 단어와 관련지어 생각해 볼 때, 여기 1장의 '사자'도 각 교회를 대표하는 지도자를 가리키는 것으로 보는 것이 가장 합당하다고 생각된다. 헨드릭슨도 "사자란 목사나 교역자란 뜻으로 이해해야 한다."고 한다.[27] 흐레이다너스도 '교회의 감독, 지도자, 대표'로 보아야 한다고 한다. 여기서 ἄγγελος(*앙겔로스*)는 하나님께로부터 교회에게로 파송된 '사자(使者)'를 뜻한다(요 17:18; 20:21)고 한다.[28]

그리고 '일곱 촛대'는 일곱 교회를 뜻한다고 한다(20하). 직접적으로는 당시 아시아의 일곱 교회를 가리키지만, 나아가서 당시 세계의 모든 교회와 역사상 모든 세대의 모든 교회를 가리킨다고 볼 수 있다. 왜냐하면 계시록에서 숫자 '7'은 완전함, 전체를 나타내는 상징적 의미를 가지고 있기 때문이다(계 1:4; 4:5; 5:1, 6).

교훈과 적용

1. 예수님은 "내가 전에 죽었었노라."고 말씀하신다(18절). 이 세상에서 이렇게 말할 수 있는 사람은 없다. 세상 사람은 일단 죽으면 그것으로 끝이다. 죽고 나면 자기의 죽음에 대해 다른 사람들에게 말할 수 없다. 그러나 예수님은 죽은 지 사흘만에 다시 살아나셨다. 그래서 자기의 죽음에 대해 "내가 죽었었노라."고 말씀하시는 것이다.

27. 헨드릭슨, 『요한계시록』, 65.

28. Greijdanus, *Openbaring*, 42.

그러면서 "이제 세세토록 살아 있어 사망과 음부의 열쇠를 가졌다."고 말씀하신다. 우리는 이런 살아 계신 예수님을 믿으며, 또 영원토록 죽지 않고 살아 계실 예수님을 믿는다. 따라서 우리도 영원토록 살게 될 소망을 가지게 된다.

2. 요한계시록은 요한이 '본 것' 곧 '지금 있는 일'과 '장차 될 일'을 기록한 것이다(19절). 사도 요한이 자기 머릿속에 생각해 낸 것을 적은 것이 아니다. 요한계시록은 사도 요한이 밧모 섬에서 자기가 받은 '계시' 곧 '본 것'을 기록하였다. 그 내용은 '지금 있는 일들'과 '장차 될 일들'이다. 이것은 사도 요한 이후로 세상 종말 때까지, 그리고 영원토록 있을 일들에 대한 것이다. 단지 미래의 종말 때에 있을 일들만 기록한 것이 아니며, 또는 단지 주후 1세기에 있었던 일들을 기록한 것이 아니다. 예수 그리스도의 초림부터 재림까지, 그리고 새 하늘과 새 땅에 이르기까지 있을 일들에 대해 기록한 것이다.

3. 사도 요한이 본 것은 예수님의 오른손에 있는 '일곱 별의 비밀'과 또 '일곱 금 촛대'라고 한다(20절). 그리고 '일곱 별'은 일곱 교회의 사자(使者)이며, '일곱 촛대'는 일곱 교회라고 한다. 여기서 '일곱 교회'는 당시 아시아 주에 있던 구체적인 일곱 교회를 의미한다. 물론 이 '일곱 교회'에 주신 말씀은 또한 모든 시대의 온 세상 교회에게도 해당된다(롬 15:4). 그리고 '일곱 교회'는 예수님의 오른손 안에 있다(20절). 즉, 부활하신 예수님께서 세상의 모든 교회를 주관하고 다스리신다. 그러므로 우리는 이 세상에서 환난과 핍박을 당하지만, 최종 승리를 확신하고 담대하게 나아갈 수 있다(요 16:33; 계 17:14).

제3장

일곱 교회에 보낸 편지

(2:1-3:22)

계시록 2장과 3장은 사도 요한이 아시아에 있는 일곱 교회에 보낸 편지이다. 구체적으로는 에베소 교회(계 2:1-7), 서머나 교회(계 2:8-11), 버가모 교회(계 2:12-17), 두아디라 교회(계 2:18-28), 사데 교회(계 3:1-6), 빌라델비아 교회(계 3:7-13), 라오디게아 교회(계 3:14-22)에 보낸 편지들로 되어 있다. 이들 일곱 개 도시는 당시 '아시아 주(州)'에 실제로 있었던 주요 도시였다. 이들 교회는 사도 요한이 돌보던 교회들로서 그가 이들 교회에 편지를 써 보낸 것은 자연스런 일이었다. 물론 요한이 자기 생각으로 쓴 것이 아니라 부활하신 주님께서 그에게 이들 교회에 편지하라고 명령하신 것이다(계 1:11; 2:1, 8, 12, 18; 3:1, 7, 14). 그리고 이것은 사도 요한의 사사로운 편지가 아니라 권위 있는 하나님의 말씀임을 강조하기 위해 매 편지 끝에 "귀 있는 자는 성령이 교회들에게 하시는 말씀을 들을지어다."고 말한다(계 2:7, 11, 17, 29; 3:6, 13, 22). 여기에 '교회들'이라고 하시는 말씀을 보아 이 편지들은 단지 당시의 일곱 교회에만 주시는 말씀이 아니라 또한 모든 교회에 주시는 말씀임을 알 수 있다.

❖ 특주: '일곱 교회'에 대한 유형적 해석

어떤 사람은 계시록 2-3장의 일곱 교회를 '신약 7 시대'를 대표한다고 본다.[1] 에베소는 '초대 교회', 서머나는 '순교시대', 버가모는 '국교시대', 두아디라는 '암흑시대', 사데는 '종교개혁', 빌라델비아는 '선교시대', 라오디게아는 '종말 이 시대'로 본다. 그러면서 2-3장은 '이제 있는 일(현재)'을 나타내고, 4-22장은 '장차 될 일(미래)'을 나타낸다고 한다.[2] 이렇게 보는 중요한 근거로 "신약 시대는 계 1:19의 '지금 있는 일'에 해당한다. 따라서 계시록 2-3장의 내용은 신약 7 시대로 봐야 한다."고 주장한

1. 이광복, 『4대 학파로 본 계시록 종말론의 비극』, 287-94.
2. 이광복, 『4대 학파로 본 계시록 종말론의 비극』, 290, 294.

다.[3] 즉, 이광복은 '지금 있는 일'을 요한 당시에 있는 일로 보지 아니하고 오늘날까지의 신약 시대 전체로 보면서, 계시록 2-3장은 신약 7 시대를 가리킨다고 보는 것이다. "특히 라오디게아 교회의 경우 그 특징이 이 시대와 동일하다는 것을 생생하게 확인할 수 있다."고 한다.[4] 그는 또 다음과 같이 말한다. "가장 중요한 근거는 신약 시대가 계시록 2-3장에 소개된 소아시아 일곱 교회인 에베소부터 라오디게아 교회까지의 모습과 시대적으로 그 내용이 100% 일치한다는 사실이다. 이 사실은 성경과 교회사가 명약관화하게 입증하고 있다."[5]

그러나 이러한 주장은 성립될 수 없다. 그 이유는 다음과 같다. 첫째, 일곱 교회에 보낸 편지는 사도 요한이 당시 아시아에 실제로 존재한 교회에 보낸 편지이다. 요한은 주님으로부터 "네가 보는 것을 두루마리에 써서 에베소, 서머나, 바가모, 두아디라, 사데, 빌라델비아, 라오디게아 일곱 교회에 보내라."고 하는 명령을 받았다(계 1:11). 각 편지의 서두에는 "xxx 교회의 사자(使者)에게 편지하라."고 말씀하신다(계 2:1, 8, 12, 18; 3:1, 7, 14).[6] 그런데 만일 이 일곱 교회가 신약 7 시대를 대표한다면, 사도 요한은 에베소 교회를 제외하고는 아직 존재하지도 않은 교회에 편지를 보낸 것이 된다. 에베소 교회를 제외한 나머지 6 편지는 써서 타임캡슐에 묻어 두었을까? 예수님은 이처럼 미래의 교회에 편지를 쓰라고 명령하시지도 않았으며, 사도 요한이 그렇게 하지도 않았다. 우리는 예수님께서 요한에게 당시 실제로 존재하던 일곱 교회에 편지하라고 말씀하셨으며, 요한은 그 명령에 순종했다고 보아야 한다.

둘째, 요한은 '아시아에 있는 일곱 교회'에게 은혜와 평강이 있기를

3. 이광복, 『4대 학파로 본 계시록 종말론의 비극』, 291.
4. 이광복, 『4대 학파로 본 계시록 종말론의 비극』, 292.
5. 이광복, 『4대 학파로 본 계시록 종말론의 비극』, 292.
6. 개역한글판 성경에는 "xxx 교회의 사자에게 편지하기를…"이라고 번역되어 있으나, 원문에 의하면 '그랖손'(γράψον)으로 개역개정판에서처럼 '편지하라'가 맞다.

기원한다(계 1:4-5). 요한 당시의 '아시아'는 에베소를 중심한 아나톨리아 서부 지역을 말한다. 여기 나오는 일곱 교회는 당시 '아시아' 지역에 위치하고 있었다. 따라서 '일곱 교회'를 신약 7 시대를 가리키는 것으로 보면 지역이 맞지 않게 된다. 왜냐하면 중세 '암흑시대'의 교회는 유럽에 있었으며 '아시아'에 있지 않았기 때문이다. '종교개혁' 시대의 교회도 '아시아'에 있지 않았다. '종말 이 시대'의 교회도 오늘날 튀르키예 중서부 해안 지역인 '아시아'에만 있는 것이 아니다. 그 외에도 다 지역이 맞지 않게 된다. 따라서 우리는 계시록 2-3장의 '일곱 교회'는 성경이 말하는 대로 실제로 '아시아'에 있던 일곱 교회로 보아야 하는 것이다.

셋째, 이광복은 이렇게 '신약 7 시대'로 보는 것이 "시대적으로 그 내용이 100% 일치한다."고 말하며 "이 사실은 성경과 교회사가 명약관화하게 입증하고 있다."고 말하지만, 그렇지 않다. 이광복의 이런 주장은 1세기의 아시아 일곱 교회의 형편과 배경을 무시하는 것이며, 교회사를 자의적(恣意的)으로 꿰맞추는 것이다. 1세기의 소아시아와 교회사에 대한 지식을 제대로 가지고 있는 사람이라면 말할 수 없는 주장이다. 몇 가지 예를 들어 보자. 이광복은 서머나 교회에 대해 '순교시대'라고 말하지만, 정작 서머나 교회에는 '순교했다' 또는 '순교할 것이다'는 말은 없고 단지 "옥에 던져 시험을 받게 할 것이다"는 말씀과 "죽도록 충성하라"는 명령이 있을 따름이다(계 2:8-11). 오히려 버가모 교회는 '안디바'(Antipas)라는 확실한 순교자를 가지고 있었다(계 2:13). 빌라델비아 교회는 작은 능력을 가지고도 주님의 말씀을 지켰으며 주님의 이름을 배반치 않았다(계 3:8). 따라서 서머나 교회를 순교시대라 한다면, 버가모 교회와 빌라델비아 교회도 순교시대라 할 충분한 이유가 있는 것이다. 그리고 이광복은 라오디게아 교회가 '종말 이 시대'라고 하는데, 오늘날 교회가 차지도 않고 덥지도 않고 미지근하다는 특징에 맞다고 생각한다. 그러나 "살았다 하는 이름은 가졌으나 죽은 자"라고 한 '사데 교회'가 오히려 오늘날 교회에 더 맞지 않을까? 왜 오늘날 이 시대를 '라오디게아 교회'로만 보고 '사데 교회'로는 보지 않는 것일까? 이뿐만이 아니다. 오늘날 이 시대라 할지라도 지역에 따라, 나라에 따라 교회의 형편이 다르다. 유럽 교회는 대체로 '죽은 교회'라 할 수 있고 한국 교회는 '미지근한 교회'라 할 수 있을지 모르지만, 중국 교회나 동남아시아의 신생 교회는 '산 교회'라고 할 수 있을 것이다. 같은 한국 교회라 할지라도 지역에 따라, 개교회에 따라 어떤 교회는 '살아 있는 교회'이고, 어떤 교회는 '죽은 교회'이고, 어떤 교회는 '미지근한 교회'라 할 수 있을 것이다. 따라서 획일적으로 오늘날 이 시대를 '라오디게아 교회'라고 보는 것은 옳지 않다.

박윤선도 이처럼 일곱 교회를 일곱 시대에 맞춰 해석하는 것은 옳지 않다고 비판하였다. "일곱 교회를 교회사(教會史)의 시대에 맞추는 것은, 확실성 없는 해석이다. 그 이유는 위의 비트링가 자신이 시대를 구분한 대로도 맞지 않았다. 일례를 들면, 합리주의 시대 이후를 라오디게아 교회 곧, 부패한 교회라고만 하였으니 사실상 교회 역사는 그의 말과 같지 않다. 합리주의 시대 이후에도 큰 회개 운동이 있었고, 선교 운동도 있었다. 찬(Zahn)은 말하기를, 칠 교회를 교회 역사의 칠 시대로 구분한 예언으로 보는 것은, 아주 잘못되었다고 한다. 이 밖에도 엘리엇(Elliot), 트렌취(Trench), 스웨테(Swete) 등이 이 학설을 반대한다. 사람은 하나님이 아닌데 어떻게 정확하게 일곱 교회 서신에 맞추어 교회 역사를 구분할 수 있을까?"[7]

결론적으로 우리는 계시록 2-3장의 '일곱 교회'는 요한 당시에 아시아에 실제로 존재했던 교회들이며, 요한은 당시에 실재하던 구체적 교회들에게 주님의 말씀을 받아 편지하였다. 따라서 이 일곱 교회에 주신

7. 박윤선, 『요한계시록』, 68.

말씀은 1세기 말의 당시 상황을 고려하면서 해석해야 하며, 신약의 7 시대를 따라 유형적으로 해석하면 안 된다. 물론 당시 아시아의 일곱 교회에 주신 말씀은 또한 오늘날 우리에게 주시는 말씀도 된다. 이것은 계시록 2-3장만 그러한 것이 아니라 계시록 전체가 그러하며 성경 전체가 그러하다. 왜냐하면 성경은 단지 지나간 역사를 기록한 역사서가 아니라 영원토록 살아 있는 '하나님의 말씀'이기 때문이다(히 4:12; 마 24:35). 그래서 사도 바울은 말한다. "무엇이든지 전에 기록된 바는 우리의 교훈을 위하여 기록된 것이니 우리로 하여금 인내로 또는 성경의 위로로 소망을 가지게 함이니라."(롬 15:4; 참조. 왕하 22:13) 따라서 우리는 계시록 2-3장의 말씀을 1차적으로는 요한 당시의 아시아 일곱 교회에 주신 말씀으로 읽되, 또한 오늘날 우리에게도 주시는 교훈으로 읽어야 한다. 그렇다면 단지 라오디게아 교회에 주시는 말씀만 오늘날 이 시대에 주시는 말씀으로 보면 안 되고, 일곱 교회에 주신 말씀 전체를 오늘날 우리에게 주시는 말씀으로 읽어야 하는 것이다.[8]

본문 개요

제일 먼저 에베소 교회에 보낸 편지가 나온다(2:1-7). 에베소 교회는 사도 요한이 목회했던 곳이며 아시아 주의 중심 도시였다. 그런데 에베소 교회에 니골라 당이란 이단이 들어와서 미혹하였으나 교회가 잘 분별하여 물리쳤다. 그러다 보니 진리는 지켰으나 처음 사랑을 잃어버리고 말았다. 그래서 주님

8. 헤르만 바빙크의 이와 같은 성경관에 대해서는 변종길, 『신약 정경론』 (서울: 생명의 양식, 2013), 196-99을 보라.

은 "어디서 떨어졌는지를 생각하고 처음 행위를 가지라."고 권면한다(5절).

서머나 교회는 황제숭배의 압박 가운데서도 주님께 충성한 교회이다(2:8-11). 자칭 '유대인'이라 하는 자들의 비방이 있었지만, 주님은 그들을 가리켜 실상은 '사탄의 회당'이라고 말씀하신다(9절). 주님은 서머나 교회에게 장차 환난이 있을 것을 말씀하시며 "죽도록 충성하라"고 하신다(10절). 이 말은 죽음이 오기까지 변절하지 말고 주님께 대한 신앙의 절개를 지키란 뜻이다.

버가모 교회에 대해서는 칭찬과 함께 책망을 하신다(2:12-17). 버가모에는 제우스 신의 동상이 있었다. 이곳에서 안디바(Antipas)라 하는 사람이 순교를 당하면서도 신앙을 굳게 지킨 것을 주님은 아시고 칭찬하신다(13절). 그러나 이 교회에 발람의 교훈 곧 니골라 당의 교훈을 지키는 자들이 있다고 하시면서 회개하라고 촉구하신다(14-16절).

두아디라 교회에 대해서는 자칭 여선지자 이세벨을 용납하였다고 하면서 책망하신다(2:18-29). 이세벨은 거짓 선지자인데 사람들을 꾀어 행음하게 하고 우상의 제물을 먹게 하였다(20절). 그래서 주님은 그와 그를 따르는 자들을 심판하여 큰 환난 가운데 던지겠다고 하신다(22-23절). 그러나 이 교훈을 받지 아니한 자들에게는 "다만 네게 있는 것을 내가 올 때까지 굳게 잡으라." 고 하신다(25절).

사데 교회에 대해서는 칭찬은 없이 "네가 살았다 하는 이름은 가졌으나 죽은 자로다."고 책망하신다(3:1-6). 그러나 주님은 그런 교회에도 회개할 기회를 주신다. "너는 일깨어 그 남은 바 죽게 된 것을 굳건하게 하라."(2절) 사데 교회에도 남은 것이 있다는 것이다. 그래서 "네가 어떻게 받았으며 어떻게 들었는지 생각하고 지켜 회개하라."고 하신다(3절) 이처럼 그 남은 것을 다시 일깨어서 굳게 지키는 것이 그런 교회가 해야 할 일이다. 우리는 전혀 새로운 것이나 다른 이상한 것을 좇아갈 것이 아니라 우리에게 남아 있는 좋은 것을 다시금 살려서 지켜야 한다.

빌라델비아 교회는 책망은 없이 칭찬만 받은 교회이다(3:7-13). 이 교회가 칭찬받은 이유는 작은 능력을 가지고도 주님의 말씀을 지켰기 때문이다(8절). 그래서 주님은 이 교회를 시험의 때에 지켜 주시겠다고 약속하신다(10절). 그리고 끝까지 믿음을 지키고 이기는 자에게는 하나님의 성전에 기둥이 되게 해 주시겠다고 하신다(12절).

마지막으로 라오디게아 교회는 뜨겁지도 않고 차갑지도 아니한 미지근한 교회였다(3:14-22). 그래서 주님이 토하여 버리겠다고 하신다(16절). 이렇게 미지근하게 된 이유는 라오디게아 교회가 자기 자신을 알지 못하고 교만하였기 때문이다(17절). 그래도 주님은 이 교회를 사랑하셔서 "열심을 내라. 회개하라."고 하신다(19절). 그리고 회개하면 주님과의 복된 교제와 영광이 있을 것을 약속하셨다(20절).

내용 분해

1. 에베소 교회에 보낸 편지(2:1-7)
   1) 지리적, 역사적 배경
   2) 에베소 교회의 사자(1절)
   3) 내가 안다(2-3절)
   4) 처음 사랑을 회복하라(4-5상)
   5) 경고와 칭찬(5하, 6절)
   6) 권면과 약속(7절)
2. 서머나 교회에 보낸 편지(2:8-11)
   1) 지리적, 역사적 배경
   2) 환난과 궁핍을 아시는 주님(8-9절)
   3) 죽도록 충성하라(10-11절)

3. 버가모 교회에 보낸 편지(2:12-17)
   1) 지리적, 역사적 배경
   2) 사탄의 권좌가 있는 곳(12-13절)
   3) 발람의 교훈을 지키는 자들(14-16절)
   4) 감추었던 만나와 흰 돌(17절)
4. 두아디라 교회에 보낸 편지(2:18-29)
   1) 지리적, 역사적 배경
   2) 사업과 활동이 많은 교회(18-19절)
   3) 거짓 선지자 이세벨의 죄와 심판(20-23절)
   4) 너희에게 있는 것을 굳게 잡으라(24-29절)
5. 사데 교회에 보낸 편지(3:1-6)
   1) 지리적, 역사적 배경
   2) 영적으로 죽은 교회(1절)
   3) 남은 바 죽게 된 것을 굳건하게 하라(2-3절)
   4) 그 옷을 더럽히지 않은 자들(4-6절)
6. 빌라델비아 교회에 보낸 편지(3:7-13)
   1) 지리적, 역사적 배경
   2) 말씀을 지킨 교회(7-8절)
   3) 시험의 때에 지켜 줄 것(9-10절)
   4) 하나님 성전의 기둥(11-13절)
7. 라오디게아 교회에 보낸 편지(3:14-22)
   1) 지리적, 역사적 배경
   2) 미지근한 교회(14-16절)
   3) 라오디게아 교회의 교만(17-18절)
   4) 열심을 내라(19-22절)

본문 주해

1. 에베소 교회에 보낸 편지(2:1-7)

1 에베소 교회의 사자에게 편지하라 오른손에 있는 일곱 별을 붙잡고 일
곱 금 촛대 사이를 거니시는 이가 이르시되 2 내가 네 행위와 수고와 네
인내를 알고 또 악한 자들을 용납하지 아니한 것과 자칭 사도라 하되 아
닌 자들을 시험하여 그의 거짓된 것을 네가 드러낸 것과 3 또 네가 참고
내 이름을 위하여 견디고 게으르지 아니한 것을 아노라 4 그러나 너를 책
망할 것이 있나니 너의 처음 사랑을 버렸느니라 5 그러므로 어디서 떨어
졌는지를 생각하고 회개하여 처음 행위를 가지라 만일 그리하지 아니하
고 회개하지 아니하면 내가 네게 가서 네 촛대를 그 자리에서 옮기리라
6 오직 네게 이것이 있으니 네가 니골라 당의 행위를 미워하는도다 나도
이것을 미워하노라 7 귀 있는 자는 성령이 교회들에게 하시는 말씀을 들
을지어다 이기는 그에게는 내가 하나님의 낙원에 있는 생명나무의 열매를
주어 먹게 하리라

1) 지리적, 역사적 배경

에베소는 아시아 서쪽 에게해 연안에, 카이스터(Cayster) 강의 서쪽에 위치해 있었다. 에베소는 큰 무역도시였으며 동양과 서양이 만나는 교통의 중심지였다. 신약 시대에 에베소는 인구 25만 명이 넘게 성장하였다고 한다.[9] 그리하여 에베소는, 비록 행정상의 수도는 버가모였지만, 사실상 아시아의 중심 도시 역할을 하였다.

---

9. Mounce, *Revelation*, 67. 흐레이다너스는 사도 바울 당시와 그 후에 에베소의 인구는 30만 명이 되었다고 한다. Greijdanus,*Openbaring*, 52.

에베소는 자치권을 가진 도시로서 여러 특권을 가지고 있었다. 민회(民會)(ἐκκλησία, *에클레시아*; 행 19:39)와 자문위원회(βουλή, *불레*), 상관(上官)들(στρατηγοί, *스트라테고이*)과 아시아 관원들(ἀσιαρχοί, *아시아르코이*; 행 19:31) 같은 것들이 있었다.[10] 에베소는 또한 학문(Thales, Heraclitus)과 예술의 도시였다. 에베소는 무엇보다도 아데미(Artemis)[11] 신전(神殿)으로 유명하였다. 그래서 에베소는 '우상의 신전지기'(νεωκόρος, *네오코로스*)라 불렸다(행 19:35). 아데미 신전은 고대 세계의 7대 불가사의 중 하나로 불렸는데, 파르테논 신전의 네 배 정도의 규모였다고 한다. 이것은 주전 356년에 화재로 파괴된 후에 건축가 디노크라테스(Dinocrates)에 의해 재건되었다.[12]

사도 바울이 2차 선교여행 말기(52년경)에 에베소에 와서 복음을 전했으며(행 18:18-21), 3차 선교여행 때 와서 2년 6개월 정도 머물면서 말씀을 강론하였다(행 19장). 그 후에 디모데가 와서 잠깐 목회하였다(딤전 1:3). 전승에 따르면, 사도 요한은 다른 사람들과 함께 제1차 유대인의 전쟁(주후 66-70년) 발발 직전에 팔레스타인을 떠나 68년경에 아시아에 와서 에베소에서 30년간 목회하였다고 한다.[13] 따라서 아시아의 중심 도시이며 사도 요한이 오랫동안 목회하고 있던 에베소 교회에 대해 그리스도의 말씀이 제일 먼저 주어진 것은 자연스럽다고 생각된다. 에베소 유적지는 해안에서 약 10km쯤 떨어진 곳에 있으며 현재의 셀축(Selçuk) 근처에 있다.[14]

---

10. Greijdanus, *Openbaring*, 53.
11. 라틴어명은 Diana(디아나)이다.
12. 에베소의 지리적, 역사적 배경에 대해서는 Mounce, *Revelation*, 66 이하; Greijdanus, *Openbaring*, 52 이하를 보라.
13. 참조. Zahn, *Einleitung*[3], 2. Teil, 463; Greijdanus, *Openbaring*, 53(참조. Eusebius, *Hist. Eccl.* III,31).
14. 에베소의 위치와 역사, 건물, 종교 등에 대해서는 Van de Kamp, *Openbaring*, 92 이하를 보라.

2) 에베소 교회의 사자(1절)

1절은 먼저 "에베소 교회의 사자에게 편지하라."고 말한다. 개역한글판의 '편지하기를'이란 번역은 정확하지 않다. 이렇게 되면 누가 편지하는 것인지 분명치 않다. 본문은 주님이 편지하시는 것이 아니라 요한에게 '편지하라'고 명령하신 것이다. 곧 "오른손에 일곱 별(= 일곱 사자)을 붙잡고 일곱 금 촛대(= 일곱 교회) 사이에 다니시는" 예수님의 명령이다.

'사자(使者)'(ἄγγελος, *앙겔로스*)란 단어는 대개 '천사'로 번역하지만, 여기서는 곤란하다. 왜냐하면 "네 행위와 수고를 안다."(2절)고 한 것이나 "너를 책망할 것이 있다."(3절)고 한 것 등은 천사보다는 사람에게 해당된다고 보아야 하기 때문이다. 7절의 '상급'도 천사에 대해서는 해당되기 어렵다. 따라서 여기의 '사자(使者)'는 교회의 대표 곧 교회를 대표하고 섬기는 목자를 가리킨다고 보아야 할 것이다.[15] 편지의 내용을 보면, 교회의 대표자뿐만 아니라 교회 성도 전체를 대상으로 하고 있다. 그러면 왜 '에베소 교회'라고 하지 않고 '에베소 교회의 사자'라고 하였을까? 그 이유는 바로 앞에서 주님께서 일곱 교회의 사자인 '일곱 별'을 오른손에 가지고 계신다고 하셨기 때문에(1:20), 그 각각의 별 곧 사자에게 편지를 보낸 것이라고 볼 수 있다. 그만큼 교회의 지도자는 중요하며 교회 전체를 대표하며 주님이 오른손에 붙들고 계신다. 그리고 교회 대표자가 편지를 수신하면 그 편지를 회중 앞에서 낭독하게 될 것이다.

3) 내가 안다(2-3절)

예수님은 2절 초두에서 먼저 에베소 교회에 대해 "내가 … 안다"(οἶδα, *오이다*)는 말씀으로 위로하고 칭찬하신다. "내가 네 행위와 수고와 네 인내를 알고 또 악한 자를 용납하지 아니한 것과 자칭 사도라 하되 아닌 자들을 시험

---

15. 앞의 1:20에 대한 본서 주석을 보라.

하여 그의 거짓된 것을 네가 드러낸 것과 또 네가 참고 내 이름을 위하여 견디고 게으르지 아니한 것을 아노라."(2-3절) 칭찬의 핵심은 에베소 교회가 이단을 잘 막아내었다는 것이다.

이 이단은 6절에 보면 '니골라 당'이라고 말하고 있다. 이레네우스에 의하면, 이 '니골라'(Nicholaos)는 유대교에 입교했다가 초대 교회 일곱 중 하나로 선출된 안디옥 사람 니골라(행 6:5)인데 나중에 타락하여 이단이 되었다고 한다.[16] 이레네우스의 이 기록은 특별히 의심할 이유가 없다고 생각된다.[17] 이들 '니골라 당'은 에베소뿐만 아니라 버가모에도 들어와서 성도들을 미혹하였다. '니골라 당'은 구약 시대의 거짓 선지자 발람처럼 성도들을 꾀어서 우상 제물을 먹게 하고 행음하게 하였다(계 2:14-15). 그런데 에베소 교회는 이런 이단들의 미혹과 시험을 잘 막아내었으며, 이로 인하여 예수님의 칭찬을 받았다.

4) 처음 사랑을 회복하라(4-5상)

그러나 주님은 에베소 교회에 책망할 것이 있다고 말씀하신다. "그러나 너를 책망할 것이 있나니 너의 처음 사랑을 버렸느니라."(4절) '처음 사랑'(τὴν ἀγάπην τὴν πρώτην, *텐 아가펜 텐 프로텐*)은 바울을 통해 복음을 받았을

---

16. Irenaeus, *Adv. Haer.* I,26,3; III,11,1. 또한 Hippolytus, *Philos* 7,36; Tertullian, *Adv. Marc.* 1,29; *Praescr. Haer.* 33; *De Pud.* 19; Clement of Alexandria, *Strom.* 2,20; 3,24도 이런 전승을 가지고 있다.

17. 흐레이다너스는 '니골라 당'의 기원과 그 이름에 대해 확실한 것은 아무것도 모른다고 한다(Greijdanus, *Openbaring*, 62). 마운스는 왜 이런 연결이 만들어져야 했는지 그 이유를 모르겠다고 한다(Mounce, *Revelation*, 71). 빌은 "가능하지만 확실하지 않다"(possible but not obvious)고 한다(Beale, *Revelation*, 233). 그러나 찬(Zahn), 브록스(Brox), 롤로프(Roloff), 레제넨(Räisänen) 등은 이 전승을 옳다고 받아들인다. 판 드 캄프는 양쪽 주장을 검토하고 나서 이레네우스와 히폴리투스의 전승을 옳다고 받아들인다. 특히 히폴리투스가 "부활은 이미 일어났다."고 주장하는 니골라의 주장을 전해 주고 있는 것을 볼 때, 그것은 계시록 2-3장이 그리고 있는 니골라 당의 모습과 잘 들어맞을 수 있다고 본다. 참조. Van de Kamp, *Openbaring*, 98. 필자도 판 드 캄프의 견해에 동의한다.

때의 열심 있는 사랑을 의미한다. 이것은 하나님을 향한 사랑과 형제에 대한 사랑 둘 다 포함한다.[18] 에베소 교회는 이단을 분별하고 배척하느라 교회에 들어온 사람들을 의심하고 비판하고 대항하여 싸웠다. 그러다 보니 형제에 대한 사랑이 약해지고 열심이 식어지고 말았다.

그래서 예수님은 에베소 교회에 대해 "그러므로 어디서 떨어졌는지를 생각하고 회개하여 처음 행위를 가지라."고 말씀하신다(5상). 여기서 '생각하라'(μνημόνευε, *므네모뉴에*)는 동사는 현재 시상(時相)으로서 지속적으로, 곰곰이 생각하라는 의미이다. 우리는 회개하기 전에 먼저 무엇이 잘못인지를 알아야 한다. 곰곰이 생각해서 문제의 원인을 알아내어야 한다. 그리고 '회개하라'(μετανόησον, *메타노에손*)는 동사는 아오리스트(aorist) 시상으로서 단호한 변화, 결단성 있는 행동을 촉구한다. 잘못의 원인을 알았으면 그것을 단호하게 고치고 돌아서야 한다. "처음 행위를 가지라"(τὰ πρῶτα ἔργα ποίησον, *타 프로타 에르가 포이에손*)는 것은 직역하면 "처음 일들을 행하라"가 되는데, 처음의 순수한 열심과 형제 사랑을 회복하라는 의미이다.

5) 경고와 칭찬(5하, 6절)

그러나 "만일 그리하지 아니하고 회개하지 아니하면 내가 네게 가서 네 촛대를 그 자리에서 옮기리라."고 말씀하신다(5하). 이것은 엄중한 경고이다. 주님의 말씀을 듣고도 행하지 아니하면 은혜의 역사(役事)를 다른 곳으로 옮기시겠다는 말씀이다. 더 이상 주님이 함께하지 않으시겠다는 의미이다. 그러면서 주님은 다시 한번 에베소 교회가 '니골라 당'의 행위를 미워한 것을

---

18. Greijdanus, *Openbaring*, 58. 흐레이다너스는 형제 사랑과 주님에 대한 사랑 둘 다 인정한다. 그리고 형제에 대한 사랑은 주님에 대한 사랑에 뿌리를 두고 있다고 하면서 주님에 대한 사랑에 좀 더 강조를 둔다. 그러나 필자가 볼 때, 에베소 교회는 '복음의 진리'를 지키려고 하다가 '처음 사랑'을 잃어버렸으므로 여기의 '처음 사랑'은 형제 사랑에 좀 더 초점이 있다고 봐야 할 것이다. 물론 그 사랑은 주님에 대한 사랑에 뿌리를 두고 있으며 거기서부터 흘러나온다.

칭찬하신다(6절). 이단을 물리치고 진리를 파수한 것은 귀한 일이고 칭찬받을 일이다.

6) 권면과 약속(7절)

마지막으로 주님은 교회 전체에 권면의 말씀을 주신다. "귀 있는 자는 성령이 교회들에게 하시는 말씀을 들을지어다."(7상)는 말씀은 일곱 교회에 보낸 편지에 빠짐없이 나온다. 성령은 교회 안에 내주해 계시면서 모든 것을 아시고 살피신다(고전 3:16; 6:19; 계 5:6). 예수님은 성령을 통해 교회들에게 말씀하신다(계 22:17; 요 16:13). '교회들'이라고 말하는 것으로 보아 단지 한 교회에만 주신 말씀이 아니라 모든 교회에 주시는 말씀임을 알 수 있다.

그리고 "이기는 그에게는 내가 하나님의 낙원에 있는 생명나무의 과실을 주어 먹게 하리라."고 하신다(7하). '이기는 자'(ὁ νικῶν, *호 니콘*)는 끝까지 변절치 않고 믿음을 지키는 자이다(계 2:11, 17, 26; 3:5, 12, 21; 21:7).[19] 이들은 원칙적으로 믿음이 있는 모든 성도들에게 해당된다(요일 4:4; 5:4, 18; 2:13, 14; 요 16:33). "생명나무의 과실을 먹게 한다"는 것은 생명 곧 영생을 얻게 하신다는 말이다(창 2:9; 3:22; 계 22:2, 14).

교훈과 적용

1. 에베소 교회는 이단을 잘 막아내었다. 자칭 사도라고 주장하는 니골라 당이 들어왔을 때 그것을 분별하여 그 거짓된 것을 드러내고 용납하지 아니하였다(2, 6절). 그리하여 우리 주님께 칭찬을 받았다. 이처럼 거짓된 것을 분별하고 진리를 지키는 것은 중요하다. 특히 영혼과 육체를 이원론적으로 분리하여 영혼은 중요하고 육체는 중요하지 않다고 하면서 방탕한 죄악에 빠지는 것을 합리화하는 영지주의 이단의

---

19. 참조. 헨드릭슨, 『요한계시록』, 72: "이기는 자는 죄, 마귀, 그리고 모든 권세 가진 대적자들과 싸우며 그리스도에 대한 사랑으로 끝까지 인내하는 자이다."(The conqueror is the man who fights against sin, the devil, and his whole dominion and in his love for Christ preserves to the very end.).

거짓 됨을 드러내고 사도적 진리를 지키고 교회의 순결을 지키는 것은 그때나 지금이나 중요하다.

2. 에베소 교회는 진리를 지키기 위해 노력하다가 처음 사랑을 잃어버렸다(4절). 이단을 분별하기 위해 사람을 의심하고 경계하고 싸우다 보니 형제 간의 사랑이 식고 냉랭하게 된 것이다. 물론 그와 함께 하나님에 대한 사랑도 식게 되었다. 오늘날 교회도 진리를 지키기 위해 늘 하나님의 말씀을 강조하고 바른 신학을 강조하다 보면 형제 사랑이 부족하고 냉랭하게 되기 쉽다. 다른 사람을 비판하고 의심하기 쉽다. 이런 교회는 처음 사랑을 회복해야 한다. 어디서 떨어졌는지를 생각하고 회개하여 처음 행위를 가져야 한다(5절).

3. 만일 우리가 회개하지 아니하면 주님이 촛대를 옮기시겠다고 한다(5하). 이 말은 주님께서 은혜의 역사(役事)를 다른 곳으로 이동하시겠다는 뜻이다. 하나님의 은혜는 한 교회에만 영원히 머물러 있는 것은 아니다. 하나님에 대한 사랑과 형제에 대한 사랑이 없고 회개하지 아니하면 하나님은 은혜의 촛대를 옮기신다. 우리 한국 교회도 마찬가지다. 한국 교회는 하나님이 사랑하시기 때문에 무슨 일이 있어도 망하지 않고 은혜를 베푸신다는 주장은 사실이 아니다. 한국 교회도 회개하지 아니하면 촛대를 다른 곳으로 옮기실 수 있다.

2. 서머나 교회에 보낸 편지(2:8-11)

8 서머나 교회의 사자에게 편지하라 처음이며 마지막이요 죽었다가 살아
나신 이가 이르시되 9 내가 네 환난과 궁핍을 알거니와 실상은 네가 부요
한 자니라 자칭 유대인이라 하는 자들의 비방도 알거니와 실상은 유대인
이 아니요 사탄의 회당이라 10 너는 장차 받을 고난을 두려워하지 말라 볼
지어다 마귀가 장차 너희 가운데에서 몇 사람을 옥에 던져 시험을 받게 하
리니 너희가 십 일 동안 환난을 받으리라 네가 죽도록 충성하라 그리하
면 내가 생명의 관을 네게 주리라 11 귀 있는 자는 성령이 교회들에게 하
시는 말씀을 들을지어다 이기는 자는 둘째 사망의 해를 받지 아니하리라

1) 지리적, 역사적 배경

서머나(Smyrna)는 에베소 북쪽에 위치한 항구 도시로 주전 1,000년 이전에 그리스 식민지로 건설되었다. 주전 600년경에 리디아(Lydia) 왕 알리야테스(Alyattes)에 의해 멸망하였다. 주전 290년경에 뤼시마쿠스(Lysimachus)에 의해 약간 남쪽에 재건되었으며 그 후로 번창하였다. 그리스 시인 호메로스(Homeros)를 배출한 도시로 유명하며, 로마 제국의 지배 아래 들어간 후에는 변치 않고 로마에 충성하였다. 주전 195년에 로마 여신(Dea Roma)을 위해 신전을 세웠다. 주후 26년에 로마 황제 티베리우스(Tiberius)와 리비아(Livia)와 원로원을 위해 신전을 세울 수 있도록 허락받았다.

신약 시대에는 인구가 약 20만 명이 되었으며 유대인들이 많이 거주하였다. 서머나 교회에 대해서는 계시록 외에 신약의 다른 곳에서는 알려진 것이 없다(참조. 행 19:10).[20] 요한의 제자 폴리카르포스(Polycarpos)가 이곳에서 목회하다가 순교하였다(155년경).[21] 현재 지명은 이즈미르(Izmir)이다.

2) 환난과 궁핍을 아시는 주님(8-9절)

서머나 교회에 대해 말씀하실 때 주님은 자기를 '처음이며 마지막이요 죽었다가 살아나신 이'라고 소개한다(8절). 곧, 역사를 주관하시며 사망 권세를 이기신 자임을 말한다. 이것은 10절의 "죽도록 충성하라."는 말씀과도 연결된다. 사망 권세를 이기신 예수님이 계시니 죽음도 두려워하지 말라는 뜻이다.

예수님은 서머나 교회에 대해 먼저 "내가 네 환난과 궁핍을 알거니와 실상은 네가 부요한 자니라."고 말씀하신다(9절). 서머나 교회는 세상에서 환난을 당하고 가난하였지만 하나님 앞에서 부요한 자였다(눅 12:21; 고전 3:21-23;

---

20. 이상 서머나의 지리적, 역사적 배경에 대해서는 Mounce, *Revelation*, 73 이하; Greijdanus, *Openbaring*, 64를 보라.
21. 폴리카르포스의 순교에 대한 좀 더 자세한 이야기는 다음을 보라. 헨드릭슨, 『요한계시록』, 73 이하.

고후 8:9). 또 "자칭 유대인이라 하는 자들의 비방도 알거니와 실상은 유대인이 아니요 사탄의 회당이라."고 하신다(9하). 자칭 '유대인'이라고 하는 자들은 육적(혈통적) 유대인들인데, 이들은 그리스도인들을 비방하고 로마 법정에 열심히 고소하였다(살전 2:15-16).[22] 그러나 이들은 참된 '유대인'이 아니라 '사탄의 회당'(συναγωγὴ τοῦ Σατανᾶ, *쉬나고게 투 사타나*)이었다(계 3:9; 참조. 요 8:39-44; 마 23:33). 그들은 육적으로는 '유대인'이었지만, 영적으로는 '아브라함의 자손'이 아니었다(참조. 마 3:7, 9; 롬 9:6-8; 요 8:39). 이들의 실상은 마귀에게 속한 자였으며, 마귀에 의해 감동되고 충동되었으며, 하나님과 그의 백성의 철저한 대적이었다.[23] 그들은 바울이 가는 곳마다 복음 전파를 방해하고 하나님의 교회를 핍박하였다(행 13:45; 14:2-7, 19; 17:5-9 등).

3) 죽도록 충성하라(10-11절)

그리고 나서 예수님은 서머나 교회를 격려하신다. "너는 장차 받을 고난을 두려워하지 말라. 볼지어다. 마귀가 장차 너희 가운데에서 몇 사람을 옥에 던져 시험을 받게 하리니 너희가 십 일 동안 환난을 받으리라."(10절) 이것은 당시의 서머나 교회 성도들 중 몇 명이 복음을 인하여 옥에 갇혀 환난당할 것을 말한다. 여기서 '10일 동안'이란 것은 문자적 의미에서의 '10일'을 의미하는 것이 아니다.[24] '10'은 완전수로서 '끝이 있는, 정해진 경계가 있는 기간'을

---

22. 참조. Justinus Martyr, *Dial.* 16,16,4.

23. Greijdanus, *Openbaring*, 67.

24. 이광복은 '열흘간의 환난'을 지나치게 예표적으로 본다. "그러므로 '**열흘 간의 환난**'은 예언적으로 볼 때에 이교도 로마 황제의 열 번에 걸친 대박해를 예표하는 것으로 본다. 왜냐하면, 이 편지를 받기 전부터 시작된 로마 황제들의 잔인한 핍박은 국교로 공인되는 312년까지 끔찍한 양상으로 나타났음을 교회사가 입증하고 있기 때문이다." 참조. 이광복, 『계시록 난해 해설』(서울: 흰돌, 1996), 117. 그러나 이 말씀이 주어진 때는 이미 네로 황제 때의 핍박은 지나가고 없었다. 그러나 여기서 주님은 "너희가 십 일 동안 환난을 받으리라"고 분명히 미래(未來)로 말씀하고 있다. 뿐만 아니라 이광복은 연대도 잘못 제시하고 있다. 로마 제국이 기독교를 국교로 정한 것은 주후 391년 테오도시

뜻한다.[25] "시험의 닥침, 시작과 진행과 끝은 전적으로 하나님에 의해 정해진다."[26] '십 일'은 그 시한이 정해져 있으며 길지 않은 시간이다(참조. 계 11:3; 12:6). 따라서 두려워하지 말 것을 주문하신다.

또 "네가 죽도록 충성하라. 그리하면 내가 생명의 관을 네게 주리라."고 하신다(10하). 오늘날 한국 교회는 '충성(忠誠)'을 대개 물량적으로 이해한다. 몸이 피곤하도록 봉사하거나 힘에 부치도록 헌금하고 섬기는 것으로 이해한다. 그러나 "죽도록 충성하라"(γίνου πιστὸς ἄχρι θανάτου, *기누 피스토스 아크리 따나투*)는 말은 주님을 믿는 믿음을 끝까지 지키라는 의미이다. 환난이나 핍박이 온다고 해서 한 번 믿은 주님을 배반하지 말고 끝까지 정절(貞節)을 지키라는 말이다. 죽음이 올 때까지 절개를 지키라는 말이다. 이것이 '충성(忠誠)'의 원래 의미였다. 그래서 예로부터 "충신 불사이군(忠臣 不事二君)"이라 하지 않았던가? 충신은 어떤 일이 있어도 한 번 충성을 맹세한 임금을 배반하고 다른 임금을 섬기지 않는다. 이와 마찬가지로 오늘날 우리가 힘들고 어렵다고 해서 주님을 배반하고 다른 신 앞에 무릎을 꿇으면 안 된다. 그러면 배신자가 되고 변절자가 된다. 따라서 아무리 어려워도, 설령 죽음이 온다고 할지라도, 한 번 믿은 주님을 끝까지 믿고 따라야 한다. 이것이 신하 된 성도의 마땅한 도리이다.

그리하면 주님은 "생명의 관을 네게 주리라."고 약속하신다(10하). '관(冠)'의 원어인 '스테파노스'(στέφανος, *스테파노스*)는 원래 나뭇잎이나 그것을 닮은 것으로 만든 '화환'(花環, wreath, crown)인데, 높은 지위의 사람이 썼다고 한다(BDAG). 따라서 이것은 존귀와 영예의 상징이다. "생명의 관(면류

우스(Theodosius) 황제 때였다. 기독교를 공인한 것은 주후 313년의 콘스탄티누스(Constantinus) 황제의 밀라노 칙령이었다. 기독교를 공인(公認)한 것은 기독교 예배와 활동을 인정하고 더 이상 핍박하지 않으며 빼앗은 재산을 돌려주라는 것이었다. 기독교를 국교(國教)로 삼은 것은 오직 기독교만 인정한다는 것이며 다른 종교를 신봉하면 이단이 된다는 의미이다.

25. Greijdanus, *Openbaring*, 68.

26. Greijdanus, *Openbaring*, 68 이하.

관)을 주겠다"는 것은 '생명' 곧 '영생'을 주겠다는 약속이다. 끝까지 믿음을 지키고 이기는 자에게는 천국의 영원한 생명이 약속되어 있다. 또 그는 "둘째 사망의 해를 받지 아니하리라."고 하신다(11절). '둘째 사망'은 영원한 불못 곧 지옥에 던져지는 것을 말하는데(계 20:6, 14; 21:8), 구원받지 못한 자들이 받게 될 영원 형벌이다(마 25:46).

교훈과 적용

1. 서머나 교회는 예수님께 충성한 교회였다. 비록 환난을 당하고 물질적으로 궁핍하였지만 주님을 믿는 믿음을 끝까지 버리지 않고 충성하였다. 자칭 '유대인'이라고 하지만 실상은 '사탄의 회당(모임)'인 육적 유대인들의 비방도 잘 참고 인내하였다(9절). 그리고 장차 "십 일 동안 환난을 받으리라."고 말씀하셨다(10절). 여기서 '십 일'은 상징적인 기간으로서 처음과 끝이 있는, 정해진 환난 기간을 가리킨다. 길지 않은 기간이며 하나님이 주관하시는 기간이다. 따라서 이런 환난도 잘 견디고 감당하여야 한다.

2. 주님은 "네가 죽도록 충성하라."고 말씀하신다(10하). 오늘날 한국 교회는 이 말씀을 '열심히 봉사하라'는 의미로 받아들이는 경향이 있지만, 원래 이 말씀의 뜻은 문자적 의미였다. 곧, 죽음이 올 때까지, 죽음이 오더라도 주님께 충성되어라는 의미이다. 한번 믿은 주님을 중간에 배반하지 말고 끝까지 믿고 충성해야 한다는 말이다. 즉, 끝까지 믿음의 절개를 지켜야 한다는 말이다. 아무리 열심히 봉사하고 물질을 많이 드린다 할지라도 환난이 올 때 주님을 배반하고 부인하면 소용이 없다. 끝까지 절개를 지키는 것이 참된 믿음이다.

3. 끝까지 믿음을 지킨 자에게는 '생명의 관(면류관)'을 주시겠다고 한다(10하). 이것은 곧 '생명'을 주시겠다는 말이다. 끝까지 예수님을 믿고 변절하지 않는 자는 낙원에서 영원한 생명을 누릴 것이다. 그러나 이 세상에서 예수님에 대한 믿음을 저버리고 포기하는 자는 낙원에서 생명을 얻지 못하고 영원한 불못에 던져질 것이다(계 20:14). 따라서 우리는 이 세상에서의 환난을 두려워하지 말아야 한다. 그 환난은 정해진 기간이 있으며 끝이 있다. 믿음으로 인내하면 결국 지나가고 말 것이다.

3. 버가모 교회에 보낸 편지(2:12-17)

12 버가모 교회의 사자에게 편지하라 좌우에 날선 검을 가지신 이가 이르
시되 13 네가 어디에 사는지를 내가 아노니 거기는 사탄의 권좌가 있는 데
라 네가 내 이름을 굳게 잡아서 내 충성된 증인 안디바가 너희 가운데 곧
사탄이 사는 곳에서 죽임을 당할 때에도 나를 믿는 믿음을 저버리지 아니
하였도다 14 그러나 네게 두어 가지 책망할 것이 있나니 거기 네게 발람
의 교훈을 지키는 자들이 있도다 발람이 발락을 가르쳐 이스라엘 자손 앞
에 걸림돌을 놓아 우상의 제물을 먹게 하였고 또 행음하게 하였느니라 15
이와 같이 네게도 니골라 당의 교훈을 지키는 자들이 있도다 16 그러므로
회개하라 그리하지 아니하면 내가 네게 속히 가서 내 입의 검으로 그들
과 싸우리라 17 귀 있는 자는 성령이 교회들에게 하시는 말씀을 들을지어
다 이기는 그에게는 내가 감추었던 만나를 주고 또 흰 돌을 줄 터인데 그
돌 위에 새 이름을 기록한 것이 있나니 받는 자 밖에는 그 이름을 알 사
람이 없느니라

1) 지리적, 역사적 배경

버가모(Pergamum)는 아시아 주의 수도로서 에게해에서 내륙으로 16km 쯤 떨어진 곳에 위치해 있으며, 해발 300m 바위 언덕 위에 건설되었다. 버가모는 양피지(羊皮紙) 생산으로 유명한 곳인데, 오늘날의 '양피지'란 단어(영어 parchment, 독일어 Pergament)가 이 도시 이름에서 왔다. 버가모는 20만 권 이상의 장서를 가진 도서관을 가지고 있었다. 주전 283년에 독립 도시가 되었으며, 주전 133년에 로마 제국에 속하였다.

버가모는 우상숭배의 도시였다. 디오니소스(Dionysos)를 숭배하였으며 (황소를 제물로 바침), 아스클레피우스(Asclepius)를 숭배하였다(그 상징은 뱀이며 치유의 능력이 있다고 믿었음). 또 제우스(Zeus)와 아테나(Athena)를

숭배하였다. 버가모는 황제숭배의 중심지였는데, 주전 29년에 '신격(神格) 아우구스투스'(Divus Augustus)를 위한 신전을 건립하였다. 버가모는 오늘날 '베르가마'(Bergama)로 불린다.[27]

2) 사탄의 권좌가 있는 곳(12-13절)

버가모 교회에 보낸 편지에서 주님은 먼저 자신을 '좌우에 날선 검을 가지신 이'라고 소개한다(12절). 이것은 버가모에 있던 로마 총독이 소위 '칼의 권한'(*ius gladii*)을 가지고 있는 것과 대비된다. 총독은 육신의 생명을 주관하지만 삶과 죽음에 관한 궁극적 권한은 그리스도에게 속한다는 것을 암시한다. 그런 주님께서 "네가 어디에 사는지를 내가 아노니 거기는 사탄의 권좌가 있는 데라."고 하신다(13상). 버가모는 여러 우상들(Dionysos, Asclepius, Zeus, Athena 등) 숭배의 도시였으며 또한 황제숭배의 중심지였다. 그래서 '사탄의 권좌(보좌)가 있는 곳'이라고 말씀하신다. 이런 곳에 있는 버가모 교회가 당하는 고초와 환난을 주님은 알고 계셨다.

주님은 또 말씀하신다. "네가 내 이름을 굳게 잡아서 내 충성된 증인 안디바가 너희 가운데 곧 사탄이 사는 곳에서 죽임을 당할 때에도 나를 믿는 믿음을 저버리지 아니하였도다."(13하) 여기서 말하는 안티파스(Antipas)가 누구인지는 알 수 없다. 그는 예수님을 믿는 믿음 때문에 죽임을 당했다. 후대에 전해 내려오는 이야기에 의하면, 안티파스는 1세기 말 도미티아누스 황제 때 놋쇠로 만든 황소 모양의 솥에 집어넣어져서 서서히 구워서 죽임을 당했다고 한다.[28] 이런 끔찍한 광경을 보고도 버가모 교회 성도들은 주님을 믿는 믿음을 저버리지 않았다. 그래서 주님은 이것을 기억하시고 칭찬하신 것이다.

---

27. '버가모'에 대한 지리적, 역사적 배경에 대해서는 Mounce, *Revelation*, 77 이하; Greijdanus, *Openbaring*, 69 이하를 보라.
28. 참조. Mounce, *Revelation*, 80.

3) 발람의 교훈을 지키는 자들(14-16절)

하지만 버가모 교회에 대해 '책망할 것'이 있다고 말씀하신다. 곧, 그들 가운데 '발람의 교훈을 지키는 자들'이 있다는 것이다(14절). '발람'은 원래 구약 시대의 거짓 선지자로서 이스라엘 백성을 꾀어 우상 제물을 먹게 하고 행음하게 하였다(민 25장). 버가모에 있던 이들 발람의 무리는 또한 '니골라 당'이라고도 불리는데(15절), 에베소 교회에 들어왔던 이단들과 같은 성격의 무리였다. 그들은 타협주의자들이었다. 우상은 아무것도 아니며, 따라서 우상 제물을 먹는 것은 괜찮으며, 음행도 괜찮다고 미혹하였다.[29] 그러자 버가모 교회의 몇 사람이 이런 꾀임에 미혹되었다.

그래서 주님은 "회개하라. 그리하지 아니하면 내가 네게 속히 가서 내 입의 검으로 그들과 싸우리라."고 하신다(16절). '회개하다'(μετανοέω, *메타노에오*)란 것은 1) 그 생각(마음)을 하나님께로 돌이키는 것(행 11:18; 20:21; 26:20)과, 2) 자기가 지은 구체적인 죄들을 뉘우치고 버리는 것(고후 7:9; 딤후 2:25; 히 6:1)을 의미한다(BDAG). 여기서는 구체적인 우상숭배와 그와 관련된 죄들을 뉘우치고 버리고 돌아서는 것을 의미한다. 그러나 자기의 잘못된 행동을 회개하지 않는 자에게는 주님이 속히 임하여 심판하겠다고 경고하신다.

4) 감추었던 만나와 흰 돌(17절)

이어서 주님은 끝까지 자기를 더럽히지 않고 이기는 자에게는 '감추었던 만나'를 주고 '흰 돌'을 주겠다고 약속하신다(17절). '만나'는 원래 하나님께서 광야에서 이스라엘 백성에게 내려 주신 양식이다(출 16장; 시 78:24). 따라서 여기의 '만나'는 하나님이 하늘에서 특별한 역사로 주시는 것을 말하는데, 그

---

29. 이들 이단들의 변명에 대해서는 Greijdanus, *Openbaring*, 75를 보라. 이들의 주장은 다음 두 가지로 요약될 수 있다. 1) 우상 제물은 아무 것도 아니다(고전 8:4). 우상 제물을 먹어도 괜찮다; 2) 황제숭배는 단지 정치적인 문제일 뿐이다. 또한 헨드릭슨, 『요한계시록』, 77을 보라.

래서 이적적이고 영광스럽고 신적인 영양 공급, 만족하게 함, 시원하게 함을 의미한다.[30] '감추인'(κεκρυμμένον, *케크륌메논*)이란 것은 이 '만나'는 모든 사람에게 다 주어지는 것이 아니라 주님의 사람들에게만 주어지기 때문이다(마 11:25; 골 3:3).[31] 따라서 '감추었던 만나'를 주시겠다는 것은 참된 만나 곧 영생을 주시겠다는 말이다(요 6:32-35). 이것은 발람을 따르는 자들이 주는 부정(不淨)한 음식과 대비되는 참된 하늘의 양식이다.[32]

그리고 '흰 돌'을 주시겠다고 하셨는데, '희다'는 것은 죄에서 자유로운 것 곧 정결함과 영광스러움을 의미한다(계 3:4; 6:2; 1:14).[33] 또는 '믿음의 승리'를 의미한다.[34] 이 '흰 돌'에 대해서는 여러 견해가 있는데, 그중에서 연회(宴會, banquet)에 들어가기 위해 받는 표(token)로 사용된 '테세라'(tessera)가 그 배경에 있었을 것이라는 주장이 주목을 끈다.[35] '테세라'는 나무나 금속 또는 돌로 만든 작은 표(tablet)인데 여러 용도로 사용되었다. 황제가 로마의 가난한 자들에게 이 표들을 나누어 주었는데, 이것은 정기적인 옥수수 배급을 보장하는 것이었다. 또는 경기에서 승리자들에게 나누어 주기도 하고, 대중의 찬사를 받은 검투사들에게 주기도 했는데, 그러면 그는 더 이상 싸우지 않고 은퇴할 수 있었다고 한다.[36] 하여튼 배경에 무엇이 있었는지 우리가 알 수 없으나, 버가모의 이기는 자에게 약속된 '흰 돌'은 정결함과 순수함, 승리를 상징하는 것이다.

그리고 "그 돌 위에 새 이름을 기록한 것이 있나니 받는 자밖에는 그 이름을 알 사람이 없느니라."고 한다(17절). '새 이름'은 믿음으로 승리한 자의 이

---

30. Greijdanus, *Openbaring*, 76.
31. Greijdanus, *Openbaring*, 76.
32. Mounce, *Revelation*, 82.
33. Greijdanus, *Openbaring*, 76.
34. Mounce, *Revelation*, 83.
35. Mounce, *Revelation*, 83.
36. Mounce, *Revelation*, 83.

름을 뜻한다.[37] 야곱에게 '이스라엘'이라는 새 이름이 주어졌듯이, 주님을 끝까지 믿어서 이긴 자들에게는 '승리'의 새 이름이 주어질 것이다. 성경에서 '이름'은 그 사람의 내적 존재를 가리킨다. 그래서 '새 이름'은 완전히 새로워진 존재를 의미한다(고후 5:17). 그 내적 존재는 그 사람의 '비밀'이다(고전 2:11).[38] 그리스도는 '하나님의 비밀'이며(골 2:3; 마 13:44), 그를 소유한 그리스도인들도 세상 사람들에게는 '비밀'이다(참조. 고전 1:18, 23-25; 2:12-16).

교훈과 적용

1. 버가모 교회는 우상숭배가 심한 곳에서도 예수님을 믿는 믿음을 굳게 지켰다. 제우스 동상이 서 있는 곳 곧 사탄의 보좌가 있는 곳이었지만, 이곳에서 '안디바'(Antipas)라 하는 충성된 증인이 죽임을 당하면서도 믿음을 저버리지 않았다(13절). 주님은 이런 사람을 아시고 그 이름을 기억하시며 칭찬하셨다. 이처럼 우리가 이 세상에서 믿음을 굳게 지키고 끝까지 주님께 충성하면 주님이 다 아시고 칭찬하실 것이다. 특히 순교자들의 이름과 믿음을 꼭 기억하시고 칭찬하실 것이다.

2. 버가모 교회에도 책망할 것이 있었다. 이 교회에는 발람의 교훈을 지키는 자들이 있었다. 곧, 구약 시대의 거짓 선지자 발람처럼 사람들을 꾀어 우상의 제물을 먹게 하고 또 행음하게 하였다(14절). 이들은 '니골라 당'이라 하는 자들인데, 우상의 제물은 아무것도 아니며 사람의 육체는 중요하지 않고 구원받는 데 상관없다고 가르쳤다. 그래서 죄를 짓고 타락하도록 만들었다. 오늘날에도 죄를 죄가 아니라고 하며 죄를 미화하고 조장하는 사람들이 성도들을 미혹하고 있다.

3. 이런 사람들을 향하여 주님은 '회개하라'고 하신다(16절). 변명이 아니라 회개가 답이다. 만일 회개하지 아니하면 주님이 오셔서 그들과 싸우겠다고 하신다. 그러나

37. Greijdanus, *Openbaring*, 77; Mounce, *Revelation*, 83. 그러나 빌은 '그리스도'의 이름으로 본다. Beale, *Revelation*, 253-58. 헨드릭슨은 두 견해를 그 논거와 함께 자세히 소개하면서 결론을 내리지 않고 두 견해의 조화를 꾀하는 질문으로 마친다. 헨드릭슨, 『요한계시록』, 78-81. 박윤선도 흐레이다너스의 해설을 정견(正見)이라고 하면서도 로마이어(Lohmeyer)의 해석('그리스도'의 이름으로 봄)도 일고(一考)할 만하다고 한다. 박윤선, 『요한계시록』, 78 이하. 필자도 박윤선의 견해와 같다.

38. Greijdanus, *Openbaring*, 77.

믿음으로 이런 미혹을 물리치고 이기는 자에게는 주님이 '감추었던 만나'를 주시고 '흰 돌'을 주실 것이다(17절). 이것은 주님이 그에게 '신령한 하늘 양식'을 주시고 '성결'의 복을 주실 것을 의미한다. 그 돌 위의 '새 이름'은 하나님이 주시는 영광스러운 존재를 의미한다. 예를 들면, '이스라엘', '성도', '그리스도의 신부'와 같은 것이다.

4. 두아디라에 보낸 편지(2:18-29)

18 두아디라 교회의 사자에게 편지하라 그 눈이 불꽃 같고 그 발이 빛난
주석과 같은 하나님의 아들이 이르시되 19 내가 네 사업과 사랑과 믿음과
섬김과 인내를 아노니 네 나중 행위가 처음 것보다 많도다 20 그러나 네
게 책망할 일이 있노라 자칭 선지자라 하는 여자 이세벨을 네가 용납함이
니 그가 내 종들을 가르쳐 꾀어 행음하게 하고 우상의 제물을 먹게 하는
도다 21 또 내가 그에게 회개할 기회를 주었으되 자기의 음행을 회개하고
자 하지 아니하는도다 22 볼지어다 내가 그를 침상에 던질 터이요 또 그와
더불어 간음하는 자들도 만일 그의 행위를 회개하지 아니하면 큰 환난 가
운데에 던지고 23 또 내가 사망으로 그의 자녀를 죽이리니 모든 교회가 나
는 사람의 뜻과 마음을 살피는 자인 줄 알지라 내가 너희 각 사람의 행위
대로 갚아 주리라 24 두아디라에 남아 있어 이 교훈을 받지 아니하고 소위
사탄의 깊은 것을 알지 못하는 너희에게 말하노니 다른 짐으로 너희에게
지울 것은 없노라 25 다만 너희에게 있는 것을 내가 올 때까지 굳게 잡으
라 26 이기는 자와 끝까지 내 일을 지키는 그에게 만국을 다스리는 권세를
주리니 27 그가 철장을 가지고 그들을 다스려 질그릇 깨뜨리는 것과 같이
하리라 나도 내 아버지께 받은 것이 그러하니라 28 내가 또 그에게 새벽별
을 주리라 29 귀 있는 자는 성령이 교회들에게 하시는 말씀을 들을지어다

1) 지리적, 역사적 배경

두아디라(Thyatira)는 버가모에서 동쪽으로 60여km 쯤 떨어진 내륙에 위치한 도시였다. 두아디라는 원래 리디아(Lydia)에 속하였으나 3세기 초에 셀류쿠스(Seleucus)에 의해 재건되고 확장되었다. 알렉산더 대왕의 퇴역 군인들과 그 자손들이 들어와 살았으며, 그래서 마게도냐의 식민지로 불리기도 하였다. 주전 190년경에 두아디라는 로마의 지배를 받게 되었다.

로마 치하에서 두아디라는 공업 및 상업 도시로 번창하였다. 이 중에서도 자주색 천이 유명하였는데, 바울이 빌립보에서 만난 루디아가 이 두아디라 출신이었다(행 16:14). 이 도시에는 각종 동업조합(同業組合, guild)이 발달하였는데 모직조합, 직조조합, 염색조합, 제혁조합, 도기조합, 제빵조합, 대장장이조합, 노예매매조합 등이 있었다고 한다. 그런데 이 동업조합은 각 조합마다 수호신을 가지고 있었다. 그래서 각 회원들은 그 조합에서 행하는 제사의식에 참여해야 했으며, 또한 우상에게 바쳐진 제물을 먹어야만 했다. 이어서 음란한 행사가 이어졌다. 낭시의 두아디라 사람들이 살아가려면 이 동업조합에 가입해야만 했고, 그러면 우상 제물을 먹고 음행에 가담해야만 하는 어려움이 있었다.[39]

2) 사업과 활동이 많은 교회(18-19절)

두아디라 교회에 대해 주님은 먼저 자신을 '그 눈이 불꽃 같고 그 발이 빛난 주석 같은 하나님의 아들'이라고 소개한다(18절). "그 눈이 불꽃 같다."는 것은 모든 것을 살피시고 감찰하신다는 뜻이다(참조. 계 1:14). 주님은 은밀한 가운데 행하는 죄까지도 다 아신다. "그 발이 빛난 주석 같다."는 것은 그의 통치와 지배가 견고하다는 뜻인데, 여기의 '주석'은 '청동'으로 번역함이 옳

---

39. 두아디라의 지리적, 역사적 배경에 대해서는 다음을 보라. Mounce, *Revelation*, 84 이하와 Greijdanus, *Openbaring*, 78 이하.

다(본서 계 1:15의 설명 참조).

먼저 주님은 "내가 네 사업과 사랑과 믿음과 섬김과 인내를 아노니 네 나중 행위가 처음 것보다 많도다."고 하신다(19절). 두아디라 교회는 사업과 활동이 많았다. 이런 것을 주님은 아시고 칭찬하신다. "네 나중 행위가 처음 것보다 많다."는 것은 원문의 구조상 주님이 안다고 하신 목록에 포함되는 것으로 볼 수 있다. 곧 "처음 일들보다 많은 네 나중 일들을 안다."는 뜻이다. 그만큼 두아디라 교회는 하는 일들이 많았으며 사업이 많았다. 오늘날 한국 교회처럼 프로그램이 많은 교회였다.

3) 거짓 선지자 이세벨의 죄와 심판(20-23절)

그러나 주님은 두아디라 교회에 대해 책망할 것이 있다고 하신다. 곧 "자칭 선지자라 하는 여자 이세벨을 네가 용납함이니 그가 내 종들을 가르쳐 꾀어 행음하게 하고 우상의 제물을 먹게 하는도다."고 하였다(20절). 여기서 '이세벨'이 누구인지, 본명이 무엇인지는 알 수 없다. '이세벨'은 원래 옛날 이스라엘 왕 아합의 아내였다. 그는 시돈 왕의 딸로서 아합 왕에게 시집와서 여호와의 선지자들을 죽이고 바알 숭배를 크게 퍼뜨린 자였다(왕상 16:30-33; 왕하 9:30-37). 그래서 '이세벨'은 우상숭배를 퍼뜨린 사악한 여자의 대명사가 되었다. 두아디라에 있던 거짓 선지자도 이처럼 성도들을 꾀어서 우상을 섬기게 하고 죄를 짓게 하였다. 여기서 '행음(行淫)'은 문자적 의미와 영적 의미 둘 다 뜻한다고 볼 수 있다.[40]

하나님은 이런 거짓 선지자에게도 먼저 '회개'할 기회를 주었다. 그렇지만 그 여자는 자기의 음행을 회개하지 않았다(21절). 그래서 하나님은 그 여자를 '침상에 던지겠다'고 하신다(22상). 이것은 곧 병들어 눕게 하시겠다는 뜻이다. 소아시아에서 발견된 여러 조각문(彫刻文)에 보면 음행을 인하여 벌

---

40. Greijdanus, *Openbaring*, 81.

받아 병든 사실이 적지 않다(Moffat)고 한다.[41] 그리고 '그 여자와 더불어 간음하는 자들'도 만일 회개하지 않으면 큰 환난 가운데 던지겠다고 하신다(22하). 이것은 곧 시행될 임박한 심판을 말한다. 뿐만 아니라 '그 여자의 자녀들'을 죽이겠다고 하신다(23상). 여기서 '자녀들'은 문자적 의미로 볼 수도 있고,[42] 영적 의미로 볼 수도 있다.[43] 문자적 의미라면 거짓 선지자 '이세벨'의 육적 자녀들을 말하고, 영적 의미라면 그의 가르침을 따르는 자들을 가리킨다.

이런 심판을 통해 "모든 교회가 나는 사람의 뜻과 마음을 살피는 자인 줄 알지라."고 한다(23절) 여기서 '뜻'(νεφρός, *네프로스*)이란 단어는 원어상 '신장' 곧 '콩팥'을 가리킨다. 이것은 사람의 '가장 깊은 감정과 성향의 기원과 좌소'를 나타낸다.[44] 이처럼 하나님은 사람의 깊은 곳에 있는 생각과 마음을 다 아신다.

4) 너희에게 있는 것을 굳게 잡으라(24-29절)

그러나 두아디라 교회에는 여자 이세벨의 교훈을 받지 아니하고 믿음의 정절을 지킨 성도들도 있었다. 이들을 가리켜 주님은 "두아디라에 남아 있어 이 교훈을 받지 아니하고 소위 사탄의 깊은 것을 알지 못하는 너희"라고 말한다(24절). 여기서 '사탄의 깊은 것을 알지 못하는'(οἵτινες οὐκ ἔγνωσαν τὰ βαθέα τοῦ Σατανᾶ, *호이티네스 욱 에그노산 타 바떼아 투 사타나*)은 '사탄의 깊은 것들을 알지 아니한'으로 번역해야 정확하다. 이들은 소위 '사탄의 깊은 것들'에 관계하지 않았다. 곧, 그들의 죄에 동참하지 않았다(참조. 20, 22절). 이들은 '이 가르침을 가지지(받지) 아니한 자들'이었다.

여기서 주목해야 할 것은 거짓 선지자는 자기의 가르침을 '깊은 것들'(τὰ

---

41. 박윤선, 『요한계시록』, 81.
42. Greijdanus, *Openbaring*, 83.
43. Mounce, *Revelation*, 88.
44. Greijdanus, *Openbaring*, 83.

βαθέα, *타 바떼아*)이라고 불렀다는 사실이다. 곧, 자기의 가르침은 '깊은 진리'요 '심오한 깨우침'이라는 주장이다.[45] 골로새에 들어온 이단들이 자기들의 가르침을 '비밀'(μυστήριον, *뮈스테리온*)이라고, '지혜'(σοφία, *소피아*)와 '지식'(γνῶσις, *그노시스*)과 '충만'(πλήρωμα, *플레로마*)이라고 주장하면서, 그리스도인들을 향해 너무 단순하고 피상적이라고 비난한 것과 같다.[46] 오늘날에도 이단들이나 철학자들은 자기의 가르침이 깊고 심오하다고 주장하며, 이에 비해 기독교의 가르침은 너무 단순하고 유치하다고 비웃는다.

그러나 소위 '사탄의 깊은 것'을 알지 아니하고 그 죄에 동참하지 않은 성도들을 향하여 주님은 "다른 짐으로 너희에게 지울 것은 없다."고 하신다(24하). "다만 너희에게 있는 것을 내가 올 때까지 굳게 잡으라."고 하신다(25절). 주님은 우리에게 없는 것을 잡으라고 하지 아니하신다. 이미 우리에게 있는 것을 굳게 잡으라고 말씀하신다. 신앙이란 자꾸만 새로운 것을 좇아가는 것이 아니다. 올바른 신앙은 옛날부터 내려오는 신앙, 이미 있는 신앙을 굳게 붙드는 것을 말한다.

'이기는 자'와 '끝까지 주님의 일들을 지키는 자'에게는 "만국을 다스리는 권세를 줄 것"이라고 한다(26절). 이것은 주님을 믿는 자 곧 끝까지 믿고 승리한 자에게는 그리스도와 함께 세상을 다스리는 권세를 주시겠다는 말씀이다(참조. 계 3:21; 20:4; 시 2:8). 이것은 그리스도의 영광스러운 통치에 참여

---

45. Van de Kamp, *Openbaring*, 123: "그들은 하나님의 깊은 것들을 안다고 말한다. 그러나 실상은 사탄의 깊은 것들이다." 마운스는 조금 다르게 본다. 곧, 하나님의 은혜를 충만하게 알기 위해서는 먼저 악의 깊은 것들을 헤아려야 한다는 의미로 본다. 후대의 영지주의는 신자들이 자신의 능력의 한계를 알고 승리하기 위해서는 사탄의 요새 안으로 들어가야만 한다고 가르쳤다. 신자의 영성은 육체로 행한 것에 의해 영향받지 않는다는 근거 위에서 이세벨은, 두아디라의 그리스도인들이 이방인들의 길드 축제에 참여해야만 한다고 주장했을 것이다. Mounce, *Revelation*, 89.

46. 골로새 교회에 들어온 이단에 대해서는 변종길, "만물의 머리 되신 그리스도. 골로새서 1:24-2:23의 주해와 적용", 『그말씀』 126(1999년 12월), 53-61(= 『두란노 HOW 주석 에베소서 골로새서 어떻게 설교할 것인가』, 2009, 371-82)을 보라. 또한 J. van Eck, *Kolossenzen en Filemon*, CNT (Kampen: J. H. Kok, 2007), 23-28을 보라.

한다는 뜻이다.

27절은 그 통치가 어떠할 것인가를 좀 더 말해 준다. "그가 철장을 가지고 그들을 다스려 질그릇 깨뜨리는 것과 같이 하리라." 여기서 '그'는 앞절의 '이기는 자' 곧 '끝까지 내 일을 지키는 자'이다. 참 믿음이 있는 성도라면 다 이에 해당한다. 예수님께서 하나님 아버지께로부터 이런 권세를 받으신 것처럼(27하; 시 2:8), 그를 믿는 자들도 동일한 권세를 받아 누릴 것이다(참조. 마 19:28). 예수님을 믿는 자는 그의 위엄과 통치에 참여하는 영광을 누릴 것이다(계 3:21).

주님은 그에게 또 "새벽별을 주리라."고 약속하신다(28절). 계시록 22:16에 보면 예수님 자신이 '광명한 새벽별'이라고 말한다. '새벽별'은 밝게 빛나는 귀한 별인데, 우리 주 예수님은 자신이 가지고 있는 그런 존귀한 영광을 자기를 믿는 자들과 함께 나눌 것을 말씀하신다. 마지막으로 "귀 있는 자는 성령이 교회들에게 하시는 말씀을 들을지어다."고 하신다. 부활하신 예수님은 성령을 통해 교회들에게 말씀하신다. 따라서 예수님의 말씀은 또한 성령의 말씀이다. 따라서 우리는 이 말씀을 단지 두아디라 교회에만 주시는 말씀으로만 보면 안 되고, 온 세상의 모든 교회에 주시는 말씀으로 받아들여야 한다.

교훈과 적용

1. 두아디라 교회는 사업과 활동이 많은 교회였다. 나중의 일들이 처음의 일들보다 많은 교회였다(19절). 요즘 말로 하면 각종 프로그램이 많고 성장하는 교회였다. 그럼에도 불구하고 주님에게서 책망을 받았는데 그 이유는 자칭 선지자라 하는 여자 이세벨을 용납하였기 때문이다. 거짓 선지자 이세벨은 교인들을 꾀어서 행음하게 하고 우상의 제물을 먹게 하였다(20절). 곧, 이 세상에서 생업을 유지하기 위해서는 세상 사람들과 타협하고 죄를 지어도 괜찮다는 주장이었다. 오늘날에도 이런 타협주의와 현실주의가 교인들을 미혹하고 있다.

2. 주님께서는 그런 이세벨에게 회개할 기회를 주셨으나, 그는 자기의 음행을 회개하려 하지 않았다(21절). 그래서 주님은 그를 침상에 던질 것이라고 하신다(22절). 중

한 병에 들게 하시겠다는 말씀이다. 그리고 그와 더불어 간음하는 자들도 회개하지 아니하면 큰 환난 가운데 던지겠다고 하신다(22절). 이처럼 우리 주님은 죄를 지은 자에게도 회개의 기회를 주시지만, 회개하지 아니하면 무섭게 심판하신다. 따라서 우리는 책망을 받을 때 속히 회개하고 자기의 행실을 고쳐야 한다.

3. 이러한 거짓 선지자의 미혹에 빠지지 아니한 성도들에게는 "다만 너희에게 있는 것을 굳게 잡으라."고 하신다(25절). 주님은 우리에게 없는 것을 잡으라고 하지 않으신다. 뭔가 새로운 것을 찾아 나서거나 새로운 일을 하라고 하지도 않으신다. 신앙은 옛날부터 듣고 배운 바를 굳게 붙드는 것이다. 조금 더 열심을 내고 조금 더 바르게 행하고 조금 더 사랑하는 것이다. 알면서도 행하지 않는 것들을 행하고, 버려야 할 줄로 알고 있는 죄들을 버리는 것이다.

5. 사데 교회에 보낸 편지(3:1-6)

1 사데 교회의 사자에게 편지하라 하나님의 일곱 영과 일곱 별을 가지신
이가 이르시되 내가 네 행위를 아노니 네가 살았다 하는 이름은 가졌으나
죽은 자로다 2 너는 일깨어 그 남은 바 죽게 된 것을 굳건하게 하라 내 하
나님 앞에 네 행위의 온전한 것을 찾지 못하였노니 3 그러므로 네가 어떻
게 받았으며 어떻게 들었는지 생각하고 지켜 회개하라 만일 일깨지 아니
하면 내가 도둑같이 이르리니 어느 때에 네게 이를는지 네가 알지 못하리
라 4 그러나 사데에 그 옷을 더럽히지 아니한 자 몇 명이 네게 있어 흰옷
을 입고 나와 함께 다니리니 그들은 합당한 자인 연고라 5 이기는 자는 이
와 같이 흰 옷을 입을 것이요 내가 그 이름을 생명책에서 결코 지우지 아
니하고 그 이름을 내 아버지 앞과 그의 천사들 앞에서 시인하리라 6 귀 있
는 자는 성령이 교회들에게 하시는 말씀을 들을지어다

1) 지리적, 역사적 배경

사데(Sardis)는 주전 1,200년경에 가파른 언덕 위에 세워진 도시이며 옛

날 리디아(Lydia) 왕국의 수도였다. 주전 6세기의 크로에수스(Croesus) 왕 때 크게 번창하여 전설적인 부(富)를 축적하였다. 사데 사람들은 사치하고 교만하고 방종한 생활을 하였다. 사데는 험난한 지형을 믿고 경계를 태만히하다가 기습 공격을 당하여 두 차례나 점령된 적이 있었다. 주전 546년에 고레스(Cyrus)에 의해, 주전 218년에 안티오코스(Antiochos) 3세에 의해 점령되었다.

아래쪽 도시에서 로마식 극장과 스타디움과 커다란 아데미(Artemis) 신전이 발굴되었다. 이 신전은 주전 6세기에 크로에수스에 의해 건축되었는데 주전 499년에 파괴되었다고 한다. 후에 재건되었으나 알렉산더 대왕 때에도 아직 완성되지 못했다. 사데는 주전 133년에 로마 치하에 들어갔다. 주후 17년에 사데는 지진으로 파괴되었으나 티베리우스 황제의 도움으로 재건되었다.

페르시아의 수사(Susa)에서 소아시아에 이르는 고속도로의 서쪽 끝에 위치한 사데는 부와 명성을 얻은 도시였다. 크로에수스 왕 때 팍돌루스(Pactolus) 강에서 금을 채취하였으며, 사데는 금화와 은화를 최초로 주조한 도시였다. 사데는 염색 기술을 발견한 최초의 도시라고 주장하였으며, 모직제품 생산과 염색이 주산업이었다. 사데 교회의 설립에 대해서는 알려진 것이 없다. 2세기 후반에 멜리토(Melito)가 사데 교회의 감독으로 있었다.[47]

2) 영적으로 죽은 교회(1절)

주님은 먼저 자기 자신을 '하나님의 일곱 영과 일곱 별을 가진 이'라고 말씀하신다(1절). '하나님의 일곱 영'은 성령을 말하는데, '일곱'은 완전을 의미하는 수이다(계 1:4; 4:5; 5:6). 온 세상을 감찰하시는 성령의 충만한 사역을

---

47. 사데의 지리적, 역사적 배경에 대해서는 다음을 참조하라. Mounce, *Revelation*, 91 이하와 Greijdanus, *Openbaring*, 88.

가리킨다고 볼 수 있다(계 5:6). 또는 '일곱 교회' 안에서 역사하시는 성령을 가리키기 위해 '일곱 영'이라는 표현이 사용되었다고 볼 수도 있다. '일곱 별'은 일곱 교회의 사자(使者)다(계 1:20). 성자 예수님은 성령과 교회를 주관하신다. 물론 성자와 성령의 관계는 종속이 아니라 대등의 관계이며 협력과 동역의 관계이다(계 22:1; 요 14:26; 15:26).

그런 주님께서 "내가 네 행위를 아노니 네가 살았다 하는 이름은 가졌으나 죽은 자로다."고 하신다(1하). 이것은 심한 책망이다. 칭찬도 없이 바로 책망에 들어가셨다. '죽었다'(νεκρὸς εἶ, *네크로스 에이*)는 것은 원어로는 현재인데, 영적으로 죽은 상태에 있는 것을 의미한다. 이는 영적 나태와 하나님 앞에서 열매 없음을 두고 말한 것이다. 뿐만 아니라 "내 하나님 앞에 네 행위의 온전한 것을 찾지 못하였다."고 하신다(2하). 그런데도 불구하고 사데 교회는 외적으로는 '살았다'(ζῇς, *제스*)[48] 하는 이름을 가지고 있었다(1하). 예배도 드리고 각종 모임과 행사도 있었다. 그러나 내적으로는 이미 '죽은 상태'였다. 내적 생명력, 참된 사랑, 성령의 능력에 있어서 죽은 상태나 다름없었다.

3) 남은 바 죽게 된 것을 굳건하게 하라(2-3절)

이처럼 영적으로 죽은 사데 교회를 향하여 예수님은 "너는 일깨어 그 남은 바 죽게 된 것을 굳건하게 하라."고 하신다(2상). 아직 죽지 않고 남은 것이 조금 있다는 말씀이다. 여기에 희망이 있고 해결의 실마리가 있다. 그것은 '그 남은 바 죽게 된 것을 굳건하게 하는 것'이다. 주님은 우리에게 없는 것을 굳건하게 하라고 하지 않으신다. 주님은 우리에게 있는 것, 아직 남아 있는 것을 굳게 잡으라고 말씀하신다(참조. 계 2:25).

이어서 예수님은 구체적으로 말씀하신다. "그러므로 네가 어떻게 받았으며 어떻게 들었는지 생각하고 지켜 회개하라."(3상) 처음에 복음을 받았을 때

48. 원어는 현재로서 '살아 있다'이다.

기쁨으로 주님을 믿고 따르던 그때의 순수한 신앙을 회복하라는 의미이다(참조. 계 2:5). 그러나 "만일 일깨지 아니하면 내가 도둑같이 이르리니 어느 때에 네게 이를는지 네가 알지 못하리라."고 하신다(3하). 이것은 예수님이 갑자기 와서 그들을 벌할 것을 말한다. 과거에 사데 도시가 경계를 게을리하다가 갑자기 들이닥친 기습 공격에 의해 멸망한 적이 있었던 것처럼, 주님도 알지 못하는 때에 갑자기 와서 벌할 것을 말씀하신다. 이것은 예수님의 재림을 두고 말한 것으로 볼 수도 있고, 아니면 이 세상 역사 시간 중에 사데 교회를 벌하시는 심판을 말한 것으로 볼 수도 있다.

4) 그 옷을 더럽히지 않은 자들(4-6절)

그러나 사데 교회에 그 옷을 더럽히지 않은 자들 몇 명이 남아 있다고 칭찬하신다. 그들은 "흰옷을 입고 나와 함께 다니리니 그들은 합당한 자인 연고라."고 한다(4절). 아무리 영적으로 죽은 교회라 할지라도 하나님께서 '남은 자'를 남겨 두시는 경우가 많다. 그들은 '그 옷을 더럽히지 아니한 자들'이다. 곧, 죄와 타협하지 아니하고 믿음의 정절을 굳게 지키며 하나님의 말씀을 지킨 자들이다. 이들은 "흰옷을 입고" 주님과 함께 다닐 것이다. '흰옷'은 정결함 또는 승리를 뜻한다(갈 3:27; 롬 13:14). '주님과 함께 다닌다'는 것은 주님과의 밀접한 교제와 주님의 영광에 동참하는 것을 말한다.

그리고 "내가 그 이름을 생명책에서 결코 지우지 아니하고 그 이름을 내 아버지 앞과 그의 천사들 앞에서 시인하리라."고 하신다(5절). 여기서 '지우다'(ἐξαλείφω, *엑살레이포*)는 단어가 사용되었는데, 이것은 구원받은 자들의 이름이 실제로 지워질 수 있다는 것을 말하는 것이 아니라 결코 그렇게 되지 않는다는 것을 말한 것이다. 곧, 구원의 확실성을 말한다. 이처럼 절개 있는 자들, 끝까지 믿음을 지킨 자들의 이름은 생명책에서 결코 지워지지 않는다. 또한 주님도 그 이름을 하나님 아버지 앞과 천사들 앞에서 시인하실 것이다(참조. 막 8:38).

교훈과 적용

1. 사데 교회는 "살았다 하는 이름은 가졌으나 죽은 자"라는 평가를 받았다(1절). 외형적으로는 살아 있고 활발하였으나 영적으로는 죽은 상태에 있다는 것이다. 내적으로 생명력이 없고 하나님과의 관계는 미약하였다. 오늘날 한국 교회가 혹 이렇지 않은지 생각해 보아야 한다. 예배와 프로그램이 많고 기관별, 부서별로 활동이 많다. 그래서 바쁘게 움직이고 복잡하지만 마음에 은혜가 없고 기쁨이 없다면 사데 교회와 같지 않을까? 물론 영적으로 살아 있는 교회들도 많이 있겠지만, 하나님이 보실 때 과연 어떻게 판단하실지가 중요하다.

2. 이런 교회를 향해 주님은 "일깨어 그 남은 바 죽게 된 것을 굳건하게 하라."고 하신다(2절). 그래도 남은 것이 있다는 것이다. 그 남은 바 죽게 된 것을 일깨어서 굳건하게 해야 한다. 구체적으로는 "네가 어떻게 받았으며 어떻게 들었는가를 생각하고 지켜 회개하라."고 하신다(3절). 지난날들을 되돌아보고 은혜받았던 때를 생각하고 그때 어떻게 행했는지를 생각하고 지켜 회개하라는 것이다. 우리 한국 교회도 좋은 전통을 가지고 있다. 과거에 열심 있었던 때, 은혜로웠던 때가 있었다. 그것들을 오늘날 새롭게 일깨어 지켜야 한다.

3. 아무리 세상이 변하고 타락해도 남은 자들이 있다. 세상의 죄와 타협하지 아니하고 불의에 물들지 아니하고 순수한 믿음을 지키는 자들이 있다. 이들은 흰옷을 입고 주님과 함께 다닐 것이다(4절). 주님이 인정하시고 귀하게 여기신다는 뜻이다. 그리고 이들의 이름을 생명책에서 결코 지우지 아니하리라고 말씀하신다(5절). 그들의 구원은 확실하고 결코 흔들리지 않는다는 것을 말한다. 이들은 천국에서 영원토록 복락을 누릴 것이다.

6. 빌라델비아 교회에 보낸 편지(3:7-13)

7 빌라델비아 교회의 사자에게 편지하라 거룩하고 진실하사 다윗의 열쇠
를 가지신 이 곧 열면 닫을 사람이 없고 닫으면 열 사람이 없는 그가 이르
시되 8 볼지어다 내가 네 앞에 열린 문을 두었으되 능히 닫을 사람이 없
으리라 내가 네 행위를 아노니 네가 작은 능력을 가지고서도 내 말을 지

키며 내 이름을 배반하지 아니하였도다 9 보라 사탄의 회당 곧 자칭 유대
인이라 하나 그렇지 아니하고 거짓말 하는 자들 중에서 몇을 네게 주어
그들로 와서 네 발 앞에 절하게 하고 내가 너를 사랑하는 줄을 알게 하리
라 10 네가 나의 인내의 말씀을 지켰은즉 내가 또한 너를 지켜 시험의 때
를 면하게 하리니 이는 장차 온 세상에 임하여 땅에 거하는 자들을 시험
할 때라 11 내가 속히 오리니 네가 가진 것을 굳게 잡아 아무도 네 면류관
을 빼앗지 못하게 하라 12 이기는 자는 내 하나님 성전에 기둥이 되게 하
리니 그가 결코 다시 나가지 아니하리라 내가 하나님의 이름과 하나님의
성 곧 하늘에서 내 하나님께로부터 내려오는 새 예루살렘의 이름과 나의
새 이름을 그이 위에 기록하리라 13 귀 있는 자는 성령이 교회들에게 하시
는 말씀을 들을지어다

1) 지리적, 역사적 배경

빌라델비아(Philadelphia)는 사데를 지나 동쪽 내륙으로 더 들어가서 긴 계곡의 동쪽 끝에 위치하고 있었다. 주요 무역로의 요충이었으며 상업적으로 중요한 도시였다. 또한 로마의 우편 도로가 이곳을 지나 페르시아로 통했기 때문에 '동쪽으로 향하는 문'으로 불리기도 했다.

빌라델비아는 버가모의 아탈루스 2세(Attalus II, 주전 159-138)에 의해 건설되었다. 그는 형 유메네스(Eumenes)를 사랑하여 '형제를 사랑하는 자'(Philadelphus)라는 이름을 얻었다. 여기에는 두 가지 사건이 작용했다. 하나는 그의 형 유메네스가 암살되었다는 거짓 소문으로 인하여 아탈루스가 왕위에 올랐으나, 그의 형이 그리스에서 무사히 돌아왔을 때 그는 왕위를 양도하였다. 다른 하나는 로마가 그에게 그의 형을 타도하라고 권유하였으나 거절하였다. 그래서 그가 건설한 도시가 '형제 사랑'(Philadelphia)이란 뜻의 이름을 얻게 되었다.

빌라델비아는 포도 재배가 주산업이었다. 디오니소스(Dionysos)와 여러

신들을 숭배하였으며, 이로 인하여 주후 5세기에는 '작은 아테네'라는 별명을 얻었다. 빌라델비아는 주후 17년에 지진으로 파괴되었으나 황제 티베리우스(Tiberius)의 도움으로 재건되었다. 후에 주위 도시들이 투르크 군대에 항복한 후에도 빌라델비아는 오랫동안 기독교 신앙에 충성하였다. 그러다가 14세기 말에 투르크와 비잔틴의 합동 군대에 항복하였으며, 모슬렘 도시 '알라-쉐히르'(Ala-shehir)로 개명되었다.[49]

2) 말씀을 지킨 교회(7-8절)

빌라델비아 교회는 주님께 충성하여 칭찬받은 교회였다. 아시아 일곱 교회 중 책망은 없이 칭찬만 받은 두 교회 중 하나였다. 그런 교회를 향하여 주님은 먼저 "거룩하고 진실하사 다윗의 열쇠를 가지신 이 곧 열면 닫을 사람이 없고 닫으면 열 사람이 없는 그"가 말씀하신다고 한다(7절). '다윗의 열쇠'는 메시아가 가지고 있는 열쇠란 뜻인데, 곧 메시아이신 예수님께서 생명과 사망, 천국과 지옥, 세상의 모든 권세를 가지고 계심을 나타낸다(참조. 계 1:18; 사 22:22).

이렇게 주님의 말씀을 지킨 빌라델비아 교회에게 주님은 상급을 약속하셨다. 우선 "내가 네 앞에 열린 문을 두었으되 능히 닫을 사람이 없으리라." 고 하셨다(8절). '열린 문'(θύρα ἠνεῳγμένη, *뛰라 에네오그메네*)은 '전도의 문'(골 4:3) 또는 '믿음의 문'(행 14:27)이 열린 것을 말한다(참조. 고전 16:9). 이것은 주님께서 복음 전파의 문을 열어 놓으셨다는 뜻이다. 곧, 구원받는 성도들을 계속 보내 주시겠다는 뜻이다.

주님께서 이런 복을 주시는 이유는 빌라델비아 교회가 주님의 말씀을 지켰기 때문이었다. "내가 네 행위를 아노니 네가 작은 능력을 가지고서도 내

---

49. 빌라델비아의 지리적, 역사적 배경에 대해서는 다음을 보라. Mounce, *Revelation*, 98 이하와 Greijdanus, *Openbaring*, 93 이하.

말을 지키며 내 이름을 배반하지 아니하였도다."(8하) 빌라델비아 교회는 능력이 작은 교회였다. 성도들 수도 적고 부요하지 못했다. 학식도 많지 않고 권세도 없으며 사회적으로 미약한 교회였다. 그런데도 빌라델비아 교회가 칭찬을 받은 것은 주님의 말씀을 지켰기 때문이다. 핍박과 환난 가운데서도 주님의 말씀을 지켰으며 주님의 이름을 배반하지 않았다.

3) 시험의 때에 지켜 줄 것(9-10절)

그래서 주님은 빌라델비아 교회를 사랑하시며 또 이것을 알게 해 주신다. "보라 사탄의 회당 곧 자칭 유대인이라 하나 그렇지 아니하고 거짓말하는 자들 중에서 몇을 네게 주어 그들로 와서 네 발 앞에 절하게 하고 내가 너를 사랑하는 줄을 알게 하리라."(9절) 이 말씀은 빌라델비아 교회를 핍박하던 유대인들 중에서 몇 명이 회개하고 돌아올 것이라는 뜻이다. '사탄의 회당'이라고 낙인찍혔던 유대인들이 회개하고 돌아온다는 것은 엄청 어려운 일이다. 그런데도 그런 놀라운 일이 일어날 것이다. 이것은 주님께서 빌라델비아 교회를 사랑하신다는 것을 알게 하시려고 주님께서 행하시는 일이다.

주님의 약속은 계속 이어진다. "네가 나의 인내의 말씀을 지켰은즉 내가 또한 너를 지켜 시험의 때를 면하게 하리니 이는 장차 온 세상에 임하여 땅에 거하는 자들을 시험할 때라."(10절) 주님의 말씀은 인내가 없이는 결실하지 못하는 말씀이기 때문에 '인내의 말씀'이라 불린다(눅 8:15; 약 5:7; 히 10:36). 빌라델비아 교회는 어려움 가운데서도 끝까지 인내하여 주님의 말씀을 지켰다. 그래서 주님은 이에 대한 대가로 빌라델비아 교회를 지켜서 '시험의 때'를 면하게 해 주겠다고 하신다. 원문에 의하면 '면(免)하다'는 말이 없다. "시험의 때에서 너를 지켜 주겠다."로 되어 있다. 곧, 시험이 올 때에 빌라델비아 교회를 지켜서 넘어지지 않게 하고 능히 감당하게 하시겠다는 말씀이다. 이 '시험'이 무엇을 가리키는가에 대해서는 여러 해석이 있을 수 있다. 물론 마지막 종말 직전의 환난 때를 생각할 수도 있지만,[50] '너를 지키겠다'(σϵ τηρήσω, *세 테레소*)는 말씀이 의미 있기 위해서는 빌라델비아 교회가 존재하던 동안에 소아시아 일대에 임한 핍박의 때로 보는 것이 옳다고 생각된다.[51] 구체적으로 어느 핍박을 가리키는지는 알 수 없다.[52]

4) 하나님 성전의 기둥(11-13절)

이러한 빌라델비아 교회를 향해 주님은 또다시 약속과 권면을 하신다. "내가 속히 임하리니 네가 가진 것을 굳게 잡아 아무도 네 면류관을 빼앗지 못하게 하라."(11절) 여기서 "네가 가진 것을 굳게 잡으라."는 것은 빌라델비아 교회가 가지고 있는 믿음을 끝까지 지키라는 말이다. 우리는 우리에게 있는 믿음을 굳게 붙들어야 한다. 그리고 하나님의 말씀을 굳게 잡고 나아가야 한다.

그리할 때 이기는 자에게 주시는 약속이 있다. "이기는 자는 내 하나님 성전에 기둥이 되게 하리니 그가 결코 다시 나가지 아니하리라."(12상) '기둥'은 견고함과 부동성(不動性)의 상징이다. 따라서 '하나님 성전에 기둥이 된다'는 것은 하나님 나라에 확실히 자리 잡는다는 것 곧 구원의 확실성을 말한다.

그리고 "내가 하나님의 이름과 하나님의 성 곧 하늘에서 내 하나님께로부터 내려오는 새 예루살렘의 이름과 나의 새 이름을 그이 위에 기록하리라."고 한다(12하). '하나님의 이름을 그이 위에 기록한다'는 것은 그 사람이 하나님께 속했다는 것, 하나님의 확실한 소유라는 것을 나타낸다(참조. 사 43:1; 아 8:6). '새 예루살렘'은 지상의 예루살렘과 구별되는 천상의 예루살렘 곧 천국을 의미한다(계 21:2, 10; 갈 4:26; 히 12:22). '새 예루살렘의 이름을 기록한

---

50. 참조. Van de Kamp, *Openbaring*, 138; Mounce, *Revelation*, 103.

51. 빌은 이것이 그리스도 재림 때의 마지막 심판을 가리킬 수도 있지만, 또한 소아시아나 당시에 알려진 제한된 세상의 모든 사람에게 임박한 시험을 가리킬 수도 있다고 한다. Beale, *Revelation*, 290.

52. 박윤선도 "이것은 환난의 시기를 가리키는데, 언제인지 자세히 알 수 없다."고 한다. 박윤선, 『요한계시록』, 99. 필자도 같은 견해다.

다'는 것도 마찬가지로 그 사람이 확실히 천국에 들어간다는 것을 보증한다는 뜻이다(참조. 빌 3:20). 그리고 예수님의 '새 이름'은 예수님께서 하늘에서 가지고 계시는 권세와 영광을 가리킨다고 볼 수도 있고(참조. 행 2:36; 빌 2:9-11),[53] 또는 영화롭게 된 예수 그리스도의 신분과 존재를 가리킨다고 볼 수도 있다. 주님의 '새 이름'을 그이(이기는 자) 위에 기록한다는 것은 주님의 확실한 소유가 된다는 것을 의미한다(행 11:26; 엡 1:13; 고후 1:22; 5:17).

교훈과 적용

1. 빌라델비아 교회는 작은 능력을 가지고도 말씀을 지킨 교회였다(8절). 곧 환난과 핍박이 올 때 예수님을 부인하지 아니하고 끝까지 믿음을 지켰다. 그래서 주님은 이 교회를 사랑하셔서 그 앞에 열린 문을 두셨다. '열린 문'은 믿음의 문이며 전도의 문이다(행 14:27; 골 4:3). 즉, 완고한 유대인 몇 명이 회개하고 교회로 나오게 하시겠다는 것이다. 이처럼 교회가 주님께 충성하여 말씀을 지킬 때 하나님이 복을 주셔서 전도의 문이 열리게 하신다.

2. 주님은 이처럼 말씀을 지킨 빌라델비아 교회를 시험의 때에 지켜 주시겠다고 한다(10절). 시험의 때를 '면하게 하겠다'는 것은 오역이고 시험의 때에 너를 '지켜 주겠다'는 것이 옳다. 우리가 예수님을 잘 믿으면 시험이 없는 것이 아니라 시험의 때에 우리를 지켜 주신다. 시험을 능히 감당하게 하시고 이기게 하신다(고전 10:13). 따라서 우리는 시험이 없게 해 달라고 기도하면 안 되고, 시험을 능히 감당하고 이기게 해 달라고 기도해야 한다(참조. 약 1:2; 벧전 4:12-14).

3. 주님의 말씀을 지켜 이기는 자는 하나님 성전에 기둥이 되게 해 주시겠다고 한다(12절). '하나님의 성전'은 하나님이 계시는 곳을 말하고 여기서는 천국을 의미한다. '기둥'은 든든하고 움직이지 않는 것이다. 따라서 하나님 성전에 기둥이 된다는 것은 우리가 천국에 확실히 터를 잡고 결코 떠나지 않는다는 말이다. 곧, 구원의 확실성을 의미한다. 예수님의 말씀을 지켜 끝까지 주님을 믿어 승리한 자는 천국에서 영생과 영원한 복락을 누릴 것이다. 하나님이 주시는 이 복은 빼앗을 자가 아무도 없다.

---

53. Greijdanus, *Openbaring*, 104.

7. 라오디게아 교회에 보낸 편지(3:14-22)

14 라오디게아 교회의 사자에게 편지하라 아멘이시요 충성되고 참된 증
인이시요 하나님의 창조의 근본이신 이가 이르시되 **15** 내가 네 행위를 아
노니 네가 차지도 아니하고 뜨겁지도 아니하도다 네가 차든지 뜨겁든지
하기를 원하노라 **16** 네가 이같이 미지근하여 뜨겁지도 아니하고 차지도
아니하니 내 입에서 너를 토하여 버리리라 **17** 네가 말하기를 나는 부자라
부요하여 부족한 것이 없다 하나 네 곤고한 것과 가련한 것과 가난한 것과
눈 먼 것과 벌거벗은 것을 알지 못하는도다 **18** 내가 너를 권하노니 내게서
불로 연단한 금을 사서 부요하게 하고 흰옷을 사서 입어 벌거벗은 수치를
보이지 않게 하고 안약을 사서 눈에 발라 보게 하라 **19** 무릇 내가 사랑하
는 자를 책망하여 징계하노니 그러므로 네가 열심을 내라 회개하라 **20** 볼
지어다 내가 문 밖에 서서 두드리노니 누구든지 내 음성을 듣고 문을 열
면 내가 그에게로 들어가 그와 더불어 먹고 그는 나와 더불어 먹으리라 **21**
이기는 그에게는 내가 내 보좌에 함께 앉게 하여 주기를 내가 이기고 아
버지 보좌에 함께 앉은 것과 같이 하리라 **22** 귀 있는 자는 성령이 교회들
에게 하시는 말씀을 들을지어다

1) 지리적, 역사적 배경

라오디게아(Laodicea)는 골로새(Colosse) 서쪽 약 16km 지점과 히에라볼리(Hierapolis) 남쪽 약 10km 지점에 있었으며, 현재 지명은 에스키-히사르(Eski-hisar)이다. 라오디게아는 시리아의 안티오코스 2세(Antiochos II, 주전 261-246)에 의해 건설되었는데, 자기 아내 라오디케(Laodice)의 이름을 따라 라오디게아(Laodicea)라 명명하였다.

라오디게아는 에베소에서 동쪽으로 가는 무역로와 버가모에서 남쪽으로 가는 무역로가 교차하는 지점에 위치해 있어서 상업의 요충이었으며 은행업

이 발달하였다. 라오디게아는 또 검은 양모 제품으로 유명하였는데, 특히 '트리미티아'(*Trimitia*)란 겉옷(tunic)이 유명하였다. 라오디게아에는 또한 의학 학교가 있어서 의학과 제약 산업이 발달하였는데, 특히 귀에 바르는 약과 눈에 바르는 안약은 이 도시에서 생산하는 유명한 의약품이었다고 한다. 이 도시는 매우 부유하여서 주후 60년경에 지진으로 도시가 파괴되었을 때 로마의 도움 없이 스스로의 힘으로 재건하였다.

이 라오디게아에 주님의 교회가 세워졌다. 3차 선교여행 기간 중에 사도 바울이 에베소에서 성경을 강론하고 있을 때 아마도 그에게서 배운 에바브라가 돌아가서 전도하여 설립한 것으로 생각된다(골 1:7; 4:12). 라오디게아 교회에는 이단의 위협이나 유대인들의 핍박에 대해서는 언급이 없다. 다만 교만과 영적 나태가 문제였다. 그래서 라오디게아 교회에 주신 말씀은 긍정적이지 않으며 책망과 징계의 말씀이 많다. 그럼에도 불구하고 주님은 회개할 기회를 주시고 권면과 아울러 약속의 말씀도 주셨다.[54]

2) 미지근한 교회(14-16절)

먼저 주님은 자신을 '아멘이시요 충성되고 참된 증인이시요 하나님의 창조의 근본이신 이'라고 소개한다(14절). '아멘'은 참되다는 뜻이며, '충성되고 참된 증인'은 하나님의 말씀을 신실하게, 있는 그대로 증거한 자란 뜻이다. '하나님의 창조의 근본'은 하나님이 지으신 피조물의 머리, 시작이란 뜻이다. 이것은 예수님이 피조물에 속한다는 뜻이 아니라, 모든 피조물보다 먼저 나신 자로서(골 1:15) 모든 피조물의 머리가 되신다는 뜻이다(엡 1:22; 골 1:17-18).

---

54. 라오디게아의 지리적, 역사적 배경에 대해서는 다음을 보라. Mounce, *Revelation*, 106-108; Greijdanus, *Openbaring*, 104-106. 라오디게아와 골로새와 히에라볼리의 위치와 거리에 대해서는 W. Hendriksen, *Colossians & Philemon*, NTC (Edinburgh: Banner of Truth, 1962), 8에 있는 지도를 보라.

그런 예수님께서 라오디게아 교회를 향하여 "내가 네 행위를 아노니 네가 차지도 아니하고 뜨겁지도 아니하도다. 네가 차든지 뜨겁든지 하기를 원하노라."고 하신다(15절). 여기서 '차다'(ψυχρός, *프쉬크로스*)는 것과 '뜨겁다'(ζεστός, *제스토스*)는 것은 무슨 뜻일까? 이에 대해 사람들은 대개 라오디게아가 놓인 지리적 위치를 가지고 설명한다. 곧, 북쪽에 있는 히에라볼리(Hierapolis)에는 온천이 있는데, 뜨거운 물이 넓은 고원을 흘러 라오디게아 맞은편에서 절벽 아래로 떨어질 때에는 미지근해진다고 한다. 그리고 골로새에서부터 찬 물이 흘러온다고 한다. 그래서 '차다'는 것은 영적으로 지치고 피곤한 자들에게 신선한 힘을 공급해 주는 것을 뜻하며, '뜨겁다'는 것은 열심을 내어서 살아 움직이는 것을 뜻한다고 본다. 그래서 교회가 신선하게 되든지 아니면 뜨겁게 되든지 둘 중의 하나가 되어야 한다고 한다.[55]

그러나 이렇게 보는 것은 곤란하다. 예수님의 바람은 19절에 있는 대로 "열심을 내라"는 것이다. 그러므로 주님의 진심은 뜨겁게 되는 것이다. "차든지 뜨겁든지 하라"는 것은 수사적 표현으로 결단을 촉구하는 말이다. 예를 들어, 부모가 자녀에게 "공부를 열심히 하든지 그만두든지 하라."고 했을 때, 부모의 본심은 '열심히 하는 것'이며 '그만두는 것'이 아니다. 이 말의 뜻은 '태도를 분명히 하라, 자세를 바로 하라'는 것이다. 곧, 딴짓하지 말고 공부에 전념하란 뜻이다. 옛날에 엘리야가 갈멜산에서 이스라엘 백성을 향하여 "너희가 어느 때까지 둘 사이에서 머뭇머뭇하려느냐? 여호와가 만일 하나님이면

---

55. 예를 들면 이우제, 『요한계시록 어떻게 설교할 것인가』 (두란노HOW주석; 서울: 두란노아카데미, 2008), 230. 통속적인 견해로는 또한 김경행, 『계시록 설교 전집』 (대구: 보문출판사, 1979), 118; 김서택, 『묵시의 비밀』 (서울: 솔로몬, 2014), 171-73을 보라. 한편, 권성수는 '차다'에 대해 '복음을 공개적으로 공격적으로 거부하는 불신자들을 가리킨다는 해석(Alford)'을 가장 적절하다고 받아들인다. 참조. 권성수, 『요한계시록』 (서울: 선교횃불, 2001), 121 각주 10. 그래서 "주님께서 여기서 차기를 원하신다는 것은 차라리 차기라도 하면, 즉 영적인 적대감이라도 있으면 영적인 것에 대한 관심이 있다는 것(차가운 반응)을 보이기 때문에 미지근한 것보다는 낫다는 것"으로 이해한다(같은 곳 각주 11). 그러나 주님께서 '영적인 적대감'이라도 있기를 원하셨다는 것은 맞지 않다.

그를 따르고 바알이 만일 하나님이면 그를 따를지니라."고 한 것과 같다(왕상 18:21). 엘리야의 진심은 이스라엘 백성이 바알을 따르는 것이 아니라 여호와를 따르는 것이었다. 이처럼 주님은 라오디게아 교회의 미지근한 태도에 대해 분명한 결단을 촉구하는 의미에서 "차든지 뜨겁든지 하라"고 말씀하신 것이다.[56] 19절에도 보면 "네가 열심을 내라"고만 되어 있고 "차갑게 되라"는 말은 없다. 따라서 '뜨겁게 되는 것' 곧 '열심을 내는 것'이 주님의 의도임을 알 수 있다.

이런 미지근한 라오디게아 교회에 대해 주님은 "네가 이같이 미지근하여 뜨겁지도 아니하고 차지도 아니하니 내 입에서 너를 토하여 버리리라."고 하신다(16절). 열심이 없는 교회, 태도가 분명하지 못한 교회, 미지근한 교회에 대해 주님은 토하여 버리겠다고 말씀하신다.

3) 라오디게아 교회의 교만(17-18절)

그러면 라오디게아 교회는 왜 미지근한 교회가 되었을까? 그것은 자기 자신을 깨닫지 못하고 교만하여졌기 때문이었다. 라오디게아 교회는 "나는 부자라. 부요하여 부족한 것이 없다."고 하였다(17상). 라오디게아 교회는 자기만족과 착각에 빠진 교회였다. 그러나 실상은 자기의 "곤고한 것과 가련한 것과 가난한 것과 눈먼 것과 벌거벗은 것을 알지 못하는" 교회였다(17하).

그래서 주님은 권면의 말씀을 주신다. "내가 너를 권하노니 내게서 불로 연단한 금을 사서 부요하게 하고 흰옷을 사서 입어 벌거벗은 수치를 보이지 않게 하고 안약을 사서 눈에 발라 보게 하라."(18절) 이 말씀은 책망과 조롱이 섞인 권면이다. "내게서 불로 연단한 금을 사라."고 하신 것은 라오디게아 교회가 무역을 통해 부요하여 교만해졌기 때문에 불로 연단한 '진짜 금'

---

56. 실제로 라오디게아는 골로새에서 흘러오는 물을 끌어다 쓴 게 아니고 높은 수로(水路)를 건설하여 라오디게아 맞은편 산 중턱에서 나는 물을 끌어다 사용하였다. 지금도 튀르키예의 라오디게아 유적지에 가보면, 그곳에 건설되었던 돌로 된 수도관(水道管)이 발굴되어 있는 것을 볼 수 있다.

을 사서(참조. 벧전 1:7) 참된 부자가 되라는 말이다. 그리고 "흰옷을 사서 입어라."는 말은 라오디게아에서 생산되는 '겉옷'(*Trimitia*)이 아니라 주님으로부터 '흰옷'을 사서 입어 벌거벗은 수치를 가리라는 의미이다(참조. 롬 13:14; 갈 3:27). 그리고 "안약을 사서 눈에 발라 보게 하라."는 말은 기름을 섞은 프리기안 파우더(Phrygian powder)로 만든 라오디게아의 안약(眼藥)[57]이 아니라 주님으로부터 진짜 안약을 사서 발라 자신의 참모습을 보라는 의미이다.

4) 열심을 내라(19-22절)

그리고 나서 예수님은 사랑이 담긴 권면의 말씀을 하신다. "무릇 내가 사랑하는 자를 책망하여 징계하노니 그러므로 네가 열심을 내라. 회개하라."(19절) 예수님은 라오디게아 교회를 사랑한다고 말씀하신다. 여기에 희망이 있고 소망이 있다. 우리 주님은 미지근한 라오디게아 교회도 사랑하셨다. 그래서 주님은 사랑하는 자를 책망하여 징계하신다. 책망과 징계가 있다는 것은 사랑의 표현이다(히 12:6-8). 그래서 "열심을 내라. 회개하라."고 하신다. 다른 방법이 있는 것이 아니다. 라오디게아 교회처럼 미지근한 교회는 열심을 내고 회개하는 것이 문제 해결의 길이다.

그리고 나서 예수님은 라오디게아 교회에게 결단을 촉구하신다. "볼지어다. 내가 문 밖에 서서 두드리노니 누구든지 내 음성을 듣고 문을 열면 내가 그에게로 들어가 그와 더불어 먹고 그는 나와 더불어 먹으리라."(20절) 이 구절은 불신자들에게 전도할 때 '영접'을 촉구하는 말씀으로 많이 사용된다. 그러나 본 구절의 원래 의미는 이미 믿고 있는 '신자들'에게 열심을 내라는 의미에서 하신 말씀이다. 그렇지만 조금 응용해서 불신자에게 영접을 촉구하는 말씀으로 사용하는 것도 가능하다고 생각된다.

예수님은 문 밖에 서서 문을 두드리신다. '두드린다'(κρούω, *크루오*)는 동

---

57. Mounce, *Revelation*, 107, 111.

사는 현재 시상으로서 계속적인 동작, 지속적인 동작을 나타낸다. 주님은 끈질기게, 계속해서 회개를 촉구하신다. 그러므로 우리는 주님의 음성을 듣고 문을 열어야 한다. 그러면 주님은 우리에게 들어와서 우리와 더불어 먹겠다고 말씀하신다(20하). '더불어 먹는다'는 것은 복된 교제, 친밀한 교제를 뜻한다(요 14:23; 눅 22:30; 마 11:19).

마지막으로 '이기는 자'에 대한 약속이 나와 있다. "이기는 그에게는 내가 내 보좌에 함께 앉게 하여 주기를 내가 이기고 아버지 보좌에 함께 앉은 것과 같이 하리라."(21절) '이기는 자'(ὁ νικῶν, *호 니콘*)는 끝까지 믿음을 지키는 자이다. 악한 세상에서 믿음의 선한 싸움을 싸우고 승리하는 자이다(딤후 4:7; 요일 2:13-14; 5:4 등). 그런 사람은 주님의 영광에 동참하는 복을 누리게 된다. '보좌에 함께 앉게 해 주겠다'는 것은 우리 주님이 가지신 영광을 함께 나누겠다는 의미이다. 예수님은 우리를 너무나 사랑하시기 때문에 자기가 가진 영광과 복을 우리와 함께 나누어 가지기를 원하신다. 자기 목숨도 아끼지 않고 내어 주신 이가 어찌 모든 좋은 것을 우리와 함께 나누어 가지지 않으시겠는가?(참조. 롬 8:32; 요 15:13-15)

교훈과 적용

1. 라오디게아 교회는 차지도 않고 뜨겁지도 않고 미지근한 교회였다. 열심이 없고 스스로 만족하여 부족함이 없다고 하는 교회였다(15-17절). 자기 자신의 가난함과 부족함을 알지 못하였다. 오늘날 한국 교회도 스스로 잘난 줄로 알고 교만하면 주님이 토하여 내치신다. 참된 부요를 알지 못하고 자만에 빠진 교회는 사실은 가난한 교회요 비참한 교회이다. 자신의 가난함과 비참함을 아는 것이 은혜의 시작이다.

2. 이런 교회를 향하여 주님은 "열심을 내라. 회개하라."고 하신다(19절). 열심을 내는 것, 회개하는 것 외에 다른 방법이 없다. 자기가 잘났다고 생각하는 교만한 자에게 다른 대안이 없다. 그러나 이런 사람이 자기의 교만을 깨닫고 뉘우치는 것은 쉽지 않다. 특별한 하나님의 은혜가 아니면 불가능하다. 먼저 자신의 가련함과 비참함을 깨달아야 한다. 영적으로 무지함과 가난함을 깨달아야만 한다. 이를 위해서는 특별한

하나님의 은혜가 그에게 임하도록 주위 사람들이 기도를 많이 해야 한다.

3. 주님은 회개하는 자에게 어떤 복이 있을 것인가를 말씀하신다. "누구든지 내 음성을 듣고 문을 열면 내가 그에게로 들어가 그와 더불어 먹고 그는 나와 더불어 먹으리라."(20절) 이것은 우리 주님과의 복된 교제와 밀접한 교통이 있을 것임을 말한다. 우리 주님과 밀접한 교제를 나누는 것보다 더 큰 복은 없다(시 73:28). 이 복은 천국에서 온전히 누릴 것이며, 이 세상에서는 성령 안에서 부분적으로 누리게 될 것이다(롬 14:17).

제4장

하늘의 보좌 환상

(4:1-11)

계시록 4장부터 본격적인 환상이 시작된다. 하나님은 먼저 '하늘 보좌'의 모습을 보여 주셨다. 그 이유는 당시 로마 제국에서 핍박당하고 있던 성도들에게 하늘의 하나님이 세상을 다스리신다는 것을 보여 주기 위함이었다. 이 세상을 참으로 운행하는 자는 당시에 권력을 잡고 성도들을 핍박하던 로마 황제가 아니라, 천지 만물을 지으시고 세상 역사를 뜻대로 운행하시는 하나님이시다. 이를 통해 이 세상에서 핍박당하는 성도들에게 위로와 힘을 주신다.

본문 개요

사도 요한은 이 일들 후에 하늘에 열린 문이 있는 것을 보았다. 그리고 "이리로 올라오라. 이 후에 마땅히 일어날 일들을 내가 네게 보이리라." 하는 음성을 들었다(1절). 그러자 요한은 곧 성령에 감동되었다. 이를 통해 요한은 성령의 역사로 인해 '환상(幻像)'을 보게 되었다. 요한이 본 것은 하늘에 있는 '보좌(寶座)'와 '그 보좌 위에 앉으신 이'였다(2절). 이를 통해 하나님이 온 세상을 다스리신다는 것을 보여 준다. 그리고 요한은 그 보좌 주위에 24 보좌들이 있고 그 위에 24 장로들이 흰옷을 입고 머리에 금 면류관을 쓰고 있는 것을 보았다(4절). 이들은 정결하게 되고 영광스러워진 교회를 상징적으로 보여 준다. 그리고 그 보좌 앞에 등불 일곱이 있는데, 이는 하나님의 일곱 영이라고 한다(5절). 그리고 또 보좌 가운데와 주위에 네 생물이 있는 것을 보았는데, 그 모습은 각각 사자(獅子) 같고, 송아지 같고, 사람 같고, 날아가는 독수리 같다고 한다(6-7절).

이 네 생물이 밤낮 쉬지 않고 하나님을 찬양하며 보좌에 앉으신 이에게 영광과 존귀와 감사를 돌렸다(8-9절). 그때 24 장로들이 보좌에 앉으신 이 앞에 엎드려 경배하고 하나님을 찬양하였다(10-11절).

내용 분해

1. 하늘의 보좌 환상(4:1-8상)
   1) 이 후에 마땅히 일어날 일들(1절)
   2) 하늘의 보좌와 24 장로들(2-6상)
   3) 네 생물(6하-8상)
2. 네 생물과 24 장로들의 찬송(4:8하-11)
   1) 네 생물의 찬송(8하-9절)
   2) 24 장로들의 찬송(10-11절)

본문 주해

1. 하늘의 보좌 환상(4:1-8상)

1 이 일 후에 내가 보니 하늘에 열린 문이 있는데 내가 들은 바 처음에 내게
말하던 나팔 소리 같은 그 음성이 이르되 이리로 올라오라 이 후에 마땅히
일어날 일들을 내가 네게 보이리라 하시더라 2 내가 곧 성령에 감동되었
더니 보라 하늘에 보좌를 베풀었고 그 보좌 위에 앉으신 이가 있는데 3 앉
으신 이의 모양이 벽옥과 홍보석 같고 또 무지개가 있어 보좌에 둘렸는데
그 모양이 녹보석 같더라 4 또 보좌에 둘려 이십사 보좌들이 있고 그 보좌
들 위에 이십사 장로들이 흰 옷을 입고 머리에 금관을 쓰고 앉았더라 5 보
좌로부터 번개와 음성과 우렛소리가 나고 보좌 앞에 켠 등불 일곱이 있으
니 이는 하나님의 일곱 영이라 6 보좌 앞에 수정과 같은 유리 바다가 있고
보좌 가운데와 보좌 주위에 네 생물이 있는데 앞뒤에 눈들이 가득하더라
7 그 첫째 생물은 사자 같고 그 둘째 생물은 송아지 같고 그 셋째 생물은

얼굴이 사람 같고 그 넷째 생물은 날아가는 독수리 같은데 8 네 생물은 각각 여섯 날개를 가졌고 그 안과 주위에는 눈들이 가득하더라

1) 이 후에 마땅히 일어날 일들(1절)

사도 요한은 계시록 1장과 2-3장의 사건 후에 하늘에 '열린 문'이 있는 것을 보았다(참조. 계 3:8; 마 3:16; 막 1:10; 행 7:56). 이것을 통해 그는 천상 세계를 바라보았다. "내가 보았다"(εἶδον, *에이돈*)는 것은 '실재'(實在, reality) 자체를 본 것이라고 생각할 수도 있고, 성령에 감동되어 '환상'(幻像, vision)을 본 것이라고 생각할 수도 있다. 요한이 본 것에는 물론 실재(實在) 자체를 본 것들도 있지만, 대부분의 경우는 상징(象徵)을 통해 영적 진리를 보여 주는 것들이다.[1]

요한은 먼저 나팔 소리 같은 음성을 들었는데, 1장에 나온 '인자 같은 이' 곧 예수 그리스도의 힘 있는 음성이다. 그 음성이 말하기를 "이리로 올라오라. 이 후에 마땅히 일어날 일들을 내가 네게 보이리라."고 하였다(1하). "이리로 올라오라"('Ανάβα ὧδε, *아나바 호데*)는 말씀에 대해 어떤 이들은 '휴거'를 가리킨다고 보지만,[2] 이것은 천상 세계의 일을 보여 주겠다는 말임과 동시

---

1. 이필찬은 이 문제에 대해 다음과 같이 말한다. "환상 가운데는 실재적 요소가 있을 수 있으나 그 실재를 그대로 표현하기 어려울 때가 있는데, 이때에 상징을 통해 나타낸다. 이것을 환상의 상징적 요소라고 한다. 그러므로 하나의 환상 안에 실재적 요소와 상징적 요소가 혼재할 수 있다(예를 들면 4-5장). 그러나 어떤 경우에는 환상 전체가 상징, 즉 상징적 환상으로 주어질 수도 있다(12-13장)." 이필찬, 『요한계시록 어떻게 읽을 것인가』(서울: 성서유니온선교회, 2009), 27. 헨드릭슨도 다음과 같이 말한다. "사도 요한이 보려고 하는 것은 분명히 하나의 환상이다. 만약 이것이 환상이 아니라면 하늘은 문자 그대로 스물네 개의 물질적인 보좌들로 둘러싼 물리적 보좌와 문자 그대로 일곱 뿔과 일곱 눈을 가진 어린양이 있다고 생각하지 않을 수 없다. 물론 그것은 터무니없는 일이다." 헨드릭슨, 『요한계시록』, 96 이하.
2. 세대주의를 대변하는 *Scofield Reference Bible* (New York: Oxford University Press, 1967)은 여기서 요한이 땅에서 하늘로 붙들려 올라갔다고 본다. 그리고 4:1부터 22:16까지 '교회'란 단어가 나타나지 않기 때문에, 요한이 하늘로 올라간 것은 6-19장에 묘사된 환난 사건들 전에 일어날 교회의 휴거를 상징적으로 나타낸다고 본다. 이광복은 "이리로 올라오라"는 말씀에 대해 교회의 환난 전 휴

에 이 세상 역사의 진행에 대한 하나님의 작정을 보여 주겠다는 말이다.[3] '이후에 마땅히 일어날 일들'(ἃ δεῖ γενέσθαι μετὰ ταῦτα, *하 데이 게네스따이 메타 타우타*)은 1-3장의 사건들 이후에 마땅히 될 일들을 말한다. 따라서 이것은 마지막 종말 때에 있을 일들만이 아니라 사도 요한 이후의 전(全) 역사를 말한다.[4] 또 단지 교회 역사만이 아니라 교회 역사를 중심으로 한 전 세계의 역사를 말한다.[5] 또 단지 유대인들이나 로마인들만의 역사를 말하는 것이 아니라 그들을 포함한 전 세계 사람들의 역사를 말한다.

2) 하늘의 보좌와 24 장로들(2절-6상)

그러자 요한은 곧 성령에 감동되어 하늘의 보좌를 보았다(2절). '성령에 감동되었다'(ἐγενόμην ἐν πνεύματι, *에게노멘 엔 프뉴마티*)는 것은 천상 세계를 보게 된 방법을 말한다(참조. 계 1:10). 이것은 황홀경이나 무아지경을 말하는 것이 아니다. 요한은 의식이 또렷하였으며, 보고 들은 것을 정확하게 기억하고 기록하였다.

요한이 성령에 감동되어 본 것은 먼저 하늘에 있는 보좌(寶座)였다. '보좌'(θρόνος, 뜨로노스)는 하나님의 왕권, 주권 또는 통치, 심판을 상징한다.[6] 이것은 하나님께서 세상을 다스리신다는 것을 나타낸다. 당시 세계는 로마

거로 보는 것을 반대하고, '장차 될 일'(1:1, 19; 4:1; 22:6)을 보여 주시려는 하나님의 계획으로 본다. 이광복, 『계시록 난해 해설』, 141. 그렇지만 그는 계 6-19장의 내용을 '그리스도 재림 직전의 대환난(마 24:4-29)'으로 본다(같은 곳).

3. 흐레이다너스는 다음과 같이 설명한다. "요한이 보게 될 것은 지상의 관점에서 볼 수 있는 것이 아니라는 사실을 이로써 상징적으로 알려 준다. 그것은 땅에서 먼저 있었던 것이 아니라 하늘에서, 하나님의 작정 안에 먼저 있었던 일이다. 여기에는 또한, 우리가 하나님의 계시의 빛으로 세상과 교회 역사를 위에서부터, 하나님의 작정에서부터 볼 때에야 비로소, 우리는 그것의 본질을 바로 이해할 수 있다는 의미가 들어 있다." Greijdanus, *Openbaring*, 120.

4. 이광복은 계 1:19의 '장차 될 일'에 대해 계 4~22장의 사건을 가리키는데 곧 '미래 대환난과 재림 이후의 사건'을 가리킨다고 본다. 참조. 이광복, 『계시록 설교노트』 (서울: 흰돌, 2009), 22, 33.

5. 참조. Greijdanus, *Openbaring*, 119 이하.

6. Greijdanus, *Openbaring*, 121.

황제가 다스리고 있었다. 이 때문에 당시 성도들은 많은 환난과 핍박을 당하고 있었다. 이런 상황에서 하나님이 다스리신다는 사실의 계시는 그들에게 큰 위로와 격려가 되었을 것이다. '그 보좌 위에 앉으신 이'는 하나님(성부)을 가리킨다.

하나님은 우리가 볼 수 없으므로(딤전 6:16; 출 33:20) 하나님의 형상에 대해서는 간접적으로 묘사되어 있다. 그래서 "앉으신 이의 모양이 벽옥과 홍보석 같다."고 한다(3상). 벽옥(碧玉)(ἴασπις, *야스피스*)은 푸른색 또는 투명색이다. 홍보석(紅寶石)(σάρδιον, *사르디온*)은 피 또는 살색이다. 또 "무지개가 있어 보좌에 둘렸는데 그 모양이 녹보석 같더라."고 한다(3하). 녹보석(綠寶石)(σμαράγδινος, *스마라그디노스*)은 녹색(에머랄드색)이다. 여기서 보석 각각의 의미를 찾는 것[7]은 지나치다고 생각된다. 이 보석들은 전체로서 하나님의 위엄과 영광을 나타낸다.[8] 그리고 하나님의 보좌를 둘러 있는 '무지개'(ἶρις, *이리스*)는 '하나님의 언약'(참조. 창 9:13)을 나타낸다고[9] 보기보다는 '하나님의 영광'을 나타낸다고 보는 것이 더 나을 것이다(참조. 겔 1:28). 왜냐하면 창세기 9장의 무지개는 피조계에 나타나는 무지개인데 반해, 계시록 4장의 무지개는 천상의 하나님 보좌 주위에 둘러 있는 무지개이기 때문이다.

또 보좌에 '24 보좌들'이 둘려 있고 그 위에 '24 장로들'이 흰옷을 입고 머리에 금 면류관을 쓰고 앉았더라고 한다(4절). 이 '24 장로들'을 문자적 의미로 취할 수는 없다. 왜 24명의 장로들만 있는가? 왜 목사는 없는가? 사도들은 다 어디로 갔단 말인가? 따라서 여기의 '24 장로들'은 상징적으로 이해해야 한다. 이들은 구약과 신약의 교회 전체를 가리킨다고 보는 것이 옳다. 24는 12 + 12인데, 교회는 구약의 열두 지파(참조. 왕상 18:30-31; 계 21:12)와 신

---

7. 예를 들면 '벽옥'은 하나님의 영광의 위엄 있는 광채, '홍보석'은 생명, '녹보석'은 신실함으로 보는 것(Greijdanus) 등이 있다.

8. Mounce, *Revelation*, 120 이하.

9. Greijdanus, *Openbaring, 122;* 또한 이우제, 『요한계시록 어떻게 설교할 것인가』, 241 이하.

약의 열두 사도(참조. 엡 2:20; 계 21:14)의 토대 위에 세워져 있다. 따라서 여기의 '24 장로들'은 모든 시대의 신구약 교회 전체를 대변한다.[10] 이들이 '흰 옷'을 입은 것은 그리스도의 피로 정결케 된 것을 가리키고(계 7:14), 머리에 쓴 '금 면류관'은 승리를 가리킨다(계 2:10; 3:11; 6:2).

"보좌로부터 번개와 음성과 우렛소리가 났다."(5상)는 것은 하나님의 임재와 위엄과 능력을 상징하며(출 19:16), '보좌 앞에 켠 일곱 등불'은 '하나님의 일곱 영' 곧 성령을 의미한다. 성령을 '일곱 영'이라고 표현한 것은 앞에서 설명한 바와 같이 성소 안에 있는 일곱 등잔에서 기인한 것이다(본서 1:4의 설명을 보라). 보좌 앞에 있는 '수정과 같은 유리 바다'(6상)는 성막 또는 성전의 안뜰에 있는 '바다' 또는 '물두멍'을 연상시키는데(왕상 7:23, 38; 출 30:18), 이것은 '성령'의 성결케 하는 사역을 상징한다고 볼 수 있다(계 22:1; 요 7:38; 겔 47:1).[11]

3) 네 생물(6하-8상)

요한은 또 보좌 가운데와 보좌 주위에 있는 '네 생물'을 보았다(6하). 이 생물들은 에스겔서에 나오는 '그룹들'(겔 1:5이하; 10:2이하) 또는 이사야서에 나오는 '스랍들'(사 6:2)과 유사한데,[12] 하나님을 가까이에서 모시고 서 있는 '가장 존귀한 천사들'[13] 곧 '근위영물(近衛靈物)들'[14]이라고 할 수 있다.

---

10. Greijdanus, *Openbaring*, 122 이하; 헨드릭슨, 『요한계시록』, 101.
11. Greijdanus, *Openbaring*, 124 이하.
12. 참조. Greijdanus, *Openbaring*, 124.
13. 헨드릭슨, 『요한계시록』, 103.
14. 박윤선, 『성경주석 시편』 (서울: 영음사, 1984), 694. 시 80:1 주석 중 '그룹'에 대한 설명.

흐레이다너스는 '네 생물'은 '피조물 전체'를 대변한다고 본다.[15] 판 드 캄프도 같은 견해를 가지고 있다.[16] 이필찬도 '네 생물'에 대해 '피조물을 대표한 존재'라고 본다.[17] 이우제도 마찬가지로 '모든 피조물을 대표하는 것'으로 본다.[18]

그러나 이렇게 보는 것은 이어서 나오는 7-9절의 설명과 맞지 않다. 이 '네 생물'은 하나님을 지근(至近)에서 모시는 특별한 천사들이다. 5장에 보면 '네 생물과 24 장로들의 찬송'(9-10절)이 나오고, 이어서 '많은 천사의 찬송'(12절)이 나온 후에, '모든 만물의 찬송'(13절)이 나온다. 이처럼 '모든 만물'에 대해서는 따로 말하고 있는데, '네 생물'을 모든 피조물을 가리킨다고 보면 중복되어서 맞지 않다. 그리고 4:8의 '네 생물의 찬송'에 보면 하나님의 본질적 거룩성을 찬송하고 있어서 하나님을 가까이서 호위하는 천사들(근위영물들)의 찬송에 합당하다(참조. 사 6:3). 뿐만 아니라 하나님을 부를 때에도 "전에도 계셨고 이제도 계시고 장차 오실 자라"고 하여 과거, 현재, 미래의 순서로 진행함으로써 기계적인 모습을 보여 준다. 이것도 성도들보다는 천사들(근위영물들)의 성격에 더 부합한다고 생각된다. 화란 기독개혁교회의 목사이며 아펠도른 신학교 교수였던 드 파이스트도 '네 생물'에 대해 '높은 지위의 천사들', '일종의 하늘의 보좌호위대'로 본다.[19]

한편 빌은 이 '네 생물'에 대해 문자적인 의미에서 높은 지위의 천사인 천상적 피조물로 보지 아니하고 단지 '상징적 묘사'(a symbolic

---

15. Greijdanus, *Openbaring*, 124.
16. Van de Kamp, *Openbaring*, 171 이하.
17. 이필찬, 『내가 속히 오리라』, 257, 259.
18. 이우제, 『요한계시록 어떻게 설교할 것인가』, 244.
19. J. de Vuyst, *De Openbaring van Johannes* (Kampen: J. H. Kok, 1987), 76. 그러면서 장로들과 생물들이 누구냐에 대해서는 N. B. Stonehouse, "The elders and the living-beings in the Apocalypse," in: *Arcana revelata. Een bundel nieuw-testamentische studiën aangeboden aan Prof. Dr. F. W. Grosheide ter gelegenheid van zijn zeventigste verjaardag* (Kampen; J. H. Kok 1951), 135-48을 미주(尾註)에서 제시하고 있다.

depiction)로 본다. 왜냐하면 그것들은 이사야 6장과 에스겔 1장의 것들과 다르기 때문이라고 한다.[20] 이 견해도 고려할 만하다고 생각된다. 혹 이것들이 상징적인 의미를 지닌다고 할지라도 '피조물 전체'를 상징한다기보다 하나님을 가까이서 호위하는 '근위영물'을 상징한다고 보는 것이 더 나을 것이다.

이어서 이 생물들의 모습이 묘사되어 있는데, 첫째 생물은 '사자' 같고, 둘째 생물은 '송아지' 같고, 셋째 생물은 얼굴이 '사람' 같고, 넷째 생물은 날아가는 '독수리' 같다고 한다(7절). '사자(獅子)'는 야생동물의 왕으로서 힘과 용맹을 상징하고, '송아지'는 사람을 섬기는 길들여진 짐승으로서 섬김과 봉사를 상징하며, '사람'은 이성적(理性的)인 피조물로서 지혜롭다는 것을 뜻한다(참조. 유 10절; 벧후 2:12). '독수리'는 높이, 빠르게 나는 조류의 대표로서 하나님의 명령을 수행함에 있어서의 민첩함을 뜻한다.[21]

네 생물이 각각 '여섯 날개'가 있다(8상)는 것은 모든 방향으로 빨리 움직이는 것을 나타낸다(겔 1:9).[22] 그리고 이 생물의 안과 주위에 '눈'이 가득하다(8상)고 한 것은 만물을 감찰한다는 것을 의미한다(계 4:10; 5:6; 겔 10:12).

교훈과 적용

1. 사도 요한이 아시아 일곱 교회에 보내는 편지 후에 본 첫 번째 환상은 하늘의 보좌와 그 보좌에 앉으신 이였다(1-2절). 이것은 하나님께서 온 세상을 다스리신다는 의미이다. 비록 사람들의 눈에는 로마 황제가 온 세상을 다스리며 사람의 목숨을 주관하는 것처럼 보였지만, 사실은 하나님께서 주관하시고 다스리신다(요 19:11). 세상의 모든 일은 하나님의 뜻대로 일어나며 궁극적으로 하나님이 주관하신다(마 10:29).

---

20. Beale, *Revelation*, 330.
21. 참조. Greijdanus, *Openbaring*, 125 이하; 헨드릭슨, 『요한계시록』, 103; 박윤선, 『요한계시록』, 119 이하.
22. Greijdanus, *Openbaring*, 126.

따라서 우리는 환난을 당할 때에도 두려워하지 말고 담대하여야 한다(계 13:10; 요 16:33).

2. 사도 요한은 환상 가운데 하늘의 보좌 주위에 24 보좌와 24 장로들이 둘러 있는 것을 보았다(4절). 이 '24 장로들'은 구약 교회와 신약 교회 전체를 대표한다. 왜냐하면 구약의 이스라엘 백성은 '열두 지파'로 구성되어 있고(왕상 18:30-31; 계 21:12), 신약 교회는 '열두 사도'의 토대 위에 세워져 있기 때문이다(엡 2:20; 계 21:14). 이처럼 성경에서 '열둘(12)'은 선택과 관련한 완전수이다. 따라서 '24 장로들'은 신구약 교회 전체를 대표하며, 이들은 예수 그리스도의 피로 정결하게 된 '흰옷'을 입고 있으며 머리에 영광스러운 '금 면류관'을 쓰고 있다(4절; 엡 5:27).

3. 보좌 가운데와 보좌 주위에 있는 '네 생물'(6절)은 하나님을 지근(至近)에서 모시는 천사들 곧 '근위영물(近衛靈物)'이다(사 6:3). 앞뒤에 '눈들'이 가득하다는 것은 온 세상을 살핀다는 것을 의미한다. 그 첫째 생물이 '사자(獅子)' 같다는 것은 용맹하다는 것을 말하고, 둘째 생물이 '송아지' 같다는 것은 충성스럽다는 것을 말하고, 셋째 생물이 '사람' 같다는 것은 지성(知性)과 이성(理性)이 있다는 것을 말하고, 넷째 생물이 '독수리' 같다는 것은 명령 수행의 신속성을 말한다. 하나님은 이런 근위영물들의 호위와 보좌를 받아 온 세상을 다스리신다.

2. 네 생물과 24 장로들의 찬송(4:8하-11)

8 그들이 밤낮 쉬지 않고 이르기를

거룩하다 거룩하다 거룩하다 주 하나님 곧 전능하신 이여 전에도 계셨고 이제도 계시고 장차 오실 이시라

하고 9 그 생물들이 보좌에 앉으사 세세토록 살아 계시는 이에게 영광과
존귀와 감사를 돌릴 때에 10 이십사 장로들이 보좌에 앉으신 이 앞에 엎
드려 세세토록 살아 계시는 이에게 경배하고 자기의 관을 보좌 앞에 드
리며 이르되

11 우리 주 하나님이여 영광과 존귀와 권능을 받으시는 것이 합당하
오니 주께서 만물을 지으신지라 만물이 주의 뜻대로 있었고 또 지으
심을 받았나이다

하더라

1) 네 생물의 찬송(8하-9절)

이 생물들은 밤낮 쉬지 않고 하나님을 찬송하였다. 그 찬송의 내용은 "거룩하다 거룩하다 거룩하다 주 하나님 곧 전능하신 이여, 전에도 계셨고 이제도 계시고 장차 오실 자라."는 것이다(8하).[23]

먼저 '거룩하다'(ἅγιος, *하기오스*)는 것은 하나님의 본질적인 속성을 가리키는데, 곧 하나님은 죄가 없으시며 깨끗하시고 성결하신 분임을 말한다(참조. 시 5:4). 그리고 하나님에 대해 '주 하나님 곧 전능하신 이'라고 고백한다. 우리 하나님은 말뿐인 신이 아니라 '전능하신 하나님'(ὁ θεὸς ὁ παντοκράτωρ, *호 떼오스 호 판토크라토르*)이다.

그리고 '전에도 계셨고 이제도 계시고 장차 오실 이'(ὁ ἦν καὶ ὁ ὢν καὶ ὁ ἐρχόμενος, *호 엔 카이 호 온 카이 호 에르코메노스*)라고 고백한다. '전에도 계셨고'라는 말부터 시작하는 것이 특이하다. 이것을 보면 이 생물들의 시간관은 기계적임을 알 수 있다. 태초부터 영원까지 그저 시간이 흘러가는 대로 자기 임무를 수행한다. 이 생물들은 이렇게 밤낮으로 쉬지 않고 하나님께 영광(榮光)과 존귀(尊貴)와 감사(感謝)를 돌린다(9절). '영광'(δόξα, *독사*)은 원래 하나님께로부터 나오는 광채, 빛남, 위엄을 뜻한다. '존귀'(τιμή, *티메*)는 가치를 인정하는 것, 귀히 여기는 것을 의미한다(요 4:44; 행 4:34). '감사'(εὐχαριστία, *유카리스티아*)는 받은 것에 대해 기쁨으로 인정하는 것(살

---

23. 시내산 사본(א*)은 여기서 '거룩하다'(ἅγιος, *하기오스*)를 여덟 번 반복하고 있다. 일부 소문자 사본들은 아홉 번 반복하고 있다.

전 3:9), 고마움을 표현하는 것을 말한다.[24]

2) 24 장로들의 찬송(10-11절)

그 때에 보좌를 둘러 있던 24 장로들이 엎드려 하나님께 경배드리며 영광과 찬송을 드린다(10절). 이것은 교회가 하나님께 경배와 찬송을 드리는 것을 의미한다. 이 경배와 찬송은 한 번만 드리고 마는 것이 아니라 계속해서 드린다.[25] 여기서 '엎드리다'(πίπτω, *핖토*)는 단어는 원래 '넘어지다, 떨어지다'(fall)는 의미를 가지고 있다. 이것은 하나님 앞에서 자기를 낮추며 하나님을 높이는 행위이다. '경배하다'(προσκυνέω, *프로스퀴네오*)는 것은 어원상 '-에게로'(πρός, *프로스*) 가서 (꿇어앉아) 그 발에 '입 맞추다'(κυνέω, *퀴네오*)는 뜻이다(BDAG). 그리고 '자기의 면류관을 보좌에 던진다'는 것은 자기는 면류관(冕旒冠)을 받을 자격이 없다고 고백하는 것을 말한다. 오직 하나님만 영광을 받기에 합당하다는 것을 표현하고 있다. '면류관(冕旒冠)'은 원래 중국의 황제나 왕이 머리에 쓰던 관이다. 거죽은 검고 속은 붉으며 위에는 긴 사각형의 판이 있고 판의 앞에는 오채(五彩)의 구슬꿰미를 늘어뜨린 것으로, 국가의 대제(大祭) 때나 왕의 즉위 때 썼다고 한다.[26] 그러나 헬라어 '*스테파노스*'(στέφανος)는 나뭇잎이나 그것을 닮은 것으로 만든 화환(花環, wreath, crown)인데 높은 지위의 사람이 썼다고 한다(BDAG). 따라서 개역한글판의 '면류관'이란 번역이 정확한 것은 아니지만 개역개정판의 '관(冠)'도 이상하다. 이것은 장례식 때의 '관'을 연상시킨다. 헬라어 '*스테파노스*'의 번역으로 '면류관'이란 말이 한국 교회에 이미 굳어져 있으므로 당분간 그대

24. 참조. Greijdanus, *Openbaring*, 128.

25. 여기 9-10절의 동사들이 다 '미래'로 나타나는 것이 특이하다(δώσουσιν, πεσοῦνται, προσκυνήσουσιν, βαλοῦσιν). 이 '미래'는 히브리어의 '미완료'에서 온 것으로 볼 수 있으며, 그렇다면 이 동사들은 지속적, 반복적 동작을 의미한다고 볼 수 있다(Zer.-Gros.).

26. 국립국어원 표준국어대사전(http://stdweb2.korean.go/kr).

로 쓰는 것도 좋을 것 같다.

그 찬송의 내용은 11절에 나와 있다. “우리 주 하나님이여, 영광과 존귀와 권능을 받으시는 것이 합당하오니”라고 한다. 하나님이 이런 찬송을 받기에 합당하신 이유는 “주께서 만물을 지으신지라. 만물이 주의 뜻대로 있었고 또 지으심을 받았나이다.”라고 말한다. 따라서 24 장로들 곧 교회가 하나님을 찬송하는 첫째 근거는 ‘창조(創造)’임을 알 수 있다. 하나님이 만물을 지으셨기 때문에 또 주의 뜻대로 지으셨기 때문에 창조주로서 영광과 찬송을 받기에 합당하다는 것이다. 우리는 하나님의 뜻대로 지음받은 피조물이다. 따라서 창조주 하나님을 알고 그를 찬송하는 것이 우리의 사명이다(사 43:21).

교훈과 적용

1. 보좌 앞의 네 생물은 하나님을 지근에서 모시는 근위영물(近衛靈物)인데, 밤낮 쉬지 않고 하나님을 찬송한다. 그 찬송 내용은 하나님의 거룩하심이다(사 6:3). 그리고 하나님을 ‘전능하신 이’라고 부르며 ‘전에도 계셨고 이제도 계시고 장차 오실 이’라고 부른다(8절). ‘전에도 계셨고’(과거)가 먼저 나오는 것이 특이하다. 네 생물(근위영물)은 기계적으로 과거, 현재, 미래의 순서로, 시간의 순서를 따라 찬송하고 있음을 알 수 있다. 그러나 우리 성도들은 현재를 중심으로 하나님을 고백하고 찬송한다(1:4).

2. ‘24 장로들’도 보좌 위에 앉으신 이 앞에 엎드려 경배하고 면류관을 벗어 드리며 찬송하였다(10절). 그 찬송의 핵심 내용은 하나님께서 만물을 지으셨다는 것이다(11절). 즉, 창조(創造) 사실에서 하나님을 찬송하고 있다. 하나님은 만물을 지으셨으며 만물이 주의 뜻대로 있었다(11절). 그렇기 때문에 우리가 하나님을 찬송하는 것이 합당하다. 그리고 우리는 하나님 앞에 엎드려 경배하며 면류관을 벗어 드려야 한다(10절). 이것은 우리가 가진 모든 영광은 오직 하나님께 돌려 드려야만 한다는 것을 말한다.

3. 우리는 하나님을 찬송하도록 하기 위해 지음받았다(사 43:21). 하나님께서 예수 그리스도 안에서 우리를 구원하신 것도 그의 영광을 찬송하도록 하기 위함이다(엡 1:6, 12, 14). 여기서 ‘찬송한다’는 것은 단지 입으로 찬송가를 부르는 것만 생각하면

안 된다. 찬송은 이것을 포함하여 우리의 삶 전체로 하나님을 높이고 영광 돌리는 것을 말한다. 즉, 우리가 이 세상에 살면서 항상 하나님 앞에 감사함으로 행하고 하나님께 찬송과 영광을 돌리는 삶을 사는 것을 말한다(히 13:15-16).

제5장

죽임당한 어린양

(5:1-14)

계시록 5장은 하나님의 손에 있는 책으로부터 시작한다. 이 책은 우주 만물과 온 세계의 역사를 운행하시는 하나님의 작정을 적은 책인데, 오직 어린양 예수님만 이 책을 펴실 수 있다(1-6절). 그래서 어린양이 보좌 앞에 나아와 이 책을 받는다(7절). 그러자 네 생물과 24 장로들이 어린양을 찬송하고(8-10절), 이어서 천사들이 어린양을 찬송하며(11-12절), 마지막으로 모든 만물이 하나님과 어린양을 찬송한다(13-14절). 따라서 5장은 6장 이후에 펼쳐질 계시를 준비하는 성격이 있으며, 하나님과 어린양 예수 그리스도에 대한 찬송이 중요한 내용을 이루고 있다.

본문 개요

요한이 또 본 환상은 보좌에 앉으신 이의 오른손에 있는 두루마리였다. 거기에는 안팎으로 쓰여 있고 일곱 인으로 봉하여져 있었다(1절). 그런데 아무도 이 두루마리를 펴거나 보거나 하기에 합당한 자가 없어 요한이 크게 울었다(2-4절). 그러자 장로 중의 한 사람이 말하기를 "울지 말라. 유대 지파의 사자 다윗의 뿌리가 이겼으니 그 두루마리와 그 일곱 인을 떼시리라."고 하였다(5절).

요한이 또 보좌와 네 생물과 장로들 사이에 한 어린양이 서 있는 것을 보았는데 일찍 죽임을 당한 것 같더라고 한다(6절). 이것은 이 세상에 있을 때에 죽임당한 예수님을 가리킨다. 그는 지금 죽임당한 흔적을 가지고 하늘나라에 계신다. 그 어린양이 나아와 두루마리를 취하니 네 생물과 24 장로들이 그 앞에 엎드려 새 노래를 불렀다(7-10절). 이어서 많은 천사의 찬송이 나오고(11-12절), 모든 피조물의 찬송이 나온다(13절). 그러자 네 생물이 아멘 하고 장로들은 엎드려 경배하였다(14절).

내용 분해

1. 두루마리와 어린양(5:1-7)
   1) 일곱 인으로 봉한 두루마리(1-5절)
   2) 일찍 죽임당한 어린양(6-7절)
2. 어린양에 대한 찬송(5:8-14)
   1) 거문고와 향이 가득한 금 대접(8절)
   2) 네 생물과 24 장로들의 찬송(9-10절)
   3) 많은 천사들의 찬송(11-12절)
   4) 모든 피조물의 찬송(13-14절)

본문 주해

1. 두루마리와 어린양(5:1-7)

1 내가 보매 보좌에 앉으신 이의 오른손에 두루마리가 있으니 안팎으로
썼고 일곱 인으로 봉하였더라 **2** 또 보매 힘 있는 천사가 큰 음성으로 외치
기를 누가 그 두루마리를 펴며 그 인을 떼기에 합당하냐 하나 **3** 하늘 위에
나 땅 위에나 땅 아래에 능히 그 두루마리를 펴거나 보거나 할 자가 없더
라 **4** 그 두루마리를 펴거나 보거나 하기에 합당한 자가 보이지 아니하기
로 내가 크게 울었더니 **5** 장로 중의 한 사람이 내게 말하되 울지 말라 유
대 지파의 사자 다윗의 뿌리가 이겼으니 그 두루마리와 그 일곱 인을 떼
시리라 하더라 **6** 내가 또 보니 보좌와 네 생물과 장로들 사이에 한 어린
양이 서 있는데 일찍이 죽임을 당한 것 같더라 그에게 일곱 뿔과 일곱 눈
이 있으니 이 눈들은 온 땅에 보내심을 받은 하나님의 일곱 영이더라 **7** 그

어린양이 나아와서 보좌에 앉으신 이의 오른손에서 두루마리를 취하시니라

1) 일곱 인으로 봉한 두루마리(1-5절)

요한은 보좌에 앉으신 이의 오른손에 있는 한 '책'(βιβλίον, *비블리온*)[1]을 보았는데, 안팎으로 씌어 있다고 한다(1절). 이것으로 보아 이 책은 두루마리 형태로 되어 있었던 것 같다. 그리고 '안팎으로 씌어 있다'는 것은 내용이 많고 풍부하다는 것을 의미한다. 이 책은 우주 만물과 온 세계의 역사를 운행하시는 하나님의 작정(作定)을 적은 책이다. "영원부터 영원까지 이르는 세계와 그 역사와 모든 피조물에 대한 하나님의 작정의 책"이다.[2] 그런데 이 책은 '일곱 인(印)'으로 봉해져 있다. 이것은 완전히, 철저히 감추어져 있다는 뜻이다. 이처럼 하나님의 작정은 하나님 외에는 숨겨져 있다(잠 25:2; 전 3:11; 신 29:29).

그런데 이 책을 펴며 인을 떼기에 합당한 자가 아무도 없었다. 하늘 위에나 땅 위에나 땅 아래에 어떤 존재도 이 책을 펴거나 볼 수가 없었다(2-3절). 그래서 요한은 크게 울었다(4절). 그러자 장로 중의 한 사람이 요한에게 와서 위로하며 말하였다. "울지 말라. 유대 지파의 사자 다윗의 뿌리가 이겼으니 그 책과 그 일곱 인을 떼시리라."(5절) '유대 지파의 사자(獅子)'는 예수님을 말하는데, 그는 '다윗의 뿌리'라고 말해진다(계 22:16). '다윗의 뿌리'란 말은 다윗의 근본이 되신다는 말이다. 예수님은 육신적으로 다윗의 자손이 될 뿐만 아니라(롬 1:3; 마 20:30; 21:15 등), 또한 다윗의 근본이 되신다(마 22:41-45). 예수님은 이 세상에 오시기 전에 이미 존재하셨으며 하늘나라에서 세상을 다

1. 개역개정판은 이것을 '두루마리'로 번역했다. 물론 이 책은 두루마리 형태의 것으로 생각되지만, '책'이 일반적인 용어이고 '두루마리'는 그중 하나이다. 여기서는 하나님의 작정을 기록한 '책(冊)'이라는 사실에 초점이 있으며, 책의 형태가 '두루마리'(scroll)냐 '코덱스'(codex)냐 '전자책'(e-book)이냐 하는 데 초점이 있는 것은 아니다.

2. Greijdanus, *Openbaring*, 132.

스리고 계셨다(요 1:1-3, 14-18; 8:58; 골 1:15 등).

2) 일찍 죽임당한 어린양(6-7절)

요한은 또 "보좌와 네 생물과 장로들 사이에 한 어린양이 서 있는 것을 보았다."고 한다(6절). 여기서 '어린양'(ἀρνίον, *아르니온*)은 예수 그리스도를 가리키는데, 우리를 위해 죽임당한 희생제물이 되셨다는 의미에서 이 표현이 많이 사용되고 있다(요 1:29; 행 8:32; 벧전 1:19). 뿐만 아니라 '어린양'은 온순하고 순종하는 이미지를 가지고 있는 동물로서 사납고 포악한 '짐승'과 대비되고 있다.

그러면 요한이 본 '어린양'은 실재(實在)하는 존재인가? 아니면 단지 환상(幻像) 속의 존재인가? 즉, 요한은 실제로 존재하는 하나의 '실체'(reality)를 본 것인가? 아니면 성령에 감동되어 '환상'(vision) 속의 한 모습을 본 것인가? 우리는 이것을 하나님께서 사도 요한에게 보여 주신 하나의 '환상'(vision)으로 보아야 한다. 왜냐하면 일곱 뿔, 일곱 눈을 가진 어린양이 사실 세계에 문자 그대로 존재한다고 보기는 어렵기 때문이다. 계시록 13장에 나오는 머리가 일곱이고 뿔이 열인 짐승이 실재하는 짐승이라고 보기 어려운 것과 마찬가지다(9장의 황충과 말도 그렇다).

천국에 계신 예수님의 실제 모습은 어린양의 모습이 아니라 사람의 모습이다. 곧 '인자(人子)'의 모습이다. 예수님은 지금 하늘나라에서 부활한 육체를 가지고 계신다. 따라서 우리는 이 본문에서 이 환상 또는 상징이 가지고 있는 '의미'를 취해야 한다. 곧, 어린양 되신 예수님은 어떤 존재인가 하는 것에 초점을 두어야 한다. 세례 요한이 자기에게 나아오는 예수님에 대해 '세상 죄를 지고 가는 하나님의 어린양'이라고 했을 때(요 1:29), 실제로 네 발 가진 어린양이라는 의미가 아니라 세상 사람들의 죄를 짊어지고 가서 치워 주시는 희생제물이 되신 분이라는 의미인 것과 같다.

그런데 이 어린양은 "일찍이 죽임을 당한 것 같더라."(ὡς ἐσφαγμένον, *호스 에스파그메논*)고 한다(6중). 원문에 '일찍이'란 표현은 없고 대신에 완료 시상이 사용되어 있다. 헬라어에서 완료 시상(完了時相)은 과거에 완료된 동작으로서 현재에 어떤 결과나 상태로 그 영향이 남아 있는 동작을 나타낼 때 사용된다.[3] 즉, 예수님은 전에 돌아가셨는데 그 죽으신 흔적, 상처, 영향이 지금 남아 있다는 것을 말한다. 따라서 이것은 예수님이 젊은 나이에 돌아가셔서 애석하다는 의미가 아니라, 전에 이 세상에 계실 때 죽임을 당하셨는데 지금 천국에서 그 흔적과 영향을 가지고 계시다는 것을 말한다. 예수님은 이 지상에 계실 때 십자가에서 죽임을 당하셨는데, 그 죽음의 영향이 계속 남아 있어서 지금도 온 세상에 은혜를 끼치고 있다.[4]

여기서 우리는 '죽음'도 하나의 경험이며 흔적이라는 것을 알 수 있다. 우리가 천국에 가서 지나간 세상의 일들을 되돌아보면 죽음은 과거의 한 경험이 되고 만다. 따라서 죽음은 끝이 아니라 지나간 한 경험이 된다. 마치 어릴 적의 상처처럼, 어린 시절의 추억처럼 될 것이다. 지나간 저 세상의 인생 여정에 종지부를 찍은 한 특별한 경험이 될 것이다.

그렇다면 우리가 이 세상에서 어떤 죽음의 경험을 가지고 천국에 가느냐 하는 것이 중요하다. 한평생 주님과 복음을 위해 살다가 천국에 간 사람은 수위 사람들에게 자랑스럽게 이야기할 것이다. 지나간 지상에서의 삶과 죽음에 대해 두고두고 자랑스럽게 이야기할 것이다. 사도 바울 같은 사람은 얼마나 간증할 것이 많겠는가? 그러나 어떤 사람은 천국에 갔는데 별로 자랑할 것이 없어서 다른 사람이 간증할 때 박수만 치고 있

---

3. Zerwick, *Biblical Greek*, §285: "the present《state of affairs》resulting from the past action"; §241: "a completed act resulting in a《state of affairs》which is predicated by the verb as holding for the present time."

4. Greijdanus, *Openbaring*, 137: "도살당한 상태인 것처럼 서 있는 것은 주님의 십자가 죽음의 지속성(duurzaamheid)과 영속적인 의미(blijvende beteekenis)를 가리킨다."(필자 역)

을 것이다.

따라서 오늘날 우리도 이 지상에 있을 때 잘 죽어야 한다. 잘 죽기 위해서는 잘 살아야 한다. 이 세상에서 하나님의 나라와 복음을 위해 충성하면 나중에 천국에서 자랑거리가 많을 것이다. 한평생 복음을 위해 충성하다가 받은 고난과 상처의 흔적은 나중에 천국에 갔을 때 두고두고 이야기할 자랑스런 흔적이 될 것이다(갈 6:17).

그런데 이 어린양에게 '일곱 뿔'과 '일곱 눈'이 있다고 한다(6하). '뿔'(κέρας, *케라스*)은 권능을 상징한다(계 17:12; 삼상 2:10; 시 18:2; 75:10 등). 따라서 '일곱 뿔'은 하나님에 의해 주어진 권세와 능력의 절대적 완전성을 의미한다.[5] 이는 곧 온 세계, 온 피조물에 대한 주권을 상징한다(행 2:36; 빌 2:9-11). '일곱 눈'은 '온 땅에 보내심을 받은 하나님의 일곱 영'이라고 요한이 친히 설명해 준다(6하). 따라서 이것은 온 세계를 두루 감찰하시는 성령을 가리킨다(슥 4:10; 대하 16:9).

이 어린양이 나아와서 보좌에 앉으신 이의 오른손에서 책을 취하셨다(7절). 이것은 이제 예수님께서 온 세상 역사에 대한 하나님의 작정을 펼쳐 보이신다는 것을 의미한다(롬 16:25-26; 골 1:26; 딤후 1:10). 우리를 위해 죽으신 어린양 예수님만이 이 책을 펴기에 합당하시다(5절; 마 11:27).

교훈과 적용

1. 예수님은 다윗의 자손일 뿐만 아니라 다윗의 뿌리이시다(5절; 계 22:16; 마 22:41-46). 여기서는 '유대 지파의 사자(lion)'라고 말한다. 이처럼 예수님은 힘 있는 자시며 용맹한 자시다. 그는 죽음을 이기고 부활하셨으며 하늘에 오르시어 하나님 우편에 앉아 계신다. 그래서 그는 역사 진행의 작정(作定)을 기록한 두루마리와 그 일곱 인(印)을 떼기에 합당하시다(5절). 곧, 예수님은 하나님의 뜻과 작정을 드러내시며 감취었

5. Greijdanus, *Openbaring*, 137.

던 비밀을 나타내신 분이다(롬 16:25-26; 엡 2:7; 딤후 1:9-10).

2. 요한이 본 어린양은 '일찍이 죽임을 당한 것 같은' 모습을 가지고 있었다(6절). 예수님은 이 세상에 있을 때 십자가에서 죽임을 당한 흔적을 가지고 있다는 말이다. 그 흔적은 두고두고 자랑스러운 것이며 많은 사람들에게 구원을 주는 상처다. 따라서 우리는 죽임당한 어린양 예수 그리스도께 감사하며 그의 은혜를 찬송하는 것이다. 그리고 우리도 이 세상에 사는 동안 복음을 위해 수고하다가 받은 영광스러운 흔적을 많이 가지도록 노력해야겠다(갈 6:17).

3. 이 지상에서의 모든 삶은 천국에 가서 보면 다 지나간 경험이 된다. 마치 어릴 적의 추억처럼 될 것이다. 그중에서 어떤 것들은 주위 사람들에게 자랑스럽게 말할 수 있는 간증거리가 될 것이다. 사도 바울은 천국에서 자랑스럽게 이야기할 거리가 얼마나 많았겠는가? 이처럼 우리가 천국에 갔을 때 자랑스럽게 이야기할 것이 많으려면, 이 세상에 있을 때 복음을 전하다가 받은 상처와 흔적이 많아야 한다. 그러기 위해 우리는 복음을 위해 살고 하나님의 나라를 위해 살아야 한다.

2. 어린양에 대한 찬송(5:8-14)

8 그 두루마리를 취하시매 네 생물과 이십사 장로들이 그 어린양 앞에 엎
드려 각각 거문고와 향이 가득한 금 대접을 가졌으니 이 향은 성도의 기
도들이라 9 그들이 새 노래를 불러 이르되

> 두루마리를 가지시고 그 인봉을 떼기에 합당하시도다 일찍이 죽임을 당하사 각 족속과 방언과 백성과 나라 가운데에서 사람들을 피로 사서 하나님께 드리시고 10 그들로 우리 하나님 앞에서 나라와 제사장들을 삼으셨으니 그들이 땅에서 왕 노릇 하리로다

하더라 11 내가 또 보고 들으매 보좌와 생물들과 장로들을 둘러선 많은 천
사의 음성이 있으니 그 수가 만만이요 천천이라 12 큰 음성으로 이르되

> 죽임을 당하신 어린 양은 능력과 부와 지혜와 힘과 존귀와 영광과 찬송을 받으시기에 합당하도다

하더라 13 내가 또 들으니 하늘 위에와 땅 위에와 땅 아래와 바다 위에와
또 그 가운데 모든 피조물이 이르되

보좌에 앉으신 이와 어린 양에게 찬송과 존귀와 영광과 권능을 세세
토록 돌릴지어다

하니 14 네 생물이 이르되 아멘 하고 장로들은 엎드려 경배하더라

1) 거문고와 향이 가득한 금 대접(8절)

어린양이 책을 취하자 네 생물과 24 장로들이 그 어린양 앞에 엎드렸다(8상). 어린양 예수님은 네 생물과 교회의 경배를 받기에 합당한 존재임을 나타낸다. 어린양 예수님은 성부와 동일한 위엄과 권위를 가지고 동일한 경배를 받으신다(참조. 계 4:10). 그리고 이들이 각각 "거문고와 향이 가득한 금 대접을 가졌다."고 한다(8하). 여기의 '거문고'의 원어는 '*키타라*'(κιθάρα)인데 하프 비슷한 악기로 맑은 소리를 내며 기쁨을 노래하는 악기이다(계 14:2; 15:2; 18:22).[6] 그리고 '향(香)'은 '성도의 기도들'이라고 한다(8절 끝). 향을 피우면 연기가 위로 올라가듯이 성도의 기도도 하나님의 보좌 앞으로 올라간다(계 8:3-4). 이처럼 성도의 기도는 반드시 하나님께 상달된다는 것을 믿고 기도해야 한다(히 4:16; 요일 5:14). 그리고 하나님의 작정은 성도의 기도를 통해 성취된다는 것을 알 수 있다(겔 36:36-37).

2) 네 생물과 24 장로들의 찬송(9-10절)

네 생물과 24 장로들이 '새 노래'를 노래하였다(9절). '새 노래'(ᾠδὴ καινή, *오데 카이네*)는 이 세상 사람들이 부르는 노래와는 질적으로 다른 영적인 노래를 뜻한다(참조. 엡 5:19; 골 3:16). 이 노래는 곧 어린양 예수 그리스도를 찬송하는 노래이다. 그 노래의 내용은 9-10절에 나와 있다. 먼저 "(당

---

6. Greijdanus, *Openbaring*, 139.

신은) 두루마리를 가지시고 그 인봉을 떼기에 합당하시도다."고 찬송한다. 그 다음에는 왜 그러한지에 대한 이유가 나온다(ὅτι, *호티*). "이는 (당신이) 전에 죽임을 당하사 각 족속과 방언과 백성과 나라 가운데에서 사람들을 피로 사서 하나님께 드리셨기" 때문이다. 곧, 어린양 예수 그리스도께서 사람들을 구속(救贖)하신 일을 고백하며 찬송하고 있다. 이처럼 예수님의 죽음은 두고두고 찬송을 받기에 합당한 제목이 된다.[7]

10절도 어린양이 책을 가지고 인봉을 떼기에 합당한 이유를 계속 말한다. "그들로 우리 하나님 앞에서 나라와 제사장들을 삼으셨으니 그들이 땅에서 왕노릇하리로다." 여기서 '나라'(βασιλεία, *바실레이아*)는 '통치'나 '주권'이 아니라 하나님 나라의 '백성'이란 뜻이다(참조. 계 1:6; 벧전 2:9). '제사장들'(ἱερεῖς, *히에레이스*)은 하나님을 섬기는 자들을 뜻한다(벧전 2:9; 출 19:5-6). 그리고 여기 개역개정/한글판에서처럼 미래 시제인 '왕노릇하리로다'(βασιλεύσουσιν, *바실류수신*)로 되어 있는 사본들(א 𝔐[A])도 있지만, '왕노릇하고 있다'(βασιλεύουσιν, *바실류우신*)고 현재형으로 되어 있는 사본들(A 𝔐[K])도 많다. 내용상으로 보면, 우리는 현재 하나님의 거룩한 백성이며 나라이며 제사장이다(벧후 2:9; 계 1:6). 따라서 우리는 지금 우리의 왕이신 그리스도 안에서, 그리스도와 함께 왕노릇하고 있다(롬 5:15, 20; 6:14; 엡 2:6; 요일 4:4; 5:4). 물론 앞으로도 우리는 그리스도와 함께 영원토록 왕노릇할 것이다.

---

7. 그런데 '네 생물'을 근위영물(近衛靈物)로 본다면 과연 이런 찬송을 할 수 있겠는가 하는 의문이 제기될 수 있다. 그러나 9-10절의 내용을 보면 "어린양이 책을 떼고 그 인을 열기에 합당하다"는 것을 찬송하고 있다. 그 이유를 설명하면서 예수 그리스도의 구속(救贖) 사실을 말하고 있는데, 10절에 보면 '그들을'(αὐτούς, *아우투스*) 나라와 제사장으로 삼으셨다고 했지 '우리를'(ἡμᾶς, *헤마스*)이 아니다. 따라서 '근위영물들'이 예수 그리스도의 객관적 구속 사실을 찬송하는 데 동참하는 것은 문제가 없으며 오히려 자연스럽다고 해야 할 것이다. 만일 동참하지 않는다면 불경죄가 될 것이다.

3) 많은 천사들의 찬송(11-12절)

그리고 나서 요한은 천군 천사들의 찬송 소리를 들었다. 그 내용은 죽임을 당한 어린양을 찬송하는 것이다. “죽임을 당하신 어린양이 능력과 부와 지혜와 힘과 존귀와 영광과 찬송을 받으시기에 합당하도다.”(12절) 죽임을 당한 어린양이 찬송을 받기에 합당하다는 것은 매우 역설적으로 들린다. 세상의 권세자들은 자기의 권세와 위엄을 자랑하며 그것을 통해 사람들의 칭송을 받지만(마 20:25), 여기서는 힘없고 연약해 보이며 게다가 죽임당한 어린양이 찬송을 받기에 합당하다고 한다. 이것은 우리를 위해 죽으신 예수님이 부활하셔서 우리의 구주와 주님이 되셨으며(행 2:36; 빌 2:9-11), 또한 만왕의 왕이 되셔서 모든 역사를 주관하시고 다스리심을 뜻한다(계 17:14).

그런데 천사들의 찬송을 살펴보면 ‘구원(救援)’에 대한 감사와 찬송이 없다. 왜냐하면 천사들은 구원받은 적이 없기 때문이다. 천사들은 다른 찬송은 잘하지만 구원 찬송은 할 수 없다. 구원 찬송을 부를 수 있는 존재는 오직 예수님의 피로 구원받은 성도들뿐이다.[8] 따라서 우리가 어린양 예수 그리스도의 구원을 찬송할 수 있다는 것은 얼마나 큰 영광인지 모른다. 하나님은 부족한 입술로 드리는 우리의 찬송과 감사를 받기 기뻐하셨다.

4) 모든 피조물의 찬송(13-14절)

다음에는 모든 피조물이 하나님과 어린양을 찬송하였다. 그 찬송의 내용은 “보좌에 앉으신 이와 어린양에게 찬송과 존귀와 영광과 능력을 세세토록 돌릴지어다.”는 것이다(13절). 이것은 성부 하나님과 성자 예수님에 대한 찬송이다. 하나님과 어린양 예수님은 모든 만물로부터 영원토록 찬송을 받으시기에 합당하다. 원문에는 ‘돌릴지어다’에 해당하는 말이 없다. 동사가 생

---

8. 물론 천사들도 예수님의 ‘객관적 구원 사실’에 대해서는 찬송할 수 있다. 그러나 ‘자기들’을 구원하셨다고 찬송할 수는 없다. 이것은 앞서 네 생물의 경우와 마찬가지다.

략되어 있는데, 송영(頌榮)의 경우엔 직설법 동사 ἐστίν(*에스틴*, -이 있도다) 또는 희구법 동사 εἴη(*에이에*, -이 있기를 원하노라)를 보충해 넣을 수 있다.[9]

그러자 네 생물이 '아멘'이라고 화답하였다(14상). '아멘'(ἀμήν)은 원래 히브리어로서 로마 제국과 온 세계에 퍼져서 널리 사용되고 있던 말인데 '그렇게 되기를!'(let it be so), '참으로'(truly)라는 뜻을 가지고 있다(BDAG). 하나님을 최측근에서 모시고 있는 네 생물이 모든 만물의 찬송을 듣고 "그러하다"고 동조하고 있는 것이다. "네 생물이 말하였다"고 할 때 '말하였다'(ἔλεγον, *엘레곤*)에 해당되는 헬라어 동사의 시상(時相)은 미완료로서 한 번만이 아니라 계속해서, 반복적으로 "아멘, 아멘" 했다는 것을 나타낸다. 이처럼 하나님과 어린양에 대한 '찬송'은 끊임없이 반복해야 할 성질의 것이며 그에 대한 '아멘'도 마찬가지다.

그리고 장로들은 엎드려 경배하였다(14하). '장로들'은 신구약 교회 전체를 대표한다. 따라서 이들의 경배는 온 교회의 경배를 의미한다. '엎드려 경배하였다'(ἔπεσαν καὶ προσεκύνησαν, *에페산 카이 프로세퀴네산*)는 말의 원어를 직역하면 '떨어져서 (무릎을 꿇고 발이나 옷깃이나 땅에) 입 맞추었다'이다. '떨어졌다'(ἔπεσαν, *에페산*)는 것은 갑작스럽게 무릎 꿇는 것을 말한다. 이것은 즉각적이고 단호하게 하나님 앞에 무릎 꿇는 모습을 묘사한다. '경배하였다'(προσεκύνησαν, *프로세퀴네산*)는 것은 하나님 앞에 무릎을 꿇고 하나님을 높이고 경의를 표하는 것을 말한다. 따라서 교회가 하나님에 대하여 취할 태도는 자기를 낮추고 겸손히 하나님 앞에 무릎 꿇는 것이다(계 4:10). 전능하신 하나님, 거룩하시고 위엄과 존귀를 가지신 하나님 앞에 우리는 모두 즉각적으로 무릎 꿇고 경배해야 하는 것이다.

---

9. F. Blass-A. Debrunner-F. Rehkopf, *Grammatik des neutestamentlichen Griechisch*, 16. Aufl. (Göttingen: Vandenhoeck & Ruprecht, 1984), §128.5 (105쪽).

교훈과 적용

1. 네 생물과 24 장로들이 어린양 앞에 엎드려 찬송할 때 각각 거문고와 향이 가득한 금 대접을 가졌다(8절). '거문고'로 번역된 이 단어(*키타라*)는 하프와 같은 악기인데 맑고 아름다운 소리를 내는 악기이다. 그리고 '향'은 성도들의 기도를 가리킨다. 지성소 앞에서 향을 피우면 그것이 지성소 안의 그룹들 앞으로 올라가듯이 성도의 기도가 하나님의 보좌 앞으로 올라간다는 것을 의미한다. 따라서 우리는 우리의 기도가 반드시 하나님의 보좌 앞에 상달된다는 것을 믿고 하나님께 나아와 기도하도록 해야 한다(히 4:16).

2. 네 생물과 24 장로들이 '새 노래'로 어린양을 찬송한다(9절). '새 노래'란 것은 세상 사람들이 알지 못하는 신령한 노래, 하나님의 구원을 찬송하는 노래를 말한다. 이들이 노래하는 내용을 보면 어린양 예수 그리스도의 구원 사역을 찬송하는 것이다(9-10절). 예수님이 죽임을 당하여 세상 가운데서 사람들을 피로 사서 하나님께 드리시고 그들로 하나님 앞에서 '나라'와 '제사장'을 삼으셨다는 내용이다. 우리는 어린양 예수님이 우리를 위해 무슨 일을 하셨는지를 바로 알고 감사하고 찬송해야 한다.

3. 천군 천사들과 모든 피조물이 어린양 찬송에 동참한다(12, 13절). 그런데 이들의 찬송을 보면 좋은 내용들이 많이 있지만 (그들을) '구원하셨다'는 내용은 없다. 왜냐하면 그들은 구원받은 적이 없기 때문이다. '구원'은 오직 하나님의 형상대로 지음받은 인간만이 누리는 특권이다. 따라서 우리는 비록 부족하고 허물과 죄가 많지만, 우리를 구원하셔서 하나님의 백성으로 삼으신 어린양 예수 그리스도를 찬송하고 감사해야 한다. 구원받은 우리에게서 감사 찬송을 받으시는 것은 하나님이 가장 원하시고 기뻐하시는 것이다.

제6장

일곱 인을 뗄 때의 환상

(6:1-17)

6장에는 일곱 인을 뗄 때의 환상이 기록되어 있다. 실제로는 여섯 개의 인(印)의 환상이 기록되어 있으며, 일곱째 인(8:1-2)은 구체적인 계시 내용이 없이 일곱 나팔 재앙으로 넘어가는 막간 역할을 하고 있다. 계시록의 중심 부분에는 '일곱 인 환상'(6-7장)과 '일곱 나팔 환상'(8-9장), 그리고 '일곱 대접 환상'(16장)이 나오는데, 이 순서대로 세상 역사가 진행된다는 뜻은 아니다. 이것들은 요한이 본 '환상의 순서'이지 세상 역사가 진행되는 '시간의 순서'는 아니다.

요한계시록의 환상은 각각, 특별한 경우를 제외하고는, 전체 세계 역사를 묘사한다. 단지 사도 요한의 시대나 그 직후의 역사만 묘사하는 것이 아니며, 또 교회의 역사만 묘사하는 것도 아니라 온 세계의 역사를 묘사한다. 물론 이 중에서 교회 역사가 중심이 된다. 계시록 6장과 이후의 장들은 예수님의 초림부터 세계 종말 때까지 온 시대를 통해 반복적으로 일어나는 일들을 보여 준다.[1]

물론 이 환상들 중에는 예수님의 재림이나 마지막 심판처럼 사건 자체를 묘사할 때도 있지만, 대개는 역사상 반복적으로 일어날 일들의 원리나 성격 또는 특징을 보여 준다. 그리고 몇몇 환상의 경우에는 세상 역사가 끝나고 나서 하나님을 찬송하는 장면이나 최후 심판과 영원 세상에 대해 보여 주고 있다.

본문 개요

요한은 어린양이 일곱 인(印) 중의 하나를 떼는 것을 보았다(1절). 첫째 인을 뗄 때에 보니 '흰 말'이 있는데, 그 탄 자가 활을 가졌고 면류관을 받고 나

---

1. Greijdanus, *Openbaring*, 144.

가서 이기고 또 이기려고 하였다(2절). 이것은 그리스도의 복음 전파를 말한다. 둘째 인을 뗄 때 보니 '붉은 말'이 나오는데, 그 탄 자가 허락을 받아 땅에서 화평을 제하여 버리고 서로 죽이게 하고 또 큰 칼을 받았다(3-4절). 이것은 핍박을 말한다. 셋째 인을 뗄 때 보니 '검은 말'이 나오는데, 그 탄 자가 손에 저울을 가졌다(5절). 이것은 기근의 재앙을 말한다. 넷째 인을 뗄 때 보니 청황색 말이 나오는데, 그 탄 자의 이름은 '사망'이라고 한다(7-8절).

다섯째 인을 뗄 때에 보니 순교자들의 영혼들이 하나님께 호소하는 장면이 나온다(9절). 이들이 제단 아래에서 큰 소리로 말하기를 "… 우리 피를 갚아 주지 아니하시기를 어느 때까지 하시려 하나이까?" 하였다(10절). 그러자 하나님이 그들에게 흰 두루마기를 주시며 이르시기를 "아직 잠시 동안 쉬되 그들의 동무 종들과 형제들도 자기처럼 죽임을 당하여 그 수가 차기까지 하라."고 하셨다(11절).

여섯째 인을 뗄 때에 보니 큰 지진이 나며 해가 검어지고 달이 피같이 되며 하늘의 별들이 땅에 떨어지고 하늘이 떠나갔다(12-14절). 이것은 세상 마지막 날, 진노의 큰 날의 모습을 말한다. 그때 땅의 모든 사람이 두려워 떠는 모습이 묘사되어 있다(15-17절).

내용 분해

1. 첫 네 인 환상(6:1-8)
   1) 첫째 인 환상(1-2절)
   2) 둘째 인 환상(3-4절)
   3) 셋째 인 환상(5-6절)
   4) 넷째 인 환상(7-8절)

2. 다섯째와 여섯째 인 환상(6:9-17)
   1) 다섯째 인 환상(9-11절)
   2) 여섯째 인 환상(12-17절)

본문 주해

1. 첫 네 인 환상(6:1-8)

1 내가 보매 어린 양이 일곱 인 중의 하나를 떼시는데 그 때에 내가 들으
니 네 생물 중의 하나가 우렛소리 같이 말하되 오라 하기로 2 이에 내가
보니 흰 말이 있는데 그 탄 자가 활을 가졌고 면류관을 받고 나아가서 이
기고 또 이기려고 하더라

3 둘째 인을 떼실 때에 내가 들으니 둘째 생물이 말하되 오라 하니 4 이
에 다른 붉은 말이 나오더라 그 탄 자가 허락을 받아 땅에서 화평을 제하
여 버리며 서로 죽이게 하고 또 큰 칼을 받았더라

5 셋째 인을 떼실 때에 내가 들으니 셋째 생물이 말하되 오라 하기로
내가 보니 검은 말이 나오는데 그 탄 자가 손에 저울을 가졌더라 6 내가
네 생물 사이로부터 나는 듯한 음성을 들으니 이르되 한 데나리온에 밀
한 되요 한 데나리온에 보리 석 되로다 또 감람유와 포도주는 해치지 말
라 하더라

7 넷째 인을 떼실 때에 내가 넷째 생물의 음성을 들으니 말하되 오라 하
기로 8 내가 보매 청황색 말이 나오는데 그 탄 자의 이름은 사망이니 음부
가 그 뒤를 따르더라 그들이 땅 사분의 일의 권세를 얻어 검과 흉년과 사
망과 땅의 짐승들로써 죽이더라

1-8절은 첫째 인부터 넷째 인까지 네 말(馬)의 환상을 보여 준다. 그 순서는 백마, 홍마, 흑마, 청황색 말이다. 이것은 스가랴 1:8이하에 나오는 홍마, 홍마, 자마, 백마의 순서 또는 스가랴 6:1 이하에 나오는 홍마들, 흑마들, 백마들, 어룽지고 건장한 말들의 순서와 다르다. 내용도 약간 다르다. 순서가 다른 것에 대해서는 구속사의 진전 때문에 그렇게 되었다고 볼 수 있다.[2] 곧, 신약 시대에는 그리스도께서 오셨기 때문에 백마가 먼저 나온다고 볼 수 있다. 그러나 순서는 그렇게 중요하지 않다. 이 모든 것은 우리에게 보여 주시고자 하는 하나님의 뜻대로 된 것이다.

1) 첫째 인 환상(1-2절)

첫째 인(印) 환상은 복음 전파를 나타낸다. 첫째 인을 뗄 때에 보니 '흰 말'이 있는데, "그 탄 자가 활을 가졌고 면류관을 받고 나아가서 이기고 또 이기려고 하더라."고 한다(2절). 여기서 '흰 말'은 성결 또는 승리를 의미한다(계 19:11, 14; 3:5; 4:4; 슥 1:8; 6:3).[3] '그 탄 자'는 그리스도이다.[4] 어떤 이들은 여기의 '흰 말 탄 자'는 그리스도가 아니라 적그리스도 또는 사탄이라고 본다.[5] 왜냐하면 적그리스도는 자신을 광명한 천사로 가장하기 때문이라고

2. Greijdanus, *Openbaring*, 145.

3. 참조. Greijdanus, *Openbaring*, 147.

4. 헨드릭슨, 『요한계시록』, 110-14. 흐레이다너스는 '복음'으로 본다. Greijdanus, *Openbaring*, 148. 사실상 같은 것이며 별 차이는 없으나 '말 탄 자'는 인격체이므로 '그리스도'로 보는 게 더 좋다고 생각된다. 오스본은 여기의 '말 탄 자'를 '인간의 전쟁 욕구와 그 결과'로 본다. Osborne, *Revelation*, 277. 이필찬은 '하나님의 심판의 전령'으로 본다. 이필찬, 『내가 속히 오리라』, 321. 그러나 계 19:11에서 동일한 표현인 '백마 탄 자'의 이름은 '충신'과 '진실'이라 하였으므로 그리스도로 보는 견해가 옳다.

5. 예를 들면, 오종덕은 여기의 '흰 말 탄 자'를 적그리스도로 본다. 참조. 오종덕, 『66권 각권 뜻 설교』(서울: 성광문화사, 1975), 317. 또한 『오종덕 목사 교안 묵시록』(출판사, 연도 표기 없음), 119에도 그렇게 되어 있다. "백마 탄 자는 복음운동이라, 예수라 하나 적그리스도가 예수 모양으로 온다." 한편, 빌도 이렇게 본다. "a satanic power attempting to defeat and oppress believers through deception, persecution, or both(so 11:7; 13:7)." Beale, *Revelation*, 377.

(고후 11:13-15) 한다.[6] 그러나 만일 그렇다면 '흰 말처럼 생긴 것' 또는 '흰 말 비슷한 것' 등의 표현이 사용되었을 터인데(참조. 계 9:7; 13:11), 여기에 그런 표현은 없다. 그리고 계시록에서 '희다'는 색깔은 항상 성결 또는 승리를 상징하며, 한 번도 '승리를 가장한다'는 의미로 사용된 적이 없다. 따라서 '흰 말 탄 자'는 그리스도로 보아야 하며, 그리스도처럼 가장한 적그리스도로 보기는 어렵다.

그런데 적그리스도로 보는 사람들이 제시하는 다른 이유는 여기에 '이기더라'고 하지 않고 '이기려고 하더라'고 되어 있기 때문이라고 한다.[7] 그러나 이러한 주장은 맞지 않다. "이기려고 하더라"(ἵνα νικήσῃ, *히나 니케세*)는 것은 원문에 의하면 목적을 나타내는 절로 되어 있어서 '흰 말 탄 자'의 궁극적 목적이 승리라는 것을 말해 준다. 그리고 '이기고'(νικῶν, *니콘*)란 단어는 현재 분사로 되어 있는데, 이것은 계속 이기고 있음을 말한다. 그리스도는 십자가에서 사탄을 이기셨고 지금도 말씀으로 이기고 계신다. 또 어떤 사람은 여기에 흰 말 탄 자가 '검'(칼)이 아니라 '활'을 가졌기 때문에 그리스도가 아니라고 한다.[8] 그러나 메시아의 활동에 대해서는 '칼'뿐만 아니라 '화살'로 비유하고 있기도 하다. "내 입을 날카로운 칼같이 만드시고 나를 그의 손 그늘에 숨기시며 나를 갈고 닦은 화살로 만드사 그의 화살통에 감추시고"(사 49:2). "왕의 화살은 날카로워 왕의 원수의 염통을 뚫으니 만민이 왕의 앞에 엎드러지는도다."(시 45:5) '칼'과 '화살'은 다 싸움과 전쟁의 도구들이며, 메시아가 영적인 싸움을 싸운다는 것을 나타낸다.

무엇보다도 계시록 19:11에 보면 "백마와 그것을 탄 자가 있으니 그 이름

---

6. 참조. 이광복, 『계시록 난해 해설』, 198.

7. 참조. 오윤표, "성경 연구의 대가 오종덕 목사(II)", 『월간고신 생명나무』 2009년 11월호, 60: "(오종덕 목사가 제시하는) 그 이유는 예수님은 이김(완전 승리)으로 끝나는데 '이기고 또 이기려고' 한 것은 완전 승리는 아니라는 것이다."

8. 이광복, 『계시록 난해 해설』, 207.

은 충신과 진실이라."라고 한다. 여기서 '백마와 그것을 탄 자'(ἵππος λευκὸς καὶ ὁ καθήμενος ἐπ' αὐτόν, *힙포스 류코스 카이 호 카떼메노스 에프 아우톤*)는 6:2의 '흰 말과 그 탄 자'와 원어상 한 글자도 틀리지 않고 똑같다. 따라서 그 이름이 '충신'(πιστός, *피스토스*)과 '진실'(ἀληθινός, *알레띠노스*)인 자는 그리스도이며 사탄이 될 수가 없다.

❖ 특주: 6장 2절의 '흰 말 탄 자'

이광복은 여기의 '흰 말 탄 자'를 적그리스도로 본다.[9] 그러나 그가 제시하는 이유들은 설득력이 약하며 문법적으로 맞지 않는 것들도 많다. 예를 들면, 여기에 '탄 자'의 원어는 ὁ καθήμενος(*호 카떼메노스*)인데 καθήμενος(*카떼메노스*)가 중간태임을 들어 적그리스도라고 주장한다. 즉, '말 탄 자'의 자세가 자신을 위해 구심적(求心的)으로 적용되는 것을 말하는 형태이기 때문이라고 한다.[10] 그러나 이것은 중간태에 대한 오해이다. 중간태는 꼭 이기적이거나 잘못된 행동을 말하는 것이 아니라 그 동작의 결과가 자기 자신에게 미치는 것을 말하며(원래의 중간태), 또는 그런 것과 관계없이 관용적으로 사용되는 것들도 많다(디포넌트 동사).

무엇보다도 중간태로서 똑같은 표현(ὁ καθήμενος, *호 카떼메노스*)이 계시록 19:12에도 나타나는데, 거기의 동일한 표현은 왜 '적그리스도'로 보지 않고 '그리스도'로 보는가? 결국 자기모순에 빠지고 만다. 마가복음 13:3에서도 예수께서 감람산에 '앉으셨다'고 할 때 중간태 분사(καθημένου, *카떼메누*)가 사용되었다. '자신을 위한다'거나 '구심적(求

---

9. 이광복, 『계시록 강해(난해 해설) 1』 (서울: 흰돌, 1994), 273-91. 또한 『계시록 난해 해설』, 204-16에도 거의 같은 내용이 나와 있다.
10. 이광복, 『계시록 강해(난해 해설) 1』, 287.

心的)'이라는 의미가 전혀 없이 그냥 '앉으셨다'는 의미이다. 따라서 중간태 사용은 '적그리스도'와는 아무 관련이 없는 것이다.

이광복은 계시록 19:12에는 '충신과 진실'이라는 이름이 있지만 계시록 6:2에는 이런 이름이 없기 때문에 6:2의 '그 탄 자'는 적그리스도라고 한다.[11] 그러나 이러한 주장은 이상한 논리이다. 계시록 19:12에 '충신과 진실'이란 이름이 덧붙어 있어서 '그 탄 자'가 그리스도임이 분명해졌으면, 동일한 표현이 사용되어 있는 계시록 6:2의 '그 탄 자'도 그리스도라고 보아야 할 것이다. 예를 들어 생각해 보자. 계시록 1:1에서는 그냥 '하나님'이라고 했는데, 4:9에서는 '주 하나님 곧 전능하신 이'라고 했다. 그런데 4:9에는 '전능하신 이'란 말이 붙어 있으니까 거기서는 '전능하신 하나님'을 가리키고, 1:1에는 '전능하신 이'란 말이 붙어 있지 않으니까 '전능하지 않은 하나님'을 가리킨다고 하면 되겠는가? 또 다른 예를 들어보자. 마가복음 8:29에서는 베드로가 예수님에 대해 "주는 그리스도시니이다."라고 고백하였다. 그런데 마태복음 16:16에서는 "주는 그리스도시요 살아 계신 하나님의 아들이시니이다."라고 되어 있다. 이를 근거로 마태복음 16:16의 예수님은 '하나님의 아들 그리스도'를 가리키지만, 마가복음 8:29의 예수님은 '하나님의 아들이 아닌 그리스도'라고 주장하면 되겠는가? 마태복음 16:16에서 예수님이 '하나님의 아들'이라고 말했으면, 이를 토대로 마가복음 8:29에서도 예수님은 '하나님의 아들'이라고 결론지어야 하지 않겠는가? 이와 마찬가지로 철자 하나 틀리지 않고 똑같은 표현 '그 탄 자'(곧 흰 말을 탄 자)에 대해 계시록 19:12에서 "그 이름은 충신과 진실이라"고 하여 그가 '그리스도'이심을 분명히 밝혀 주었다면, 동일한 표현인 6:2의 '그 탄 자'도 마찬가지로 '그리스도'라고 해야 올바른 해석이 아니겠는가?

이광복의 이상한 해석은 계속 이어진다. 계시록 19:13에는 그 백마 탄

---

11. 이광복, 『계시록 강해(난해 해설) 1』, 273.

자가 피 뿌린 옷을 입었기 때문에 그리스도를 상징하지만, 6:2에는 옷이 없으므로 적그리스도라고 한다.[12] 나아가서 이광복은 또 면류관을 보아 구별된다고 한다. 19:12의 흰 말 탄 자는 그 머리에 많은 관(διαδήματα, *디아데마타*, 복수)을 받고 나가기 때문에 그리스도이지만, 6:2의 흰 말 탄 자는 면류관(στέφανος, *스테파노스*, 단수)을 받고 나가기 때문에 적그리스도라고 한다.[13] 그러나 이러한 구별은 무리이다. 계시록 12:3에 보면 '용'(사탄)도 그 일곱 머리에 일곱 '왕관'(διαδήματα, *디아데마타*, 복수)을 썼다. 따라서 복수 '*디아데마타*'를 썼다고 해서 그리스도이고, 단수 '*스테파노스*'를 썼다고 해서 적그리스도라고 보는 것은 옳지 않다. 뿐만 아니라 14:14에서는 흰 구름 위에 '인자(사람의 아들)'와 같은 이가 앉았는데 그 머리에는 '금 면류관'(στέφανος χρυσοῦς, *스테파노스 크뤼수스*, 단수)을 썼다고 한다. 따라서 단수 '*스테파노스*'로서도 충분히 그리스도를 가리킬 수 있음을 알 수 있다.

그 외에도 이광복은 "이기고 이기려고 하더라"는 말은 이미 '이기신' 주님에게 사용된 용법이라고 볼 수가 없다고 한다.[14] 그러나 그리스도에 대해서는 '과거의 이김'만 적용하고, 적그리스도에 대해 '현재의 이김'을 적용하는 것은 옳지 않다. 그리스도는 지상에 계실 때에 이미 이기셨으며(마 12:29; 요 16:33; 골 2:15; 계 3:21; 5:5 등), 지금도 말씀과 성령으로 이기고 계신다(계 19:15). 지금은 하나님 우편에서 온 세상을 다스리고 계신다(골 3:1; 고전 15:25). 그래서 예수님은 지금 '만왕의 왕'이며 '만주의 주'라고 불린다(계 17:14; 19:16). 그러다가 마지막 날에는 예수님께서 완전히 승리하시고 만물을 그의 발아래 복종케 하실 것이다(계 17:14; 고전 15:25; 빌 2:10-11). 따라서 예수님은 이미 이기셨으며, 지금

12. 이광복, 『계시록 강해(난해 해설) 1』, 275.
13. 이광복, 『계시록 강해(난해 해설) 1』, 274; 『계시록 난해 해설』, 205.
14. 이광복, 『계시록 강해(난해 해설) 1』, 277.

이기고 계시며, 마지막 날에 완전히 이기실 것이다. 이런 맥락에서 볼 때 흰 말 탄 자가 현재 '이기고 있으며'(νικῶν, *니콘*), 또 '이기기 위하여'(ἵνα νικήσῃ, *히나 니케세*) 나갔다는 것은 그리스도의 활동을 묘사하는 데 아주 적합한 표현이라고 할 수 있다.

이 말 탄 자는 '활'을 가지고 '면류관'을 받았다고 한다(2하). '활'은 전쟁을 의미하며, '면류관'은 승리를 의미한다. "나아가서 이기고 또 이기려고 하더라"(ἐξῆλθεν νικῶν καὶ ἵνα νικήσῃ, *엑셀뗀 니콘 카이 히나 니케세*)는 문장은 직역하면 "이기고 있으면서 그리고 이기기 위해 나갔다."가 된다. 그리스도는 지금 복음으로 이기고 계시며(현재), 또 이기기 위해 싸우고 계신다(목적). 이것은 그리스도께서 궁극적으로 승리하게 될 것이라는 의미도 담고 있다. 그리스도는 이미 사탄을 이기셨으며(십자가의 죽음과 부활을 통해), 지금 이기고 계시며(말씀을 통해), 또 마지막 날에 완전히 이기실 것이다(재림 때 불못에 던짐).

2) 둘째 인 환상(3-4절)

둘째 인 환상은 종교적 핍박을 나타낸다. 둘째 인을 뗄 때 '붉은 말'이 나왔는데(4절), 여기서 '붉다'(πυρρός, *퓌로스*)는 것은 불타는 듯이 붉다는 의미이다. 이것은 격렬한 핍박을 나타낸다.[15] 이 말을 탄 자가 "허락을 받아 땅에서 화평을 제하여 버리며 서로 죽이게 하고 또 큰 칼을 받았더라."고 한다(4절). 이것은 핍박을 의미한다. 복음이 전파되는 곳에는 핍박이 있다. 예수님도 말씀하시기를 "내가 세상에 화평을 주러 온 줄로 생각하지 말라. 화평이

---

15. 흐레이다너스는 이것을 '불타는 듯이 붉은' 곧 '무자비하게 전쟁을 수행하는 불타는 진노'라고 설명한다. Greijdanus, *Openbaring*, 148.

아니요 검을 주러 왔노라."고 하셨다(마 10:34).

그리고 '땅'은 온 세상을 말한다. 단지 예루살렘이나 유대 지역 또는 로마만을 뜻하지 않는다. 핍박은 온 세상에서, 복음이 전파되는 곳이면 어디서든지 일어난다. 또 '큰 칼'을 받았다고 했는데 여기서 '칼'은 원어로 '*마카이라*'(μάχαιρα)인데, 마태복음 10:34의 '검'과 동일한 단어이다. 따라서 계시록의 이 말씀은 복음이 전파되는 곳에는 핍박이 있을 것을 말한다. 그런데 이 핍박도 하나님의 '허락'하에 일어난다(참조. 욥 1:12; 2:6). 하나님이 허락하지 아니하시면 참새 한 마리도 땅에 떨어지지 않는다(마 10:29).

3) 셋째 인 환상(5-6절)

셋째 인 환상은 경제적인 압박을 나타낸다.[16] 셋째 인을 뗄 때 '검은 말'이 나왔는데(5절), 이것은 기근을 상징한다(애 5:10). 그 탄 자가 손에 '저울'을 가졌는데, '저울'(ζυγός, *쥐고스*)은 적은 양을 달기 위해 필요한 것이며 기근의 상징이다(겔 4:10).[17] 요한이 또 네 생물 사이에서 나는 듯한 음성을 들었는데, 말하기를 "한 데나리온에 밀 한 되요 한 데나리온에 보리 석 되로다."고 하였다(6중). 한 데나리온(denarion)은 품꾼의 하루 품삯인데, 품꾼이 하루 벌어서 밀 한 되밖에 살 수 없다.[18] 여기서 '되'(χοῖνιξ, *코이닉스*)는 약 1리터 정도 되는 양인데 한 사람의 하루 양식이다. 온 가족이 먹고살기에는 부족한 양이다.[19] 따라서 이 말씀은 경제적으로 힘든 생활을 말한다. '보리'는 질 낮은 음식을 뜻한다(참조. 삿 7:13; 요 6:9, 13).[20]

그런데 "감람유와 포도주는 해치지 말라."고 하였다(6하). 어떤 주석가들

---

16. 참조. 박윤선, 『요한계시록』, 154.
17. 참조. 헨드릭슨, 『요한계시록』, 119.
18. 박윤선에 의하면, 이 가격은 보통 가격보다 8배 비싼 것이라고 한다. 박윤선, 『요한계시록』, 154.
19. Greijdanus, *Openbaring*, 150.
20. Greijdanus, *Openbaring*, 150; 박윤선, 『요한계시록』, 154.

은 감람유와 포도주를 사치품으로 본다. 그래서 말세가 되면 감람유와 포도주 같은 사치품들은 풍성하고 부자들은 부요해진다고 본다.[21] 그러나 감람유와 포도주는 팔레스타인 지역에서 필수품이다(신 7:13; 11:14; 호 2:8, 22).[22] 따라서 이 말씀은 '기근의 제한된 성격'을 강조하는 것으로 볼 수 있다.[23] 즉, 진노 중에도 하나님의 긍휼이 있다는 뜻이다.

4) 넷째 인 환상(7-8절)

넷째 인 환상은 '죽음의 재앙'을 의미한다. 넷째 인을 뗄 때 '청황색 말'이 나왔다(8절). 여기서 '청황색'(χλωρός, *클로로스*)이란 말은 '청색(blue)과 황색(yellow) 사이에 위치한 색깔'(yellowish-green)로 이해된다(BDAG). 이것은 갓 돋아난 풀이나 곡식의 색깔이며 추한 색깔이다(계 8:7; 9:4).[24] 그 탄 자의 이름은 '사망'이라고 한 데서 알 수 있듯이, 청황색 말은 죽음을 상징한다. "그들이 땅 사분의 일의 권세를 얻어 검과 흉년과 사망과 땅의 짐승들로써 죽이더라."고 한다(8하). 이것은 이 세상에 이런 재앙들이 있어서 사람을 죽일 것을 말한다. '땅 사분의 일의 권세'란 큰 권세를 말하는데 아직 3/4은 남아 있으므로 큰 진노 중에도 하나님의 긍휼이 있다는 것을 알 수 있다. 여기서 '땅'은 예루살렘이나 유대 지역 또는 로마를 가리키는 것이 아니라 온 세상을 가리킨다.

위에 나온 첫째 인부터 넷째 인까지의 환상에서 보여진 일들은 어떤 특정한 시대에 일어날 일을 말한 것이 아니다. 복음 전파와 핍박, 기근과 죽음이

21. 헨드릭슨, 『요한계시록』, 119.
22. Mounce, *Revelation*, 144 각주 20. 박윤선도 같이 말한다. "팔레스틴과 소아시아에 있어서는 이것들이 호화로운 식료품이 아니고 상식품(常食品)이다." 박윤선, 『요한계시록』, 154.
23. Beale, *Revelation*, 381; Mounce, *Revelation*, 144.
24. Greijdanus, *Openbaring*, 151.

어느 한 시대에만 한정되었다고 볼 수는 없다. 이런 일들은 아담의 타락 이후로 이 세상 역사가 끝날 때까지 전(全) 역사를 걸쳐서 일어난다.[25] 따라서 위의 환상들은 이 세상의 전 역사를 통해 일어날 사건들의 주된 원리를 보여 준 것이라고 할 수 있다.

교훈과 적용

1. 예수님은 십자가에서 우리 죄를 용서하시고 사흘만에 부활하심으로 사망 권세를 이기고 승리하셨다. 그래서 영원토록 살아 계시며 하나님 우편에서 온 세상을 다스리신다. 뿐만 아니라 지금도 말씀으로 악한 세력을 이기고 계신다. 그리고 마지막 날에 강림하셔서 온 세상을 심판하심으로 완전히 이기실 것이다. 이처럼 예수님은 이기셨으며, 이기고 계시며, 앞으로 이기실 것이다(2절). 그런 점에서 우리 주 예수님은 '이긴 자'이시며, '이기는 자'이시고, 또한 '이길 자'이시다.

2. 복음이 전파될 때 핍박이 따라온다. 왜냐하면 세상은 복음을 싫어하며 교회를 미워하기 때문이다. 그 근본 이유는 세상의 배후에 마귀(사탄)가 조종하기 때문이다. 마귀는 예수님을 미워하여 그의 몸 된 교회를 핍박하고 파괴하려고 한다(4절). 그래서 교회는 이 세상에서 환난을 당하며 어려움을 당한다. 그러나 우리는 두려워하지 말며 담대하여야 한다. 왜냐하면 예수님이 세상을 이기셨으며 또 이기실 것이기 때문이다(요 16:33; 계 17:14).

3. 이 세상에는 때때로 기근이 찾아와서 사람들을 괴롭힌다. 아브라함도 기근을 당하여 애굽으로 내려갔었다(창 12:10). 야곱도 흉년으로 인하여 큰 환난을 당해 애굽으로 내려가게 되었다(행 7:11). 예수님은 말세에 기근과 지진과 전염병이 있을 것을 말씀하셨다(마 24:7; 눅 21:11). 그러나 하나님은 환난 중에도 자기 백성을 돌보시고 긍휼을 베푸신다. 이것이 곧 "감람유와 포도주는 해치지 말라."는 말씀이다. 따라서 우리는 환난 중에도 하나님의 긍휼을 바라보고 감사함으로 나아가야 할 것이다.

---

25. Greijdanus, *Openbaring*, 144, 148.

2. 다섯째와 여섯째 인 환상(6:9-17)

9 다섯째 인을 떼실 때에 내가 보니 하나님의 말씀과 그들이 가진 증거로
말미암아 죽임을 당한 영혼들이 제단 아래에 있어 10 큰 소리로 불러 이르
되 거룩하고 참되신 대주재여 땅에 거하는 자들을 심판하여 우리 피를 갚
아 주지 아니하시기를 어느 때까지 하시려 하나이까 하니 11 각각 그들에
게 흰 두루마기를 주시며 이르시되 아직 잠시 동안 쉬되 그들의 동무 종
들과 형제들도 자기처럼 죽임을 당하여 그 수가 차기까지 하라 하시더라
12 내가 보니 여섯째 인을 떼실 때에 큰 지진이 나며 해가 검은 털로 짠
상복같이 검어지고 달은 온통 피같이 되며 13 하늘의 별들이 무화과나무
가 대풍에 흔들려 설익은 열매가 떨어지는 것같이 땅에 떨어지며 14 하늘
은 두루마리가 말리는 것 같이 떠나가고 각 산과 섬이 제 자리에서 옮겨
지매 15 땅의 임금들과 왕족들과 장군들과 부자들과 강한 자들과 모든 종
과 자유인이 굴과 산들의 바위틈에 숨어 16 산들과 바위에게 말하되 우리
위에 떨어져 보좌에 앉으신 이의 얼굴에서와 그 어린 양의 진노에서 우리
를 가리라 17 그들의 진노의 큰 날이 이르렀으니 누가 능히 서리요 하더라

1) 다섯째 인 환상(9-11절)

다섯째 인을 뗄 때에 요한은 하늘에서 일어나는 일을 보았다. 곧, 제단 아래에서 '하나님의 말씀과 그들이 가진 증거로 말미암아 죽임을 당한 영혼들'을 보았다(9절). 여기서 우선 '죽임을 당한 영혼들'이라는 번역은 문법적으로 맞지 않다. 원문(τὰς ψυχὰς τῶν ἐσφαγμένων, *타스 프쉬카스 톤 에스파그메논*)에 의하면 '죽임을 당한'(속격)과 '영혼들'(대격)의 격(格)이 서로 맞지 않다. 따라서 이것은 '죽임을 당한 자들의 영혼들'이라고 번역해야 옳다. 뿐만 아니라 위 개역판의 번역은 교리적으로도 맞지 않다. '영혼'(ψυχή, *프쉬케*)은 죽임을 당하지 않는다. 이 세상의 권세자들은 비록 육신을 죽일 수는 있어도

영혼을 죽이지는 못한다(마 10:28). 육신이 죽으면 '영혼'은 바로 천국에 가든지 아니면 지옥에 가든지 둘 중의 하나이며(눅 23:43; 빌 1:23; 눅 16:19-31), 존재가 소멸되는 것은 아니다(참조. 하이델베르크 요리문답 제57문답). 따라서 하나님의 말씀과 복음 증거로 인하여 순교한 성도들의 '영혼들'(ψυχαί, *프쉬카이*)은 살아 있다. 곧, 낙원(천당)에서 살아 있다.

그래서 이 영혼들은 낙원에서 하나님께 호소하고 있다. "거룩하고 참되신 대주재여, 땅에 거하는 자들을 심판하여 우리 피를 갚아 주지 아니하시기를 어느 때까지 하시려 하나이까?"(10절) 이들은 개인적인 원한으로 인하여 복수를 해 달라는 것이 아니다. 이들은 하나님의 공의와 영광을 위하여 이런 호소를 하고 있다. 그리고 이것은 요한이 본 '환상'에 속하기 때문에(9절), 이들이 꼭 입을 열어서 문자적으로 이런 호소를 한다기보다도 순교자들의 피가 하나님께 호소한다는 원리를 나타내는 것으로 보아야 할 것이다.[26] 아벨의 피가 하나님께 호소하듯이(창 4:8; 마 23:35; 히 12:24) 순교자의 피는 하나님께 호소한다. 이들의 호소는 주님 오실 때까지 계속된다.

이들의 호소에 대해 하나님은 먼저 그들 각자에게 흰 두루마기를 주셨다(11상). '흰 두루마기'는 성결 또는 승리를 상징한다. 그리고 말씀하셨다. "아직 잠시 동안 쉬되 그들의 동무 종들과 형제들도 자기처럼 죽임을 당하여 그 수가 차기까지 하라."(11절) 이것은 아직 순교자들의 수가 다 차지 않았다는 것을 의미한다. 세상 역사는 좀 더 진행되어야 하며 복음 전파도 계속되어야 하고 순교자들도 좀 더 나와야 한다는 말이다. 이처럼 세상 역사는 하나님이 정하신 분량이 차기까지 계속될 것이다.[27]

---

26. 빌의 설명 곧 "그들(순교자들)은 이제 누가 궁극적으로 배반하며 유기(遺棄)된 자인지에 대한 하나님의 지식을 가지고 있기 때문에 사람들에 대해 저주의 기도를 할 수 있다."는 추측은 불필요하며 맞지도 않다. Beale, *Revelation*, 392. 우리는 본문의 사건이 '환상' 속에 나오는 것이라는 사실을 명심할 필요가 있다. 따라서 이것은 '실제로' 정확하게 무엇이 일어나느냐를 가르쳐 주는 것이 아니라 우리에게 '영적 진리, 원리'를 가르쳐 주는 데 목적이 있다.

27. 참조. K. Schilder, *Christus and cultuur*, 5e dr. (Franeker: T. Wever, 1977), 69-75 (§18).

2) 여섯째 인 환상(12-17절)

여섯째 인을 뗄 때의 환상은 진노의 큰 날에 관한 것이다. 곧, 세상의 마지막 종말에 관한 환상이다. 먼저 "큰 지진이 나며 해가 검은 털로 짠 상복같이 검어지고 달은 온통 피같이 되었다."고 한다(12절). 여기서 '검은 털로 짠 상복'(σάκκος τρίχινος, *삭코스 트리키노스*)은 머리털로 만들어진 천을 의미한다. 이것은 애통을 나타내는 의복(garment of mourning)인데(Zer.-Gros.), 여기서는 '검다'는 데 특징이 있다. 곧, 해(태양)가 아주 진하게 검어졌다는 것을 말한다. 그리고 달이 온통 피같이 붉게 되었다고 한다.

그리고 "하늘의 별들이 무화과나무가 대풍에 흔들려 설익은 열매가 떨어지는 것 같이 땅에 떨어졌다."고 한다(13절). '설익은 열매'(τοὺς ὀλύνθους, *투스 올륀뚜스*)는 원래 '늦은/여름 무화과'(late/summer fig)를 뜻하는데(BDAG), 곧 익지 않은 무화과(unripe fig)를 의미한다(Zer.-Gros.). 이처럼 천체에 큰 변화가 있는 것은 세상 마지막 때 종말의 징조이다(겔 32:7-8; 욜 2:10, 31; 사 13:10; 마 24:29; 막 13:24; 눅 21:25). 또 "하늘은 두루마리가 말리는 것 같이 떠나가고 각 산과 섬이 제 자리에서 옮겨졌다."고 한다(14절). 이것은 마지막 심판 때의 모습을 나타낸다(사 34:4).

이런 심판 때에 세상 사람들이 어떤 반응을 보일지에 대한 것이 그 다음 절에 나와 있다. "땅의 임금들과 왕족들과 장군들과 부자들과 강한 자들과 모든 종과 자유인이 굴과 산들의 바위틈에 숨었다."(15절) 이것은 세상의 믿지 않는 사람들이 다 하나님의 심판을 두려워한다는 의미이다. 그들이 산들과 바위에게 말하기를 "우리 위에 떨어져 보좌에 앉으신 이의 얼굴에서와 그 어린 양의 진노에서 우리를 가리라."고 말한다(16절). 이것은 하나님과 어린양 예수님의 진노가 얼마나 크고 무서운지를 말해 준다. 그리고 "그들의 진노의 큰 날이 이르렀으니 누가 능히 서리요?"(17절)고 한 것도 같은 뜻이다. "그들의 진노의 큰 날이 이르렀으니"란 것은 원문에 의하면 앞절에 대한 이유를 나타낸다(ὅτι, *호티*). 즉, 그들이 숨고 자기를 가리라고 말하는 이유는 그들에 대한 진노의 큰 날이 이르렀기 때문이다. 그리고 "누가 능히 서리요?"라는 것은 탄식인데, 이 무서운 하나님의 진노에서 피할 자가 아무도 없다는 것을 말한다. 이처럼 마지막 심판 날의 하나님의 진노는 크고 무서우며, 예수 그리스도를 믿는 자 외에는 피할 자가 없다.

교훈과 적용

1. 이 세상에서 믿음을 지키다 순교한 자들의 영혼들은 낙원에서 계속 하나님께 호소한다(9-10절). 이 호소는 자기들의 억울함을 풀어 달라는 것이 아니라 자기들의 피가 헛되지 않게 해 달라는 간구이다. 그만큼 하나님은 순교자들을 귀하게 보시고 그 피의 호소를 들어 주신다는 의미이다. 의인 아벨의 피가 하나님께 호소하듯이(창 4:10), 예수님께서 흘린 피가 우리를 위해 날마다, 순간마다 하나님께 호소한다(요일 2:1-2; 롬 8:34). 그래서 우리는 의롭다고 선언받고 하나님의 은혜와 사랑을 날마다 누리고 있으며 또 영원토록 누리게 될 것이다.

2. 하나님은 세상 역사를 주관하시되 자기의 기쁘신 뜻대로 운행하신다. 지금 세상에는 악한 자들이 득세하고 교회를 핍박하여 순교자들을 내고 있지만, 이 또한 하나님의 뜻대로 되는 것이다. 하나님은 순교자의 수가 다 차기까지는 계속 세상 역사를 진행하시며 이런 악들을 허용하신다(11절). 따라서 우리는 오래 참고 인내하여야 한다. 주님이 다시 오실 때까지 길이 참아야 한다(약 5:7)

3. 이 세상은 하나님의 아들 예수 그리스도의 재림으로 말미암아 심판을 받아 멸망할 것이다(12-17절). 사람들의 불신앙과 교만과 죄악들을 심판하실 것이며, 이 세상은 불에 타서 없어질 것이다(벧후 3:10-13). 그러나 주 안에서 죽은 자들은 부활하여 새 사람이 될 것이며, 주 예수를 믿는 성도들은 순식간에 변화하여 새 하늘과 새 땅에서 우리 주님과 함께 영원토록 살게 될 것이다(살전 4:16-17).

제7장

이마에 인침 받은 자들

(7:1-17)

7장은 여섯째 인과 일곱째 인 사이에 위치해 있다. 이 장에서는 이마에 인침 받은 자들(1-8절)과, 셀 수 없는 큰 무리의 찬송(9-10절)과, 모든 천사들의 찬송(11-12절), 그리고 흰옷 입은 자들에 대한 환상(13-17절)이 나온다.

본문 개요

요한은 네 천사가 땅의 네 모퉁이에 선 것을 보았다. 이 천사들은 바람이 불지 못하게 하는 재앙을 내렸다(1절). 그리고 나서 다른 천사가 하나님의 인을 가지고 올라와서 앞의 네 천사를 향하여 외쳐 이르기를 "하나님의 종들의 이마에 인치기까지 땅이나 바다나 나무들을 해하지 말라."고 하였다(2-3절). 그때 요한이 인침 받은 자의 수를 들었는데, 이스라엘 자손의 각 지파에서 일만 이천씩 합 십사만 사천이었다(4-8절).

이 일 후에 요한이 각 나라와 족속과 백성과 방언에서 능히 셀 수 없는 큰 무리를 보았다(9절). 이들은 흰옷을 입고 손에 종려 가지를 들고 큰 소리로 하나님과 어린양을 찬양하였다(9-10절). 그러자 모든 천사가 하나님을 경배하여 찬양하였다(11-12절). 이 흰옷 입은 자들은 "큰 환난에서 나오는 자들인데 어린양의 피에 그 옷을 씻어 희게 하였다."고 한다(14절). 그리고 이들은 하나님의 성전에서 밤낮으로 하나님을 섬기며 다시는 주리지도 아니하고 목마르지도 아니하며 상하지도 아니할 것이라고 말한다(15-16절). 왜냐하면 어린양이 그들의 목자가 되어 생명수 샘으로 인도하며 하나님이 그들의 눈에서 모든 눈물을 씻어 주실 것이기 때문이다(17절).

내용 분해

1. 인침을 받은 자 십사만 사천(7:1-8)
   1) 재앙의 네 천사와 다른 천사(1-3절)
   2) 인침 받은 자의 수(4-8절)
2. 능히 셀 수 없는 큰 무리(7:9-17)
   1) 큰 무리의 찬송(9-10절)
   2) 모든 천사의 찬송(11-12절)
   3) 흰옷 입은 자들(13-17절)

본문 주해

1. 인침을 받은 자 십사만 사천(7:1-8)

1 이 일 후에 내가 네 천사가 땅 네 모퉁이에 선 것을 보니 땅의 사방의 바
람을 붙잡아 바람으로 하여금 땅에나 바다에나 각종 나무에 불지 못하
게 하더라 2 또 보매 다른 천사가 살아 계신 하나님의 인을 가지고 해 돋
는 데로부터 올라와서 땅과 바다를 해롭게 할 권세를 받은 네 천사를 향하
여 큰 소리로 외쳐 3 이르되 우리가 우리 하나님의 종들의 이마에 인치기
까지 땅이나 바다나 나무들을 해하지 말라 하더라 4 내가 인침을 받은 자
의 수를 들으니 이스라엘 자손의 각 지파 중에서 인침을 받은 자들이 십
사만 사천이니

5 유다 지파 중에 인침을 받은 자가 일만 이천이요 르우벤 지파 중에 일
만 이천이요 갓 지파 중에 일만 이천이요 6 아셀 지파 중에 일만 이천이요
납달리 지파 중에 일만 이천이요 므낫세 지파 중에 일만 이천이요 7 시므

> 온 지파 중에 일만 이천이요 레위 지파 중에 일만 이천이요 잇사갈 지파 중에 일만 이천이요 8 스불론 지파 중에 일만 이천이요 요셉 지파 중에 일만 이천이요 베냐민 지파 중에 인침을 받은 자가 일만 이천이라

1) 재앙의 네 천사와 다른 천사(1-3절)

요한은 먼저 "네 천사가 땅 모퉁이에 선 것"을 보았다(1상). 이 천사들은 땅의 사방의 바람을 붙잡아 바람으로 하여금 땅에나 바다에나 각종 나무에 불지 못하게 하였다(1하). 바람이 지나치게 많이 부는 것도 재앙이지만 전혀 불지 않는 것도 재앙이다. 따라서 이 천사들은 재앙을 내리는 천사이다(참조. 2절).

요한은 또 다른 천사 하나가 해 돋는 곳으로부터 올라오는 것을 보았다. 이 천사는 하나님의 인을 가지고 있었다. '인(印)'은 도장을 말하는데 소유권, 보증을 의미한다(참조. 엡 1:13). 이 천사가 땅과 바다를 해롭게 하는 권세를 받은 네 천사를 향하여 큰 소리로 외쳤다(2절). "우리가 우리 하나님의 종들의 이마에 인치기까지 땅이나 바다나 나무들을 해하지 말라."(3절) 여기서 '하나님의 종들'은 예수 그리스도를 믿어 구원받은 모든 성도를 말하는데(계 1:1; 19:10; 22:9), 이들 모두에게 하나님이 '인'을 치셨다. "해하지 말라"는 것은 하나님께서 성도들을 지키시고 보호하신다는 의미를 담고 있다.

2) 인침 받은 자의 수(4-8절)

그리고 나서 요한은 인 맞은 자의 수를 들었는데 "이스라엘 자손의 각 지파 중에서 인침을 받은 자들이 십사만 사천"이라고 한다(4절). 이스라엘의 12 지파 중에서 각각 12,000명씩 도합 144,000명이다(5-8절). 그러면 이 "144,000"을 어떻게 이해해야 할 것인가? 우선 문자적 의미 그대로 이해[1]하

---

1. 여호와의 증인에서는 144,000을 '영적 이스라엘'로 보면서도 문자적인 숫자로 본다. 참조. 워치 타워

는 것은 옳지 않은데, 그 이유는 다음과 같다.

첫째로, '단 지파'가 빠져 있다. 그리고 '에브라임 지파' 대신에 '요셉 지파'라고 되어 있는데, 에브라임은 요셉의 아들이기 때문에 그렇게 말할 수도 있다. 그러나 '단 지파'가 빠졌다는 것은 중요한데, 이것은 여기의 '열두 지파'와 그 '인 맞은 수'를 문자적으로 이해해서는 안 된다는 것을 말해 준다.

둘째로, 각 지파마다 똑같이 12,000명씩이라는 것도 부자연스러워 보인다. 유다 지파는 인구가 제일 많고 다윗 왕조에 끝까지 충성하였다. 이것은 유다 지파가 상대적으로 여호와 하나님께 더 충성했다는 것을 의미한다. 그런데도 다른 지파와 같은 12,000명밖에 구원받지 못했다면 이상하다. 이에 비해 베냐민 지파는 미약하며 한때 거의 소멸될 뻔하였다(삿 19-21장). 그런데 유다 지파와 똑같이 인 맞은 자가 12,000명이라는 것도 이상하다.

따라서 여기의 144,000은 상징적인 숫자로 보아야 한다. 144,000은 12 x 12 x 1,000으로서 택함받은 하나님의 백성의 총수를 가리킨다고 보아야 한다.[2] 이들을 단지 유대인들 중에서 택함받은 자들만 가리키는 것으로 보는 것[3]은 옳지 않다. 왜냐하면 계시록 14:3에 보면 '땅에서 속량함을 받은 십사만 사천'(αἱ ἑκατὸν τεσσεράκοντα τέσσαρες χιλιάδες, οἱ ἠγορασμένοι ἀπὸ τῆς γῆς, *하이 헤카톤 테세라콘타 테사레스 킬리아데스, 호이 에고라스메노이 아포 테스 게스*)이라고 되어 있기 때문이다. 이 부분을 원문을 따라 직역해 보면 '백 사십 사 천, 땅에서 속량함을 받은 자들'이 된다. 여기서 '백

성서 책자 협회, 『계시록. 그 웅대한 절정은 가까웠다!』 (안성: 워치 타워 성서 책자 협회, 2006), 118.

2. '12'는 택함의 수이다. 하나님은 이스라엘 열두 지파를 택하셨으며(창 49:28; 출 28:21; 수 4:8; 왕상 18:31; 행 26:7), 예수님은 열두 사도를 택하셨다(마 10:1-4; 막 3:13-19: 눅 6:12-16; 요 6:70). 참조. D. E. Aune, *Revelation 6-16*, WBC (Nashville: Thomas Nelson Publishers, 1998), 460.

3. 예를 들면, 홀 린세이, 『신세계의 도래』, 김용순 역 (서울: 보이스사, 1979), 101. 그는 이 144,000명의 복음 전도자들은 '휴거에 앞서 어떤 그리스도인들에게 증거함을 들은 유대인들'이라고 한다. 또 "하나님이 실제의 유대인 144,000명을 구하시고 그들을 하나님의 전도자로 정하셨다는 사실은…"이라고도 한다(109).

사십사 천'(= 십사만 사천)과 '땅에서 속량함을 받은 자들'은 문법적으로 동격(同格)이며, 이 둘은 같은 것을 가리킨다. 따라서 '십사만 사천'은 '땅에서 속량함을 받은 자들' 전체를 가리키며, 단지 유대인들 중에서 구원받은 자들로만 한정하는 것은 옳지 않다. 나아가 계시록 14:3-5의 내용도 구원받은 성도들 모두에게 해당되는 말씀이며 유대인들로만 제한할 수 없다. 따라서 우리는 계시록 7장의 '십사만 사천'에 대해 '하나님의 백성의 총수'(the complete number of God's people),[4] 또는 '모든 시대의 하나님의 종들의 충만한 수'[5]로 보아야 한다. 다시 말하면, 유대인들 중에서와 이방인들 중에서 구원받은 하나님의 백성의 총수로 보아야 한다.[6]

> 전천년주의적 입장을 가진 래드(Ladd)는 144,000을 '영적 이스라엘 곧 교회'로 본다. 그래서 뒤에 나오는 '능히 셀 수 없는 큰 무리'와 같은 집단을 가리키는 것으로 본다.[7] 이 둘은 마지막 때에 역사의 두 단계로 보여진 동일한 사람들 곧 교회를 나타낸다고 한다. 처음에는 대환난의 문턱에 서 있다가 후에 환난의 때를 통과하고 승리한다고 한다.[8] 래드가 두 집단을 동일한 사람들 곧 교회로 본 것은 좋으나, 시기적으로 소위 '대환난' 전후의 마지막 때로 한정한 것은 옳지 않다.

---

4. Beale, *Revelation*, 416.
5. Van de Kamp, *Openbaring*, 210.
6. 한편 흐레이다너스는 "144,000"에 대해 '영적 이스라엘'로 보기는 하지만 '특출한 의미의 신자들'(geloovigen in uitnemenden zin) 곧 '주님의 이름과 일을 위해 특별히 수고하고 고난받은 자들'(bizondere strijders en lijders voor 's Heeren naam en zaak)로 본다. 다르게는 '탁월한 노력으로 또는 죽기까지 고난받음으로 주님을 섬기는, 특별한 지위에 있는 자들'로 본다. 그래서 이들은 이어서 나오는 '셀 수 없는 큰 무리들' 가운데 포함되어 있다고 본다. Greijdanus, *Openbaring*, 170. 그러나 이 해석은 옳지 않다.
7. Ladd, *Revelation*, 114 이하.
8. Ladd, *Revelation*, 116.

한편, 이광복은 144,000에 대해 '대환난기에 있을 추수의 종들인 두 증인의 무리'로 본다.[9] 곧 "마지막 대환난기에 등장하여 '많은 백성과 나라와 방언과 임금에게 다시 예언'(계 10:11)할 추수의 사역자들"이라고 한다.[10] 이에 비해 '흰옷 입은 큰 무리'에 대해서는 '하나님의 은혜와 보호 속에 환난을 통과(계 12:6, 14)한 성도들' 곧 '천년왕국에 입성할 변화체 성도'로 본다.[11] 이처럼 이 둘을 완전히 다르게 보고 있다. 그러나 이러한 견해는 14절의 '큰 환난'을 마지막 종말 때의 '대환난'으로 한정시켜 보는 데서 온 견해로서 지나치게 미래적으로 치우쳤다.

이답게 씨(전의 다미선교회 이장림)는 '환난 시대에 하나님의 인침을 받고 특별히 구원받은 유대인들의 첫 열매'로 본다.[12] 한편, 신천지에서는 144,000에 대해 '영적 새 이스라엘의 제사장'이며 '알곡 신앙인'이라고 한다. "어린양과 함께 시온산에 서 있는 십사만 사천 명은 계시록 6장에서 본 해, 달, 별(창 37:9-11)이 어두워지고 떨어진 후에 하나님의 인을 쳐서 모은 영적 새 이스라엘의 제사장이며(계 7:1-8) 천사들이 사방 성읍과 족속 중에서 하나 또는 둘씩 추수하여 모은 알곡 신앙인이다(렘 3:14-15; 마 24:31; 계 14:14-16)."[13] 이에 대한 좀 더 자세한 설명은 그의 계시록 7장 해설에 나와 있다. 거기에 보면 144,000은 상징적인 숫자가 아니라 '실제 수'라고 한다.[14] 그러면서 영적 새 이스라엘 열두 지파 144,000은 '새로 창조하는 이스라엘의 제사장 직책을 맡을 새 목자'라고 말한다.[15] '새로

9. 이광복, 『마태복음으로 본 계시록 통합강해』 (서울: 흰돌, 2012), 597.
10. 이광복, 『마태복음으로 본 계시록 통합강해』, 598.
11. 이광복, 『계시록 난해 해설』, 248, 249.
12. 이답게, 『요한계시록 강해』 (새하늘교회 문서 출판부), 302.
13. 보혜사·이만희, 『천국 비밀 요한계시록의 실상』 (도서출판 신천지), 300.
14. 보혜사·이만희, 『요한계시록의 실상』, 160: "이 십사만 사천을 많은 목자들은 상징 수라고 주장하고 있으나 이것은 본문에 기록한 대로 각 지파 일만 이천씩 모두 열두 지파를 합한 '실제 수'지 상징 수가 아니다. 그럼 십사만 사천 명만 구원을 얻는다는 말인가? 물론 이는 사실이 아니며 본장 9절 이하에 나오는 흰옷을 입은 큰 무리도 구원을 받는다. 그러나 이 둘 사이에는 분명한 차이가 있다."
15. 보혜사·이만희, 『요한계시록의 실상』, 160.

창조하는 이스라엘' 곧 '영적 새 이스라엘'은 신천지 단체를 말하고,[16] '새 목자'란 그 단체의 일꾼들을 말한다. 그렇다면 144,000은 모든 그리스도인을 가리키는 것이 아니라 신천지에 속한 알곡 신앙인들만 가리키게 되는데, 이런 것은 잘못된 견해이다.

❖ 특주: 단 지파가 빠진 이유

단 지파가 빠진 것에 대해 권성수는, 단 지파는 자신의 기업을 차지하는 데 실패했고(삿 1:34) 그 기업을 떠나 북쪽 라이스로 가서 우상숭배에 빠졌기 때문일 것(사 18:14-31; 왕상 11:26; 12:28-30)이라고 한다.[17] 그러나 단 지파만 우상숭배에 빠진 것이 아니라 이스라엘 지파가 다 우상숭배에 빠졌다. 권성수는 그중에서도 단 지파가 우상숭배에 앞잡이 노릇을 했다고 하지만 꼭 그렇지도 않다. 이스라엘의 죄악을 말할 때 성경은 대표적으로 에브라임 지파의 죄를 말한다(호 4:17; 7:1, 8; 8:11; 9:7-17; 11:1-4, 8-12; 12장; 13:1-3 등). 뿐만 아니라 단 지파가 전부 다 라이스로 옮긴 것도 아니다. 일부분만 옮겼으며 이주하지 않고 남은 사람들도 있었다(수 19:40-48; 삿 13:2; 참조. 수 21:5, 23, 24).[18]

권성수는 또 신명기 29:18-21을 말하면서 "우상숭배를 이스라엘에 도입하는 자는 이름이 제거된다고 하였다."고 한다. 그러나 신명기 29:18-21은 단 지파에만 해당되는 것이 아니라 이스라엘 모든 지파에게 해당되는 말씀이다. 그리고 20절에서 "여호와께서 그의 이름을 천하에서 지워버리시되"라고 한 것은 하나님의 복을 받은 자의 명단에서 빠진다는 의미로 이해해야 할 것이다(참조. 계 3:5). 곧, 구원받은 하나님

16. 보혜사·이만희, 『요한계시록의 실상』, 18, 36.

17. 권성수, 『요한계시록』, 198 각주 4.

18. 참조. W. H. Gispen, "Dan," in: *Bijbelse Encyclopaedie* (Kampen: J. H. Kok, 1950), 114.

의 백성에 들지 못한다는 의미이며 열두 지파 중에서 제외된다는 의미는 아니다.

교훈과 적용

1. 인침을 받은 자들의 수는 '십사만 사천'이라고 한다(4절). 이마에 인침을 받은 것은 하나님의 백성으로 인정되고 확증된 것을 말한다. 즉, 하나님의 소유임을 확실히 나타낸다. 그리고 '십사만 사천'은 문자적인 숫자가 아니라 상징적인 숫자이다. '십사만 사천'은 원어 표현으로 '백사십사 천'(144 x 1,000)인데, 144는 12 x 12이다. 12는 선택의 완전수로서, 하나님은 열두 지파를 택하셔서 이스라엘 민족을 이루셨고 예수님은 열두 사도를 세우셔서 신약 교회의 토대로 삼으셨다. 따라서 144,000은 구원받은 하나님의 백성 전체를 가리킨다(계 14:3).

2. 이스라엘 각 지파에서 12,000명씩 열두 지파를 합하면 144,000이 된다. 여기서 12,000과 144,000은 상징적인 숫자이다. 열두 지파 중에서 '단 지파'가 없는데, 이것은 열두 지파를 문자적으로 보지 말라는 의미이다. 따라서 문자적으로 인침받은 자 144,000명이 차면 세상의 종말이 오고 구원받는다는 주장은 잘못이다. 또 144,000은 유대인 중에서 구원받은 자들만을 가리킨다는 주장도 잘못이다. 144,000은 '온 땅'에서 곧 유대인들과 이방인들 중에서 구원받은 자들 전체를 가리킨다(계 14:3).

3. 오늘날 어떤 사람들이 문자적으로 144,000명만 구원을 받으며 이 숫자에 들려면 자기들 단체에 와야만 한다고 주장하는 것은 잘못이며 이단이다. 어떤 단체에서는 문자적으로 144,000명만 구원받는다고 주장하다가 자기 단체의 교인 수가 이 숫자를 넘어서게 되자 말을 바꾸는 일도 일어나고 있다. 이처럼 이단들은 성경에 대한 잘못된 해석으로 사람들을 미혹하며 공포감과 긴박감을 조성하다가 거짓이 탄로 나면 말을 바꾸고 또 다른 거짓을 지어낸다. 따라서 우리는 이런 미혹에 넘어가지 않도록 평소에 성경을 읽고 바로 알도록 해야 한다.

2. 능히 셀 수 없는 큰 무리(7:9-17)

9 이 일 후에 내가 보니 각 나라와 족속과 백성과 방언에서 아무도 능히
셀 수 없는 큰 무리가 나와 흰 옷을 입고 손에 종려 가지를 들고 보좌 앞과
어린 양 앞에 서서 10 큰 소리로 외쳐 이르되

구원하심이 보좌에 앉으신 우리 하나님과 어린 양에게 있도다

하니 11 모든 천사가 보좌와 장로들과 네 생물의 주위에 서 있다가 보좌 앞
에 엎드려 얼굴을 대고 하나님께 경배하여 12 이르되

아멘 찬송과 영광과 지혜와 감사와 존귀와 권능과 힘이 우리 하나님
께 세세토록 있을지어다 아멘

하더라 13 장로 중 하나가 응답하여 나에게 이르되 이 흰옷 입은 자들이 누
구며 또 어디서 왔느냐 14 내가 말하기를 내 주여 당신이 아시나이다 하니
그가 나에게 이르되 이는 큰 환난에서 나오는 자들인데 어린 양의 피에
그 옷을 씻어 희게 하였느니라 15 그러므로 그들이 하나님의 보좌 앞에 있
고 또 그의 성전에서 밤낮 하나님을 섬기매 보좌에 앉으신 이가 그들 위
에 장막을 치시리니 16 그들이 다시는 주리지도 아니하며 목마르지도 아
니하고 해나 아무 뜨거운 기운에 상하지도 아니하리니 17 이는 보좌 가운
데에 계신 어린 양이 그들의 목자가 되사 생명수 샘으로 인도하시고 하나
님께서 그들의 눈에서 모든 눈물을 씻어 주실 것임이라

1) 큰 무리의 찬송(9-10절)

요한이 다음에 본 것은 '능히 셀 수 없는 큰 무리'이다. "이 일 후에 내가 보니 각 나라와 족속과 백성과 방언에서 아무도 능히 셀 수 없는 큰 무리가 나와 흰옷을 입고 손에 종려 가지를 들고 보좌 앞과 어린양 앞에 서서" 큰 소리로 외치는 것을 보았다(9절). 그런데 4절의 '십사만 사천'을 유대인 중에서 구원받은 자들로 보고 9절의 '능히 셀 수 없는 큰 무리'를 이방인 중에서 구

원받은 자들로 보는 사람들이 많다.[19] 그러나 이것은 옳지 않다. 앞에서 말한 바와 같이 '십사만 사천'은 유대인들뿐만 아니라 이방인들 중에서도 속량받은 자들 곧 온 땅에서 구원받은 자들로 보아야 한다. 따라서 여기의 '능히 셀 수 없는 큰 무리'도 앞의 '십사만 사천'과 동일한 무리로 보아야 한다.[20] 이 둘은 동일한 그룹을 가리키는 다른 표현이다. 우리는 9절에서 "이 일 후에 내가 보니"라고 해서 '환상'이 바뀌었음을 주목해야 한다. 하나님은 동일한 내용을 '환상'을 바꾸어 가면서 이렇게도 보여 주시고 저렇게도 보여 주신다.[21]

능히 셀 수 없는 큰 무리가 입은 '흰옷'은 성결을 의미하며, '종려 가지'는 축제의 기쁨과 찬송을 의미한다(요 12:13; 레 23:40).[22] 그 찬송의 내용은 하나님과 어린양의 구원에 대한 감사 찬송이다. "구원하심이 보좌에 앉으신 우리 하나님과 어린양에게 있도다."(10절) 이 찬송은 유대인들 중에서뿐만 아니라 이방인들 중에서도 어린양 예수 그리스도의 피로 구원받은 모든 성도들이 부르는 찬송이다.

2) 모든 천사의 찬송(11-12절)

성도들의 이러한 찬송에 대해 모든 천사들이 보좌 앞에 엎드려 경배하며 찬송하였다. "아멘. 찬송과 영광과 지혜와 감사와 존귀와 권능과 힘이 우리

---

19. 예를 들면 이상근, 『신약성서주해 요한계시록』 (대한예수교장로회 총회교육부, 1982), 119-20. 또한 J. A. 벵겔, 『신약주석 요한계시록』, 라형택 역 (서울: 로고스, 1991), 126, 129; J. M. Ford, *Revelation*, AB (Garden City: Doubleday, 1975), 124; F. Düsterdieck, *Critical and Exegetical Handbook to the Revelation of John*, trans. H. F. Jacobs (New York: Funk & Wagnalis, 1887), 250 등.

20. 박윤선, 『요한계시록』, 175; 헨드릭슨, 『요한계시록』, 131; Beale, *Revelaton*, 416, 427; Van de Kamp, *Openbaring*, 215 이하.

21. 이우제는 9-17절에서 앞에서와는 '다른 관점'에서 조망한다고 하면서 다음과 같이 말한다. "전투하는 지상 교회의 모습을 지금까지 보여 주었다면, 요한은 이제는 조금 다른 앵글로 승리한 천상의 교회를 보여 준다. 두 무리는 바라보는 관점의 차이점만 있을 뿐 동일한 그룹이다." 이우제, 『요한계시록 어떻게 설교할 것인가』, 292.

22. 참조. Greijdanus, *Openbaring*, 172.

하나님께 세세토록 있을지어다. 아멘."(12절) 천사들은 이처럼 좋은 찬양을 하나님께 드렸지만 빠진 것이 하나 있다. 그것은 '구원'에 대한 감사 찬송이다. 왜냐하면 천사들은 죄에서 구원받은 적이 없기 때문이다. 따라서 천사들은 다른 것은 다 찬송해도 구원에 대한 찬송은 할 수 없다. 이것을 보면 구원에 대한 성도들의 감사 찬송이 얼마나 귀하고 보배로운 것인가 하는 것을 알 수 있다. 하나님은 이 구원 찬송을 받기 위해 우리를 택하시고 어린양 예수 그리스도를 통해 우리를 구원하셨다(사 43:21; 벧전 2:9). 따라서 우리는 이 세상에 사는 날 동안, 그리고 천국에 가서도 영원토록, 우리를 구원하신 하나님과 어린양 예수님께 감사와 찬송을 드려야 한다.

3) 흰옷 입은 자들(7:13-17)

그러자 하나님의 보좌 주위에 있던 장로들 중 하나가 요한에게 말하였다. "이 흰옷 입은 자들이 누구며 또 어디서 왔느냐?"(13절) 이에 대해 요한이 "내 주여, 당신이 아시나이다."라고 대답했다(14상). 여기서 '주'(κύριος, *퀴리오스*)는 낯선 사람 또는 상대방을 높여서 부르는 존칭이다(참조. 행 9:5).

그러자 그 장로가 대답했다. "이는 큰 환난에서 나오는 자들인데 어린양의 피에 그 옷을 씻어 희게 하였느니라."(14하) 여기의 '큰 환난'을 마지막 종말 때의 특정한 사건으로 볼 수는 없다.[23] 흰옷을 입은 '셀 수 없는 큰 무리'가 신구약 모든 시대의 하나님 백성 전체를 가리킨다면, 여기의 '큰 환난'도 특정한 한 시대의 사건만 가리킬 수는 없는 것이다. 성경에 의하면, 성도의 이 지상의 삶 전체가 환난 기간이다(창 5:29; 47:9; 시 90:10; 요 16:33 등). 특

---

23. 오스본은 여기의 '그 큰 환난'은 12장의 용과 그의 추종자들이 성도들에 대해 벌이는 마지막 전쟁을 가리킨다고 본다. Osborne, *Revelation*, 324. 그러나 빌은, 여기의 '관사'(the article)는 이 환난이 '다니엘과 그리스도에 의해 예언된 그 환난'임을 강조한다고 한다. Beale, *Revelation*, 434. 이광복은 '마지막 대환난', '전대미문(前代未聞)의 대환난', '전무후무(前無後無)한 대환난'으로 본다. 이광복, 『계시록 난해 해설』, 248, 249.

별히 복음이 전파되는 곳에 환난과 핍박이 있다. 예수님은 제자들에게 "세상에서는 너희가 환난을 당하나 담대하라. 내가 세상을 이기었노라."고 하셨다(요 16:33). 또 사도 바울은 "무릇 그리스도 예수 안에서 경건하게 살고자 하는 자는 박해를 받으리라."고 하였다(딤후 3:12). 따라서 '흰옷 입은 자들'은 모든 시대의 성도들 전체를 가리키며, 특별히 마지막 시대의 성도들만 가리키지는 않는다. 따라서 '큰 환난'은 성도들이 이 세상에서 당하는 심한 환난을 의미한다. 특히 1세기 말의 성도들이 복음 증거를 인하여 큰 환난을 당했기 때문에(참조. 계 1:9; 2:9, 10, 13; 3:10 등), 그런 맥락에서 여기에 '큰 환난'이란 말이 사용되었다고 생각된다.[24]

이처럼 환난은 어느 시대에나 있는 것이지만 세상 종말이 다가올수록 환난과 핍박이 점점 심해질 것이다(계 22:11; 단 12:7).[25] 왜냐하면 그때에는 마귀가 최후 발악을 하기 때문이다(계 20:7-9). 그러다가 예수님의 재림 직전에 큰 환난이 있을 것이다(단 12:1). 그러나 '큰 환난'(대환난)은 예루살렘 멸망 직전에도 있었고(마 24:21), 야곱 때에도 있었다(행 7:11). 마지막 때에 문자적으로 '7년 대환난'이 있는 것은 아니다. 요한계시록은 문자적인 '7년 대환난'에 대해서는 말하지 않는다.[26]

장로의 말은 계속된다. "그러므로 그들이 하나님의 보좌 앞에 있고 또 그의 성전에서 밤낮 하나님을 섬기매 보좌에 앉으신 이가 그들 위에 장막을 치시리니."(15절) 이것은 이 세상에서 큰 환난을 당한 성도들 곧 어린양의 피로 씻음받은 성도들이 받게 될 보상에 대해 말한다. 이들은 하나님의 보좌 앞

---

24. Beale, *Revelation*, 434: "This could be supported by viewing the article in 7:14 as anaphoric, referring back in part to the 'great tribulation' that was to occur immanently in the church of Thyatira(θλῖψιν μεγάλην in 2:22)."

25. 참조. Beale, *Revelation*, 435: "The tribulation has begun in the present and will be intensified in its severity at the end of history."

26. 이에 대해서는 변종길, "7년 대환난은 정말 있는가?", 신약 난제 해설(4), 『선지동산』 62호(천안: 고려신학대학원, 2012), 2-3을 보라.

에 있으며 그의 성전에서 밤낮 하나님을 섬긴다. '성전'(ναός, 나오스)은 하나님의 영이 거하는 성소(聖所)를 뜻하는데(왕상 8:10-11; 계 21:2; 고전 3:16; 6:19), 천국의 모든 곳이 다 성전(성소)이라고 할 수 있다. 천국은 성령이 충만하게 거하시는 곳이기 때문에 천국 전체가 다 거룩한 곳이며 성전이라고 할 수 있다. 그런 의미에서 천국에는 '성전'이 없다고 말하기도 한다(계 21:22). 따라서 "그의 성전에서 하나님을 섬긴다"는 것은 구약의 제사장이 성전에서 하나님을 섬기듯이 가까이서 하나님을 섬긴다는 것을 의미한다(벧전 2:9). "그들 위에 장막을 친다"는 것은 하나님이 성도들과 함께 거하신다, 동거하신다는 것을 의미한다(계 21:3). 이것은 하나님과의 친밀한 교제를 의미한다.

이어서 성도들이 누릴 종말적 복이 기록되어 있다. "그들이 다시는 주리지도 아니하며 목마르지도 아니하고 해나 아무 뜨거운 기운에 상하지도 아니하리니."(16절; 참조. 사 49:10) 이것은 모든 성도들이 미래에 종말적으로 누릴 영원 복락을 의미한다. 그런 복을 누리는 이유는 "보좌 가운데에 계신 어린양이 그들의 목자가 되사 생명수 샘으로 인도하시고 하나님께서 그들의 눈에서 모든 눈물을 씻어 주실 것이기 때문"이다(17절). 여기서 '목자가 된다'(ποιμαίνω, 포이마이노)는 것은 원어로 하나의 동사인데 '(양을) 친다, 목양한다'는 뜻이다. 어린양 되신 예수님이 성도들을 먹이시고 돌보시기 때문에 그들은 주리지도 아니하고 안전하게 거하게 될 것이다. 또 "생명수 샘으로 인도하신다"는 것은 성도들에게 영원한 생명을 주신다는 의미이다. 그리고 "하나님이 그들의 눈에서 모든 눈물을 씻어 주신다."는 것은 그들에게 더 이상 눈물과 애통과 저주가 없을 것을 말한다(계 21:4). 여기에 사용된 동사들은 모두 미래형으로서 미래에 천국에서 주어질 영원한 복락을 나타낸다.

교훈과 적용

1. 요한이 본 '능히 셀 수 없는 큰 무리'는 앞에서 본 '십사만 사천'과 다른 무리가 아니다. 보통 생각하듯이 '십사만 사천'은 유대인들 중에서 구원받은 자들이고 '큰 무리'

는 이방인들 중에서 구원받은 자들이 아니다. 이 둘은 같은 집단을 가리키며, 계시록 14:3이 말하는 대로 '땅에서 속량함을 받은 자들'이다. 즉, 같은 사람들에 대해 한 번은 이스라엘 열두 지파 중에서 인침 받은 자들로 보여 주고, 또 한 번은 세상 나라들 중에서 나오는 '능히 셀 수 없는 큰 무리'로 보여 주신 것이다. 따라서 이들은 구원받은 모든 그리스도인들을 가리킨다.

2. 이들 큰 무리는 무엇보다도 하나님과 어린양 예수 그리스도에게 '구원'에 대해 감사와 찬송을 드린다(10절). 우리에게 찬송할 제목이 많이 있지만, 그중에서도 악한 이 세상에서 우리를 택하여 주시고 우리 죄를 사하여 주시고 구원해 주신 은혜야말로 두고두고 찬송해야 할 제목이다. 특히 예수님이 우리 죄를 속하시기 위해 십자가를 지고 죽으신 것은 도무지 다 갚을 수 없는, 영원토록 부를 찬송 제목이다. 우리는 하나님을 찬송하기 위해 지음받은 존재이다(사 43:21; 엡 1:6, 12, 14).

3. 흰옷 입은 자들은 어린양의 피에 씻어 그 옷을 희게 한 자들이다(14절). 세상적인 이치로 말하면 옷을 피에 씻으면 붉게 물든다. 벌겋게 되어 입을 수가 없다. 그러나 여기 나오는 어린양의 피는 우리의 죄를 씻어 주는 피이기 때문에 우리 죄가 깨끗이 씻음 받고 희게 되었다. 그래서 우리는 예수님의 피로 씻은 흰옷을 입고 있는 것이다. 우리의 죄는 이 세상의 어떤 비누로도 잿물로도 씻을 수 없고(렘 2:22), 오직 예수 그리스도의 피로써만 씻을 수 있다(벧전 1:18-19).

제8장

나팔 재앙

(8:1-9:21)

계시록 8-11장은 '나팔 재앙'에 대해 말한다. 8장은 그중 '첫 네 나팔 재앙'에 대해 말하며, 9장은 '다섯째, 여섯째 나팔 재앙'에 대해 말한다. 11장 15-19절은 일곱째 나팔 불 때의 환상에 대해 말한다. 그 사이에 '작은 책'(10장)과 '두 증인'(11:1-14)에 관한 계시가 나온다. 그러나 우리는 시간적으로 '일곱 인의 사건'이 일어난 후에 '일곱 나팔 재앙'이 일어난다고 보면 안 된다. 우리는 이미 여섯째 인 환상(6:12-17)에 마지막 심판이 묘사되어 있음을 보았다. 그리고 그 후에 본 환상(7장)에서 '이마에 인 맞은 자들' 곧 '흰옷 입은 성도들'이 종국적으로 천국에서 누릴 영원복락에 대해 말하고 있는 것을 보았다. 그런데 '시간적'으로 이런 일이 있고 나서 이 세상에 나팔 재앙들이 임한다고 보는 것은 맞지 않다. 그렇다면 세상 역사가 끝나고 나서 또다시 세상 역사가 시작된다고 하는 '윤회설'을 주장하는 것이 되고 말 것이다.

뿐만 아니라 앞에서 첫째 인 환상은 '복음 전파'에 대한 것이고(6:2), 둘째 인 환상은 '핍박'에 대한 것(6:3)임을 보았는데, 복음 전파가 다 끝나고 나서 핍박이 온다고 보는 것은 맞지 않다. 복음을 전하는 동안에는 핍박이 없다가 복음 전파가 끝나고 나서야 핍박이 온다고 하는 것은 사실에 맞지도 않을 뿐 아니라 성경이 가르치는 바도 아니다. 핍박은 복음이 전파되고 있을 때 일어나며, 복음 전파와 함께 오는 것이다(마 10:16-39; 요 15:18-21; 16:33 등). 따라서 첫째 인과 둘째 인 사이의 관계는 '시간의 순서'가 아니라 요한이 본 '환상의 순서'임을 알 수 있다. 이와 마찬가지로 일곱 나팔 재앙도 시간적으로 일곱 인 계시 '다음에' 오는 것은 아니다. 하나님은 요한에게 이런 저런 '환상들'을 통하여 이 세상에 있을 일들과 마지막 심판 때의 일들과 심판 후에 있을 일들을 보여 주셨다. 각 환상이 어느 시대에 있을 일을 말하는가는 그 환상의 내용이 결정할 성질의 것이다.

본문 개요

일곱째 인을 뗄 때에 하늘이 반 시간쯤 고요하였다(1절). 이것은 다음에 다른 환상이 주어지기 전에 막간 역할을 하는 것이다. 그때 요한이 보니 하나님 앞에 일곱 천사가 일곱 나팔을 받았다고 한다(2절). 또 다른 천사가 와서 금향로를 가지고 많은 향을 받았는데, 향의 연기가 성도의 기도와 함께 하나님 앞으로 올라간다고 한다(3-4절). 천사가 향로를 가지고 제단의 불을 담아다가 땅에 쏟으매 우레와 음성과 번개와 지진이 났다(5절). 일곱 나팔을 가진 일곱 천사가 나팔 불기를 준비하였다(6절).

첫째 천사가 나팔을 부니 피 섞인 우박과 불이 나와서 땅에 쏟아졌다(7절). 둘째 천사가 나팔을 부니 불붙는 큰 산과 같은 것이 바다에 던져졌다(8절). 셋째 천사가 나팔을 부니 횃불같이 타는 큰 별이 하늘에서 떨어져 강들의 삼분의 일과 여러 물샘에 떨어졌다(10절). 넷째 천사가 나팔을 부니 해 삼분의 일과 날 삼분의 일과 별들의 삼분의 일이 타격을 받아 그 삼분의 일이 어두워졌다(12절). 그때 또 요한이 보고 들었는데, 공중에 날아가는 독수리가 큰 소리로 땅에 사는 자들에게 화가 있다고 선포하였다(13절). 이것은 앞으로 남은 세 나팔 재앙을 예고하는 것이었다.

다섯째 천사가 나팔을 부니 하늘에서 땅에 떨어진 별 하나가 있는데 무저갱의 열쇠를 받았다(9:1). 그가 무저갱을 여니 그 구멍에서 연기가 올라오는데 해와 공기가 그 연기로 말미암아 어두워졌다(2절). 또 연기 가운데로부터 황충(메뚜기)이 나와서 다섯 달 동안 사람들을 괴롭게 하였다(3-10절). 그 악한 세력들에게 왕이 있으니 무저갱의 사자(使者)라고 한다(11절).

여섯째 천사가 나팔을 부니 큰 강 유브라데에 결박되었던 네 천사가 놓임을 받았다(13-15절). 그러자 이만만(2억)이나 되는 마병대가 나와서 사람들 삼분의 일을 죽였다(16-19절). 그러나 죽지 않고 남은 자들은 자기 행위를 회개하지 아니하고 도리어 우상에게 절하고 악행을 계속하였다(20-21절).

내용 분해

1. 일곱 나팔 준비(8:1-6)
2. 첫 네 나팔 재앙(8:7-13)
   1) 첫째 나팔 재앙(7절)
   2) 둘째 나팔 재앙(8-9절)
   3) 셋째 나팔 재앙(10-11절)
   4) 넷째 나팔 재앙(12절)
   5) 남은 재앙 예고(13절)
3. 다섯째 나팔 재앙(9:1-12)
   1) 땅에 떨어진 별 하나(1-2절)
   2) 황충의 재앙(3-6절)
   3) 황충들의 모양(7-10절)
   4) 무저갱의 사자(11절)
   5) 두 재앙 예고(12절)
4. 큰 강 유브라데에 결박한 네 천사(9:13-21)
   1) 네 천사가 놓임(13-15절)
   2) 마병대의 수와 모습(16-19절)
   3) 회개치 아니함(20-21절)

본문 주해

1. 일곱 나팔 준비(8:1-6)

1 일곱째 인을 떼실 때에 하늘이 반 시간쯤 고요하더니 2 내가 보매 하나

님 앞에 일곱 천사가 서 있어 일곱 나팔을 받았더라 3 또 다른 천사가 와
서 제단 곁에 서서 금 향로를 가지고 많은 향을 받았으니 이는 모든 성도
의 기도와 합하여 보좌 앞 금 제단에 드리고자 함이라 4 향연이 성도의 기
도와 함께 천사의 손으로부터 하나님 앞으로 올라가는지라 5 천사가 향
로를 가지고 제단의 불을 담아다가 땅에 쏟으매 우레와 음성과 번개와 지
진이 나더라
6 일곱 나팔을 가진 일곱 천사가 나팔 불기를 준비하더라

일곱째 인을 뗄 때에 "반 시간쯤 고요하였다."고 한다(1절). 이것은 앞으로 일어날 재앙의 무시무시함을 더욱 드러내는 효과가 있다. 폭풍전야와 같다고 할 수 있다. 그때 요한은 하나님 앞에 서 있는 일곱 천사를 보았다. 이들에게 일곱 나팔이 주어졌다(2절). 그래서 일곱째 인은 일곱 나팔 재앙으로 넘어가는 역할을 하고 있다.

그때 다른 천사가 와서 제단 위에 섰는데 '금향로(金香爐)'를 가지고 있었다. 그리고 그에게 많은 '향(香)'이 주어졌다. 그 목적은 "모든 성도의 기도와 합하여 보좌 앞 금단(금제단)에 드리고자 함"이었다(3절). 여기서 '제단'(θυσιαστήριον, *뛰시아스테리온*)은 성소의 앞부분 곧 지성소 가까이에 있는 '향단(香壇)'을 의미한다.[1] 이것은 제사장이 날마다 향을 피우는 장소이다. 이 '향'은 '성도의 기도들'이라고 하였다(계 5:8). 여기서는 "향연(香煙)이 성도의 기도와 함께 천사의 손으로부터 하나님 앞으로 올라갔다."고 한다(4절). 이처럼 성도의 기도는 향단에서 올라가는 연기처럼 하나님의 보좌 앞으로 올라간다.

그때 "천사가 향로를 가지고 제단의 불을 담아서 땅에 쏟았다."(5상) 이것

1. 요한계시록에서는 지성소 앞의 '향단(香壇)'과 성소 앞의 '제단(祭壇)'을 구별하지 않고 있다. 참조. Greijdanus, *Openbaring*, 183.

은 하나님의 진노를 의미한다. 하나님의 진노는 성도의 기도에 대한 응답의 성격을 띠고 있다. 물론 이 기도의 내용이 이 세상에 하나님의 진노를 내려 달라는 것은 아니었을 것이다. 그렇지만 이 세상이 끝내 회개하지 아니하면 하나님은 마침내 진노를 내리신다(참조. 롬 12:19-20). 일제 말기에 한국 교회 성도들은 신사참배 반대로 인하여 많은 핍박을 받았다. 그들은 감옥에 갇혀서 갖은 고초와 수난을 당하면서도 일본이 회개하고 하나님께 돌아오기를 기도하였다. 그러나 끝끝내 그들이 회개하지 아니하고 계속 성도들을 핍박하였을 때 하나님은 마침내 개입하셔서 그들을 심판하셨다. 이처럼 성도들의 기도와 하나님의 진노 사이에는 밀접한 관계가 있다. 그리고 "우레와 음성과 번개와 지진이 났다."(5하)는 것은 하나님의 위엄과 심판을 의미한다.

그러자 일곱 나팔 가진 일곱 천사가 나팔 불기를 예비하였다(6절). 이어서 나오는 첫 세 나팔 재앙(7-11절)은 땅과 바다와 강들 및 물샘에 대한 재앙이다. 넷째 나팔 재앙(12절)은 해와 달과 별들이 어두워지는 재앙이다. 따라서 이들 재앙은 '자연에 대한 재앙'이라고 할 수 있다.[2] 이런 자연 재앙을 통해 하나님은 죄 많은 세상 사람들을 심판하신다. 그 결과 1/3은 재앙으로 죽지만 2/3는 남아 있다. 이것은 엄중한 심판 가운데서도 하나님의 긍휼이 남아 있음을 말한다. 그리고 아직 2/3가 남아 있기 때문에 이 심판은 세상 마지막 날의 최후 심판이 아님을 보여 준다. 이 나팔 재앙들은 이 세상 역사 가운데 반복적으로 일어나는 하나님의 진노, 하나님의 심판을 가리킨다.[3] 곧, 하나님은 이런 환상을 통해 죄 많은 이 세상에 하나님의 심판이 있다는 원리를 보여 주신다. 따라서 환상에 나타나는 각 단어 하나하나에 대해 문자적으로 이해할 것이 아니라 전체적인 원리를 파악하는 것이 중요하다.

---

2. Greijdanus, *Openbaring*, 185.

3. Greijdanus, *Openbaring*, 187. "단지 한 경우만 말하는 것이 아니다. 여기서는 재앙의 그룹 또는 종류를 가리킨다. 온 땅에, 모든 시대에 걸쳐 우레와 우박과 하늘의 불과 다른 화재와 또 그런 종류의 재앙들에 의해 수많은 해가 끼쳐져 왔다."

교훈과 적용

1. 일곱째 인을 뗄 때에 하늘이 반 시간쯤 고요하였다(1절). 이것은 다음 단계 곧 일곱 나팔 재앙으로 넘어가기 위한 막간 역할을 한다. 고요한 정적이 앞으로 나타날 재앙을 더욱 부각시키고 있다. 마치 폭풍전야와 같다고 할 수 있다. 그러나 우리는 여기서 '인(印)'이나 '반 시간'을 실제 물체나 실제 시간으로 생각하면 안 된다. 또 '일곱 천사'가 누구냐? '일곱 나팔'이 어디에 있는 무엇이냐?고 물으면 안 된다. 이런 것들은 다 요한이 본 '환상' 가운데 나오는 것이다. 따라서 우리는 이런 것들이 무엇을 의미하는가를 생각해야 한다.

2. 지성소 앞에 있는 금향로에서 피우는 향의 연기는 성도의 기도를 상징한다(계 5:8). 향의 연기가 위로 올라가는 것처럼 성도의 기도는 하나님의 보좌 앞으로 올라간다(4절). 따라서 우리는 기도할 때 우리의 기도가 마치 향연(香煙)처럼 위로 올라가서 하나님의 보좌 앞에 상달된다는 것을 생각하고 기도해야 한다. 내 앞에 하나님이 계신다는 것을 생각하고 내가 드리는 기도를 하나님이 들으신다는 것을 믿고 기도해야 한다(마 6:7-8; 막 11:23).

3. 성도의 기도가 하나님의 보좌 앞에 올라가고 나서 천사가 향로에 제단(향단)의 불을 담아서 땅에 쏟았다(5절). 이것은 이 세상에 임하는 재앙은 성도의 기도와 관련이 있다는 것을 나타낸다. 물론 성도들이 세상에 재앙을 내려 달라고 기도하는 것은 아니다. 성도들은 세상으로부터 핍박을 당하고 어려움을 당하여 하나님께 호소하고 그들을 위해 기도한다. 그들을 불쌍히 여기시고 은혜 베풀어 주시기를 기도한다. 그러나 악한 세상이 끝끝내 회개하지 아니하고 더욱 악을 행할 때에 하나님은 마침내 악한 세상에 재앙을 내리시는 것이다(롬 12:14-21).

2. 첫 네 나팔 재앙(8:7-13)

7 첫째 천사가 나팔을 부니 피 섞인 우박과 불이 나와서 땅에 쏟아지매 땅
의 삼분의 일이 타 버리고 수목의 삼분의 일도 타 버리고 각종 푸른 풀도
타 버렸더라
8 둘째 천사가 나팔을 부니 불붙는 큰 산과 같은 것이 바다에 던져지매

바다의 삼분의 일이 피가 되고 9 바다 가운데 생명 가진 피조물들의 삼분
의 일이 죽고 배들의 삼분의 일이 깨지더라
10 셋째 천사가 나팔을 부니 횃불 같이 타는 큰 별이 하늘에서 떨어져
강들의 삼분의 일과 여러 물샘에 떨어지니 11 이 별 이름은 쓴 쑥이라 물
의 삼분의 일이 쓴 쑥이 되매 그 물이 쓴 물이 되므로 많은 사람이 죽더라
12 넷째 천사가 나팔을 부니 해 삼분의 일과 달 삼분의 일과 별들의 삼
분의 일이 타격을 받아 그 삼분의 일이 어두워지니 낮 삼분의 일은 비추
임이 없고 밤도 그러하더라
13 내가 또 보고 들으니 공중에 날아가는 독수리가 큰 소리로 이르되
땅에 사는 자들에게 화, 화, 화가 있으리니 이는 세 천사들이 불어야 할 나
팔 소리가 남아 있음이로다 하더라

1) 첫째 나팔 재앙(7절)

첫째 천사가 나팔을 부니 '피 섞인 우박'과 '불'이 나서 '땅'에 쏟아졌다(7절). 이것은 '온 땅'에 대한 하나님의 진노를 가리킨다. 이것은 단지 예루살렘이나 로마에만 임하는 재앙이 아니다. 또는 유대인들에게나 로마인들에게만 임하는 재앙이 아니다. 이것은 하나님을 거역하고 성도들을 핍박하는 온 세상 사람들에 대한 하나님의 진노이다. 여기서 '우박'은 하나님의 직접적인 개입으로 말미암은 진노를 나타내고(참조. 롬 1:18), '불'은 하나님의 격렬한 진노를 나타낸다. 이러한 진노는 역사상 어느 한 시점에만 있는 것이 아니라 전 시대에 걸쳐 언제든지 일어날 수 있다. 물론 세상 종말이 다가올수록 그런 진노는 더욱 심해질 것이다.

피 섞인 우박과 불이 땅에 쏟아진 결과 "땅의 삼분의 일이 타버리고 수목의 삼분의 일도 타버리고 각종 푸른 풀도 타버렸다."고 한다(7하). 이것은 인간의 죄로 말미암아 자연계에 재앙이 임할 것을 가리킨다. 그리고 여기의 '삼분의 일'은 문자적으로 볼 것이 아니다. 이것은 하나님의 진노로 말미암아 땅

의 상당한 부분이, 특히 나무와 각종 풀이 침해를 받아 죽는다는 것을 의미한다. 주목할 것은 앞의 넷째 인 재앙(6:8)에서는 땅의 1/4이 죽었지만 여기서는 1/3이 죽었다. 따라서 심판의 강도가 세어지는 것을 볼 수 있다. 하지만 다 죽은 것은 아니다. 아직 2/3가 남아 있다. 이것은 진노 가운데도 하나님의 긍휼이 남아 있음을 말한다. 따라서 아직 마지막 종말은 오지 않았음을 알 수 있다.

2) 둘째 나팔 재앙(8-9절)

둘째 천사가 나팔을 부니 "불붙는 큰 산과 같은 것이 바다에 던져졌다."고 한다(8절). 이것은 하나님의 심판이 바다에 임하는 것을 나타낸다.[4] 여기서 '불붙는 큰 산과 같은 것'이 구체적으로 무엇인가를 묻는 것은 옳지 않다.[5] 이것은 하나님의 맹렬한 심판이 임한다는 것을 나타내기 위해 사용된 상징이다. 이것은 요한이 본 환상(vision) 속에 나오는 것이다. 하나님은 필요한 목적을 따라 얼마든지 그런 모습으로 보여 주실 수 있다. 따라서 우리는 이렇게 보여 주신 하나님의 의도, 목적을 찾아야 한다. 그것은 하나님의 심판이 바다에 임한다는 것을 나타낸다.

그 결과로 "바다의 삼분의 일이 피가 되고 바다 가운데 생명 가진 피조물들의 삼분의 일이 죽고 배들의 삼분의 일이 깨어졌다."고 한다(8하, 9절). 이것은 인간의 죄로 말미암아 피조물인 바다와 그 가운데 사는 생물들이 심판을 받아 많이 죽고 배들이 많이 난파당하는 것을 의미한다. 자연계의 재앙과

---

4. 헨드릭슨은 이것을 '어마어마한 해상의 재난을 나타내는 생생한 상징'으로 본다. 헨드릭슨, 『요한계시록』, 141. 그리고 권성수는 '바다의 오염과 파괴'를 나타내는 것으로 본다. 권성수, 『요한계시록』, 216. 이 둘은 옳다. 그런데 빌은 계 8:8의 '바다에 던져진 불붙는 산'은 악한 왕국 곧 '바벨론'에 대한 심판을 나타내며, 따라서 이것은 심각한 기근(famine)의 상태를 나타낸다고 한다. Beale, *Revelation*, 476 이하. 그러나 둘째 나팔 재앙은 '기근'이 아니라 '바다'에 임하는 하나님의 심판을 나타낸다.
5. 예를 들면, 김서택은 '화산 폭발 같은 것'을 생각할 수 있겠다고 한다. 김서택, 『묵시의 비밀』, 312.

해상의 사고들은 결국 인간의 죄로 말미암아 이 세상에 임하는 하나님의 진노이다. 그러나 진노 가운데도 하나님의 긍휼이 있다.

3) 셋째 나팔 재앙(10-11절)

셋째 천사가 나팔을 부니 "횃불같이 타는 큰 별이 하늘에서 떨어져 강들의 삼분의 일과 여러 물샘에 떨어졌다."고 한다(10절). 그리고 "이 별의 이름은 쓴 쑥이라. 물의 삼분의 일이 쓴 쑥이 되매 그 물이 쓴 물이 되므로 많은 사람이 죽더라."고 한다(11절). 이것은 강들과 물샘의 오염을 통한 하나님의 심판이다. 여기서 '횃불같이 타는 큰 별'을 소행성이나 유성으로 보면 안 된다.[6] 또는 주의 종이 타락하는 것으로 보아서도 안 된다.[7] 이것은 강과 샘에 대해 하나님의 심판이 임한다는 의미로 보아야 한다. '쓴 쑥'으로 번역된 단어(ἄψινθος, *앞신또스*)는 쑥의 일종(wormwood)인데 쓴맛을 가지고 있으며(BDAG), 고초와 재난을 의미한다(애 3:19). 그 물들이 쓰게 됨을 인하여 많은 사람이 죽었지만(11하), 아직 종말은 아니다.

4) 넷째 나팔 재앙(12절)

넷째 천사가 나팔을 부니 "해 삼분의 일과 달 삼분의 일과 별들의 삼분의 일이 타격을 받아 그 삼분의 일이 어두워지니 낮 삼분의 일은 비추임이 없고 밤도 그러하더라."고 한다(12절). 이것은 천체의 비정상적인 운행에 의해 일어나는 재앙이다.[8] 그 결과 이 지구상에 사는 사람들에게 고통과 재난이 임하게 될 것이다.

---

6. 예를 들면, 이필찬은 이것을 '하늘에서 떨어지는 운석'으로 본다. 이필찬, 『내가 속히 오리라』, 402.
7. 이광복, 『마태복음으로 본 계시록 통합강해』, 615. "별은 주의 종을 의미한다. 그러므로 이는 영적으로 볼 때, 크고 유명한 종의 타락을 뜻한다. 특히 대환난 때 종교다원주의 지도자인 적그리스도 교황권의 배도 모습을 상징한다. 뿐만 아니라 육적인 면에서도 그런 일이 있을 것이다."
8. 참조. 헨드릭슨, 『요한계시록』, 142.

해와 달과 별들의 1/3이 타격을 받아 어두워졌다는 것은 천체에 이상 현상이 생겼다는 것을 말하며, 꼭 문자적으로 정확하게 1/3이 어떻게 되었다는 것은 아니다. 이것은 천체에 큰 이상이 있다는 것을 의미한다. 물론 이를 통해 인간 세상에도 큰 환난이 임하게 될 것이다. 그러나 아직 끝은 아니다.

5) 남은 재앙 예고(13절)

13절은 '넷째 나팔'과 '다섯째 나팔' 사이에 하나의 막간 역할을 한다. 이것은 앞으로 다가올 '세 나팔 재앙'에 대한 예고이다. "내가 또 보고 들으니 공중에 날아가는 독수리가 큰 소리로 이르되 땅에 사는 자들에게 화, 화, 화가 있으리니 이는 세 천사들이 불어야 할 나팔 소리가 남아 있음이로다 하더라." 요한이 본 것은 '공중에 날아가는 독수리'였다. 우리는 이 '독수리'를 비행기나 전투기로 보면 안 된다. 혹은 사도 요한이 전투기를 보았는데, 당시에 그것을 표현할 말이 없어서 '독수리'라고 말했을 것이라고 보는 것도 옳지 않다. 요한은 '독수리 같은 것'을 본 것이 아니라 '독수리'를 보았다. 성경에서 독수리는 불운(不運)을 예고해 주는 새이다(마 24:28).[9] 따라서 이 독수리는 다가올 재앙을 예고하는 역할을 한다.

이 독수리가 큰 소리로 외쳐 말한 것은 원문을 직역하면 "장차 불 세 천사의 나팔 소리를 인하여 땅에 거하는 자들에게 화, 화, 화가 있으리로다."가 된다. 곧, 다가올 나팔 재앙들로 인하여 땅에 있는 자들에게 화가 있다는 말이다. 따라서 이 독수리는 이어서 나올 다음 재앙들을 예고해 주는 역할을 하고 있다.

우리는 여기서 시간적으로 첫째 나팔 재앙이 있고 나서 둘째 나팔 재앙, 그리고 나서 셋째 나팔 재앙, 그 다음에 넷째 재앙이 일어난다고 생각하면 안 된다. 예를 들어 몇 년도부터 몇 년도까지는 우박 재앙이 내리고, 그 다음에

---

9. 헨드릭슨, 『요한계시록』, 142.

몇 년도부터 몇 년도까지는 해상의 재앙이 내리고, 또 그 다음에 강들과 물샘에 재앙이 내린다는 식으로 보면 안 된다. 첫째 나팔, 둘째 나팔, 셋째 나팔 등은 '시간적 순서'가 아니라 요한이 본 '환상의 순서' 곧 하나님께서 보여 주신 '환상의 순서'를 말할 따름이다. 이 환상들은 대부분 그리스도의 초림부터 재림까지 전 교회 시대에 걸쳐서 일어나는 일들을 상징화해서 보여 준다.

또 각각의 환상을 역사상 어떤 특정한 사건과 연결시키는 것은 잘못이다(마지막 심판의 경우를 제외하고는). 대개의 환상들은 어떤 구체적인 특정한 사건을 가리키는 것이 아니라 전(全) 교회 시대에 일어나는 수많은 일들의 원리를 환상 속의 상징들을 통해 보여 준다.

교훈과 적용

1. 나팔 재앙은 일곱 천사가 차례대로 나팔을 불 때 사도 요한이 본 것들이다(7-12절). 따라서 이 네 재앙이 시간적 순서대로 일어난다고 생각하면 안 된다. 이것들은 요한이 본 환상들의 순서대로 기록한 것이다. 그리고 이것들은 '환상' 속에 나오는 것이기 때문에 어떤 사실이나 원리를 상징하는 것이지 사건이나 사물 자체를 가리키는 것은 아니다. 예를 들어, 둘째 나팔 재앙에서 '불붙는 큰 산과 같은 것'이 바다에 던져졌다고 할 때(8절), 그것이 무슨 원자폭탄이나 미사일을 가리킨다고 생각하면 안 된다. 이것은 상징으로서 바다에 재앙이 임한다는 것을 나타낸다.

2. 첫 네 나팔 재앙에서는 각각 땅의 1/3과 바다의 1/3과 강들의 1/3과 천체의 1/3이 타격을 받아 해를 입었다. 이것은 상당히 큰, 심각한 피해가 있다는 것을 말한다. 그렇지만 그럼에도 불구하고 아직 2/3가 남아 있다. 이것은 진노 중에도 하나님의 긍휼이 있다는 것을 나타낸다. 아울러 아직 세상의 종말이 아님을 알 수 있다. 이 세상에는 인간의 죄로 말미암아 재앙이 임하지만 아직 하나님의 긍휼이 남아 있다. 우리 성도들에게는 환난과 시험 중에도 '피할 길'이 있다(고전 11:13). 따라서 우리는 아직 기회가 있을 때 하나님을 찾고 하나님께로 나아와야 한다.

3. 13절에 나오는 '독수리'는 앞으로 임할 재앙들을 예고하는 역할을 한다. 그런데 이것을 비행기라든가 전투기라고 보면 안 된다. 요한 당시에는 이런 비행기가 없었기 때문에 표현할 길이 없어서 '독수리'라고 말했다고 보면 안 된다. 요한은 '독수리 같

은 것'을 본 것이 아니라 '독수리'를 보았다. 즉, 공중에 날아가는 한 '새(조류)'를 본 것이다. 환상 중에 본 이 '독수리'는 성경에서 불행을 예고하는 새이다(마 24:28; 겔 39:17). 따라서 하나님은 이 독수리를 통해 앞으로 임할 두 재앙 곧 다섯째 나팔 재앙과 여섯째 나팔 재앙을 예고하신 것이다.

3. 다섯째 나팔 재앙(9:1-12)

1 다섯째 천사가 나팔을 불매 내가 보니 하늘에서 땅에 떨어진 별 하나가
있는데 그가 무저갱의 열쇠를 받았더라 2 그가 무저갱을 여니 그 구멍에
서 큰 화덕의 연기 같은 연기가 올라오매 해와 공기가 그 구멍의 연기로
말미암아 어두워지며 3 또 황충이 연기 가운데로부터 땅 위에 나오매 그
들이 땅에 있는 전갈의 권세와 같은 권세를 받았더라 4 그들에게 이르시
되 땅의 풀이나 푸른 것이나 각종 수목은 해하지 말고 오직 이마에 하나
님의 인침을 받지 아니한 사람들만 해하라 하시더라 5 그러나 그들을 죽이
지는 못하게 하시고 다섯 달 동안 괴롭게만 하게 하시는데 그 괴롭게 함
은 전갈이 사람을 쏠 때에 괴롭게 함과 같더라 6 그 날에는 사람들이 죽기
를 구하여도 죽지 못하고 죽고 싶으나 죽음이 그들을 피하리로다 7 황충
들의 모양은 전쟁을 위하여 준비한 말들 같고 그 머리에 금 같은 관 비슷
한 것을 썼으며 그 얼굴은 사람의 얼굴 같고 8 또 여자의 머리털 같은 머
리털이 있고 그 이빨은 사자의 이빨 같으며 9 또 철 호심경 같은 호심경
이 있고 그 날개들의 소리는 병거와 많은 말들이 전쟁터로 달려 들어가
는 소리 같으며 10 또 전갈과 같은 꼬리와 쏘는 살이 있어 그 꼬리에는 다
섯 달 동안 사람들을 해하는 권세가 있더라 11 그들에게 왕이 있으니 무
저갱의 사자라 히브리어로는 그 이름이 아바돈이요 헬라어로는 그 이름
이 아볼루온이더라

12 첫째 화는 지나갔으나 보라 아직도 이 후에 화 둘이 이르리로다

계시록 9장은 다섯째와 여섯째 나팔 재앙을 말하고 있다. 다섯째 나팔 재앙(1-11절)은 '황충의 재앙'을 말하고, 여섯째 나팔 재앙(13-20절)은 '마병대의 재앙'을 말한다. 12절은 중간 연결 역할을 하고 있다. 황충의 재앙은 마귀의 권세에 의해 이 세상에 행해지는 큰 환난을 나타낸다.[10] 마병대의 재앙은 전쟁의 재앙을 나타내는데, 교회와 이 세상 사이에 영적 전쟁이 있음을 나타낸다.

1) 땅에 떨어진 별 하나(1-2절)

다섯째 천사가 나팔을 불 때 요한이 보니, 하늘에서 땅에 떨어진 별 하나가 있는데 그에게 무저갱의 열쇠가 주어졌다(1절). '하늘에서 땅에 떨어진 별 하나'는 사탄 곧 마귀를 뜻한다(눅 10:18). '무저갱(無底坑)'(ἄβυσσος, *아뷔소스*)은 마귀와 귀신(악령)들이 머무는 장소이다(눅 8:31; 계 20:1, 3).[11] 무저갱의 열쇠를 주신 분은 하나님이다. 이것은 마귀와 악령들의 역사도 하나님의 허락하에 일어난다는 것을 말해 준다(참조. 계 6:4, 8; 8:2; 욥 1:6-12; 2:1-6).

그 천사가 무저갱을 여니 그 구멍에서 큰 풀무(화덕)[12]의 연기 같은 연기가 올라왔다. 그리고 해와 공기가 그 구멍의 연기로 인하여 어두워졌다(2절).[13] 이것은 이 세상 신의 어둡게 하는 역사를 말한다(고후 4:4).[14] 마귀는 악한 사

---

10. 흐레이다너스는 첫 번째 환상은 '마귀의 역사에 의한 인간 내부의 내적 혼란'을 나타낸다고 한다. Greijdanus, *Openbaring*, 193. 우리는 이것을 꼭 내적인 것으로 제한할 필요는 없다고 생각한다.
11. 흐레이다너스는 '심판 날 이전의 귀신들의 장소'를 가리킨다고 본다. Greijdanus, *Openbaring*, 195. 물론 최후 심판 이전의 '무저갱' 또는 '음부'와 그 후의 영원한 '불못'(계 19:20; 20:10, 14, 15; 21:8) 사이에 구분할 수는 있지만, '무저갱' 또는 '음부'도 '지옥'이라 부를 수 있기 때문에(참조. 마 5:22; 약 3:6) 그렇게 날카롭게 구분할 수 있는 것은 아니다.
12. 원어는 *카미노스*(κάμινος)인데 "oven, furnace"란 뜻이다(BDAG). 우리말로는 '화덕' 또는 '용광로'로 번역할 수 있겠다. '풀무'도 순수한 우리말로 괜찮은 번역으로 생각된다.
13. 박윤선은 이에 대해 '악한 사상을 세상에 퍼뜨려 진리를 흐리게 함'이라고 설명한다. 박윤선, 『요한계시록』, 203. 물론 이 설명도 좋지만, 필자의 견해로는 악한 사상뿐만 아니라 세상 쾌락과 죄악을 통해 우리의 심령을 어둡게 하는 마귀의 역사 전체를 가리킨다고 보는 것이 더 좋다고 생각된다.
14. 흐레이다너스는 여기서 '큰 풀무의 연기 같은 연기'는 영적 영역에 있어서의 마귀의 역사를 가리

상과 쾌락과 죄악을 통해 사람의 심령을 어둡게 하는 역사를 한다.

2) 황충의 재앙(3-6절)

다음에 요한은 "또 황충이 연기 가운데로부터 땅 위에 나오는 것"을 보았다. 그리고 "그들에게 땅에 있는 전갈의 권세와 같은 권세가 주어졌다."고 한다(3절). 여기의 '황충(蝗蟲)'(ἀκρίς, *아크리스*)은 쉽게 '메뚜기'라고 번역할 수 있다. 이 메뚜기들에 대해 박윤선은 "이 악한 사상을 가지고 모든 비성도(非聖徒)들의 영혼을 멸망케 하는 동시에 겸하여 거짓 선지의 무리를 상징한다."고 본다.[15] 이 견해는 좋기는 하지만 '사상'에 치우친 감이 든다. 이 메뚜기들의 역사는 "사람의 마음과 사회생활에 있어서 어둡게 하고 괴롭게 하는 역사를 묘사한다."고 한 흐레이다너스의 견해가 더 좋아 보인다.[16] 메뚜기는 사람과 짐승을 위한 음식을 다 먹어 치운다(출 10:4-15; 욜 1:4-12). 이처럼 계시록의 이 메뚜기들은 사람의 모든 삶의 기쁨, 이해력, 즐거움과 용기를 빼앗아 간다. 따라서 이것은 인간의 이성과 감정에 역사하는 마귀의 역사들을 가리킨다.[17] 이 메뚜기들이 받은 '전갈의 권세와 같은 권세'(3절)는 사람을 아주 괴롭게 하는 역사를 말한다.

그런데 그들에게 "땅의 풀이나 푸른 것이나 각종 수목은 해하지 말고 오직 이마에 하나님의 인침을 받지 아니한 사람들만 해하라."고 하는 명령이 주어졌다(4절). 이 명령을 내린 주체는 분명히 나타나 있지 않으나 하나님이거나 또는 하나님의 말씀을 전달하는 천사일 것이다. 어느 쪽으로 보든 큰 차이

키고, '해'는 지식의 영역에 있어서의 천국의 빛 곧 신적 계시를 가리키고, '공기'는 신적 계시의 빛 안에서 (빛을 따라) 생활하는 삶의 기쁨을 가리킨다고 본다. Greijdanus, *Openbaring*, 196. 그러나 이렇게 보는 것은 지나치다고 생각된다. 이 전체가 마귀의 미혹하는 역사, 어둡게 하는 역사를 나타낸다(고후 4:4).

15. 박윤선, 『요한계시록』, 203.
16. Greijdanus, *Openbaring*, 197.
17. Greijdanus, *Openbaring*, 197.

는 없다. 어쨌든 이 말씀은 진노 중에도 긍휼이 남아 있음을 말한다. 아직 세상의 종말이 오지 않았다. 마귀의 역사는 전(全) 역사 시대에 걸쳐 일어나며 예수님이 오실 때까지 계속될 것이다. 그러나 이러한 마귀의 역사는 하나님의 인침을 받은 자들 곧 성도들을 해하지 못한다(욥 2:6). 하나님이 지키시고(유 24절), 예수님이 지키시고(요 17:12), 성령이 위하여 기도하시기(롬 8:26) 때문에 악한 자가 그(성도)를 만지지도 못한다(요일 5:18).

황충들은 "그들을 죽이지는 못하고 다만 다섯 달 동안 괴롭게 하는 권세"를 받았다(5절). 여기의 '다섯 달'에 대해 이필찬은 "문자 그대로 다섯 달 동안만 그들이 심판을 받는 것으로 생각해서는 안 되고, 황충의 다섯 달 동안만 생존하는 생의 주기(life cycle)에 근거하거나 혹은 팔레스타인 지역의 건기로서 황충이 나타나기 시작하는 기간(4월에서 8월까지)에 근거하여 산출된 기간으로 단순히 사용하는 것으로 이해해야 한다(Beale, 1999, 497; Osborne, 367)."고 한다.[18] 흐레이다너스는 이것을 메뚜기가 사는 기간과 관련되어 있다고 볼 수도 있지만, 우리는 이 기간과 관련하여 계시록 11:2-3; 12:6에서와 같은 시간 표현을 고려하여야 한다고 말한다.[19] 박윤선은 재앙 받는 시간이 부분적이라는 의미로 본다.[20] 하지만 더 이상 설명이 없다. 필자가 보기에 '다섯 달'은 '열 달'의 반(半)으로서 완전수(열 달)[21]의 절반이므로 환난의 기간,

---

18. 이필찬, 『내가 속히 오리라』, 420. 빌의 견해는 could를 사용하여 좀 더 조심스럽다. "The five-month period could owe its origin to the five-month life cycle of the locust or the dry season, also about five months, during which locusts could strike." Beale, *Revelation*, 497. 여기서 빌이 말하는 것은 '다섯 달'이란 표현의 기원(origin)이 어디서 왔느냐 하는 것이며, '다섯 달 동안'의 의미는 문자적으로 취하면 안 되고 '제한된 기간'(a limited period)을 가리키는 것으로 본다(같은 곳).
19. Greijdanus, *Openbaring*, 199. 그러나 판 드 캄프는 여기의 '다섯'이 계 11:2의 '마흔두 달'과 어떻게 연결되는지 의문스럽다고 한다. 필자가 보기에 흐레이다너스의 의도는 여기의 '다섯 달 동안'도 11:2의 '마흔두 달'처럼 영적인 의미로 보아야 한다는 것이다. 그런데 흐레이다너스는 더 이상 설명하지 않고 있다.
20. 박윤선, 『요한계시록』, 204.
21. 요한계시록에서 "10"은 완전수로 나타난다(2:10; 12:3; 13:1; 17:3).

재앙의 기간을 의미한다. 따라서 이것은 세상 사람들이 재앙 받는 기간을 상징한다.[22] 그 기간은 정해져 있다. 이것은 하나님의 긍휼이다. 하나님은 세상 사람들이 회개하고 돌아오도록 오래 참으신다(롬 2:4).

그런데 그 괴롭게 함은 "전갈이 사람을 쏠 때에 괴롭게 함과 같다."고 한다(5하). 이것은 그 고통이 심하고 아픈 것을 말한다(참조. 왕상 12:11, 14). 그래서 "그 날에는 사람들이 죽기를 구하여도 죽지 못하고 죽고 싶으나 죽음이 그들을 피하리로다."고 한다(6절). 이것은 마귀의 역사로 말미암은 인간의 고통이 얼마나 크고 심한가 하는 것을 나타내 준다.[23] 이처럼 이 세상 사람들은 마귀의 역사로 말미암아 큰 고통을 당한다. 마귀에게 종노릇하며 살다 보니 마음에 평안이 없고 기쁨이 없다. 파멸과 고생이 그 길에 있어 평강의 길을 알지 못한다(롬 2:16-17).

3) 황충들의 모양(7-10절)

황충(메뚜기)들의 모양은 "전쟁을 위하여 예비한 말들 같고 그 머리에 금 같은 관 비슷한 것을 썼으며 그 얼굴은 사람의 얼굴 같다."고 한다(7절). 여기서 '말들 같다'는 것은 마귀의 역사가 빠르고 전투적인 것을 말한다. 박윤선은 '광범위로 빨리 뻗치는 배교 운동'을 가리킨다고 본다.[24] 그러나 이것은 배교 운동을 포함하여 사람을 괴롭히는 마귀의 역사 전체로 보는 것이 더 좋을 것이다. 그러한 마귀의 역사가 빠르고 전투적임을 말한다.

그리고 "그 머리에 금 같은 관 비슷한 것을 썼다"고 하는데, 이것은 마귀의 세력이 일시 승리하여 휘날리는 기세를 의미한다. '금관/면류관 비슷하

22. 이 재앙의 기간은 따지자면 그리스도의 초림부터 재림까지 전 기간이 다 해당된다. 구약 시대까지 확장해서 생각해 보면, 아담의 범죄 후로 이 세상에는 늘 재앙이 있어 왔다(창 3:17-19; 욥 14:1; 시 90:8-10).

23. 흐레이다너스는 이에 대해 '인간의 모든 삶의 기쁨을 빼앗아 가는 큰 곤경, 절망, 환난'이라고 하였다. Greijdanus, *Openbaring*, 200.

24. 박윤선, 『요한계시록』, 205.

다'는 것은 그리스도의 승리를 모방하는 것을 의미한다. 개역개정판에 '관(冠)'이라고 번역된 '*스테파노스*'(στέφανος)는 원래 나뭇잎이나 그 닮은 것으로 만든 화환(花環, wreath)인데, 높은 지위에 있는 사람이 쓰거나 큰 존경의 표시로 주어졌다(BDAG). 우리말의 '면류관(冕旒冠)'은 원래 중국의 황제가 쓰던 왕관이다. 개역개정판에서는 '*스테파노스*'를 '관'으로 번역하기도 하고(요 19:2; 고전 9:25; 벧전 5:4; 계 2:10; 4:4, 10; 9:7; 12:1), '면류관'으로 번역하기도 하여(빌 4:1; 살전 2:19; 딤후 4:8; 약 1:12; 계 3:11; 6:2; 14:14) 일관성이 없다. 개역한글판에서는 일관되게 '면류관'으로 번역하고 있다. 그런데 그 얼굴이 '사람의 얼굴' 같다는 것은 우선 이 '황충'이 문자적 메뚜기가 아니라 상징임을 보여 준다. 그리고 그것은 '이성(理性)'과 '지각(知覺)'이 있는 존재임을 말한다(참조. 유 10절).

"여자의 머리털 같은 머리털이 있다."(8상)는 것은 아름답게 유혹하는 것을 말한다. 이것은 마귀가 이 세상의 종교, 사상, 철학, 이단, 쾌락, 게임, 스포츠 등으로 사람을 미혹하는 것을 의미한다. 그런 것들은 우선은 아름다워 보여도 따라가다가는 멸망한다. 그리고 "그 이(齒)는 사자의 이 같다."고 한다(8하). 이것은 성내고 찢고, 어떤 것에도 물러서지 않고, 모든 것을 파괴하는 속성을 가리킨다.[25]

그리고 '철흉갑 같은 흉갑'이 있다고 한다(9상; 개역한글판). 여기서 '흉갑(胸鉀)'(θώραξ, *또락스*)은 "breastplate"인데(BDAG), '[갑옷·마구 따위의] 가슴받이'이다.[26] 개역개정판에서는 '호심경(護心鏡)'으로 번역했는데, 이것은 '갑옷의 가슴 쪽에 호신용으로 붙이던 구리 조각'이라고 한다.[27] 따라서 '호심경'이란 번역보다 '흉갑'이란 번역이 더 낫다. 어쨌든 '철흉갑 같은 흉갑'은 공격받지 아니함, 단단함을 상징한다. 사람은 자기 힘으로 그들(마귀의 세력)

---

25. Greijdanus, *Openbaring*, 201.
26. 민중서림 편집국 편, 『엣센스 영한사전』, 제7판 (서울: 민중서림, 1997), "breastplate"
27. 국립국어원 표준국어대사전(http://stdweb2.korean.go.kr).

을 해할 수도 없고 죽일 수도 없다.[28] 또 "그 날개들의 소리는 병거와 많은 말들이 전쟁터로 달려 들어가는 소리 같다."고 한다(9하). 이것은 많은 무리의 무서운 공격력을 나타낸다. 따라서 9절의 내용은 마귀의 세력의 강력함, 쉽게 격파할 수 없음을 나타낸다. 오직 예수님을 믿는 믿음과 성령의 능력으로만 물리칠 수 있다(요일 5:4; 슥 4:6).

또 "전갈과 같은 꼬리와 쏘는 살이 있어 그 꼬리에는 다섯 달 동안 사람들을 해하는 권세가 있더라."고 한다(10절). '전갈'은 사람을 해하는 무섭고 독한 것을 의미한다. '꼬리'는 거짓 선지자를 의미한다(사 9:15)고 볼 수도 있지만,[29] 그냥 사람들을 미혹하는 것을 뜻한다고 보는 게 더 좋을 듯하다. '화살'은 공격을 의미한다(참조. 엡 6:16). '다섯 달 동안'은 정해진 기간인데, '열 달'의 절반으로서 마귀 또는 악령들이 역사하는 기간 곧 거짓 선지자들과 악의 세력들이 역사하는 기간을 의미한다. 교회 시대 전체가 이에 해당한다.

4) 무저갱의 사자(11절)

"그들에게 왕이 있으니 무저갱의 사자라. 히브리어로는 그 이름이 아바돈이요 헬라어로는 그 이름이 아볼루온이더라."고 한다(11절). 여기서 '왕'(βασιλεύς, *바실류스*)은 '임금' 곧 '우두머리'를 말한다. 이것을 보면 악령들의 세계에도 조직이 있음을 알 수 있다. 악령들은 사탄의 명령을 따라 일사불란하게 움직인다. 따라서 우리에게도 조직과 전략이 필요하다. 사탄의 세력을 대적하는 교회도 일사불란하게 움직여야 한다.

악령들의 우두머리(왕)는 '무저갱의 사자'(ὁ ἄγγελος τῆς ἀβύσσου, *호 앙겔로스 테스 아뷔수*)라고 불린다. '사자(使者)'는 원래 '보냄받은 자' 또는 '천사'를 의미한다. 여기서는 '무저갱'에서 파송한 자 곧 마귀, 사탄을 의미한

28. Greijdanus, *Openbaring*, 201.

29. 박윤선, 『요한계시록』, 205.

다. '무저갱(無底坑)'은 문자적으로는 밑바닥이 없는 곳을 의미하는데 지옥(地獄), 음부(陰府)를 가리킨다. 그 '무저갱의 사자'의 이름은 히브리어로 '아바돈'('Αβαδδών, אֲבַדּוֹן)이라고 한다. 이것은 '멸망'(destruction)을 의미한다(욥 31:12). 헬라어로는 '*아볼루온*'('Απολλύων, *아폴뤼온*)이라고 한다. 이것은 '멸망케 하는 자'(destroyer)란 뜻이다. 이 두 이름은 사탄 곧 마귀를 가리킨다. 마귀는 멸망케 하는 자이다.

5) 두 재앙 예고(12절)

12절은 막간으로서 앞으로 이를 두 재앙을 예고해 준다.

교훈과 적용

1. 사탄(마귀)은 원래 하늘에 있는 천사 중 하나였으나 천사들을 꾀어 반란을 일으켰다가 하늘에서 쫓겨났다고 한다(유 6절; 벧후 2:4; 계 12:10). 그는 '무저갱'(원래 '밑바닥이 없는 곳'이란 뜻)에 던져져 어두운 곳에 거하며 '무저갱의 사자(使者)'라 일컬어진다(11절). 이 무저갱에서 풀무의 연기 같은 연기가 나와서 온 세상을 어둡게 만든다. 지금도 마귀는 공중의 권세 잡은 자로서(엡 2:2), 세상 사람들의 마음을 어둡게 하여 그리스도의 복음의 광채를 보지 못하게 만든다(고후 4:4).

2. 황충(메뚜기)은 밭의 곡식을 다 먹어 치우는 재앙을 가져온다(출 10:12-20; 욜 1:4). 여기서는 사탄의 역사, 지옥 권세의 역사를 상징적으로 나타낸다(3-6절). 이 황충은 곡식이 아니라 오직 이마에 하나님의 인침을 받지 아니한 사람들 곧 믿지 아니하는 자들만 해치는 권세를 받았다. 그러나 죽이지는 못하게 하고 다섯 달 동안 괴롭게만 하셨다(5절). 여기서 '다섯 달'은 문자적 의미가 아니라 '열 달'의 절반으로서 환난 기간을 상징한다고 볼 수 있다. 이처럼 마귀의 권세는 정해져 있고 하나님의 허락하에 일어난다.

3. 사탄의 역사는 신속하고 강력하며 막을 수 없는 것처럼 보인다(8-10절). 또 '여자의 머리털'과 같은 아름다운 모양으로 사람을 유혹하고(8절), 또는 '꼬리'와 같은 거짓과 술수로 사람을 미혹한다(10절). 그러나 그런 미혹에 넘어가면 전갈에 쏘이는 것과 같은 치명적인 상처를 입게 된다(10절). 따라서 우리는 그런 유혹과 미혹에 넘

어가지 않도록 조심해야 한다. 하나님은 멸망하는 자들에게 그런 사탄의 역사가 있도록 허락하셨으나(살후 2:9-12), 택함받은 자들은 하나님이 지키시고 보호하신다(4절; 계 17:14).

4. 큰 강 유브라데에 결박한 네 천사(9:13-21)

13 여섯째 천사가 나팔을 불매 내가 들으니 하나님 앞 금 제단 네 뿔에서
한 음성이 나서 14 나팔 가진 여섯째 천사에게 말하기를 큰 강 유브라데
에 결박한 네 천사를 놓아 주라 하매 15 네 천사가 놓였으니 그들은 그 년
월 일 시에 이르러 사람 삼분의 일을 죽이기로 준비된 자들이더라 16 마
병대의 수는 이만 만이니 내가 그들의 수를 들었노라 17 이같은 환상 가
운데 그 말들과 그 위에 탄 자들을 보니 불빛과 자줏빛과 유황빛 호심경
이 있고 또 말들의 머리는 사자 머리 같고 그 입에서는 불과 연기와 유황
이 나오더라 18 이 세 재앙 곧 자기들의 입에서 나오는 불과 연기와 유황
으로 말미암아 사람 삼분의 일이 죽임을 당하니라 19 이 말들의 힘은 입
과 꼬리에 있으니 꼬리는 뱀 같고 또 꼬리에 머리가 있어 이것으로 해하
더라 20 이 재앙에 죽지 않고 남은 사람들은 손으로 행한 일을 회개하지
아니하고 오히려 여러 귀신과 또는 보거나 듣거나 다니거나 하지 못하는
금, 은, 동과 목석의 우상에게 절하고 21 또 그 살인과 복술과 음행과 도둑
질을 회개하지 아니하더라

13-21절은 '전쟁'의 재앙을 보여 준다. 이 전쟁은 문자적인 전쟁이 아니라 마귀의 역사에 의한 영적 전쟁이다. 마귀의 조종에 의한 영적 전쟁은 물론 실제적인 전쟁으로 나타날 수도 있다. 그러나 영적 전쟁은 문자적 전쟁보다도 광범위하고 깊다.

1) 네 천사가 놓임(13-15절)

여섯째 천사가 나팔을 불자 하나님 앞의 금 제단 네 뿔에서 한 음성이 났다(13절). 여기의 '금단(金壇)' 또는 '금제단(金祭壇)'은 지성소 앞의 성소에 있는 향단을 의미한다(출 30:1-3; 계 8:3).[30] 향단에서 재앙을 알리는 음성이 들린 것은 성도의 기도에 대한 응답으로 이 세상에 재앙이 임한다는 것을 말한다(참조. 계 8:3-5). 금향단 네 뿔에서 음성이 나서 나팔 가진 여섯째 천사에게 말하기를 "큰 강 유브라데에 결박한 네 천사를 놓아 주라."고 하였다(14절). '큰 강 유브라데'(계 16:12)는 앗수르 제국과 바벨론 제국이 위치했던 곳이다. 그들은 하나님의 백성 이스라엘을 괴롭히고 멸망시켰다. 따라서 '유브라데'는 하나님을 대적하는 세상 권세, 지옥 권세를 상징한다.[31]

"네 천사가 놓였으니 그들은 그 년 월 일 시에 이르러 사람 삼분의 일을 죽이기로 예비된 자들"이라고 한다(15절). "그 년 월 일 시"라고 한 것은 하나님께서 모든 역사의 진행을 세세한 부분까지 정하셨다는 것을 의미한다. 그 시작과 경과와 끝나는 시간까지 하나님이 다 정하셨다. "사람 삼분의 일을 죽인다"는 것은 많은 숫자를 죽인다는 것인데, 많은 사람을 멸망케 한다는 의미이다.

2) 마병대의 수와 모습(16-19절)

그 "마병대(馬兵隊)의 수는 이만만"이라고 한다(16절). '이만만'은 2억인데 상징적 의미로 보아야 한다. 곧, 엄청나게 많은 숫자를 의미한다.[32] 이것은 사탄의 세력이 엄청 많다는 것을 의미한다. 그러면 여기서 '만만' 앞에 붙

---

30. Greijdanus, *Openbaring*, 204.

31. Greijdanus, *Openbaring*, 206.

32. 할 린지(Hal Linsey)는 이것을 '중공군'으로 본다. 홀 린세이, 『신세계의 도래』, 128 이하. 조용기도 2억의 군대를 동원할 나라는 이 지구상에서 오직 한 나라 곧 중공밖에 없다고 한다. 참조. 조용기, 『평신도를 위한 요한계시록 강해』 (서울: 영산출판사, 1981), 257.

은 '2'라는 숫자는 무슨 의미일까? 이것은 아마도 싸움의 수, 전쟁의 수라고 생각된다.

요한이 환상 가운데 이 말들과 그 탄 자들을 보았는데, 그들은 불빛과 자줏빛과 유황빛 흉갑을 가지고 있었다(17상). 여기서 '자줏빛'(ὑακίνθινος, *휘아킨띠노스*)은 보라색(hyacinth-colored)을 의미한다. '유황빛'(θειώδης, *떼이오데스*)은 유황의 황색(sulphur-yellow)을 의미한다.[33] 이 색깔들은 다 멸망, 죽음, 파괴를 상징한다.[34] 또 "말들의 머리는 사자 머리 같고 그 입에서는 불과 연기와 유황이 나오더라."고 했다(17하). 이것을 볼 때 우리는 이 말(馬)이 문자적 의미의 말(馬)이 아님을 알 수 있다. '사자(獅子) 머리' 같다는 것은 찢고 죽이는 무시무시한 것을 상징한다.[35] '불'과 '연기'와 '유황'은 각각 구체적인 의미를 가진다기보다도[36] 전체로서 마귀의 공격을 의미한다고 보아야 할 것이다. 그리고 이 세 재앙(불, 연기, 유황)으로 인하여 사람 '1/3이 죽임당했다'는 것도 문자적 의미가 아니라 많은 사람이 죽임당했다는 의미로 보아야 한다.

"이 말들의 힘은 입과 꼬리에 있으니 꼬리는 뱀 같고 또 꼬리에 머리가 있어 이것으로 해하더라."고 한다(19절) 여기서 '입'은 말(語)을 의미하고, '꼬리'는 유혹 또는 미혹을 의미한다(참조. 사 9:15).[37] 이처럼 마귀는 언어와 이론을 통해 사람들을 미혹하며, 또한 거짓 선지자들과 이단들을 통해 사람들을 미혹하고 멸망케 한다. 따라서 이것은 전체적으로 마귀의 역사를 말한다.

---

33. B. M. Newman, *A Concise Greek-English Dictionary of the New Testament*, rev. ed. (Deutsche Bibelgesellschaft/United Bible Societies, 2014), s.v.
34. Greijdanus, *Openbaring*, 208.
35. Greijdanus, *Openbaring*, 208.
36. 박윤선은 이것을 각각 폭격(爆擊), 포격(砲擊), 뇌격(雷擊), 사격(射擊) 등이 발달된 전술을 의미한다고 본다. 박윤선, 『요한계시록』, 207. 그러나 이것은 지나치다고 생각된다.
37. 박윤선은 '꼬리'의 전력과 전술은 거짓 선지의 교훈이라고 한다. 박윤선, 『요한계시록』, 207. 우리는 '꼬리'에 대해 좀 더 넓게, 거짓 선지자의 미혹과 같은 미혹을 뜻한다고 봄이 더 좋을 듯하다.

"꼬리는 뱀 같다"는 것은 이 말(馬)의 마귀적 기원을 강조한다.[38]

그리고 "꼬리에 머리가 있어 이것으로 해한다."고 했는데, '머리'는 지성, 사상, 학문을 의미한다. 마귀는 거짓 학문과 사상으로 수많은 사람을 파멸에 빠뜨린다. 예를 들어 독일의 나치 치하에서 우생학과 진화론, 인종차별주의를 통해 수많은 유대인들을 학살하였으며, 전쟁을 통해 수천만 명을 죽게 만들었다. 오늘날에도 마귀는 진화론과 프로이트 심리학, 공산주의 사상, 거짓 철학과 자유주의 신학, 종교다원주의와 관용주의, 뉴 에이지 사상 등으로 많은 사람을 멸망으로 인도하고 있다.

3) 회개치 아니함(20-21절)

그러나 "이 재앙에 죽지 않고 남은 사람들은 손으로 행한 일을 회개하지 아니하고 오히려 여러 귀신과 또는 보거나 듣거나 다니거나 하지 못하는 금, 은, 동과 목석의 우상에게 절하고 또 그 살인과 복술과 음행과 도둑질을 회개하지 아니하더라."고 한다(20-21절). 세상 사람들은 재앙을 당해도 회개하지 아니한다. 지진과 해일, 기근과 산사태 등 자연재해로 피해를 입은 사람들, 그리고 이단과 거짓 사상에 빠져 인생을 망친 사람들이 탄식과 절규는 하지만 좀처럼 회개하지 않는다. 사람들은 여전히 귀신들을 섬기고 우상들에게 절한다. 여기서 '복술(卜術)'은 원어로 '*파르마콘*'(φάρμακον)인데 마술(魔術, witchcraft, magic)을 의미한다. 이처럼 사람들은 재앙을 당하여도 회개하지 아니하고 여전히 죄악 가운데 살아간다. 그래서 또 다른 재앙이 불가피하게 되며, 이 세상은 결국 마지막 심판으로 나아가게 된다.

---

38. Mounce, *Revelation*, 197.

교훈과 적용

1. 여섯째 천사가 나팔을 불 때 큰 강 유브라데에 결박한 네 천사가 놓임을 받았다(13-15절). 이것은 악한 세상의 세력이 교회를 공격하기 위해 오는 길이 활짝 열리게 됨을 나타낸다. 왜냐하면 유브라데 강은 약속의 땅의 경계로서 서쪽은 가나안 땅이고 동쪽은 앗수르와 바벨론이 있던 곳이기 때문이다. 따라서 이만만의 마병대가 쳐들어온다는 것은 엄청난 세상 세력이 교회를 공격하러 온다는 의미이다(계 16:12; 20:8-9). 지금 시대가 그러하다고 생각된다.

2. 이만만의 마병대(16절)는 문자적으로 2억의 군대(마병대)란 의미가 아니다. 이것은 사탄의 지배를 받는 세상 세력이 엄청 많다는 것을 의미한다. 그 모습은 무시무시하다(17절). 그만큼 세상 세력은 많고 크고 대단하다. 그 입에서 '불'과 '연기'와 '유황'이 나온다는 것은 문자적인 의미가 아니라 각종 수단으로 사람을 공격한다는 의미이다. 오늘날 같으면 거짓 종교와 이단들, 거짓 철학과 거짓 학문, 진화론, 종교다원주의, 게임과 쾌락, 물질주의 등이다. 물론 전쟁과 테러와 폭력도 포함된다. 이처럼 마지막 종말이 다가올수록 세상은 더욱 험해지고 교회에 대한 공격도 거세진다.

3. 이런 무시무시한 재앙을 당하여 죽지 않고 남은 자들은 자기 행위를 회개하지 아니하고 도리어 우상에게 절하고 섬긴다(20절). 자기의 살인과 복술과 음행과 도둑질을 회개하지 아니한다(21절). 이것이 말세 사람들의 모습이다. 그들은 재앙을 당하였을 때 슬퍼하고 위로하고 구제하고 인간적인 대책을 세우고 하지만, 막상 자기의 악한 행위를 뉘우치고 회개하지는 않는다. 임위하신 하나님께로 돌아오지 않는다. 여전히 우상을 섬기고 세상적인 방식으로 살아간다(계 22:11; 단 12:10). 그러나 하나님께로 돌아와야만 참된 해결이 있고 구원이 있다(행 2:21; 롬 10:13).

제9장

작은 책을 가진 천사

(10:1-11)

10장에는 힘센 다른 천사가 내려와서 손에 들고 있는 '작은 책(두루마리)'을 요한에게 주는 장면이 나온다. 요한이 이 책을 받아먹으니 입에는 꿀같이 다나 먹은 후에는 배에서 쓰게 되었다고 한다. 이 '작은 책'은 하나님의 말씀을 의미한다. 하나님의 말씀은 들을 때에는 꿀같이 달지만 전할 때에는 고난이 따른다는 것을 말해 준다.

본문 개요

요한은 또 힘센 다른 천사가 구름을 입고 하늘에서 내려오는 것을 보았는데, 그 손에는 작은 책이 있었다(1-2절). 이 천사가 큰 소리로 외칠 때 일곱 우레가 소리를 내어 말하였다(3절). 그때 하늘에서 소리가 나기를 "일곱 우레가 말한 것을 인봉하고 기록하지 말라."고 하였다(4절). 그리고 이 천사가 맹세하여 말하기를 "지체하지 아니하리니 일곱째 천사가 소리를 내는 날 … 하나님의 비밀이 이루어지리라."고 하였다(6-7절).

하늘에서 또 소리가 나서 요한에게 말하기를, 이 천사의 손에서 책을 취하라고 하였다(8절). 요한이 천사의 손에서 작은 책을 갖다 먹어 버리니 입에는 꿀같이 다나 먹은 후에는 배에서 쓰게 되었다(10절). 그 천사가 또 말하기를 "네가 많은 백성과 나라와 방언과 임금에게 다시 예언하여야 하리라."고 하였다(11절). 하나님의 말씀은 계속 전파되어야 한다는 말이다.

내용 분해

1. 작은 책을 가진 천사(10:1-11)
   1) 힘센 다른 천사(1-4절)

2) 그 천사의 맹세(5-7절)

3) 입에는 다나 배에는 쓴 책(8-11절)

본문 주해

1. 작은 책을 가진 천사(10:1-11)

1 내가 또 보니 힘센 다른 천사가 구름을 입고 하늘에서 내려오는데 그 머
리 위에 무지개가 있고 그 얼굴은 해 같고 그 발은 불기둥 같으며 2 그 손
에는 펴 놓인 작은 두루마리를 들고 그 오른발은 바다를 밟고 왼발은 땅
을 밟고 3 사자가 부르짖는 것 같이 큰 소리로 외치니 그가 외칠 때에 일
곱 우레가 그 소리를 내어 말하더라 4 일곱 우레가 말을 할 때에 내가 기
록하려고 하다가 곧 들으니 하늘에서 소리가 나서 말하기를 일곱 우레가
말한 것을 인봉하고 기록하지 말라 하더라 5 내가 본 바 바다와 땅을 밟
고 서 있는 천사가 하늘을 향하여 오른손을 들고 6 세세토록 살아 계신
이 곧 하늘과 그 가운데에 있는 물건이며 땅과 그 가운데에 있는 물건이
며 바다와 그 가운데에 있는 물건을 창조하신 이를 가리켜 맹세하여 이
르되 지체하지 아니하리니 7 일곱째 천사가 소리 내는 날 그의 나팔을 불
려고 할 때에 하나님이 그의 종 선지자들에게 전하신 복음과 같이 하나
님의 그 비밀이 이루어지리라 하더라 8 하늘에서 나서 내게 들리던 음성
이 또 내게 말하여 이르되 네가 가서 바다와 땅을 밟고 서 있는 천사의 손
에 펴 놓인 두루마리를 가지라 하기로 9 내가 천사에게 나아가 작은 두루
마리를 달라 한즉 천사가 이르되 갖다 먹어 버리라 네 배에는 쓰나 네 입
에는 꿀같이 달리라 하거늘 10 내가 천사의 손에서 작은 두루마리를 갖다
먹어 버리니 내 입에는 꿀같이 다나 먹은 후에 내 배에서는 쓰게 되더라

11 그가 내게 말하기를 네가 많은 백성과 나라와 방언과 임금에게 다시 예언하여야 하리라 하더라

1) 힘센 다른 천사(1-4절)

먼저 사도 요한은 "힘센 다른 천사가 구름을 입고 하늘에서 내려오는데 그 머리 위에 무지개가 있고 그 얼굴은 해 같고 그 발은 불기둥 같다."고 한다(1절). 이 천사는 "그 손에 작은 두루마리를 들고 그 오른발은 바다를 밟고 왼발은 땅을 밟고" 있었다(2절).

이 천사는 누구일까? 마운스는 계시록 5:2의 천사와 동일한 천사로 본다.[1] 판 드 캄프도 마찬가지로 계시록 5:2의 천사로 보면서 힘센 천사이지만 그리스도는 아니라고 한다.[2] 흐레이다너스는 이 천사는 그리스도와 비슷하게 보이나 그리스도는 아니라고 한다. 왜냐하면 여기에 '천사'라고 했으며 또 요한이 그를 경배하지도 않았고 하나님으로 높이지도 않았기 때문이다. 그래서 그냥 '매우 높은 천사'라고 본다.[3] 이에 반해 빌은 이 천사는 '신적 그리스도 자신'이거나 '신적인 여호와의 사자'라고 본다.[4]

이러한 견해들은 계시록 10장의 사건을 실재 세계의 것으로 보고서 이 '천사'의 존재를 실재 세계의 무엇과 일치시키려고 하는 데서 오는 오류이다. 이 '천사'는 물론 그리스도가 아니다. 그러나 우리는 이것이 '환상'(vision) 중에 나오는 존재임을 생각할 필요가 있다. 드라마나 영화에서 '배우'와 그 배우가 나타내는 '실체'는 다르다. 예를 들어 <예수 영화>에서 '예수 역을 한 배우'와 '실제 예수'는 다르다. 그 배우는 단지 예수의 역할을 했을 뿐이다. 이와 마찬가지로 여기의 '천사'는 그리스도의 역할

1. Mounce, *Revelation*, 201.
2. Van de Kamp, *Openbaring*, 244.
3. Greijdanus, *Openbaring*, 213 이하.
4. Beale, *Revelation*, 522.

을 한 천사이며 그리스도 자신은 아니다. 계시록에서 천사는 계시의 전달자로 나타난다(계 1:1; 22:8). 따라서 이 천사가 어디에 나오는 어떤 천사라고 규정하는 것은 의미가 없다.

우리는 이 천사를 '그리스도를 대변하는 천사'로 볼 수 있다. 그 모습을 보면 그리스도의 모습과 일치한다(참조. 계 1:7, 16; 4:3). 그러나 본문에 여러 차례 '천사'라고 말하고 있기 때문에 '그리스도의 역할을 하는 천사'라고 보는 것이 무난할 것이다.

1절에서 이 천사가 "구름을 입고" 또 "그 머리 위에 무지개가 있다"는 것은 신적 영광을 나타낸다. 천사 자신은 신적 존재가 아니지만, 그가 대변하고 있는 그리스도의 위엄과 신적 영광을 나타내고 있다. "그 얼굴은 해 같다"는 것도 그리스도의 찬란함과 영광스러움을 나타낸다(계 1:16; 마 17:2). "그 발은 불기둥 같다"는 것은 그리스도의 위대함과 찬란함을 말한다(참조. 계 1:15).

이 천사는 펼쳐진 '작은 책'(βιβλαρίδιον, *비블라리디온*)을 그 손에 가지고 있었다. '*비블라리디온*'은 책이라는 의미의 '*비블로스*'(βίβλος)에 지소형(指小形) 어미(-αριδιον, -*아리디온*)가 붙은 것으로 '작은 책'을 의미한다. 개역개정판의 '작은 두루마리'는 의역이다. 이 책이 두루마리(scroll)인지 코덱스(codex)[5]인지 다른 형태인지는 이 단어 자체로서는 나타내지 않는다. 이 단어가 나타내는 것은 글자들이 쓰인 책이라는 사실이다. "그 오른발은 바다를 밟고 왼발은 땅을 밟았다."는 것은 그리스도께서 온 세상을 지배한다, 다스린다는 것을 나타낸다. 천사가 온 세상을 다스린다고 볼 수는 없다. 천사는 구원 얻을 상속자들을 섬기는 영에 불과하다(히 1:14). 따라서 이 천사는 그리스도를 나타내는 역할을 하고 있을 따름이다.

이 천사가 "사자의 부르짖는 것같이 큰 소리로 외치니 그가 외칠 때에 일

---

5. 오늘날의 책처럼 잘라서 제본한 것.

곱 우레가 그 소리를 발했다."고 한다(3절). 이 부분을 정확히 번역하면 "… 일곱 우레가 각각 제 소리를 발했다."가 된다. 이것은 그 소리의 우렁참과 다양함을 의미한다.[6] 이것은 하나님의 말씀의 위엄과 풍부함을 의미한다.

이 일곱 소리를 요한이 기록하려고 하였으나 하늘에서 소리가 나서 "인봉하고 기록하지 말라."고 하였다(4절). 따라서 이 소리들의 내용은 알 수 없지만, 아마도 미래의 일 또는 하나님의 작정과 관련된 말씀인 것으로 생각된다. 이처럼 "미래를 결정하는 **모든** 현상의 요인(要因)과 작인(作因)은 [우리가] 알 수도 없고 묘사할 수도 없다."[7] 하나님은 장래 일을 숨기시고 사람이 알지 못하게 하셨다(전 3:11; 7:14; 잠 25:2; 신 29:29).

2) 그 천사의 맹세(5-7절)

5-7절에는 이 천사가 하늘을 향하여 오른손을 들고 살아 계신 하나님을 가리켜 맹세한 내용이 나온다. 그 맹세의 내용은 "지체하지 아니하리니 일곱째 천사가 소리 내는 날, 그의 나팔을 불려고 할 때에 하나님이 그의 종 선지자들에게 전하신 복음과 같이 하나님의 그 비밀이 이루어지리라."는 것이다(6하, 7절). 여기서 "지체하지 아니하리니"(χρόνος οὐκέτι ἔσται, *크로노스 우케티 에스타이*)의 원문을 직역하면 "시간이 더 이상 없으리니"가 된다. 곧, 연기나 지체가 더 이상 없다는 말이다. 이것은 세상의 종말이 지체 없이 오게 하시겠다는 말씀이다(합 2:3).[8] 곧, 이 세상을 운행하시는 하나님께서 마지막 일들이 지체 없이 이루어지게 하실 것이며, 이에 따라 여러 무서운 일들과 두려운 사건들이 일어날 것임을 말하고 있다.

'하나님의 비밀'(τὸ μυστήριον τοῦ θεοῦ, *토 뮈스테리온 투 떼우*)에 대해 우리는 그저 신비한 일이나 불가사의한 일들을 가리킨다고 보면 안 된다. 이

---

6. 시 29편에 보면 '여호와의 소리'가 일곱 번 나타난다.
7. 헨드릭슨, 『요한계시록』, 149.
8. Greijdanus, *Openbaring*, 218.

것은 '하나님께서 이 세상을 운영하시는 모든 작정'을 뜻한다(계 1:20; 17:5, 7).[9] 하나님께서 이 세상을 어떻게 운영하시는지에 대해서는 사람들에게 감추어져 있다. 물론 중요한 것들은 선지자들에게 미리 알리셨으며(암 3:7), 그리스도 안에서 나타난 바 되었다(롬 16:25-26). 그리고 사도들을 통해 밝히 이해되고 전파되었다(엡 3:3-4). 그러나 이 세상에 일어나는 여러 일들과 사건들의 비밀은 역사의 종말에 가서야 온전히 드러나게 될 것이다(렘 23:20; 30:24). 그때에는 하나님께서 그 종 선지자들에게 전하신 복음과 같이 온전히 이루게 될 것이다.

3) 입에는 다나 배에는 쓴 책(8-11절)

그 천사는 또 요한에게 그의 손에 펴 놓인 책을 주면서 "갖다 먹어 버리라"고 말한다(8-9절). 이 말대로 요한이 그 책을 먹어 버리자 입에는 꿀같이 다나 먹은 후에 배에는 쓰게 되었다(10절). 이것은 무엇을 뜻하는가? 복음은 꿀같이 달다. 하나님의 말씀은 꿀과 송이꿀보다 더 달다(시 19:10; 119:103; 겔 3:3). 그러나 복음에는 쓴 고난이 따른다(마 10:16-33; 고후 6:4-5; 11:23-28). 헨드릭슨은 다음과 같이 말한다. "복음은 영광스럽고 달다. 그러나 그것을 전파하는 데에는 항상 쓰디쓴 고난이 따른다."[10] 실제로 사도 요한은 하나님의 말씀을 인하여 밧모라 하는 섬으로 추방되었다(계 1:9). 서머나 교회의 성도들 중 몇은 옥에 던져져 시험을 받았다(계 2:10). 이처럼 복음 전파에는 핍박과 환난이 따른다. 그래서 바울은 디모데에게 "하나님의 능력을 따라 복음과 함께 고난을 받으라."고 하였다(딤후 1:8).

그렇다고 해서 우리는 슬퍼하거나 좌절하면 안 된다. 복음 전하는 자가 고난을 받는 것은 하나님이 정하신 이치요 기뻐하시는 바이다. 이때 우리는 오

---

9. 참조. Greijdanus, *Openbaring*, 219.

10. 헨드릭슨, 『요한계시록』, 150.

히려 기뻐하고 즐거워해야 한다. 왜냐하면 하늘에서 상이 크기 때문이다(마 5:11-12). 따라서 우리는 실망하지 말고 계속 복음을 전해야 한다. "네가 많은 백성과 나라와 방언과 임금에게 다시 예언하여야 하리라."(11절)는 말씀은 바로 이것을 말한다. 여기서 '예언한다'(προφητεύω, *프로페튜오*)는 것은 복음을 전한다는 말이다.[11] 세상 사람들은 복음을 좋아하지 아니하고 배척하지만, 그래도 우리는 계속 복음을 전해야 한다. 왜냐하면 그들 중에서 복음을 듣고 회개하고 돌아올 사람들이 있을 것이기 때문이다. 그렇지 않다고 할지라도 우리는 계속 복음을 전하여야 한다. 그것은 우리의 의무이며 하나님의 뜻이기 때문이다(고전 9:16).

교훈과 적용

1. 4절에 보면 "일곱 우레가 말한 것을 인봉하고 기록하지 말라."고 한다. 이것은 세상 역사의 운행에 관한 하나님의 작정은 인간에게 숨기어 있음을 말한다. "하나님이 하시는 일의 시종을 사람으로 측량할 수 없게 하셨도다."(전 3:11; 7:14) 그러나 하나님은 그 가운데서 구원 역사와 관련한 것들을 선지자들에게 미리 알리셨다(암 3:7). 그리고 때가 되매 예수님이 오셔서 하나님의 비밀을 드러내시고 하나님의 뜻을 드러내 주셨으며 또 사도들이 전해 주었다(롬 16:25-26). 따라서 우리는 하나님의 계시인 이 성경 말씀을 붙들고 믿어야 한다.

2. 하나님의 말씀은 우리가 받아 먹을 때에는 꿀같이 달지만 먹은 후에는 쓰게 된다(9-10절). 즉, 우리가 하나님의 말씀을 듣고 깨우칠 때에는 은혜가 되고 기쁨이 되지만, 그 말씀을 전할 때에는 핍박이 오고 어려움을 겪게 된다. 따라서 하나님의 말씀에는 양 측면이 있다. 곧, 단맛과 쓴맛이 있다. 이 두 맛은 골고루 있어야 한다. 그런데 한국의 성도들은 너무 단맛만 좋아하는 것 같다. 재미있는 말씀을 듣고 또 듣는다. 그러나 막상 그것을 행하는 것에는 등한히 한다. 그러면 너무 단맛에 빠져서 건강에 해롭게 된다. 우리는 말씀을 들을 뿐만 아니라 행하는 데에도 힘써야 한다.

---

11. 참조. Beale, *Revelation*, 555: "προφητεύω(*프로페튜오*, 예언하다)는 단지 미래에 대한 하나님의 말씀만 가리키는 것이 아니라 또한 현재 실재에 대한 하나님의 계시된 해석을 포함한다."(필자 역)

3. 우리는 이 세상에서 하나님의 말씀으로 인하여 핍박과 환난을 당하지만, 그래도 다시 힘을 내어 말씀을 전하여야 한다(11절). 여기서 '예언한다'는 것은 무슨 미래 일을 말한다거나 점친다는 뜻이 아니라 하나님의 말씀을 전한다는 뜻이다. 우리가 이 세상에서 여러 환난을 당하고 어려움을 당하지만, 주님이 다시 오실 때까지 계속 말씀을 전해야 한다. 단지 우리나라에서만 전하지 말고 온 세계 사람들에게, 다른 민족들에게도 말씀을 전해야 한다. 내가 좋아하는 나라 사람들에게만 아니라 내가 싫어하고 미워하는 나라 사람들에게도 전해야 한다. 왜냐하면 그것을 하나님이 원하시기 때문이다(욘 4:10-11).

제10장

두 증인과 하나님 찬송

(11:1-19)

계시록 11장은 두 부분으로 나눌 수 있다. 전반부(1-13절)는 '복음을 증거하는 두 증인'에 대해 말하고, 후반부(15-19절)는 일곱째 나팔 불 때의 상황에 대해 말한다. 14절은 둘째 화가 끝나고 셋째 화가 속히 이른다는 것을 예고하고 있다. 일종의 막간 역할을 하고 있다.

전반부에 나타나는 '두 증인'은 어떤 특정한 인물을 가리키는 것이 아니라 교회 전체를 의미한다. 복음을 전하는 교회가 마귀의 공격을 받아 어려움을 당하지만 하나님의 개입으로 다시 일어서고 승리한다는 것을 말한다. 후반부에서는 하늘에서 난 찬송과 24 장로들의 찬송이 나온다. 그리고 다시 하나님의 성전을 보여 주심으로 다음 계시로 넘어가는 막간 역할을 하고 있다.

본문 개요

본문은 먼저 '성전'을 측량하라는 말로부터 시작한다(1절). 그러나 '성전 바깥마당'은 측량하지 말고 그냥 두라고 한다. 이것은 이방인들이 마흔두 달 동안 짓밟으리라고 한다(2절). 그리고 '두 증인'이 1,260일을 예언할 것이라고 한다(3절). 이들은 주 앞에 서 있는 '두 감람나무'와 '두 촛대'라고 말한다(4절). 따라서 이들은 특정한 어떤 개인이 아니라 복음을 증거하는 교회를 나타낸다. 10절에서는 '두 선지자'라고 말한다. 이것도 하나님의 말씀을 증거하는 자들 즉 교회를 가리킨다. 이 두 증인이 권세를 가지고 복음을 전할 때에 무저갱에서 올라오는 짐승이 이들과 더불어 전쟁을 일으켜 그들을 죽인다(5-7절). 그러자 땅에 사는 자들이 그들의 죽음을 기뻐하여 서로 예물을 보낸다(10절). 이것은 세상 사람들이 교회의 파괴와 멸망을 그만큼 기뻐한다는 것을 나타낸다.

그러나 이러한 기쁨도 잠시다. 삼 일 반 후에 생기(生氣)가 이들 시체 속에 들어가니 이들이 발로 일어서서 구름을 타고 하늘로 올라갔다(11-12절). 이것은 교회가 성령으로 말미암아 다시 살아난다는 것을 의미한다. 그와 동시에 땅에서는 큰 지진이 나서 성 십분의 일이 무너지고 지진에 죽은 사람이 칠천이었다(13절). 이것은 이 세상에 하나님의 진노가 임한다는 것을 나타낸다. 그러나 남은 자들이 두려워하여 영광을 하나님께 돌렸다(13절). 이것은 참된 회개가 아니라 하나님의 능력과 위대하심을 외적으로나마 고백할 수밖에 없다는 것을 나타낸다.

계시록 11장 후반부(15-19절)는 일곱째 천사가 나팔 불 때의 상황을 말하는데, 하나님의 심판으로 세상의 종말이 오고 난 후에 하나님을 찬송하고 감사하는 내용이다. 첫째는 하늘에서 난 찬송인데, "세상 나라가 우리 주와 그의 그리스도의 나라가 되어 그가 세세토록 왕노릇하시리로다."고 한다(15절). 두 번째는 24 장로가 하나님께 경배하면서 부른 찬송이다(16절). 그 내용은 하나님께서 큰 권능을 가지고 세상을 다스리셨음을 감사하는 찬송이다(17절). 그리고 하나님의 심판과 상급이 있음을 말한다(18절). 그리고 나서 하늘에 있는 하나님의 성전이 열리고 언약궤가 보이며 또 번개와 음성들과 우레와 지진과 큰 우박이 있는 것을 보았다(19절).

내용 분해

1. 복음을 증거하는 두 증인(11:1-14)
   1) 성전 측량(1-2절)
   2) 두 증인(3-4절)
   3) 두 증인의 권세(5-6절)
   4) 두 증인의 죽음(7-10절)
   5) 두 증인의 부활과 승천(11-12절)
   6) 하나님의 심판(13절)

7) 셋째 화의 도래 예고(14절)

2. 일곱째 나팔과 찬송(11:15-19)

1) 하늘에서 난 찬송(15절)

2) 24 장로들의 찬송(16-18절)

3) 하나님의 성전과 언약궤(19절)

본문 주해

1. 복음을 증거하는 두 증인(11:1-14)

1 또 내게 지팡이 같은 갈대를 주며 말하기를 일어나서 하나님의 성전과
제단과 그 안에서 경배하는 자들을 측량하되 2 성전 바깥마당은 측량하
지 말고 그냥 두라 이것은 이방인에게 주었은즉 그들이 거룩한 성을 마흔
두 달 동안 짓밟으리라 3 내가 나의 두 증인에게 권세를 주리니 그들이 굵
은 베옷을 입고 천이백육십 일을 예언하리라 4 그들은 이 땅의 주 앞에 서
있는 두 감람나무와 두 촛대니 5 만일 누구든지 그들을 해하고자 하면 그
들의 입에서 불이 나와서 그들의 원수를 삼켜 버릴 것이요 누구든지 그들
을 해하고자 하면 반드시 그와 같이 죽임을 당하리라 6 그들이 권능을 가
지고 하늘을 닫아 그 예언을 하는 날 동안 비가 오지 못하게 하고 또 권능
을 가지고 물을 피로 변하게 하고 아무 때든지 원하는 대로 여러 가지 재
앙으로 땅을 치리로다 7 그들이 그 증언을 마칠 때에 무저갱으로부터 올
라오는 짐승이 그들과 더불어 전쟁을 일으켜 그들을 이기고 그들을 죽일
터인즉 8 그들의 시체가 큰 성 길에 있으리니 그 성은 영적으로 하면 소돔
이라고도 하고 애굽이라고도 하니 곧 그들의 주께서 십자가에 못 박히신
곳이라 9 백성들과 족속과 방언과 나라 중에서 사람들이 그 시체를 사흘

반 동안을 보며 무덤에 장사하지 못하게 하리로다 10 이 두 선지자가 땅
에 사는 자들을 괴롭게 한 고로 땅에 사는 자들이 그들의 죽음을 즐거워
하고 기뻐하여 서로 예물을 보내리라 하더라 11 삼 일 반 후에 하나님께로
부터 생기가 그들 속에 들어가매 그들이 발로 일어서니 구경하는 자들이
크게 두려워하더라 12 하늘로부터 큰 음성이 있어 이리로 올라오라 함을
그들이 듣고 구름을 타고 하늘로 올라가니 그들의 원수들도 구경하더라
13 그 때에 큰 지진이 나서 성 십분의 일이 무너지고 지진에 죽은 사람이
칠천이라 그 남은 자들이 두려워하여 영광을 하늘의 하나님께 돌리더라
14 둘째 화는 지나갔으나 보라 셋째 화가 속히 이르는도다

1) 성전 측량(1-2절)

11장 전반부는 10장의 환상의 연속이다. 그러나 내용이 바뀌어서 먼저 '성전 측량'에 관한 장면이 나온다. 10장에서 말하던 그 힘센 천사가 요한에게 지팡이 같은 갈대를 주며 말하였다. "일어나서 하나님의 성전과 제단과 그 안에서 경배하는 자들을 측량하라."(1절) '측량(測量)'은 구약에서 완전한 파괴를 말할 때(왕하 21:13; 사 34:11 등) 또는 도덕적 재건을 말할 때(겔 40:2이하; 43:13) 사용되었다. 여기 계시록에서는 범위를 정하는 것, 경계 짓는 것을 뜻하며, 소유를 분명히 확정하는 것을 뜻한다. 따라서 이것은 안전하게 보호하는 것을 뜻한다.[1]

그러면 무엇을 측량하라고 하였는가? '하나님의 성전'과 '제단'과 '그 안에서 경배하는 자들'을 측량하라고 하였다. 여기서 '성전'(ναός, 나오스)은 성전 전체를 가리키는 것이 아니라 '성소'(지성소 포함)를 가리킨다. 이 '성전'(성소)은 문자적인 예루살렘 성전이 아니라 영적인 성전 곧 성도들을 가리킨다

---

1. Greijdanus, *Openbaring*, 226.

(고전 3:16; 6:19; 고후 6:16-17; 엡 2:21).[2] "이것(하나님의 성전)은 예루살렘의 성전을 의미하는 것이 아니라 하나님의 교회, 참 신자들인 영적인 성전을 의미한다."[3] 솔로몬 왕 때 하나님의 성전에 하나님의 영이 충만히 거하였듯이(참조. 왕상 8:10-11; 대하 5:13-14), 오늘날에는 참 교회에 성령이 거하신다(고전 3:16; 6:19). 하나님의 영이 내주하는 자들이 곧 하나님의 성전이다.

과거론자들(Chilton, Roloff 등)은 여기의 '성전'을 헤롯 성전으로 보고 '바깥마당'을 이방인의 뜰(문자적 의미)로 본다. 세대주의자들(Walvoord, Seiss, Thomas 등)은 이것을 환난기 동안에 '재건된 성전'으로 본다.[4] 래드는 이 '성전'을 예루살렘에 있는 유대 성전을 가리킨다고 본다. 그리고 '예루살렘'은 유대 백성 전체를 가리킨다고 한다. 성소(고유한 의미의 성전)와 그 경배자들은 '남은 자들' 곧 '믿는 이스라엘 사람들'로 본다.[5] 이러한 해석은 이스라엘 중심으로 보는 유대주의적 해석이다. 계시록에서 '거룩한 성'은 문자적 의미의 예루살렘이 아니라 교회를 가리킨다(계 21:2, 9-10). 뿐만 아니라 계시록 11:1-13의 말씀(나아가서 계시록 전체)을 유대인들에게 준 말씀으로 보는 것은 옳지 않다. 계시록의 말씀은 '하나님의 종들' 곧 그리스도인들에게 주신 말씀이다(계 1:1, 11; 22:6, 16).

여기에 '하나님의 성전'이란 말이 나온다고 해서 요한이 계시록을 기록할 당시에 예루살렘 성전이 존재하고 있었다는 의미는 아니다. 여기서 말하는 '성전'은 돌로 된 성전이 아니라 성도들 곧 교회를 의미하기 때문이다(고전 3:16; 6:19; 엡 2:21-22). 뿐만 아니라 본문의 말씀은 사도 요한이 본 '환상' 속에 나오는 내용이다(참조. 계 10:1). 환상 속에서 하나님은 이 세상에 존재하지 않는 것들도(예를 들면 일곱 머리와 열 뿔 달린 짐

---

2. 참조. Mounce, *Revelation*, 213.
3. Greijdanus, *Openbaring*, 226.
4. 이상에 대해서는 다음을 보라. Osborne, *Revelation*, 408.
5. Ladd, *Revelation*, 152 이하.

승 등) 얼마든지 보여 주실 수 있다. 따라서 '하나님의 성전'이란 표현이 나온다고 해서 예루살렘에 성전이 아직 존재하고 있었다고 주장하는 것(Robinson, Wilson)은 잘못된 논리이다. 그런 것은 계시록 11:1-2을 문자적으로 이해해야 한다는 것을 전제하고 있다. 그러나 그런 이해는 계시록 전체와 특히 11장에 나타난 상징적 성격과 맞지 않다.[6] 어떤 학자들(Giet, Smalley)은 이 본문에서 제1차 유대인의 전쟁 동안의 예루살렘 성전의 상황을 보지만, 예루살렘 포위에 대한 자세한 설명은 소아시아의 그리스도인들에게는 흥미가 없었다.[7] 뿐만 아니라 문자적인 예루살렘은 요한에게 있어서 '거룩한 성'이 아니라 '그의 주를 못 박은 곳'(계 11:8)이었다.[8]

그런데 "성전 바깥마당은 측량하지 말고 그냥 두라."고 한다(2절). 여기에 '성전 바깥마당'이라고 번역되어 있는데, 이것은 원어상(τὴν αὐλὴν τὴν ἔξωθεν τοῦ ναοῦ, *텐 아울렌 텐 엑소텐 투 나우*) '성소 밖의 마당'이 직역이다.[9] '성전 바깥마당'으로 번역하면 '성전 안마당'은 제외되는 문제가 있다.[10] 그러나 성경이 말하는 바는 '성소' 밖에 있는 마당은, 안마당과 바깥마당이든, 측량하지 말라는 것이다. '성전(성소) 밖 마당'은 외양적으로 믿는 형태

---

6. Beale, *Revelation*, 21.
7. Van de Kamp, *Openbaring*, 35.
8. Van de Kamp, *Openbaring*, 35.
9. 여기서 NIV의 번역 "the outer court"는 정확하지 않다. ESV의 "the court outside the temple"(성전 밖의 마당)이 옳다. 물론 "temple" 대신에 "sanctuary" 또는 "holy place"를 쓰면 더 정확하겠지만, "temple"이 좁은 의미와 넓은 의미로 다 사용되기 때문에 틀린 것은 아니다. KJV의 "the court which is without the temple"과 NKJV의 "the court which outside the temple"이 문자적 직역이다(KJV의 "without"은 오늘날 "outside"란 뜻).
10. 흐레이다너스는 여기의 '마당'은 이방인들이 들어올 수 있었던 '헤롯 성전의 마당'을 의미한다고 본다. 여기에 돌로 된 벽이 있어서 유대인 남자들과 여자들이 들어올 수 있었던 다른 마당들과 분리되어 있었다고 한다. Greijdanus, *Openbaring*, 226 이하. 결국 '이방인의 뜰' 곧 '바깥마당'을 가리킨다는 것인데, 원문의 표현은 그렇게 되어 있지 않다. 원문은 '유대인의 뜰'과 '이방의 뜰'을 구분하는 것이 아니라 '성소'와 '그 바깥에 있는 마당'을 구분하고 있다. 사도 바울은 성도들의 몸이 '성전(성소)'이라고 하였으며(고전 3:16; 6:19). '성소와 유대인의 뜰(안마당)'이라고 하지 않았다.

는 가지고 있으나 참 믿음이 없는 자들을 가리킨다.[11] 헨드릭슨도 이와 같이 말한다. "제명을 받아야 하고 내쫓아야 마땅할 불성실한 교인을 말하고 있다(요 9:34 참조)."[12]

> 한편, 마운스는 바깥마당(the outer court)은 '다른 관점에서 본 교회'(the church viewed from a different perspective)를 가리킨다고 한다.[13] 그러면서 "한편으로는 교회 공동체가 보호받을 것이지만, 다른 한편으로는 보호받지 못한 교회 공동체는 짓밟힐 것이다."고 한다.[14] 빌도 이와 비슷하게 본다. "성전, 제단, 경배자들, 바깥마당, 거룩한 성에 대한 묘사들은 하나님의 새 백성에 대한 서로 다르지만 보완적인 측면들을 강조한다. 곧, 하나님께서 이 땅에서 그들 가운데 거하신다는 것; 그들은 희생적 부르심을 가지고 있다는 것; 그들의 희생적 삶은 그들이 경배하는 방식이라는 것; 그리고 그것은 그들의 증거에 대해 고난을 받는다는 것; 그들은 하나님이 그들 가운데 거하시는 구별된 공동체라는 것이다."[15] 그러나 휴즈는 다르게 본다. "이제는 밖에 있는 사람들은 자기들의 불신앙과 경건하지 못한 것을 계속 고집하는 사람들이며, 본문에서는 이런 사람들이 '열국'(또는 이방인)이라고 명명되었다."[16] 비록 마운스와 빌의 견해가 전혀 고려할 만한 가치가 없는 것은 아니라 할지라도, 본문의 2절이 1절과 분명한 대조를 이루고 있다는 것을 볼 때('측량하지 말라'와 '측량하다'), 그리고 '측량하다'는 것이 자기의 소유로 삼다는 뜻을 가지고 있다는 것을 생각해 볼 때,

11. 참조. Greijdanus, *Openbaring*, 227. "다른 사람들은, 그들이 아무리 외적으로, 형식적으로 하나님을 섬긴다고 해도, 또는 하나님의 백성 및 성전 봉사와 다양한 관계를 가지고 있다고 해도, 하나님이 내쫓으시며 그들 자신에게, 자신의 운명에 맡겨 버린다."
12. 헨드릭슨, 『요한계시록』, 153.
13. Mounce, *Revelation*, 214.
14. Mounce, *Revelation*, 215.
15. Beale, *Revelation*, 570 이하.
16. 휴즈, 『요한계시록 주석』, 175.

위 흐레이다너스와 헨드릭슨, 휴즈의 견해가 좋아 보인다.

우리말 번역에는 "측량하지 말고 그냥 두라."고 되어 있지만, 원문에는 "밖에 내던져 버리고 측량하지 말라."고 되어 있다. 이것은 참 믿음이 없는 자들, 위선적 믿음의 소유자들은 하나님의 구원에서 제외된다는 말씀이다. 그 이유는 "이것을 이방인에게 주었기 때문"이다(2중). 하나님은 외양적이고 위선적인 믿음을 가진 자들을 이방인들과 같이 취급하신다.

그리고 "그들이 거룩한 성을 마흔두 달 동안 짓밟으리라."고 하였다(2하). '거룩한 성'은 물론 지상의 '예루살렘 성'을 염두에 두고 한 표현이지만, 의미상으로는 '하나님의 교회' 곧 '하나님을 믿는 성도들'을 뜻한다(계 21:2, 10; 22:19). '마흔두 달'은 3년 반인데, 이는 7년의 절반으로서 환난의 때를 상징한다. 신약 시대 전체가 환난의 기간이다.[17] 이처럼 이방인들은 하나님의 교회를 핍박하고 괴롭힌다. 하나님께서 이것을 허락하셨다. 그러나 그들의 때는 정해져 있다.

> 이광복은 '마흔두 달'을 '대환난의 후반부'로, '일천이백육십 일'은 '대환난 전반부'를 가리킨다고 본다.[18] 스코필드(*Scofield Reference Bible*)는 계시록 11:2 난하주에서 다음과 같이 말한다. "이 시대 종말에 일어날 환난은 7년 동안 계속될 것이다. … 이 7년 기간은 … 각 3년 반씩 동일하게 둘로 나누어진다. … 이 7년의 후반부는 세계 통치자 편의 점증하는 잔인함과 이에 따른 더욱 심각해지는 핍박과 환난에 의해 특징지어질 것이

17. Greijdanus, *Openbaring*, 228: "이런 여러 표현들(42달, 1260일, 여자가 광야에서 살아야 하는 시기 등)은 주님의 승천으로부터 시작하여(12:5, 6) 심판 날까지 지속되는(11:12 이하) 상황들, 사건들을 나타낸다. 따라서 전체 기독교 시대를 포함한다." 박윤선도 마찬가지로 본다. "… 상징적 연수로서 적그리스도가 최후 활동하기까지 전의 신약 시대 전부를 가리킨다. 그렇다면 이것은, 복음서에 있는 이방인의 때를 가리키는 듯하다." 박윤선, 『요한계시록』, 220.
18. 이광복, 『마태복음으로 본 계시록 통합강해』, 645, 653.

다." 그러나 '마흔두 달'과 '천이백육십 일'을 이렇게 다른 시기로 나누는 것은 옳지 않다. 이 둘은 같은 기간(42달 x 30 = 1,260일)을 가리키며 다 상징적인 의미를 가지고 있다. 곧 '환난의 기간'을 의미하며, 이는 또한 동시에 '복음 전파의 기간'이며, 예수 그리스도의 초림부터 재림까지의 '신약 시대 전체'가 이에 해당한다.

2) 두 증인(3-4절)

3-12절은 '두 증인'의 활동과 그 운명에 대해 말한다. '두 증인'은 구체적인 개인을 가리키는 것이 아니다. 이단들은 '두 증인'에 대해 개인을 가리키는 것으로 보면서 자신을 '두 증인' 중의 하나로 보는 경향이 있다.[19] 한편 래드는 이 두 증인을 '이스라엘에 파송되어 그것을 회개케 할 실제적 역사적 종말론적 두 인물'로 본다.[20] 그러나 '두 증인'을 이런 개인들이나 또는 목사나 전도사와 같은 교회 직분자들[21]로 제한할 필요는 없다. '두 증인'은 복음을 증

---

19. 참조. 보혜사·이만희, 『요한계시록의 실상』, 499 이하; 홍종효, 『계시록실상증거』 (1994), 171. 이광복은 '두 증인'에 대해 '마지막 대환난기의 전반부에 진리의 말씀을 외치며 추수의 사명을 감당할 모세와 엘리야의 정신을 계승한 주의 종들'로 본다. 이광복, 『계시록 난해 해설』, 327. 문자적으로 '두 사람'으로 보지는 않지만 '마지막 대환난기의 전반부'에 일어난 사건으로 보고 있는 점에 주목하라.

20. Ladd, *Revelation*, 154: "two actual historical eschatological personages who will be sent to Israel to bring about her conversion."

21. 흐레이다너스는 두 증인을 주님의 사역자들 곧 주님에 의해 세워진 직분자들로 본다. 두 증인은 단지 두 사람만이 아니라 주님의 모든 참된, 신실한 직분자들과 교회 사역자들을 대표한다고 본다. Greijdanus, *Openbaring*, 228. 그러나 우리는, 물론 직분자들이 포함되는 것은 사실이지만, 굳이 직분자들로 제한할 필요는 없다고 본다. 요한계시록이 보여 주는 것은 세상에서 핍박받는 교회가 어떤 존재이며 어떻게 살아야 하는가 하는 것이다. 계시록에서 '하나님의 종들'(1:1; 22:6)은 모든 성도들을 가리킨다. 계시록에서는 직분의 구별에 초점이 있는 것이 아니라 다 '형제'라고 불린다(1:9; 12:10-11; 19:10; 22:9). 계시록에서 교회는 '신부', '어린양의 아내', '해를 입은 여자', '거룩한 성', '(새) 예루살렘' 등으로 불린다. 여기서는 복음을 증거하는 교회의 특성을 나타내기 위해 '두 증인'으로 말하고 있는 것이다.

거하는 교회를 뜻한다(아래 4절의 설명을 보라).[22] 8절과 9절 상에서 그들의 '시체'(πτῶμα, *프토마*)가 단수로 사용된 것도 이 해석을 지지한다.[23] 이들은 교회의 모든 성도들을 대변한다. 왜냐하면 교회는 복음을 증거하는 단체이기 때문이다. 그렇다면 여기서 '둘'이란 수는 문자적 의미가 아니라 증거의 효력과 관련된 상징적 의미를 가지고 있다고 봐야 할 것이다. 구약에서 두세 증인의 증거는 효력 있게 받아들여졌다(신 19:15). 예수님께서 70명의 전도자들을 내보내실 때에도 둘씩 보내셨다(눅 10:1).

이 '두 증인'은 "굵은 베옷을 입고 일천이백육십 일을 예언하리라."고 한다(3절). '굵은 베옷'은 통회, 슬픔, 회개를 상징한다(왕상 21:27; 마 11:21). '굵은 베옷'을 입은 이유는 세상의 죄 때문이다. 이것은 회개를 촉구하는 선지자의 모습을 나타낸다.

'일천이백육십 일'은 연(年)으로 환산하면 '3년 반'이요 달 수로는 '마흔두 달'이다. 따라서 이것은 환난의 기간과 일치한다. 환난의 기간은 또한 복음 전파의 기간이다. 복음이 전파되는 곳에는 환난이 있으며(마 10:34-35; 요 15:18-19), 환난 가운데서 복음이 전파된다(요 16:33; 딤후 4:2; 계 10:10-11). 그러면 여기에 왜 '마흔두 달'이라고 하지 않고 '일천이백육십 일'이라고 하였을까? 그것은 복음 전파는 날마다 이루어져야 하기 때문이다.[24] 그리고 복

---

22. 참조. 헨드릭슨, 『요한계시록』, 155: "이들 두 증인은 전 세대를 걸쳐 성직자들이나 선교사들을 통하여 그리스도의 복음을 증거하며 세상과 싸우는 교회를 상징한다." 이 해석은 대단히 좋으나 조금만 수정 보완한다면, 여기서 '성직자들이나 선교사들을 통하여'라고 했지만 꼭 이들을 통해서만 복음을 전하는 것은 아니다. 모든 성도들이 복음을 전하는 사명을 받았다(벧전 2:9). 이런 점에서 신약 시대의 성도들은 '만인 제사장'이다. 참조. H. Küng, *Die Kirche* (Freiburg/Basel/Wien: Herder, 1967), 429-57.

23. 박윤선, 『요한계시록』, 222: "'시체'는, 헬라 원어로 *프토-마*(πτῶμα)이니, 집합체(集合體)를 가리키는 단수 명사(單數名詞)이다. 이것을 보아도 위의 두 증인은 두 개인이 아니고 한 집합체 곧, 교회의 많은 사역자들의 집합체를 가리킨 듯하다. 말은 단수 명사이지만 집합 명사(集合名詞)의 내용을 가리킨다."

24. 참조. 헨드릭슨, 『요한계시록』, 155.

음 증거에는 환난과 핍박이 따른다. 그래서 '3년 반'에 해당하는 '일천이백육십 일'이라고 표현되어 있다. 따라서 '일천이백육십 일'은 그리스도의 초림(또는 승천, 또는 성령 강림)으로부터 재림에 이르는 전(全) 복음 시대를 가리키며,[25] 종말 전의 어떤 특정한 기간을 가리키는 것은 아니다.[26] 오늘날 통속적으로 많이 유포되고 있는 '7년 대환난'은 요한계시록에 나타난 숫자의 상징적 의미를 간과한 데서 온 것이다.[27]

이 '두 증인'은 "이 땅의 주 앞에 서 있는 두 감람나무와 두 촛대"라고 말한다(4절). 스가랴 4장에 보면, '두 감람나무'는 "기름 부음 받은 자 둘이니 온 세상의 주 앞에 서 있는 자"라고 한다(14절). 이들은 그 당시 여호수아와 스룹바벨로 보는 것[28]보다는 일반적으로 '하나님께서 그의 교회를 돌보시고 인도하시기 위해 세우신 도구들과 기관들'로 보는 것[29]이 더 옳다고 생각된다. 그러면 '감람나무'가 가지는 상징적 의미는 무엇일까? 감람나무는 감람유(올리브유)를 생산하는 나무이다. 이 감람나무를 통해 기름이 등대에 공급된다. 그러므로 감람나무는 등대를 밝혀 주는 원동력이 된다. 그렇다면 감람나무는, 스가랴 4:6의 말씀 곧 "이는 힘으로 되지 아니하며 능력으로 되지 아니하고 오직 나의 영으로 되느니라."고 하신 말씀을 생각해 볼 때, 성령이 역사하는 통로 또는 기관을 의미한다고 볼 수 있다. 따라서 '두 감람나무'는 성령이 역사하는 기관 곧 하나님의 능력으로 복음을 전하는 교회를 뜻한

---

25. 헨드릭슨, 『요한계시록』, 155; Greijdanus, *Openbaring*, 224; 박윤선, 『요한계시록』, 221.
26. 이광복은 1,260일에 대해 '두 증인이 사역할 대환난의 전반부'로 본다. 참조. 이광복, 『계시록 설교노트』, 184.
27. 이에 대해서는 변종길, "7년 대환난은 정말 있는가?"를 보라.
28. 예를 들면 Beale, *Revelation*, 577; Osborne, *Revelation*, 420 이하; Mounce, *Revelation*, 218. 이필찬, 『내가 속히 오리라』, 483도 마찬가지다.
29. Greijdanus, *Openbaring*, 230. 또한 Beale, *Revelation*, 572 이하를 보라. 빌에 의하면 '두 증인'은 개인 선지자 두 사람을 가리키지 않고 신앙 공동체 전체를 가리킨다고 본다. "Rather, they represent the whole community of faith, whose primary function is to be a prophetic witness."(573)

다. '두 촛대(등대)'도 마찬가지로 세상을 밝히는 교회의 기능을 상징한다(마 5:14-16; 계 1:20).[30]

여기서 '둘'이란 수는 문자적 의미가 아니라 증거의 효력과 관련된 상징적 의미를 가지고 있다고 보아야 할 것이다. 구약에서 두세 증인의 증거라야 효력 있게 받아들여졌다(신 19:15). 예수님께서 70명의 전도자들을 내보내실 때에도 둘씩 보내셨다(눅 10:1). 이처럼 '둘'은 증거의 수이다.

3) 두 증인의 권세(5-6절)

5-6절에서는 두 증인의 권세에 대해 말하고 있다. "만일 누구든지 그들을 해하고자 하면 그들의 입에서 불이 나와서 그들의 원수를 삼켜 버릴 것이요 누구든지 그들을 해하고자 하면 반드시 그와 같이 죽임을 당하리라."(5절) 여기서 "입에서 불이 나와서 그들의 원수를 삼켜버린다."는 것은 꼭 문자적으로 이런 일이 일어난다기보다 하나님께서 이처럼 교회를 보호하시고 지켜 주신다는 뜻이다(요일 5:18).[31] 누구든지 교회를 해하려 하는 자는 하나님의 신노를 면치 못할 것이다. 일례로, 유다 백성을 해하려 하던 하만은 하나님의 진노를 받아 자기가 세운 장대에 자기가 달리게 되었다(에 3-7장).

또 "그들이 권능을 가지고 하늘을 닫아 그 예언을 하는 날 동안 비가 오지 못하게 하고 또 권능을 가지고 물을 피로 변하게 하고 아무 때든지 원하는 대로 여러 가지 재앙으로 땅을 치리로다."고 한다(6절). 이것은 교회가 권

---

30. 계 1:20에서 '일곱 촛대(등대)'는 '일곱 교회'라고 했다. 그러면 '두 촛대(등대)'는 '두 교회'라고 보아야 할 것이다. 여기서 '둘'의 의미는 복음을 증거한다는 의미이다. 따라서 '두 촛대' 곧 '두 증인'은 '복음을 증거하는 교회'로 보게 되는 것이다. 이런 맥락에서 앞의 '두 감람나무'도 문자적으로 두 인물로 보기보다도 '두 촛대(등대)'에 기름을 제공하는 기관이므로 성령의 도구로 사용되어서 빛을 비추는 기관인 '교회'로 보는 것이 좋다고 생각된다. '두 감람나무'와 '두 촛대'는 함께 성령의 능력으로 세상에 복음을 증거하는 역할을 한다. 그래서 '복음을 증거하는 교회'라고 풀이한 것이다.

31. 문자적으로 두 증인의 입에서 불이 나온다고 보기는 어렵다. 그래서 상징적으로 해석해야 한다. "이것은 신약 교회가 모세나 엘리야처럼 영능(靈能)이 있으리라는 의미인 듯하다." 박윤선, 『요한계시록』, 221 이하.

세를 가지고 역사하는 것을 말한다. 옛날에 엘리야가 기도하였을 때 하늘 문이 닫혀서 3년 6개월 동안 비가 오지 않은 것처럼(왕상 18:1-7; 약 5:17), 교회는 권세를 가지고 있다. 물론 이 권세는 하나님께서 주신 것이다(마 16:19; 요 20:23; 마 16:18-19). 교회는 복음 전파를 통해 죄 사함과 구원의 권세를 가지고 있으며, 또한 권징을 실시할 수 있다. 나아가서 교회는 일반적으로 기도의 권세를 가지고 있다(요 14:13-14; 약 5:13-18).

4) 두 증인의 죽음(7-10절)

그러나 악한 자가 가만히 보고 있지는 않는다. 악한 마귀는 복음 증거자들을 대항하여 전쟁을 일으킨다. "그들이 그 증언을 마칠 때에 무저갱으로부터 올라오는 짐승이 그들과 더불어 전쟁을 일으켜 그들을 이기고 그들을 죽일 터인즉."(7절) 여기서 "그들이 그 증거를 마칠 때에"라고 한 것은 교회가 복음을 다 증거할 때까지 사탄이 가만히 있다는 뜻은 아니다. 왜냐하면 교회에 대한 사탄의 핍박은 항상 있어 왔으며 복음 전파와 동시에 늘 함께 역사하기 때문이다. 그래서 어떤 사람은 복음 증거자가 그때까지 계속 핍박과 환난 가운데 살다가 그 후에 완전히 파괴되고 멸망한다고 본다.[32] 그러나 이렇게 보는 것도 자연스럽지 않다. 왜냐하면 주님의 교회가 완전히 파괴되고 없어지는 것은 아니기 때문이다.

따라서 우리는 7절의 말씀을 역사상 순차적으로 일어나는 사건으로 볼 것이 아니라, 하나님께서 사도 요한에게 '보여 주신 장면들'의 순서로 이해하는 것이 옳다. 즉, 하나님은 요한에게 먼저 복음을 전하는 교회의 모습을 보여 주셨다. 그러고 나서 교회에 대항하는 악의 세력의 저항을 보여 주신다. 요한계시록은 '이제 있는 일'과 '장차 될 일'에 대해 하나님께서 사도 요한에게 '보여 주신 것'이지(계 1:19), 사실 자체의 '시간적 진행 순서'를 가르쳐 주

---

32. Greijdanus, *Openbaring*, 234.

신 것은 아니다. 우리는 이 '환상'의 성격을 잘 이해해야 한다. 사탄의 공격은 비록 두 번째 장면에 등장하기는 하지만, 사실은 복음이 전파될 때부터 이미 시작된 것이다.

'무저갱으로부터 올라오는 짐승'은 '적그리스도'(참조. 살후 2:3 이하)라고 보기도 하고,[33] 또는 '적그리스도의 나라'라고 보기도 한다.[34] 우리는 이것을 마귀의 수하에 있는 어떤 구체적인 실체로 볼 수도 있지만,[35] 또한 마귀의 세력을 상징한 것 또는 그러한 세력의 의인화(擬人化), 구체화(具體化)로 볼 수도 있다.[36] 그런 의미에서 '적그리스도'(Antichrist = 그리스도를 대적하는 자)라고 부르는 것은 합당하다. 어쨌든 그 배후에는 사탄(마귀)이 조종하고 있으며 능력을 주고 있다. '무저갱에서 올라온다'는 표현은 이 짐승이 '악의 나라'에 속한다는 것을 보여 주며, '어두움의 나라'에 의해 지배받고 조종된다는 것을 의미한다.[37]

이 짐승이 두 증인과 더불어 "전쟁을 일으켜 그들을 이기고 그들을 죽일 것"이라고 한다(7절). 그래서 "그들의 시체가 큰 성 길에 있나."고 한다(8절). 이것은 교회의 패배, 복음의 완전한 실패처럼 보인다. 곧, 교회가 완전히 파괴되고 소멸된 것처럼 보인다. 그래서 어떤 학자는, 이것은 직분자들과 수종자들을 가진 조직된 기구로서의 교회가 파괴된다는 뜻이라고 한다.[38] 성도들

---

33. Greijdanus, *Openbaring*, 234. 휴즈는 이에 대해 '적그리스도'로 보면서 '사단의 졸개'로서 "그리스도와 그의 복음에 대해 적개심을 나타내는 자이다(13:1)"라고 한다. 휴즈, 『요한계시록 주석』, 181.
34. 박윤선, 『요한계시록』, 222.
35. 빌은 여기의 '무저갱에서 올라오는 짐승'은 일차적으로 '교회 시대 종말에 실제로 지상에 나타나는 것'(his actual earthly appearance at the end of church age)을 가리킨다고 한다. Beale, *Revelation*, 589. 그러나 필자가 보기에, 이 견해는 시기적으로 너무 종말에 치우쳤다고 생각된다. 본문의 상징적 의미를 바로 이해한다면, 계시록의 다른 부분에서와 마찬가지로 전(全) 교회 시대로 확장시켜 보지 못할 이유가 없다고 생각된다.
36. 참조. De Vuyst, *Openbaring*, 93: "무저갱에서 올라오는 짐승은 마귀적 권세, 즉 하나님과 그리스도와 교회를 대항하는 모든 정치적 세력을 상징한다."
37. Greijdanus, *Openbaring*, 234.
38. Greijdanus, *Openbaring*, 234 이하. 헨드릭슨도 같이 본다. "그러나 복음의 선포와 말씀의 정규적

은 남아 있지만 조직된 전체로서의 교회는 파괴되고 잔해만 남게 된다는 뜻으로 본다. 그러나 이런 해석은 충분한 설명이 되지 못한다. 왜냐하면 지역에 따라 조직된 교회가 (거의) 완전히 파괴된 곳도 있지만(예를 들어 옛날 중공과 북한 치하의 교회), 지구상의 모든 교회가 다 그런 것은 아니기 때문이다. 마지막 종말 직전에는 조직된 교회가 이 지구상에 하나도 남지 않을 것이라고 보는 것도 무리다. 따라서 우리는 이 부분의 말씀을 하나님께서 요한에게 보여 주신 '환상'의 의도를 따라 해석해야 한다. '환상'은 원리(原理)를 보여주는 데 목적이 있다. 따라서 단순화(單純化)가 그 특징 중 하나이다. 흑백으로 나누어 분명하게 묘사한다. 따라서 그 의미는 이 세상에 있는 하나님의 교회는 사탄의 공격을 받아 심히 위태로운 지경에까지 이르며, 심지어 그 생명이 끝난 것처럼 보일 때도 있다는 것이다.[39]

8절에 보면, 죽임당한 두 증인의 '시체'(πτῶμα, *프토마*)는 단수로 나온다. 이것은 집합체로서의 교회 전체를 가리킨다.[40] 따라서 '두 증인'은 구체적 개인이 아니라 교회를 가리킴을 알 수 있다. 그 시체가 '큰 성 길'에 있다는 것은 사람들이 다 구경할 수 있도록 세상[41] 가운데 있다는 뜻이다. 이처럼 세상은 교회를 조롱하고 멸시하며 핍박한다.

사역을 위한 강력한 기관으로서의 교회는 파괴될 것이다. 예를 들면 현재의 중공(中共) 치하를 생각할 수 있겠다. 물론 현 중공 내에 신실한 성도들이 있을 것이다. 그러나 공적이며 공개적이고 자유스러운 복음의 선포와 전도가 중공 내 어느 곳에서 행해질 수 있단 말인가! 이런 현상은 다른 나라 곳곳에까지 번져가고 있지 않는가? 그리하여 주님이 재림하시기 직전에 공적이고 공개적인 복음 증거는 침묵하고 세상에 의하여 질식사(窒息死)한 교회의 시체들이 큰 도시의 대로(大路)상에 즐비하게 널려질 것이다." 헨드릭슨, 『요한계시록』, 157.

39. 빌은 8절 주석에서, 전체 교회가 소멸될 것이라고 문자적으로 보면 안 된다고 하면서 다음과 같이 말한다. "Rather it emphasizes by hyperbole that the true church will seem defeated in its role of witness, will appear small and insignificant, and will be treated with indignity." Beale, *Revelation*, 590.

40. 박윤선, 『요한계시록』, 222.

41. 여기서 '큰 성'은 '불경건한 세상'(ungodly world)을 가리키며 '지상의 도시 예루살렘'을 가리키는 것이 아니다. Beale, *Revelation*, 591.

그 성(城)은 "영적으로 하면 소돔이라고도 하고 애굽이라고도 하니 곧 그들의 주께서 십자가에 못 박히신 곳이라."고 한다(8절). '소돔'은 경건치 아니하고 도덕적으로 심히 타락한 죄악된 도시의 상징이다(창 19장). '애굽'은 하나님의 백성을 종노릇하게 하고 괴롭힌 나라이다. 따라서 이스라엘의 대적인 동시에 마귀가 지배하는 '세상'의 상징이다.[42] 그리고 '그들의 주께서 십자가에 못 박히신 곳'은 모든 죄악의 세력이 총집결하여 하나님의 아들을 십자가에 못 박은 죄악의 장소를 상징한다.[43] 세상 죄악의 세력은 그리스도의 십자가에서 그 절정을 이루었다.

그리고 "백성들과 족속과 방언과 나라 중에서 사람들이 그 시체를 사흘 반 동안을 보며 무덤에 장사하지 못하게 하리로다."고 한다(9절). 이것은 세상의 죄악이 얼마나 크고 패역한가를 보여 준다. '사흘 반'은 7일의 절반으로서 환난의 기간 곧 세상의 악이 일시적으로 승리하는 기간을 뜻한다.[44] '장사(葬事)하지 못하게 한다'는 것은 심한 모욕을 의미한다.[45]

그들은 이 증인들의 죽음을 기뻐하며 즐거워한다. 그래서 그들은 "기뻐하여 서로 예물을 보낼 것이다."(10절) '예물을 보낸다'는 것은 기쁨의 표현이다.[46] 이처럼 세상 사람들은 하나님의 교회가 무너지는 것을 기뻐하며 하나

---

42. 참조. Greijdanus, *Openbaring*, 236: "애굽은 … '하나님의 백성을 압제하는 세력에 대한 상징'이다."
43. 참조. 박윤선, 『요한계시록』, 223: "… '골고다'라는 장소를 가리킴이 아니고 극악(極惡)한 세상을 의미한다."
44. 빌은 '사흘 반'에 대해 "적그리스도의 승리는 증인들의 승리적 증거에 비해 짧고 대수롭지 않다"는 것을 강조한다고 한다. Beale, *Revelation*, 595. 그러나 빌이 여기의 '사흘 반'을 그리스도가 무덤에 있었던 '사흘'에 (약간이지만) 연결시킨 것은 옳지 않다. Beale, *Revelation*, 594 '사흘'과 '사흘 반'은 다르며, 그 상징적 의미는 전혀 다르다. 판 드 캄프는 '사흘 반'에 대해 '7의 절반'으로서 '갑자기 끝나는 기간'이며, 11-12절에 이어 나오는 하나님의 개입을 예고하는 것이라고 본다. Van de Kamp, *Openbaring*, 267. 그러나 빌과 판 드 캄프 모두 '사흘 반'이 '악의 세력'과 관계되는 기간 곧 '짧지만 악이 승리하는 (것처럼 보이는) 기간'이라는 것은 보지 못하고 있다.
45. 빌은 '심한 핍박'을 의미한다고 본다. Beale, *Revelation*, 595.
46. 참조. Van de Kamp, *Openbaring*, 267.

님의 말씀이 사라지는 것을 기뻐한다. 예수님이 십자가에 못 박히자 군병들이 그 옷을 제비 뽑아 나누며, 지나가는 자들이 머리를 흔들며 모욕하던 것과 마찬가지이다(마 27:35-44).

"이 두 선지자가 땅에 사는 자들을 괴롭게 했다."고 하는데, 이것은 그들이 복음을 전한 것을 두고 말한다. 복음은 세상의 죄를 책망한다(겔 2:7; 딤후 4:2; 요 16:8-9). 복음 증거 자체가 세상 사람들의 죄를 전제하고 있으며, 그들의 죄를 지적하고 책망하는 것이다. "구원받으십시오!"라는 말 자체가 세상 사람들은 죄 있다는 것을 전제하고 있다. 따라서 사람들은 복음을 싫어하며 교회당 간판만 보아도 불쾌하게 여긴다.

5) 두 증인의 부활과 승천(11-12절)

이러한 세상의 기쁨은 잠깐이다. 왜냐하면 "삼 일 반 후에 하나님께로부터 생기가 그들 속에 들어가매 그들이 발로 일어서기" 때문이다(11절). 여기서 '생기(生氣)'는 원어로 '*프뉴마 조에스*'(πνεῦμα ζωῆς)인데 '생명의 영' 곧 '성령'을 뜻한다. 성령이 그들 속에 들어가니 죽었던 시체가 살아난다. 에스겔서에 보면, 하나님의 영이 역사하니 마른 뼈가 살아나고, 죽었던 시체가 다시 움직인다고 한다(37장). 이처럼 교회는 이 세상에서 많은 어려움과 환난을 당하지만 성령의 역사로 말미암아 다시 살아난다. 교회의 대적들은 교회의 무너짐을 기뻐하고 자축하지만 하나님의 개입으로 말미암아 역전극이 벌어진다. 그러자 기뻐하던 세상 사람들은 크게 두려워하게 된다(11하).

그 때에 "하늘로부터 큰 음성이 있어 이리로 올라오라 함을 그들이 듣고 구름을 타고 하늘로 올라간다."(12절) 이것은 무엇을 가리키는가? 많은 사람은 이것을 주님의 재림 시에 있을 교회의 '휴거'를 가리킨다고 본다.[47] 이와

---

47. 이광복은 이것을 '교회의 환난 후 휴거'로 보는 것은 반대하지만, '대환난 전반기의 예언적 사명을 끝내고 순교를 당하였다가 부활한 일반적인 사건'으로 본다. 이광복, 『계시록 난해 해설』, 343. 즉, '교회의 휴거'를 의미하는 것이 아니라 '두 증인에게만 주어지는 예외적인 사건'(실제적인 부

같은 맥락에서 바로 앞절의 '두 증인이 살아난 것'을 마지막 때 성도들의 '부활'을 가리킨다고 본다.[48] 그러나 이렇게 보는 것은 이어서 나오는 13절의 말씀에 맞지 않다. "그 때에 큰 지진이 나서 성 십분의 일이 무너지고 지진에 죽은 사람이 칠천이라. 그 남은 자들이 두려워하여 영광을 하늘의 하나님께 돌리더라."(13절) 여기에 보면 그 후에도 살아 있는 사람들이 많이 남아 있다. 그러나 성도들이 부활하고 공중으로 올라간 후에는 세상 역사가 끝이 나고 심판이 있다(살전 4:13-17; 마 24:29-31; 요 5:28-29; 계 20:11-15). 그런데 성도들이 부활한 후에도 이 세상 역사가 계속된다는 것은 이상하다.

따라서 우리는 12절의 '하늘로 올라감'에 대해 문자적으로 볼 것이 아니라 상징적으로 보아야 할 것이다. 이것은 '교회의 승리'를 상징한다. 판 드 캄프는 다음과 같이 말한다. "증인들의 부활과 승천은 상징적 언어로서 교회의 예언적 사역이, 비록 어렵고 불가능하게 될지라도, 계속해서 반복적으로 살아난다는 것을 가리킨다. 곧, 회복과 복권(De Vuyst)."[49] 빌은 이것을 '신적 인정'(divine approval)이라고 표현했다.[50] 죽은 시체가 하나님의 영으로 일어

활과 승천)으로 본다(같은 책, 349). 권성수는 이것을 교회가 부활한 후에 휴거되는 것(살전 4:16, 17)으로 본다. 권성수, 『요한계시록』, 259. 오스본은 두 증인의 부활은 휴거 자체가 아니라 '교회의 휴거에 대한 예기적 기대'(a proleptic anticipation of the "rapture" of the church)라고 한다. Osborne, *Revelation*, 432. 한편 래드는 두 증인의 승천을 문자적 의미 그대로 받아들이면서, 그것은 "그들이 참된 선지자였다는 것을 나타내는 표"라고 한다. Ladd, *Revelation*, 159.

48. 박윤선, 『요한계시록』, 223; Greijdanus, *Openbaring*, 239. 그러나 빌은, 물론 11:11-12의 구원이 죽은 자들의 문자적 부활일 수도 있지만, 그것이 초점이 아니라고 한다. 초점은 하나님께서 그 핍박자들을 파괴하심으로 신자들을 '옳다고 하신다'(vindicate)는 데 있다고 한다. 적어도, 증인들의 승천은 마지막 때에 하나님의 백성에 대한 최종적이고 결정적인 구원과 옳다 하심(vindication)을 비유적으로 확증한다고 한다. 빌은 또 다음과 같이 말한다. "만일 두 증인이 상징적 인물들이라면, 그들의 순교와 올라감 둘 다 상징적으로 이해되어야 할 것이다." Beale, *Revelation*, 597.

49. Van de Kamp, *Openbaring*, 269. 드 파이스트는 이렇게 말한다: "11, 12절은 요약적으로 그리고 상징적인 언어로, 교회는 언제 어디서 핍박을 받든 하나님에 의해 그 환난을 반복적으로 그리고 영원히 이기고 살아남으며, 회복되며, 복구된다(참조. 8절 끝과 예를 들어 롬 8:17 끝)." De Vuyst, *Openbaring*, 93.

50. Beale, *Revelation*, 599.

난 것이 이미 교회의 승리를 말해 준다. 그렇다면 교회가 하늘로 올라가는 것은 교회의 승리를 확증하는 공공연한 과시이다. 앞에서 두 증인의 '죽음'에 대해 문자적으로 교회가 죽어서 전부 파멸된 것으로 볼 수 없는 것이 분명한 이상, 이어서 나오는 '부활'과 '승천'도 문자적 의미 그대로 볼 수 없는 것은 당연하다. 따라서 '구름을 타고 하늘로 올라간다'는 것은 이 세상에서 환난과 핍박을 당해 위기에 처한 교회가 하나님의 개입과 간섭으로 말미암아 이기고 승리한다는 것을 말한다. 이것은 역사상 반복적으로 일어나는 원리이며, 마지막 날에 결정적으로 이루어질 것이다.

6) 하나님의 심판(13절)

그 때에 큰 지진이 나서 성 십분의 일이 무너지고 지진에 죽은 사람이 칠천이라고 한다(13절). 이것은 '교회의 승리'와 동시에 일어나는 '세상에 대한 심판'이다. 하나님께서 이스라엘 백성을 애굽에서 구원하여 내실 때, 또한 동시에 애굽의 바로와 그의 군대에게 심판을 내리셨다. 이처럼 택한 자들의 구원은 동시에 세상에 대한 심판을 수반한다. 여기에서도 교회의 승리는 교회를 괴롭히고 박해하던 세상에 대한 심판을 수반한다는 것을 보여 준다.

'성 십분의 일'이 무너졌다는 것은 세상의 상당한 부분이 하나님의 진노의 심판을 받았다는 것을 뜻한다.[51] 그러나 세상의 전부는 아니다. 성의 '십분의 구'는 아직도 남아 있다. 그리고 이 지진에 죽은 사람이 '칠천'이라는 사실은 많은 사람이 죽었다는 뜻이다. 여기서 '칠천'은 상징적인 의미를 가지고 있다. '칠천'은 7 x 1,000이므로, 완전수 7에 많다는 개념의 1,000이 곱해진 수이다. 따라서 '칠천'은 상당히 많은 수를 가리킨다. 그러나 지구상의 모든 사람을 다 가리키는 것은 아니다.

그러자 "남은 자들이 두려워하여 영광을 하늘의 하나님께 돌리더라."고

51. 여기서 '성'은 문자적 예루살렘이 아니라 세상 전체를 나타낸다. 참조. Beale, *Revelation*, 602 이하.

했다(13하). 이것은 지진에 죽지 않고 살아남은 자들이 다 회개하고 하나님께로 돌아온다는 의미인가? 마지막 종말 때에 남은 자들이 다 하나님께로 돌아온다는 말인가? 박윤선은 "이것은, 세상 끝에 있을 사람들이 회개할 사실을 가리킨 듯하다. … 이 엇구대로 보면, 그 때에는 멸망받는 자들보다 회개하고 구원받는 자들의 수효가 더 많은 듯하다."고 한다.[52]

그러나 그렇게 보기에는 곤란하다. 마지막 날에 세상의 남은 모든 사람들(9/10)이 다 구원받는다는 것은 성경이 가르치는 바가 아니다. 여기에 '회개한다'는 말도 없고 '구원받는다'는 말도 없다. 따라서 이것은 참된 회개가 아니라 피상적인 고백을 말한다.

> 휴즈는 다음과 같이 말한다. "그러나 본문에는 그러한 어떤 마음의 변화를 암시하는 내용이 없으므로, 하나님께 영광을 돌린다는 것은 짐승을 따르는 자들이 자기들의 목숨만이라도 구해 보려는 공포의 반응이며 그들의 관심사는 오로지 자기 자신들뿐이지 하나님과 그의 영광이 아니라고 결론 내리는 것이 타당하다."[53] 권성수도 그렇게 말한다. "그 남은 자들은 쓴 마음으로 하나님이 크신 분이라는 것을 인정하지 않을 수 없다는 점에서 '영광을 돌리게' 될 것이나."[54] 빌은 긴 논의 끝에 이들의 행동(13절)은 회개로 볼 수 없다고 결론짓는다.[55] 흐레이다너스도 분명히 말하지는 않으나, 이들은 하나님의 위대하심을 인정하고 찬양한다고 말한다.[56]

---

52. 박윤선, 『요한계시록』, 224. 판 드 캄프도 회개를 가리킨다고 본다 Van de Kamp, *Openbaring*, 271 이하. 한편, 래드는 이것은 유대인 전체가 마지막 날에 회심할 것을 묘사하는 상징적 방법이라고 말한다. Ladd, *Revelation*, 159. 그러나 이것을 '유대인들'에게만 제한하는 것은 맞지 않다. 13절은 '세상 사람들 전체'에 대한 말씀이다(참조. 9절, 10절, 15절).
53. 휴즈, 『요한계시록 주석』, 189.
54. 권성수, 『요한계시록』, 259.
55. Beale, *Revelation*, 603-607.
56. Greijdanus, *Openbaring*, 241.

그들은 하나님의 무서운 심판 앞에서 하나님의 주되심을 고백하지 않을 수 없었다(참조. 빌 2:11). 따라서 여기서 '두려워하였다'(ἔμφοβοι ἐγένετο, *엠포보이 에게네토*)는 것은 '경외하였다'는 의미가 아니라 하나님의 심판 때문에 무서워 떨었다는 의미이다.[57] '영광을 돌렸다'는 것은 불신자들이 어쩔 수 없이 하나님의 능력과 살아 계심을 (외적으로) 고백하는 것을 말한다.

7) 셋째 화의 도래 예고(14절)

14절은 막간의 연결고리 역할을 한다. "둘째 화는 지나갔으나 보라 셋째 화가 속히 이르는도다." 둘째 화는 여섯째 나팔 재앙(계 9:13-21)을 말한다. 이제 한 화(禍)가 지나가고 앞으로 또 하나의 화가 올 것을 예고해 준다. 셋째 화는 일곱째 나팔의 재앙을 말하는데, 이것은 다시 일곱 대접의 재앙으로 이어지고 있다(16장). 이러한 화(禍)나 재앙(災殃)은 반드시 '시간적 순서'를 따라 일어나는 것은 아니며, 오히려 하나님께서 보여 주시는 '모습들의 순서'라고 말할 수 있다.

교훈과 적용

1. 천사가 요한에게 말하기를, 성전 밖의 마당은 측량하지 말라고 한다(2절). 이것은 참 성도가 아닌 자들, 성전 마당만 밟는 자들은 하나님이 자기 소유로 인정하지 않으신다는 말이다. 이들은 교회에 다닌다고 말하지만 실제로는 참 믿음이 없는 자들이며, 참으로 하나님을 경배하지 않는 자들이다. 이들은 그저 믿는다고 하는 이름만 있으며, 외적인 모양만 가진 자들이다. 오늘날 그저 외적으로 교회를 다니는 명목상의 그리스도인들이 이에 속한다. 이들은 하나님이 자기 백성으로 인정하지 않으신다.
2. 교회는 권세를 가지고 있다(5-6절). 이 권세는 세상이 주는 권세가 아니라 하나님이 주시는 권세이다. 교회가 기도할 때 하나님은 그 기도를 들으시고 능력을 행하신

57. 참조. Beale, *Revelation*, 605: "In fact, ἔμφοβος with a form of γίνομαι always means "terrified" or "frightened" in the NT, and never includes any sense of faith ⋯"

다(약 5:17-18). 이를 통해 하나님은 교회를 지키시고 보호하신다. 따라서 교회는 어려움을 당할 때에, 핍박과 환난을 당할 때에 간절히 기도해야 한다(시 50:15). 그러면 하나님은 그 기도를 들으시고 놀라운 능력을 베풀어서 교회를 지키시고 보호하시며 자기의 뜻을 이루신다.

3. 세상은 복음을 증거하는 교회를 미워하여 핍박하고 공격한다(7절). 그래서 어떤 때는 교회가 파괴되어 사람의 눈에는 거의 소멸된 것처럼 보일 때도 있다(8-10절). 그러나 하나님께로부터 생기(生氣)가 들어가자 죽은 시체가 일어나서 구름을 타고 하늘로 올라갔다(11절). 이것은 하나님의 영 곧 성령으로 말미암아 교회가 다시 일어나고(슥 4:6), 세상에 대해 승리를 선포하는 것을 말한다. 따라서 오늘날 영적으로 죽은 교회라 할지라도(계 3:1), 기도를 힘쓰면 성령의 능력으로 다시 살아날 수 있는 것이다.

2. 일곱째 나팔과 찬송(11:15-19)

15 일곱째 천사가 나팔을 불매 하늘에 큰 음성들이 나서 이르되
세상 나라가 우리 주와 그의 그리스도의 나라가 되어 그가 세세토록
왕 노릇 하시리로다
하니 16 하나님 앞에서 자기 보좌에 앉아 있던 이십사 장로가 엎드려 얼굴
을 땅에 대고 하나님께 경배하여 17 이르되
감사하옵나니 옛적에도 계셨고 지금도 계신 주 하나님 곧 전능하신
이여 친히 큰 권능을 잡으시고 왕 노릇 하시도다 18 이방들이 분노하
매 주의 진노가 내려 죽은 자를 심판하시며 종 선지자들과 성도들과
또 작은 자든지 큰 자든지 주의 이름을 경외하는 자들에게 상 주시며
또 땅을 망하게 하는 자들을 멸망시키실 때로소이다
하더라
19 이에 하늘에 있는 하나님의 성전이 열리니 성전 안에 하나님의 언약
궤가 보이며 또 번개와 음성들과 우레와 지진과 큰 우박이 있더라

11장의 두 번째 부분에서는 일곱째 천사가 나팔을 불 때 일어난 일들을 기록하고 있다. 여기서는 '재앙'이 아니라 하나님에 대한 '찬송'이 나오고 있다. 여섯째 나팔 재앙으로써 나팔 재앙이 사실상 끝나고, 그리고 작은 책을 가진 천사의 환상(10장)과 두 증인에 대한 환상(11:1-14)을 보여 준 후에, 잠시 휴식하면서 하나님을 찬송하고 있는 것이다. 찬송의 내용은 하나님의 심판이 합당하고 의롭다는 것이다.

1) 하늘에서 난 찬송(15절)

일곱째 천사가 나팔을 불 때 하늘에서 큰 음성들이 나서 찬송하였다. "세상 나라가 우리 주와 그의 그리스도의 나라가 되어 그가 세세토록 왕노릇하시리로다."(15절) 이 세상은 원래 하나님의 것이었지만 역사의 종말에 와서 실제로, 참으로 하나님과 그의 기름 부음 받은 자의 나라가 '되었다'(ἐγένετο, *에게네토*)는 의미이다(참조. 고전 15:28). 이것은 예수님의 재림으로 말미암아 이 세상 나라가 완전히, 실제적으로 하나님과 그리스도의 나라가 되었다는 것이다.

래드는 여기의 과거 시제는 가까운 미래에 대해 '예기적으로'(proleptically) 사용된 것이라고 한다.[58] 그러나 우리는 그렇게 볼 필요가 없다. 요한은 지금 환상 속에서 듣고 본 것을 기록한 것이다. '실제 역사'를 본 것이 아니라 '환상'을 보았기 때문에, 환상 속에서 하나님은 자유자재로 시점을 옮겨서 과거의 일, 현재의 일, 미래의 일 또는 원리적인 일을 보여 주실 수 있다. 하나님께서 시점을 옮기셔서 마지막 종말 이후의 일을 보여 주신 것에 대해 '예기적으로' 보여 주셨다고 말하는 것은 '환상'의 성격을 제대로 이해하지 못하고 그저 우리의 관점에서 시간적으로 바라보는 것이다.

---

58. Ladd, *Revelation*, 161.

그래서 하나님은 영원무궁토록 왕노릇하실 것이다. 여기서 '왕노릇하시리로다'(βασιλεύσει, *바실류세이*)는 동사는 미래 시상으로 되어 있는데, 재림 후로부터 영원토록 왕노릇하실 것을 의미한다.[59] 단지 '천년'만이 아니라 '영원무궁토록' 왕노릇하실 것이다.

2) 24 장로들의 찬송(16-18절)

두 번째 찬송은 하나님 앞에 앉아 있는 24 장로들의 찬송이다. 이것은 교회의 감사 찬송이다. 그 내용은 지나온 세상 역사를 되돌아보면서 하나님께 감사드리는 내용이다. "감사하옵나니 옛적에도 계셨고 지금도 계신 주 하나님 곧 전능하신 이여, 친히 큰 권능을 잡으시고 왕노릇하시도다…."(17절) 여기에 '장차 오실 자'(ὁ ἐρχόμενος, *호 에르코메노스*)가 빠진 것은 이미 오셨기 때문이다. 개역한글판과 개역개정판에는 "옛적에도 계셨고"가 먼저 나오는데 원문에는 "지금도 계신"이 먼저 나온다. 그래서 원문의 순서에 의하면 "지금도 계시고 옛적에도 계신 주 하나님"이 된다. 이처럼 우리에게는 '지금' 계신 하나님이 중요하다. 우리가 하나님을 대면하는 시간은 현재이며, 하나님의 뜻을 이루는 시간도 현재이다.

여기서 마지막 단어 '왕노릇하시도다'(ἐβασίλευσας, *에바실류사스*)는 원어에 의하면 아오리스트(aorist)로서 '왕노릇하셨다'로 번역되어야 한다. 그런데 우리나라 성경에 보면 거의 다 현재로 번역하고 있다. "왕노릇하시도다"(개역한글판, 개역개정판), "다스리십니다"(바른성경, 우리말성경), "군림하고 계십니다"(공동번역), "다스리고 계십니다"(표준새번역), "통치하시니"(직역성경) 등.[60] 그러나 원어 '*에바실류사스*'는 아오리스트로서 직설법

---

59. 하나님은 전에도 왕노릇하셨고, 지금도 왕노릇하고 계시며, 앞으로도 영원토록 왕노릇하실 것이다. 예수님 재림 후의 왕노릇하심의 특징은 그때에는 죄가 전혀 없으며 하나님의 뜻이 100% 온전히 이루어진다는 것이다.

60. 쉬운성경은 미래로 번역하고 있다(다스리실 것입니다). 한편 현대어성경은 과거로 바로 번역하였

에서는 과거를 나타낸다. 따라서 '왕노릇하셨다' 또는 '통치하셨다'가 옳다. 이것은 심판 날의 시점에서 지나간 세상 역사를 되돌아보면서 하나님께서 세상을 다스렸음을 고백하는 것이다. 따라서 이것은 어느 한 시점에서만 왕노릇하셨다는 것이 아니라 전(全) 역사 기간 동안 왕노릇(통치)하셨음을 말하는 '글로벌 아오리스트'(global aorist)로 보아야 한다.[61]

❖ 특주: 래드의 '*에바실류사스*' 해석

래드는 17절의 *에바실류사스*(ἐβασίλευσας)를 '진입적 아오리스트'(ingressive aorist)로 보아서 "[has] begun to reign"(다스리기 시작했다)으로 본다.[62] 이것은 이제부터 천년왕국이 시작된다는 의미로 보려고 하는 시도로 이해된다. 그러나 이러한 이해는 곤란한데, 그 이유는 다음과 같다.

1) 24 장로들은 지금 지나간 역사를 되돌아보면서 '감사'하고 있다. 앞으로 있을 천년왕국을 내다보면서 '감사'한다고 말하기는 곤란

다(군림하셨습니다).

61. '글로벌 아오리스트'(global aorist)는 어떤 동작을 '전체적으로'(globally) 보는 경우에 사용된다. 따라서 어떤 동작이, 비록 반복되었거나 오랜 기간 지속되었다 할지라도, 화자(필자)가 그 일어난 동작을 '전체적으로' 표현하고자 할 때에는 '아오리스트'를 사용한다. 참조. Zerwick, *Biblical Greek*, §253-§255; 변종길, 『핵심 헬라어. 문법과 강독』 (대구: 말씀사, 2020), 95 이하.

62. Ladd, *Revelation*, 162. 마운스도 마찬가지로 여기의 아오리스트를 "inceptive"(進入的, "having begun to reign") 아오리스트로 본다. Mounce, *Revelation*, 226 각주 5. 이 점에 있어서는 빌("have begun to reign"; Beale, *Revelation*, 613)과 헨드릭슨("didst begin to reign"; Hendriksen, *Revelation*, 133)도 마찬가지다. 그러나 KJV는 "hast reigned"로, 즉 신학적 주입(注入) 없이 과거 시제(현재 완료)로, 이미 통치한 사실로 번역하였다. NKJV는 더욱 분명하게 "reigned"(과거)로 번역하였다. 그러나 NIV와 ESV는 "have begun to reign"으로 번역함으로써 '진입적 아오리스트'로 보고 있음을 알 수 있다.

하다.

2) 17절에서 '장차 오실 이'가 빠졌다는 사실이 또한 이를 간접적으로 증거한다. 만일 래드의 주장이 맞다면, 여기에 '장차 오실 이'라든가 '장차 다스리실 이' 또는 '장차 심판하실 이' 등의 표현이 들어갔어야 할 것이다.

3) 래드의 주장대로라면, 17절의 "큰 능력을 잡으시고"의 '잡으셨다'(εἴληφας, *에일레파스*) 동사는 완료 시상인데 이것은 어떻게 이해해야 할 것인가? 완료 시상은 '과거의 어느 시점에' 능력을 잡으셨는데, 지금 그 영향 또는 결과가 남아 있는 것을 가리킨다. 과거에 즉 세상 역사 기간 동안에 큰 권능을 잡으셨으며, 그 결과로 지금 이 세상이 주의 나라가 되었다는 것이다. 그런데 래드의 주장대로 지금부터 천년왕국이 시작된다는 의미라면, "이제부터 능력을 잡으시고"라고 해야 하지 않을까? "큰 능력을 잡으셨다"(완료 시상)는 것은 그 시점이 이미 과거의 일이었음을 말한다.

4) 18절의 "이방들이 분노하였다"(아오리스트)는 것은 또 어떻게 이해해야 할 것인가? 또 "당신의 심판이 임하였다"(아오리스트)는 것은 어떻게 이해해야 할까? 래드의 주장대로 지금부터 왕노릇하기 시작한다는 의미라면, 왜 과거로 되돌아가서 과거의 일을 거론하는 것일까?

따라서 래드의 주장은 본문상 근거가 없으며 자신의 전천년설 입장에 끼워 맞추기 위한 억지 해석임을 알 수 있다. 17절의 내용은 세상 역사가 끝나고 나서 지나온 세상 역사를 돌이켜 보면서 하나님께 감사하는 찬송이다. 하나님께서 권능을 잡으시고 통치하셨기 때문에 모든 악의 세력이 물러가고 하나님의 공의가 드러나게 되었다는 의미이다.

18절은 이방들의 분노와 하나님의 심판에 대해 말한다. "이방들이 분노하매 주의 진노가 내려 죽은 자를 심판하시며 종 선지자들과 성도들과 또 작은 자든지 큰 자든지 주의 이름을 경외하는 자들에게 상 주시며 또 땅을 망하게 하는 자들을 멸망시키실 때로소이다." 이방들은 기름 부음 받은 자 곧 메시아를 대항하여 분노하였다(시 2:1-3; 요 15:19-25). 이것은 이 세상 역사가 메시아를 대적하는 것이었음을 말해 준다. 이로 인하여 마침내 하나님의 진노가 왔다.

곧, 죽은 자들이 심판받을 때가 왔다(18중). 이 심판의 때는 전천년주의자들의 주장처럼 소위 '천년왕국' 후에 있는 것이 아니다.[63] 예수님이 재림하실 때에 바로 임하게 된다. 이 최후 심판 때에 성도들에게는 '상급'이 있을 것이며, 악한 자들에게는 '멸망'이 있을 것이다(계 20:12; 요 5:29; 롬 2:6-8 등). 여기서 '상급'(ὁ μισθός, *호 미스토스*)은 기본적으로 '영생' 또는 '구원'이며(이것이 제일 중요하고 기본적이다), 또한 각자 행한 바를 따라 하나님의 칭찬과 인정과 영광이 있을 것이다.[64]

3) 하나님의 성전과 언약궤(19절)

19절에서는 다시 장면이 바뀌어 하늘에 있는 '하나님의 성전(성소)'과 그 안에 있는 '하나님의 언약궤'가 보였다. 이 언약궤 안에는 하나님이 모세에게 주신 십계명 돌비가 들어 있었다(출 25:16; 40:20; 대하 5:10). 이 언약궤를 보여 주신 것은 하나님께서 그의 언약의 말씀대로 약속을 이루시고 심판하시겠다는 의미이다.[65] 그리고 "번개와 음성들과 우레와 지진과 큰 우박이 있더라."고 했는데, 이것은 하나님의 임재와 위엄을 나타낸다(출 20:16-19;

---

63. 참조. G. E. Ladd, "Historic Premillennialism," in: R. G. Clouse (ed.), *The Meaning of the Millennium. Four Views* (Downers Grove: IVP, 1977), 18.
64. 자세한 것은 변종길, "천국에 상급이 있는가?", 8-9를 보라.
65. Greijdanus, *Openbaring*, 247.

계 4:5; 8:5-7).

그런데 계시록 21:22에 보면 “성 안에 성전(성소)을 내가 보지 못하였으니”라고 말한다. 그러면 과연 하늘에 ‘성전’(성소)이 있는가? 없는가? 현재의 하늘에는 있는데 마지막 날의 새 예루살렘에서 없어지는 것은 아닐 것이다. 우리는 이에 대해 계시록의 환상의 성격을 따라 그 의미를 살펴보아야 한다. 계시록에서 하늘에 있는 하나님의 성전(성소)은 하나님이 계신 곳, 하나님의 계시와 심판이 주어지는 곳을 의미한다. 그런데 새 예루살렘 성 안에서 성전(성소)을 보지 못하였다는 것은, 천국 전체가 성령이 충만한 곳이기 때문에(계 21:22; 왕상 8:10-11; 대하 7:1-2; 요 2:21),[66] 천국 전체가 성전(성소)이며 따라서 별도의 성전(성소)이 없다는 의미이다.

교훈과 적용

1. 교회를 핍박하고 공격하던 악한 세상은 결국 예수님의 재림으로 말미암아 멸망하게 된다. 그 때에는 “세상 나라가 우리 주와 그의 그리스도의 나라가 되어 그가 세세토록 왕노릇하실 것이다.”(15절) 악한 세상을 심판하고 나면 예수님은 단지 ‘천년 동안’만 왕노릇하시는 것이 아니라 세세토록, 영원무궁토록 왕노릇하실 것이다. 예수님이 재림하시면 이 세상은 불에 타서 사라지고 새 하늘과 새 땅이 이루어진다. 그러면 예수님은 영원토록 왕노릇하시는 것이다.

2. 17-18절에는 ‘24 장로’가 하나님 앞에 엎드려 경배하며 찬송한 내용이 나온다. 이것은 이 세상에서 환난과 핍박을 당했던 교회가 세상 역사가 끝났을 때 하나님께 감사 찬송하는 것을 나타낸다. 우리말 번역에는 여기에 ‘왕노릇하시도다’라고 현재 시제 또는 무시제로 번역되어 있으나(17절 끝), 원어에는 과거(아오리스트)로 되어 있다. 즉, ‘왕노릇하셨다’이다. 이것은 감사에 대한 이유를 나타낸다. 이 세상에는 악이 창궐하고 악의 세력이 지배하는 것처럼 보였지만, 사실은 전능하신 하나님께서 권세

66. “전능하신 이(성부)와 어린양(성자)이 곧 성전”이란 말은 성부와 성자에게서 친히 하나님의 영광이 비취고(23절), 성령이 충만하게 나온다는 의미이다(계 22:1). 그래서 천국은 하나님의 영광이 충만하고 성령이 충만한 곳이다.

를 잡으시고 통치하셨음을 인하여 감사 찬송하는 것이다. 하나님은 지금 교회 시대에도 온 세상을 다스리고 계신다.

3. 세상 종말 때에는 모든 사람에게 심판과 상이 있다(18절). 세상의 악인들 곧 하나님을 경외하지 않는 자들에게는 진노의 심판이 있을 것이며, 예수님을 믿고 하나님을 경외하는 자들에게는 상(賞)을 주실 것이다. 제일 중요하고 기본적인 상은 구원이고 영생이며 천국이다. 뿐만 아니라 각자 행한 바를 따라 각각 칭찬과 인정과 영광이 있을 것이다(마 10:41-42; 16:27; 롬 14:10-12; 고후 5:10 등). 특히 주의 이름 때문에 핍박을 당하고 고난을 당한 자들에게 하나님의 위로와 칭찬과 알아주심이 있을 것이다(마 5:11-12).

제11장

여자와 용의 싸움

(12:1-17)

12장부터 제2부가 시작된다. 1-11장은 교회와 세상 사이의 외적 싸움을 보여 주고, 12-22장은 보다 깊은 내적 배경을 보여 준다고 볼 수 있다.[1] 물론 이 견해는 약간의 보완이 필요하다. 1-11장에도 내적 배경에 대한 언급이 있다(예를 들면 9장, 11장). 그러나 12장 이하에서 좀 더 깊은 내적 배경을 보여 준다는 것은 대체로 옳다고 할 수 있다.

12장은 세상과 교회 사이의 싸움의 영적 배경을 보여 준다.[2] 요한이 본 것은 해를 입은 한 여자와 용, 그리고 그 둘 사이의 싸움이었다. 이 '여자'는 교회를 상징하며 '용'은 사탄을 상징한다. 교회와 사탄 사이에는 끊임없는 싸움이 있다. 그 싸움의 성격과 배경이 무엇인지 본 장은 용과 여자 사이의 싸움을 통해 보여 주고 있다.

본문 개요

요한은 또 하늘에 큰 이적이 있는 것을 보았다. 해(태양)를 입은 한 여자가 있는데 그 발 아래에는 달이 있고 그 머리에는 열두 별의 관을 쓰고 있었다(1절). 또 다른 이적을 보았는데, 큰 붉은 용이 있어 머리가 일곱이요 뿔이 열이었다(3절). 이 여자가 아이를 배어 해산하려고 하자 용이 그 아이를 삼키고자 하였다(2, 4절). 여자가 아이를 낳았는데, 그는 장차 철장으로 만국을 다스릴 자 곧 메시아다(5절). 이 여자가 광야로 도망하여 '천이백육십 일' 동안 하나님께 양육을 받으며 보호를 받았다(6절).

요한은 또 다른 환상을 보았는데, 하늘에 전쟁이 있어 미가엘과 그를 따르는 자들이 용과 더불어 싸우는 것을 보았다(7절). 용이 이기지 못하여 그의 사

1. 헨드릭슨, 『요한계시록』, 162 이하.

2. Greijdanus, *Openbaring*, 248.

자(使者)들과 함께 땅으로 내쫓겼다(8-9절). 이 용은 옛 뱀 곧 마귀라고도 하고 사탄이라고도 하며 온 천하를 꾀는 자이다(9절). 그때 하늘에 큰 음성이 있어 큰 용 곧 마귀가 쫓겨난 것을 찬양하였다(10-12절).

땅으로 내쫓긴 용은 남자를 낳은 여자 곧 교회를 핍박하였다(13절). 그 여자는 광야로 날아가 거기서 한 때와 두 때와 반 때를 양육받았다(14절). 용이 이 여자를 물로 떠내려가게 하였으나, 땅이 여자를 도와 이 강물을 삼켰다(15절). 이것은 사탄이 교회를 해치려 하나 하나님이 교회를 지켜 주시고 보호하신다는 것을 의미한다.

내용 분해

1. 해를 입은 여자와 붉은 용(12:1-6)
   1) 해를 입은 여자(1-2절)
   2) 큰 붉은 용(3절)
   3) 용의 핍박(4-5절)
   4) 여자의 도망(6절)
2. 하늘의 전쟁과 용의 여자 핍박(12:7-17)
   1) 하늘의 전쟁(7-12절)
   2) 용의 여자 핍박(13-17절)

본문 주해

1. 해를 입은 여자와 붉은 용(12:1-6)

1 하늘에 큰 이적이 보이니 해를 옷 입은 한 여자가 있는데 그 발 아래에
는 달이 있고 그 머리에는 열두 별의 관을 썼더라 2 이 여자가 아이를 배
어 해산하게 되매 아파서 애를 쓰며 부르짖더라 3 하늘에 또 다른 이적이
보이니 보라 한 큰 붉은 용이 있어 머리가 일곱이요 뿔이 열이라 그 여러
머리에 일곱 왕관이 있는데 4 그 꼬리가 하늘의 별 삼분의 일을 끌어다가
땅에 던지더라 용이 해산하려는 여자 앞에서 그가 해산하면 그 아이를 삼
키고자 하더니 5 여자가 아들을 낳으니 이는 장차 철장으로 만국을 다스
릴 남자라 그 아이를 하나님 앞과 그 보좌 앞으로 올려가더라 6 그 여자가
광야로 도망하매 거기서 천이백육십 일 동안 그를 양육하기 위하여 하나
님께서 예비하신 곳이 있더라

1) 해를 입은 여자(1-2절)

하늘의 큰 이적이 요한에게 보였다(1절). 따라서 요한이 본 이적은 하늘에 있는 일이었지만, 그런 이적을 통해 보여 주 사건들이 실제로 일어나는 것은 하늘일 수도 있지만 이 세상일 수도 있다. 7-10절에서는 실제로 하늘에서 있었던 전쟁에 대해 말하고 있고, 그 외의 본문은 대개 이 땅에서 일어나는 사건을 말한다.[3]

---

3. 흐레이다너스는 '하늘에'(ἐν τῷ οὐρανῷ, *엔 토 우라노*)를, 나중에 이 여자가 땅에 있었다는 사실(4절 이하, 또한 7절)에서 알 수 있듯이, 그냥 '높은 곳에, 공중에'라는 의미로 본다. Greijdanus, *Openbaring*, 249. 마운스도, 4절의 '하늘의 별들'이란 표현으로 볼 때, 본문의 사건은 하나님의 거주 장소인 '하늘'(heaven)이라기보다도 '공중'(sky)에서 일어난 것으로 본다. Mounce, *Revelation*, 231 각주 1. 그러나 빌은 '하늘'을, 11:19에서와 같이, '그(요한)가 그의 모든 환상을 받고 있는 저 세상적 차원'(the otherworldly dimension in which he receives all of his visions)으로 본다. Beale,

요한이 본 것은 '해를 (옷)입은 한 여자'였는데, "그 발 아래에는 달이 있고 그 머리에는 열두 별의 관을 썼다."고 한다(1절). '해(태양)를 입었다'는 것은 영광스러움을 말한다. 따라서 이 여자는 '영광스러운 교회'를 가리킨다(엡 5:27).[4] 교회는 그리스도의 '신부'(계 21:2, 9) 또는 '어린양의 아내(여자)'라고 불린다(계 21:9).

❖ 특주: 12장의 '해를 입은 한 여자'

'해를 입은 한 여자'에 대해 가톨릭 학자들은 '마리아'로 본다.[5] 그러나 이 여자는 마리아가 아니다. 그 이유는 다음과 같다.

1) 달을 발아래 두고 머리에 열두 관을 쓰고 있는 자(1절)는 마리아라고 할 수 없다. 교회가 합당하다.
2) 용은 이 여자를 계속 핍박한다. 그러나 하나님이 이 여자를 보호하시고 큰 능력을 행하신다(13-16절). 하나님은 교회를 보호하시고 양육하신다(엡 5:29; 요일 5:18; 유 1, 14절).
3) 17절이 분명하게 '그 여자의 남은 자손'은 '하나님의 계명을 지키며 예수의 증거를 가진 자들'이라고 말한다. 이런 성도들을 마리아의 자손이라고 말할 수 없다.

한편, 이광복은 '해를 입은 여자'를 '마지막 대환난기에 하나님의 계명과 예수 믿음을 지키는 신령한 교회로서 추수기의 사명을 감당할 일

Revelation, 625. 마지막 빌의 견해가 좋아 보인다.

4. 참조. 박윤선, 『요한계시록』, 232.

5. 가톨릭의 견해에 대해서는 Van de Kamp, *Openbaring*, 281 이하를 보라.

꾼들을 배출한 교회'로 본다.[6] 다르게는 '종말의 대환난기 전반부에 십사만 사천 혹은 두 증인과 같은 추수기의 충성된 종을 낳는 해산의 고통을 치르게 될 신령한 교회를 예표하는 것'으로 본다.[7] 이처럼 그는 지나치게 미래적으로, 즉 대환난기 전반부에 있을 사건으로 보고 있다.

그러나 개혁주의 주석가들은 이 여자를 '교회' 곧 '영광스러운 교회'로 본다(엡 5:27). 그리스도를 배출한 구약의 교회와 그 후의 신약의 교회를 통틀어서 말하는 것으로 본다(참조. 계 19:7; 21:9; 호 2:1; 요 3:29; 엡 5:32; 사 50:1; 54:1 등).[8] 이렇게 보는 이유는 다음과 같다.

1) 이 여자는 그리스도를 배출했다. 예수님은 구약 교회의 오랜 고통을 통해 이 세상에 오셨다.
2) 이 여자는 용(사탄)에 의해 핍박을 받는다(13-14절).
3) 6절의 '1,260일', 14절의 '한 때와 두 때와 반 때'는 핍박의 때, 환난 기간을 의미한다(참조. 계 11:2-3). 이런 환난을 받는 자는 교회이다(요 16:33; 15:19-21).
4) 이 여자는 하나님에 의해 보호받는다(15-16절). 하나님께서 교회를 지키시고 보호하신다(엡 5:29).
5) '그 여자의 남은 자손'(17절)은 성도들을 가리킨다.

그래서 빌은 이 여자에 대해 '구약과 신약 시대 전체의 신앙의 공동체'(the community of faith in both the Old and New Testament ages)로 본다.[9] 이와 같은 맥락에서 흐레이다너스는 이 여자에 대해 다

6. 이광복, 『계시록 난해 해설』, 353.
7. 이광복, 『계시록 난해 해설』, 357.
8. Greijdanus, *Openbaring*, 250; Van de Kamp, *Openbaring*, 281; 헨드릭슨, 『요한계시록』, 164; 박윤선, 『요한계시록』, 232 등.
9. Beale, *Revelation*, 631.

음과 같이 세 가지로 나누어서 생각한다. i) 구약 시대의 교회. 이 교회에서 약속된 메시아가 태어났다. ii) 이것은 주님의 어머니인 마리아에게서 인격화되었다. iii) 신약 시대의 교회. 이것은 비록 시대에 따라 그 형태가 달라지지만 첫 시작부터 마지막 심판 날까지 '하나의' 주님의 교회이다.[10] 우리가 볼 때, 예수님의 육신의 어머니인 마리아도 물론 이 교회에 포함되지만 본질적으로는 우리와 마찬가지로 구원받아야 할 한 성도였다(눅 1:48). 계시록 12장에서 초점은 육신의 어머니 마리아에게 있는 것이 아니라 사탄에 의해 핍박받는 교회에 있다.[11]

"그 발아래에 달이 있다."는 것은 만물을 지배한다는 것을 말한다. 교회는 그리스도와 함께 만물을 지배하는 권세를 가지고 있다(시 8:6; 창 1:27-29). '열두 별'은 '열두 지파' 또는 '열두 사도'와 관계되며 신구약 교회 전체를 가리킨다.[12] '열둘'(12)은 선택과 관련된 완전성을 상징하는 숫자이다. '관'(στέφανος, *스테파노스*)은 승리 또는 영광스러움을 말한다.

2절에서는 "이 여자가 아이를 배어 해산하게 되매 아파서 애를 쓰며 부르짖더라."고 한다. 이것은 구약 교회의 모든 고난과 고통이 그리스도의 오심을 예언하고 기다리고 소망하는 것이었다는 의미이다(참조. 눅 2:25). 그것은 고통의 기다림이었다.

2) 큰 붉은 용(3절)

하늘에 또 다른 이적이 보였는데, 한 '큰 붉은 용'이 있었다(3절). '용'(δράκων,

---

10. Greijdanus, *Openbaring*, 250.
11. 12장의 '여자'에 대한 여러 견해들 소개와 이에 대한 간단한 평가에 대해서는 Van de Kamp, *Openbaring*, 281-82를 보라.
12. 박윤선, 『요한계시록』, 232; Mounce, *Revelation*, 232 각주 5; 휴즈, 『요한계시록 주석』, 198.

드라콘)은 마귀 곧 사탄을 의미한다(참조. 9절; 20:2). '붉은'(πυρρός, *퓌로스*)이란 단어는 '불'(πῦρ, *퓌르*)에서 파생된 형용사인데, '불같이 붉은'(fiery red)이란 뜻이다. 이것은 멸망시키고자 헐떡이는 모습을 나타낸다.[13] 이 용은 '일곱 머리'와 '열 뿔'을 가지고 있었으며, 그 머리에 '일곱 왕관'을 쓰고 있었다. '머리'(κεφαλή, *케팔레*)와 '뿔'(κέρας, *케라스*)은 권세와 지배를 나타내고, '일곱'과 '열'은 완전성을 상징한다. 따라서 '일곱 머리'는 큰 나라들을 뜻하고 '열 뿔'은 작은 나라들을 뜻한다고 볼 수 있다. 따라서 이것은 사탄이 전 세계를 지배하고 있다는 것을 의미한다.[14] 사탄(마귀)은 하나님의 권세 아래 있지만(욥 1:6-12; 2:1-6), 제한된 범위 내에서 불신자들을 통해 온 세계를 지배하고 있다고 말할 수 있다(눅 4:6; 엡 2:2; 고후 4:4). '왕관'(διάδημα, *디아데마*)은 왕이 머리에 쓰는 관(royal headband, crown)을 의미하는데 (BDAG),[15] 왕의 위엄과 통치권을 상징한다(참조. 13:1; 19:12).[16] 그러나 용이 가진 위엄과 통치권(일곱 왕관)은 교회의 영광과 권세(열두 별의 면류관)에

---

13. Greijdanus, *Openbaring*, 251.
14. Greijdanus, *Openbaring*, 251. 휴즈는 '열 뿔'에 대해 "숫자 열(10)은 그가 교만에 가득 차서 주장하고 홀로 전능하시고 참되신 한 분 하나님을 무시한 채 그 용을 따르는 사람들이 그에게 광적으로 부여한(참조. 계 1:8; 4:8; 11:17) 능력의 충만함을 가리킨다(참조. 마 4:9),"고 한다. 휴즈, 『요한계시록』, 199. 그러나 '일곱 머리'에 대해 "하나님의 숫자인 일곱이 그 용에게 붙여진 것은 그가 배교하는 인류에 의하여 왕으로 임명되었음을 암시한다."(같은 곳)고 한 것은 지나치며 초점을 벗어난 것으로 생각된다. '일곱'이든 '열'이든 완전수로서 '많은 것', '모든 것' 또는 '충만함'을 의미한다. 그래서 판 드 캄프의 설명 곧 "열 뿔과 일곱 왕관은 그가 강한 권세자임을 나타낸다."고 한 것이 더 좋아 보인다. Van de Kamp, *Openbaring*, 285.
15. 개역한글판에는 '면류관'으로, 개역개정판과 바른성경에서는 '왕관'으로 번역하였다. 그러나 '면류관(冕旒冠)'도 원래는 중국의 황제들과 왕들이 쓰는 왕관이었다. 따라서 우리말에서 '면류관'과 '왕관'은 의미상 큰 차이가 없다. 다만 헬라어로 στέφανος(*스테파노스*)와 διάδημα(*디아데마*)는 차이가 있다. *스테파노스*는 원래 운동 경기에서의 우승자 또는 전쟁에서의 승리자에게 주는 화관(花冠)으로 승리, 영광의 상징이라면, *디아데마*는 왕이 머리에 쓰는 것으로 권세, 통치권의 상징이라고 할 수 있다.
16. Greijdanus, *Openbaring*, 251.

는 미치지 못한다.[17]

3) 용의 핍박(4-5절)

4절에 보면 “그 꼬리가 하늘의 별 삼분의 일을 끌어다가 땅에 던지더라. 용이 해산하려는 여자 앞에서 그가 해산하면 그 아이를 삼키고자 하였다.”고 한다. 여기서 ‘하늘의 별들’은 천사들을 의미하고(욥 38:7), ‘꼬리’는 미혹을 의미한다(사 9:15). “끌어다가 땅에 던졌다”는 것은 천사들을 타락하게 한 것을 가리킨다(벧후 2:4; 유 6절). 따라서 악령(귀신)은 옛날에 천사가 타락해서 된 것이며,[18] 불신자의 영혼이 죽어서 된 것이 아니다. 불신자의 영혼은 죽어서 바로 지옥에 간다. 이 세상에 떠돌아다니면서 미혹하는 악령들(귀신들)은 옛날에 천사들이 타락해서 된 영적 존재이며(유 6절), 그 우두머리는 사탄 곧 마귀이다(엡 2:2; 계 9:11). 그리고 “그 아이를 삼키려 하였다”는 것은 메시아 곧 예수님이 태어나면 그를 죽이려 한 것을 말한다. 그 구체적인 행동은 헤롯 대왕을 통해 나타났다(마 2장). 헤롯은 당시에 마귀의 도구가 되어 메시아를 핍박하였다.

“여자가 아들을 낳으니 이는 장차 철장으로 만국을 다스릴 남자라.”고 한다(5상). 여자가 낳은 ‘남자 아들’(υἱὸν ἄρσεν, *휘온 아르센*)은 메시아 곧 예수님을 뜻한다. 여기의 ‘여자’는 육신적인 어머니 마리아로 보기보다는 구약 교회 전체로 보는 것이 옳다. 예수님은 구약 교회의 예언과 대망과 고통 가운데 오셨으며, 율법 아래 나셔서 온 인류를 구원하셨다(갈 4:4). 이 아들은 ‘장차 철장으로 만국을 다스릴 자’이다. 이것은 메시아(그리스도)가 권세를 가

---

17. 빌은 용의 머리 위에 있는 ‘일곱 왕관’은 “참된 ‘만왕의 왕과 만주의 주’에 대항하여 마귀의 거짓된 주권적, 전 세계적 권위 주장”을 나타낸다고 한다. Beale, *Revelation*, 635.
18. 사탄과 악령들의 기원과 활동에 대해서는 L. Berkhof, *Systematic Theology* (Edinburgh: Banner of Truth, 1958), 148 이하를 보라.

지고 온 세상을 다스리신다는 것을 말한다(시 2:9; 계 2:27).[19] 여기서 '다스리다'(ποιμαίνω, *포이마이노*)로 번역된 단어는 원래 '양을 치다, 목양하다, 돌보다'는 뜻이다. 이 땅에 오신 메시아는 권세를 가지고 계시지만, 우리를 사랑으로 돌보시고 먹이시는 목자이다. "그 아이를 하나님 앞과 그 보좌 앞으로 올려가더라."(5하)는 것은 그리스도의 승리를 의미한다. 이것은 곧 마귀의 핍박과 공격에서 벗어나 승리하신 것을 가리킨다. 이 승리는 예수 그리스도의 부활과 승천에서 절정을 이룬다. 그래서 메시아에 대한 마귀의 공격은 실패로 끝나고 만다.

❖ 특주: '여자가 낳은 아이'는 누구인가?

여호와의 증인에서는 이 아이를 예수 그리스도로 보기는 보되, 초림한 예수가 아니라 "하나님의 왕국이 하나의 실체로서 1914년에 탄생한

---

19. 이광복은 '장차 철장으로 만국을 다스릴 자'를 그리스도가 아니라 '종말의 대환난기에 철장 권세를 가지고 일천 이백 육십 일 동안 예언의 사역을 감당할 두 증인과 같은 주의 종들'로 본다. 이광복, 『계시록 난해 해설』, 362. 왜냐하면 "여인이 낳은 이 아이에 대한 여러 가지의 정황들을 볼 때에 대환난의 전반기인 일천 이백 육십일 동안 굵은 베옷을 입고 하나님의 말씀을 전파할 종들이 자세아 유사하기 때문"이라고 한다(같은 곳). 이광복이 이렇게 보는 이유 중 하나는, 원어적으로 여기에 정관사(the)가 아니라 부정관사(a)가 사용되고 있기 때문이라고 한다(같은 곳). 그러나 이런 논리는 맞지 않다. 헬라어에는 부정관사가 없고 정관사뿐이다. 그리고 5절에서 관사가 사용되지 않은 것은 '남자 아들'(υἱὸν ἄρσεν, *휘온 아르센*)이라는 사실(事實)에 초점이 있기 때문이다. 4절에서 이미 관사를 사용하여 이 여자가 '그 아이'(τὸ τέκνον, *토 테크논*) 곧 '메시아'(그리스도)를 낳을 것임을 분명히 밝혔으며, 5절에서는 이 여자가 '남자 아들'을 낳았다는 사실을 말하는 것이다. 이 남자 아들은 '장차 만국을 지팡이로 다스릴 자'임을 말하고 있다. 따라서 여기 5절에 관사가 사용되지 않았다고 해서 그리스도가 아니라는 논리는 맞지 않다. 눅 2:11에서 "오늘날 다윗의 동네에 너희를 위하여 구주가 나셨으니 곧 그리스도 주시니라"라고 할 때에도 '구주'(σωτήρ, *소테르*)와 '그리스도'(Χριστός, *크리스토스*), '주'(κύριος, *퀴리오스*)에 다 관사가 사용되지 않았다. 그렇다고 해서 우리 주 예수님이 아니라고 한다면 말이 되겠는가? 이처럼 관사 유무에 따라 그리스도이다 아니다를 말하는 것은 굉장히 위험하며 잘못된 것이다.

것"을 가리킨다고 한다. 예수는 "그때 그 왕국의 왕으로 즉위"하셨다고 한다.[20] 곧, 1914년 10월에 예수께서 하늘에 즉위하셨다고 한다.[21]

신천지에서는 이 여자가 낳은 아이에 대해 "그는 장막 성전의 목자가 영적으로 낳은 성도(벧전 1:23) 곧 말씀의 씨로 낳은 영적인 아들이며, 혈통으로 난 육신의 아이가 아니다(요 1:12-13)."고 말한다. 그리고 "이 아들은 본장 10절과 같이 용과 싸워서 이기고 철장으로 다스릴 남자(5절)"라고 말한다.[22] 그러면 이 '영적 아들'은 누구이며 '철장으로 다스릴 남자'는 누구인가? 신천지는 이렇게 말한다. "또한 본장의 아이는 초림 예수님처럼 말구유에서 태어난다. 차이가 있다면 예수님은 실제 말구유에서, 본장의 남자는 하나님의 말들(계 6장)인 천천만만의 천사들(계 5:11)과 용의 말들인 이만만의 악령들(계 9:14-19)이 집결한 영적인 말구유에서 난다는 것이다."[23] 따라서 이 '영적 아들' 곧 '철장으로 다스릴 남자'는 예수님과는 다른 별개의 인물로 보고 있음을 알 수 있다. 그리고 이 남자는 '하나님께서 약속하신 목자'라고 하기도 하고,[24] '구원사'라고 하기도 한다.[25] 이는 곧 신천지의 교주를 가리킨다.

여자가 낳은 이 아이가 '예수 그리스도'를 가리킴은 두말할 필요도 없을 것이다. 그는 '철장으로 만국을 다스릴 남자'이며(5절; 계 19:15), 그 이름은 '만왕의 왕'이요 '만주의 주'이시다(계 19:16). '만왕의 왕', '만주의 주'로 불리는 이는 오직 '어린양'이시며(계 17:14) '하나님의 아들'이신 예수 그리스도이시다(시 2:7-9).

---

20. 워치 타워 성서 책자 협회, 『계시록』, 180.
21. 워치 타워 성서 책자 협회, 『계시록』, 32.
22. 보혜사·이만희, 『요한계시록의 실상』, 250.
23. 보혜사·이만희, 『요한계시록의 실상』, 253.
24. 보혜사·이만희, 『요한계시록의 실상』, 253.
25. 보혜사·이만희, 『요한계시록의 실상』, 270.

4) 여자의 도망(6절)

6절에 보면 “그 여자가 광야로 도망하매 거기서 천이백육십일 동안 그를 양육하기 위하여 하나님께서 예비하신 곳이 있더라.”고 한다. ‘여자’의 도망은 교회의 수난을 의미한다. ‘광야’는 안식과 평안이 없는 곳, 곤란과 어려움이 있는 곳이며, 시험과 훈련의 장소이다. ‘1,260일’은 3년 반(360 x 3 + 180)으로서 환난의 기간을 뜻한다.[26] 교회 시대 전체가 환난의 기간이며, 또한 동시에 하나님이 양육하시는 기간이다. 이 기간을 ‘년(年)’이 아니라 ‘일(日)’로 표시한 것은 하나님께서 교회를 날마다 양육하신다는 것을 나타내고자 함이라다고 생각된다(마 6:11; 눅 11:3). 그리고 여기의 ‘양육하다’(τρέφω, *트레포*)는 단어는 에베소서 5:29의 ‘양육하다’(ἐκτρέφω, *엑트레포*)와 같은 의미이다. 즉, 교회가 광야와 같은 이 세상을 살아갈 때 그리스도께서 양육하시고 돌보신다는 의미이다.

교훈과 적용

1. 예수님은 구약 교회의 많은 고통과 기다림 끝에 오셨다. 이스라엘 백성은 외적에 의해 많은 고통을 당했을 뿐만 아니라 무엇보다도 자기 자신의 죄와 부패함으로 인하여 하나님의 율법을 지키지 못하고 거듭 불순종하였으며 징계를 받았다. 그리하여 선지자들은 마지막 날에 하나님께서 메시아를 보내 주실 것이며, 그가 백성의 모든 죄를 사하고 구원해 주실 것이라고 약속하였다. 구약 시대 이스라엘 백성의 모든 실패와 환난과 고통은 메시아의 오심을 기다리고 고대하는 것이었다(눅 2:25).
2. 해(태양)를 입은 여인 곧 교회가 낳은 아이는 장차 철장으로 만국을 다스릴 자이다(5절). 이 아이는 메시아 되신 예수 그리스도를 가리킨다. 여기서 ‘다스리다’는 말은 원어로 ‘*포이마이노*’인데 ‘양을 치다, 목양하다’는 의미이다(벧전 5:2). 그리고 ‘철장’은

---

26. 그러나 이광복은 ‘1260일’에 대해 “이는 다니엘서 7장 25절에 기록된 ‘한 때와 두 때와 반 때’란 표현과 일치하며 앞선 11장의 두 증인이 예언하는 1260일, 짐승이 일할 권세를 받는 대환난의 절정이 되는 마흔 두 달(계 13:5)과도 일치한다.”고 말한다. 참조. 이광복, 『마태복음으로 본 계시록 통합강해』, 671.

양을 때리기 위함이 아니라 이리나 곰, 사자와 같은 짐승을 물리치기 위함이다. 따라서 이것은 예수님께서 능력으로 만국을 다스리시고 교회를 보호하심을 의미한다.

3. '붉은 용'은 마귀, 사탄을 가리킨다(3절, 9절). 마귀는 온 세상을 꾀어 지배하면서(엡 2:2), 메시아가 태어나면 삼키려 하였다(4절). 그 구체적인 모습은 헤롯 대왕을 통해 나타났다(마 2:13-18). 마귀의 이러한 노력은 하나님의 개입으로 실패하고 말았으며, 이에 화가 난 마귀는 메시아를 배출한 교회(여자)를 핍박한다. 그러나 하나님은 환난 중에도 교회를 보호하시며 안전하게 양육하신다(6절; 엡 5:29). 오늘날에도 악한 세상은 끊임없이 교회를 공격하지만 하나님이 지키시고 보호하신다.

2. 하늘의 전쟁과 용의 여자 핍박(12:7-17)

7 하늘에 전쟁이 있으니 미가엘과 그의 사자들이 용과 더불어 싸울새 용
과 그의 사자들도 싸우나 8 이기지 못하여 다시 하늘에서 그들이 있을 곳
을 얻지 못한지라 9 큰 용이 내쫓기니 옛 뱀 곧 마귀라고도 하고 사탄이
라고도 하며 온 천하를 꾀는 자라 그가 땅으로 내쫓기니 그의 사자들도
그와 함께 내쫓기니라 10 내가 또 들으니 하늘에 큰 음성이 있어 이르되

이제 우리 하나님의 구원과 능력과 나라와 또 그의 그리스도의 권세
가 나타났으니 우리 형제들을 참소하던 자 곧 우리 하나님 앞에서 밤
낮 참소하던 자가 쫓겨났고 11 또 우리 형제들이 어린 양의 피와 자기
들이 증언하는 말씀으로써 그를 이겼으니 그들은 죽기까지 자기들
의 생명을 아끼지 아니하였도다 12 그러므로 하늘과 그 가운데에 거
하는 자들은 즐거워하라 그러나 땅과 바다는 화 있을진저 이는 마귀
가 자기의 때가 얼마 남지 않은 줄을 알므로 크게 분내어 너희에게
내려갔음이라

하더라

13 용이 자기가 땅으로 내쫓긴 것을 보고 남자를 낳은 여자를 박해하

는지라 14 그 여자가 큰 독수리의 두 날개를 받아 광야 자기 곳으로 날아
가 거기서 그 뱀의 낯을 피하여 한 때와 두 때와 반 때를 양육 받으매 15 여
자의 뒤에서 뱀이 그 입으로 물을 강같이 토하여 여자를 물에 떠내려가
게 하려 하되 16 땅이 여자를 도와 그 입을 벌려 용의 입에서 토한 강물을
삼키니 17 용이 여자에게 분노하여 돌아가서 그 여자의 남은 자손 곧 하
나님의 계명을 지키며 예수의 증거를 가진 자들과 더불어 싸우려고 바다
모래 위에 서 있더라

1) 하늘의 전쟁(7-12절)

다시 장면이 바뀌어 요한은 하늘에서 일어난 전쟁을 보았다. "미가엘과 그의 사자들이 용과 더불어 싸울새 용과 그의 사자들도 싸웠다."(7절) '미가엘'(מִיכָאֵל, *미카엘*)은 "누가 하나님과 같은가?"라는 뜻을 가지고 있는데, 이스라엘 민족을 호위하는 큰 천사다(단 10:13, 21; 12:1; 유 9절). 여기서 '미가엘'은 천사들의 우두머리로서 마귀와 그의 추종자들과 더불어 싸우는 것으로 나온다. '용'은 사탄 곧 마귀를 가리키며, '사자(使者)들'은 원래는 사절(使節)들 또는 천사(天使)들을 가리키지만 여기서는 마귀의 졸개들 곧 귀신들(악령들)을 가리킨다.

이 싸움에서 용과 그의 사자들이 패배하여 땅으로 내쫓겼다. '큰 용'은 '옛 뱀' 곧 '마귀'라고도 하고 '사탄'이라고도 하며 '온 천하를 꾀는 자'이다(8절). '옛 뱀'은 옛날에 에덴동산에 나타났던 뱀을 가리키며(창 3장), '마귀'(Διάβολος, *디아볼로스*)는 헬라어로 '참소(讒訴)하는 자'를 뜻한다. '사탄'(שָׂטָן)은 원래 히브리어로서 '대적, 원수'(adversary, an enemy)를 뜻한다. 그래서 고유명사로 '사탄, 마귀'(Satan, the Devil)를 의미하기도 한다(Gesenius). 여기서는 후자의 뜻인데, 그 본질이 하나님과 우리의 대적임을 나타낸다.

요한은 또 하늘에 큰 음성이 나는 것을 들었다(10상). 누구의 음성인지는

나타나 있지 않으나 하나님의 음성도 아니고 낙원 성도들의 음성도 아니다. 따라서 천사들의 음성으로 보는 것이 좋을 듯하다.[27] 비록 10절에 '우리 형제들'이라고 하는 표현이 사용되어 있기는 하지만, 여기서는 넓은 의미에서 예수님을 믿는 성도들과 하늘의 천사들이 하나님께 대하여 가지는 동일한 관계를 표현한 것이라고 볼 수 있을 것이다.[28]

그 음성은, 먼저 "우리 하나님의 구원과 능력과 나라와 또 그의 그리스도의 권세가 나타났다."라고 찬송하는 것이다(10절). 이것은 그리스도의 죽음과 부활을 통해 하나님의 구원과 능력과 나라가 역사 속에서 실현되었음을 말한다. 개역개정판에 '나타났다'로 번역되었는데, 원어는 '*에게네토*'(ἐγένετο)로 '되었다'는 뜻이다. 이것은 그리스도의 초림 때의 일, 곧 그리스도의 십자가와 부활로 이루신 구원을 의미한다. 따라서 이것은 마지막 날에 완전히 이루시는 것을 말하는 것은 아니다.[29] 이어서 그 찬송의 이유가 나온다. "우리 형제들을 참소하던 자 곧 우리 하나님 앞에서 밤낮 참소하던 자가 쫓겨났기 때문"이다(10하). 여기에 '마귀'에 대한 명칭이 두 번 표현되어 있다. '우리 형제들을 참소하던 자'(ὁ κατήγωρ τῶν ἀδελφῶν ἡμῶν, *호 카테고르 톤 아델폰 헤몬*)는 원어를 직역하면 '우리 형제들의 참소자'이다. '밤낮 참소하던 자'(ὁ κατηγορῶν … ἡμέρας καὶ νυκτός, *호 카테고론 … 헤메라스 카이 뉙토스*)는 관사 있는 현재 분사 구문으로 '주야로 참소하는 자'이다. 이것은 일상적으로 늘 참소하는 자를 가리킨다. 마귀는 끊임없이, 쉬지 않고 성도들을 참소한다. 이것이 그의 일이고 그의 직업이다. 그런 마귀가 예수님에 의해 쫓겨났다.

또 "우리 형제들이 어린양의 피와 자기들이 증언하는 말씀으로써 그를 이기었다."고 한다(11상). 성도들은 그리스도의 피와 하나님의 말씀으로 마귀를

---

27. Greijdanus, *Openbaring*, 259.
28. Greijdanus, *Openbaring*, 258 이하.
29. Greijdanus, *Openbaring*, 259.

이겼다(요일 2:13-14).[30] 자기 힘으로 이긴 것이 아니라 그리스도를 믿음으로, 하나님의 능력으로 이겼다(요일 5:4; 4:4; 요 16:33). "그들은 죽기까지 자기들의 생명을 아끼지 아니하였다."고 한다(11하). 그들은 죽음이 올 때까지 자기 목숨을 아끼지 않았다. 곧, 순교하는 한이 있더라도 믿음을 배반하지 아니하고 끝까지 믿음을 지켰다(참조. 계 2:10). 이를 통해 그들은 마귀를 이기고 영광의 면류관을 받은 것이다.

이어서 말한다. "그러므로 하늘과 그 가운데에 거하는 자들은 즐거워하라. 그러나 땅과 바다는 화 있을진저! 이는 마귀가 자기의 때가 얼마 남지 않은 줄을 알므로 크게 분내어 너희에게 내려갔음이라."(12절) 하늘나라에서는 믿음의 승리로 인하여 큰 기쁨이 있지만, 땅에서는 환난과 핍박이 있다. 왜냐하면 예수님의 죽음과 부활을 통해 결정적으로 타격을 입은 사탄이 분내어 땅으로 내려갔기 때문이다. 이것은 사탄이 땅에서 크게 활동하는 것을 말한다(벧전 5:8). 비유로 말하자면, 머리에 치명적인 상처를 입은 뱀이 그 몸뚱이와 꼬리를 통해 더욱 격렬하게 발악하는 것이라고 할 수 있다.

2) 용의 여자 핍박(13-17절)

용이 자기가 땅으로 내어 쫓긴 것을 알았을 때 그는 "남자를 낳은 여자를 핍박하였다."고 한다(13절). 이 '남자를 낳은 여자'는 그리스도를 배출한 교회이다. 사탄이 그리스도와의 싸움에서 실패하자 이제는 그의 교회를 핍박한다. 그런데 "그 여자가 큰 독수리의 두 날개를 받아 광야 자기 곳으로 날아가 거기서 그 뱀의 낯을 피하여 한 때와 두 때와 반 때를 양육받는다."(14절) 이

30. 계 12:11에서 '이기었다'(ἐνίκησαν, *에니케산*)의 시상(時相)은 아오리스트(aorist)로서 이미 과거에 이긴 것을 말한다. 요일 2:13과 14의 '이기었다'(νενικήκατε, *네니케카테*)의 시상은 완료로서, 과거에 이미 이겼는데 그 결과가 지금 남아 있는 것을 말한다. 즉, 지금 '이긴 자'로 있는 상태를 말한다. 이처럼 우리는 그리스도 안에서 이겼으며(과거), 그래서 지금 '이긴 자'이며(완료), 또 말씀으로 이기고 있으며(현재), 앞으로 재림 때에 완전히 이길 것이다(미래).

것은 교회에 대한 하나님의 보호를 의미한다. '큰 독수리의 두 날개'는 하나님께서 자기 백성(교회)을 보호하시는 것을 나타낼 때 사용되는 표현이고(출 19:4; 신 32:11-12), '광야'는 안식이 없는 이 세상을 말한다. '한 때와 두 때[31]와 반 때'는 세 때 반 곧 3년 반을 말하는데, 이것은 환난 기간을 의미한다. 곧, 교회가 이 세상에 있는 동안에는 환난과 핍박이 있음을 말한다. 하지만 하나님께서 교회를 양육하시고 안전하게 돌보신다.

15절은 사탄의 핍박을 묘사한다. "여자의 뒤에서 뱀이 그 입으로 물을 강 같이 토하여 여자를 물에 떠내려가게 하려 하였다." '여자의 뒤에서'라는 것은 사탄의 야비한 공격을 나타낸다. "물을 강같이 토한다"고 하는 것은 사탄이 교회를 공격하는 것을 나타낸다. 그러나 이러한 사탄의 공격은 실패하고 만다. 왜냐하면 "땅이 여자를 도와 그 입을 벌려 용의 입에서 토한 강물을 삼키기" 때문이다(16절). 이것은 하나님께서 교회를 도우시고 보호하신다는 것을 의미한다. 우리는 여기서 '물'이 구체적으로 무엇이냐, '땅이 입을 벌리는 것'이 구체적으로 어느 사건을 가리키는가를 물으면 안 된다.[32] 그것은 이 환상의 상징적인 성격을 벗어나는 것이다. 이 환상이 보여 주고자 하는 것은 사탄이 교회를 핍박한다는 사실과, 그렇지만 교회는 하나님의 도우심으로 말미암아 위기에서 벗어나며 승리한다는 사실이다.[33] 이러한 진리를 나타내기 위해 하나님은 요한에게 보여 준 환상 속에서 '뱀'과 '물'과 '땅'의 모습들을 상징적으로 사용하신 것이다.

---

31. 헬라어로는 '때들'(καιρούς, *카이루스*)이다. 여기서 복수(plural)는 쌍수(dual)로 생각된다(Zer.-Gros.).

32. 예를 들면 김경행은 '용의 입에서 나오는 물'은 "기독교의 잡다한 사이비 종파인 몰몬교, 여호와 증인, 소시니이즘, 몬타니즘, 에비오니즘, 노스틱즘, 우리나라의 박태선, 문선명 등이고, 또 기독교의 외부적 박해로 교회를 홍수의 피해를 입게 하려 한다는 말"이라고 한다. 김경행, 『계시록 설교 전집』, 315. 또 김서택은 '물을 강같이 토하여 여자를 물에 떠내려가게' 한다는 것은 '세속적인 문화를 통하여 교회를 진리에서 떠나려가게 하는 것'이라고 한다. 김서택, 『묵시의 비밀』, 442.

33. 참조. Beale, *Revelation*, 675. 이 사건은 비유적으로 '교회에 대한 하나님의 보호'(God's protection of the church)를 의미한다.

실패한 용은 여자에게 분노하여 돌아가서 "그 여자의 남은 자손 곧 하나님의 계명을 지키며 예수를 증거를 가진 자들로 더불어 싸우려고 바다 모래 위에 섰다."(17절) '그 여자의 남은 자손'은 하나님의 계명을 지키며 예수의 증거를 가지고 있는 자들인데, 이들은 교회의 (참) 성도들을 가리킨다. 계시록 12장에서 '여자'는 전체로서의 교회를 가리키고, '그 여자의 남은 자손'은 교회의 성도들 개개인을 가리킨다.[34]

"바다 모래 위에 서 있다"는 것에 대해서는 사본상의 문제가 있다. 대다수 사본들(*Byz*)은 '서 있다'가 1인칭으로 되어 있다(ἐστάθην, *에스타뗀*). 그래서 판 드 캄프는 "요한이 밧모 섬의 해변에 서서 보고 있다."고 설명한다.[35] 그러나 요한이 밧모 섬 해변에 서 있다는 것은 이상하다. 그리고 고대 사본들(𝔓47 ℵ A C 등)은 3인칭 단수(ἐστάθη, *에스타떼*)를 많이 가지고 있다. '그' 곧 '용'이 서 있었다는 의미이다. NA와 UBS, 개역한글판과 개역개정판이 이를 따르고 있는데, 13장에서 '짐승'과 '거짓 선지자'의 활동을 말하고 있는 것으로 보아 이 독법(reading)이 옳다고 생각된다. 용은 해변가 모래 위에 서서 땅에서 그의 뜻을 행할 하수인들을 부른다.[36]

교훈과 적용

1. 예수님은 마귀를 이기시고 승리하셨다. 마귀가 예수님을 시험하여 여러 가지로 유혹하였으나 예수님은 하나님의 말씀으로 물리치셨다(마 4:1-11). 예수님이 마귀를 결박하셨으므로 그 부하들인 귀신들을 마음대로 쫓아내셨다(마 12:29). 예수님은 십자가에서 죽으심으로 마귀의 권세를 파하셨으며 부활하심으로 말미암아 죽음을 이기고 승리하셨다. 그래서 예수님은 마귀를 이기셨으며(계 3:21; 요 16:33), 지금도 말씀으로 이기시며(계 6:2), 또 장차 완전히 이기실 것이다(계 17:14).

---

34. Greijdanus, *Openbaring*, 264 이하.
35. Van de Kamp, *Openbaring*, 306.
36. 참조. Beale, *Revelation*, 681.

2. 마귀는 '참소하는 자'이다(10절). 근거 없이 부당하게 고소하는 것을 '참소(讒訴)'라고 한다. 마귀는 우리 믿는 자들을 밤낮 쉬지 않고 참소한다. 예수님이 자기 피로 우리의 모든 죗값을 다 지불하셨는데도 자꾸만 우리를 죄 있다고 하면서 고소한다. 그러나 우리는 예수님께서 모든 죗값을 다 지불하셨다고 하면서 썩 물러가라고 외쳐야 한다. 그러나 '내가 얼마나 깨끗하게 살았는데…' 하면서 자기 행위를 의지하는 자는 낭패를 당할 것이다.

3. 마귀는 자기가 땅으로 쫓겨난 것에 대한 분풀이로 남자를 낳은 여자 곧 메시아를 배출한 교회를 핍박한다. 마귀는 예수님을 미워하기 때문에 교회도 미워한다(요 15:18). 근거 없이 교회를 비방하고 야비한 수법으로 교회를 넘어뜨리려 한다(15절). 그러나 하나님이 개입하셔서 교회를 지키시고 위기에서 건져 주신다(16절). 그러나 마귀는 포기하지 아니하고 또다시 교회를 공격하려고 음모를 꾸민다(17절). 따라서 교회는 세상 끝날까지 하나님을 의지하고 기도하여야 한다.

제12장

두 짐승과 육백육십육

(13:1-18)

13장은 바다에서 올라온 짐승(1-10절)과 땅에서 올라온 짐승(11-18절)에 대해 말한다. 첫째 짐승은 하나님의 백성을 핍박하는 세상 나라 또는 그 포악한 제국을 나타낸다.[1] 당시의 세상 나라는 로마 제국이었으며 그 정점에 로마 황제가 있었다. 둘째 짐승은 이 세상을 미혹하는 거짓 선지자들을 가리키는데,[2] 이들은 거짓과 이적으로 세상 사람들을 미혹하며 첫째 짐승 앞에 경배하도록 한다. 이 둘은 사탄의 중요한 두 하수인으로서 하나님의 백성을 핍박하고 미혹하여 우상숭배를 강요한다.

본문 개요

사도 요한은 바다에서 한 짐승이 나오는 것을 보았는데, 뿔이 열이요 머리가 일곱이었다(1절). 그 짐승은 표범과 비슷하고 그 발은 곰의 발 같고 그 입은 사자(獅子)의 입 같은데 용이 자기의 능력과 보좌와 권세를 그에게 주었다(2절). 온 땅이 이 짐승을 놀랍게 여겨 따랐으며(3절), 또 이 짐승이 '마흔두 달' 동안 일할 권세를 받아 성도들을 핍박하며 성도들과 싸워 이기게 되었다(6절). 어린양의 생명책에 기록되지 못한 사람들은 다 이 짐승을 경배할 것이다(9절). 이런 상황에서 성도들에게 요구되는 것은 인내와 믿음이다(10절).

요한이 그 다음에 본 것은 땅에서 올라오는 짐승이다. 그것은 어린양처럼 두 뿔이 있고 용처럼 말하였다(11절). 이 두 번째 짐승은 거짓 선지자인데 큰 이적을 행하여 사람들을 미혹하며, 심지어 불이 하늘에서 땅에 내려오게 하며 짐승의 우상으로 말하게 하는 이적도 행하여 그 첫째 짐승에게 경배하게 하였다(13-14절). 이 둘째 짐승은 사람들에게 그 오른손에나 이마에 표를 받

---

1. 참조. 헨드릭슨, 『요한계시록』, 176: "첫째 짐승은 이 땅의 나라들과 그 나라의 정부를 통하여 작용하는 사단의 핍박의 권능을 나타낸다."
2. 참조. 헨드릭슨, 『요한계시록』, 176: "둘째 짐승은 이 세상의 거짓 종교와 거짓 학문들을 상징한다."

게 하고 이 표가 없으면 매매를 하지 못하게 하였다(16-17절). 이 표는 짐승의 이름이나 그 이름의 수인데, 그 짐승의 수를 세어 보면 육백육십육이라고 한다(18절).

내용 분해

1. 바다에서 나오는 짐승(13:1-10)
   1) 첫째 짐승의 모습(1-4절)
   2) 짐승의 모독과 권세(5-8절)
   3) 성령의 권고와 격려(9-10절)
2. 땅에서 올라오는 짐승(13:11-18)
   1) 둘째 짐승의 모습(11-12절)
   2) 큰 이적을 행함(13-15절)
   3) 육백육십육(16-18절)

본문 주해

1. 바다에서 나오는 짐승(13:1-10)

1 내가 보니 바다에서 한 짐승이 나오는데 뿔이 열이요 머리가 일곱이라
그 뿔에는 열 왕관이 있고 그 머리들에는 신성 모독하는 이름들이 있더라
2 내가 본 짐승은 표범과 비슷하고 그 발은 곰의 발 같고 그 입은 사자의
입 같은데 용이 자기의 능력과 보좌와 큰 권세를 그에게 주었더라 3 그의
머리 하나가 상하여 죽게 된 것 같더니 그 죽게 되었던 상처가 나으매 온

땅이 놀랍게 여겨 짐승을 따르고 4 용이 짐승에게 권세를 주므로 용에게
경배하며 짐승에게 경배하여 이르되 누가 이 짐승과 같으냐 누가 능히 이
와 더불어 싸우리요 하더라 5 또 짐승이 과장되고 신성 모독을 말하는 입
을 받고 또 마흔두 달 동안 일할 권세를 받으니라 6 짐승이 입을 벌려 하
나님을 향하여 비방하되 그의 이름과 그의 장막 곧 하늘에 사는 자들을
비방하더라 7 또 권세를 받아 성도들과 싸워 이기게 되고 각 족속과 백성
과 방언과 나라를 다스리는 권세를 받으니 8 죽임을 당한 어린 양의 생명
책에 창세 이후로 이름이 기록되지 못하고 이 땅에 사는 자들은 다 그 짐
승에게 경배하리라 9 누구든지 귀가 있거든 들을지어다 10 사로잡힐 자는
사로잡혀 갈 것이요 칼에 죽을 자는 마땅히 칼에 죽을 것이니 성도들의
인내와 믿음이 여기 있느니라

1) 첫째 짐승의 모습(1-4절)

요한은 '바다에서 한 짐승'이 올라오는 것을 보았다. 이 짐승은 뿔이 열이요 머리가 일곱이었다. 그 뿔들에는 열 왕관이 있고 그 머리들에는 참람된 이름들이 있었다(1절). 여기서 '바다'는 열국(列國) 곧 세계 여러 나라들을 가리킨다(계 17:15). 이 '짐승'은 교회를 핍박하는 세상 나라들을 상징한다.[3] 물론 당시의 로마 제국도 이에 포함된다. 그러나 이 짐승은 로마 제국 이상이다. 그것은 '세속적 권위의 신격화'(the deification of secular authority)이며 '적대 세력'(counterfeit power)이다.[4] 로마 제국은 역사상 각기 다른 모습으로 나타나는 '짐승'의 한 모습이다. 로마 제국의 정점에는 로마 황제가 있다.[5]

---

3. 같은 맥락에서 흐레이다너스는 '전 인류의 정부, 정치적 기구로서의 민족들 또는 나라들, 그 정부들과 나라들'이라고 본다. Greijdanus, *Openbaring*, 267. 빌은 좀 더 간략하게 '하나님의 백성을 핍박하는 악한 나라들'(evil kingdoms who persecute God's people)이라고 설명한다. Beale, *Revelation*, 683.
4. Mounce, *Revelation*, 246.
5. 단 7:17에 "그 네 큰 짐승은 네 왕이라."고 하였다. 따라서 '짐승'은 왕이며, '왕'은 그 제국의 머리로

이광복은 바다에서 올라온 짐승에 대해 '마지막 대환난 때에 등장하게 될 한 인격적인 적그리스도' 또는 '사탄으로부터 보좌와 권세와 큰 능력을 받아 대환난의 후반부에 세계를 통치하게 될 잔인한 통치자'로 본다.[6] 박윤선은 "다니엘서 7장에 기록된 '네 짐승'의 혼합체(混合體)로서 이 세상 말기(末期)에 나타날 적그리스도 왕국의 절정이다."고 한다.[7] 그러나 이필찬은 '로마 제국'으로 본다.[8]

그러나 이 짐승에 대해 지나치게 미래적으로 보거나 또는 과거적으로 보는 것은 옳지 않다. 그렇게 보는 것은 요한계시록을 미래에 대한 호기심을 만족시키는 책으로 보거나 또는 과거의 지나간 책으로 보고 마는 잘못이 있다. 요한계시록은 그 당시 핍박을 당하고 있는 교회를 위로하고 격려할 뿐만 아니라 또한 그 후로 올 모든 시대의 모든 교회를 위한 하나님의 말씀이다(계 1:19). 13장의 중심 주제가 되는 '핍박'은 어느 시대 어느 지역에나 있으며 교회 시대 전체에 걸쳐 있다. 물론 요한 당시에는 로마 제국에 의한 핍박으로 나타났으며, 그중에서도 황제숭배가 중심에 있었다. 하나님은 사도 요한에게 그 당시에 실제로 존재하고 있던 핍박을 통해 그 당시와 앞으로 기독교회가 겪게 될 핍박의 본질과 원리를 보여 주고 있다.

'짐승'이 가지는 이미지는 포악하고 잔인하다는 것인데, 이것은 성도들을 핍박하는 것을 나타낸다. 이에 대응하는 상징으로서 '어린양'은 온순하고 선량하다는 이미지를 가지고 있다. 짐승은 세상 정부가 주님의 교회에 대해 보여 주는 바 찢는 속성과 멸망시키는 역사(役事)들 때문에 상징으로 사용되었다.[9]

서 제국 전체를 나타냄을 알 수 있다.

6. 이광복, 『계시록 난해 해설』, 389.
7. 박윤선, 『요한계시록』, 250.
8. 이필찬, 『내가 속히 오리라』, 572.
9. Greijdanus, *Openbaring*, 267.

'뿔'은 권세, 힘의 상징이며 파괴의 수단이다(삼상 2:1; 눅 1:69; 시 18:2; 75:10; 89:17; 112:9).[10] 그래서 '뿔'은 '머리'와 마찬가지로 나라들을 나타낸다(참조. 계 17:9-12).[11] '머리들'은 땅의 원방까지 세력이 미치는 세상의 주권들, 나라들을 상징하고, '뿔들'은 좀 작은 범위의 나라들을 상징한다. 그렇지만 이 '뿔들'도 여전히 커다란 의미와 권세를 가진다.[12] '열 왕관'(δέκα διαδήματα, *데카 디아데마타*)은 자기 스스로 취한 권세와 영광을 나타낸다. "그 머리들에 참람된(신성 모독하는) 이름들이 있다."는 것은 세상 주관자들이 자기를 신(神)이나 신격(神格)으로 부르는 칭호들을 많이 가지고 있다는 의미이다. 예를 들면 '주'(Kyrios) 또는 '아우구스투스'(Augustus, 높이 들린 자)와 같은 칭호들이다. 세상의 권세자들은 자기가 '신(神)'이라 불리기를 좋아하였다(참조. 행 12:22-23).

요한이 본 짐승은 "표범과 비슷하고 그 발은 곰의 발 같고 그 입은 사자의 입 같은데 용이 자기의 능력과 보좌와 큰 권세를 그에게 주었다."고 한다(2절). 이것은 구약 시대에 다니엘이 본 네 짐승(사자, 곰, 표범, 무섭고 놀라운 짐승)의 모습과 비슷하다(단 7장). 표범, 곰, 사자는 힘세고 용맹하고 사나운 맹수의 대표들이다(호 13:7-8). 이들은 잔인하며 다른 동물을 찢는 성격이 있다. 이와 마찬가지로 세상 나라의 권세들은 하나님의 백성인 성도들을 핍박한다(계 13:7; 단 7:21). 이들 권세의 배후에는 용(사탄)이 있어서 그의 능력과 보좌와 큰 권세를 짐승에게 주었다고 한다. 용(사탄)은 '이 세상 임금'으로서(요 12:31) 세상의 통치자들에게 권세를 주고 있다(참조. 눅 4:6; 엡 2:2; 6:12). 여기서 우리는 사탄과 세상 통치자들 사이의 밀접한 관계와 교제를 볼 수 있다.[13]

---

10. Greijdanus, *Openbaring*, 267. 괄호 안의 성경 구절들은 필자가 적어 넣은 것이다.
11. Greijdanus, *Openbaring*, 267.
12. Greijdanus, *Openbaring*, 267.
13. Greijdanus, *Openbaring*, 269.

그런데 "그의 머리 하나가 상하여 죽게 된 것 같더니 그 죽게 되었던 상처가 나으매 온 땅이 놀랍게 여겨 짐승을 따랐다."고 한다(3절). 이 구절은 이해하기가 어려우며 주석가들의 견해도 많이 나뉜다.

❖ 특주: 13장 3절의 '죽게 된 상처가 나은 것'

'죽게 된 상처가 나은 것'에 대해 흐레이다너스는 서로마 제국이 주후 476년에 망하였으나 동로마 제국은 1453년까지 존속한 사실을 가리키는 것으로 본다.[14] 그러나 이것은 너무 서양 중심적이며 로마 제국의 역사에만 제한되었다. 헨드릭슨은 그리스도인들을 핍박하던 네로 황제가 주후 68년에 자살하였지만 도미티아누스 황제 때 성도들에 대한 핍박이 재발한 사건으로 본다.[15] 그러나 이것도 너무 한 시대에만 제한되었다. 박윤선은 신중하게 접근하며 확실한 결론을 내리지 않는다. "이 '상'했던 머리는 어느 나라인지 모르나, 제7왕국(17:10)인 듯하다. 그리고 이 '죽게 되었던 상처가 나으매'라는 것은 그 나라가 망할 뻔하다가 재흥한 것을 이름이다."[16] 한편 빌은 이에 대해 '(역사상) 계속되는 탄압적인 국가들, 세계 제도들 또는 사회 구조들의 반복되는 흥기와 멸망'(the repeated rise and fall of oppressive states, world systems, or social structures that continue)으로 본다.[17] 판 드 캄프도 이와 마찬가지로 본다. 곧, "역사상 반복적으로 일어나는 전제적 국가 권력은 … 반복적으로 해를 입으며 그 존속에 위협이 되나, 그 국가 권력이 놀랍게도 빨리 재생되는 것

14. Greijdanus, *Openbaring*, 270.
15. 헨드릭슨, 『요한계시록』, 179.
16. 박윤선, 『요한계시록』, 251.
17. Beale, *Revelation*, 691.

을 통해 그 위협은 극복된다."고 한다.[18] 위 빌과 판 드 캄프의 견해는 비록 건전하고 고려할 만한 가치가 있기는 하나 분명한 초점이 없어 보인다. 좀 더 설명이 필요해 보인다.

다른 한편, 휴즈는 머리 하나가 상한 것은 '초대 교회의 번성'을 언급하는 것으로 본다.[19] 그리고 "치명적인 상처가 나은 것은 다른 것이 아니라 그리스도를 따르는 자들을 핍박하는 것에서 볼 수 있듯이 자기의 탁월한 능력의 건재와 명백한 과시를 의미하는 것"이라고 본다.[20] 포이쓰레스는 '짐승'에 대해 좀 더 설명해 준다. "짐승은 그리스도의 모조품이다." "짐승은 그를 이끌어 낸 사탄의 형상이다(계 13:1)." "짐승은 그리스도의 부활을 흉내 내어 치료받은 치명적인 상처를 가진다(13:3)."[21] 또 "짐승의 치명적인 상처와 그의 회복은 그리스도의 부활을 흉내낸다."고 한다.[22]

이상에서 살펴본 것을 토대로 필자는 다음과 같이 정리하고자 한다.

1) 요한계시록에서 '짐승'은 '어린양'에 대비되는 상징으로 나온다. '어린양'은 "[일찍] 죽임을 당한 것 같은" 상처를 가지고 있다(계 5:6). '짐승'은 '어린양'을 모방하여 '죽게 되었다가 나은 상처'를 가지고 있다(계 13:3, 12, 14).
2) 창세기 3:15에 보면, 여자의 후손은 뱀의 머리를 상하게 한다고 하였다. 이것은 예수님이 십자가에서 승리하심으로 마귀가 결정타를 맞게 된 것을 가리킨다. 따라서 마귀는 예수님에게 맞은 상처

---

18. Van de Kamp, *Openbaring*, 311.
19. 휴즈, 『요한계시록 주석』, 213.
20. 휴즈, 『요한계시록 주석』, 214.
21. 포이쓰레스, 『요한계시록 맥잡기』, 152.
22. 포이쓰레스, 『요한계시록 맥잡기』, 155.

를 가지고 있다.[23]

3) 하지만 짐승은 곧 능력을 회복하여 성도들을 미혹하고 핍박한다.

요한계시록에서 '짐승'은 '어린양'에 대비되는 상징으로 나온다. '어린양'은 '일찍 죽임당한 것 같은' 상처를 가지고 있다(계 5:6). 그런데 그 '짐승'은 '죽게 되었던 상처'가 나았다. '짐승'은 그리스도에 의해 치명타를 맞았으나 이내 기력을 회복하여 다시금 성도들을 핍박하며 괴롭힌다. 그래서 온 땅이 '짐승'을 놀랍게 여겨서 따른다(3하).

4절에 보면, "용이 짐승에게 권세를 주므로 용에게 경배하며 짐승에게 경배하였다."고 한다. 이 '짐승'에게 권세를 주는 자는 '용' 곧 사탄이다. 그래서 사람들은 '용'(사탄)에게 경배한다. 뿐만 아니라 짐승에게도 경배한다. '짐승'은 용의 하수인일 뿐 아니라 용의 세력의 화신(化身)이다. 이 짐승은 권세를 가진 세계 제국을 의미하며, 요한 당시에는 로마 제국이었다. 그 정점에는 로마 황제가 있었다. 따라서 '짐승에게 경배하였다'는 것은 구체적으로 당시의 황제숭배를 염두에 두고 말한 것으로 생각된다.

사람들이 짐승에게 경배할 때 이렇게 말한다. "누가 이 짐승과 같으냐? 누가 능히 이와 더불어 싸우리요?"(4하) 이것은 세계 제국의 중심에 있는 통치

---

23. 이렇게 볼 때 문제점은, 계 13장에서 죽게 되었던 상처가 나은 것은 '용'(옛 뱀)이 아니라 '짐승'이라는 사실이다. 이에 대한 설명은 다음과 같다. 짐승은 용에게서 권세를 받는다. 짐승은 용의 하수인이며 용의 속성을 대변한다. 그리고 짐승은 어린양의 대칭적 존재이다(용/사탄은 성부 하나님의 대칭적 존재). 따라서 짐승은 그리스도에 반대되는 적그리스도적 세력을 상징한다. 이런 의미에서 짐승을 '적그리스도'라 부를 수 있다. 이 적그리스도는 어린양에 의해 치명타를 입었으나 곧 기력을 회복하여 성도들을 핍박한다. 포이쓰레스는 다음과 같이 말한다. "짐승은 그리스도의 부활을 흉내 내어 치료받은 치명적인 상처를 가진다(13:3). 짐승의 치유는 그리스도의 부활이 복음 선포의 핵심적인 요소들 중의 하나인 것과 같이 추종자들을 끌어당기는 주요 특징들 중의 하나이다." 포이쓰레스, 『요한계시록 맥잡기』, 152.

자의 막강한 권세를 말한다. 감히 이 통치자와 더불어 싸우는 것은 불가능하고 무모해 보인다. 사탄이 배후에서 권세를 주고 조종하고 있다.

2) 짐승의 모독과 권세(5-8절)

이 짐승은 하나님을 모독하고 성도들을 핍박한다(5절). "과장되고 신성모독을 말하는 입을 받았다."는 것은 이 짐승 곧 세상 권세자가 교만하여 하나님을 모독하는 말을 한다는 것을 의미한다. 그리고 "마흔두 달 동안 일할 권세를 받았다."는 것은 이 짐승이 하나님의 허락 하에 활동하는 것을 말한다. '마흔두 달'은 3년 반과 같은 기간으로서 '핍박의 기간'을 나타낸다.[24]

이 짐승은 입을 벌려 하나님을 향하여 모독하는 말을 하며 또한 하늘에 사는 자들을 욕한다(6절). 이것은 세상 제국의 통치자들이 하나님과 하늘에 있는 영적 존재들을 우습게 여기고 교만하게 행하는 것을 말한다(참조. 단 4:30).

뿐만 아니라 이 짐승은 "권세를 받아 성도들과 싸워 이기게 되고 각 족속과 백성과 방언과 나라를 다스리는 권세를 받았다."고 한다(7절). 이 짐승은 성도들과 영적 전쟁을 벌이게 된다. '이긴다'(νικῆσαι, *니케사이*)는 것은 원어상 결과가 아니라 목적을 나타낸다.[25] 세상 제국의 통치자들은 사탄에게서 권세를 받아서 성도들과 싸워서 이기려고 한다(참조. 단 7:21). 또 각 족속과 백성과 방언과 나라를 다스리는 권세를 받았다(7하). 그래서 "죽임을 당한 어린양의 생명책에 창세 이후로 이름이 기록되지 못하고 이 땅에 사는 자들은 다 그 짐승에게 경배하리라."고 한다(8절). 이것은 택함받은 자들 외에는 다

---

24. 포이쓰레스는 '42개월'에 대해 다음과 같이 말한다. "이 기간은 11:2-3절과 12:6, 14절에 언급된 고난과 핍박의 기간과 동일한 기간이다." 포이쓰레스, 『요한계시록 맥잡기』, 155.

25. 정확하게 번역하면 "이기도록 하기 위하여 그에게 (권세가) 주어졌다"(ἐδόθη αὐτῷ νικῆσαι, *에도떼 아우토 니케사이*)이다. 여기서 '이기도록'(νικῆσαι, *니케사이*)은 목적(purpose)을 나타내는 부정사(不定詞)이다. 따라서 이 짐승이 성도들을 '이기게 하려고' 용(사탄)이 짐승에게 권세를 주었다는 말이지 꼭 '이겼다'는 말은 아니다.

우상숭배에 동참할 것을 말한다.

3) 성령의 권고와 격려(9-10절)

이런 환난과 핍박의 상황을 당한 성도들을 향하여 성령께서 권고하시고 격려하신다. "사로잡힐 자는 사로잡혀 갈 것이요 칼에 죽을 자는 마땅히 칼에 죽을 것이니 성도들의 인내와 믿음이 여기 있느니라."(10절) 이 구절은 이해하기 어렵다. 우선 사본상의 문제[26]와 번역상의 문제가 있다. 개역한글판의 "사로잡는 자는 사로잡힐 것이요"는 맞지 않다. NA 28판(UBS 5판)에 있는 본문(εἴ τις εἰς αἰχμαλωσίαν, εἰς αἰχμαλωσίαν ὑπάγει, *에이 티스 에이스 아이크말로시안, 에이스 아이크말로시안 휘파게이*)을 따라 최대한 직역하면 "만일 어느 누가 사로잡힘으로 …, 그는 사로잡힘으로 간다."가 된다. 따라서 개역개정판의 "사로잡힐 자는 사로잡힐 것이요"로 보는 것이 좀 더 나아 보이지만 정확한 것은 아니다. 여러 가지 상황을 종합적으로 고려해 볼 때 다음과 같이 번역하는 것이 옳다고 생각된다. "만일 어느 누가 사로잡히기로 작정되어 있으면, 그는 사로잡히게 된다."[27] 이것은 하나님의 예정(豫定) 또는 작정(作定)을 말한다.[28] 만일 어느 누가 황제숭배를 거부한 죄로 잡혀 죽기로

---

26. 이에 대해서는 NA 28판 또는 UBS 5판을 참조하라.

27. 참조. NIV("If anyone is to go into captivity, into captivity he will go."); ESV("If anyone is to be taken captive, to captivity he goes;"). 헬라어 ὑπάγει(*휘파게이*)가 현재 시상이라는 점을 생각하면 ESV의 번역(goes)이 더 정확하다(그러나 영어 문장으로서는 NIV의 "will go"가 더 자연스러워 보인다). 헬라어의 현재 시상은 현재 시간에 초점이 있다기보다 지속적인 동작에 초점이 있으며, 여기서는 어떤 일의 '원리'를 나타낸다.

28. 빌은 10절의 강조점은 악한 자들에 대한 벌이 아니라 '하나님의 백성의 고난'(the suffering of God's people)에 있다고 한다. Beale, *Revelation*, 704 이하. 물론 하나님의 백성이 고난받는 것은 맞지만, 이 구절이 단순히 '하나님의 백성의 고난'을 나타내려고 했다면 "만일 어느 누가 사로잡히기로 (되어 있다면)"이란 조건절이 왜 필요한지 설명이 되지 않는다. 그냥 "사로잡힘으로 나아갈 것이다"고 하지 않았을까? "만일 어느 누가 사로잡히기로 (되어 있다면)"이란 조건절이 붙어 있다는 것은 하나님의 '작정(作定)'을 나타낸다. 그렇게 '작정'되어 있다면 '고난'을 피할 수 없다는 것이다. 빌처럼 이 구절을 단순히 '하나님의 백성의 고난'으로 보고 말면, 10절 끝의 "성도들의

작정되어 있다면, 아무리 피하고 도망쳐도 소용없다. 그것은 하나님이 정하신 일이다. 그러나 사로잡히지 않기로 작정되었다면, 세상 정부가 아무리 핍박하고 위협해도 잡히지 않을 것이다. 모든 것은 하나님의 정하신 뜻대로 된다.[29] 그러니 두려워 말고 당당하게 임하라는 메시지가 담겨 있다. 이처럼 예정의 사실은 환난당한 성도들에게 큰 위로와 용기를 준다.

"칼에 죽을 자는 마땅히 칼에 죽을 것이니"도 마찬가지다. 이 부분도 직역하면 "만일 어느 누가 칼로 죽임당하기로 작정되어 있으면, 그는 칼로 죽임당할 것이다."가 된다.[30] 이 또한 예정의 사실을 말한다. 모든 것은 하나님의 뜻대로 이루어진다. 하나님의 작정을 벗어나서 일어나는 것은 하나도 없다. 공중의 참새 한 마리도 하늘의 아버지께서 허락하지 않으시면 땅에 떨어지지 않는다(마 10:29). 따라서 이것은 '성도들의 인내와 믿음'을 요구하는 말씀이다(10하; 계 14:12; 3:10). 모든 것은 하나님의 작정하신 뜻대로 이루어지기 때문에 우리는 두려워하지 말고 담담히 대처하여야 한다. 하나님을 믿고 인내하여야 한다. 따라서 10절의 말씀은 어떤 환난과 핍박이 와도 예수님을 믿는 믿음을 저버리지 말고 굴하지 말라는 격려의 말씀이다(참조. 계 2:10).

인내와 믿음이 여기 있다."는 말씀과도 잘 연결되지 않는다. '고난'이 있을 때에 성도들이 '인내'해야 하는 것은 맞지만, 여기서는 왜 '인내'해야 하는지 왜 '인내'와 '믿음'이 중요한지에 대해 '하나님의 작정'을 가지고 말하는 것이 핵심이다. 핍박의 날에 하나님의 주권과 작정만큼 강력한 용기를 주는 것은 없다(마 10:28-31).

29. 렘 15:2 "사망할 자는 사망으로 나아가고 칼을 받을 자는 칼로 나아가고 기근을 당할 자는 기근으로 나아가고 포로될 자는 포로됨으로 나아갈지니라…"

30. 여기에도 사본상의 문제가 있다. "만일 어느 누가 칼로 죽이면(ἀποκτείνει, *아폭테이네이*; 또는 미래로 ἀποκτενεῖ, *아폭테네이*, '죽일 것이면'), 그는 칼에 죽임당해야(δεῖ, *데이*) 할 것이다."로 되어 있는 사본들도 있다(ℵ C). 그러나 "만일 어느 누가 칼로 죽임당하기로(ἀποκτανθῆναι, *아폭탄떼나이*) (작정되어 있다면), 그는 죽임당해야만 할 것이다"로 되어 있는 사본들도 많다(A *Byz*). 필자는 10상의 문장을 볼 때, 후자의 사본들이 옳다고 보고 번역하였다.

교훈과 적용

1. 요한은 바다에서 올라오는 한 짐승을 보았는데, 뿔이 열이요 머리가 일곱이었다(1절). 이 짐승은 온 세상 나라를 지배하는 세상 제국을 의미한다(계 17:15). 당시에는 로마 제국이었지만 이 짐승은 그보다 더 넓은 '악한 세상'을 가리킨다. 다르게는 적그리스도적인 세력을 상징한다고 볼 수도 있다. 이 짐승은 포악하고 사나우며 성도들을 핍박한다(2, 7절). 이 짐승은 용(사탄)에게서 권세를 받아 성도들을 핍박하며, 사람들을 위협하여 용과 짐승을 경배하게 한다(4절).

2. 이 짐승은 "그의 머리 하나가 상하여 죽게 된 것 같더니 그 죽게 되었던 상처가 나았다."고 한다(3절). 이 말씀은 적그리스도적 세력 곧 악한 세상 세력이 그리스도의 십자가 죽음과 부활로 인하여 치명타를 입었으나(창 3:15 참조), 다시 회복하여 교회를 핍박한다는 것을 나타낸다. 마귀는 그리스도에 의해 치명상을 입었으나(머리가 상함, 결박당함), 죽지 않고 살아서 계속하여 교회를 핍박하며 온 세상을 미혹한다(벧전 5:8). 그러나 예수님께서 우리를 위하여 기도하시며 우리를 지켜 주신다(눅 22:31-32; 롬 8:34; 히 7:25).

3. 이 세상에서 환난을 당하는 성도들은 끝까지 주님을 믿는 믿음을 가지고 인내하여야 한다(10절). 이 모든 것을 하나님이 주장하시고 섭리하신다는 믿음을 가지고 나아가야 한다. 짐승은 '마흔두 달' 동안 일한 권세를 받았다(5절). 이것은 문자적인 42개월을 의미하는 것이 아니라 완전수인 '7년'의 절반(3년 반)이므로 '환난 기간'을 상징한다. 예수님의 초림부터 재림까지의 전 기간이 환난 기간인데, 이 기간 동안 또한 예수님이 교회를 지키시고 보호하신다. 따라서 우리는 모든 것이 하나님의 뜻 가운데 있음을 믿고 담담히 나아가야 한다(마 10:29).

2. 땅에서 올라오는 짐승(13:11-18)

11 내가 보매 또 다른 짐승이 땅에서 올라오니 어린 양같이 두 뿔이 있고
용처럼 말을 하더라 12 그가 먼저 나온 짐승의 모든 권세를 그 앞에서 행
하고 땅과 땅에 사는 자들을 처음 짐승에게 경배하게 하니 곧 죽게 되었
던 상처가 나은 자니라 13 큰 이적을 행하되 심지어 사람들 앞에서 불이

하늘로부터 땅에 내려오게 하고 14 짐승 앞에서 받은 바 이적을 행함으로
땅에 거하는 자들을 미혹하며 땅에 거하는 자들에게 이르기를 칼에 상하
였다가 살아난 짐승을 위하여 우상을 만들라 하더라 15 그가 권세를 받아
그 짐승의 우상에게 생기를 주어 그 짐승의 우상으로 말하게 하고 또 짐
승의 우상에게 경배하지 아니하는 자는 몇이든지 다 죽이게 하더라 16 그
가 모든 자 곧 작은 자나 큰 자나 부자나 가난한 자나 자유인이나 종들에게
그 오른손에나 이마에 표를 받게 하고 17 누구든지 이 표를 가진 자 외에는
매매를 못하게 하니 이 표는 곧 짐승의 이름이나 그 이름의 수라 18 지혜가
여기 있으니 총명한 자는 그 짐승의 수를 세어 보라 그것은 사람의 수니
그의 수는 육백육십육이니라

1) 둘째 짐승의 모습(11-12절)

요한이 두 번째로 본 짐승은 '땅에서 올라온 짐승'이다(11절). 이 짐승은 거짓 선지자를 말한다(계 16:13; 19:20; 20:10). 이것은 사람들을 미혹하는 거짓 종교와 거짓 세력들 전체를 지칭한다.[31] '땅'은 하늘과 대비되며(시 115:16) 못한 것, 낮은 것(전 5:1; 시 103:11; 사 55:9)을 의미하는데, 여기서는 죄악된 것, 마귀적인 것을 상징한다(빌 3:18-20; 약 3:14-15).[32] 이 짐승은 "새끼 양같이 두 뿔이 있었다."(11하) 이것은 거짓 선지자가 그리스도를 모방하는 것을 의미한다(참조. 마 7:15; 고후 11:14). '용처럼 말했다'는 것은 이 짐승의 본질

---

31. 헨드릭슨은 다음과 같이 말한다. "둘째 짐승은 이 세상의 거짓 종교와 거짓 학문들을 상징한다." 헨드릭슨, 『요한계시록』, 176; "두 번째 짐승은 거짓 선지자이다(19:20). 전 세대를 통하여 여러 형태로 나타나는 거짓 종교와 거짓 철학을 상징한 것이다." 헨드릭슨, 『요한계시록』, 180 이하. 흐레이다너스는 다음과 같이 설명한다. "이 짐승은 내적이고 영적이며 적그리스도와 밀접한 관계에 있다. … 이 짐승은 거짓 선지자이다(계 16:13; 19:20; 20:10). 곧 뭇 세대를 걸쳐 하나님과 그의 그리스도와 그의 말씀을 대항하여 행하는 거짓 예언과 거짓되이 일컫는 학문이다. 그리고 이것은 종종 정부의 시녀들로서 주님의 요구와 증언에 대항하여 등장한다." Greijdanus, *Openbaring*, 277.
32. Greijdanus, *Openbaring*, 277.

이 마귀적임을 말한다.

“그가 먼저 나온 짐승의 모든 권세를 그 앞에서 행하고 땅과 땅에 사는 자들을 처음 짐승에게 경배하게 하니 곧 죽게 되었던 상처가 나은 자니라.”고 한다(12절). 거짓 선지자 곧 넓은 의미의 이방 종교 지도자들과 거짓 세력들은 첫째 짐승의 권세를 다 행하고, 또 사람들을 미혹하여 첫째 짐승에게 경배하게 한다. 이처럼 거짓 종교와 거짓 세력들은 우상숭배에 참여하고 또한 권세자들과 야합한다. 이 첫째 짐승은 ‘죽게 되었던 상처가 나은 자’인데(참조. 3절), 그리스도에 의해 치명타를 입었으나 다시 권세를 회복하여 성도들을 핍박한다.

2) 큰 이적을 행함(13-15절)

땅에서 올라온 이 짐승은 “큰 이적을 행하되 심지어 사람들 앞에서 불이 하늘로부터 땅에 내려오게 한다.”고 한다(13절). 당시의 이방 종교 제사장들은 아무런 화인(火因)이 없이도 불이 솟아져 나오게 하고, 복화술(腹話術, ventriloquism)을 사용하여 황제의 동상이 정말로 말하는 것처럼 했다고 한다.[33] 또 “짐승 앞에서 받은 바 이적을 행함으로 땅에 거하는 자들을 미혹하며 땅에 거하는 자들에게 이르기를 칼에 상하였다가 살아난 짐승을 위하여 우상을 만들라 하더라.”고 한다(14절). 이처럼 당시의 이방 종교 지도자들은 용(마귀)에게서 받은바 이적들을 첫째 짐승 앞에서 행하여 사람들을 미혹하였다. 그리고는 사람들에게 첫째 짐승을 위하여 우상을 만들라고 말하였다. 여기서 ‘우상’(εἰκών, *에이콘*, image)은 첫째 짐승을 경배하기 위한 동상을 말한다. 구체적으로는 로마 황제의 동상이 이에 포함될 것이다.

---

33. 램지에 의하면, 여기에 기록된 이적들은 이 본문 외에서는 확증되지 않지만 그것들이 실제로 일어났다는 것을 거부할 이유는 없다고 한다. Ramsay, *The Letters to Seven Churches*, 99-101. 그리고 마술쟁이 시몬(Simon Magus)은 동상들에게 생명을 불어넣었다고 한다(*Clementine Recognitions* 3,47; 참조. Mounce, *Revelation*, 258).

'칼에 상하였다가 살아난 짐승'은 첫째 짐승을 말하는데, 직역하면 '칼의 상처를 가지고 있으며 살아난 짐승'이다(참조. 2절, 12절). '칼의 상처'라는 표현은 "그리스도의 죽음과 부활이 마귀와 그의 하수인들인 짐승들을 친(slew) 것"을 가리킨다.[34] 용의 하수인인 짐승은 그리스도의 십자가 죽음과 부활을 인하여 치명타를 입었으나 다시금 그 세력을 회복하고 성도들을 핍박한다.

15절에서는 "그가 권세를 받아 그 짐승의 우상에게 생기를 주어 그 짐승의 우상으로 말하게 하고 또 짐승의 우상에게 경배하지 아니하는 자는 몇이든지 다 죽이게 하더라."고 한다. 여기서 '그 짐승의 우상'은 황제의 동상을 말한다. 당시 종교 지도자들은 황제의 동상이 말하게 하는 이적(복화술)을 행하였다. 이런 이적을 통해 사람들이 그 우상 앞에 절하게 만들었다. 그리고 그 우상에게 경배하지 아니하는 자는 누구든지 다 죽임을 당하게 하였다. 이처럼 로마 정부는 황제숭배를 거부하는 자들을 핍박하고 죽였다. 이러한 핍박은 세상 끝 날까지 여러 세상 나라들과 정부들에 의해 여러 형태로 계속 일어날 것이다.

3) 육백육십육(16-18절)

이 둘째 짐승은 모든 자에게 그 오른손에나 이마에 표(標)를 받게 하였다(16절). '표'(χάραγμα, *카라그마*, 계 14:11; 16:2; 19:20)는 어떤 특정한 도장이나, 어떤 단체나 조합 또는 기업 등에 속하는 것, 또는 특별한 증서들을 소유하는 것 등을 가리킬 수 있다.[35] 여기서 '짐승의 표를 받는다'는 것은 짐승에게 속한다는 것을 나타낸다.[36] 따라서 이 '표'는 그 받은 사람이 첫째 짐승

---

34. Beale, *Revelation*, 711. 작은 수정을 가하자면, 여기서는 첫째 짐승을 가리키므로 단수로서 '하수인'(agent), '짐승'(beast)이라고 하는 것이 더 정확할 것이다.

35. Greijdanus, *Openbaring*, 282.

36. 참조. 헨드릭슨, 『요한계시록』, 182: "'누구의 표를 받는다'는 것은 누구의 소유, 또는 누구를 숭배하고 섬긴다는 의미를 지니고 있다는 것을 곧 알게 된다."

에게 속했다는 것을 나타낸다. 이 표를 '베리칩'이나 '신용카드'나 'IC카드'로 보는 것은 문맥을 무시한 것으로 옳지 않다. '표를 받는다'는 것은 문자적으로 무슨 '표'를 받는다는 의미가 아니라 그 짐승에게 속했다는 것을 나타내는 상징이다.[37] '오른손'은 교제, 교통의 손이다(계 1:16-17; 5:7; 갈 2:9). '이마'에 받게 한다는 것은 모든 사람이 볼 수 있게 한다는 의미이다.

그리고 "누구든지 이 표를 가진 자 외에는 매매를 못하게" 하였다(17상). 이것은 황제숭배에 참여하지 않는 그리스도인들은 영업과 경제 활동에 막대한 지장과 어려움을 겪는다는 것을 말한다.[38] 두아디라 교회의 성도들은 우상숭배에 참여하지 않고 우상의 제물을 먹지 않음으로 말미암아 생업에 막대한 지장을 받았다.[39] 그리고 "이 표는 곧 짐승의 이름이나 그 이름의 수"라고 한다(17하). '이름'은 성경에서 그 존재의 계시(나타냄)이다.[40] 따라서 이 표는 짐승 곧 적그리스도의 존재를 나타내는 것이다.[41] '그 이름의 수'란 것은 '그 적그리스도적 존재에 대한 짤막한 소개 또는 요약이며, 그것에 대한 상징적 특징 묘사'이다. 따라서 '이름'과 '수'는 실제로 큰 차이가 없다.[42]

그리고 나서 요한은 이렇게 말한다. "지혜가 여기 있으니 총명한 자는 그 짐승의 수를 세어 보라. 그것은 사람의 수니 그의 수는 육백육십육이니라."(18절) '사람의 수'란 것은 이 짐승이 어떤 사람을 가리킴을 나타낸다.[43] 그 수를 '세어 보라'(ψηφισάτω, *프세피사토*)는 것은 계산해 보라는 의미이다(참조. 눅 14:28). 그 수는 '육백육십육'(ἑξακόσιοι ἑξηκόντα ἕξ, *헥사코시*

37. 따라서 이 '표'가 구체적으로, 물체적으로 무엇이냐고 물으면 안 된다. '표를 받는다'는 것은 누구에게 속했다, 누구의 소유라는 것을 나타낼 따름이다. 계 2:17에서 '흰 돌을 받는다'는 것이 꼭 무슨 물체적인 무엇을 받는다는 의미가 아니라 성결(聖潔) 또는 승리(勝利)를 상징하는 것과 같다.
38. 참조. Hendriksen, *More than Conquerors*, 150 이하; Greijdanus, *Openbaring*, 283.
39. 헨드릭슨, 『요한계시록』, 183.
40. Greijdanus, *Openbaring*, 283.
41. Greijdanus, *Openbaring*, 283.
42. Greijdanus, *Openbaring*, 283.
43. Greijdanus, *Openbaring*, 284.

오이 헥세콘타 헥스)이라고 한다.

> 일부 사본에는 665(2344), 646(it^{ar}), 616(C vg^{ms} $\text{mss}^{\text{acc. to Irenaeus}}$ Caesarius)으로 되어 있다. 616은 어쩌면 Caligula(Gaius Caligula)를 짐승과 동일시하기 위한 시도로 생겨났을지도 모른다.[44] 그러나 이상의 것들은 사본상 지지가 너무 약하여 고려할 만한 가치가 없다. 대부분의 사본은 '육백육십육'(ἑξακόσιοι/ἑξακόσιαι/ἑξακόσια ἑξήκοντα ἕξ) 또는 숫자로 '666'(χξζ')을 가지고 있다.[45]

이 '육백육십육'의 의미에 대해서는 논란이 많으며 정확한 뜻을 알기 어렵다. 통속적 견해로는 이것을 신용카드나 베리칩(VeriChip)[46]으로 보는 것 등이 있다. 예를 들어 이광복은 666에 대해 "장차 그리스도의 재림에 앞서 일어날 대환난의 시기에 적그리스도 믿음과 관련하여 사회생활을 통제할 수단으로 사용할 것"으로 본다.[47] 그러나 '바코드' 등으로 보는 견해는 반대한다고 하면서,[48] "현재 화폐의 구실을 하고 있는 IC카드의 발달을 유심히 지켜보고 있다."고 한다.[49]

그러나 학자들 중에는 네로 황제(주후 54-68년)로 보는 견해가 많다.[50] 네로 카이사르(Nero Caesar)는 히브리어로는 네론 케사르(נרון קסר)가 되는데,

---

44. Beale, *Revelation*, 719 각주 298.
45. USB 5와 NA 28 참조.
46. 베리피케이션 칩(Verification Chip)의 약자로, 사람의 몸속에 이식하는 좁쌀만한 칩을 가리킨다. 이 칩에는 각자의 정보를 담은 메모리와 안테나, 배터리가 들어 있다고 한다. 베리칩에 대해서는 다음을 보라. 변종길, "베리칩과 짐승의 표," 『기독교보』 2011. 10. 8.
47. 이광복, 『계시록 난해 해설』, 407.
48. 이광복, 『계시록 난해 해설』, 411.
49. 이광복, 『계시록 난해 해설』, 414; 또한 『계시록 강해(난해 해설)』, 499. 'IC카드'(Integrated Circuit Card)는 신용카드의 일종이다.
50. Bousset, Charles, Hadorn, Lohse, Van Schaik, Quispel, Collins, Müller, Roloff, Bauckham, Van de Kamp, Osborne, Aune, 이필찬 등. 참조. Van de Kamp, *Openbaring*, 327.

그 히브리어 알파벳의 수의 값을 더하면 666이 되기 때문이라고 한다(נ = 50, ר = 200, ו = 6, ן = 50, ק = 100, ס = 60, ר = 200).

그러나 이런 견해는 문제가 많다. 1) 왜 히브리어로 바꾸어서 계산하는가? 요한계시록은 헬라어로 기록되었다. 당시 이 편지의 수신자들은 대부분 헬라어를 사용하고 있었다. 따라서 그런 독자들에게 히브리어 알파벳으로 계산할 것을 요구하는 것은 이해할 수 없다. 2) 히브리어 철자도 정확하지 않다. '카이사르'가 되려면 히브리어 알파벳 '요드'(י)가 있어야 한다.[51] 3) 뿐만 아니라 계시록을 기록할 당시에(95/96년경) 네로는 이미 오래전에(68년) 죽고 없었다. 어떤 학자들은 당시 사람들이 네로가 다시 살아나서 돌아올 것이라는 신화를 믿고 두려워했으며 사도 요한이 기록할 때 이 '네로 귀환 전설'을 고려했을 것이라고 주장하는데,[52] 이런 주장은 타당하지 않다. 사도 요한이 왜 네로 전설을 들먹인단 말인가? 성경이 왜 그런 허무맹랑한 전설을 거론한단 말인가?[53]

따라서 개혁주의자 주석가들은 666에 대해 대개 상징적으로 해석한다. 흐레이다너스는 6은 피조물의 충만함을 상징하고, 666은 온 세상의 충만함을 상징하며, 따라서 666은 세상의 지배자인 적그리스도를 가리킨다고 한다. "6은 하나님께 드려진 안식이라는 거룩한 도장이 없는, 피조계의 충만을

---

51. '요드'가 없는 비통상적 자료도 발견되었다고 한다. Van de Kamp, *Openbaring*, 327. 그러나 Hillers가 발견했다고 하는 유대의 두루마리에는 *Neron* 다음에 *qoph* (ק)밖에 없으며 그 다음은 떨어져 나가고 없다. 그 빈 자리를 *samek* (ס)과 *resh* (ר)로 채워 넣을 수도 있지만 혹 다른 글자였는지도 모른다. 물론 앞의 경우라면 *yodh* (י)를 채워 넣을 공간은 부족해 보인다고 한다. 하지만 이 모든 것은 추측이며 불확실하다. 그 외에도 *yodh*가 없는 분명한 자료는 발견된 것이 없다. 이에 대해서는 Beale, *Revelation*, 719를 보라.

52. Van de Kamp, *Openbaring*, 333-35; 이필찬, 『내가 속히 오리라』, 573 등.

53. 흐레이다너스는 13:3 주석에서 "이 구절에서 네로 전설에 대한 암시를 받아들이는 것은 아무런 근거가 없다."고 한다. 시기적으로도 맞지 않다고 한다. "요한이 이 계시를 받았을 때 네로는 이미 약 30년 전에 죽고 없었다. 그리고 사람들은 더 이상 그 전설을 믿지 않았다." Greijdanus, *Openbaring*, 270.

의미한다. 하나님은 엿새 동안에 세계를 창조하셨다. 그 후에야 비로소 하나님이 거룩하게 하시고 복 주신 안식일인 일곱째 날이 시작되었다(창 2:3). 따라서 6이 세 개인 666은 온 세상의 충만 곧 최고도로 발전하고 완전히 협력하고 최대한 능력을 발휘하는, 온 세상의 충만을 의미한다. 이를 통해 세상의 지배자로서의 적그리스도를 가리키고 있다. …"[54] 마찬가지로 헨드릭슨은 6은 목표에 미치지 못한다는 것 즉 실패한다는 것을 나타낸다고 본다. 따라서 666은 '실패 위의 실패 위의 실패'(failure upon failure upon failure)를 의미한다고 한다.[55] 같은 맥락에서 휴즈는 '인간적인 삼위일체'라고 하였다.[56] 또한 포이쓰레스는 "신자들은 예수의 이름이 헬라어로 888의 수적인 가치를 가지고 있음을 발견했다. 따라서 숫자 666은 예수의 이름과 대조를 이룬다. 예수님은 제 팔 일에 새로운 창조를 가져오는 그리스도이다. 짐승은 그리스도를 흉내 내지만 이에 미치지 못하는 적그리스도이다."라고 하였다.[57] 빌도 마찬가지로 상징적으로 본다. 6은 '미완성과 불완전'(incompleteness and imperfection)을 의미한다.[58] 계시록 15장 2절은 이 수가 짐승과 동일시되고 있음을 보여 주며, '그 짐승의 수'는 개인적인 적그리스도적 인물을 가리킨다기보다 집합적으로 이해되어야 한다고 한다.[59]

---

54. Greijdanus, *Openbaring*, 285.
55. Hendriksen, *More than Conquerors*, 151 (헨드릭슨, 『요한계시록』, 184).
56. 휴즈, 『요한계시록 주석』, 225.
57. 포이스레스, 『요한계시록 맥잡기』, 161.
58. Beale, *Revelation*, 722.
59. Beale, *Revelation*, 723.

❖ 특주: 666에 대한 게마트리아적 해석과 다른 해석들

한편 개혁주의 주석가인 판 드 캄프는 666을 게마트리아(gematria)[60] 방법에 의해 '네로 황제'(Nero Caesar)로 본다.[61] 왜냐하면 네로 카이사르는 히브리어(nron qsr)로 하면 그 수의 합이 666이 되기 때문이라고 한다. 또 666은 '삼각형 수'라는 수학적 특징을 가지고 있는데, 그것은 짐승을 상징한다고 한다.[62] 이러한 수학적인 의미나 네로 황제 지칭 외에도 666은 또한 상징적 의미를 가지고 있는데, 그것은 '극도의 충만'을 의미한다고 한다(참조. 왕상 10:14). 666이란 숫자는 6에 60과 600을 덧붙여서 강화한 것인데, 단지 6이 셋이란 것에서 상징적 의미를 찾는 것보다 이런 상징적 의미가 더욱 분명하다고 한다.[63]

그러나 우리는 판 드 캄프의 이런 견해에도 의문을 가진다. 첫째, 네로 카이사르를 왜 헬라어가 아니라 히브리어로 바꾸어서 계산하는지 여

---

60. '게마트리아'는 히브리어나 헬라어 등 단어의 알파벳의 수의 값을 계산함으로써 단어 뒤에 숨어 있는 비밀을 풀려고 하는 방법을 말한다. 참조. 루이 벌코프, 『성경해석학』, 개역판, 윤종호 송종섭 옮김 (서울: 개혁주의신행협회, 1994), 15; F. W. Farrar, *History of Interpretation* (Grand Rapids: Baker Book House, 1979), 98-100.

61. Van de Kamp, *Openbaring*, 326-33.

62. '삼각형 수'란 1 + 2 + 3 + .… 를 아래로 쌓아 가면 삼각형이 된다고 해서 붙인 이름이다. 1 + 2 + 3 + … + 36 = 666이 된다. 이에 반해 '정방형 수'가 있는데, 이것은 가로와 세로로 동시에 하나씩 쌓아 가는 수이다. 따라서 그 합은 2 x 2, 3 x 3, 4 x 4 등으로 나타나는데, 144 = 12 x 12가 된다. 판 드 캄프는 '삼각형 수'는 짐승을 상징하고, '정방형 수'는 교회를 상징한다고 본다.

<삼각형 수>	<정방형 수>
x	x x x x x
x x	x x x x x
x x x	x x x x x
x x x x	x x x x x
x x x x x	x x x x x

63. Van de Kamp, *Openbaring*, 331.

전히 이해가 안 된다. 계시록은 헬라어로 기록되었으며, 당시 이 편지를 받는 아시아의 교회 성도들은 대부분 헬라어를 사용하는 사람들이었다. 둘째, 왜 죽은 네로를 말하는가? 요한이 이 환상을 받았을 때의 황제는 도미티아누스(Domitianus)였다. 네로는 이미 죽어서 더 이상 위협이 되지 않았다. 셋째, 과연 당시 독자들이 이런 '삼각형 수'라는 수학을 이해했겠는가? 그런 수학적 특징과 짐승이라는 것 사이에 그런 관계가 정말 있었겠는가?

따라서 우리는 다른 방향으로 생각해 보아야 한다. 계시록 13장의 '짐승'은 성도들을 핍박하는 세상 나라들을 상징한다. 요한 당시에는 로마 제국이었으며 그 정점에 로마 황제가 있었다. 그리고 "그 (짐승의) 수는 곧 사람의 수"라는 것은 어떤 사람 곧 황제를 가리킨다고 생각할 수 있다.[64] 그렇다면, 우리는 이미 죽어서 없는 네로 황제보다도 차라리 당시에 살아서 통치하고 있으며 성도들을 핍박하고 있던 도미티아누스 황제에게서 찾아야 할 것이다(지지자: Schütz, Stauffer 등).

빌에 의하면, 헬라 동전들에 나타나는 도미티아누스란 이름의 축약된 헬라어 글자들(A. KAI. ΔOMET. ΣEB. ΓE.)의 수를 합하면 666이 된다고 한다.[65] 이 제안은 계시록 13장에 나오는 '표'에 대한 빌의 해석과 일치하는 장점이 있다. 그러나 약점은 위 다섯 타이틀이 다 나타나는 동전은 아직 발견되지 않았다는 것이다.[66]

계시록의 기록 연대(95-96년경)와 계시록 13장의 짐승에 대한 해석에 의하면 도미티아누스에게서 답을 찾는 것이 논리적이라고 할 수도 있다. 그러나 이에 대한 확실한 증거는 없다. 위 동전들의 증거도 상당히

64. 이 표현에 대해 흐레이다너스는 다음과 같이 설명한다. "그 짐승은 결국 어떤 사람, 적그리스도이며, 바다에서 나온 짐승의 최후의 개인적 구현이다." Greijdanus, *Openbaring*, 284.

65. Beale, *Revelation*, 720.

66. Beale, *Revelation*, 720.

부분적인 것에 불과하다. 고고학적, 역사적 발견이 좀 더 진행되어야 하겠지만 확신할 수는 없다. 마운스도 여러 다양한 견해들을 소개한 후에 대해 다음과 같이 말한다. "요한은 오직 그의 측근들만이 이 숫자를 해독할 수 있도록 하였다. 그래서 … 약 백년쯤 후의 이레네우스조차도 이 사람이 누구인지 알 수 없었다."[67]

결론적으로 위 개혁주의자들의 상징적 해석이 제일 무난해 보인다. 666은 (정확하게는 6이 셋이 아니라 '육백육십육'이다) 인간적인 완전함에 달한 수이나 하나님의 완전성에는 달하지 못한 수로서 인간의 교만과 권세, 부귀영화가 극에 달한 수이다. 따라서 하나님을 대적하고 교회를 핍박하는 '짐승'('적그리스도'라 부를 수 있다)을 가리키기에 합당한 수이다. 이 '적그리스도'는 꼭 한 개인으로 제한할 필요가 없으며, 교회를 핍박하는 사탄의 세력 전반에 대한 상징으로 보면 된다.[68] 그런 의미의 '적그리스도'는 역사상 항상 있어 왔으며, 요한 당시에는 로마 제국이었는데 그 정점에 로마 황제가 있었다. 요한 당시의 로마 황제는 도미티아누스(Domitianus)였다. 그러나 이 '짐승' 곧 666으로 상징화된 '적그리스도'는 역사상 항상 활동해 왔으며 지금도 활동하고 있는 적그리스도적인 세상 세력을 가리킨다고 할 수 있다.[69]

---

67. Mounce, *Revelation*, 262 이하.
68. 요한일서에서는 그리스도를 부인하는 이단들을 '적그리스도들'(ἀντίχριστοι, *안티크리스토이*)이라고 부른다(2:18). 물론 살후 2:3에서는 단수로 마지막 때에 나타날 '불법의 사람' 곧 '멸망의 아들'에 대해 말한다.
69. '적그리스도'에 대해서는 다음을 보라. 변종길, "적그리스도는 누구인가?", 신약 난제 해설(9), 『선지동산』 67호(천안: 고려신학대학원, 2014): 8-9.

교훈과 적용

1. 땅에서 올라온 짐승은 어린양같이 두 뿔을 가지고 있다(11절). 이것은 어린양 예수 그리스도를 모방하는 것을 의미한다. 사탄은 자기를 광명의 천사로 가장한다(고후 11:14). 이처럼 거짓 선지자들은 자기를 그리스도라고 주장하거나 그리스도로 가장하여 사람들을 미혹한다. 그 목적은 사람들을 미혹하여 첫째 짐승을 경배하게 하는 것이다. 곧, 악한 세상을 지배하는 적그리스도적 세력을 경배하게 하는 것이다. 그러나 이런 우상숭배에 동참하지 않는 자들에 대해서는 핍박을 가하여 사회생활, 경제생활을 어렵게 만든다(15-17절).

2. 땅에서 올라온 짐승 곧 '거짓 선지자'는 이적을 행하여 사람들을 미혹한다. 큰 이적을 행하여 심지어 불이 하늘에서 땅에 내려오게 하기도 한다(13절). 그러면 많은 사람들이 이것은 하나님의 능력이라고 하면서 엎드려 경배할 것이다. 그래서 우상을 숭배하고 마귀를 섬기게 된다. 또 짐승의 우상(동상)으로 하여금 말하게 하는 이적을 행하기도 한다. 실제로 로마 제국 시대에는 '복화술'(腹話術, ventriloquism)을 통하여 사람들을 미혹하는 일이 있었다고 한다. 이 모든 것은 결국 사람들을 미혹하여 우상을 섬기게 하려는 마귀의 술수이다.

3. '육백육십육'에 대해 사람들은 신용카드니 베리칩이니 등 여러 가지 말을 한다. 또는 로마 교황이나 히틀러로 보기도 한다. 학자들 중에는 로마의 네로 황제(54-68년)로 보는 견해가 많다. 그러나 요한계시록 기록 당시(95/96년)에 네로는 죽고 없었다. 따라서 우리는 '육백육십육'을 상징적으로 이해해야 한다. '육(6)'은 하나님의 안식을 뜻하는 완전수 '칠(7)'에 미치지 못하는 수이나 인간으로서는 최고도에 달한 수이다. 따라서 '육'은 인간의 교만을 의미하며, '육백육십육'은 인간의 교만이 최고도에 달한 것을 의미한다. 따라서 이것은 '적그리스도'(한 개인이나 단체가 아니라 적그리스도적 세력 전체)를 상징하는 수이다.

제13장

어린양과 십사만 사천

(14:1-5)

계시록 14장은 크게 세 부분으로 나뉘어 있다. 첫째는 어린양과 십사만 사천에 관한 환상이고(1-5절), 둘째는 세 천사의 외침에 관한 것이며(6-12절), 셋째는 세상 끝 날의 추수와 심판에 대한 환상이다(14-20절). 둘째와 셋째 사이에 주 안에서 죽은 자들의 복에 대한 하늘의 음성이 간단하게 기록되어 있다(13절).

1-5절에는 '어린양'과 '십사만 사천'이 나타난다. '십사만 사천'은 어린양의 피로 땅에서 속량함을 받은 자들이다. 요한은 하늘에서 나는 '새 노래'를 들었는데 '십사만 사천'밖에는 능히 배울 수 없는 노래 곧 신령한 노래이다. 이들은 이 세상과 타협하지 아니하고 정절을 지킨 자이며 어린양의 인도를 받아 어디든지 따라가는 자이다.

> 흐레이다너스는 14장은 '예기적'(proleptisch)이라고 한다. 곧, 미래에 있을 것을 나타낸다고 본다.[1] 그러나 이것은 요한이 본 것(환상)이기 때문에 꼭 예기적(豫期的)이라고 말할 필요가 없다. 하나님은 과거의 일과 현재의 일을 보여 주실 수도 있고 또 미래의 일도 보여 주실 수 있다. 하나님은 자신이 원하시는 뜻대로 과거, 현재, 미래의 일을 현재 일어나는 일로 또는 이미 일어난 일로 자유자재로 보여 주실 수 있다. 그리고 꼭 일어난 시간의 순서대로 보여 주시는 것이 아니라, 하나님이 원하시는 대로 현재와 과거와 미래를 왔다 갔다 하면서 보여 주신다. 따라서 계시록의 사건들은 '시간적 순서'(chronological order)로 이해할 것이 아니라 '환상의 순서'(order of visions)로 보아야 한다. 그 환상에 나오는 사건들이 언제 있을 일인가 하는 것은 각각 그 내용에 의해 판단해야 한다.

1. Greijdanus, *Openbaring*, 285.

본문 개요

요한은 어린양이 시온산에 서 있고 그와 함께 십사만 사천이 서 있는 것을 보았다(1절). 그들의 이마에는 어린양의 이름과 아버지의 이름이 씌어 있었다. 또 하늘에서 나는 소리를 들었는데, 그 소리는 거문고 타는 소리와 같았다(2절). 그들이 새 노래를 부르는데 땅에서 속량함을 받은 십사만 사천 외에는 능히 배울 자가 없었다(3절). 이들은 여자로 더불어 더럽히지 아니하고 정결한 자들이며, 어린양이 어디로 인도하든지 따라가는 자들이며, 처음 익은 열매로 하나님과 어린양에게 속한 자들이다(4절). 그 입에는 거짓말이 없고 흠이 없는 자들이다(5절).

내용 분해

1. 어린양과 십사만 사천(14:1-5)
   1) 시온산에 서 있는 십사만 사천(1절)
   2) 하늘에서 나는 소리(2절)
   3) 새 노래를 부름(3절)
   4) 십사만 사천의 모습(4-5절)

본문 주해

1. 어린양과 십사만 사천(14:1-5)

1 또 내가 보니 보라 어린 양이 시온 산에 섰고 그와 함께 십사만 사천이 서

있는데 그들의 이마에는 어린 양의 이름과 그 아버지의 이름을 쓴 것이 있
더라 2 내가 하늘에서 나는 소리를 들으니 많은 물 소리와도 같고 큰 우렛
소리와도 같은데 내가 들은 소리는 거문고 타는 자들이 그 거문고를 타는
것 같더라 3 그들이 보좌 앞과 네 생물과 장로들 앞에서 새 노래를 부르니
땅에서 속량함을 받은 십사만 사천 밖에는 능히 이 노래를 배울 자가 없
더라 4 이 사람들은 여자와 더불어 더럽히지 아니하고 순결한 자라 어린
양이 어디로 인도하든지 따라가는 자며 사람 가운데에서 속량함을 받아
처음 익은 열매로 하나님과 어린 양에게 속한 자들이니 5 그 입에 거짓말
이 없고 흠이 없는 자들이더라

1) 시온산에 서 있는 십사만 사천(1절)

요한은 또 "어린양이 시온산에 서 있는 것과 그와 함께 십사만 사천이 서 있는 것"을 보았다(1절). 시온산은 메시아의 좌소(座所)이다(욜 3:17, 21; 옵 17, 21절; 습 3:14, 16). '십사만 사천'은 문자적인 의미에서의 144,000이 아니라 계시록 7:4에서 살펴본 대로 '모든 그리스도인' 곧 '구속받은 하나님의 백성 전체'를 가리킨다. 왜냐하면 이들은 3절에서 말하고 있는 대로 '땅에서 속량함을 받은 자들'(οἱ ἠγορασμένοι ἀπὸ τῆς γῆς, *호이 에고라스메노이 아포 테스 게스*)과 동격(同格)이기 때문이다. 4-5절의 내용도 모든 그리스도인에게 해당되는 표현이며 특별한 집단으로 제한할 수 없다. 따라서 이 144,000은 땅 위의 모든 그리스도인을 가리킨다. 이 '십사만 사천'의 이마에 어린양의 이름과 그 아버지의 이름을 쓴 것이 있었는데(1하), 이것은 이들이 어린양 예수 그리스도와 하나님 아버지께 속했다는 것을 말해 준다.

한편 흐레이다너스는 144,000에 대해 '하나님과 하나님 섬김을 위해 자신을 전적으로 특별히 헌신하기 위해, 하나님에 의해 택함받고 인정받은

모든 자들', '택함받은 자들 중의 택함받은 자들'로 본다.[2] 즉, 헌신된 그리스도인들로 보는데 이것은 잘못이다. 그렇게 되면 '모든' 그리스도인이 다 포함되는 것이 아니라 '일부분'만 포함되게 된다. 흐레이다너스가 이렇게 보는 이유는 '첫 열매'(ἀπαρχή, *아파르케*)의 의미를 '특별한 의미에서 하나님께 바쳐진 것'(in bizonderen zin Gode toegewijd)[3]으로 보기 때문이다. 그러나 이것은 '첫 열매'의 원래 의미(추수 때 처음 수확한 것, 처음 난 것)만 본 것이며(출 23:19; 22:29; 13:2, 12, 15; 고전 15:20, 23), 이스라엘이 세상 가운데서 하나님께 바쳐진 '여호와의 성물(聖物)' 곧 '첫 열매'라는 예레미야 2:3의 말씀을 놓친 것이다.

판 드 캄프는 이것을 '모든 그리스도인', '구속받은 하나님의 교회 전체'로 보면서 계시록 7:4-8의 144,000과 동일하다고 본다.[4] 빌도 마찬가지로 '참된 하나님의 백성 전체'(the completeness of God's true people)를 의미한다고 본다. 그리고 144,000은 666과 대비되는데, 666은 '인류를 위한 하나님의 계획을 달성하는 데 있어서의 불완전성'(incompleteness in achieving the divine design for humanity)을 의미한다고 본다.[5]

2) 하늘에서 나는 소리(2절)

요한이 또 하늘에서 나는 소리를 들었는데 "많은 물소리와도 같고 큰 우렛소리와도 같은데 내가 들은 소리는 거문고 타는 자들이 그 거문고를 타는 것 같더라."고 한다(2절). '많은 물소리'와 '큰 우렛소리'는 위엄 있음을 뜻하며, '거문고'라고 번역된 단어는 원래 '*키타라*'(κιθάρα)로서 아름다운 소리를 내는 옛날 악기를 말하며 하프(harp)와 비슷하다. 따라서 거문고 타는 것과 같은 소리는 아름다운 소리를 뜻한다.

---

2. Greijdanus, *Openbaring*, 286 (참조. 170쪽).
3. Greijdanus, *Openbaring*, 292.
4. Van de Kamp, *Israël in Openbaring*, 159-61.
5. Beale, *Revelation*, 733.

3) 새 노래를 부름(3절)

그들이 '보좌 앞과 네 생물과 장로들 앞에서 부른 새 노래'(3상)는 구속함을 받은 성도들이 부르는 노래 곧 세상 사람들이 알지 못하는 신령한 노래를 뜻한다(참조. 계 5:9).[6] 그런데 "땅에서 속량함을 받은 십사만 사천밖에는 능히 이 노래를 배울 자가 없더라."고 한다(3하). '십사만 사천'은 '땅에서 속량(贖良)함을 받은 자들'이다. 이 둘은 동격(同格)으로서 '십사만 사천'이 곧 '땅에서 속량 받은 자들'임을 말한다. 따라서 이들은 이 세상에서 구원받은 자들의 총수를 의미하며 특정 그룹으로 제한할 수 없다. 여기서 '속량(贖良)하다'(ἀγοράζω, *아고라조*)는 말은 돈을 주고 종을 사서 해방시키는 것을 말한다.

4) 십사만 사천의 모습(4-5절)

4-5절에는 이들이 어떤 자들인가에 대한 설명이 나온다. 먼저 이들은 '여자로 더불어 더럽히지 아니하고 순결한 자'이다. 이들은 '여자'(타락한 이 세상)와 타협하지 아니하고 순결을 지킨 자이다. '순결한 자'(παρθένοι, *파르떼노이*)는 순결한 '처녀'란 의미이다.[7] 이들은 '어린양이 어디로 인도하든지 따라가는 자들'이다. 이것은 어린양 예수 그리스도에 대한 순종을 뜻한다. 구원받은 성도들은 예수님의 음성을 듣고 그를 따른다(요 10:27).

이들은 또 "사람 가운데에서 속량함을 받아 처음 익은 열매로 하나님과 어린양에게 속한 자들"이다(4하). 여기서 '처음 익은 열매' 곧 '첫 열매'(ἀπαρχή, *아파르케*)는 앞으로 열릴 많은 열매들 가운데서 '처음' 열매라는 의미보다도 '하나님께 바쳐졌다'는 의미가 강하다.[8] 이에 대해 빌은 이렇게 말한다. "계

---

6. 참조. 헨드릭슨, 『요한계시록』, 186: "이것은 **새** 노래인데 **새로운** 경험, 즉 십사만 사천이 이 땅으로부터 구원을 얻었음을 기록한 것이다."; 박윤선, 『요한계시록』, 140(5:9 주석 중): "이것은 구원의 새로운 체험으로 터지는 새로운 찬송이다."
7. BDAG, "one who has never engaged in sexual intercourse, virgin, chaste person."
8. Van de Kamp, *Openbaring*, 339.

14:4에서 첫 열매는 '역사의 마지막에 사는 소수의 그리스도인 순교자들'을 뜻할 수도 있지만, 더욱 가능성이 있는 견해는 '전 시대를 통해 완전하고 종국적인 구원을 받는 신자들 전체'(the totality of believers throughout the ages who finally receive their full and final redemption)로 보는 것이다."[9] 헨드릭슨도 같은 의미로 말한다. "모든 구속받은 자들, 택함받은 모든 성도들이 이 첫 열매에 포함된다. 첫 열매에 속하지 않은 모든 것은 무엇이든지 하나님의 소유가 아니며 또한 택한 자도 아니다. 이들 십사만 사천 명은 첫 열매 대(對) 다른 성도가 아니다. 이들은 또한 하늘에서 선택할 집단이거나 또는 더욱 뛰어난 성도들로 구성된 것도 아니다. 그들은 '사람 가운데서 구속을 받은' 첫 열매이다."[10] 따라서 구약에서 원래의 '여러 열매들 가운데서 수확한 처음 열매'라는 의미가 여기서는 '세상 사람들 가운데서 택함받아 하나님께 바쳐진, 거룩한, 귀한 열매'라는 의미로 사용되었다. 예레미야 2장 3절에 이미 그런 의미로 사용되었다. "이스라엘은 여호와를 위한 성물(聖物) 곧 그의 소산 중 첫 열매이니 그를 삼키는 자면 모두 벌을 받아 재앙이 그들에게 닥치리라." 야고보서 1장 18절의 '첫 열매'도 '피조물 중의 첫 열매'이므로 예레미야 2장 3절의 '첫 열매'와 같은 의미로 보아야 할 것이다.

또한 이들은 '그 입에는 거짓말이 없고 흠이 없는 자들'이라고 한다(5절). 이것 역시 모든 성도들 곧 참된 성도들을 가리키는 표현이다. 계시록 22장 15절에서 "거짓말을 좋아하며 지어내는 자마다 다 성 밖에 있으리라."고 하였는데, 이에 반해 '그 입에 거짓말이 없는 자'는 진실한 자이고 참 이스라엘 사람이다(요 1:47). '흠 없는 (자)'(ἄμωμοι, *아모모이*)란 표현도 하나님께 드려진 결함없는, 온전한 희생제물에 대해 사용되었는데(출 12:5; 레 1:3; 3:1, 6 등), 신약에서는 흠 없는 어린양 예수 그리스도에 대해 사용되었으며(벧

9. Beale, *Revelation*, 742.
10. 헨드릭슨, 『요한계시록』, 186 이하.

전 1:19; 히 9:14), 또한 하나님 앞에서 거룩하고 흠 없고 책망받을 것이 없이 나타나야 할 성도의 모습에 대해서도 사용되었다(엡 1:4; 5:27; 빌 2:15; 골 1:22 등).[11]

교훈과 적용

1. '십사만 사천'에 대해 세대주의자들과 이단들은 문자적으로 이해하는 경향이 있다. 그래서 구원받은 자들의 숫자 144,000명이 차면 세상의 종말이 온다고 주장한다. 그러나 '십사만 사천'은 상징적인 숫자로 보아야 한다. 3절에 있는 대로 '땅에서 속량함을 받은 자들'로 보아야 한다. '십사만 사천'과 '땅에서 속량함을 받은 자들'은 동격(同格)으로서 같은 것을 나타낸다. '십사만 사천' 곧 '땅에서 속량함을 받은 자들'이란 뜻이다. 따라서 '십사만 사천'은 유대인들 중에서 구원받은 자들만 가리키는 것이 아니며 이방인들 중에서 구원받은 자들만 가리키는 것도 아니고, 온 세상에서 구원받은 자들 전체를 가리킨다. 즉, 모든 그리스도인을 가리키는 상징적 숫자이다.

2. '십사만 사천'은 상징적으로 이해해야 한다. 144,000은 12 x 12 x 1,000으로서 12는 선택의 완전수이다. 하나님은 구약 시대에 열두 지파를 선택하셔서 이스라엘 민족을 이루셨고, 신약 시대에는 열두 사도를 택하여 교회의 기초를 삼으셨다(계 21:12, 14 참조). 따라서 144,000은 구약 교회와 신약 교회를 합한 모든 교회의 구원받은 자들 전체를 의미한다. 이들은 '땅에서 속량함을 받은 자들'로서(3절), 어린양 예수 그리스도를 따르며 정절과 믿음을 지킨 자들이다(4, 5절).

3. 이들은 '처음 익은 열매' 곧 '첫 열매'로서 하나님과 어린양에게 속한 자들이다(5절). 여기서 '첫 열매'란 말은 앞으로 있을 많은 열매들 가운데서의 첫 번째란 의미보다도 하나님께 바쳐진, 귀한 열매란 뜻이다. 곧, 이스라엘은 '여호와를 위한 성물 곧 그의 소산 중 첫 열매'(렘 2:3)라고 할 때의 '첫 열매'와 같은 의미이다. 우리는 '하나님의 피조물 가운데의 첫 열매'(약 1:18)라고 할 때와 같은 의미이다. 따라서 '십사만 사천'은 모든 그리스도인들을 가리키며 그중의 일부분을 가리키는 것이 아니다. 이들은 정결한 자로서 어린양 예수 그리스도의 인도를 받아 어디든지 따라가는 자들이다.

---

11. BDAG; Greijdanus, *Openbaring*, 293.

제14장

마지막 추수와 심판

(14:6-20)

6-12절은 세 천사의 외침을 기록하고 있다. 이 천사들은 하나님의 심판을 경고하면서 오직 하나님을 경배할 것을 촉구한다. 13절은 장면이 바뀌어 하늘에서 음성이 나서 "지금 이후로 주 안에서 죽은 자들은 복이 있다."고 한다. 14-16절은 '인자 같은 이' 곧 예수님의 마지막 추수에 대해 말하고, 17-20절은 천사의 마지막 심판에 대해 말한다.

본문 개요

첫 번째 천사가 공중에 날아가는데 보니 영원한 복음을 가졌다(6절). 그가 큰 음성으로 이르기를 "하나님을 두려워하며 그에게 영광을 돌리라."고 하였다(7절). 둘째 천사가 이르기를 "무너졌도다. 무너졌도다. 큰 성 바벨론이여"라고 외쳤다(8절). 셋째 천사가 큰 음성으로 이르기를 "만일 누구든지 짐승과 그의 우상에게 경배하고 이마에나 손에 표를 받으면 그도 하나님의 진노의 포도주를 마실 것"이라고 경고한다(9-11절). 그러면서 '성도의 인내'를 강조한다(12절). 그리고 나서 요한은 또 다른 음성을 들었는데 "지금 이후로 주 안에서 죽는 자들은 복이 있다."고 하였다(13상). 믿음을 지키고 끝까지 인내하는 자는 죽어서 천국에서 안식을 누리게 될 것이기 때문이다(13하).

그리고 나서 세상 끝 날의 추수와 심판에 대해 보여 준다(14-20절). 먼저 요한은 구름 위에 '인자와 같은 이'가 앉아 있는 모습을 보았다. 그는 머리에 금 면류관을 쓰고 손에는 예리한 낫을 가지고 있었다(14절). 그가 낫을 땅에 휘두르매 땅의 곡식이 거두어졌다(16절). 또 다른 천사가 하늘의 성전에서 나오는데 역시 예리한 낫을 가지고 있었다(17절). 이 천사가 낫을 휘둘러 땅의 포도를 거두어 하나님의 진노의 큰 포도주 틀에 던지니 성 밖에서 그 틀이 밟히니 피가 나서 천육백 스타디온에 퍼졌다(18-19절).

내용 분해

1. 세 천사의 외침(14:6-13)
   1) 첫째 천사의 외침(6-7절)
   2) 둘째 천사의 외침(8절)
   3) 셋째 천사의 외침(9-12절)
   4) 주 안에서 죽는 자들의 복(13절)
2. 세상 끝 날의 추수와 심판(14:14-20)
   1) 인자 같은 이의 추수(14-16절)
   2) 천사의 마지막 심판(17-20절)

본문 주해

1. 세 천사의 외침(14:6-13)

**6 또 보니 다른 천사가 공중에 날아가는데 땅에 거주하는 자들 곧 모든 민
족과 종족과 방언과 백성에게 전할 영원한 복음을 가졌더라 7 그가 큰 음
성으로 이르되 하나님을 두려워하며 그에게 영광을 돌리라 이는 그의 심
판의 시간이 이르렀음이니 하늘과 땅과 바다와 물들의 근원을 만드신 이
를 경배하라 하더라**

**8 또 다른 천사 곧 둘째가 그 뒤를 따라 말하되 무너졌도다 무너졌도다
큰 성 바벨론이여 모든 나라에게 그의 음행으로 말미암아 진노의 포도주
를 먹이던 자로다 하더라**

**9 또 다른 천사 곧 셋째가 그 뒤를 따라 큰 음성으로 이르되 만일 누구
든지 짐승과 그의 우상에게 경배하고 이마에나 손에 표를 받으면 10 그도**

하나님의 진노의 포도주를 마시리니 그 진노의 잔에 섞인 것이 없이 부은
포도주라 거룩한 천사들 앞과 어린 양 앞에서 불과 유황으로 고난을 받
으리니 11 그 고난의 연기가 세세토록 올라가리로다 짐승과 그의 우상에
게 경배하고 그의 이름 표를 받는 자는 누구든지 밤낮 쉼을 얻지 못하리
라 하더라 12 성도들의 인내가 여기 있나니 그들은 하나님의 계명과 예수
에 대한 믿음을 지키는 자니라
13 또 내가 들으니 하늘에서 음성이 나서 이르되 기록하라 지금 이후
로 주 안에서 죽는 자들은 복이 있도다 하시매 성령이 이르시되 그러하다
그들이 수고를 그치고 쉬리니 이는 그들의 행한 일이 따름이라 하시더라

1) 첫째 천사의 외침(6-7절)

첫째 천사가 공중에 날아가는데 땅에 거주하는 자들에게 전할 '영원한 복음'을 가지고 있었다(6절). 세상은 변하지만 복음은 영원하다(마 24:35; 벧전 1:23-25). 이 천사가 큰 음성으로 외친 것은 "하나님을 두려워하며 그에게 영광을 돌리라."는 것이다(7상). 여기서 '두려워하다'(φοβέομαι, *포베오마이*)는 것은 '경외하다'는 의미이다. 하나님을 두려워해야 하는 이유는 "그[하나님]의 심판의 시간이 이르렀기 때문"이다. 따라서 "하늘과 땅과 바다와 물들의 근원을 만드신 이를 경배하라."고 외친다(7하). 하나님의 엄위하신 심판을 앞에 두고 있는 우리는 우상숭배를 버리고 오직 하나님을 두려워하고 하나님만 경배해야 한다.

2) 둘째 천사의 외침(8절)

이어서 나오는 둘째 천사는 세상에 대한 심판이 행해졌음을 외친다. "무너졌도다 무너졌도다 큰 성 바벨론이여, 모든 나라에게 그의 음행으로 말미암아 진노의 포도주를 먹이던 자로다."(8절) 여기서 '무너졌도다'(ἔπεσεν, *에페센*)란 말이 두 번 반복된 것은 확실하다는 것을 강조한다. 18장 2절에도 똑같

은 말이 나온다. 이것은 '바벨론'이 두 번 무너진다는 것을 말하는 것이 아니다. 세상의 종말 후에 또다시 역사가 전개된다는 것이 아니라 동일한 사건을 다르게 보여 준 것이다. 종말에 대해서는 이미 6:12-17; 11:15-18에 나왔으며, 16:17-21; 18장; 19:17-21; 20:7-10에도 나온다. 이것은 시간적인 순서를 따라 종말이 일곱 번 나온다는 의미가 아니다. 세상 역사가 끝나고 나서 다시 세상 역사가 시작되고, 또다시 종말이 오고 새로운 세상 역사가 시작되고 … 이렇게 세상 역사가 반복된다는 의미가 아니다. 하나님은 한 번의 세상 종말에 대해 여러 환상을 통해 이 모양 저 모양으로 보여 주신 것이다.

> 여기에 '아오리스트'(aorist) 시상이 사용된 것에 대해 굳이 '예기적(豫期的) 아오리스트'(proleptic aorist)로,[1] 또는 '선지자적 아오리스트'(prophetic aorist)나,[2] 또는 '하나님의 작정'으로 생각할 필요가 없다. 예를 들면 흐레이다너스는 다음과 같이 말한다. "물론 그것은 아직 무너지지 않았다. 그러나 하나님의 작정에서 그 무너짐은 결정되었다."[3] 이 말은 물론 옳다. 그러나 그는 여전히 시간의 진행이란 현실 세계의 테두리 안에서 생각하고 있다. 환상의 세계에서는 시간을 자유롭게 초월할 수 있다. 환상에서는 얼마든지 미래 일을 현재 일어나는 일로, 또는 이미 일어난 일로 묘사할 수 있다. 하나님께서 보여 주시고 싶은 대로 자유롭게 보여 주실 수 있다.

'큰 성 바벨론'(Βαβυλὼν ἡ μεγάλη, *바뷜론 헤 메갈레*)은 성도들을 핍박하는 이 세상을 의미한다(참조. 요일 2:15-17). '바벨론'은 세상 나라의 중심이다(계 16:19; 18:2이하, 10, 21; 17장). 바벨론은 예루살렘과 성전을 파괴하고

---

1. 예를 들면 Ladd, *Revelation*, 194 ("a proleptic angelic announcement").
2. Beale, *Revelation*, 754: "an aorist functioning like a Hebrew prophetic perfect in expressing the future occurrence of Babylon's fall as though it has already occurred."
3. Greijdanus, *Openbaring*, 296.

유대 민족을 포로로 잡아갔으며 다윗 왕조의 통치를 종식시켰다(왕하 25장). 그래서 '바벨론'은 '세상 권세'를 가리키는 상징적 명칭이 되었다. 이 세상 권세는 여러 제국들을 통해 나타났으며 하나님의 기름 부음 받은 자(그리스도)와 그의 교회를 대적하고 있다(시 2편). 요한이 이 계시를 받았을 당시의 '바벨론'은 로마였다. 그러나 여기 이 구절에서는 넓은 의미에서 '적그리스도적인 세상 나라'를 의미한다.[4]

'바벨론'은 '크다'(μεγάλη, *메갈레*)는 것을 자랑한다. 세상은 외적인 위용과 세력을 자랑한다. 이에 비해 '거룩한 성'인 교회는 '거룩함'을 특징으로 한다. 또 바벨론은 "모든 나라에게 그의 음행으로 말미암아 진노의 포도주를 먹이던 자"이다. 여기서 '음행'(πορνεία, *포르네이아*)은 영적인 의미가 주된 것이다. 곧, 하나님을 떠나 우상을 섬기는 것을 의미한다. 이런 우상숭배에는 물론 도덕적 타락이 따라오며 그 가운데에는 육적 음행도 포함될 수 있다. 하지만 여기서 '음행'은 넓은 의미로 모든 나라를 미혹하여 하나님을 떠나 우상을 숭배하게 하고 죄를 짓게 한 것을 의미한다.

3) 셋째 천사의 외침(9-12절)

이어서 셋째 천사가 강력한 경고를 발한다. 그 핵심 내용은 누구든지 짐승과 그의 우상에게 경배하면 하나님의 진노의 포도주를 마시게 된다는 것이다. 여기서 '짐승'은 13장에 나오는 첫째 짐승인데, 하나님의 백성을 핍박하는 세상 권세의 화신(化身, embodiment)이다. 요한 당시에는 로마 제국이었으며 그 정점에 로마 황제가 있었다. 따라서 그의 우상은 요한 당시에는 로마 황제의 우상(동상)이었으며, 그 앞에 엎드려 경배하면 하나님의 무서운 심판을 받게 된다는 것이다. 그 우상에게 경배하는 자는 불과 유황으로 고난받게 될 것이며, 그 고난의 연기가 세세토록 올라갈 것이다(10하, 11상). 이것은 그 고

4. Greijdanus, *Openbaring*, 296.

통이 끝이 없을 것임을 말한다. 그리고 영원토록 '안식'이 없을 것이다(11하).

따라서 하나님께서 성도들에게 요구하시는 것은 '인내'이다. "성도들의 인내가 여기 있나니 그들은 하나님의 계명과 예수에 대한 믿음을 지키는 자니라."(12절) 참된 믿음은 어떠한 핍박과 환난에서도 끝까지 믿음을 지키는 인내를 통해 증명된다(계 13:10; 1:9; 2:10). 따라서 예수님에 대한 믿음과 하나님의 계명을 끝까지 붙드는 인내가 요구된다.

4) 주 안에서 죽는 자들의 복(13절)

요한은 또 하늘에서 나는 음성을 들었다. "기록하라. 지금 이후로 주 안에서 죽는 자들은 복이 있도다."(13상) '주 안에서 죽는 자들'[5]은 황제숭배를 거부하고 예수 그리스도를 믿는 믿음을 끝까지 지킨 자들을 가리킨다. 그래서 주 안에서, 믿음 안에서 죽는 자들을 말한다. 이런 사람들은 "수고를 그치고 쉴 것"이다(13하). 이것은 안식(安息)을 의미한다. 참된 안식은 아무것도 안 하는 것이 아니라, 고생과 수고를 그치고 주 안에서 참된 생명을 누리는 것 곧 하나님과 복된 교제를 누리는 것을 의미한다. 주 안에서 죽은 자들은 낙원(천당, 천국)에서 그리스도와 함께 영생을 누린다(계 6:9-11; 롬 2:7; 빌 1:23; 요 11:25-26). 성도는 죽으면 그 '영혼'(ψυχή, *프쉬케*)이 즉시 낙원으로 간다(눅 23:43; 마 10:28).[6] 따라서 주 안에서 죽는 자들은 복이 있으며, 성도의 죽는 것을 여호와께서 귀히 보신다(시 116:15).

이들이 복 있는 이유는 "그들의 행한 일이 따르기 때문"이다(13하). 이것

---

5. 원문의 표현은 좀 독특하다. 직역하면 '주 안에서 죽는 죽은 자들'(οἱ νεκροὶ οἱ ἐν κυρίῳ ἀποθνῄσκοντες, *호이 네크로이 호이 엔 퀴리오 아포뜨네스콘테스*)이라고 되어 있다. '주 안에서 죽는 자들'(현재 시상 곧 과거, 현재, 미래에 관계 없이 '죽는 자들')을 말하면서도, 그 초점은 '이미 죽은 자들'(the dead) 곧 죽어서 (그 영혼이) 낙원에 있는 자들에 있다.

6. 참조. 하이델베르크 요리문답 제57문의 답: "내 영혼은 이생 후에 즉시 영혼의 머리 되신 그리스도에게로 갈 뿐만 아니라 또한 이 내 육체가 그리스도의 능력으로 부활한 후에 다시금 내 영혼과 하나 되고 그리스도의 영화된 몸의 형상과 같아질 것입니다."

은 그들의 행한 일에 대한 보상(報償)이 있음을 말한다. 하나님께서 각 사람에게 그 행한 대로 보응하신다(롬 2:6). 이처럼 이 세상에서 우상에게 절하지 아니하고 환난과 핍박 가운데서도 끝까지 믿음을 지킨 자들에게는 하나님께서 안식(安息)과 영생(永生)으로 갚아 주신다.

교훈과 적용

1. 이 세상은 '큰 성 바벨론'으로 불린다(8절). 세상은 '크다'는 것을 자랑한다. 그 수가 많으며 세력이 막강하다. 그래서 교회를 공격하고 성도들을 핍박한다. 인간적으로는 도무지 이길 방법이 없어 보인다. 그러나 하나님의 개입으로 말미암아 교회는 위기를 벗어나고 세상을 이기고 승리하게 된다(시 40:1-2). 따라서 교회는 하나님을 바라보고 기도에 힘써야 한다. 환난 중에도 낙심하지 말고 끝까지 버텨야 한다(12절). 믿음으로 인내하다 보면 마침내 하나님이 개입하셔서 위기에서 건져 주신다.

2. 이 세상의 모든 것은 하나님을 떠나 우상을 숭배하고 그 앞에 절하게 하기 위해 일하고 있다. 거짓과 이적으로 유혹하고, 죄를 짓는 것이 달콤하다고 유혹하고, 세상 쾌락과 게임으로 사람들을 망치며, 위협과 협박으로 우상을 섬기게 만든다. 오늘날에는 '관용'과 '평등'이란 이름으로, 종교다원주의와 영성이란 이름으로 사람들을 유혹한다. 이 모든 것은 결국 성경에서 가르치는 참 신앙을 떠나 자기 자신을 신격화하거나 세상 신들을 섬기게 만든다. 이런 상황에서 하나님의 계명과 예수에 대한 믿음을 끝까지 지키는 것이 중요하다(12절).

3. 성도들은 이런 세상에서 많은 환난과 핍박을 당하게 된다. 그래서 믿음을 지키는 것이 쉬운 일은 아니다. 그러나 이 모든 싸움을 잘 싸우고 믿음을 지킨 자들은 복이 있다. 그래서 "지금 이후로 주 안에서 죽는 자들은 복이 있도다."고 말한다(13절). 왜냐하면 그들은 낙원(천국)에서 수고를 그치고 안식할 것이기 때문이다. 그리스도와 더불어, 그리고 앞서간 성도들과 더불어 복된 교제를 누리며 영생과 복락을 누리게 될 것이다.

2. 세상 끝 날의 추수와 심판(14:14-20)

14 또 내가 보니 흰 구름이 있고 구름 위에 인자와 같은 이가 앉으셨는데
그 머리에는 금 면류관이 있고 그 손에는 예리한 낫을 가졌더라 15 또 다
른 천사가 성전으로부터 나와 구름 위에 앉은 이를 향하여 큰 음성으로
외쳐 이르되 당신의 낫을 휘둘러 거두소서 땅의 곡식이 다 익어 거둘 때
가 이르렀음이니이다 하니 16 구름 위에 앉으신 이가 낫을 땅에 휘두르매
땅의 곡식이 거두어지니라

17 또 다른 천사가 하늘에 있는 성전에서 나오는데 역시 예리한 낫을 가
졌더라 18 또 불을 다스리는 다른 천사가 제단으로부터 나와 예리한 낫 가
진 자를 향하여 큰 음성으로 불러 이르되 네 예리한 낫을 휘둘러 땅의 포
도송이를 거두라 그 포도가 익었느니라 하더라 19 천사가 낫을 땅에 휘둘
러 땅의 포도를 거두어 하나님의 진노의 큰 포도주 틀에 던지매 20 성 밖
에서 그 틀이 밟히니 틀에서 피가 나서 말 굴레에까지 닿았고 천육백 스
다디온에 퍼졌더라

1) 인자 같은 이의 추수(14-16절)

이어서 14-20절의 환상은 세상 끝 날의 추수와 심판을 보여 준다. 먼저 요한은 흰 구름 위에 '사람의 아들과 같은 이'(ὅμοιον υἱὸν ἀνθρώπου, *호모이온 휘온 안뜨로푸*)가 앉아 있는 것을 보았는데(14절), 이는 인자(人子) 곧 예수님을 가리킨다. '…과 같은 이'(ὅμοιον, *호모이온*)란 표현이 사용된 것은 환상 속에서 본 모습이기 때문이다. 환상 속에서 요한이 본 '사람의 아들과 같은 이'는 실재 세계의 하늘에 계신 예수님이 아니라 예수님을 가리키는 환상 속의 모습이다.[7] '흰 구름' 위에 있다는 것은 영광중에 오시는 예수님의 모습

7. 단 7:13의 '인자 같은 이'(one like a son of man)란 표현은 그것이 환상(幻像) 중에 보인 것이기 때

을 묘사한 것인데, 문맥상 심판하러 오시는 것을 의미한다(계 1:7; 행 1:9-11). 그 머리에 있는 '금 면류관'은 승리의 면류관, 영광의 면류관을 의미한다. 그 손에 '예리한 낫'을 가졌다는 것은 추수를 준비하는 모습을 보여 준다.

또 다른 천사가 성전에서부터 나와서(참조. 계 15:6; 16:17) 구름 위에 앉은 이를 향하여 큰 음성으로 외쳤다. "당신의 낫을 휘둘러 거두소서. 땅의 곡식이 다 익어 거둘 때가 이르렀음이니이다."(15절) 이것은 이 세상의 역사가 끝나서 마지막 추수 때가 되었다는 말이다. 그래서 구름 위에 앉은 이가 낫을 휘둘러 곡식을 거두어들였다. 이것은 '영적인 추수' 곧 알곡(구원받은 성도들)을 하나님의 곳간(천국)에 거두어들이는 것을 말한다(마 3:12; 13:30, 40-42, 49-50).

2) 천사의 마지막 심판(17-20절)

이어서 17-20절은 땅에 대한 '심판'에 대해 말하고 있다. 앞에서와 마찬가지로 예리한 낫을 가진 천사가 등장한다(17절). 그리고 불을 다스리는 천사가 제단으로부터 나와서 예리한 낫을 가진 천사에게 큰 음성으로 말한다. "네 예리한 낫을 휘둘러 땅의 포도송이를 거두라. 그 포도가 익었느니라."(18절) 여기서 땅의 '포도송이'는 악인 전체를 말하고 '포도'는 악인 개개인을 말한다.

그래서 천사가 낫을 땅에 휘둘러 땅의 포도를 거두어 하나님의 진노의 큰 포도주 틀에 던졌다(19절). 이것은 심판을 말한다. 곧, 세상 끝 날의 마지막 심판을 말한다. 20절에 보면 "성 밖에서 그 틀이 밟히니 틀에서 피가 나서 말 굴레에까지 닿았고 천육백 스다디온에 퍼졌더라."고 한다(20절). '*스타디*

문에 그렇게 표현된 것이다. 즉, 다니엘이 밤중에 환상을 보았는데 그 환상 중에 나타난 모습이 '인자(人子)'를 닮았다는 것이다. 따라서 다니엘이 본 것은 엄밀하게 말하면 '인자' 자신이 아니라 '인자의 모습'을 한 것이다. 그래서 '인자 같은 이'란 표현이 사용된 것이다. 달리 말하자면, 다니엘은 밤이상 중에 어떤 '짐승'의 모습을 본 것이 아니라 '인자' 곧 '사람'의 모습을 한 형상을 보았다는 의미이다. 이 '인자' 또는 '인자 같은 이'는 물론 예수 그리스도를 나타낸다.

온’(σταδιον)은 로마의 길이 단위인데, 1 스타디온은 600 헬라 피트(Greek feet)이며 약 192미터가 된다.[8] 따라서 1,600 스타디온은 약 300km가 된다. 이것은 엄청 먼 거리다. 이 세상의 어떤 포도주 틀이라 할지라도 300km까지 튀기는 것은 없다. 따라서 이것은 1,600 스타디온을 문자적으로 이해하면 안 된다는 것을 말해 준다. 1,600은 4 x 4 x 10 x 10으로서, 4는 우주 또는 온 세상의 수이며 10은 완전수다. 따라서 이것은 심판이 온 세상으로 널리 퍼진다는 것, 곧 심판의 광범위성, 우주성, 그리고 심판의 준엄함과 무서움을 나타낸다.

교훈과 적용

1. 이 세상 역사가 끝나면 심판이 있다(요 5:27-29; 행 17:31; 히 9:27 등). 그때 하나님의 자녀들은 알곡으로서 따로 모아서 곳간에 두게 된다. 곧, 천국에서 영원토록 그리스도와 함께 생명과 복락을 누리게 된다(마 19:28-29; 눅 23:43; 빌 1:23). 마귀의 자녀들은 가라지로서 묶어서 불사르게 된다(마 3:12; 13:30, 40, 49-50). 곧, 지옥에서 영원 형벌을 받게 된다(마 25:46). 그러나 하나님의 자녀들 곧 예수님을 끝까지 잘 믿은 자는 천국에서 영생을 누리고 복된 교제를 누리게 된다(계 14:13).

2. 세상 끝 날에는 심판이 있다. 각자 행한 대로 심판을 받게 되는데(마 16:27; 롬 2:6; 14:12; 고후 5:10; 계 20:12), 예수님을 믿지 않는 자들은 자기 죄로 말미암아 정죄를 받아 영원한 형벌을 받게 된다. 그러나 예수님을 믿는 자들은 예수님의 피로 죄 사함 받아 의롭다 함 받고 천국에 들어가서 영원토록 복락을 누리게 된다. 이것은 우리의 공로로 말미암은 것이 아니라 전적으로 하나님의 은혜, 예수님의 십자가 공로로 인한 것이다. 그러므로 우리는 늘 하나님의 은혜를 찬송하고 예수님의 십자가를 붙들고 사랑해야 한다.

3. 하나님의 심판은 광범위하고 준엄하고 심대하다. ‘천육백 스타디온’은 4 x 4 x 10 x 10 스타디온으로서 4는 동서남북 사방을 의미하고 10은 완전수이다. 따라서 하

---

8. ‘스타디온’은 단수(σταδιον, *스타디온*)로 사용되면 ‘광장, 스타디움’의 뜻이고, 복수(σταδιοι, *스타디오이*)로 사용되면 거리의 단위가 된다. 참조. BDAG.

나님의 심판은 양사방으로, 아주 넓게, 광범위하게 시행되며, 준엄하고 심각하다는 것을 의미한다. 이 심판은 세상 끝 날에 행해지는 우주적 심판이며, 이 세상의 모든 사람들 곧 살아 있는 자들과 죽을 자들을 다 심판하는 것이다. 이 심판에서 의인들(예수님을 믿는 자들)은 영생에, 악인들(믿지 않는 자들)은 영벌에 들어가게 된다.

제15장

어린양의 노래와 하늘의 성전

(15:1-8)

계시록 15장은 세 개의 환상으로 구성되어 있다. 첫째 환상(1절)은 일곱 대접 재앙(16장)을 예고한다. 둘째 환상(2-4절)은 마지막 종말 심판이 행해진 후에 구속받은 성도들이 하나님의 심판을 찬송하는 노래이다. 그리고 셋째 환상(5-8절)은 하늘의 성전이 열릴 때의 모습을 보여 준다. 곧, 일곱 천사가 하나님으로부터 일곱 대접 재앙을 받는 장면이 묘사되어 있다.

본문 개요

요한은 또 하늘에 크고 이상한 다른 이적을 보았는데 일곱 천사가 일곱 재앙을 가지고 있었다(1절). 이것은 마지막 재앙이고 마지막 진노이다. 요한은 또 불이 섞인 유리 바다 같은 것을 보았다. 또 짐승과 그의 우상과 그의 이름의 수를 이기고 벗어난 자들이 유리 바다 가에 서서 모세의 노래 곧 어린양의 노래를 부르는 것을 들었다(2-4절).

이 일 후에 요한은 하늘에 증거 장막의 성전이 열리는 것을 보았다(5절). 네 생물 중의 하나가 하나님의 진노를 가득히 담은 금 대접 일곱을 일곱 천사들에게 주니(7절), 성전에 연기가 가득 찼다(8절).

내용 분해

1. 어린양의 노래와 하늘의 성전(15:1-8)
   1) 일곱 대접 재앙 예고(1절)
   2) 어린양의 노래(2-4절)
   3) 하늘의 성전이 열림(5-8절)

본문 주해

1. 어린양의 노래와 하늘의 성전(15:1-8)

1 또 하늘에 크고 이상한 다른 이적을 보매 일곱 천사가 일곱 재앙을 가졌
으니 곧 마지막 재앙이라 하나님의 진노가 이것으로 마치리로다 2 또 내가
보니 불이 섞인 유리 바다 같은 것이 있고 짐승과 그의 우상과 그의 이름
의 수를 이기고 벗어난 자들이 유리 바다 가에 서서 하나님의 거문고를 가
지고 3 하나님의 종 모세의 노래, 어린 양의 노래를 불러 이르되
주 하나님 곧 전능하신 이시여 하시는 일이 크고 놀라우시도다 만국
의 왕이시여 주의 길이 의롭고 참되시도다 4 주여 누가 주의 이름을
두려워하지 아니하며 영화롭게 하지 아니하오리이까 오직 주만 거
룩하시니이다 주의 의로우신 일이 나타났으매 만국이 와서 주께 경
배하리이다
하더라
5 또 이 일 후에 내가 보니 하늘에 증거 장막의 성전이 열리며 6 일곱
재앙을 가진 일곱 천사가 성전으로부터 나와 맑고 빛난 세마포 옷을 입고
가슴에 금띠를 띠고 7 네 생물 중의 하나가 영원토록 살아 계신 하나님의
진노를 가득히 담은 금 대접 일곱을 그 일곱 천사들에게 주니 8 하나님의
영광과 능력으로 말미암아 성전에 연기가 가득 차매 일곱 천사의 일곱 재
앙이 마치기까지는 성전에 능히 들어갈 자가 없더라

1) 일곱 대접 재앙 예고(1절)

요한이 본 첫째 환상은 일곱 천사가 마지막 일곱 재앙을 가진 것이다. "또 하늘에 크고 이상한 다른 이적을 보매 일곱 천사가 일곱 재앙을 가졌으니 곧 마지막 재앙이라. 하나님의 진노가 이것으로 마치리로다."(1절) 이 마지막 재

앙은 16장에 기록된 일곱 대접 재앙을 가리킨다. 그렇다고 해서 이 일곱 대접 재앙이 14:14-20의 최후 심판 후에 일어난다는 것은 아니다. 14장과 15장의 관계는 시간적 순서가 아니라 환상을 본 순서를 나타낼 따름이다.

'크고 이상한 이적'(σημεῖον μέγα καὶ θαυμαστόν, *세메이온 메가 카이 따우마스톤*)은 크고 놀랄 만한 표적이다. "일곱 천사가 일곱 재앙을 가졌다."는 것은 원어상 분사구문으로서 요한이 본 이적(표적)의 부대상황을 가리킨다. 따라서 이 크고 놀라운 표적은 일곱 천사의 일곱 재앙을 통해 나타나게 된다는 사실을 알 수 있다. "하나님의 진노가 이것으로 마치리로다."는 것은 하나님의 진노가 이것들로써 완성되었다, 다 이루어졌다(ἐτελέσθη, *에텔레스떼*)는 것을 의미한다.

2) 어린양의 노래(2-4절)

2-4절은 14:14-20의 심판이 행해진 후에 성도들이 하나님을 찬송하는 모습을 보여 준다. 요한은 먼저 '불이 섞인 유리 바다 같은 것'을 보았다(2상). 이 상징은 홍해에서 빌려온 것이다. 이스라엘 백성은 하나님의 능력으로 홍해를 통과하였으나, 바로의 군대는 거기서 죽었다(14장).[1] '불'은 애굽 군대에 대한 하나님의 심판을 의미한다.[2] '유리 바다'(참조. 계 4:6)는 하나님의 거룩한 의를 상징한다.[3]

요한이 또 본 것은 "짐승과 그의 우상과 그의 이름의 수를 이기고 벗어난 자들이 유리 바다 가에 서 있는" 모습이다(2하). 여기서 '짐승'은 13장에 나오는 첫째 짐승을 의미하며, '그의 우상'은 그 짐승의 동상을 의미한다. '그의 이름의 수'는 13장 끝에 나온 '육백육십육'을 가리키는데, 그것은 첫째 짐승을 가리키는 수이다. 여기의 성도들은 이 세상에서 이런 핍박과 환난을 이기

---

1. Greijdanus, *Openbaring*, 312.
2. 참조. Beale, *Revelation*, 789.
3. Greijdanus, *Openbaring*, 312.

고 승리한 자들이다. 이들은 '하나님의 거문고'를 가지고 있었다(2절 끝). '거문고'(κιθάρα, *키따라*)는 하프와 같은 악기인데 기쁨과 승리를 노래하는 악기이다.

이들이 부른 노래는 '하나님의 종 모세의 노래와 어린양의 노래'라고 한다(3상). '모세의 노래'는 모세와 이스라엘 백성이 홍해 바닷가에서 부른, 하나님의 구원에 대한 감사 찬송이다(출 15장). '어린양의 노래'는 어린양 예수 그리스도의 구원에 대한 감사 찬송이다. 이 노래는 이 세상의 환난을 벗어난 성도들이 천국에서 부르는 감사 찬송이다. 이스라엘 백성이 애굽을 나온 후에 홍해 바닷가에서 그들을 구속하신 여호와 하나님을 찬송하고 노래하였듯이, 이 세상에서 구원받은 성도들은 하나님의 크신 권능과 구원을 찬송할 것이다. 따라서 '모세의 노래'와 '어린양의 노래'는 근본적으로 같은 성격의 것이다. 구약의 구원과 신약의 구원은 하나이며 같은 것임을 알 수 있다.

그 노래의 내용은 먼저 "하나님의 하시는 일들이 크고 기이하다."는 것과 "주의 길이 의롭고 참되다."는 것이다(3하). '기이(奇異)하다'(θαυμαστά, *따우마스타*)는 것은 놀랄 만하다, 경탄할 만하다는 뜻이다. 하나님께서 세상을 경영하시는 방법은 참으로 신기하고 오묘하며, 그의 지혜는 측량할 수 없다(롬 11:33). 그리고 주의 길들은 의롭고 참되다. 이것은 하나님의 세상 경영, 특히 구원과 심판이 의롭고 참됨을 칭송하는 것이다.

4절은 주 하나님의 두려우심과 영화로우심을 고백한다. "주여, 누가 주의 이름을 두려워하지 아니하며 영화롭게 하지 아니하오리이까? 오직 주만 거룩하시니이다. 주의 의로우신 일이 나타났으매 만국이 와서 주께 경배하리이다." 하나님의 거룩하시고 의로우심이 세상 역사의 진행을 통해, 특히 마지막 날 심판을 통해 분명히 드러났다. 어린양 예수 그리스도의 피로 씻음받은 자들을 구원하시고, 그 외의 모든 불의한 자들을 심판하셨다. 이로써 하나님의 의로우심이 분명히 드러났다. "만국이 주께 와서 경배하리이다."는 것은 심판 후에 세상 역사가 계속된다는 의미가 아니다. 이것은 하나님의 심판에 따른 결과를 말한다. 빌은 "자원함으로든 강제로든 역사의 종말에 모두는 하나님의 영광을 인정할 것이다."라고 말한다.[4] 그러나 이렇게 보는 것보다도, 마지막 날에 악인들은 심판을 받지만 의인들 곧 세상 만국에서 주께 나아오는 자들은 주를 경배할 것이라는 의미로 보는 것이 더 좋을 것이다(사 60:3-14).[5]

우리는 하나님이 행하시는 일을 불평하면 안 된다. 불의한 자들에게 내리시는 하나님의 심판에 대해 불평하고 원망하면 안 된다. 그렇게 하는 것은 하나님의 의로우심을 비난하고 자기가 더 의롭다는 것을 말하는 것이 되기 때문이다. 하나님이 행하시는 심판에 대해 우리는 의롭고 참되다고 고백하고 찬송해야 한다(참조. 계 19:2-3).

3) 하늘의 성전이 열림(5-8절)

이후에 사도 요한은 또 다른 환상을 보았다. 그것은 하늘의 성전이 열리고 하나님의 진노를 담은 금 대접 일곱을 천사들에게 주는 장면이다. 이것도 시간적으로 앞의 2-4절의 사건이 있고 난 후에 5-8절의 사건이 있다고 보면 안 된다. 종말 심판 후에 다시금 일곱 대접 심판이 시행되는 것은 아니다. 5절의 '이 일 후에'(μετὰ ταῦτα, *메타 타우타*)라는 것은 '앞의 환상의 일들을 본 후에'란 뜻이다. 즉, 역사상 전개되는 사건들의 '시간적 순서'가 아니라 '환상의 순서'를 가리킨다. 즉, 하나님은 다시금 시간 세계로 돌아와서 이 세상에 임할 재앙들을 보여 주신다. 1절에서 간단하게 보여 주셨던 것을 다시금 자세히 보여 주시는 것이다.

요한은 먼저 "하늘에 증거 장막의 성전이 열린 것"을 보았다(5절). 여기서 '성전'(ναός, *나오스*)은 '성소'를 뜻하는데 특히 '지성소'를 의미한다. 이

---

4. Beale, *Revelation*, 799.

5. 참조. C. R. Koester, *Revelation*, AB (New Haven & London: Yale University Press, 2014), 636: "Their words echo the most expansive hopes of the prophets, who spoke of all nations coming to worship the God of Israel (Isa 2:2-4; 66:23; Zech 8:22)."

것은 이 땅에 있는 것이 아니라 하늘에 있는 성소이다(계 11:19; 참조. 히 8:2; 9:24). 천국은 성령이 충만한 곳이므로 하늘 전체가 성소라고 말할 수 있다(계 21:22). '장막 성전'(ὁ ναὸς τῆς σκηνῆς, *호 나오스 테스 스케네스*)은 돌로 된 성전이 아니라 장막으로 된 성전(성소)을 말한다. 그리고 '증거의 장막 성전'(ὁ ναὸς τῆς σκηνῆς τοῦ μαρτυρίου, *호 나오스 테스 스케네스 투 마르튀리우*)이라 불린 것은 이 장막 안에 언약궤(증거궤)가 들어 있어서 하나님의 율법(의로움)을 증거하기 때문이다(계 11:19; 히 9:4). 성소(지성소)에서 제일 중요한 것은 언약궤이다. 언약궤 안에 십계명 돌비 두 짝이 들어 있는데, 십계명은 율법을 대표하며 나아가서 하나님의 언약과 하나님의 말씀을 나타낸다. 하나님이 요한에게 '하늘의 증거 장막 성소'를 보여 주신 것은 하나님의 심판이 하나님의 율법(말씀)을 따라 시행될 것임을 말해 준다.[6]

6절에서 "일곱 재앙을 가진 일곱 천사가 성전으로부터 나왔다."는 것은 마찬가지로 하나님의 심판이 하나님 보좌로부터 나오며 하나님의 말씀을 따라 시행될 것임을 보여 준다(계 20:11-15). "맑고 빛난 세마포 옷을 입었다"는 것은 정결하다, 성결하다는 것을 의미하고, 가슴에 "금띠를 띠었다"는 것은 왕적인 위엄을 의미한다.

그리고 "네 생물 중의 하나가 영원토록 살아 계신 하나님의 진노를 가득히 담은 금 대접 일곱을 그 일곱 천사들에게 주었다."(7절)는 것은 이제 일곱 대접 재앙이 시작된다는 것을 의미한다. 그 구체적인 내용은 16장에 나와 있다.

그 때에 "하나님의 영광과 능력으로 말미암아 성전에 연기가 가득 차게 되었다."(8절)는 것은 성전에 가득한 하나님의 영광을 나타낸다(참조. 왕상 8:10-11; 대하 5:13-14; 7:1).[7] 성전은 하나님의 영광이 가득한 곳이요 하나님

---

6. Greijdanus, *Openbaring*, 317.

7. 흐레이다너스는 '성전에 연기가 가득 찬 것'에 대해 '하나님의 거룩한 분노와 진노의 충만한 역사'에 대한 상징이라고 본다(참조. 습 1:15; 출 19:18). Greijdanus, *Openbaring*, 318. 그러나 이렇게 보는 것보다 '하나님의 영광 또는 하나님의 임재'의 표시로 보는 것이 더 좋을 것이다(왕상 8:10-

의 영이 충만한 곳이다. 그래서 지극히 거룩하며 지극히 영광스러운 곳이다. 왜냐하면 바로 그곳에 하나님이 임재하시고 하나님의 증거의 말씀이 있기 때문이다.

8절하에 "일곱 천사의 일곱 재앙이 마치기까지는 성전에 능히 들어갈 자가 없더라."고 한다. 헨드릭슨은 이렇게 설명한다. "성전은 연기로 가득 찼다. 하나님의 거룩한 진노의 철저하고 충분한 효력을 상징한다(사 6:4; 시 18:8). 일곱 천사의 일곱 재앙이 끝날 때까지 아무도 성전 안에 들어가지 못하는데 이제는 중재도 불가능하다. 하나님께서 노하심으로 그의 긍휼을 닫으신 것이다(시 77:9)."[8] 껄러르스도 비슷하게 설명한다. "이것은 하나님의 작정들은 그것들이 이루어질 때까지는 알 수 없다는 것 또는 하나님은 그의 진노가 재앙들에 의해 풀릴 때까지는 접근할 수 없다는 것을 의미한다."[9] 그러나 '성전에 들어갈 자 없다'는 것은 열왕기상 8:11과 역대하 5:14, 7:2에서와 같이 성전에 하나님의 영광이 가득하였다는 의미로 보는 것이 더 좋을 것이다.

교훈과 적용

1. '모세의 노래'는 이스라엘 백성이 홍해를 건너고 나서 하나님의 구원과 은혜를 찬송한 노래이다(출 15장). 따라서 이것은 이스라엘 백성을 애굽의 바로의 압제에서 건져내시고 해방하신 하나님에 대한 감사 찬송이다. '어린양의 노래'는 어린양 예수 그리스도의 십자가 보혈로 우리를 구원하신 것에 대한 감사 찬송이다. 따라서 '모세의 노래'와 '어린양의 노래'는 그 성격이 같다. 둘 다 하나님의 크신 구원에 대해 구원받은 백성이 감사하며 찬송하는 노래이다. 이 노래는 우리가 천국에 가서도 두고 두고 불러야 할 찬송이다.

11; 대하 5:13-14). 왜냐하면 8절 자체가 "하나님의 영광과 그의 능력으로 인하여 연기로 가득 찼다고 말하기" 때문이다.

8. 헨드릭슨, 『요한계시록』, 196.

9. Keulers, *Boek der Openbaring*, 355 이하.

2. 이 세상 역사는 마지막 날에 하나님의 심판으로 끝이 난다. 그때 성도들은 하나님의 하시는 일이 크고 놀라우시도다고 찬송할 것이다(3절). 그리고 하나님의 심판은 의롭고 참되시다고 찬송할 것이다(3절). 하나님은 악한 자들을 심판하여 벌하시고 주를 믿고 경외하는 자들을 구원하시고 위로하실 것이다. 지금은 악인들이 형통한 것 같으나 그들은 다 멸망할 것이다. 따라서 우리는 하나님의 심판에 대해 참되고 의롭다고 찬송해야 한다.

3. 요한이 보니 성전에 연기가 가득하였다. 이것은 하나님의 영광과 능력으로 말미암은 것이었다(8절). 이것은 하나님이 계신 성전에는 하나님의 영광이 가득하다는 것을 의미한다(왕상 8:10-11; 대하 5:13-14). 이처럼 하나님의 영광이 가득해야 참 성전이다. 예수님에게는 성령이 충만하게 임하였으며(눅 4:1; 요 3:34), 은혜와 진리가 충만하였다(요 1:14). 따라서 예수님이 참 성전이고(요 2:21), 성도의 몸이 성전이다(고전 3:16; 6:19). 성령이 계시지 않는 곳은 성전이 아니며 돌과 나무로 지은 건물에 불과하다.

제16장

진노의 일곱 대접

(16:1-21)

16장은 앞 장에서 예고된 '일곱 대접 재앙'이 땅에 시행되는 것을 보여 준다. 16장의 재앙은 애굽에 내린 재앙과 부분적으로 일치하고 있다(출 7-10장). 이 장의 내용은 또한 8, 9장의 것(일곱 나팔 재앙)과 상당한 일치점을 가지고 있다. 그러나 차이점도 있다. 16장에서는 특히 마지막 때에 일어날 일들에 대해 말하며, 진노가 더욱 맹렬해지며 진노를 당하는 범위에도 제한이 없다.

본문 개요

16장에서는 일곱 대접 재앙이 시작된다. 첫째 대접 재앙은 짐승의 표를 받은 사람들과 그 우상에게 경배하는 자들에게 독한 종기(腫氣)가 나는 것이었다(2절). 둘째 대접 재앙은 바다의 모든 생물이 죽는 것이었다(3절). 셋째 대접 재앙은 강과 물 근원이 피같이 되는 것이었다(4절). 그때 천사가 이러한 하나님의 심판을 의롭다고 찬송하였다(5-6절). 그러자 제단이 하나님의 심판이 참되고 의롭다고 긍정하였다(7절). 넷째 대접 재앙은 해(태양)에 내려져서 불로 사람들을 태웠다(8절). 그러나 사람들은 회개하지 아니하고 하나님의 이름을 비방하였다(9절). 다섯째 대접 재앙은 짐승의 왕좌에 쏟아졌는데, 그 나라가 어두워지며 사람들이 아파서 자기 혀를 깨물었다(10절). 그러나 사람들은 자기 행위를 회개하지 아니하였다(11절).

여섯째 대접 재앙은 큰 강 유브라데에 쏟아졌는데 강물이 말라서 동방에서 오는 왕들의 길이 예비되었다(12절). 요한이 또 보니 더러운 영들이 전쟁을 위하여 아마겟돈이라 하는 곳으로 왕들을 모았다(13-16절). 일곱째 대접 재앙은 공중에 쏟은 것인데 마지막 재앙이다(17절). 큰 지진이 나서 만국의 성들이 무너지고 큰 성 바벨론이 하나님의 진노를 받아 멸망하였다(18-19절). 큰 우박이 하늘에서 사람들에게 내리매 사람들이 그 우박 재앙 때문에 하나님을 비방하였다(21절).

내용 분해

1. 진노의 일곱 대접 재앙(16:1-21)
   1) 첫째 대접 재앙(1-2절)
   2) 둘째 대접 재앙(3절)
   3) 셋째 대접 재앙(4-7절)
   4) 넷째 대접 재앙(8-9절)
   5) 다섯째 대접 재앙(10-11절)
   6) 여섯째 대접 재앙(12-16절)
   7) 일곱째 대접 재앙(17-21절)

본문 주해

1. 진노의 일곱 대접 재앙(16:1-21)

1 또 내가 들으니 성전에서 큰 음성이 나서 일곱 천사에게 말하되 너희는
가서 하나님의 진노의 일곱 대접을 땅에 쏟으라 하더라

2 첫째 천사가 가서 그 대접을 땅에 쏟으매 짐승의 표를 받은 사람들과
그 우상에게 경배하는 자들에게 악하고 독한 종기가 나더라

3 둘째 천사가 그 대접을 바다에 쏟으매 바다가 곧 죽은 자의 피 같이 되
니 바다 가운데 모든 생물이 죽더라

4 셋째 천사가 그 대접을 강과 물 근원에 쏟으매 피가 되더라 5 내가 들
으니 물을 차지한 천사가 이르되 전에도 계셨고 지금도 계신 거룩하신 이
여 이렇게 심판하시니 의로우시도다 6 그들이 성도들과 선지자들의 피를
흘렸으므로 그들에게 피를 마시게 하신 것이 합당하니이다 하더라 7 또

내가 들으니 제단이 말하기를 그러하다 주 하나님 곧 전능하신 이시여 심
판하시는 것이 참되시고 의로우시도다 하더라

8 넷째 천사가 그 대접을 해에 쏟으매 해가 권세를 받아 불로 사람들을
태우니
9 사람들이 크게 태움에 태워진지라 이 재앙들을 행하는 권세를 가지신
하나님의 이름을 비방하며 또 회개하지 아니하고 주께 영광을 돌리지 아
니하더라

10 또 다섯째 천사가 그 대접을 짐승의 왕좌에 쏟으니 그 나라가 곧 어
두워지며 사람들이 아파서 자기 혀를 깨물고 11 아픈 것과 종기로 말미암
아 하늘의 하나님을 비방하고 그들의 행위를 회개하지 아니하더라

12 또 여섯째 천사가 그 대접을 큰 강 유브라데에 쏟으매 강물이 말라서
동방에서 오는 왕들의 길이 예비되었더라 13 또 내가 보매 개구리 같은 세
더러운 영이 용의 입과 짐승의 입과 거짓 선지자의 입에서 나오니 14 그들
은 귀신의 영이라 이적을 행하여 온 천하 왕들에게 가서 하나님 곧 전능
하신 이의 큰 날에 있을 전쟁을 위하여 그들을 모으더라 15 보라 내가 도
둑 같이 오리니 누구든지 깨어 자기 옷을 지켜 벌거벗고 다니지 아니하며
자기의 부끄러움을 보이지 아니하는 자는 복이 있도다 16 세 영이 히브리어
로 아마겟돈이라 하는 곳으로 왕들을 모으더라

17 일곱째 천사가 그 대접을 공중에 쏟으매 큰 음성이 성전에서 보좌로
부터 나서 이르되 되었다 하시니 18 번개와 음성들과 우렛소리가 있고 또
큰 지진이 있어 얼마나 큰지 사람이 땅에 있어 온 이래로 이같이 큰 지진
이 없었더라 19 큰 성이 세 갈래로 갈라지고 만국의 성들도 무너지니 큰 성
바벨론이 하나님 앞에 기억하신 바 되어 그의 맹렬한 진노의 포도주 잔을
받으매 20 각 섬도 없어지고 산악도 간 데 없더라 21 또 무게가 한 달란트
나 되는 큰 우박이 하늘로부터 사람들에게 내리매 사람들이 그 우박의 재
앙 때문에 하나님을 비방하니 그 재앙이 심히 큼이러라

먼저 요한은 "성전에서 큰 음성이 나는 것"을 들었다(1상). 이는 이 음성이 하나님께로부터 나는 것임을 말해 준다. 그 음성의 내용은 "너희는 가서 하나님의 진노의 일곱 대접을 땅에 쏟으라." 하는 것이었다(1하). 따라서 일곱 대접 재앙은 하나님의 진노의 재앙임을 알 수 있다.

1) 첫째 대접 재앙(1-2절)

첫째 천사가 가서 "그 대접을 땅에 쏟으매 짐승의 표를 받은 사람들과 그 우상에게 경배하는 자들에게 악하고 독한 종기가 나더라."고 한다(2절). 여기서 '악하고 독한 종기(腫氣)'는 독종(毒腫) 곧 악한 피부병의 일종(출 9:10-11; 신 28:27, 35; 욥 2:7)을 말한다. 문자적으로 꼭 이런 독종(毒腫)이 일어난다는 의미라기보다도 그런 유(類)와 같은 하나님의 심판이 불신자들에게 임한다는 의미로 볼 수 있다(물론 실제로 그런 독종 또는 그와 같은 부류의 피부병이 일어날 수도 있다). '짐승의 표를 받은 사람들'은 첫째 짐승에게 속한 사람들 곧 그에게 경배한 자들을 말한다(참조. 계 13:6). 따라서 이 구절은 황제숭배에 동참한 자, 나아가서 일반적으로 우상에게 경배한 자들에게 하나님의 심판이 있을 것을 말한다.

2) 둘째 대접 재앙(3절)

둘째 천사가 그 대접을 "바다에 쏟으매 바다가 곧 죽은 자의 피같이 되니 바다 가운데 모든 생물이 죽더라."고 한다(3절). 이것은 바다에 대한 심판을 말한다(참조. 출 7:17-21). 둘째 나팔 재앙(계 8:8-9)에서는 바다 가운데 피조물의 '1/3'이 죽었으나, 여기에서는 '모든 생물'이 죽었다. 이로써 심판이 격화되었음을 알 수 있으며 또 이것이 마지막 심판임을 알 수 있다.

3) 셋째 대접 재앙(4-7절)

셋째 대접 재앙은 '강과 물 근원'에 대한 심판이다(4절). 그때 물을 차지한 천사가 말하였다. "전에도 계셨고 지금도 계신 거룩하신 이여, 이렇게 심판하시니 의로우시도다."(5절) 개역한글판과 개역개정판 번역에는 "전에도 계셨고"가 먼저 나오지만 원문에는 "지금도 계시고"가 먼저 나온다(참조. 계 1:4, 8; 11:17). 사람들은 그저 기계적으로 과거부터 생각하는 경향이 있지만, 하나님은 현재를 중요하게 여기신다(참조. 요 9:2-3; 빌 3:13-14; 삼하 12:22-23). 왜냐하면 '현재'는 우리가 하나님을 만나는 시간이요 하나님 앞에 응답해야 하는 시간이기 때문이다. 여기에 '장차 오실 이'(ὁ ἐρχόμενος, *호 에르코메노스*)가 빠진 이유는 이미 오셨기 때문이다(참조. 계 11:17). 따라서 이것은 마지막 종말의 심판임을 보여 준다.[1] 이 구절의 핵심은 이렇게 심판하시는 하나님이 '의로우시다'(δίκαιος, *디카이오스*)는 것이다(참조. 계 15:3).

6절에서도 왜 하나님의 심판이 의로운지에 대한 '이유'가 구체적으로 나온다. "그들이 성도들과 선지자들의 피를 흘렸으므로 그들에게 피를 마시게 하신 것이 합당하기" 때문이다. 순교자들의 피에 대해 하나님은 다 보시고 갚으신다(창 4:10; 히 12:24; 마 23:35). 이처럼 심판은 하나님의 공의를 드러내기 위해 필요하다. 심판이 없으면 공의가 무너지고 마귀가 승리하게 된다. 그러면 마귀가 경배를 받으며, 마귀를 경배한 사람들이 쾌재를 부를 것이다. 그렇게 되면 이 세상에서 고난을 당하면서 하나님을 믿은 자들의 수고가 헛되게 된다. 따라서 심판은 반드시 필요하다.

그러자 하나님의 성전에 있는 제단(祭壇)이 화답하였다. "그러하다. 주 하나님 곧 전능하신 이시여, 심판하시는 것이 참되시고 의로우시도다."(7절) 이처럼 하나님의 심판은 절대적으로 옳으며 우리가 긍정해야만 한다(롬 3:5-6). 만일 하나님의 심판이 의롭지 않다면 공의가 무너지고 이 세상은 유지될 수 없다. 불의가 판을 치고 마귀가 경배받게 될 것이다. 따라서 이 세상에 심판은 필요하며, 하나님의 심판은 항상 참되고 의로우시다.

---

1. 박윤선, 『요한계시록』, 296.

4) 넷째 대접 재앙(8-9절)

넷째 대접 재앙은 '해(태양)'에 쏟아졌다. 그래서 해가 권세를 받아 불로 사람들을 태웠다고 한다(8절). 이것은 사람들의 죄로 말미암아 자연계가 인간에게 가하는 재앙을 말한다.[2] 그러나 사람들은 "이 재앙들을 행하는 권세를 가지신 하나님의 이름을 비방하며 또 회개하지 아니하고 주께 영광을 돌리지 아니하였다."고 한다(9절). 회개하지 않는 것이 말세 사람들의 특징이다(계 22:11; 단 12:10). 해마다 태풍이 불고 수재(水災)가 나서 큰 피해를 보지만 사람들은 좀처럼 회개하지 않는다. 수재민 돕기와 각종 모금 운동으로 떠들썩하지만 정작 회개하고 하나님께 돌아오는 사람은 적다. 오히려 하나님을 원망하고 불평하는 사람들이 많다. 이것은 말세로 갈수록 더욱 두드러진 현상이 될 것이다.

5) 다섯째 대접 재앙(10-11절)

다섯째 대접 재앙은 '짐승의 왕좌'에 쏟아졌다(10절). '짐승의 왕좌'는 적그리스도의 중심이다(참조. 나 3:1; 합 3:12-14).[3] 다르게 말하면 세상 나라 그 자체, 적그리스도의 지배 자체이다.[4] 곧, 하나님의 백성을 핍박하는 악한 세상 나라의 중심에 심판이 내려졌다는 것을 의미한다.

그러자 "그 나라가 곧 어두워지며 사람들이 아파서 자기 혀를 깨물고 아픈 것과 종기로 말미암아 하늘의 하나님을 비방하고 그들의 행위를 회개하지 아니하더라."고 한다(10하, 11절). 세상 나라는 그들의 악행으로 인해 하나님의 심판을 받아 고통당하게 되나 회개하지 아니하고 도리어 하나님을 비방한다. 이것은 하나님의 심판에 대한 반응을 묘사한 것이다. 세상 사람들은

---

2. Greijdanus, *Openbaring*, 325; 박윤선, 『요한계시록』, 296: "자연계가 하나님의 은혜로운 간섭(干涉) 아래서는 인간에게 유조(有助)하나, 그의 진노(震怒) 아래서는 인생에게 해로운 것이 될 수 있다."
3. 헨드릭슨, 『요한계시록』, 199.
4. Greijdanus, *Openbaring*, 325.

완악하여서 하나님의 심판이 행해짐에도 불구하고 회개하지 않는다는 것을 나타낸다.

6) 여섯째 대접 재앙(12-16절)

여섯째 대접 재앙은 '큰 강 유브라데'에 쏟아졌다(12절). '유브라데 강 저편'은 앗수르와 바벨론 제국이 있던 곳이며, 이들은 옛 이스라엘을 멸망시켰다. 따라서 그것은 하나님과 그의 나라에 적대적인, 지상적인 세상 권세의 중심을 상징한다.[5] 그래서 '유브라데 강'은 교회와 세상 사이의 경계를 의미한다.[6] '강물이 말랐다'는 것은 "동방 민족들 곧 곡과 마곡(계 20:8; 겔 38-39장)이 기독교를 공격하기 위해 오는 것을 여태까지 가로막고 있던 장애물들이 치워졌다."는 것을 의미한다.[7] 곧, 세상 세력이 기독교를 공격하러 온다는 것을 말한다. 이런 공격은 역사상 반복적으로 행해지다가 마지막 종말 때에 반기독교 세력이 일치단결하여 교회를 공격할 것이다.[8] 여기서 '동방의 왕들'은 중국[9]이나 특정 국가를 가리키는 것이 아니라 기독교회에 적대적인 세상 세력을 총칭하는 것으로 보아야 한다.

---

5. 참조. Greijdanus, *Openbaring*, 206 (계 9:14 주석 중).
6. 또는 헨드릭슨처럼 "이 강은 앗수르, 바벨론, 즉 악한 세상을 대표한다."고 보아도 된다. 헨드릭슨, 『요한계시록』, 201.
7. Greijdanus, *Openbaring*, 327.
8. 참조. 헨드릭슨, 『요한계시록』, 201: "이 여섯째 대접은 앞서 나타난 대접과 마찬가지로 역사상에 되풀이되는 것이 분명하다. 그러나 다른 대접들과 같이 최종적이며 완전한 실현은 최후 날 직전이거나 또는 그 날과 관련을 이룬다."
9. 예를 들어, 할 린지는 '황색 위기'라는 제목하에 여기의 '동방'을 중국으로 본다. 참조. 핼 린드세이, 『대유성 지구의 종말』 (서울: 생명의 말씀사, 연도 없음), 83-90. 또한 월부르드(Walvoord)도 유브라데 강을 건너오는 군대를 '동양(東洋)과 중국(中國)의 군대(軍隊)'로 본다. 참조. J. F. 왈프드, 『아마겟돈, 석유와 중동위기』, 전준식 역 (서울: 마라나다, 1995), 33.

❖ 특주: '동방에서 오는 왕들'과 파르티아 제국

이필찬은 12절은 "로마 제국과 파르티아 제국을 중심으로 하는 연합국 사이의 전쟁을 배경으로 한다."고 한다.[10] "이 두 제국 사이의 전쟁은 상상하고 싶지 않은 끔찍한 양상들이 벌어지고 만다는 것을 모두 알고 있었기 때문에 매우 공포스러워했다."고 한다.[11] 마운스도 '동방에서 오는 왕들'은 '파르티아의 통치자들'이라고 한다.[12] 판 드 캄프도 "관용화된 이 표현에는 또한 파르티아인들이 동방의 경계를 넘어오는 것에 대한 당시 로마인들의 불안에 대한 암시가 있다."고 한다.[13]

그러나 이러한 해석은 문제가 있다. 로마 제국과 파르티아 제국은 둘 다 이방 나라들이며 하나님에게 적대적인 세력들이다. 이필찬은 14:8 해설에서 '바벨론의 멸망'에 대해 "모든 나라들로 하여금 하나님을 대적하는 일을 이 로마 제국이 주도적으로 이끌어 갔다는 것을 의미한다."고 한다.[14] 그러나 16:12 해설에서는 '아마겟돈 전쟁'에 대해 '로마 제국'과 '파르티아 제국' 사이의 전쟁이 배경에 있다고 한다.[15] 앞에서는 "로마 제국–하나님" 사이의 대결로 보다가 뒤에서는 "로마 제국–파르티아 제국" 사이의 대결로 옮아간다. 그러면서도 그는 이 전쟁은 물리적 전쟁이 아니라 '영적 전쟁'을 의미한다고 한다. 곧 '사탄의 진영'과 '교회 공동체'와의 전쟁이라고 한다.[16] 그렇다면 그의 주장대로 '아마겟돈 전쟁'의 배경에 있는 '로마 제국'과 '파르티아 제국' 중 누가 '하나님' 편

10. 이필찬, 『내가 속히 오리라』, 679.
11. 이필찬, 『내가 속히 오리라』, 679.
12. Mounce, *Revelation*, 298.
13. Van de Kamp, *Openbaring*, 361.
14. 이필찬, 『내가 속히 오리라』, 623
15. 이필찬, 『내가 속히 오리라』, 679.
16. 이필찬, 『내가 속히 오리라』, 681.

이고 누가 '사탄 진영'이란 말인가? '바벨론'을 줄곧 '로마 제국'으로 보아온 이필찬의 견해에 의하면 '로마 제국'이 하나님 편이라고 할 수는 없을 것이다. 그렇다면 '파르티아 제국'이 하나님 편이란 말인가? 이것도 아닐 것이다. 이필찬은 결국 자기모순에 빠지며 '로마 제국'과 '파르티아 제국' 사이의 전쟁을 아마겟돈 전쟁의 배경으로 본 견해의 문제점이 드러나고 만다.

본 절은 이방 나라들 사이의 전쟁에 대해 말하는 것이 아니라 세상 나라들이 하나님의 교회를 공격하는 것에 대해 말한다(참조. 계 20:7-10). 요한계시록은 로마 제국과 파르티아 제국 사이의 전쟁에 대해 말하는 책이 아니라 교회와 세상 사이의 싸움에 대해 말한다. 그리고 14절의 '천하 임금들'에 로마 제국의 왕들이 제외된다고 볼 이유가 없다. 오히려 로마 제국의 왕들은 요한 당시에 이방 나라들의 중심 역할을 하였다. 박수암은 '동방에서 오는 왕들'은 "그 당시 로마인들이 두려워하던 팔디아 왕들을 가리키는 것으로서, 그들은 다음에 나오는 '온 천하 임금들'과는 다른 부류의 왕들이다."고 말하지만,[17] 부자연스러운 해석이다.

흐레이다너스는 동방의 왕들(곡과 마곡, 세상 세력들)이 '기독교'에 대항하여 싸우기 위해 단결한다고 바로 보고 있다.[18] 헨드릭슨도 "모든 적그리스도적 세력들이 교회를 공격할 수 있도록 길이 예비되었다."고 한다.[19] 박윤선도 다음과 같이 말한다. "유브라데강은, 옛적 이스라엘의 이상적 국경(창 15:18)인데 열국(列國)의 왕이 거기를 넘어온다 함은, 적그리스도 나라와 및 그 연방(聯邦)들이 하나님의 백성을 침략한다는 비유이다."[20] 한편 빌은 '동방에서 오는 왕들'에 대해서는 '불경건한

17. 박수암, 『요한계시록』 (서울: 대한기독교출판사, 1991), 212.

18. Greijdanus, *Openbaring*, 327.

19. Hendriksen, *More than Conquerors*, 164.

20. 박윤선, 『요한계시록』, 297.

세력들'(ungodly forces)로 바로 보고 있지만,[21] '네로 귀환 신화'에 대해서는 "만일(If) 그것이 여기 계시록에 염두에 두어져 있었다면, 그 암시(allusion)는 유비적(類比的, analogically)으로 재사용되고 적용되었다."고 모호하게 말한다.[22] 이러한 표현은 그의 지나친 학적 조심성에 기인하는 것으로 생각된다.

이어서 요한은 "개구리 같은 세 더러운 영이 용의 입과 짐승의 입과 거짓 선지자의 입에서 나오는 것"(13절)을 보았다고 한다. '개구리'라는 것은 혐오감이 드는, 불쾌한, 그리고 염증 나는 성격을 말한다.[23] '용의 입'에서 나온다는 것은 사탄의 직접적인 역사를 의미한다. '짐승의 입'에서 나온다는 것은 정치적인 역사를 의미한다. '짐승'은 여기서 '세상 권세의 마지막 구현(具顯)[24] 곧 적그리스도와 그의 지배'를 의미한다.[25] '거짓 선지자의 입'에서 나온다는 것은 거짓 선지자의 역사 곧 거짓 종교의 역사를 가리킨다. 여기에 '거짓 선지자'란 표현이 계시록에 처음 등장하는데(참조. 계 19:20; 20:10), 땅에서 올라온 짐승을 가리킨다(계 13:11-17).[26]

이들은 '귀신들의 영들'(πνεύματα δαιμονίων, *프뉴마타 다이모니온*)인데 "이적을 행하여 온 천하 왕들에게 가서 하나님 곧 전능하신 이의 큰 날에 있을 전쟁을 위하여 그들을 모은다."(14절) 이것은 마귀의 지배를 받는 악령

---

21. Beale, *Revelation*, 827.
22. Beale, *Revelation*, 830.
23. 헨드릭슨, 『요한계시록』, 201.
24. '구현(具顯)'이란 말은 구체적인 모습으로 나타난 것(embodiment)을 의미한다. 세상 나라는 역사상 여러 구체적 모습들로 나타났다.
25. Greijdanus, *Openbaring*, 327.
26. Greijdanus, *Openbaring*, 327.

들이 세상 나라들을 미혹하여 하나님의 교회 곧 성도들을 공격할 것을 말한다. 그 미혹의 수단은 '표적들'(σημεῖα, *세메이아*)이다. 이 영들은 온 땅에 거하는 왕들에게 나가서 전능하신 하나님의 큰 날의 전쟁을 위해 그들을 모은다. 세상의 악한 세력들은 교회를 공격하기 위해 단결하는데, 그 배후에는 악한 영들의 역사가 있다.

15절에서는 예수님의 재림에 대해 언급한다. "보라 내가 도둑같이 오리니 누구든지 깨어 자기 옷을 지켜 벌거벗고 다니지 아니하며 자기의 부끄러움을 보이지 아니하는 자는 복이 있도다." '도둑같이 온다'는 것은 예기치 않은 순간에 갑자기 온다는 뜻이다(살전 5:2-4; 벧후 3:10; 마 24:43). 하나님의 교회에 대한 이런 총체적인 공격이 있을 때는 예수님의 재림이 가까이 다가온 때이다. 따라서 우리는 항상 깨어 있어야 하며 단정히 행해야 한다(롬 13:12-14).

그리고 "(세 영이) 히브리어로 아마겟돈이라 하는 곳으로 왕들을 모으더라."고 한다(16절). '아마겟돈'('Αρ μαγεδών)은 정확하게 음역하면 '*하르 마게돈*'인데, 히브리어 '*하르-므깃돈*'(*har-mĕgiddôn*)에서 온 단어이다. '*하르*'는 산(山)을 뜻하고, '*므깃돈*'은 이스라엘의 므깃도 지역을 가리킨다. 그러나 '므깃도 평지'나 '므깃도 성', '갈멜산'은 있지만, '므깃도 산'은 구약이나 유대 문헌 어디에도 나타나지 않는다.[27] 따라서 '아마겟돈'(하르-마게돈)은 문자적 의미가 아니라 비유적 의미로 보아야 한다.

> 전천년주의자들 또는 세대주의자들은 '아마겟돈 전쟁'을 문자적으로 본다. 월부르드는 '아마겟돈 전쟁'에 대해, 예수님이 재림하시기 직전에 팔레스타인 지역에서 벌어질 문자적인 세계대전으로 본다.[28] 조용기는 '아마겟돈'에 대해 동양 군대 2억과 서양 군대 1억이 동원되어 싸우는 격전장

27. Beale, *Revelation*, 839.
28. 죤 F. 월부르드, 『아마겟돈 전쟁』, 권명달 역 (서울: 보이스사, 1978), 29-35. 이 전쟁은 7년 대환난의 후반기 3년 6개월 기간 중에 일어난다고 한다.

으로 본다. 이 서양 군대는 개구리같이 더러운 세 영이 서양 각 나라에 다니면서 미혹하여 형성한 연합군이라고 본다.[29] 그러나 성경에 보면 이 영들이 나가서 모으는 왕들은 서양 나라의 왕들이 아니라 '온 천하 왕들'이다(14절). 그리고 이 왕들은 '동방에서 오는 왕들'과 다르지 않다.

다른 한편, 김서택은 '아마겟돈'에 대해 "어떤 특정한 장소라기보다는 하나님의 백성들을 뿌리 뽑기 위하여 사탄이 모든 학문과 지식과 기술을 다 동원하여 하나님을 대적하는 영역"으로 바로 보고 있다.[30] 권성수도 "본문의 전쟁은 귀신들의 자극을 받은 '온 천하 임금들'이 하나님에게 도전하는(14절) 영적인 전쟁"으로 바로 보고 있다.[31]

'므깃도'는 바락과 드보라가 가나안 왕 야빈을 무찌른 곳이며(삿 5:19), 또한 이곳에서 유다 왕 요시야가 애굽 왕 바로 느고에게 죽임을 당했다(왕하 23:29-30; 대하 35:22이하). 따라서 '므깃도'는 전쟁의 장소를 상징한다. 이런 맥락에서 '아마겟돈'은 어떤 구체적인 장소를 뜻하는 것이 아니라 상징적인 의미로서 교회와 세상 사이의 싸움 곧 영적 전투가 벌어지는 것을 가리킨다(계 20:8-9).[32] 헨드릭슨에 의하면, 이러한 영적 싸움 곧 교회와 세상 사이의 싸움은 역사상 계속 반복적으로 진행되다가 마지막 순간에 그 절정에 달하게 될 것이다.[33] 그러나 14절에서 '하나님 곧 전능하신 이의 큰 날'이라 하

---

29. 조용기, 『요한계시록 강해』, 258.
30. 김서택, 『묵시의 비밀』, 590.
31. 권성수, 『요한계시록』, 352.
32. Greijdanus, *Openbaring*, 330: "아마 여기 계시록에서는 이스라엘의 원수들이 이곳에서 바락과 드보라에 의해 패배당한 것을 암시하는 듯하다(삿 4:14이하)." 헨드릭슨은 다음과 같이 말한다. "이런 까닭으로 하-마겟돈은 모든 전쟁의 어려운 상태, 즉 성도들이 억압을 당하고 있을 때 하나님께서 고난받는 자기 백성의 이익을 위하여 갑자기 능력을 보이며 원수를 무찌르는 것을 상징한다." 헨드릭슨, 『요한계시록』, 201.
33. 참조. 헨드릭슨, 『요한계시록』, 201: "이 여섯째 대접은 앞서 나타난 대접과 마찬가지로 역사상에 되풀이되는 것이 분명하다. 그러나 다른 대접들과 같이 최종적이며 완전한 실현은 최후 날 직전이거나 또는 그 날과 관련을 이룬다."

였으므로, 여섯째 대접 재앙은 역사상 되풀이되는 것이라기보다는 마지막 날의 큰 전쟁으로 보는 것이 옳을 것이다.

7) 일곱째 대접 재앙(17-21절)

일곱째 대접 재앙은 마지막 재앙인데 '공기' 가운데 쏟아졌다. "공기 없이 생물은 존재할 수 없다. 따라서 공기를 침으로써 더욱 광범위하고 더욱 무서운 재앙이 선포되었다."[34] 그러자 큰 음성이 성전에서 보좌로부터 나서 '되었다'고 말하였다(17절). 여기서 '되었다'(γέγονεν, *게고넨*)는 말은 하나님의 세상 역사 운행이 끝났다는 의미이다. 이에 반해 요한복음 19:30의 '다 이루었다'(τετέλεσται, *테텔레스타이*)는 것은 예수님의 죽으심으로 말미암아 객관적인 구속 사역이 완성되었다는 의미이다. 그렇지만 성령을 통한 주관적인 적용은 아직 남아 있으며 세상 역사는 계속된다. 그러나 계시록 16:17의 '되었다'는 것은 세상 역사가 완전히 끝나고 종말이 왔다는 의미이다.

그 때에 번개와 음성들과 우렛소리가 있고 또 큰 지진이 있었다(18절). 이것은 하나님의 무서운 심판이 임하였음을 보여 준다. 이어서 "큰 성이 세 갈래로 갈라지고 만국의 성들도 무너지니 큰 성 바벨론이 하나님 앞에 기억하신 바 되어 그의 맹렬한 진노의 포도주 잔을 받으매 각 섬도 없어지고 산악도 간 데 없더라."고 한다(19-20절). 여기서 '큰 성 바벨론'은 단지 로마 제국만 가리키는 것으로 볼 수 없다.[35] 요한계시록은 전(全) 세계의 전체 역사를 보여

---

34. Greijdanus, *Openbaring*, 330.
35. 이필찬은 "바벨론은 로마를 상징한다."고 본다. 참조. 이필찬, 『내가 속히 오리라』, 622 이하. 계 14:8 주석 중). 또한 그의 『요한계시록 어떻게 읽을 것인가』, 112를 보라. 그러면서도 "바벨론의 멸망은 곧 하나님을 대적하는 세력의 궁극적 멸망을 의미한다."고 말한다(113쪽). 역사적으로 보면 '로마의 멸망'은 '세상의 종말'이 아님이 분명하다. 그런데도 이필찬은 이 둘을 대충 얼버무리면서 일치시키고 있다. 그 근본 원인은 그가 '바벨론'을 '로마'로 너무 좁게 보기 때문이다. 따라서 우리는 '바벨론'을 단지 '로마'로만 한정시켜서 이해하면 안 되며, 하나님의 백성을 핍박하는 '세상 세력'으로 넓게 보아야 한다. 이 악한 세상 세력은 역사상 여러 구체적인 모습으로 나타났으며, '로마'(로마 제국)는 그 '악한 세상' 곧 '바벨론'의 한 모습이다.

주며, 16장은 세상의 종말에 있을 심판을 보여 준다(20절). 곧, 예수님의 재림과 함께 있을(15절) 하나님의 심판을 보여 준다. 따라서 '바벨론'은 하나님을 대적하고 성도들을 핍박하는 악한 세상을 가리킨다. 물론 요한 당시에는 로마 제국이었다. 따라서 이 구절은 로마 제국의 멸망을 포함하여, 무엇보다도 세상 마지막 날에 있을 심판을 상징적으로 묘사하고 있는 것이다.

빌은 '바벨론'에 대해 '악한 세상 체계'(the evil world system)라고 말한다.[36] 또 "그것은 단지 로마나 또는 그 후에 오는 거의 멸망한 악의 큰 수도가 아니라 세상의 모든 문화적, 정치적, 경제적, 사회적 중심들"이라고 한다.[37] 계시록 14:8 주석에서는 '로마와 모든 악한 세상 체제'(Rome and all wicked world system)라고 말한다.[38] 흐레이다너스는 그것은 단지 '로마'만을 가리키는 것이 아니라 '여러 시대를 통해 나타나는 세상 권력의 중심'을 가리키며 지금은 '적그리스도의 세상 지배의 중심'이라고 한다.[39] 헨드릭슨은 '유혹의 중심으로 여겨진 모든 적그리스도적인 제국, 세상 왕국 전체'로 본다.[40]

우리는 마지막 헨드릭슨의 설명을 제일 좋게 생각한다. '바벨론'은 단지 한 '체제'(system)나 '정권'(government)으로 제한하지 말고, 폭넓게 하나님을 대적하고 성도들을 핍박하는 '악한 세상 전체'를 가리킨다고 보아야 한다. 왜냐하면 계시록에서 '바벨론'은 '예루살렘'에 대비되는 상징으로 사용되고 있으며, '예루살렘'은 교회 공동체 전체를 가리키기 때문이다. 따라서 '바벨론'은 공동체로서의 '악한 세상' 전체를 가리키는 상징

---

36. Beale, *Revelation*, 843.
37. Beale, *Revelation*, 843.
38. Beale, *Revelation*, 755.
39. Greijdanus, *Openbaring*, 332.
40. Hendriksen, *More than Conquerors*, 164. 한글번역본(『요한계시록』, 202)은 부정확하므로 필자가 원문에서 직역했음.

으로 보는 것이 제일 좋다.

'큰 성 바벨론'은 '거룩한 성 예루살렘'(계 21:2, 10; 11:2; 22:19)에 대비되는 상징이다. 세상은 '크다'는 것을 자랑하지만 하나님의 교회는 '거룩하다'는 것을 특징으로 한다. 세상의 죄에 물들지 아니하고 순결을 지키며 예수 그리스도에게 충성하는 것이 교회의 특징이며 본질이 되어야 한다.

그리고 "또 무게가 한 달란트나 되는 큰 우박이 하늘로부터 사람들에게 내리매 사람들이 그 우박의 재앙 때문에 하나님을 비방하니 그 재앙이 심히 큼이러라."고 한다(21절). 한 달란트는 원래 26-36kg의 무게를 일컫는 단위였다(BDAG). 따라서 이 우박은 실제 우박이 아니라 상징임을 보여 준다. 물론 하나님은 엄청나게 큰 우박이 내리게 하실 수도 있지만(참조. 출 9:24; 수 10:11), 본문이 말하고자 하는 것은 문자적으로 그런 우박이 내린다는 것이 아니라 그만큼 크고 무서운 하나님의 심판이 임한다는 것을 나타낸다.[41] 그러나 사람들은 이런 재앙을 당하여서도 회개하지 않고 도리어 하나님을 비방한다. 이것이 사람들의 완악함인데 종말이 가까이 올수록 더욱 심해질 것이다.

> 마지막 심판 재앙이 내린 후에도 사람들이 남아 있어서 하나님을 비방한다는 말인가? 이것을 어떻게 설명해야 할까? 이것은 최후 심판이 아니란 말인가? 오스본은 '종말 이전의 마지막 사건'(the final event before the eschaton)이라고 본다.[42] 빌은 17-21절의 장면들은 '마지막 심판의 시작'(the beginning of the last judgment)을 묘사한다고 한다(6:12-17에서처럼). 이것은 우박 심판 후에 어떤 사람들이 꼭 남아 있다는 것을 뜻하

41. 참조. Greijdanus, *Openbaring*, 332 이하. "우박은 이 구절에서 영원한 멸망을 가져오는 것의 상징으로 나타난다."(332쪽) "이 커다란 무게는 죄인들을 심판하시는 하나님의 무서운 진노, 무시무시한 심판을 상징한다."(333쪽)
42. Osborne, *Revelation*, 601.

는 것은 아니고, 그들은 재앙의 살육 동안에 비방한다는 의미이다(6:15-17 에서처럼).[43] 흐레이다너스는 이 문제에 대해 명확한 답을 주지 않는다. 그저 "마지막 심판이 행해졌다. 영원한 벌이 내려지고 있다. 그러나 이 심판이 매우 무서움에도 불구하고 사람들은 계속 죄를 지었다."고 말한다.[44]

이에 대한 필자의 해결책은 다음과 같다. 계시록의 환상은 꼭 시간적 순서를 보여 주는 데 초점이 있는 것이 아니다. 세상 역사 진행의 원리들을 보여 준다. 그 원리들은 다음과 같다. 첫째, 이 세상에 하나님의 심판이 임한다는 것이다. 여기서는 마지막 심판에 대해 말한다. 둘째, 그런데도 불구하고 사람들은 회개하지 않고 도리어 하나님을 모독한다는 것이다. 즉, 하나님의 심판에 대한 사람들의 반응이 어떠한가를 보여 준다. 구원받은 성도들은 하나님을 찬송하며 즐거워한다(계 11:15-18; 15:3-4; 19:1-8). 하지만 불신자들은 애통하고 탄식하며 하나님을 모독한다(계 9:20-21; 16:11; 18:9-11, 15-20). 따라서 '마지막 심판 재앙' 후에 '사람들의 비방'이 나오는 것은 '시간적'으로 첫 번째 일 후에 두 번째 일이 일어난다는 의미가 아니라, 하나님께서 첫 번째 것을 먼저 보여 주신 후에 이어서 그러한 하나님의 심판에 대한 인간의 반응을 보여 주신 것이다.

교훈과 적용

1. 하나님의 심판은 의로우시다(5-6절). 왜냐하면 세상은 악하여 하나님을 거역하고 성도들을 핍박하고 선지자들의 피를 흘렸기 때문이다. 그런 악한 세상을 하나님이 심판하지 않으시고 그냥 두시면 마귀가 좋아하고 쾌재를 부를 것이다. 뿐만 아니라 세상 사람들은 마귀를 찬양하고 경배할 것이며, 하나님을 믿는 것은 헛되다고 조롱할 것이다. 그러나 마침내 하나님이 악한 자들의 악행을 심판하시고 벌주심으로 하나님의 공의가 드러나고 하나님의 살아 계심과 참되심이 증명되었다.

2. 세상 역사가 끝나기 전에 곧 역사 진행 중에도 종종 하나님의 심판이 나타난다. 사

---

43. Beale, *Revelation*, 845.

44. Greijdanus, *Openbaring*, 333.

람들의 죄가 너무 크기 때문에 하나님은 역사 진행 중에도 크고 작은 심판을 행하시는 것이다. 그런데 세상 사람들은 이런 하나님의 심판을 보고도 자기의 악행을 회개하지 아니한다. 도리어 하나님을 비방하고 하나님께 영광을 돌리지 아니한다(9, 11, 21절). 오늘날 세계 곳곳에서 기근과 지진과 전쟁과 사고로 인하여 슬퍼하고 절규하지만, 하나님께로 돌아오는 사람들은 매우 적다. 그러나 회개하고 하나님께 돌아올 때 참된 문제 해결이 있다.

3. 사람들은 '아마겟돈 전쟁'을 말하며 두려워한다(12-16절). 세상 끝날에 중동에서 마지막 세계대전이 일어날 것이라고 말한다. 그러나 '아마겟돈'은 중동에 있는 실제 지명이 아니다. '아마겟돈'은 원어로 '하르-마게돈'인데 '하르'는 히브리어로 '산(山)'이란 뜻이다. '므깃도 산'이란 뜻인데, 이스라엘에 '므깃도 성'과 '므깃도 평원'은 있어도 '므깃도 산'은 없다. 따라서 '아마겟돈'은 상징적 의미로서 세상의 세력이 힘을 모아 교회를 공격하는 것을 나타낸다. 지금 온 세상(= 곡과 마곡)은 힘을 모아 교회를 공격하고 있다(계 20:8-10). 그러나 하나님의 개입으로 말미암아 악한 세력은 패배하고 멸망하고 말 것이다.

제17장

큰 음녀의 받을 심판

(17:1-18)

계시록 17장은 많은 물 위에 앉은 큰 음녀의 받을 심판을 보여 준다. '큰 음녀'는 하나님을 배반하고 사람을 유혹하는 '악한 세상'을 나타낸다. 당시의 세상은 '로마'였지만, 단지 로마로만 제한되는 것이 아니라 모든 시대에 걸쳐 나타나는 '악한 세상'이다. 계시록에서 '음녀(淫女)'는 '신부(新婦)'와 반대되는 상징이다. 어린양의 신부는 정결함, 거룩함을 특징으로 하지만(계 18:7-8; 21:2, 9, 10), '음녀'는 더러움, 부정함을 특징으로 한다(계 19:2).

본문 개요

17장에서는 '많은 물 위에 앉은 음녀'가 받을 심판을 보여 준다(1절). 요한이 본 여자가 붉은빛 짐승을 탔는데 일곱 머리와 열 뿔이 있었다(3절). 그 여자는 화려한 옷을 입고 보석들로 꾸미고 금잔을 가지고 있었다(4절). 그 이마에는 '비밀', '큰 바벨론', '땅의 음녀들과 가증한 것들의 어미'라 하는 이름이 기록되어 있었다(5절).

천사가 이 여자와 짐승의 비밀을 요한에게 설명해 주었다. 이 짐승은 "전에 있었다가 지금은 없으나 장차 무저갱으로부터 올라와 멸망으로 들어갈 자"라고 한다(8절). '일곱 머리'는 일곱 왕이며 '열 뿔'은 열 왕이라고 한다(9-12절). 그들이 어린양과 더불어 싸우는데 어린양이 그들을 이길 것이다. 왜냐하면 어린양은 '만주의 주'시요 '만왕의 왕'이시기 때문이다. 뿐만 아니라 어린양과 함께 있는 자들, 곧 부르심을 받고 택하심을 받은 진실한 자들도 이길 것이다(14절). 이 열 뿔과 짐승이 음녀를 미워하여 망하게 할 것이다(16절). 요한이 본 이 여자는 땅의 왕들을 다스리는 큰 성이라고 한다(18절).

내용 분해

1. 많은 물 위에 앉은 큰 음녀(17:1-6)
   1) 큰 음녀의 음행(1-2절)
   2) 붉은빛 짐승을 탄 여자(3-6절)
2. 짐승의 비밀과 음녀의 멸망(17:7-18)
   1) 여자와 짐승의 비밀(7-13절)
   2) 어린양의 승리(14절)
   3) 음녀의 멸망(15-18절)

본문 주해

1. 많은 물 위에 앉은 큰 음녀(17:1-6)

1 또 일곱 대접을 가진 일곱 천사 중 하나가 와서 내게 말하여 이르되 이리
로 오라 많은 물 위에 앉은 큰 음녀가 받을 심판을 네게 보이리라 2 땅의
임금들도 그와 더불어 음행하였고 땅에 사는 자들도 그 음행의 포도주에
취하였다 하고 3 곧 성령으로 나를 데리고 광야로 가니라 내가 보니 여자
가 붉은빛 짐승을 탔는데 그 짐승의 몸에 하나님을 모독하는 이름들이 가
득하고 일곱 머리와 열 뿔이 있으며 4 그 여자는 자주빛과 붉은빛 옷을 입
고 금과 보석과 진주로 꾸미고 손에 금잔을 가졌는데 가증한 물건과 그
의 음행의 더러운 것들이 가득하더라 5 그의 이마에 이름이 기록되었으니
비밀이라, 큰 바벨론이라, 땅의 음녀들과 가증한 것들의 어미라 하였더라
6 또 내가 보매 이 여자가 성도들의 피와 예수의 증인들의 피에 취한지라
내가 그 여자를 보고 놀랍게 여기고 크게 놀랍게 여기니

1) 큰 음녀의 음행(1-2절)

1절에 보면 일곱 대접을 가진 일곱 천사 중 하나가 와서 요한에게 말하였다. "이리로 오라. 많은 물 위에 앉은 큰 음녀가 받을 심판을 네게 보이리라." 이 말은 시간적으로 16장의 일곱 대접 재앙이 끝난 후에 큰 음녀가 심판을 받는다는 것으로 이해하면 안 된다. 16장과 17장의 관계는 시간적 순서가 아니다. 16장에서 이미 이 세상에 대한 하나님의 심판이 다 행해졌지만, 17장은 다시금 이 세상의 시간 세계로 돌아와서 이 세상이 받을 심판을 보여 준다. 즉, 하나님은 사도 요한에게 이 세상에 일어날 일들과 하나님의 심판에 대해 여러 환상을 통해 여러 측면에서 여러 방법으로 보여 주신 것이다. 경우에 따라 최후 심판과 종말 후에 있을 일에서 역사 세계로 되돌아오기도 하고, 역사 세계 가운데서도 특별히 마지막 종말 때에 있을 일에 초점을 맞추기도 한다. 이처럼 하나님은 자기의 뜻을 따라, 보여 주기 원하시는 것들을 이 모양 저 모양으로 보여 주신다. 따라서 우리는 이런 계시를 통해 하나님이 우리에게 전달하고자 하시는 '교훈'을 찾는 것이 중요하다.

'큰 음녀'(ἡ πόρνη ἡ μεγάλη, *헤 포르네 헤 메갈레*)는 앞에서 말한 대로 하나님의 백성을 유혹하고 핍박하는 이 세상이다(참조. 요일 2:15-16). 이 세상이 '음녀'(πόρνη, *포르네*)라고 불린 이유는 하나님을 배반하고 우상을 섬기고 다른 것들을 섬기기 때문이다. 뿐만 아니라 많은 사람을 유혹하여 타락하게 하고 더럽게 하기 때문이다(계 17:3; 19:2). '많은 물'은 '백성과 무리와 열국과 방언들'이다(15절). 곧, 세상 열국(列國)을 가리킨다.

❖ 특주: 17장의 '큰 음녀'

'큰 음녀'에 대해 헨드릭슨은 '역사상 어느 시대를 막론하고 적그리스도의 유혹의 중심인 세상'을 나타낸다고 본다.[1] 흐레이다너스는 다음과 같이 설명한다. "정부 권력, 세상 권세들과 하나님의 피조물들이 하나님을 인정하지도 않고 섬기지도 않으며, 자기 자신을 최고 권력으로 여기고 사람들이 자신에게 순종하고 경배하기를 원하며, 하나님 경배에서 벗어나게 하며, 온갖 종류의 불의로 미혹하는 것을 나타내기 위해 이 상징이 사용되었다. 구체적인 형태로 이것은 바벨과 로마(특히 그 황제숭배)에 의해 나타났으며, 그리고 앞으로 적그리스도와 그의 나라와 수도를 통해 나타날 것이다."[2] 박윤선은 "하나님을 배반하는 이 세상과 거기 속한 것들을 총칭한다."고 본다.[3] 물론 이 설명도 좋지만 여기에 '유혹'이란 단어가 들어갔더라면 더 좋았을 것이다. 빌은 이 점에 대해 잘 설명해준다. "바빌론을 '음녀'라고 상징하는 것은 사람들을 그리스도에게서 떠나도록 시도함에 있어서 그것의 유혹하고 미혹하는 성격을 나타낸다."[4]

따라서 '음녀'에 대해 우리는 '사람들을 유혹하고 타락하게 하는 이 세상'을 가리킨다고 말할 수 있다(요일 2:15-16; 시 137:8; 참조. 잠 7:25-27). 이 점에 있어서 '음녀'는 '짐승' 또는 '바벨론'과 구별된다. 이 셋은 다 '악한 세상'을 나타내지만, '짐승'이 사납고 포악하며 하나님의 백성을 핍박하는 성격에 초점을 둔 것이라면, '바벨론'은 도시적, 국가적, 공동체적 성격에 초점을 두고 있는 표현이며, '음녀'는 그것의 부정한, 유혹하는 성격에 초점을 둔 표현이다.

---

1. 헨드릭슨, 『요한계시록』, 206.
2. Greijdanus, *Openbaring*, 337(필자 의역).
3. 박윤선, 『요한계시록』, 305.
4. Beale, *Revelation*, 848.

이것을 우리는 그 반대되는 상징을 통해 잘 알 수 있다. '짐승'에 반대되는 상징은 '어린양'이다. '짐승'은 사납고 포악하지만 '어린양'은 연약하고 유순하다. 그리고 '큰 성 바벨론'에 반대되는 것은 '거룩한 성 예루살렘'이다. '바벨론'은 크다는 것을 자랑하지만, '예루살렘' 즉 교회는 거룩함을 특징으로 한다. 이와 마찬가지로 '음녀'에 반대되는 것은 '신부'이다. '어린양의 신부'(계 19:7; 21:9)는 정결함과 정절을 특징으로 하지만, '음녀'는 사치하고 부정하며 사람들을 유혹하여 타락하게 한다.

요한 당시의 '음녀'는 로마 제국이었다. 그러나 '음녀'는 당시의 로마 제국을 포함한 악한 세상 전체를 나타낸다. 마운스는 '음녀'는 '로마'(Rome)라고 하면서, '유혹에 기초한 지배하는 세상 체제'(a dominant world system based on seduction)를 나타낸다고 한다. 요한의 상징들은 세초부터 세말까지 인류의 본질적인 갈등들을 묘사한다는 점에서 시간을 초월한다(timeless)고 말한다. 그런데 "역사의 마지막에 큰 음녀는 세상 권세에 대한 최종적이고 강화된 표현이다."고 한다.[5] 이필찬도 마찬가지로 '음녀'를 바벨론·로마로 본다.[6] 그러나 이처럼 지나치게 요한 당시의 '로마 제국'에 초점을 둔 해석은 계시록의 넓은 전망 곧 예수님의 초림부터 재림까지의 '전 시대'를 포괄하여 말씀하시는 것을 놓치고 만다. 다시 말하자면, 이들은 요한 당시의 1차 수신자와 당시 시대 배경에 지나치게 얽매어 있나. 그러나 성경은 하나님의 말씀이기 때문에 1차 수신자를 뛰어넘어 전 시대의 수신자를 상대로 하고 있다.

---

5. Mounce, *Revelation*, 308.

6. 이필찬, 『내가 속히 오리라』, 716.

"땅의 임금들도 그로 더불어 음행하였다."(2상)는 것은 "땅 위의 지도자들이 이 세상주의에 몰두하여 하나님을 신앙하지 아니함"을 의미한다.[7] 여기서 '음행(淫行)'은 영적 의미가 주된 것이다(계 14:8; 18:3). "땅에 사는 자들도 그 음행의 포도주에 취하였다."(2하)는 것도 마찬가지 의미이다(약 4:4; 요일 2:15-16; 잠 7:24-27).

2) 붉은빛 짐승을 탄 여자(3-6절)

요한은 또 광야로 인도함을 받아 거기서 "여자가 붉은빛 짐승을 탄 것"을 보았다(3상). '광야'(ἔρημος, *에레모스*)는 '하나님 밖에 있는 삶의 메마르고 죽고 공허하고 황폐한 것'을 상징한다.[8] 이 '여자'는 앞의 '큰 음녀'를 말하고, '붉은빛 짐승'은 바다에서 올라온 짐승(계 13:1-10)과 같은 것인데,[9] '핍박의 중심인 세상'을 상징한다.[10] "이 짐승은 끊임없이 일어났던 이 땅의 제국들로 구체화된 모든 역사상의 적그리스도적인 핍박 행위를 말한다."[11] 여기서 '붉은'(κόκκινον, *코키논*)이란 단어는 '주홍색의'(scarlet)로 번역할 수도 있는데(BDAG), 사치하고 찬란하고 화려하고 값진 것을 상징한다.[12] 이 짐승이 가진 '일곱 머리'는 일곱 왕을 의미하며(9-10절), '열 뿔'은 열 왕을 의미한다(12절; 참조. 단 7:24). '왕'은 나라 또는 제국을 대표한다(참조. 단 7:17, 23). 따라서 일곱 머리와 열 뿔을 가졌다는 것은 세상의 모든 나라를 지배한다는 뜻이다. "하나님을 모독하는 이름들이 가득하다"는 것은 하나님 앞에 참람된 이름들을 많이 가지고 있다는 뜻이다. 곧, 자기를 '주(主)' 또는 '신(神)' 등으로 부르며 숭배받고 있음을 말한다.

---

7. 박윤선, 『요한계시록』, 305.
8. Greijdanus, *Openbaring*, 338.
9. Greijdanus, *Openbaring*, 339.
10. 헨드릭슨, 『요한계시록』, 204.
11. 헨드릭슨, 『요한계시록』, 206.
12. Greijdanus, *Openbaring*, 339.

그 여자는 "자주빛과 붉은빛 옷을 입고 금과 보석과 진주로 꾸몄다."고 한다(4상). 이것은 "사람들로 하여금 하나님을 배반케 하는 마력(魔力) 있는 사치한 외관(外觀)을 가리키는데, 이 세상주의의 특색이다."[13] 손에 '금잔'을 가졌다는 것도 화려함과 사치를 의미한다(요일 2:16).[14] 이 금잔은 온 세상으로 취하게 하는 것이다(참조. 렘 51:7). "가증한 물건과 그의 음행의 더러운 것들이 가득하다."(4하)는 것은 사람들을 유혹하여 죄에 빠지게 하며 우상을 숭배하게 하는 것들이 많음을 의미한다.

그 여자의 이마에 이름이 기록되어 있는데 '비밀', '큰 바벨론', '땅의 음녀들과 가증한 것들의 어미'라고 하였다(5절). 먼저 '비밀'(μυστήριον, *뮈스테리온*)에 대해서는 여러 견해가 있다. 빌은 좀 애매하게 말한다. 곧, 여기 5절에서는 종말적인 의미를 가지고 있다고 한다. 왜냐하면 이 환상은 주로 그리스도 재림 직전의 바벨론의 멸망에 대해 말하기 때문이라고 한다. 7절의 '비밀의 계시'는 하나님의 작정 속에 여태까지 숨겨졌던 종말 사건들의 계시만이 아니라 그런 사건들이 펼쳐지게 될 '예기치 못한 또는 역설적인 방식'(the unexpected or ironic manner)의 계시라고 말한다.[15] 그러나 '비밀'이란 단어에 대해 명확한 설명이 없을 뿐만 아니라 너무 종말적 사건에 치우쳐 본 감이 든다. 이에 반해 흐레이다너스는 "이로써 이것은 고유한 이름에 대해 말하는 것이 아니라 영적으로, 비유적으로 이해되어야 하는 상징적 의미를 가진 이름에 대해 말한다."고 본다.[16] 마운스도 마찬가지로 "그 이름이 문자적이 아니라 신비적 의미로 이해되어야 한다는 것을 가리킨다."고 본다.[17] 한편, 박윤선은 데살로니가후서 2:7에서 말한 '불법의 비밀'로 본다. 곧, "노골적으

---

13. 박윤선, 『요한계시록』, 306.
14. 박윤선, 『요한계시록』, 306: "이 '잔'은 … 이 세상주의로 사람을 유혹(誘惑)하는 수단을 상징한다."
15. Beale, *Revelation*, 858.
16. Greijdanus, *Openbaring*, 341.
17. Mounce, *Revelation*, 311.

로 하나님을 훼방하는 적그리스도와 다르게 비밀히 인간을 이 세상주의로 꾀이는 것"으로 본다.[18] 필자는 흐레이다너스와 마운스의 견해를 따르면서 또한 이 '비밀'이 소위 사탄의 '깊은 것'(계 2:24)과 연결된다고 생각한다. 사탄은 자신의 가르침이 '비밀', '깊은 것'이라고 주장한다. 골로새의 이단들도 자신들은 그리스도 밖에 '비밀'을 소유하고 있다고 주장하였다(참조. 골 1:26; 2:2; 4:3). 따라서 사탄을 추종하는 이 세상이 자신에 대해 '비밀'이라고 일컫는 것은 이상한 일이 아니다.

'큰 바벨론'(Βαβυλὼν ἡ μεγάλη, *바뷜론 헤 메갈레*)은 앞에서 본 바와 같이(계 14:8; 16:19) 하나님을 대적하고 성도들을 핍박하는 악한 세상을 가리킨다. 이는 '큰 음녀'의 다른 이름이다. 그래서 '땅의 음녀들과 가증한 것들의 어미'라고 한다(5하). 이 어미에 대해 박윤선은 '모든 무신론과 배교 사상의 발원지'라고 한다.[19] 이 설명도 좋기는 하지만 너무 '사상' 측면에 치우쳤다. 흐레이다너스는 '하나님과 이웃을 대항하는 이 죄들의 근원'이라고 하는데,[20] 이것이 더 좋다. '음녀들'은 사람들을 유혹하고 부정케 하는 것을 의미하고, '가증한 것들'은 우상숭배나 그와 관련된 죄악들을 의미하고, '어미'는 근본, 근원을 의미한다. 전체적으로 이 여자 곧 '큰 음녀'는 '어린양의 신부'에 대비된다. '바벨론'이란 이름은 하나님을 떠나 우상을 섬기는 세상 나라를 총체적으로 말한 것이고, '음녀'란 이름은 하나님의 백성을 유혹하고 더럽히는 성격을 따라 말한 것이다. 곧, 동일한 '이 세상' 또는 '세상 나라'에 대해 각각 다른 측면에서 말한 것이라고 할 수 있다.

---

18. 박윤선, 『요한계시록』, 306.
19. 박윤선, 『요한계시록』, 307.
20. Greijdanus, *Openbaring*, 341.

❖ 특주: 계시록의 '바벨론'에 대한 해석들

박윤선은 "이 세상에서 하나님을 제외하고 살려는 모든 인본주의의 설계(設計)와 문화와 종교는, 다 바벨론이다."고 한다.[21] 헨드릭슨은 '바벨론'에 대해 "산업, 상업, 예술, 문화의 중심으로서의 세상이 … 성도들을 꾀어내고 유혹하려고 하는, 즉 성도를 하나님으로부터 떠나도록 하는 것을 나타낸다."고 한다.[22] 마운스는 '큰 바벨론'에 대해 '사람들로 하여금 하나님을 경배하지 못하게 하고 자기 멸망에 이르게 하는 불경건함의 큰 체계'로 본다.[23] 이필찬은 '바벨론'을 지나치게 로마로 치우쳐서 본다.[24] 그러나 '바벨론'의 멸망은 곧 세상의 종말로 이어지기 때문에(계 18장), 바벨론을 로마로 한정시켜서 볼 수는 없다. '바벨론'은 하나님을 대적하고 하나님의 백성을 핍박하는 '악한 세상'을 전체적으로 일컫는 말이다. 이런 점에서 헨드릭슨이 "바벨론은 과거와 현재와 미래이다. 그 형태는 변하지만 그 본질은 남는다."고 말한 것은 옳다.[25]

빌은 '큰 성 바벨론'에 대해 '로마'뿐만 아니라 그것을 포함한 '악한 세상 체계'로 본다.[26] 판 드 캄프도 마찬가지로 '바벨론'은 '모든 민족을

---

21. 박윤선, 『요한계시록』, 309.
22. 헨드릭슨, 『요한계시록』, 205 이하.
23. Mounce, *Revelation*, 311.
24. 이필찬, 『요한계시록 어떻게 읽을 것인가』, 199: "17:1-19:10은 로마를 상징하는 바벨론에 대한 이야기다." "여기에서 바벨론은 로마를 상징하는 것으로 음녀로서 묘사되고 있다." 또한 186: "물론 여기에서 바벨론이 상징하는 로마 멸망을 예언하고 있는 것이 아니다. 단지 요한은 바벨론이 상징하는 로마와 같은 역사적 정황의 산물을 자신이 나타내고자 하는 '악의 총체'를 표현하기 위해 활용하고 있으며, 그러한 악의 총체가 괴멸당할 것이라는 것을 바벨론(로마)의 멸망을 통해 보여 주고 있는 것이다." 또한 그의 『내가 속히 오리라』, 706: "물론 바벨론은 로마를 상징한다. 중간기 시대의 유대 저작가들, 특히 성전이 멸망한 A.D. 70년 이후의 묵시문학가들은 로마를 바벨론으로 묘사하기를 좋아하였다(에즈라 4서 3:2; 2 바룩 10:2-3; 3 바룩 1:1)."
25. Hendriksen, *Revelation*, 168.
26. Beale, *Revelation*, 843("the evil system"), 755("Rome and all wicked world systems").

미혹하고 자극하고 지배하는 세력' 곧 '하나님께 적대적인 체계'로 본다. 그러면서 주후 1세기에 그것은 '로마 제국'이었다고 한다.[27]

'큰 성 바벨론'은 '거룩한 성 예루살렘'에 반대되는 상징이기 때문에, 우상을 숭배하고 하나님의 백성을 핍박하는 악한 세상으로 보면 된다. 실체상으로는 '음녀'와 같다. 단지 보는 관점, 초점이 다를 뿐이다. '바벨론'은 하나님을 배반하고 교회를 핍박하는 악한 세상을 총체적으로 말한 것이고, '음녀'는 그 부정(不淨)하고 또 하나님을 떠나 우상을 숭배하도록 유혹(誘惑)하는 성격을 중심으로 말한 것이다.

요한이 또 보니 "이 여자가 성도들의 피와 예수의 증인들의 피에 취하여 있다."고 한다(6상). 이것은 성도들에 대한 핍박을 말하는데, 구체적으로는 당시에 로마 제국이 성도들을 핍박하는 것을 말하며, 나아가서 일반적으로 마귀의 지배 아래 있는 악한 세상이 하나님의 교회를 핍박하는 것을 말한다. 사도 요한은 이 여자를 보고 크게 놀랍게 여겼다고 한다(6하). '놀랍게 여기다'(θαυμάζω, *따우마조*)는 것은 '놀라워하다'(marvel), '(기이한 모습을 보고) 놀라다'(be astonished at)는 의미이다(Zer.-Gros.). 이것은 '역겨움, 공포, 비밀스러움 때문에 놀라는 것 또는 떨리는 것'을 의미한다.[28]

교훈과 적용

1. '많은 물 위에 앉은 큰 음녀'는 이 세상을 가리킨다(1절). 이 세상은 죄로 물들었으며(요일 2:16), 많은 사람을 미혹하여 멸망에 이르게 한다(참조. 잠 7:25-27). 하나님을 떠나 우상을 숭배하게 하고 세상의 더러운 것들과 악한 것들에 빠지게 한다. 그래서

27. Van de Kamp, *Openbaring*, 380.

28. Greijdanus, *Openbaring*, 343.

악한 세상은 '음녀(淫女)'라 불리며(계 17:1; 19:2) 또한 '간부(姦婦)'라 불린다(약 4:4; 호 3:1). 그러나 이 세상은 지나가며(요일 2:17), 마지막 날에 불타서 없어지고 만다(벧후 3:12; 마 24:35; 벧전 1:24).

2. '짐승'은 사납고 포악한 성격을 가지고 있다. 그래서 권세를 가지고 성도들을 핍박하는 세상 나라, 세상의 악한 세력을 상징한다. '일곱 머리'와 '열 뿔'을 가지고 있다(3하)는 것은 세상의 여러 나라를 지배하고 다스린다는 것을 의미한다. 하나님을 모독하는 이름들이 가득하다는 것은 세상의 권세자들이 '신(神)' 또는 '주(主)'라 불리기를 좋아하며(행 12:20-23) 그와 유사한 이름들을 많이 가지고 있다는 의미이다. 이 세상은 교만하여 하나님의 자리에까지 높아지려고 한다(사 14:12-15).

3. '짐승' 또는 '음녀'로 상징된 악한 세상은 하나님의 교회를 공격하고 성도들을 핍박하여 심지어 죽이기까지 한다. 그래서 이 세상은 순교자들의 피로 물들게 된다(6절). 사도 요한 당시에는 로마 제국이 황제숭배를 가지고 교회를 핍박하였다. 황제숭배를 거절하는 성도들을 잡아 가두고 외딴곳으로 추방하고 죽이기까지 하였다. 그러나 하나님은 이 모든 것을 보시고 성도들의 피에 대해 갚아 주신다. 하나님은 순교자들의 피를 보시고 이 세상에 심판을 행하신다(계 6:9-11).

2. 짐승의 비밀과 음녀의 멸망(17:7-18)

7 천사가 이르되 왜 놀랍게 여기느냐 내가 여자와 그가 탄 일곱 머리와 열
뿔 가진 짐승의 비밀을 네게 이르리라 8 네가 본 짐승은 전에 있었다가 지
금은 없으나 장차 무저갱으로부터 올라와 멸망으로 들어갈 자니 땅에 사
는 자들로서 창세 이후로 그 이름이 생명책에 기록되지 못한 자들이 이전
에 있었다가 지금은 없으나 장차 나올 짐승을 보고 놀랍게 여기리라 9 지
혜 있는 뜻이 여기 있으니 그 일곱 머리는 여자가 앉은 일곱 산이요 10 또
일곱 왕이라 다섯은 망하였고 하나는 있고 다른 하나는 아직 이르지 아니
하였으나 이르면 반드시 잠시 동안 머무르리라 11 전에 있었다가 지금 없
어진 짐승은 여덟째 왕이니 일곱 중에 속한 자라 그가 멸망으로 들어가리

라 12 네가 보던 열 뿔은 열 왕이니 아직 나라를 얻지 못하였으나 다만 짐
승과 더불어 임금처럼 한동안 권세를 받으리라 13 그들이 한뜻을 가지고
자기의 능력과 권세를 짐승에게 주더라 14 그들이 어린 양과 더불어 싸우
려니와 어린 양은 만주의 주시요 만왕의 왕이시므로 그들을 이기실 터이
요 또 그와 함께 있는 자들 곧 부르심을 받고 택하심을 받은 진실한 자들
도 이기리로다 15 또 천사가 내게 말하되 네가 본 바 음녀가 앉아 있는 물
은 백성과 무리와 열국과 방언들이니라 16 네가 본 바 이 열 뿔과 짐승은
음녀를 미워하여 망하게 하고 벌거벗게 하고 그의 살을 먹고 불로 아주
사르리라 17 이는 하나님이 자기 뜻대로 할 마음을 그들에게 주사 한 뜻
을 이루게 하시고 그들의 나라를 그 짐승에게 주게 하시되 하나님의 말
씀이 응하기까지 하심이라 18 또 네가 본 그 여자는 땅의 왕들을 다스리
는 큰 성이라 하더라

1) 여자와 짐승의 비밀(7-13절)

그러자 천사가 "왜 놀랍게 여기느냐?"고 말하면서 "내가 여자와 그가 탄 바 일곱 머리와 열 뿔 가진 짐승의 비밀을 네게 이르리라."고 하였다(7절). 그러면서 그 '짐승'의 비밀을 설명해 준다. "네가 본 짐승은 전에 있었다가 지금은 없으나 장차 무저갱으로부터 올라와 멸망으로 들어갈 자"라고 말한다(8상). 여기서 이 '짐승'이 무엇을 가리키는가를 아는 것이 어렵다. 이 '짐승'은 우리가 앞에서 보아온 대로 계시록 13장에 나오는 첫째 짐승이다. 곧, 열 뿔과 일곱 머리를 가진 짐승이다(계 13:1; 17:3). 그렇다면 이것은 사탄의 하수인으로서 사탄의 조종을 받아 하나님의 백성을 압제하고 핍박하는 세상 권세, 세상 나라, 세상 제국이다.[29]

그 짐승은 "전에 있었다가 지금은 없으나 장차 무저갱으로부터 올라와 멸

---

29. 본서 계 13장 주석을 보라.

망으로 들어갈 자"라고 한다(8상). 여기서 "전에 있었다가 지금은 없으나 장차 무저갱으로부터 올라온다"는 표현은 하나님에 대한 삼중 표현 곧 "이제도 계시고 전에도 계셨고 장차 오실 이"(계 1:4, 8; 4:8)를 염두에 두고 짐승을 조롱하기 위해 사용된 것이라고 볼 수 있다.[30] 곧, '짐승'으로 표현된 세상 권세는 그리스도의 십자가 죽음과 부활로 말미암아 결정타를 맞고 넘어졌으나 다시금 기운을 차리고 올라와서 이 세상을 유혹하고 압제할 것이다. 그러나 이 '짐승'은 결국 멸망으로 들어가고 말 것이다.

❖ 특주: 17장 8절의 '전에 있었다가 지금은 없는' 짐승

8절의 "전에 있었다가 지금은 없는"(ἦν καὶ οὐκ ἔστιν, *엔 카이 우크 에스틴*) 짐승에 대해 판 드 캄프는 여기에 네로 황제의 역사가 암시되어 있다고 본다. "네로는 황제였다. 지금 이 순간에는 없다. 그러나 사람들의 기대에 의하면 돌아올 것이다. 그 안에 그리스도인들을 죽이는 권세인 짐승이 현존한다. 이 글을 쓰는 당시에는 그 짐승에 의한 피의 핍박이 없었다. … 그러나 그 짐승은 … 무저갱에서 다시 올라올 것이다. 하지만 이 짐승은 … 영원한 멸망으로 들어가게 되도록 정해져 있다."[31] 그러나 우리는 이러한 설명을 받아들일 수 없다. 왜 여기서 천사가 네로 신화를 들먹이는 것일까? 그리고 이미 죽은 네로에 대해 왜 사람들이 두려워해야 한단 말인가? 설령 당시 사람들이 잘못된 소문을 믿고 두려워했다 할지라도 조금 있으면 거짓으로 들통날 텐데 왜 그런 거짓이 여기에 기록되어야 한단 말인가?[32]

---

30. Beale, *Revelation*, 864.
31. Van de Kamp, *Openbaring*, 384.
32. Greijdanus, *Openbaring*, 345.

흐레이다너스는 이 짐승을 '적그리스도의 선구자'를 가리킨다고 본다. 구약 시대에 그 전형(type)은 안티오쿠스 에피파네스(Antiochus Epiphanes)였다. 그는 이스라엘의 하나님 경배를 완전히 뿌리 뽑으려 했다.[33] "장차 무저갱으로부터 올라와"(καὶ μέλλει ἀναβαίνειν ἐκ τῆς ἀβύσσου, *카이 멜레이 아나바이네인 엑 테스 아뷔수*)는 '적그리스도 자신'을 가리킨다고 본다. 그는 한 인간이지만 그의 원리는 전적으로 사탄적이다.[34] 그러나 우리가 이 짐승에 대해 흐레이다너스처럼 과연 이렇게 여러 구체적인 인물들로 나누어 생각할 수 있는지는 의문이다.[35] 물론 '짐승'은 역사상 여러 구체적인 모습들로 나타날 수 있지만, 여기의 "전에 있었다가 지금은 없으며 장차 … 올라온다"는 것은 그런 역사상의 구현들(embodiments)에 대해 말한다기보다 '짐승 자체'의 모습을 묘사하는 것 같다. 따라서 그 '짐승' 곧 한 존재의 모습, 성격을 묘사하는 것으로 생각된다.

헨드릭슨은 다음과 같이 설명한다. "짐승이 형태화했던 이 모든 제국들이 지금은 전부 멸망한 것이다. 구 바벨론, 앗수르, 신 바벨론, 메데-파사, 그리고 헬라-마게도냐의 형태로서의 짐승은 지금 존재하지 않는다. 그러나 - 창세 이후로 생명책에 이름이 기록되지 않은 자들을 흥분케 하고 놀라게 하며 감탄케 하는 - 이 짐승은 패할 때마다 다시 머리를 들고 재기(再起)하는 능력을 가진 것처럼 보인다!"[36] 이 역시 흐레이다너스의 설명과 크게 다르지 않다. 개인을 제국으로 바꾸었을 뿐 전체적인 흐름은 같다. 과연 8절의 이 표현이 그런 제국의 흥망성쇠를 가리키는지는 의심스럽다.

---

33. Greijdanus, *Openbaring*, 345.
34. Greijdanus, *Openbaring*, 345.
35. 박윤선도 흐레이다너스의 이 견해에 대해 '우리가 확신하기는 어려운 의견'이라고 한다. 박윤선, 『요한계시록』, 307.
36. 헨드릭슨, 『요한계시록』, 209.

차라리 짐승 자체의 권세와 활동을 가지고 설명하는 마운스의 설명이 더 좋아 보인다. "그 짐승은 사탄에 의해 영감받은 권세이다. 그것은 비록 사망의 공격을 받았지만 돌아와서 다시금 하나님의 권세들을 향하여 분노를 발한다." "역사를 통하여 그는 반복적으로 무저갱에서 올라와 하나님의 백성을 괴롭히며, 할 수만 있다면 파괴하려고 한다."[37] 그는 다니엘 7장의 작은 뿔(안티오쿠스 에피파네스)이다. 그는 네로(Nero)이다. 그 짐승은 있었지만 지금은 없다. 요한은 임박한 핍박을 염두에 두고 기록하였다. 그 짐승은 곧 다시 올 것이다. 이 옴은 그의 마지막이 될 것이다. 만왕의 왕이 그를 유황 불못에 던져 넣을 것이기 때문이다(계 19:20).[38]

빌은 좀 더 깊이 있는 설명을 제공해 준다. 그는 여기서 짐승을 조롱하기 위해 하나님에 대한 삼중 묘사("이제도 있고 전에도 있었고 장차 올 자"; 1:8; 4:8; 11:16; 16:5)가 짐승에 대해 다시 적용되었다고 본다. '있지 아니하나'와 '올라와'의 삽입은 그리스도의 죽음과 부활을 패러디(풍자)한다(1:18상; 2:8에 있는 예수의 죽음과 부활에 대한 삼중 양식 참조). 짐승이 '있지 아니하다'는 것은 그리스도의 십자가와 부활에서 그리스도에 의해 패배당한 것의 지속적인 효과들을 가리킨다(13:3을 보라. 거기서는 '죽음'이 '있지 않다'는 부정적 표현과 동등하다). 이 구절 표현이 세 번째 부분('멸망으로 들어가나')은 11:17에 있는 신적 표현 양식의 세 번째 부분('친히 큰 권능을 잡으시고 왕노릇하셨도다')과 16:5('이것들을 심판하셨도다')의 변형된 형태와 조소적인 대조를 이룬다. 하나님의(또는 그리스도의) 종말적인 오심은 그의 승리와 원수들 심판과 그의 통치로 되어 있는 반면에, 짐승이 자기 스스로 오는 것을 통해 주권을 잡

37 Mounce, *Revelation*, 314.

38 Mounce, *Revelation*, 314.

으려는 시도는 단지 그의 패배와 심판으로 끝날 뿐이다.[39]

위 설명 중 '있지 아니하다'에 대한 설명은 좋다고 생각된다. 그러나 '올라와'가 예수의 부활을 패러디한 것인지는 의심스럽다. 그리고 '멸망으로 들어간다'에 대한 빌의 설명은 설득력 있게 들리지 않는다. 차라리 하나님에 대한 삼중 표현 중 '장차 올 자'(ὁ ἐρχόμενος, *호 에르코메노스*)에 대한 대조로 보는 것이 더 좋을 것이다.

필자는 기본적으로 짐승에 대한 이 표현은 하나님의 삼중 표현에 대한 패러디(풍자)라고 한 빌의 견해에 동의한다. '지금은 없다'는 것은 하나님(그리스도)의 '이제도 계시고'에 대비된다. 이것은 그리스도의 죽음과 부활을 통해 사탄의 권세가 치명적으로 타격을 입어 약화되었다는 것을 의미한다.[40] '장차 무저갱에서 올라온다'는 것은 '장차 (하늘로부터) 오실 자'에 대비된다. 이것은 장차 마귀의 본격적인 활동이 있을 것을 말한다. '멸망으로 들어간다'는 것은 하나님(그리스도)의 '영원히 거하신다' 또는 '세세토록 왕노릇하신다'는 것에 대비된다. 따라서 "전에 있었다가 지금 없으나 장차 무저갱으로부터 올라와 멸망으로 들어갈 자"란 표현은 용(사탄)의 하수인인 짐승(이 세상에서 역사하는 악의 세력)의 정체와 운명을 묘사한다.

이어서 "땅에 사는 자들로서 창세 이후로 생명책에 기록되지 못한 자들이 … 놀랍게 여기리라."고 말한다(8하). 여기서 '놀랍게 여기리라'(θαυμασθήσονται, *따우마스떼손타이*)는 것은 6절의 '놀랍게 여겼다' (ἐθαύμασα, *에따우마사*)

---

39. Beale, *Revelation*, 864.

40. 이필찬도 같은 의미로 본다. "여기에서 무저갱에 갇혔다는 사실은 문자적으로 우주의 어떤 장소적 의미로 이해해서는 안 되고 짐승이 그리스도의 십자가·부활·승천 사건으로 인하여 결박당한 무기력한 상태에 있다는 것을 상징적으로 나타낸다." 이필찬, 『내가 속히 오리라』, 729.

와는 의미가 약간 다르다고 한다. 6절에서는 '매우 이상하게 느끼다, 이해할 수 없다'는 의미이지만, 여기 8절에서는 '경탄과 놀라움으로, 경외심으로 가득 차서' 보았다는 의미라고 한다.[41] 택함받지 못한 사람들은 그 '짐승'을 보고 놀라워하면서 다 경배할 것이다.

이어서 천사가 말한다. "지혜 있는 뜻이 여기 있으니 그 일곱 머리는 여자가 앉은 일곱 산이요 또 일곱 왕이라. 다섯은 망하였고 하나는 있고 다른 하나는 아직 이르지 아니하였으나 이르면 반드시 잠시 동안 머무르리라."(9-10절) 여기서 '일곱 산'이 무엇인지 또 '일곱 왕'이 누구인지에 대해서는 여러 가지 해석이 있다. 먼저 '로마' 시가 일곱 언덕 위에 세워져 있었다는 사실이 이 표현에 영향을 미쳤을 가능성이 있다.

> 흐레이다너스는 "이 일곱 산은 로마가 건설된 일곱 언덕이다. 따라서 이 여자는 로마 시를 나타낸다. .… **그 당시에는** 로마가 이 여자의 구현(具現)이었다. … 다른 시대에 그것은 다른 도시가 될 수 있다."고 한다.[42] 같은 맥락에서 마운스는 로마는 일곱 언덕 위에 세워진 도시이며 이 구절은 어쨌든 로마 시를 가리킨다고 본다.[43]
>
> 그러나 9절에 보면 '일곱 언덕'이 아니라 '일곱 산'이라고 되어 있다. 헨드릭슨은 이 둘을 같은 의미로 보지만,[44] 빌은 다르다고 본다. 계시록에서 '오로스'(ὄρος)는 항상 '산'(mountain)을 의미하며, 비유적으로 '힘'(strength)을 나타내기 위해 사용되었다고 한다. 그래서 '일곱 산들'은 일곱 왕들 또는 왕국들을 가리킨다고 한다.[45] 그리고 '일곱'은 문자적 의미가 아니라 '충만함'(fullness) 또는 '완전함'(completeness)에 대한 비유적 표현이라고

---

41. Greijdanus, *Openbaring*, 345.
42. Greijdanus, *Openbaring*, 348.
43. Mounce, *Revelation*, 315.
44. 헨드릭슨, 『요한계시록』, 209.
45. Beale, *Revelation*, 868.

한다. 따라서 일곱 산과 왕은 구체적인 일곱 왕이나 왕국들이라기보다 '모든 시대를 걸쳐 나타나는 세상 정부의 압박하는 권세'(the oppressive power of world government throughout the ages)를 나타낸다고 본다.[46] 물론 요한 시대에 그 짐승의 당대의 구체적 모습은 로마였다. 로마의 일곱 언덕은 요한으로 하여금 비유적인 숫자 '일곱'을 사용하도록 영향을 끼친 것의 한 부분이었을 수는 있다.[47]

판 드 캄프도 빌과 마찬가지로, 산(山)은 구약에서 권세, 견고한 주권을 의미한다고 본다(렘 51:25; 단 2:35). 그리고 '일곱 산'은 모든 정치적인 세상 권력의 총체를 상징한다고 본다.[48]

우리는 빌과 판 드 캄프의 견해가 옳다고 본다. 예레미야 51:25에서 '바벨론'은 '멸망의 산'이라고 불리고 있다. 평지인 바벨론이 '멸망의 산'으로 불린 것은 상징적인 의미임을 나타낸다. 따라서 여기의 '일곱 산'도 상징적인 의미로 보는 것이 옳을 것이다. 로마가 일곱 언덕 위에 건설되었다는 사실은 계시록의 이 본문과 관계가 없을 수도 있고, 혹 있더라도 간접적으로 독자들로 하여금 '로마 시'를 생각하게 하는 역할을 하였을 것이다. '일곱 산' 또는 '일곱 왕'은 역사상 모든 시대를 걸쳐 나타나는 세상 권세, 세상 나라들을 총칭하는 것이다. 물론 요한 당시의 그 나라는 로마였다.

이 '일곱 산'은 또한 '일곱 왕'이라고 한다(10상). 이 '일곱 왕'을 어떻게 보느냐 하는 것이 중요하다. 이필찬은 '로마의 일곱 황제'로 보면서도 이 일곱 왕들이 구체적으로 누구를 가리키는지 규명하는 것은 본문의 의도와는 거리가 멀다고 한다.[49] 김서택은 아우구스투스, 티베리우스, 칼리굴라, 글라디우

46. Beale, *Revelation*, 869.
47. Beale, *Revelation*, 869.
48. Van de Kamp, *Openbaring*, 385.
49. 이필찬, 『내가 속히 오리라』, 731 이하.

스, 네로, 베스파시안과 티토로 본다.[50] 이런 견해들은 여기의 '왕'을 지나치게 협소하게 개인 '왕'으로만 보고 '왕국'으로 보지 않는 잘못을 범하고 있다(참조. 단 2:38; 7:17, 23). 뿐만 아니라 로마의 어느 황제로부터 시작하느냐의 문제와 중간의 황제들을 임의로 빼 버리는 문제를 가지고 있다.

한편, 흐레이다너스는 고대 바벨론, 앗수르, 신 바벨론, 메데-바사, 헬라-마게도냐, 로마, 미래의 적그리스도의 세상 나라로 본다.[51] 헨드릭슨도 마찬가지로 본다. 망한 다섯은 고대 바벨론, 앗수르, 신 바벨론, 메데-바사, 헬라-마게도냐다. 여섯째는 로마이다. 아직 나타나지 않은 일곱째 머리는 '로마의 멸망과 그리스도의 재림 직전 사이에 교회를 압박하는 적그리스도의 마지막 제국인 모든 적그리스도적 정권의 집합'으로 본다.[52] 박윤선도 '다섯'은 애굽, 앗수르, 바벨론, 메대 바사, 헬라인 듯하고, 시방(요한의 때) 있는 것은 로마요, 아직 이르지 아니한 것은 로마 이후 어느 나라인지 확실히 알기 어렵다고 한다.[53]

그러나 이렇게 구체적인 제국들로 보기보다는 상징적으로 보는 견해도 있다. 마운스는 '일곱 왕'에 대해 각각의 왕들로 보지 아니하고 '로마 제국 전체'로 본다. 숫자 '일곱'을 문자적 의미로 보지 않고 상징적으로 보는 것이다.[54] 그렇지만 이 견해는 여전히 '로마 제국'에만 편중되는 문제가 있다. 빌은 "일곱 왕은 역사상 일어나는 왕들에 대한 비유이다. 이 왕들을 통해 짐승이 역사한다."고 본다.[55] 그리고 '일곱째 왕'은 '지상의 마지막 악의 화신'(the final earthly incarnation of evil)으로 본다.[56] 그러나 빌은 일곱 왕을 세상 제국들

---

50. 김서택, 『묵시의 비밀』, 622. 네로(주후 54-68)와 베스파시안(주후 69-79) 사이에 갈바(주후 68.6.8-69.1.15), 오토(주후 69.1.15-69.4.16), 비텔리우스(주후 69.4.17-69.12.20)가 있었지만, 이들은 서로 죽이고 재위 기간이 짧았다는 이유로 빼 버린다.
51. Greijdanus, *Openbaring*, 349.
52. 헨드릭슨, 『요한계시록』, 210.
53. 박윤선, 『요한계시록』, 307.
54. Mounce, *Revelation*, 317.
55. Beale, *Revelation*, 871.
56. Beale, *Revelation*, 872.

로 보는 헨드릭슨의 견해도 가능성이 많다고 인정한다. 헨드릭슨은 일곱째 제국에 대해 로마 제국과 역사의 종말 사이에 있는 모든 제국들을 집합적으로 상징한다고 보는데, 빌은 이 견해도 충분히 가능성이 있다고 본다.[57] 판 드 캄프도 마찬가지로 상징적으로 본다. '일곱'은 '모든 적그리스도적 황제들'을 가리킨다고 본다. '다섯'은 대부분을 가리키는데 망했으며, 지금 있는 하나는 아직 짧은 기간 동안 통치가 남아 있으며, 일곱 번째 마지막은 속히 올 것으로 본다.[58] "요한에게 있어서 일곱과 여덟이란 숫자는 문자적으로, 즉 예수의 재림 이전에 얼마나 많은 로마 황제들이 있을 것인가를 세는 것으로 볼 것이 아니다. 그것은 모든 적그리스도적 황제들을 상징적으로 가리키는 것으로 보아야 한다."[59]

어쨌든 현재 있는 '여섯째 왕'은 당시의 로마 제국을 가리키는 것이 분명해 보인다. 역사상 나타나는 수많은 제국들은 '짐승'으로서 하나님의 백성(성도들)을 압제하고 핍박하였다(단 7장 참조). 그 '짐승'의 한 구체적 화신(化身)이 로마 제국이었다. 그전에 있던 제국들은 다 망하였으며, 앞으로도 하나님을 배반하고 교회를 핍박하는 악한 세상 나라들은 올 것이다. 따라서 '일곱째 왕'은 로마 제국 이후에 나타날 세상의 제국들을 총칭하는 것으로 보는 것이 좋을 것이다.

이어서 천사는 요한이 본 '짐승'에 대해 설명한다. "전에 있었다가 지금 없어진 짐승은 여덟째 왕이니 일곱 중에 속한 자라. 그가 멸망으로 들어가리라."(11절) 이 '짐승'은 '여덟째 왕'이라고도 불리는데 '일곱 중에 속한 자'라고 한다. 이 말은 이 여덟째 왕은 앞의 일곱 왕과 마찬가지로 악한 성격을 가지고 있음을 말해 준다. 따라서 이 '여덟째 왕'은 '짐승의 본체(적그리스도 나

---

57. Beale, *Revelation*, 875.
58. Van de Kamp, *Openbaring*, 389.
59. Van de Kamp, *Openbaring*, 390.

라의 최후적 발악)의 출현'이라고 볼 수 있다.[60]

전에 있었다가 '지금은 있지 않다'(οὐκ ἔστιν, *우크 에스틴*)는 것은 포이쓰레스가 말한 것처럼 "박해가 지금 퇴조의 상태에 있지만 미래에는 새로운 강도로 나타날 것을 가리킨다."고 볼 수 있다.[61] 곧, 마귀의 권세가 그리스도에 의해 치명적 타격을 받았다는 것을 의미한다. '여덟째 왕'은 '짐승'과 다른 존재가 아니라 같은 존재인데, 마지막 때에 성도들을 크게 핍박하다가 멸망하게 될 것이다.[62]

> 이필찬은 "여기에서 일곱 머리 중 하나가 여덟째가 되어 다시 나타난다는 것에서 요한은 죽었던 네로가 다시 나타날 것이라는 네로의 전설을 활용하고 있다."고 한다.[63] 다른 곳에서 그는 "요한은 일곱 머리 중 하나가 여덟째가 되어 다시 살아난다는 점에서 죽은 네로의 환생설을 활용한다(이필찬, 205). 그러나 여기서 중요한 것은 네로의 환생 자체가 아니라 그 짐승이 네로와 같은 특징과 운명(character and destiny)을 가진다는 것이다(Osborne, 620)."고 말한다.[64] 이필찬이 비록 '네로와 같은 특징과 운명'을 가진다고 부드럽게 표현하긴 했지만, 사도 요한이 네로 부활 전설

60. 박윤선, 『요한계시록』, 307. 박윤선은 '여덟째 왕'을 역사상의 한 나라로 보며 로마 이후 어느 나라인지 "확실히 알 수 없으나 오기는 올 것이다."고 한다.
61. 포이쓰레스, 『요한계시록 맥잡기』, 184.
62. 참조. 포이쓰레스, 『요한계시록 맥잡기』, 185: "짐승 자체는 여덟째 왕이다(11절). 단지 일곱 머리밖에 없기 때문에 이 절은 짐승이 여덟째 머리라고 주장하는 것은 아니다. 오히려 짐승은 그 마지막 화신으로 일곱의 권력과 유사한 권력을 상징한다." 휴즈는 다음과 같이 설명한다. "일곱 왕들을 지칭하는 일곱 머리가 짐승의 일곱 머리이듯이 오히려 일곱 왕이 그 짐승에게 속한다는 의미에서 그것은 여덟째 왕이다. 이 경우에 있어 그 성격상 머리와 짐승은 함께 속한다. 즉 머리가 공급받는 생각과 목적은 짐승의 생각과 목적이다. 그렇다면 짐승은 머리의 왕 됨의 근원으로서 여덟째이며, 그들이 속해 있는 자이다. 그러나 짐승은 그들에게 속해 있는 자가 아니다." 휴즈, 『요한계시록』, 270 이하.
63. 이필찬, 『요한계시록 어떻게 읽을 것인가』, 205.
64 이필찬, 『내가 속히 오리라』, 732.

을 활용했다고 하는 것은 여전히 의문으로 남는다. 요한이 왜 죽어서 없는 네로를 생각했다는 것인지, 그리고 곧 거짓으로 판명될 신화를 들먹여야 했는지 이해할 수 없다.

흐레이다너스는 '여덟째 왕'에 대해 적그리스도, 즉 재흥(再興)된 에피파네스(Epiphanes)로 본다. "일곱째에서 나왔다"는 것은 이 적그리스도의 나라는 앞의 나라의 재흥 곧 새로운 형태의 로마 제국임을 나타낸다고 한다.[65] 헨드릭슨은 이 '여덟째'는 '역사의 종말에 이르러 있을 극히 무서운 적그리스도의 통치'로 본다(참조. 살후 2:3이하).[66]

빌은 '여덟째'는 '일곱째'와 마찬가지로 비유적 의미를 가지고 있다고 본다. 하나님은 엿새 동안 천지를 창조하시고 일곱째 날에 쉬셨다. 여덟째 날은 새 창조의 정상적인 활동이 시작된다. 이와 마찬가지로, 그리스도는 한 주의 여섯째 날에 죽으시고 안식일에 무덤에서 쉬시고, 여덟째 날에 부활하셨다. 그러므로 이 짐승을 '여덟째'라고 부르는 것은 "그가 장차 그리스도의 부활을 흉내 내려고 시도하는 것을 다른 방식으로 말한 것"이다.[67] 그리고 여덟째 왕이 일곱째에 속했다는 말의 핵심은 "용과 짐승이 어떤 구체적인 역사적 시점에서 권세 있는 머리들 곧 지상의 왕들의 하나를 통해 나타나는 것은 그 용 또는 짐승의 충만한 임재와 같다는 것"이다.[68] 그래서 "후손들이 그 조상들과 동일한 본성인 것과 마찬가지로, 여덟째 왕은 앞선 일곱과 동일하게 악한 본성을 가지고 있다."[69] "여덟째 머리가 다른 것들과 동일하게 악한 본성을 가지고 있지만, 그것은 사탄적 권세의 더욱 충만한 구현이라는 점에서 또 그의 통치가 역사(history)를 마감한

---

65. Greijdanus, *Openbaring*, 351. 그러나 흐레이다너스가 이 여덟째 나라를 '이집트' 또는 '수리아'로 본 것은 너무 한 지역에 치우친 것으로서 받아들이기 어렵다.
66. 헨드릭슨, 『요한계시록』, 210.
67. Beale, *Revelation*, 875.
68. Beale, *Revelation*, 875.
69. Beale, *Revelation*, 876.

다는 점에서 그 앞의 것들과 다르다."[70]

그리고 "네가 보던 열 뿔은 열 왕이니 아직 나라를 얻지 못하였으나 다만 짐승으로 더불어 임금처럼 한동안 권세를 받으리라."고 한다(12절). 이 '열 뿔'은 군주들, 통치자들, 최고 권력자들을 의미한다.[71] 이들은 아직 나라를 얻지 못하였다. 이들은 로마 제국 이후에 재림 때까지 이 세상에 출현할 모든 악한 나라들을 가리킨다. 이들은 때가 되면 나타나서 짐승에게 권세를 받아서 짐승과 함께 다스릴 것이다. 그리고 "그들이 한 뜻을 가지고 자기의 능력과 권세를 짐승에게 주더라."고 한다(13절). 이들은 한마음 한뜻으로 짐승을 섬긴다. 세상의 군왕들은 하나님의 기름 부은 자 곧 그리스도를 대적하는 일에 한마음 한뜻이 된다(시 2; 행 4:25-26).

2) 어린양의 승리(14절)

그들이 어린양 곧 하나님의 아들 예수 그리스도와 더불어 싸우지만 패배하고 만다. "그들이 어린양으로 더불어 싸우려니와 어린양은 만주의 주시요 만왕의 왕이시므로 그들을 이기실 터이요 또 그와 함께 있는 자들 곧 부르심을 받고 택하심을 받은 진실한 자들도 이기리로다."(14절) 세상의 모든 세력이 '어린양'을 대적하여 싸우지만 이기지 못하고 패배하고 만다(시 2:1-6). 왜냐하면 '어린양'은 '주들의 주'(κύριος κυρίων, *퀴리오스 퀴리온*)이며 '왕들의 왕'(βασιλεὺς βασιλέων, *바실류스 바실레온*)이시기 때문이다(계 19:16). 어린양 예수님은 이미 마귀를 이기셨으며 또한 모든 원수들을 이기실 것이다(고전 15:24-25). 그리고 '그와 함께 있는 부르심을 입고 택함을 받고 신실한 자들'(οἱ μετ' αὐτοῦ κλητοὶ καὶ ἐκλεκτοὶ καὶ πιστοί, *호이 메트 아*

70. Beale, *Revelation*, 876.

71. Greijdanus, *Openbaring*, 351.

우투 클레토이 카이 엑렉토이 카이 피스토이)도 그들을 이기게 될 것이다. 왜냐하면 그들의 주님이신 예수님이 이기셨고 또 이기실 것이기 때문이다(요 16:33; 요일 4:4; 계 3:21).

3) 음녀의 멸망(15-18절)

천사는 요한에게 또 설명해 준다. "네가 본 바 음녀가 앉아 있는 물은 백성과 무리와 열국과 방언들이니라."(15절) 악한 세상 곧 음녀는 수많은 나라들을 거느리고 있다. 요한 당시의 악한 세상은 로마 제국으로서 많은 나라들과 백성들을 거느리고 있었다.

또 "네가 본 바 이 열 뿔과 짐승은 음녀를 미워하여 망하게 하고 벌거벗게 하고 그의 살을 먹고 불로 아주 사르리라."고 한다(16절). '열 뿔'은 앞에서 본 것처럼 로마 제국 이후에 나타날 모든 나라들을 가리킨다. "미워하여 망하게 한다"는 것은 무엇을 말하는가? 이것은 마운스의 표현을 빌리자면 '악의 자기 파괴적 권세'(the self-destroying power of evil)를 말한다.[72] 달리 말하면, 악의 세력들이 자중지란(自中之亂)을 일으켜 파괴적 행동을 할 것을 뜻한다. 판 드 캄프의 말처럼 "음녀를 심판함에 있어서 하나님은 열 왕과 짐승을 그의 진노의 수단들로 사용하신다."[73] 역사상 나타난 한 제국은 또 다른 제국에 의해 무너졌으며, 그것은 또 다른 제국에 의해 무너졌다. 하나님은 앗수르와 바벨론을 진노의 막대기로 사용하셔서 우상을 숭배하는 여러 나라들을 벌하신 후에는 그 막대기도 버리셨다.

그러나 여기 16절의 '음녀'를 로마 제국으로만 보는 것은 너무 좁다. 로마 제국을 포함한 악한 세상 전체로 보아야 한다.[74] 물론 요한 당시에 그 악

72. Mounce, *Revelation*, 320.

73. Van de Kamp, *Openbaring*, 394.

74. Greijdanus, *Openbaring*, 355: "이 예언은 로마에서 단지 부분적으로 성취되었다. 완전한 실현은 적그리스도의 오는 세상 나라의 세상 도시에서 이루어질 것이다."

한 세상은 로마였다. 역사상 나타나는 악한 세상들, 권세들, 제국들의 총체적 상징인 '짐승'이 '음녀'를 미워하여 망하게 하고 파괴할 것을 예언한 것이다.

> 빌은 '큰 성 바벨론'에 대해 '타락한 전체 경제-종교적 체제'(the entire corrupt economic-religious system)라고 한다.[75] 첫 수세기 동안의 배교한 이스라엘도 물론 바벨론을 형성하지만 그것이 전부 다는 아니라고 본다. 비록 많은 주석가들이 '바벨론'을 단지 '불경건한 로마 문화' 또는 '배교한 교회' 또는 '배교한 이스라엘'로만 보려고 하지만, 이것들은 서로 배제하는 것이 아니라 다 포함한다.[76] 그럼에도 불구하고 '악한 로마 세상 체제의 사악한 종교-경제적 문화'(the wicked religious-economic culture of the evil Roman world system)가 그 초점이라고 한다.[77]
>
> 빌의 위 설명은 대체로 좋다. 그러나 '바벨론'은 단지 '경제적-종교적 체제'에만 국한되는 것이 아니라 그것보다 더 넓은 것으로서 하나님을 배반하고 우상을 섬기는 '악한 세상 전체'를 가리킨다고 보아야 할 것이다. 빌은 18절 해석 중에서도 "그 여자는 역사상 일어나는 세상의 모든 악한 경제-종교적 체제(system)를 포함한다."고 말하는데,[78] 굳이 '악한 경제-종교적 체제'로만 제한할 필요는 없고 '악한 세상 전체'로 보는 것이 더 좋을 것이다. 왜냐하면 '큰 성 바벨론'은 '거룩한 성 예루살렘'에 대비되고, '음녀'는 '신부'에 대비되고 있는데, '예루살렘'이나 '음녀'가 어느 한 '체제'(system)에만 제한되지 않듯이 '바벨론'이나 '음녀'도 어떤 '체제'로 제한할 필요가 없는 것이다.

17절의 말씀도 같은 맥락이다. "하나님이 자기 뜻대로 할 마음을 그들에게

---

75. Beale, *Revelation*, 885.
76. Beale, *Revelation*, 885 이하.
77. Beale, *Revelation*, 886.
78. Beale, *Revelation*, 888.

주사 한 뜻을 이루게 하시고 그들의 나라를 그 짐승에게 주게 하시되 하나님의 말씀이 응하기까지 하심이라." 이것은 하나님이 세상 열왕(列王)의 마음에 한 뜻을 주셔서 그들의 나라를 그 짐승에게 주게 하신다는 것이다. 곧, 세상의 모든 나라가 일치하여 짐승 곧 적그리스도(마귀의 하수인)에게 굴복하고 경배하게 된다는 것이다. 이것도 결국 하나님이 허락하시고 역사하셔서 그렇게 된다. 이처럼 하나님은 세상 역사의 주관자이시며 운행자이시다. 마귀의 역사마저도 하나님의 섭리 아래 있다. 그래서 모든 것이 합력하여 하나님의 뜻을 이루는 것이다(잠 16:4; 롬 8:28).

마지막으로 "또 네가 본 그 여자는 땅의 왕들을 다스리는 큰 성이라."고 한다(18절). 이 '여자' 곧 '음녀'는 세상의 여러 나라들을 다스리고 있다. 우리는 여기서 당시의 로마 제국만 생각하면 안 된다. 이것은 당시의 로마 제국에 전형적(典型的)으로 나타났지만, 역사상 계속적으로 출현하는 모든 악한 세력을 상징한다. 흐레이다너스는 이렇게 설명한다. "이것은 그 당시에는 로마였다. 그러나 로마는 여기서 그 성격을 따라 말해졌다. 로마는 여기에 특정한 성격을 따라 곧 '세상 나라의 수도'로 나온다. 따라서 우리는 단지 로마만 생각하고 있으면 안 된다. 그것은 세상 나라의 세상 도시, 수도 그 자체였는데, 그 당시에는 로마였지만 후에는 다른 것이 될 수도 있다."[79] 이 설명은 매우 좋다. 그러나 우리는 단지 '도시 로마'만 생각하면 안 되며 '악한 세상 전체'를 생각해야 한다. '큰 성 바벨론'이 '작은 시골 마을'과 대비되는 것이 아니라 '거룩한 성 예루살렘'과 대비되는 것과 같은 이유에서다.

교훈과 적용

1. 요한이 본 짐승은 '전에 있었다가 지금은 없으나 장차 무저갱으로부터 올라와 멸망으로 들어갈 자'라고 한다(8절). 이것은 '전에도 계셨고 이제도 계시고 장차 오실 자'

---

79. Greijdanus, *Openbaring*, 357.

라 하는 하나님에 대한 삼중 표현을 패러디(풍자)한 것이다. '지금은 없다'는 것은 예수님의 십자가와 부활을 통해 사탄의 권세가 깨어진 것을 나타낸다(창 3:15; 히 2:14; 요일 3:8). '장차 무저갱으로부터 올라와 멸망으로 들어갈 자'란 것은 마지막 때에 마귀가 본색을 드러내어 교회를 대대적으로 공격할 것이나 결국 패하여 영원한 불못에 던져질 것을 말한다(계 20:8-10). 그러나 지금은 삼킬 자를 찾으려고 우는 사자처럼 돌아다니고 있으므로(벧전 5:8), 우리는 깨어 있어 믿음을 굳건히 하여 마귀를 대적하여야 한다(벧전 5:9; 요일 5:4).

2. 이 세상의 악한 세력들은 합세하여 교회를 공격하고 성도들을 핍박한다. 이것은 결국 어린양 되신 예수님을 대적하여 싸우는 것이다. 이 세상 역사는 마귀와 예수 그리스도 사이의 영적 전쟁이다. 그러나 결국 어린양이 이길 것이다. 왜냐하면 어린양 예수 그리스도는 '만왕의 왕'(왕들의 왕)이요 '만주의 주'(주들의 주)이기 때문이다(14절). 또 그와 함께 있는 진실한 성도들도 이길 것이다. 왜냐하면 그리스도께서 그들을 이기시고 승리하시기 때문이다. 따라서 우리의 최종 승리는 확실하며 보장되어 있다. 이 믿음을 가지고 우리는 이 세상에서 담대하게 나아가야 한다.

3. 악한 세상은 스스로 싸우고 파괴하는 성격을 가지고 있다(16절). 악한 나라들끼리 서로 싸우며 우상을 숭배하는 나라들끼리 서로 공격하여 파괴한다. 앗수르와 바벨론이 서로 싸우며, 카르타고와 로마가 싸우며, 그리스와 페르시아가 싸웠다. 이런 일은 세상 끝날까지 계속될 것이다(17절). 이 세상의 모든 일은 하나님의 뜻대로 일어나고 진행되지만 우리는 그 뜻을 알 수 없다. 그러나 세상 끝날에 우리는 그 비밀을 깨닫게 될 것이다(렘 23:20; 30:24).

제18장

바벨론의 멸망

(18:1-24)

계시록 18장은 큰 성 바벨론의 멸망에 대해 말하고 있다. 하나님을 배반하고 성도들을 핍박하는 세상 곧 바벨론은 결국 하나님의 심판으로 멸망하고 만다(1-3, 6-8절). 세상에서 권세와 부귀를 누리던 왕들과 상인들은 이를 슬퍼하고 애통한다(9-17상). 그리고 이 세상이 좋아하는 물품들을 실어 나르던 배의 선장들과 선원들도 애통하며 탄식한다(17하-20절). 그러나 하나님의 백성들은 이러한 심판을 받지 않기 위해 바벨론에서 나와야 한다. 곧, 그들의 죄에 참여하지 말아야 한다.

본문 개요

먼저 1-8절은 바벨론의 멸망에 대해 말한다. 하나님을 배반하고 우상을 섬기며 성도들을 핍박하던 '큰 성 바벨론'은 무너졌다(2절). 그래서 황량한 폐허가 되었다(3절). 그리고 나서 하늘에서 소리가 들리기를 "내 백성아, 거기서 나오라."고 한다(4절). 곧 "그의 죄에 참여하지 말고" 그래서 "그의 받을 재앙들을 받지 말라."는 의미이다. 하나님은 바벨론의 죄와 불의한 일을 기억하시고 그 행한 대로 갚으셨다(5-8절).

9-24절은 바벨론의 멸망에 대한 세상 사람들의 반응을 통해 그 멸망의 비참함에 대해 여러 각도에서 말해 준다. 먼저 땅의 왕들이 바벨론의 멸망을 애통하며 탄식한다(9-10절). 땅의 상인들도 바벨론의 멸망을 애통하는데 다시는 그들의 물품을 살 자가 없기 때문이다(11절). 그들의 상품 목록이 12-13절에 나와 있다. 여기에 보면 '종들'과 '사람의 영혼들'도 거래했음을 알 수 있다. 그 다음에 선장들과 선객들과 선원들과 일꾼들이 슬퍼하며 탄식하는 것이 나온다(17-19절). 그러나 하늘에 있는 성도들과 사도들과 선지자들에게는 바벨론의 멸망에 대해 즐거워하라고 한다(20절). 21-24절은 한 힘센 천사를 통해 바벨론의 멸망에 대해 다시 묘사해 준다. 악한 세상을 상징하는 바벨론

은 철저하게 파괴되고 멸망하고 말았다.

내용 분해

1. 바벨론의 멸망(18:1-8)
   1) 큰 성 바벨론의 무너짐(1-3절)
   2) 하나님의 백성에 대한 경계(4-5절)
   3) 바벨론에 대한 하나님의 심판(6-8절)
2. 바벨론 멸망에 대한 반응(18:9-24)
   1) 땅의 왕들의 애통함(9-10절)
   2) 상인들의 애통(11-17상)
   3) 선장과 선객들과 선인들의 애통(17하-20절)
   4) 큰 성 바벨론의 멸망(21-24절)

본문 주해

1. 바벨론의 멸망(18:1-8)

1 이 일 후에 다른 천사가 하늘에서 내려 오는 것을 보니 큰 권세를 가졌는
데 그의 영광으로 땅이 환하여지더라 2 힘찬 음성으로 외쳐 이르되 무너
졌도다 무너졌도다 큰 성 바벨론이여 귀신의 처소와 각종 더러운 영이 모
이는 곳과 각종 더럽고 가증한 새들이 모이는 곳이 되었도다 3 그 음행의
진노의 포도주로 말미암아 만국이 무너졌으며 또 땅의 왕들이 그와 더불
어 음행하였으며 땅의 상인들도 그 사치의 세력으로 치부하였도다 하더

라 4 또 내가 들으니 하늘로부터 다른 음성이 나서 이르되 내 백성아, 거
기서 나와 그의 죄에 참여하지 말고 그가 받을 재앙들을 받지 말라 5 그의
죄는 하늘에 사무쳤으며 하나님은 그의 불의한 일을 기억하신지라 6 그
가 준 그대로 그에게 주고 그의 행위대로 갑절을 갚아 주고 그가 섞은 잔
에도 갑절이나 섞어 그에게 주라 7 그가 얼마나 자기를 영화롭게 하였으
며 사치하였든지 그만큼 고통과 애통함으로 갚아 주라 그가 마음에 말하
기를 나는 여왕으로 앉은 자요 과부가 아니라 결단코 애통함을 당하지 아
니하리라 하니 8 그러므로 하루 동안에 그 재앙들이 이르리니 곧 사망과
애통함과 흉년이라 그가 또한 불에 살라지리니 그를 심판하시는 주 하나
님은 강하신 자이심이라

1) 큰 성 바벨론의 무너짐(1-3절)

1절의 '이 일 후에'란 것도 시간적으로 17장의 사건이 있고 난 후에 18장의 사건이 이어진다는 뜻은 아니다. 그것은 17장의 환상을 '본 후에' 또 다른 환상을 '보았다'는 뜻이다. 즉, 이것은 환상을 본 순서를 나타낸다. 그 환상에 보니 큰 권세를 가진 다른 천사가 내려오는데 큰 권세를 가졌고 그의 영광으로 땅이 환하여졌다고 한다(1절).

이 천사가 힘센 음성으로 외쳐 말하였다. "무너졌도다 무너졌도다 큰 성 바벨론이여, 귀신의 처소와 각종 더러운 영이 모이는 곳과 각종 더럽고 가증한 새들이 모이는 곳이 되었도다."(2절) '바벨론'의 무너짐에 대한 예언은 이사야 21:9에 이미 나왔다. 이것은 단지 역사적인 바벨론 제국의 함락뿐만 아니라 이 세상 종말에 대한 예언이기도 하다. 여기 계시록에서는 최후 심판을 가리킨다.[1] '무너졌다'(ἔπεσεν, *에페센*)는 말이 두 번 반복된 것은 그것이 확

1. Beale, *Revelation*, 894.

실함을 말한다.[2] 14장 8절에도 똑같은 말이 나왔었는데(참조. 계 16:19-21), 이 것은 세상의 종말이 두 번 온다는 뜻이 아니다. 하나님은 동일한 종말에 대해 이 모양 저 모양으로 보여 주신 것이다.

'큰 성 바벨론'은 앞에서 설명한 바와 같이 하나님을 배반하고 성도들을 유혹하고 핍박하는 악한 세상이다. 이것은 '거룩한 성 예루살렘'과 대비되는 것으로서 크고 사치스럽다는 것을 특징으로 한다. '거룩한 성 예루살렘'이 문자적인 예루살렘을 의미하지 않는 것과 마찬가지로, '큰 성 바벨론'도 문자적인 바벨론을 의미하지 않는다. 문자적인 바벨론 도시는 이미 오래전에 멸망하고 폐허가 되었다. 또 '바벨론'은 단지 '로마 시'나 '로마 제국'만을 뜻하는 것도 아니다. 물론 요한 당시의 '바벨론'은 로마 제국으로 나타났으며 그 중심은 도시 로마였지만, '바벨론'은 또한 과거와 현재와 미래에까지 미치는 악한 세상 전체이다. 4절에 나오는 '내 백성' 곧 '하나님의 백성'과의 대비도 이를 지지한다.[3]

> 이광복은 '큰 성 바벨론'에 대해 "마지막 대환난 때에 비진리를 좇으며 배도하는 교회를 예표하는 것"으로 본다.[4] 달리 말하면 "마지막 대환난 때에 만국을 미혹시킬 배도하는 교회"를 예표한다고 본다.[5] 조용기는 바벨론에 대해 '적그리스도의 수도'이며 '적그리스도가 7년 환난의 후 3년 반 동안

---

2. 여기의 아오리스트(aorist)에 대해 굳이 '선지자적 아오리스트'(prophetic aorist) 또는 '선지자적 완료'(prophetic perfect) 또는 '선취적 아오리스트'(proleptic aorist)로 볼 필요는 없다. 참조. D. E. Aune, *Revelation 17-22*, WBC (Nashville: Thomas Nelson Publishers, 1998), 985; Mounce, *Revelation*, 325 각주 8. '환상'에서는 하나님께서 원하시는 대로 과거의 일이나 현재의 일이나 미래의 일을 보여 주실 수 있으며, 미래의 일도 이미 일어난 일로 보여 주실 수 있기 때문이다.
3. 드 파이스트는 '바벨론'에 대해 '모든 백성을 미혹하고 자극하고 지배하는 권세' 곧 '하나님에게서 멀어지고 하나님께 적대적인 세상과 거기에 속하는 모든 사치와 화려함'을 뜻한다고 한다. 참조. De Vuyst, *Openbaring*, 104 (14:8 부분).
4. 이광복, 『계시록 난해 해설』, 509.
5. 이광복, 『계시록 난해 해설』, 515.

정치적으로 군사적으로 막강한 권력을 휘두르던 그 성'이라고 말한다.[6]

이필찬은 '바벨론'을 로마로 본다. "17:1-19:10은 로마를 상징하는 바벨론에 대한 이야기다."[7] 또 "여기에서 바벨론은 로마를 상징하는 것으로 음녀로서 묘사되고 있다."[8] 마운스도 별다른 논의 없이 '로마'로 보고 있다.[9] 오스본도 '바벨론'을 당연하게 로마로 본다. 왜냐하면 '바벨론'은 고대 교회에서 로마를 나타내는 우회적 표현으로 너무나 잘 증거되었기 때문이라고 한다.[10] 아우니도 말하기를, 대부분의 주석가들은 '바벨론'을 로마에 대한 암호명(code name)으로 본다고 하면서도, 이에 반대하는 로마이어(Lohmeyer)의 견해를 소개하고 있다.[11]

오스본은 바벨론을 로마로 보면서, 예루살렘으로 보는 견해를 다음과 같이 비판한다. "로마를 '바벨론'으로 보는 용법은 고대 교회에서 너무나 광범위했으며, 또한 18장에서 사치품과 권세에 대한 기술은 1세기 예루살렘에는 맞지 않다."[12]

"귀신의 처소와 각종 더러운 영이 모이는 곳과 각종 더럽고 가증한 새들이 모이는 곳이 되었도다."(2하)는 말씀은 "바벨론의 완전한 멸망으로 인한 황폐를 생생하게 묘사한 것이다(사 13:20 이하; 렘 50:39, 45; 51:37, 42; 습 2:14 참조)."[13]

바벨론이 멸망한 이유는 3절에 기록되어 있다. 그 이유는 세 가지인데, 첫

---

6. 조용기, 『요한계시록 강해』, 269.
7. 이필찬, 『요한계시록 어떻게 읽을 것인가』, 199.
8. 이필찬, 『요한계시록 어떻게 읽을 것인가』, 199.
9. Mounce, *Revelation*, 322, 324, 325, 326 등.
10. Osborne, *Revelation*, 631 각주 1.
11. Aune, *Revelation 17-22*, 985. 로마이어는 '바벨론'이 구체적으로 로마를 의미한다는 견해를 거부한다. 그 이유는 '바벨론'은 구약과 유대주의에서 하나님을 대적하는 지상 세력을 가리키는 용어이기 때문이라고 한다. 따라서 구체적인 제국 지칭은 필요 없다고 한다.
12. Osborne, *Revelation*, 635 n.2.
13. 헨드릭슨, 『요한계시록』, 214.

째는 '그 음행의 진노의 포도주' 때문이다. 여기서 '음행(淫行)'은 영적 의미이다. 곧, 세상과 벗한 것인데 우상을 숭배하고 마귀를 섬기고 타락한 것을 말한다. 이 도덕적 타락에는 물론 육적 음행도 포함된다. 그런 '음행'으로 인하여 하나님의 진노가 임한다(롬 1:18). 둘째 이유는 "땅의 왕들이 그로 더불어 음행하였기" 때문이다. 곧, 세상의 지도자들과 권세자들이 다 하나님을 떠나 우상숭배와 세상 죄악에 동참했기 때문이다. 셋째 이유는 "땅의 상인들도 그 사치의 세력으로 치부하였기" 때문이다. 여기서 '상인'(ἔμπορος, *엠포로스*)은 배로 무역하는 상인(商人)을 뜻한다.[14] 이런 상인들도 다 우상숭배에 동참하였으며 사치의 세력으로 말미암아 돈을 벌었다. 곧, 세상 사람들의 사치와 허영을 이용하여 사치한 물품을 팔아서 큰돈을 벌었다.

2) 하나님의 백성에 대한 경계(4-5절)

하늘에서 또 다른 음성이 났다. "내 백성아, 거기서 나와 그의 죄에 참여하지 말고 그가 받을 재앙들을 받지 말라."(4절) 이 구절을 직역하면 다음과 같다. "내 백성아, 거기서 나오라. 그것의 죄들에 참여하지 않기 위해 그리고 그것의 재앙들을 받지 않기 위해." '내 백성'은 하나님의 백성을 의미한다. 곧, 하나님을 믿고 우상숭배에 동참하지 않는 성도들이다. 하나님의 백성은 세상 가운데 있다(요 17:15, 18; 고전 5:10). "거기서 나오라"는 것은 바벨론 곧 악한 세상에서 나오라는 말이다(참조. 렘 51:45). 이것은 세상 밖으로 나가라는 의미가 아니라 세상을 사랑하지 말라는 의미이다(요 17:14-16; 요일 2:15). 곧, 세상의 죄에 참여하지 말라는 의미이다(고전 5:9-11). 헨드릭슨은 다음과 같이 설명한다. "바벨론을 떠난다는 것은 죄악과 관계를 끊으며 그 유혹과 꾀임에 넘어가지 않는 것을 뜻한다."[15] "바벨론을 떠나라는 경고는 모든 시대에

---

14. 참조. BDAG. "one who travels by ship for business reasons, merchant."
15. 헨드릭슨, 『요한계시록』, 215.

하나님의 백성에게 발하여졌다(사 48:20; 52:11; 렘 50:8, 41-44; 슥 2:7). 이 사실로 미루어 보아 바벨론은 말세의 도시만을 말하는 것이 아님을 알 수 있다. 그것은 어느 시대에서나 유혹의 중심인 세상이다."[16]

우리가 바벨론에서 나와야 하는 목적은 "그의 죄에 참여하지 않고 그가 받을 재앙들을 받지 않기 위함"이다(4하). 우리가 악한 세상의 죄에서 벗어나지 않고 그 가운데 살면 재앙을 받게 된다. 그 이유는 5절에 나와 있다. "그의 죄는 하늘에 사무쳤으며 하나님은 그의 불의한 일을 기억하셨기" 때문이다. 세상의 죄가 쌓여서 하늘에까지 다다랐을 때 하나님의 심판이 임한다는 것을 알 수 있다(창 15:16; 마 23:32; 살전 2:16). 하나님은 세상의 죄들을 다 기억하셨다가 마지막 날에 반드시 갚으신다.

3) 바벨론에 대한 하나님의 심판(6-8절)

하늘의 음성은 계속 이어진다. "그가 준 그대로 그에게 주고 그의 행위대로 갑절을 갚아 주고 그가 섞은 잔에도 갑절이나 섞어 그에게 주라."(6절) 이것은 하나님의 공의로운 보응을 의미한다(롬 2:6-8). '갑절을 갚아 준다'는 것은 심한 보응을 의미한다.[17] "그가 얼마나 자기를 영화롭게 하였으며 사치하였든지 그만큼 고통과 애통함으로 갚아 주라."고 한다(7상). 이 세상에서의 부귀영화와 사치에 대해 하나님이 그만큼 고통과 애통으로 갚으신다는 것을 의미한다(참조. 눅 16:25; 살후 1:6-7).

심판의 이유는 바벨론의 교만 때문이다. "그가 마음에 말하기를 나는 여왕으로 앉은 자요 과부가 아니라. 결단코 애통함을 당하지 아니하리라."(7하; 참조. 사 14:13-14; 47:7-8; 렘 50:29) 이처럼 세상 사람들은 그들이 행한 죄들 위에 교만의 죄를 더하였다. 교만은 패망의 선봉이다(잠 16:18; 약 3:6; 벧

16. Hendriksen, *More than Conquerors*, 174. 한글 번역(『요한계시록』, 214)에는 성경 구절 한 곳이 잘못 적혀 있다. 렘 50:51-54이 아니고 41-44절이다.

17. 박윤선, 『요한계시록』, 313. 또한 사 40:2 참조.

전 5:5). 두로도 그 마음의 교만으로 인하여 멸망하였으며(겔 28:2-10), 에돔도 교만으로 인하여 망하였다(옵 1:3-4). 이러한 교만으로 인하여 하나님의 심판이 맹렬하게 임하게 된다. “그러므로 하루 동안에 그 재앙들이 이르리니 곧 사망과 애통함과 흉년이라. 그가 또한 불에 살라지리니 그를 심판하시는 주 하나님은 강하신 자이심이라.”(8절)

교훈과 적용

1. 큰 성 바벨론은 반드시 무너지고 만다(2절). 성도들을 핍박하는 이 세상은 마지막 날에 하나님의 개입으로 인해 완전히 멸망한다(3절). 이로써 세상 역사는 끝이 나고 하나님의 공의가 실현된다. 하나님은 이 세상의 악한 일들을 다 아시고 기억하셨다가 마지막 날에 갚으신다. 그러므로 우리는 이 세상에 왜 악이 많은가? 왜 악한 자가 형통한가? 하고 불평하면 안 된다. 하나님은 모든 것을 다 알고 계시며 마지막 날에 다 갚으실 것이다.

2. 우리는 악한 세상 ‘바벨론’에서 나와야 한다(4절). 이 말은 우리가 지구를 떠나야 한다는 말이 아니라 세상의 죄에 참여하지 말아야 한다는 말이다. 우리는 세상에 살되 세상의 죄에 참여하지 말고 죄를 멀리해야 한다. 그래서 세상이 받을 재앙들을 피해야 한다. 이 세상은 결국 자기 죄로 말미암아 재앙을 받아 멸망하게 된다. 하나님은 악한 세상의 불의를 기억하시고 그 교만함에 대해 벌을 내리셔서 세상은 멸망하게 된다.

3. 세상은 하나님을 대적하여 스스로를 영화롭게 하고 사치하였다(7절). 또 교만하여 스스로 만족하고 자랑하였다. “나는 결코 애통함을 당하지 않으리라.”고 생각하며 스스로 위안하였다. 그러나 하나님이 그 교만을 기억하시고 재앙을 내리셔서 일순간에 망하였다. 불에 살라져서 완전히 멸망하게 되었다. 이를 통해 하나님은 살아 계시며 우리 하나님은 강한 능력의 하나님이시며 불의를 심판하는 하나님이심을 나타내 주신다.

2. 바벨론 멸망에 대한 반응(18:9-24)

9 그와 함께 음행하고 사치하던 땅의 왕들이 그가 불타는 연기를 보고 위
하여 울고 가슴을 치며 10 그의 고통을 무서워하여 멀리 서서 이르되 화
있도다 화 있도다 큰 성, 견고한 성 바벨론이여 한 시간에 네 심판이 이르
렀다 하리로다 11 땅의 상인들이 그를 위하여 울고 애통하는 것은 다시 그
들의 상품을 사는 자가 없음이라 12 그 상품은 금과 은과 보석과 진주와 세
마포와 자주 옷감과 비단과 붉은 옷감이요 각종 향목과 각종 상아 그릇이
요 값진 나무와 구리와 철과 대리석으로 만든 각종 그릇이요 13 계피와 향
료와 향과 향유와 유향과 포도주와 감람유와 고운 밀가루와 밀이요 소와
양과 말과 수레와 종들과 사람의 영혼들이라 14 바벨론아 네 영혼이 탐하던
과일이 네게서 떠났으며 맛있는 것들과 빛난 것들이 다 없어졌으니 사람
들이 결코 이것들을 다시 보지 못하리로다 15 바벨론으로 말미암아 치부
한 이 상품의 상인들이 그의 고통을 무서워하여 멀리 서서 울고 애통하여
16 이르되 화 있도다 화 있도다 큰 성이여 세마포 옷과 자주 옷과 붉은 옷
을 입고 금과 보석과 진주로 꾸민 것인데 17 그러한 부가 한 시간에 망하
였도다 모든 선장과 각처를 다니는 선객들과 선원들과 바다에서 일하는
자들이 멀리 서서 18 그가 불타는 연기를 보고 외쳐 이르되 이 큰 성과 같
은 성이 어디 있느냐 하며 19 티끌을 자기 머리에 뿌리고 울며 애통하여 외
쳐 이르되 화 있도다 화 있도다 이 큰 성이여 바다에서 배 부리는 모든 자
들이 너의 보배로운 상품으로 치부하였더니 한 시간에 망하였도다 20 하
늘과 성도들과 사도들과 선지자들아, 그로 말미암아 즐거워하라 하나님
이 너희를 위하여 그에게 심판을 행하셨음이라 하더라

21 이에 한 힘 센 천사가 큰 맷돌 같은 돌을 들어 바다에 던져 이르되 큰
성 바벨론이 이같이 비참하게 던져져 결코 다시 보이지 아니하리로다 22
또 거문고 타는 자와 풍류하는 자와 퉁소 부는 자와 나팔 부는 자들의 소

리가 결코 다시 네 안에서 들리지 아니하고 어떠한 세공업자든지 결코 다
시 네 안에서 보이지 아니하고 또 맷돌 소리가 결코 다시 네 안에서 들리
지 아니하고 **23** 등불 빛이 결코 다시 네 안에서 비치지 아니하고 신랑과
신부의 음성이 결코 다시 네 안에서 들리지 아니하리로다 너의 상인들은
땅의 왕족들이라 네 복술로 말미암아 만국이 미혹되었도다 **24** 선지자들
과 성도들과 및 땅 위에서 죽임을 당한 모든 자의 피가 그 성 중에서 발견
되었느니라 하더라

1) 땅의 왕들의 애통함(9-10절)

바벨론에 대한 하나님의 심판이 얼마나 크고 무서운지에 대해서는 이어서 나오는 세 부류의 사람들의 애통을 통해 보여 준다. 첫째는 땅의 왕들의 애통이다(9절). 이 왕들은 바벨론과 함께 음행하고 사치하던 자들이다. '음행했다'는 것은 우상숭배에 동참하고 세상의 죄에 빠졌다는 뜻이다. 세상의 왕들은 바벨론(세상)의 멸망에 대해 애통하며 가슴을 칠 것이다. 그리고 그것(바벨론)이 받는 고통을 무서워하여 멀리 서서 말한다. "화 있도다 화 있도다 큰 성, 견고한 성 바벨론이여, 한 시간에 네 심판이 이르렀다."(10절) 이 심판은 세상의 종말에 있을 마지막 심판을 말하는데, 이것은 또한 로마의 멸망을 통해 그 전형적 모습이 나타났다. 로마의 멸망은 악한 세상의 멸망의 한 전형(典型)이다.

최후 심판인데도 사람들이 남아서 애통하고 있다. 이것은 어떻게 된 것인가? 최후 심판이 아니란 말인가? 이것이 최후 심판인 것은 분명하다(계 18:2, 8, 10, 17, 19, 20, 21-23). 따라서 이것은 최후 심판 후에도 사람들이 남아 있다는 의미가 아니라, 바벨론(세상)의 멸망의 준엄함과 비참함에 대해 사람들의 반응을 통해 보여 준 것이다. 바벨론이 멸망했을 때의 비참함이 어떠한가를 묘사하기 위해 하나님은 '환상' 속에서 애통하며 탄식하는 사람들을 등장시킨 것이다.

2) 상인들의 애통(11-17상)

둘째는 땅의 상인들의 애통이다. 여기서 '상인'(ἔμπορος, *엠포로스*)은 큰 상인을 말하는데, 이들은 국제 무역을 통해 큰돈을 벌었다. 그러나 바벨론 곧 세상의 멸망으로 인하여 다시는 물건을 팔 수 없음을 인하여 울고 애통한다(11절).

이들이 거래하던 상품의 목록이 12-13절에 나오는데, 그 종류가 매우 다양하다. 몇 부류로 나누어서 정리해 볼 수 있는데, 첫째는 귀금속류이다. 금, 은, 보석, 진주가 여기에 속한다(12상). 둘째는 의류인데 세마포, 자주 옷감, 비단, 붉은 옷감이다(12중). 셋째는 가구류와 식기류인데 각종 향목, 각종 상아 그릇, 값진 나무와 구리와 철과 대리석으로 만든 각종 그릇이다(12하). 넷째는 향품인데 계피, (인도산) 향료, 향, 향유, 유황이다(13상). 다섯째는 식료품인데 포도주, 감람유(올리브유), 고운 밀가루, 밀이다(13중). 여섯째는 가축과 수레 종류인데 소, 양, 말, 수레이다(13하). 여기서 '소'(κτήνη, *크테네*)는 넓은 의미에서 짐을 싣고 다니는 짐승들로서(참조. 눅 10:34; 행 23:24; 고전 15:39), 소나 나귀를 뜻한다.[18] 일곱째는 사람들인데 종들과 사람의 영혼들이다(13하). 여기서 '종들'(σώματα, *소마타*)로 번역된 단어는 원어에 의하면 '몸들'(bodies)이다. 곧, 종들은 오직 '몸'의 가치로 사고팔았다는 것을 알 수 있다.[19] 사람의 '영혼들'(ψυχαί, *프쉬카이*)도 매매하는 상품 목록에 포함되었다.[20] 오늘날에도 영혼을 파는 사람들이 많다. 이처럼 세상 사람들은 돈이 되는 것이라면 무엇이든지 다 상품화한다.

그러나 세상 사람들이 탐하던 것들이 일순간에 사라졌다. '맛있는 것들'(고

---

18. Greijdanus, *Openbaring*, 369.

19. 로마 제국에서는 노예상들이 노예를 경매에 부쳐 가장 비싼 값을 부르는 사람에게 팔았다고 한다. 그리고 로마 제국에는 6천만 명의 노예가 있었다고 한다. 참조. Mounce, *Revelation*, 334.

20. '몸들과 사람의 영혼들'(bodies and human souls)에 대해 노예들을 가리키는 표현으로 보는 견해가 있다. 참조. Osborne, *Revelation*, 650. 그러나 원문에 몸들(σωμάτων, *소마톤*)은 속격으로, 영혼들(ψυχάς, *프쉬카스*)은 대격으로 되어 있어서 이 둘은 서로 구별된다.

급 음식들)과 '빛난 것들'(고급 옷들)이 다 없어졌다(14절). 이로 인하여 바벨론의 상인들이 애통하며 탄식한다. "바벨론으로 말미암아 치부한 이 상품의 상인들이 그의 고통을 무서워하여 멀리 서서 울고 애통한다."(15절) '바벨론으로 말미암아'(ἀπ' + αὐτῆς, *아프 아우테스*)는 원문을 직역하면 '그것(바벨론)으로부터'이다. 바벨론 곧 세상이 상인들의 치부(致富)의 원천이었다. 그런 상인들도 이제는 하나님의 심판을 두려워하여 멀리 서서 애통한다고 한다.

그 애통의 말은 그 다음에 나와 있다. "화 있도다 화 있도다 큰 성이여, 세마포 옷과 자주 옷과 붉은 옷을 입고 금과 보석과 진주로 꾸민 것인데 그러한 부가 한 시간에 망하였도다."(16절, 17상) 여기서 '한 시간에'(μιᾷ ὥρᾳ, *미아 호라*) 망하였다는 것은 순식간에, 우리가 생각하지 못한 방법으로, 하나님에 의해 망하였다는 것을 의미한다. 이러한 바벨론의 멸망은 곧 이 세상의 멸망을 의미하는데(요일 2:17), 하나의 구체적인 전형(典型)을 로마의 멸망에서 볼 수 있다.

3) 선장과 선객들과 선인들의 애통(17하-20절)

마지막 세 번째는 항해하는 선장들과 선객들과 선원들과 바다에서 일하는 자들의 애통이다. 그들이 멀리 서서 그 불붙는 연기를 보고 외쳐 말한다. "이 큰 성과 같은 성이 어디 있느냐?"(18절) 또 티끌을 자기 머리에 뿌리고 울고 애통하며 말한다. "화 있도다 화 있도다 이 큰 성이여, 바다에서 배 부리는 모든 자들이 너의 보배로운 상품으로 치부하였더니 한 시간에 망하였도다."(19절)

그러고 나서 하늘의 음성이 들린다(참조. 4절). "하늘과 성도들과 사도들과 선지자들아, 그로 말미암아 즐거워하라. 하나님이 너희를 위하여 그에게 심판을 행하셨음이라."(20절) 땅의 왕들과 상인들과 선원들은 바벨론(세상)의 멸망을 슬퍼하지만, 하늘과 성도들은 그것의 멸망을 기뻐한다. 왜냐하면 하나님이 성도들이 당한 환난에 대해 그 억울함을 풀어 주는 심판을 행하셨기 때문이다. 우리는 세상의 멸망에 대해 슬퍼하면 안 된다. 왜냐하면 그렇게 하는 것은 우리가 세상을 사랑했다는 것을 나타내기 때문이다. 또한 그것은 하나님의 의로운 심판을 비난하는 것이 된다(롬 3:5-6).

우리는 악한 자를 동정하면 안 된다(잠 18:5; 24:24). 박윤선은 다음과 같이 말한다. "그러므로 하나님의 심판하시는 행위를 옳게 여기는 한(限), 그들의 그 심판받는 바벨론(이 세상)을 인하여 슬퍼할 필요는 없다. 만일 그들이 그 사건으로 인하여 슬퍼한다면 그것은, 심판하시는 하나님께서 잘못하신다는 외람된 태도가 되어진다."[21]

4) 큰 성 바벨론의 멸망(21-24절)

큰 성 바벨론의 멸망에 대해 천사가 다시 다른 모습으로 보여 준다. 곧, 한 힘센 천사가 큰 맷돌 같은 돌을 들어 바다에 던지며 말하였다. "큰 성 바벨론이 이같이 비참하게 던져져 결코 다시 보이지 아니하리로다."(21절) 이것은 하나의 실물 교훈이다. 이것은 환상 중에 요한에게 보인 것이며, 종말 때에 이런 일이 문자 그대로 일어난다고 보는 것은 옳지 않다. 우리는 천사가 이 실물 교훈을 통해 보여 준 바 그 의미를 찾아야 한다. 그것은 바벨론 곧 죄악 된 이 세상이 완전히 멸망하며 다시는 일어나지 못한다는 것이다(참조. 렘 51:63-64).

그 구체적인 모습이 22-23절에 나와 있다. 악기 소리들이 결코 다시 들리지 아니하고(22상),[22] 세공업자들의 소리와 맷돌 소리가 결코 다시 들리지 아니한다(22하). 등불 빛이 결코 다시 비취지 아니하고(23상), 신랑과 신부의 음성이 결코 다시 들리지 아니한다(23중). 이것은 그 성이 완전히 멸망하여서

21. 박윤선, 『요한계시록』, 316.

22. 거문고(하프)와 퉁소와 나팔과 같은 악기들은 세상 향락을 위한 도구들이 되고 말았다. 물론 우리는 이런 악기들을 하나님을 찬양하는 데 사용할 수도 있지만(계 5:8; 15:2), 세상 사람들은 하나님 없이 스스로를 위로하고 즐기기 위해 사용하였다(참조. 창 4:21).

그 중에 모든 활동과 기쁨이 사라진다는 의미이다. 반복되어 나타나는 '결코 … 않는다'(οὐ μή, *우 메*)는 표현은 그러한 사실들을 강조함과 동시에 이것이 마지막 종말임을 나타내 준다.

이러한 멸망의 이유들이 그 다음에 설명되어 있다. "너의 상인들은 땅의 왕족들이라. 네 복술로 말미암아 만국이 미혹되었도다."(23하) 여기서 '왕족들'(οἱ μεγιστᾶνες, *호이 메기스타네스*)은 이 세상의 매우 큰 자들, 높은 자들을 의미한다. 이들 상인들의 죄악이 바벨론 멸망의 중요한 이유로 말해지고 있다. 바벨론 멸망의 또 다른 중요한 이유는 바벨론의 '복술(卜術)'로 말미암아 만국이 미혹되었기 때문이다. '복술'(φαρμακεία, *파르마케이아*)은 마술 곧 술수와 속임수를 말하는데, 이것으로 많은 사람을 미혹한다(참조. 나 3:4; 사 47:12).

세 번째 이유로 "선지자들과 성도들과 및 땅 위에서 죽임을 당한 모든 자의 피가 그 성 중에서 발견되었다."고 한다(24절). 순교자의 피는 하나님께 호소하는 능력을 가지고 있다(창 4:10; 마 23:35; 히 12:24; 계 6:9-10). 따라서 이 피로 인하여 하나님의 심판이 임하게 된다. 그 성(城)은 '큰 성 바벨론'을 말하는데, 죄악으로 물든 이 세상을 말한다(요일 2:15-16). 요한 당시에는 '도시 로마'와 '로마 제국'이 악한 세상의 한 전형(典型)이었다. 그러나 '바벨론'의 멸망을 단지 로마의 멸망으로만 보는 것은 옳지 않다. 18장에서 말하는 '큰 성 바벨론'의 멸망은 근본적이고 완전한 멸망이며, 따라서 이것은 세상의 종말에 임할 하나님의 심판을 의미한다.

교훈과 적용

1. 이 세상은 일순간에 멸망하고 만다. 죄와 불의로 물든 이 세상, 자기를 영화롭게 하며 사치하던 이 세상은 하나님의 심판을 받아 일순간에 멸망하고 만다(4-8절). 그러자 땅의 왕들이 울고 가슴을 치며 슬퍼한다(9-10절). 이것은 땅의 왕들이 멸망하지 않고 살아남는다는 뜻이 아니라, 그들의 애통과 탄식을 통해 악한 세상이 비참하게

멸망하였음을 묘사해 주는 것이다. 땅의 왕들은 이 세상에서 권세를 누리던 자들이기 때문에 그들은 이 세상의 멸망을 슬퍼하며 탄식하는 것이다.

2. 악한 세상 '바벨론'이 멸망할 때 땅의 상인들도 슬퍼한다. 왜냐하면 그들의 물품을 살 사람들이 더 이상 없기 때문이다(11절). 이들은 이 세상에서 물품 매매를 통해 많은 부를 축적하고 이익을 누렸다. 이들이 매매하는 상품은 다양하다(12-14절). 이 상품 목록은 당시 로마 제국에서 매매되던 물품들인데, 이중에는 '종들'과 '사람의 영혼들'도 있다(13절). '종들'은 원어로 '몸들'(bodies)인데, 그들은 사람(노예)을 오직 '몸'으로 보고 거래했음을 알 수 있다. 심지어 사람의 '영혼들'도 거래했는데, 이것은 사람의 영혼도 돈으로 매수했다는 의미이다. 오늘날 세상도 마찬가지로 사람을 '능력'으로 평가하여 값을 매기며 심지어 영혼까지 매수하고 있다.

3. '큰 성 바벨론'의 멸망은 완전한 멸망이며 다시 일어섬이 없다(21-23절). 따라서 '바벨론'을 단지 로마 제국으로 보고 말면 안 된다는 것을 알 수 있다. 왜냐하면 로마 제국의 멸망은 세상의 종말이 아니기 때문이다. 따라서 '바벨론'은 악한 세상, 죄로 물든 이 세상을 가리킨다. 물론 요한 당시의 '바벨론'은 로마 제국이었다. 따라서 로마 제국은 '바벨론'의 한 국면이다. 악한 세상은 각 시대를 따라 고대 바벨론, 앗수르, 신바벨론, 메데-바사, 헬라, 로마의 모습으로 나타났으며, 요한 이후로는 중세 여러 나라들과 근대와 현대의 여러 나라로 나타난다. 그러나 악한 세상 '바벨론'은 결국 하나님의 심판을 받아 완전히 멸망하고 만다.

제19장

하늘의 찬송과 어린양의 혼인 잔치

(19:1-10)

19장은 네 개의 환상으로 되어 있다. 첫째 환상은 '바벨론 심판에 대한 하늘의 찬송'과 '어린양의 혼인 잔치'를 보여 준다(1-10절). 둘째 환상은 '백마 탄 자의 전투'를 보여 준다(11-16절). 셋째 환상은 '심판의 큰 잔치'를 보여 준다(17-18절). 그리고 마지막 환상은 '짐승과 거짓 선지자의 잡힘'을 보여 준다(19-21절). 이 네 환상의 관계는 시간적인 순서를 말하는 것이 아니다. 둘째와 셋째는 시간적 순서를 따른 것이지만, 첫째와 둘째의 관계는 시간적인 순서라고 볼 수 없다. '바벨론 심판에 대한 하늘의 찬송'과 '어린양의 혼인 잔치'가 있고 나서 '백마 탄 자의 전투'가 있다고 말할 수 없기 때문이다. 둘째 환상은 다시금 시간 역사 안으로 돌아와서 이 세상에서의 영적 전투에 대해 말한다. 셋째 환상과 넷째 환상의 관계도 시간적으로 연속되는 것이라 볼 수 없고, 다시금 세상 역사 시대로 거슬러 왔다가 최후 종말로 나아간다고 볼 수 있다.

따라서 환상과 환상 사이의 관계는 시간적 순서를 따르는 '순접(順接)'도 있고, 시간을 역행하여 되돌아와서 보여 주는 '역접(逆接)'도 있고, 또한 동일한 시기의 것을 다른 방식으로 보여 주는 '병렬(竝列)'도 있다. 이 모든 것은 요한을 통해 우리에게 보여 주시고자 하는 하나님의 의도에 달려 있다. 요한계시록의 중심 메시지는 사건들의 연대기적 나열이 아니라 악의 세력과 싸우고 있는 교회에 대한 하나님의 위로와 격려이다.

1-10절은 세 개의 찬송으로 되어 있다. 첫째 찬송은 바벨론에 대한 하나님의 심판이 행해진 후에 하늘에서 나는 허다한 무리의 찬송이다(1-2절). 둘째 찬송은 보좌에서 나는 찬송이다(5절). 셋째 찬송은 허다한 무리의 음성과도 같은 찬송인데, 어린양의 혼인 잔치가 이르렀음을 즐거워하는 찬송이다(6-8절). 이어서 천사의 말과 요한의 반응이 나온다(9-10절).

본문 개요

하늘에서 허다한 무리의 찬송이 들렸다. 찬송의 이유는 하나님의 심판이 참되고 의롭기 때문이다(2상). 하나님께서 큰 음녀를 심판하시고 자기 종들의 피를 갚으셨다(2하). 이에 대해 24 장로와 네 생물이 "아멘. 할렐루야!"로 화답하였다(4절). 그 다음에 보좌에서 큰 음성이 나서 하나님을 찬송하였다(5절). 그리고 나서 또 허다한 무리의 음성과도 같은 찬송 소리를 들었다. 그 찬송의 이유는 "주 우리 하나님 곧 전능하신 이가 통치하셨기 때문"이다(6절). 하나님이 통치하셨기 때문에 결국 악한 자가 심판받고 공의가 이루어진 것이다. 따라서 우리는 하나님이 지금도 온 세상을 다스리시고 통치하심을 믿고 찬송해야 한다. 그리고 이어서 어린양의 혼인 잔치가 이르렀다고 말한다(8절). 그러자 천사가 요한에게 말하기를 "어린양의 혼인 잔치에 청함을 받은 자들은 복이 있도다."고 한다(9절). 요한이 그 천사의 발 앞에 엎드려 경배하려고 하자 그 천사가 깜짝 놀라 말렸다(10절).

내용 분해

1. 심판을 행하신 하나님에 대한 찬송(19:1-5)
   1) 하나님의 심판에 대한 찬송(1-3절)
   2) 화답 찬송과 두 번째 찬송(4-5절)
2. 어린양의 혼인 잔치(19:6-10)
   1) 전능하신 이의 통치(6절)
   2) 어린양의 혼인(7-8절)
   3) 천사의 말과 요한의 반응(9-10절)

본문 주해

1. 심판을 행하신 하나님에 대한 찬송(19:1-5)

1 이 일 후에 내가 들으니 하늘에 허다한 무리의 큰 음성 같은 것이 있어
이르되
할렐루야 구원과 영광과 능력이 우리 하나님께 있도다 2 그의 심판은
참되고 의로운지라 음행으로 땅을 더럽게 한 큰 음녀를 심판하사 자
기 종들의 피를 그 음녀의 손에 갚으셨도다
하고 3 두 번째로 할렐루야 하니 그 연기가 세세토록 올라가더라 4 또 이
십사 장로와 네 생물이 엎드려 보좌에 앉으신 하나님께 경배하여 이르되
아멘 할렐루야 하니 5 보좌에서 음성이 나서 이르시되
하나님의 종들 곧 그를 경외하는 너희들아 작은 자나 큰 자나 다 우
리 하나님께 찬송하라
하더라

1) 하나님의 심판에 대한 찬송(1-3절)

요한이 들은 것은 하늘의 허다한 무리 곧 천군 천사들의 찬송이었다. 바벨론에 대한 하나님의 심판이 있고 나서 이에 대해 하늘에서 천사들이 하나님을 찬양하고 있다. "할렐루야! 구원과 영광과 능력이 우리 하나님께 있도다. 그의 심판은 참되고 의로운지라. 음행으로 땅을 더럽게 한 큰 음녀를 심판하사 자기 종들의 피를 그의 손에 갚으셨도다."(1-2절) '할렐루야'('Ἀλληλουϊά')는 원래 히브리어로서 "여호와를 찬양하라"는 뜻이다. 찬양의 내용은 "구원과 영광과 능력이 우리 하나님께 있다."는 것이다.

찬양의 이유는 두 가지인데, 첫째는 하나님의 심판이 '참되고 의롭기' 때문이다. 하나님은 의로운 분이시기 때문에 그의 심판도 참되고 의롭다(롬 3:6;

계 15:3-4; 16:5-7). 만일 하나님이 악한 세상을 심판하시지 않는다면 악이 승리하게 되고 공의는 무너지고 만다. 그러면 하나님은 무능하게 되고, 사람들은 하나님을 믿어도 소용없다고 말하게 될 것이다. 오히려 사탄을 섬기는 것이 더 낫다고 말할 것이다. 그러면 하나님께 영광이 돌아가지 않고 사탄에게 돌아가게 된다. 따라서 하나님이 악한 세상을 심판하시는 것은 반드시 필요하다. 하나님을 찬양하는 둘째 이유는, 음행(淫行)으로 땅을 더럽게 한 큰 음녀 곧 하나님을 대적하는 악한 세상을 심판하여 성도들의 피를 그 손에 갚으셨기 때문이다. 여기서 '더럽게 하였다'(ἔφθειρεν, *에프떼이렌*)는 것은 원래 '부패하게 하였다'는 뜻인데, 미완료로서 지속적인 행위를 강조하고 있다. 큰 음녀 곧 악한 세상은 온 땅의 사람들을 꾀어 지속적으로 우상을 숭배하게 하고 죄를 짓게 하였다.

천군 천사들의 두 번째 '할렐루야 찬송'이 있자 "그 연기가 세세토록 올라가더라."고 한다(3절). 이 연기(煙氣)는 심판의 연기를 뜻할 수도 있고(참조. 계 18:9), 찬송의 연기를 뜻할 수도 있다(참조. 계 8:4). 여기서는 '세세토록'이라는 말과 함께 사용되고 있고 또 '할렐루야'라는 찬송 다음에 나오는 것으로 보아 찬송의 연기로 보는 것이 더 나을 듯하다. 그렇다면 이 '연기'는 하나님의 임재와 영광의 표이다(왕하 8:10-11; 대하 5:13-14; 7:1-3).

2) 화답 찬송과 두 번째 찬송(4-5절)

그러자 보좌를 둘러서 있는 '24 장로들'과 '네 생물'이 엎드려 보좌에 앉으신 하나님께 경배하며 "아멘. 할렐루야!" 하였다(4절).

그 때에 또 보좌에서 음성이 나서 말하기를 "하나님의 종들 곧 그를 경외하는 너희들아, 작은 자나 큰 자나 다 우리 하나님께 찬송하라."고 하였다(5절). 이 찬송은 아마도 보좌 앞의 네 생물이 한 찬송일 것이다. '하나님의 종들'은 하나님을 믿고 경외하는 자들 곧 모든 (참된) 성도들 전체를 가리킨다(계 1:1; 22:3, 6).

교훈과 적용

1. 이 세상에 대한 심판이 행해진 후에 하늘의 허다한 무리가 하나님을 찬송하였다. 이 천군 천사들의 찬송은 하나님의 구원과 심판을 찬양하는 것이다(1-2절). 여기서 '구원'이란 천사들이 구원받았다는 의미가 아니라 성도들이 구원받은 사실을 천사들이 찬송하는 것이다. 그리고 하나님이 이 세상을 심판하신 것은 참되고 의롭다고 찬송한다. 땅을 더럽게 한 '큰 음녀' 곧 악한 세상을 하나님이 심판하셨으며 또 성도들의 피를 기억하시고 갚으셨다. 따라서 하나님의 심판은 의로우시며 참된 것이다.
2. 하나님의 심판에 대해서는 24 장로들(온 교회)과 네 생물(근위영물들)도 하나님을 찬송한다. 이처럼 우리는 이 세상에 대한 하나님의 심판에 대해 참되고 의로우시다고 찬송해야 한다. 세상에 대한 심판과 이로 인한 세상의 멸망에 대해 아까워하며 슬퍼하는 것은 우리가 세상을 사랑했다는 것을 나타내는 것이며, 하나님의 심판을 불의하다고 비난하는 것이 된다. 따라서 우리는 하나님의 심판을 긍정하고 찬송하며 함께 기뻐해야 한다. 그러기 위해 우리는 이 세상에 살 때 이 세상을 사랑하지 않도록 해야 한다(요일 2:15).
3. 보좌에서 난 음성은 하나님을 가까운 거리에서 호위하는 네 생물(근위영물들)의 찬송이다(5절). '하나님의 종들'은 하나님을 섬기는 성도들을 가리킨다. 다르게는 '하나님을 경외하는 너희들'이라고 불린다(5절). 이처럼 하나님을 경외하며 섬기는 데에는 직위 고하의 구별이 없다. 그래서 작은 자나 큰 자나 다 우리 하나님께 찬송하라고 한다. 우리는 근본적으로 하나님 앞에서 동등한 존재이다. 이런 점에서 우리는 모두 다 하나님을 경외하고 하나님을 찬송해야 한다.

2. 어린양의 혼인 잔치(19:6-10)

6 또 내가 들으니 허다한 무리의 음성과도 같고 많은 물 소리와도 같고 큰
우렛소리와도 같은 소리로 이르되

할렐루야 주 우리 하나님 곧 전능하신 이가 통치하시도다 7 우리가
즐거워하고 크게 기뻐하며 그에게 영광을 돌리세 어린 양의 혼인 기
약이 이르렀고 그의 아내가 자신을 준비하였으므로 8 그에게 빛나고

> 깨끗한 세마포 옷을 입도록 허락하셨으니 이 세마포 옷은 성도들의
> 옳은 행실이로다

하더라 9 천사가 내게 말하기를 기록하라 어린 양의 혼인 잔치에 청함을
받은 자들은 복이 있도다 하고 또 내게 말하되 이것은 하나님의 참되신
말씀이라 하기로 10 내가 그 발 앞에 엎드려 경배하려 하니 그가 나에게
말하기를 나는 너와 및 예수의 증언을 받은 네 형제들과 같이 된 종이니
삼가 그리하지 말고 오직 하나님께 경배하라 예수의 증언은 예언의 영이
라 하더라

1) 전능하신 이의 통치(6절)

그 후에 요한은 허다한 무리의 큰 찬송 소리를 들었다. 그 소리가 "많은 물 소리와도 같고 큰 우렛소리와도 같다."는 것은 그것이 위엄 있고 장엄한 소리임을 말해 준다. 그 찬송은 "할렐루야! 주 우리 하나님 곧 전능하신 이가 통치하시도다."로 시작한다(6하). 여기서 '통치하시노나'(개역한글판과 개역개정판)는 원어 '*에바실류센*'(ἐβασίλευσεν)을 잘못 번역한 것이다. 이 동사의 시상(時相)은 현재가 아니라 아오리스트(aorist)로서 직설법에서는 과거로 번역해야 옳다. 그래서 '통치하셨도다' 또는 '다스리셨도다'로 번역해야 한다. 그러나 쉬운성경(다스리신다), 우리말성경(다스리신다), 바른성경(다스리신다), 현대어성경(통치하신다), 공동번역(다스리신다) 등 우리나라의 번역들은 거의 다 잘못 번역하고 있다.[1]

---

1. 표준새번역은 '왕권을 잡으셨다'로 번역하고 있다. 과거인 점에서는 맞지만 '다스리셨다' 또는 '통치하셨다'가 아니라 '왕권을 잡으셨다'고 번역한 것은 이것을 '기동적 아오리스트'(inceptive aorist)로 이해했다고 생각된다. 즉, 그때부터 왕권을 잡으셔서 다스리시기 시작하셨다는 의미로 이해한 것 같다. 그러나 이렇게 inceptive aorist로 보는 것은 맞지 않다(본서 계 11:17 주석 참조). 영어 번역들도 대부분 현재로 잘못 번역하고 있다(KJV, NKJV, RSV, NRSV, NIV, ESV 등). 독일의 Luth, 네덜란드의 SV(1637), NBG(1951), NV(2004)는 현재완료(영어의 과거와 비슷)로 번역하고 있는데, SV를 제외하고는 다 '나라를 취하셨다' 또는 '왕권을 취하셨다'로 번역하여서 inceptive aorist로 이해하였

❖ 특주: 19장 6절의 '*에바실류센*'

이필찬은 19:6의 ἐβασίλευσεν(*에바실류센*)에 대해 아무런 문법적 설명 없이 그저 '미래주의적 심판'과 관련된다고 말한다.[2] 서양의 많은 주석가들은 ἐβασίλευσεν이 과거(aorist)임을 인지(認知)하면서도 다르게 보려고 한다. 예를 들면, 아우니는 이것을 "has begun to reign"(다스리기 시작하셨다)으로 번역하면서 더 이상의 설명 없이 그저 이 동사 원형(부정사 βασιλεύειν, *바실류에인*)의 의미와 계시록에서의 용례만 소개하고 만다.[3] 그래서 슬그머니 '지금부터 다스리신다'는 의미로 이해한 듯이 보인다. 래드도 마찬가지로 *에바실류센*을 기동적(起動的) 아오리스트(inceptive aorist)[4]로 이해하여 "has entered on his reign!"(그의 통치를 시작하였다)로 번역한다. "하나님의 통치는 사실 아직 완전히 세워지지 않았다. 그것은 그리스도의 재림, 사탄의 결박, 그리스도의 메시아 통치의 시작을 기다리고 있다."[5] 그래서 예수님의 재림으로 말미암

다. SV(화란국역)는 '다스리셨다'(heeft geheerst)로 번역했는데, 각주에서는 하나님께서 항상 왕으로 다스리셨지만 이제 모든 원수들을 발아래 굴복시킬 때가 왔다는 의미로 설명하고 있다. 현 시대의 왕권을 인정하면서도 또한 inceptive aorist로 이해한 것으로 보인다. 2010년에 나온 HSV(개역국역)은 '왕이 되셨다'(is Koning geworden)로 번역하여 개악(改惡)되고 말았다. 왜냐하면 이때부터 다스리신다는 의미가 되기 때문이다.

2. 이필찬, 『내가 속히 오리라』, 796 이하.
3. Aune, *Revelation 17-22*, 1028.
4. inceptive aorist(起動的 아오리스트)는 어떤 상태에 들어가는, 시작하는 동작을 가리킨다. ingressive aorist(進入的 아오리스트)라고도 한다. 예를 들어 ἐπίστευσεν(*에피스튜센*, 믿었다)은 아오리스트인데, 이것을 진입적 아오리스트로 보면 믿지 않던 사람이 '믿게 되었다', '믿음의 상태에 들어갔다'는 뜻이 된다. 그러면 이것은 어떤 사람이 '회심했다', '처음 믿었다'는 것을 뜻하게 된다. 그런데 이것을 '글로벌 아오리스트'(global aorist)로 보면, 그 사람이 과거에 '믿었다'는 사실을 단순히 표현하게 된다. 과거에 짧은 기간이든 긴 기간이든 상관없이 어쨌든 '믿었다'는 과거의 사실을 표현하는 것이다. 곧, 동작의 지속이나 완료를 말하지 않고 그냥 전체적으로 표현하는 것이다(Zerwick, *Biblical Greek*, §250, §253; 변종길, 『핵심 헬라어』, §56).
5. Ladd, *Revelation*, 246. 그러면서 그는 이것을 '선취적(先取的) 진술'(proleptic statement)이라

아 소위 '천년왕국'(Millennium)이 시작된다는 의미로 이해한다. 곧, 많은 주석가들은 그들의 전천년설 구도에 맞추기 위해 *에바실류센*을 진입적/기동적 아오리스트로 보는 것이다.

마운스도 래드와 마찬가지로 "하나님은 마침내 그의 우주적 통치를 땅 위에 세우셨다."(God has at last established his universal reign on earth.)고 한다.[6] 오스본도 "다스리기 시작하셨다 - 11:17에 있는 것을 다시 말하는 진입적 아오리스트"(has begun to reign - an ingressive aorist that reproduces the one in 11:17)라고 말한다.[7] 빌도 *에바실류센*을 '다스리기 시작했다'(has begun to reign, ingressive aorist)로 보면서 "하나님의 통치 사실이 그의 바벨론 심판의 직접적 결과"라고 말한다.[8] 그러나 이것은 본문을 거꾸로 말하는 것이다. 본문이 말하는 것은, 심판의 결과로 하나님의 통치가 오는 것이 아니라, 하나님의 통치하셨기 때문에(ὅτι, *호티*) 세상을 심판하시고 세상 나라가 주의 나라가 되었다는 사실이다(1-6절; 참조. 계 11:15-18). 하나님이 통치하셨기 때문에 마침내 의로운 심판이 행해졌다. 따라서 하나님의 통치는 바벨론 심판의 결과가 아니라 원인이다.

흐레이다너스도 이것을 "왕위에 오름으로써 이세 사신이 왕임을 (충만하게) 나타내 주셨다."는 의미로 이해한다.[9] 그러나 이러한 해석은 접속사 '*호티*'(ὅτι)를 무력화시키며 *에바실류센*의 의미를 살짝 변경시킨다. 본문이 말하는 것은 '다스리셨다(왕노릇하셨다)'이지 '왕임을 나타내셨다'가 아니다. 만일 6하의 구절이 흐레이다너스의 견해처럼 '왕위에 오르셔서 이제 영원히 왕노릇하신다'는 것을 나타내는 것이라면, 미

고 한다.

6. Mounce, *Revelation*, 339.
7. Osborne, *Revelation*, 672.
8. Beale, *Revelation*, 931.
9. Greijdanus, *Openbaring*, 385.

래 시상(βασιλεύσει, *바실류세이*)이나 현재 시상(βασιλεύει, *바실류에이*)이 사용되었을 것이며, 또는 '세세토록'과 같은 부사구가 덧붙었을 것이다(참조. 계 11:15). 그러나 여기에 그런 것은 없다. 판 드 캄프도 *에바실류센*을 '그의 왕권을 받으셨다'로 이해하고 있는데, 이것도 마찬가지로 '진입적 아오리스트'로 보는 것이다.[10] 그러나 여기의 *에바실류센*을 11:17 및 20:4과 마찬가지로 '글로벌 아오리스트'(global aorist)로 보지 아니할 이유가 없다.[11]

본문이 말하는 것은 지나간 세상 역사 기간 동안 곧 예수님의 초림부터 재림까지의 기간 동안에 하나님이 통치하셨음을 고백하고 찬송하는 것이다. 만왕의 왕이신 하나님께서 그냥 가만히 계신 것이 아니라 실제로 왕노릇하셨으며(다스리셨으며), 그래서 마침내 악인들에 대한 심판이 이루어지고 공의가 실현되었음을 고백하고 찬송하는 것이다.

여기의 '다스리셨도다'(ἐβασίλευσεν, *에바실류센*)는 것은 지나간 세상 역사를 되돌아보면서 한 고백이다.[12] 최후 심판이 있은 후에 구원받은 성도들이 지나간 세상 역사를 뒤돌아보면서, 그 세상 역사 기간에도 '하나님이 다스리셨다'는 것을 고백한 말이다. 비록 죄와 악이 만연하고 온갖 불의가 횡해시고 있었지만, 하나님은 '만왕의 왕'이요 '만주의 주'로서 세상을 다스리셨다(계 17:14; 19:16; 11:17). 하나님은 이 세상 역사 기간 동안에 가만히 계신 것이 아니라 모든 것을 주관하시고 다스리시고 계셨다. 그래서 마침내 악한 자들을 심판하셨으며 공의가 실현되었다. 그래서 구원받은 성도들이 하나님께

---

10. Van de Kamp, *Openbaring*, 424.
11. 이것을 '글로벌 아오리스트'(global aorist)로 보아야 할 이유에 대해서는 또한 본서 계 11:17과 20:4의 주석 부분을 보라.
12. 본서 계 11:17의 주석 부분을 보라.

감사와 찬양을 세세토록 드리는 것이다(3절). 이것은 6절 하의 문장이 접속사 '*호티*'(ὅτι)로 시작하고 있다는 사실에서 알 수 있다. "할렐루야! 왜냐하면(*호티*) 주 하나님 곧 전능하신 이가 다스리셨기 때문이다." 이것은 지나간 세상 역사 기간 동안에 전능하신 하나님이 다스리셨다는 사실로 인해 하나님을 찬송하는 것이다.

2) 어린양의 혼인(7-8절)

이어서 "우리가 즐거워하고 크게 기뻐하며 그에게 영광을 돌리세!"라고 말한다(7상). 그 이유는 "어린양의 혼인 기약이 이르렀고 그의 아내가 자신을 준비하였기" 때문이라고 한다(7하). 어린양의 혼인(결혼)은 예수님의 재림 시에 이루어질 그리스도와 성도들 간의 완전한 연합을 의미한다. "이 결혼 상징은 아주 내밀하고 깨뜨릴 수 없는 결합, 아주 밀접한 교제를 나타낸다."[13] 예수님은 신랑이고(마 9:15; 요 3:29), 성도들은 그의 신부이다(고후 11:2; 엡 5:23; 계 21:9). 구약에서도 하나님과 이스라엘의 관계를 결혼 관계로 비유한 곳이 많다. 하나님은 남편이고 이스라엘은 그의 아내이다(사 54:5-6; 호 2:7, 16 등). 그래서 이스라엘 백성이 다른 신들을 섬기는 것을 '간음(姦淫)'이라고 말한다(렘 3장; 겔 16장 등; 참조. 약 4:4). 이런 맥락에서 신약에서 그리스도와 교회 사이의 밀접한 관계를 결혼 관계로 말하고 있다(마 22:1-14; 25:1-13).[14] '신부'라는 표현 대신에 '아내'라는 표현도 사용되는데, 그것은 성경에서 약혼한 여자는 결혼한 아내와 동등한 법적 신분을 보장받기 때문이다(신 22:23-27; 마 1:20). 따라서 성도들은 그리스도의 '신부'라고 불리기도 하고(계 21:2, 9; 22:17), '아내'라고 불리기도 한다(계 19:7; 21:9).

하나님은 이 신부에게 '빛나고 깨끗한 세마포'를 입게 하셨다고 한다.

13. Greijdanus, *Openbaring*, 386.
14. Greijdanus, *Openbaring*, 386.

이 세마포(細麻布)는 '성도들의 옳은 행실'이다(8절). 여기서 '옳은 행실'(δικαιώματα, *디카이오마타*)은 율법의 요구를 이룬 것을 말한다(참조. 롬 8:3). 하나님께서 명하신 계명들을 지켜 행한 것들을 말한다. 하나님은 그리스도께서 이루신 의(義)를 우리에게 은혜로 주셨는데(롬 3:22; 빌 3:9; 딛 3:7), 우리는 또한 하나님의 은혜를 힘입어 그 계명들을 지켜 행하기를 힘써야 한다(마 5:16; 7:21). 특히 우상을 숭배하지 말고 세상의 죄에 참여하지 않도록 해야 한다(계 18:4).

3) 천사의 말과 요한의 반응(9-10절)

다시 천사가 말한다. "어린양의 혼인 잔치에 청함을 받은 자들이 복이 있도다."(9상) 여기서 '청함을 받은 자들'은 단지 외적으로 잔치에 참석하도록 초청을 받은 자들이 아니라(참조. 마 22:14), 초청을 받아서 실제로 잔치에 참석한 자들을 뜻한다. 그리고 천사가 말하기를 "이것들은 하나님의 참된 말씀들"이라고 하였다(9하). 그러자 요한이 그의 발 앞에 엎드려 경배하려 하였다. 아마도 그를 예수님으로 착각했기 때문일 것이다. 예를 들어 <예수 영화>에서 예수 역을 잘한 배우가 실제로 무대 앞에 나와서 인사하면 관중들은 잠시나마 그를 실제 예수로 착각할 수 있다. 그런데 요한이 본 환상은 단지 영상만 있는 것이 아니라 실제로 천사가 내려오고 나팔을 부는 등 실제 행동을 하였으므로 '연극'에 가깝다고 할 수 있다. 관객인 요한과 말을 주고받기도 하는 등 실제 상황에 가까운 것이기 때문에, 요한이 이렇게 착각한 것은 충분히 이해된다.

그러자 그 천사가 말렸다. "나는 너와 및 예수의 증언을 받은 네 형제들과 같이 된 종이니 삼가 그리하지 말고 오직 하나님께 경배하라. 예수의 증언은 대언의 영이라."(10절) 원문에는 "그리하지 말라"("Ορα μή, *호라 메*)가 제일 먼저 나오는데 원문을 따라 직역하면 "보라! 아니!"(Behold! No!)가 된다. 이것은 천사가 깜짝 놀라서 황급히 말리는 모습을 생각하게 한다. 이 천사는 자기가 요한의 형제들(성도들)과 같은 종이므로 오직 하나님께 경배하라고 한다.

마지막 문장은 앞 문장에 대한 이유를 설명한다. '예수의 증언'은 예수님을 증언(증거)하는 것이란 의미이다(참조. 계 1:2, 9). '대언의 영'(τὸ πνεῦμα τῆς προφητείας, *토 프뉴마 테스 프로페테이아스*)은 원어상 '예언의 영'인데 성령을 뜻한다(참조. 요 16:13). 예수님을 증거하는 자는 '성령'이며, '천사'는 예수님을 증거하는 존재가 아니다. 천사는 예수님과 성도들을 섬기는 종이다(히 1:14). 그러므로 천사는 경배를 받을 존재가 아니며 오직 하나님만이 경배를 받으시기에 합당하다는 뜻이다.

교훈과 적용

1. 허다한 무리가 찬송하기를 "할렐루야 주 우리 하나님 곧 전능하신 이가 통치하시도다."고 하였다(6절). 원문에는 할렐루야 다음에 '*호티*' 곧 '왜냐하면'이 있다. 즉, 찬송의 이유, 근거는 하나님이 통치하셨다는 사실이다. 우리말 번역에는 '통치하시도다'라고 현재 또는 무시간으로 되어 있지만, 원어에 의하면 분명히 과거이다(*에바실류센*, 통치하셨도다). 하나님이 이 세상 역사를 통치하셨기 때문에 공의로운 심판이 행해졌으며 성도들이 구원받게 되었다. 따라서 이런 하나님의 통치 사실에 대해 천군 천사들이 하나님을 찬송하는 것이다.

2. 마지막 날에 이 세상은 심판받아 멸망하지만, 예수님을 믿는 성도들은 '어린양의 혼인 잔치'에 참여하게 된다(7절). '결혼'은 가장 밀접한, 끊어질 수 없는 관계를 의미한다. 따라서 '어린양의 혼인 잔치'는 예수님(신랑, 남편)과 그를 믿는 성도들(신부, 아내) 사이의 완전한 결합, 충만한 교제를 의미한다. 우리는 지금 그리스도의 신부로서 정혼(定婚) 곧 약혼(約婚)한 상태에 있다. 이 약속은 깨어질 수 없는 것이기 때문에 우리는 또한 '아내'라고 불리기도 한다(7절 끝; 마 1:20).

3. 어린양의 혼인 잔치에 청함을 받은 자들은 복이 있다(9절). 왜냐하면 정혼(약혼)한 신부들이 마침내 신랑과 결혼하여 부부가 되는 날이기 때문이다. 이는 우리 성도들의 구원이 성취되는 날이며 약속된 모든 복락을 받아 누리는 날이다. 예수님을 믿는 우리는 지금 그리스도와 약혼한 상태에 있으며 어린양의 혼인 잔치를 기다리고

있다. 따라서 우리는 이 약혼의 때를 즐거워하며 소망을 가지고 기다려야 한다. 뿐만 아니라 지금 우리가 해야 할 일을 성실하게 감당해야 한다. 그것은 무엇보다도 우리의 '옳은 행실'이다(8절).

제20장

백마 탄 자의 승리와 짐승과 거짓 선지자의 최후

(19:11-21)

여기서는 백마를 탄 자의 모습과 활동(11-16절)과 하나님의 큰 잔치(17-18절)와 짐승과 거짓 선지자의 최후 운명(19-21절)에 대해 말한다. 백마를 탄 자는 그리스도를 가리키는데 그가 악의 세력과의 싸움에서 승리하는 것을 말한다. 하나님의 큰 잔치는 최후 심판으로 말미암아 큰 살육이 일어났음을 보여 준다. 그리고 짐승과 거짓 선지자는 결국 잡혀서 유황 불못에 던져진다. 뿐만 아니라 그들을 따르던 자들도 다 백마 탄 자의 입에서 나오는 검에 죽어서 멸망하고 만다.

본문 개요

요한은 또 '백마와 그것을 탄 자'를 보았다. 그 이름이 '충신'과 '진실'이라고 하고(11절) 또 '하나님의 말씀'이라 한 것으로 보아(13절), 그는 예수 그리스도임이 분명하다. 그 옷과 다리에는 또 '만왕의 왕'이요 '만주의 주'라는 이름이 씌어 있었다(16절). 이어서 마지막 심판이 행해지고 난 후에 있을 '하나님의 큰 잔치'에 대해 말한다(17-18절). 이것은 이 땅에 큰 심판과 살육이 행해졌음을 나타낸다.

또 요한이 본 것은 짐승과 거짓 선지자의 최후 운명이다(19-21절). 짐승과 거짓 선지자가 잡혀서 유황 불못에 던져진다. 그들을 따르는 자들도 다 말 탄 자(그리스도)의 입에서 나오는 검에 죽는다(21절). 이로써 이 세상의 악한 세력들은 하나님의 심판을 받아 다 멸망함을 보여 준다.

내용 분해

1. 백마 탄 자의 승리(19:11-16)
   1) 백마와 그것을 탄 자(11-13절)
   2) 백마 탄 자의 싸움(14-16절)
2. 심판의 큰 잔치와 짐승과 거짓 선지자의 최후(19:17-21)
   1) 심판의 큰 잔치(17-18절)
   2) 짐승과 거짓 선지자의 최후(19-21절)

본문 주해

1. 백마 탄 자의 승리(19:11-16)

11 또 내가 하늘이 열린 것을 보니 보라 백마와 그것을 탄 자가 있으니 그
이름은 충신과 진실이라 그가 공의로 심판하며 싸우더라 12 그 눈은 불꽃
같고 그 머리에는 많은 관들이 있고 또 이름 쓴 것 하나가 있으니 자기밖
에 아는 자가 없고 13 또 그가 피 뿌린 옷을 입었는데 그 이름은 하나님의
말씀이라 칭하더라 14 하늘에 있는 군대들이 희고 깨끗한 세마포 옷을 입
고 백마를 타고 그를 따르더라 15 그의 입에서 예리한 검이 나오니 그것으
로 만국을 치겠고 친히 그들을 철장으로 다스리며 또 친히 하나님 곧 전
능하신 이의 맹렬한 진노의 포도주 틀을 밟겠고 16 그 옷과 그 다리에 이
름을 쓴 것이 있으니 만왕의 왕이요 만주의 주라 하였더라

1) 백마와 그것을 탄 자(11-13절)

그리고 나서 요한은 하늘이 열린 것을 보았는데 '백마와 그것을 탄 자'를 보았다(11절). 여기서 '백마를 탄 자'는 예수 그리스도이다(참조. 계 6:2). '백마(白馬)'는 승리의 상징이다.[1] 그 이름은 '충신'(πιστός, *피스토스*)과 '진실'(ἀληθινός, *알레띠노스*)이라고 했는데, 이것은 그리스도의 인격이 충성되고(신실하고) 참되다(진실하다)는 것을 말한다. "그가 공의로 심판하며 싸우더라."고 했는데(11하), 이것은 그리스도께서 공의(公義)로 판단하고 싸우는 것을 말한다(사 9:7; 11:4; 42:1-4; 렘 23:5). '심판하다'(κρίνω, *크리노*)는 것은 넓은 의미에서 '판단하다'를 의미한다. 구약 시대의 '사사(士師)'(שֹׁפֵט, *쇼페트*)는 원래 '판단하는 자, 재판하는 자'(a judge)란 뜻인데, 넓은 의미의 통치자를 의미한다. 왜냐하면 '재판(裁判)'은 통치의 가장 기본적인 요소이기 때문이다(참조. 왕상 3:9). 따라서 '공의로 심판하여 싸운다'는 것은 마지막 종말 때에 있을 일만 가리키는 것이 아니라 메시아 초림 이후의 전(全) 사역을 가리키는 것이다. 메시아의 통치 전체가 공의의 통치이다(사 11:4).[2]

그리고 "그 눈은 불꽃 같고 그 머리에는 많은 관들이 있다."고 한다(12절).

---

1. Greijdanus, *Openbaring*, 392.
2. 11절의 사건에 대해 박윤선은 그리스도의 재림 때의 일로 본다. 박윤선, 『요한계시록』, 323. 흐레이다너스도 종말이 왔다고 말한다. Greijdanus, *Openbaring*, 392. 물론 11-16절의 사건은 그리스도의 재림과 마지막 심판으로 끝나지만, 11절의 "공의로 심판하며 싸우더라"와 14절의 "그를 따르더라"와 15절의 "그의 입에서 예리한 검이 나오니 … 포도주 틀을 밟는다"의 동사의 시상(時相)이 다 '현재'임을 볼 때 그러한 일들은 이 세상 역사 속에서 일어나는 사건들이라고 생각할 수 있다. 그리고 '현재 시상'은 꼭 시간적으로 현재 일을 가리킨다기보다 일상적인 일, 원리적인 일을 가리킨다. 따라서 역사상 반복되는 일들을 가리킨다. 15절에서 '히나'(ἵνα) 절 안의 '치다'는 동사가 아오리스트로 되어 있는데, 이 아오리스트는 시제(tense)와는 관계없고 그 치는 동작이 점 동작(punctiliar action)임을 나타낸다. 15하의 '다스리다' 동사의 시상이 미래인데, 그것은 그의 입에서 예리한 검(劍)이 나올 때에 그가 친히 그들을 철장으로 '다스릴 것'이라는 의미이다. 따라서 이 모든 것은 이 세상 역사 동안에 일어나는 일들이며, 그러한 싸움과 판단과 사역을 통해 마침내 최후 심판으로 귀결될 것이다. 따라서 11-16절의 본문은 그리스도께서 이 세상에서 계속적인 공의로운 판단들과 사역들을 통해 결국에는 마지막 심판을 통해 승리하심을 보여 준다.

'불꽃 같은 눈'은 온 세상을 감찰하는 것을 뜻한다(참조. 계 1:14). 여기서 '관'의 원어는 '*디아데마*'(διάδημα)인데 승리의 '화관'(wreath)이 아니라 '왕관'(crown)이다.[3] 그러나 '관(冠)'이란 번역은 오늘날 시신을 넣는 '관(棺)'으로 오해될 가능성이 있다. "또 이름 쓴 것이 하나가 있으니 자기밖에 아는 자가 없다."고 한다(12하). 성경에서 '이름'은 존재의 표현이기 때문에(참조. 계 2:3, 13, 17 등), 여기의 이 말은 주님의 존재는 매우 영광스럽고 위대하므로 어떤 피조물도 그것을 완전히 알 수 없다는 뜻이다.[4]

또 "그가 피 뿌린 옷을 입었는데 그 이름은 하나님의 말씀이라 칭하더라."고 한다(13절). 여기서 '뿌린'으로 번역된 단어는 사본상 '적신'(βεβαμμένον, *베밤메논*)이 더 우세하다.[5] 이것은 예수님의 옷이 피로 적신 바 된 것을 말한다. 이 피는 예수님에 의해 패배당한 자들의 피를 뜻한다고 보기도 하지만(참조. 사 63:1-6),[6] 예수님이 십자가에서 흘리신 피를 뜻한다고 볼 수도 있다. 왜냐하면 이 구절은 예수님 자신의 존재를 설명하기 때문이다. 예수님은 과거의 경험을 가지신 분, 특히 우리를 위해 죽임당한 흔적을 가지신 분이다(계 5:6). 그의 피 흘림의 공로는 우리를 위해 계속 효력을 발하고 있다. 그 이름이 '하나님의 말씀'(ὁ λόγος τοῦ θεοῦ, *호 로고스 투 떼우*)이라는 것은 그가 곧 예수님임을 말해 준다(요 1:1-3, 14; 요일 1:1).

---

3. '면류관(冕旒冠)'은 원래 중국의 황제나 왕들이 쓰는 '왕관'이었으므로 여기의 '*디아데마*'(διάδημα)의 번역으로 적합하다고 생각할 수 있다. 그러나 개역한글판에서 승리의 '화관'(στέφανος, *스테파노스*)도 '면류관'으로 번역하고 있기 때문에 구별이 되지 않는다는 문제점이 있다. 한국 교회에서는 '*스테파노스*'를 전통적으로 '면류관'으로 인식하고 있기 때문에 '*스테파노스*'를 다르게 번역하기도 어렵고, '*디아데마*'를 '면류관'으로 번역하기에도 곤란한 점이 있다.
4. Greijdanus, *Openbaring*, 393.
5. '뿌린'을 의미하는 ἐρραντισμένον(*에란티스메논*)을 가진 헬라어 사본은 소문자 사본 2개뿐이다.
6. Greijdanus, *Openbaring*, 393.

2) 백마 탄 자의 싸움(14-16절)

이어서 "하늘에 있는 군대들이 희고 깨끗한 세마포 옷을 입고 백마를 타고 그를 따르더라."고 한다(14절). 여기의 '하늘에 있는 군대들'은 천사들을 가리킨다고 볼 수도 있다.[7] '하늘의'란 수식어가 이 해석을 불가피하게 만드는 것처럼 보인다. 그러나 본장 19절의 "그 짐승과 땅의 임금들과 그들의 군대들이 모여 그 말 탄 자와 그의 군대와 더불어 전쟁을 일으킨다."는 표현을 볼 때, 이 군대는 그리스도를 따르는 '성도들'로 보는 견해가 더 옳다고 생각된다.[8] 여기서 '하늘에 있는'이란 표현은 요한이 본 환상(幻像) 속에 나온다는 사실을 생각해야 한다. 요한이 본 환상은 그 군대들이 실제로 하늘에 있느냐 땅에 있느냐 하는 것을 말함이 목적이 아니다. 요한계시록에서는 지상에서 일어나는 일들을 하늘에 있는 일들로 많이 묘사하고 있다. 예를 들면, 교회가 하나님을 경배하는 것에 대해 하늘의 보좌 둘레에 있는 24 장로들이 엎드리는 것으로 묘사하고 있다(계 4:4, 10; 5:8, 14; 7:11). 그리고 8절의 "희고 깨끗한 세마포를 입었다"는 것도 예수님을 믿는 '성도들'에 대해 사용된 표현이다(참조. 계 3:4; 6:11; 7:9). '천사들'에게 그런 표현이 사용된 적이 없다. 우리는 요한계시록이 많은 경우에 '사실 그 자체'를 보여 준다기보다도 어떤 '진리'나 '원리'를 가르쳐 준다는 것을 생각해야 한다. 특히 '천사'가 계시록에서 그런 계시의 매개자 또는 역할자 기능을 수행하고 있음을 상기해야 한다(계 1:1; 7:1; 10:1; 20:1-3; 22:6 등).

---

7. 헨드릭슨, 『요한계시록』, 225; Greijdanus, *Openbaring*, 395.

8. Beale, *Revelation*, 960. 빌은 17:14과의 비교를 중요하게 생각한다. 판 드 캄프는 둘 다 가능하다고 생각한다. Van de Kamp, *Openbaring*, 430. 한편 마운스는 여기에 [천사들의 무리와 함께] '순교자들'(죽기까지 충성한 자들)도 포함되어야 한다고 본다. Mounce, *Revelation*, 354. 이필찬도 '천사들'과 '성도들' 모두가 포함된 것으로 본다. 이필찬, 『내가 속히 오리라』, 821 이하. 박윤선도 '하늘에 있는 군대들'은 '천사들'만 아니라 '모든 성도들'도 포함하는 말이라고 한다. 박윤선, 『요한계시록』, 324. 그러나 '천사들'과 '순교자들'(또는 '성도들')이 함께 그리스도를 따르며 싸운다는 것은 이상해 보인다.

이어서 '백마를 탄 자'가 하는 일에 대해 말한다. "그의 입에서 예리한 검이 나오니 그것으로 만국을 치겠고 친히 그들을 철장으로 다스릴 것이다."(15상) 그의 입에서 나오는 '예리한 검'(ῥομφαία ὀξεῖα, *롬파이아 옥세이아*)은 문맥상 파괴의 상징으로서 심판의 검을 나타낸다고 볼 수 있다.[9] 이 '검'은 하나님의 말씀을 가리킨다(히 4:12; 계 1:16; 2:12). "그것으로 만국을 치겠고"에서 '치다'(πατάσσω, *파타소*)는 단어는 '타격하다'(strike)는 뜻을 가지고 있다. "철장으로 다스릴 것이다."에서 '다스리다'(ποιμαίνω, *포이마이노*)는 단어는 원래 '양을 치다, 목양하다'는 의미이다. 이것은 긍정적 의미의 '돌봄, 보살핌'의 의미를 지니고 있다. 따라서 본문의 '백마 탄 자' 곧 그리스도의 역할은 심판의 기능과 아울러 구원과 돌봄(목양)의 기능도 함께 가지고 있음을 알 수 있다. 또 "친히 하나님 곧 전능하신 이의 맹렬한 진노의 포도주 틀을 밟는다."고 한다(16하). 이것은 심판 곧 최후 심판을 나타낸다(계 14:19-20; 사 63:1-6).

이어서 "그 옷과 그 다리에 이름을 쓴 것이 있으니 만왕의 왕이요 만주의 주라 하였더라."고 한다(16절; 계 17:14). '옷'은 어떤 사람의 속성을 상징하며(참조. 13절; 사 59:17), '다리'(원어: 허벅지)는 능력의 좌소(座所)이다.[10] '만왕의 왕'(βασιλεὺς βασιλέων, *바실류스 바실레온*)은 직역하면 '왕들이 왕'이다. 예수님은 왕들의 왕으로서 세상을 다스리신다. '만주의 주'(κύριος κυρίων, *퀴리오스 퀴리온*)도 직역하면 '주들의 주'이다. 이 둘은 같은 의미로서 온 세상의 권세자들과 모든 사람을 주관하심을 의미한다. 이처럼 예수님은 지금도 '만왕의 왕'이시며 '만주의 주'이시다. 미래의 어느 시점에 왕이 되시는 것이 아니라 항상 왕으로 계신다. 예수님은 태어날 때부터 왕으로 이 세상에 오셨다(마 2:2; 눅 2:11). 그는 왕으로 이 세상에 사셨으며(요 18:37;

---

9. 헨드릭슨, 『요한계시록』, 225; Greijdanus, *Openbaring*, 395.

10. Greijdanus, *Openbaring*, 396.

19:19; 1:49), 지금도 왕으로서 온 세상을 다스리고 계시며(행 2:36; 빌 2:11; 계 7:10; 17:14; 고전 15:25), 앞으로도 영원토록 왕노릇하실 것이다(눅 1:33; 계 5:13; 11:15).

교훈과 적용

1. 요한이 본 '백마 탄 자(원문: 그것 위에 앉은 자)'(11절)는 6장 2절의 '흰 말 탄 자(원문: 그것 위에 앉은 자)'와 원어상 토씨 하나 틀리지 않고 똑같다. 따라서 이 '백마 탄 자'의 이름이 '충신'과 '진실'이라 한 것(11절)과 '하나님의 말씀'이라 한 것(13절)으로 보아 예수님을 가리키는 것이 분명하다. 그렇다면 6장 2절의 '흰 말 탄 자'도 예수 그리스도를 가리킨다고 보아야 할 것이다. 요한계시록에서 '희다'는 색깔은 항상 '성결' 또는 '승리'를 의미하며, '가장'이나 '위장' 또는 '적그리스도'를 의미하지 않는다.
2. 그리스도와 그를 따르는 자들(성도들)은 세상의 악한 자들과 싸운다. 소위 영적 전쟁이 벌어진다. 악한 자들의 우두머리는 사탄(마귀, 용)이며, 그것의 주요한 하수인은 '짐승'과 '거짓 선지자'이다(계 13장). 이들 '악의 3축'(또는 '악의 삼위일체')은 연합하여 세상 사람들을 미혹하여 그들을 따르게 한다. 그리하여 교회를 공격하고 성도들을 핍박한다. 그러나 교회의 머리 되신 그리스도께서 예리한 검으로 세상 만국을 치시고 온 세상을 다스리시며 심판하신다(15절).
3. 이 영적 전쟁에서 백마 탄 자 예수 그리스도께서 승리하시고 모든 악한 자들을 심판하신다. 왜냐하면 그는 '만왕의 왕'(왕들의 왕)이시요 '만주의 주'(주들의 주)이시기 때문이다(16절). 그러므로 우리는 이런 최후의 승리를 확신하며 소망을 가지고 현재를 살아야 한다. 비록 지금은 악한 자들이 권세를 가지고 온 세상을 지배하는 것처럼 보이지만, 그러나 약하고 힘없어 보이는 교회가 마침내 이기고 승리할 것이다. 왜냐하면 교회의 머리가 되시는 예수님은 만왕의 왕이시고 만주의 주이시기 때문이다.

2. 심판의 큰 잔치와 짐승과 거짓 선지자의 최후(19:17-21)

17 또 내가 보니 한 천사가 태양 안에 서서 공중에 나는 모든 새를 향하여
큰 음성으로 외쳐 이르되 와서 하나님의 큰 잔치에 모여 18 왕들의 살과 장

군들의 살과 장사들의 살과 말들과 그것을 탄 자들의 살과 자유인들이나
종들이나 작은 자나 큰 자나 모든 자의 살을 먹으라 하더라
19 또 내가 보매 그 짐승과 땅의 임금들과 그들의 군대들이 모여 그 말
탄 자와 그의 군대와 더불어 전쟁을 일으키다가 20 짐승이 잡히고 그 앞
에서 표적을 행하던 거짓 선지자도 함께 잡혔으니 이는 짐승의 표를 받고
그의 우상에게 경배하던 자들을 표적으로 미혹하던 자라 이 둘이 산 채로
유황불 붙는 못에 던져지고 21 그 나머지는 말 탄 자의 입으로부터 나오는
검에 죽으매 모든 새가 그들의 살로 배불리더라

1) 심판의 큰 잔치(17-18절)

사도 요한은 또 한 천사가 해(태양)에 서서 공중에 나는 모든 새를 향하여 큰 음성으로 외치는 것을 보았다. "와서 하나님의 큰 잔치에 모여 왕들의 살과 장군들의 살과 장사들의 살과 말들과 그것을 탄 자들의 살과 자유인들이나 종들이나 작은 자나 큰 자나 모든 자의 살을 먹으라."(17하, 18절) 이것은 하나님의 큰 심판이 행해졌을 때의 상황을 말해 준다(참조. 겔 39:17-20). 예수님의 재림 시에 큰 살육이 있을 것이다. 공중의 새들이 모여든다는 것은 살육이 있는 곳에 새들이 모여든다는 사실에서 온 표현으로서 심판이 행해졌다는 것을 나타낸다(마 24:28; 겔 39:17-20). 따라서 마지막 심판 때에 문자적으로 공중의 새들이 모여든다는 의미로 보아서는 안 될 것이다. 왜냐하면 그때에는 사람들뿐만 아니라 공중의 새들을 포함해서 우주 전체가 불에 타서 풀어질 것이기 때문이다(벧후 3:10; 마 24:35; 계 6:14; 20:11).

2) 짐승과 거짓 선지자의 최후(19-21절)

19장에서 요한이 본 마지막 환상은 '짐승'과 '거짓 선지자'의 최종적 운명에 관한 것이다. 요한은 먼저 짐승과 땅의 임금들과 그 군대들이 모여서 그 말 탄 자와 그의 군대와 더불어 전쟁을 일으키는 것을 보았다(19절). 이 전쟁은

시간적으로 바로 앞의 '하나님의 큰 잔치'(17-18절)에 연이어서 일어나는 사건이 아니다. 하나님의 심판에 의한 큰 살육과 공중의 새들의 잔치 후에 또다시 전쟁이 일어난다는 의미가 아니다. 19절은 마지막 심판 이전의 시기로 되돌아가서 마귀의 세력과 그리스도의 세력 사이에 전쟁이 있음을 보여 준다. 그리고 20절은 이 전쟁의 결과로 '짐승'과 '거짓 선지자'의 운명이 어떻게 되는가를 보여 준다. 이처럼 요한계시록의 환상들은 시간적 순서를 따라 일어나는 사건들을 보여 주는 것이 아니라, 하나님이 우리에게 보여 주기 원하시는 순서를 따라 보여 주신다. 그 순서는 시간적으로 순방향이거나 역방향 또는 병렬적 방향이 될 수 있다.[11]

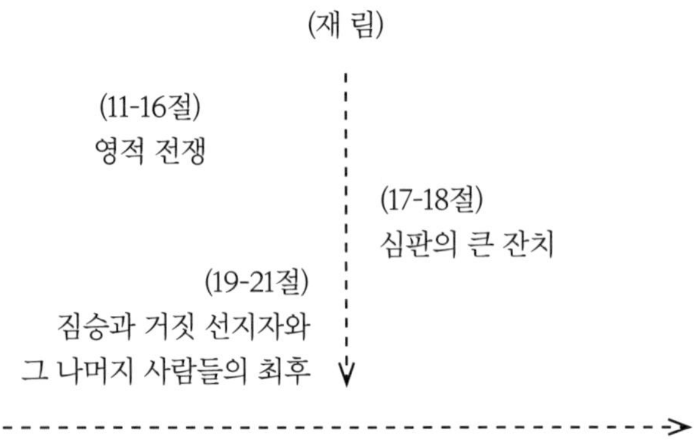

여기서 '그 짐승'은 계시록 13장에 나온 '바다에서 올라온 짐승'이다. 이 짐승은 성도들을 핍박하는 세상 정부들, 세상 권세들을 상징하는 존재로서 마귀의 하수인 역할을 하였다. 구약 시대에는 고대 바벨론, 앗수르, 신 바벨론,

11. 이필찬, 『내가 속히 오리라』, 829. 이필찬은 19-21절의 전쟁에 대해 16:12-16에 소개된 '아마겟돈 전쟁'과 동일한 전쟁을 다르게 표현한 것으로 보는데, 이는 옳은 지적이다. 이 둘은 단지 그 나타내고자 하는 초점과 목적이 다를 뿐이다. 16:12-16이 전쟁의 시작과 그 성격에 대해 초점을 두었다면, 19:19-21은 전쟁의 결과 곧 짐승과 거짓 선지자의 운명에 대해 초점을 두고 기술하고 있다.

메대-바사, 헬라 제국 등의 모습으로 나타났으며, 그중에서도 '바벨론 제국'이 대표적인 한 전형(典型)이었다. 요한 당시에는 '로마 제국'이었다. 역사상 연이어서 나타나는 세상 권세들의 화신(化身)인 이 '짐승'은 용(사탄, 마귀)의 하수인으로서 이 세상에서 활동하는 마귀의 세력을 상징한다. 따라서 우리는 이 '짐승'을 '적그리스도'라 부를 수 있는데, 구체적으로 어느 한 개인을 가리키는 것이 아니라 이 세상에서 활동하고 있는 마귀의 세력을 총칭하는 의미에서 '적그리스도'이다.[12]

이 짐승과 그의 지배를 받는 땅의 왕들과 그들의 군병들(세상 사람들)이 '그 말 탄 자'(그리스도)와 '그의 군대'(성도들)로 더불어 전쟁을 하려고 모였다. 이것은 세상과 교회 사이의 싸움을 말한다. 이 전쟁은 역사상 늘 있어 왔으나, 특히 마지막 날에 더욱 격화될 것이다. "온 세상 권력이 적그리스도의 지도 아래 최후에 모여서, 한 번의 강력한 공격으로 영단번에 그리스도의 나라와 통치와 그 경배자들과 종들을 없애려고 할 것이다."[13] 이런 세상 세력의 우두머리는 '짐승'이다. 그 배후의 진짜 우두머리는 '마귀'인데, 19장에서는 아직 나타나지 않고 있다. 교회의 머리는 '백마 탄 자'인 그리스도이다. 그 배후에는 물론 성부 하나님이 계신다. '그의 군대'는 그리스도를 따르는 자들 곧 성도들이다(참조. 14절).

이 전쟁의 결과로 '짐승'이 잡히고 그 앞에서 이적을 행하던 '거짓 선지자'도 함께 잡혔다(20상). 이 '거짓 선지자'는 땅에서 올라온 둘째 짐승으로서 첫째 짐승 앞에서 이적을 행하여 사람들을 미혹하던 자이다(계 13:11-18). 이것은 넓은 의미에서의 종교 지도자들을 총칭하는데, 거짓 종교와 거짓 사상과

---

12. 참조. 포이쓰레스, 『요한계시록 맥잡기』, 150 이하(계 10:1-10 설명 중): "바다에서 올라온 한 짐승은 핍박하는 권력, 특별히 귀신처럼 된 국가의 권력을 나타낸다. … 짐승은 다니엘 7:1-8, 17-29절에 나오는 네 짐승들의 특성을 조합한다. 다니엘의 짐승들은 우상을 섬기는 왕국들을 나타낸다. 계시록에서 짐승은 그들 모두를 요약하는 세계적인 왕국임에 틀림없다."

13. Greijdanus, *Openbaring*, 397.

거짓 학문과 이적들과 세상 향락으로써 사람들을 미혹하여 첫째 짐승 앞에 절하게 하던 자이다(20중).

"이 둘이 산 채로 유황불 붙는 못에 던져졌다."고 한다(20하). 이것은 첫째 짐승과 거짓 선지자의 최후 운명을 말한다. 이것은 마지막 종말 때에 성도들을 핍박하고 미혹하던 세상 세력들과 거짓 세력들이 다 함께 멸망할 것을 보여 준다. "이것은 그리스도의 재림 시에 교회에 대한 사단의 핍박과 세상을 미혹하던 사단의 능력은 영원히 소멸할 것임을 뜻한다."[14] 따라서 그들의 최후는 이미 결정되어 있는 만큼 이 세상을 살아가는 성도들은 환난과 핍박을 당할 때에 두려워하지 말고 오직 하나님과 그의 어린양에게 충성해야 한다는 교훈이 들어 있다.

마지막으로 "그 나머지는 말 탄 자의 입으로부터 나오는 검에 죽으매 모든 새가 그들의 살로 배불리더라."고 한다(21절). '그 나머지'(οἱ λοιποί, *호이 로이포이*)는 19절에 나오는 대로 그 짐승을 따르던 땅의 왕들과 그 군대들을 말한다. 이들은 '말 탄 자' 곧 그리스도의 입에서 나오는 검으로 다 죽었다. 그래서 모든 새가 그 고기로 배불렀다고 한다. 이 표현은 18절에 나오는 것과 내용상 동일하다. 그렇다면 19절 이하의 사건은 시간적으로 18절에 이어서 나오는 사건이 아니라, 다시 되돌아가서 세상 역사 시대에서의 사건을 말한다. 21절은 그 최후의 결과가 어떠함을 말하는데, 그것은 앞의 18절의 내용과 일치한다. 그래서 19절의 전쟁은 앞의 11-16절의 전쟁과 내용상 일치한다고 하겠다. 따라서 11-18절의 환상과 19-21절의 환상은 동일한 사건에 대해 다른 각도에서 보여 주는 병렬적 구조로 되어 있음을 알 수 있다. 하지만 11-18절은 영적 전쟁의 진행과 결과에 초점이 있는 반면, 19-21절은 짐승과 거짓 선지자와 그들을 따르는 자들의 최후 운명에 초점이 있다는 차이점이 있다.

---

14. 헨드릭슨, 『요한계시록』, 226.

교훈과 적용

1. 17절의 '하나님의 큰 잔치'는 이 세상의 멸망에 관한 것이다. 이 세상이 심판을 받아 멸망할 때에 큰 살육이 있다. 공중의 새들을 향하여 이 잔치에 와서 죽은 자들의 살을 먹으라고 말한다. 이것은 마지막 심판 때에 문자적으로 이런 일이 실제로 있다기보다 비참한 멸망이 있다는 것을 문학적으로 표현한 것이다. 배경은 에스겔 39:17-20인데, 그 의미는 최후의 전쟁 때에 비참한 파괴와 멸망이 있다는 것이다. 이처럼 이 세상은 철저하게, 완전히 멸망하고 만다. 하지만 다른 한편으로는 '어린양의 혼인 잔치'가 있다.

2. 사탄(용)의 하수인으로 활동하던 '짐승'과 '거짓 선지자'는 결국 잡혀서 유황불 붙는 못에 던져진다(19-20절). 이 세상 사람들을 미혹하여 지배하던 악한 세력은 결국 그리스도에게 패배하여 멸망하고 만다. 그리하여 이 세상 역사는 끝이 나고 참된 하나님의 통치와 하나님의 나라가 회복된다. 영원할 것처럼 보이던 이 세상의 부귀영화도 끝이 나고, 악한 자들의 거짓과 술수와 권세도 종말을 고하고 만다.

3. '짐승'과 '거짓 선지자들'을 따르던 세상 사람들도 다 죽임을 당하여 멸망하고 만다(21절). 따라서 결국 어린양의 혼인 잔치에 참여하는 성도들을 제외하고는 이 세상에 아무도 남지 않게 된다. 이 세상은 마지막 날에 뜨거운 불에 다 불타서 풀어지고 없어질 것이다(벧후 3:10-12). 따라서 예수님의 재림 후에 사람들이 살아남아서 소위 '천년 왕국'이 이어진다는 것은 불가능한 일이다. 예수님이 재림하시면 '짐승'과 '거짓 선지자'뿐 아니라 그것들을 따르던 사람들도 다 유황불 못에 던져지고 만다.

제21장

사탄의 결박과 최후 심판

(20:1-15)

계시록 20장은 요한계시록 중에서 논란이 많은 장이다. 특히 '천년왕국'과 관련하여 논란이 많다. 우리는 이러한 논쟁에 직접적으로 뛰어들기보다도 먼저 한 구절 한 구절 주해하는 데 힘쓰고자 한다. 그러면 자연히 옳은 해석이 무엇인지 드러나게 될 것이다.

본문 개요

20장에는 세 개의 '환상'이 나타난다. 첫째는 천사가 내려와서 용을 잡아 천년 동안 결박하는 장면이다(1-3절). 둘째는 요한이 하늘에 있는 보좌들을 본 것인데, 보좌에 앉은 자들과 그리고 순교자들의 영혼들과 성도들의 영혼들을 보았다(4-6절). 이들이 살아서 그리스도로 말미암아 천년 동안 왕노릇하였다. 이어서 요한이 본 장면은 천년이 찰 때에 있을 최후의 전쟁이다(7-10절). 이 전쟁에서 결국 마귀가 패하여 불과 유황 못에 던져진다(10절). 마지막 환상은 최후 심판에 관한 것이다(11-15절). 죽은 자들이 각각 자기의 행한 대로 심판을 받는다.

내용 분해

1. 사탄의 결박(20:1-3)
    1) 천사가 용을 잡음(1절, 2상)
    2) 천년 동안 결박함(2하, 3상)
    3) 용의 놓임(3하)
2. 천년 동안 왕노릇함(20:4-6)
    1) 보좌들과 그 위에 앉은 자들(4상)

2) 천년 동안 왕노릇함(4하, 5절)

3) 첫째 부활과 둘째 사망(6절)

3. 최후의 전쟁(20:7-10)

1) 사탄이 옥에서 놓임(7-8절)

2) 최후의 공격과 멸망(9-10절)

4. 마지막 심판(20:11-15)

1) 크고 흰 보좌(11절)

2) 죽은 자들의 심판(12-15절)

본문 주해

1. 사탄의 결박(20:1-3)

1 또 내가 보매 천사가 무저갱의 열쇠와 큰 쇠사슬을 그의 손에 가지고 하
늘로부터 내려와서 2 용을 잡으니 곧 옛 뱀이요 마귀요 사탄이라 잡아서
천 년 동안 결박하여 3 무저갱에 던져 넣어 잠그고 그 위에 인봉하여 천
년이 차도록 다시는 만국을 미혹하지 못하게 하였는데 그 후에는 반드시
잠깐 놓이리라

1) 천사가 용을 잡음(1절, 2상)

요한은 또 환상을 보았다(καὶ εἶδον, *카이 에이돈*). 이것은 바로 앞의 환상(19:19-21)에 시간적으로 연이어 일어나는 사건이라는 것을 뜻하는 것은 아니다. 19장 19-21절의 사건(최후의 전쟁과 짐승과 거짓 선지자의 잡힘)이 시간적으로 17-18절의 사건(심판 후의 잔치) 후에 일어나는 것을 뜻하는 것이 아니듯이, 20장 1-3절의 사건(사탄의 결박)도 꼭 19장 19-21절(짐승과 거짓

선지자의 잡힘)에 이어서 일어난다는 것을 뜻하지 않는다. 이것들은 요한이 본 '환상'의 순서이지 일어나는 '시간'의 순서는 아니다. 시간적 관계가 어떻게 되는가 하는 것은 환상의 내용을 통해 추론해야만 한다.

❖ 특주: 19장과 20장의 관계

계시록 20장 1절 이하의 사건을 19장 마지막 장면에 이어서 나오는 연속적인 것으로 보는 사람들이 많이 있다(Ladd, Mounce, 이상근 등). 18장은 바벨론의 멸망에 대해 말하고, 19장은 짐승과 거짓 선지자의 멸망에 대해 말하고, 이제 20장은 사탄 자신의 멸망에 대해 말한다고 한다.[1] 그러나 이러한 견해는 19장과 20장의 관계는 '시간적 진행'이라는 것을 전제로 하고 있다. 따라서 이것은 자기 주장을 반복한 것에 불과할 뿐 그 주장에 대한 이유가 될 수 없다.

우리는 19장 19-21절이 '짐승'과 '거짓 선지자'의 운명에 대해 말하고, 20장 1-3절과 7-10절은 다시 돌아와서 '용'의 운명에 대해 말한다고 볼 수 있다. 판 드 캄프는 "시간적 순서의 전제는 옳지 않다."고 하면서 "그 순서는 시간적이 아니라 건축학적(De Vuyst)이며 주제적(Giblin)"이라고 한다.[2] 흐레이다너스도 20장에서는 다시금 역사 속으로 되돌아온다고 말한다.[3]

---

1. Ladd, *Revelation*, 261.
2. Van de Kamp, *Openbaring*, 433.
3. Greijdanus, *Openbaring*, 297: "20장의 시작과 함께 우리는 다시금 역사 속으로 되돌아와서 심판 날 이전에 이 시대에 일어나는 일들에게로 인도된다."(필자 역)

<초 림> <재 림>

19장 ------------------------------ 20절) 짐승과 거짓 선지자들이 불못에 던져짐

21절) 그 나머지 사람들이 죽임당함

20장 1-3절) 용 결박 -----------> 10절) 마귀(용)가 불못에 던져짐

이 후자의 견해가 더욱 설득력이 있다고 생각되는데, 그 이유는 다음과 같다. 첫째, 20:2은 용을 잡아 '결박했다'고 했지 '불못에 던졌다'고 하지 않았다. 불못에 던지는 것은 10절에 나온다. 따라서 19:20(짐승과 거짓 선지자가 불못에 던져짐)과 20:10(마귀가 불못에 던져짐)이 동일 시기에 있었던 사건이고, 20:1-3의 사건은 그 이전에 있었던 것으로 볼 수 있다. 즉, 다시 역사 시대로 거슬러 올라가서 그리스도의 초림에 대해 말한다고 볼 수 있다. 둘째, 20:2에 사용된 '결박하다'(δέω, *데오*)는 단어는 예수님께서 사탄에 대해 사용하셨던 '결박하다'는 단어(마 12:29)와 동일하다. 따라서 용을 결박한 것은 그리스도의 초림 때 있었던 사건이다. 셋째, 만일 시간적으로 짐승과 거짓 선지자가 불못에 던져지고 나서 용이 결박된다면, 용은 누구를 통해 세상을 미혹하고 만국을 불러 모아 전쟁을 일으킨단 말인가? 하수인이 없이 용(마귀)이 스스로 활동한단 말인가? 용의 사주를 받아 만국을 압제하는 세력과 미혹하는 세력을 요한계시록에서는 '짐승'과 '거짓 선지자'라고 부르고 있지 않은가?(13장; 16:13; 19:29; 20:10) 따라서 '짐승'과 '거짓 선지자' 없이 '용'만 따로 활동한다는 것은 생각하기 어렵다. 넷째, 19:19-21은 단지 '짐승'과 '거짓 선지자'의 운명에 대해서만 말하는 것이 아니라 또한 '그 나머지 사람들'(οἱ λοιποί, *호이 로이포이*)의 운명에 대해서도 말한다. '짐승'과 '거짓 선지자'를 따르는 자들도 다 죽임을 당하였다(21절). 따라서 만일 전천년주의자들의 주장처럼 20장의 사건이 19장에 연이어 일어나는 사

건이라면 '용' 곧 사탄은 '짐승'도 없고 '거짓 선지자'도 없고 '따르는 자들'도 없이 '나 홀로 플레이'를 하게 된다. 그러면 20장 3절의 사탄이 미혹할 '만국'은 누구며, 8절의 '땅의 사방 백성'은 누구란 말인가? 이들은 어디서 왔단 말인가?[4] 결국 먼저 부활한 성도들 또는 변화된 성도들의 자녀들 중에서 왔다고 하는 이상한 주장을 하게 된다.[5] 다섯째, 이처럼 계시록에서 환상과 환상 사이의 관계가 시간적 순서가 아닌 경우들이 아주 많다. 바로 앞의 19장에서 17-18절은 세상에 최후 심판이 행해졌을 때의 상황을 묘사하지만, 19-21절은 다시 세상 역사로 돌아와서 교회와 세상 사이의 싸움에 대해 말하면서 '짐승'과 '거짓 선지자'의 최후 운명에 대해 말한다. 이처럼 하나님은 하나님 자신의 의도에 따라 한 장면에서 다른 장면으로 자유롭게 이동하면서 보여 주실 수 있는 것이다.

요한이 본 것은 "천사가 무저갱의 열쇠와 큰 쇠사슬을 그의 손에 가지고 하늘로부터 내려와서 용을 잡은 것"이었다(1-2절). 여기의 '천사'(ἄγγελος, *앙겔로스*)가 누군가에 대해서는 여러 견해가 있다. 9장에서 무저갱의 문을 열어서 메뚜기들을 풀어놓은 천사로 보기도 하고,[6] '특별한 하나님의 사자(使者)'로 보기도 하고,[7] '미가엘'로 보기도 한다.[8]

그러나 우리가 계시록의 '환상'의 성격을 제대로 이해한다면, 여기의 천사

---

4. 포이쓰레스도 19:11-21과 20:1-10 사이의 관계를 연대기적으로 보는 것을 반대하는 다섯 가지 논거 중 가장 중요한 것으로 이 사실을 들고 있다. "가장 중요하게 그리스도의 모든 원수들은 19:11-21절에서 멸망되었다. 만일 20:1-6절이 19:11-21절보다 후에 있는 사건들을 묘사한다면 20:3절에서 사탄이 속일 사람은 한 사람도 남아 있지 않게 될 것이다." 포이쓰레스, 『요한계시록 맥잡기』, 199.
5. 이광복, 『4대 학파로 본 계시록 종말론의 비극』, 62-63.
6. Mounce, *Revelation*, 360; Osborne, *Revelation*, 699.
7. Greijdanus, *Openbaring*, 401.
8 Van de Kamp, *Openbaring*, 436.

가 누구냐를 따지는 것은 별 의미가 없다. 계시록의 '환상'은 실제 상황을 보여 주고자 한 것이 아니라 그것을 통해 어떤 원리나 진리를 보여 주고자 한 것이다. 요한계시록에서 '천사'는 그러한 목적을 위해 일정한 역할을 맡았다. 20장 1절에서 '천사'는 그리스도의 역할을 맡았다. 그래서 여기의 '천사'는 그리스도 자신은 아니지만 그리스도를 대변하는 천사 곧 그리스도의 역할을 담당하는 천사라고 볼 수 있다(참조. 계 10:1-3).

> 예를 들어, 영화 <패션 오브 크라이스트>(Passion of Christ)에서 어떤 배우가 그리스도 역을 맡아서 연기를 했는데 그는 예수 역을 맡은 배우이지 그리스도 자신이 아니다. 뿐만 아니라 그리스도가 실제로 와서 그 역을 맡는다면 그것도 이상하다. 이와 마찬가지로 요한이 밧모 섬에서 본 환상 속의 사건들은, 실제로 예수님을 만난 몇몇 사건을 제외하고는, 실제 상황과 구별된다. 환상 속에서 그리스도의 초림을 나타내기 위해, 승천하신 그리스도께서 실제로 하늘에서 내려오신다면 이상할 것이다. 예수님의 역사상 초림은 이미 지나갔다. 따라서 여기에 보인 환상은 우리에게 어떤 진리를 가르치고자 하는 교육용이며 이를 위해 그리스도 대신에 천사가 그 역할을 한 것이다. 그렇다면 이 천사가 실제로 누구인지 따지는 것은 큰 의미가 없게 된다.

'무저갱(無底坑)'(ἄβυσσος, *아뷔소스*)은 마귀와 그를 따르는 귀신들이 거주하는 형벌의 장소이다(계 9:1; 눅 8:31).[9] '무저갱'은 사탄(마귀)의 본거지이며 '음부' 또는 '지옥'과 동일하다. '큰 쇠사슬'은 물론 상징이다. 이 세상에 실

---

9. Greijdanus, *Openbaring*, 401. 그는 '무저갱'에 대해 '임시로 거주하는 형벌의 장소'라고 한다. '음부'에 대해서도 그렇게 본다. 예수님의 재림에 의해 '음부'가 '영원한 불못'에 던져진다는 말씀(계 20:14)에 기초해서 그렇게 본다. 그러나 계 20:14의 말씀은 요한이 본 '환상' 속에서 일어난 것이므로 그 의미를 취해야 하며, 실제로 '음부'가 '불못'에 던져진다고 보는 것은 곤란하다.

제로 사탄을 잡을 수 있는 쇠사슬은 없다. 사탄은 어떤 사슬이라도 다 끊어버리고 나올 수 있을 것이다. 본문의 내용은 '환상'에 속한다는 것을 잊어버리면 안 된다. 환상 중에 '용'이 나오니까 '쇠사슬'로 잡았다고 하는 것이다. 따라서 우리는 이런 본문을 문자적으로 이해하면 안 되며 그 의미를 따라 이해해야 한다. 이런 상징들(symbols)을 통해 하나님이 무엇을 나타내고자 하셨는지를 생각해야 한다. '잡았다'(ἐκράτησεν, *에크라테센*)는 것은 '붙잡았다, 체포했다'는 의미인데, 이것은 마귀를 죽였다는 것이 아니라 그 활동에 제한을 가했다는 의미이다.

천사가 잡은 '용'은 '옛 뱀'이요 '마귀'요 '사탄'이라고 한다(2절; 12:9). '옛 뱀'은 옛날에 에덴동산에 나타났던 뱀이며(창 3:1), '마귀'(Διάβολος, *디아볼로스*)는 원어로 '중상하는 자'(one who engages in slander)란 뜻을 가지고 있다(BDAG). '사탄'(שָׂטָן)은 히브리어에서 온 단어로 원래 '대적, 원수'(adversary, an enemy)란 뜻인데,[10] 여기서는 악귀들의 우두머리인 '사탄'(Satan)를 가리킨다.

2) 천년 동안 결박함(2하, 3상)

천사가 용을 잡아 "천년 동안 결박하여 무저갱에 던져 넣어 잠궜다."고 한다(2하, 3상). 여기서 '결박하였다'(ἔδησεν, *에데센*)는 것은 그리스도께서 지상에 계실 때 마귀를 결박하신 것을 가리킨다(마 12:29; 막 3:27). 예수님은 이미 '강한 자'(마귀)를 결박하셨기(δήσῃ, *데세*) 때문에 그의 졸개들(귀신들)을 쫓아내셨다. 여기 계시록에 동일한 동사 '*데오*'(δέω)가 사용되었다. 따라서 여기서 '용을 결박했다'는 것은 예수님께서 초림 때에 마귀를 결박하신 것을 가리킨다. '결박했다'는 것은 활동을 제한하였다 또는 무력화했다는 것을 말하며, 존재를 완전히 소멸시켰다는 뜻은 아니다. 예수님은 이 세상에 계실

10. Gesenius, *Hebrew-Chaldee Lexicon*, s.v.

때 마귀의 권세를 제압하셨기 때문에 그의 졸개인 귀신들을 마음대로 쫓아내실 수 있었다(참조. 창 3:15; 요 16:33; 히 2:14; 요일 3:8).

❖ 특주: 20장 1절의 '용 결박'

래드는 "이 결박은 우리 주님이 지상 사역 기간 중에 완수하신 사탄 결박과는 다르다."고 한다.[11] 그러면서 사탄 결박은 그리스도의 재림 시에 있다고 본다. 그러나 이것은 옳지 않다. 재림 시에 사탄은 결박되는 것이 아니라 불못에 던져진다(10절).

한편 흐레이다너스는, 여기서 사탄 결박은 8-9절과 관련시켜 생각해 볼 때 기독교 국가들에서 사탄의 활동이 방해받는다는 것이 아니라 또는 각 개인들에게 사탄의 활동이 없도록 한다는 것이 아니라, "기독교와 주님의 교회를 파괴하기 위해 이방 나라들이 대규모로 활동하지 못하도록" 이방 세계에서 사탄이 활동하지 못하게 하는 것을 의미한다고 본다.[12] 이러한 주장은 4세기 초의 콘스탄티누스 황제 이후로 기독교 국가가 들어서고 '천년왕국'이 시작되었다고 보는 그의 견해와 맥을 같이 한다.[13] 판 드 캄프도 이 견해를 이어받아서 다음과 같이 말한다. "결박은 기독교회를 대적하는 모든 이방 세력을 하나로 묶는 것이 방해받는다는 것을 의미한다(Greijdanus)." 그러면서 다음과 같이 말한다. "사탄이 그리스도인들을 미혹하는 것은 그의 결박 동안에도 짐승을 통해 그냥 계속 진행된다."[14] 그러나 흐레이다너스와 판 드 캄프의 이런 해석은 20:8-9의 말씀을 너무 국가적으로 이해하고 이방 세계에 대한 활동으로만 제

11. Ladd, *Revelation*, 262.
12. Greijdanus, *Openbaring*, 403.
13. Greijdanus, *Openbaring*, 403.
14. Van de Kamp, *Openbaring*, 437.

한하였다. 사탄의 활동은 국가적으로뿐만 아니라 각 개인에게도 역사하며, 이방 세계에게뿐만 아니라 믿는 자들에게도 역사한다.

이에 반해 빌은 사탄 결박과 천년왕국은 '교회 시대 동안에 어떤 방식이든 마귀를 억제하는 그리스도의 권세'를 가리키는 것으로 이해한다.[15] 헨드릭슨도 "… 사단이 결박당하고 무저갱에 천년 동안 던지어져 머물게 했다는 사실은 현 복음 시대에 활동하는 마귀의 영향력이 약화됐다고 하는 것을 나타내는 것으로 결론을 지을 수 있겠다."고 한다.[16]

따라서 '용 결박'은 사탄의 권세를 약화시켰다는 의미이다(히 2:14; 요일 3:8). '결박'은 활동에 제한을 가했다는 의미이지, 존재를 소멸시켰다거나 완전히 없앴다는 의미는 아니다. 사탄은 아직 살아 있으며 역사하고 있다. 따라서 이것은 창세기 3:15의 말씀처럼 "뱀의 머리를 상하게 하였다"는 의미이다(참조. 계 17:8, 11). 사탄의 권세는 예수님에 의해 결정적으로 타격받았다. 예수님은 사탄의 권세를 깨뜨리셨으며(창 3:15), 그 결과 사탄의 졸개들은 예수님의 이름 앞에 두려워 떨며 도망간다.

그러면 예수님은 언제 사탄을 결박했을까? 흐레이다너스는 로마 제국에서 이방 문화가 기독교에 굴복할 때 시작되었다고 본다. 곧, 4세기 초에 콘스탄티누스가 기독교인 황제로 등장한 때라고 본다.[17] 그때 이후로 이방 종교는 물러나고 기독교가 인류를 주도하게 되었다. 그러나 기독교가 타락하고 그 영광과 능력을 잃어버릴 때 이방 백성들이 다시 일어날 것이다. 그래서 기독교 백성들을 짓밟고 완전히 멸망시키려 할 것이다.[18] 이런 견해는 너무 서구 중심적이며 역사의 한 부분만 관련시키고 있다. 비록 콘스탄티누스의 밀라노 칙령(313년)이 로마 제국의 복음

15. Beale, *Revelation*, 985.
16. 헨드릭슨, 『요한계시록』, 232.
17. Greijdanus, *Openbaring*, 403.
18. Greijdanus, *Openbaring*, 403.

화에 중요한 분수령이 된 것은 사실이지만, 그것이 '용을 결박했다'고 할 만큼의 중대한 사건인지는 의문스럽다. 그리고 본 구절이 그런 한 사건을 가리키는지는 더더욱 의문스럽다.

이에 반해 헨드릭슨은 이것을 예수님의 초림 때로 본다.[19] 곧, 예수께서 광야에서 마귀의 시험을 이기신 때라고 본다(참조. 눅 10:17-18; 요 12:31-32; 골 2:15; 계 12:5이하).[20] 빌도 마찬가지로 그리스도의 초림 때로 본다. 이 결박은 아마도 그리스도의 사역 기간 동안에 시작되었을 것이다(마 12:29; 막 3:27; 눅 10:17-19). 그것은 그리스도의 부활 이후에 즉각 극적으로 작동되었으며, 그리스도의 초림과 재림 사이의 대부분의 시기 동안 지속된다.[21]

결론적으로 사탄 결박은 그리스도의 초림 때에 있었다고 보는 것이 옳다. 예수님의 축사 활동으로 볼 때(마 12:29; 막 3:27), 사탄은 이미 그 전에 결박되었다고 할 수 있다. 좀 더 구체적으로는, 예수께서 광야에서 시험을 물리쳤을 때 사탄을 결박하셨다고 보아야 할 것이다.[22]

2절의 '천년'(χίλια ἔτη, *킬리아 에테*)이란 숫자도 문자적인 의미가 아니라 상징적인 숫자이다(참조. 계 2:10). '천년'은 완전한 기간이면서 상당히 긴 기간이다.[23] 휴즈는 이렇게 설명한다. 천년의 기간은 '비교적 길고 완전한 시

---

19. 헨드릭슨, 『요한계시록』, 232.
20. 헨드릭슨, 『요한계시록』, 231 이하.
21. Beale, *Revelation*, 985.
22. 이와 같은 견해로는 또한 휴즈, 『요한계시록 주석』, 306-307을 보라.
23. 드 파이스트에 의하면 상징적 수 '천'(duizend)은 여기서 '긴 기간'(lange duur)의 개념을 가지고 있으며, 부수적으로는 '지속성'(bestendigheid), '상당한 견고성'(zekere vastheid), '임시적 안정성'(voorlopige stabiliteit)의 개념을 가지고 있다고 한다. 참조. De Vuyst, *Openbaring*, 124.

대 또는 시간을 가리키는 상징적인 기간'이다.[24] 우리는 이것을 예수님의 초림부터 재림까지의 교회 시대로 볼 수 있다. 휴즈는 좀 더 엄밀하게 "하나님의 아드님이 그의 지상 사명을 완수하신 후 다시 영광의 보좌로 올라가신 후부터 사단이 '잠시 놓인' 기간으로 한정 지을 수 있다."고 한다.[25] 어쨌든 이 기간은 예수님의 오심으로 말미암아 사탄의 활동이 제한된 기간이다.

> 이단들은 '천년'을 문자적으로 보는 경향이 있다.[26] 전천년주의자들(pre-millennialists)은 여기의 '천년'을 예수님의 재림 후에 이루어질 '천년왕국'(Millennium) 기간으로 본다. 예를 들면, 래드(Ladd)는 그리스도의 재림 때에 '첫째 부활'(R_1)이 있으며 그때부터 '둘째 부활'(R_2) 때까지 '천년왕국'(Millennium)이 있다고 본다. 창조로부터 재림까지가 '이 세상'(This Age)이며 재림 이후가 '오는 세상'(The Age to Come)인데, '오는 세상'의 첫 시작 부분에 '천년왕국'이 위치해 있다고 보는 것이다(다음 도표 참조).[27]

G. E. Ladd의 견해

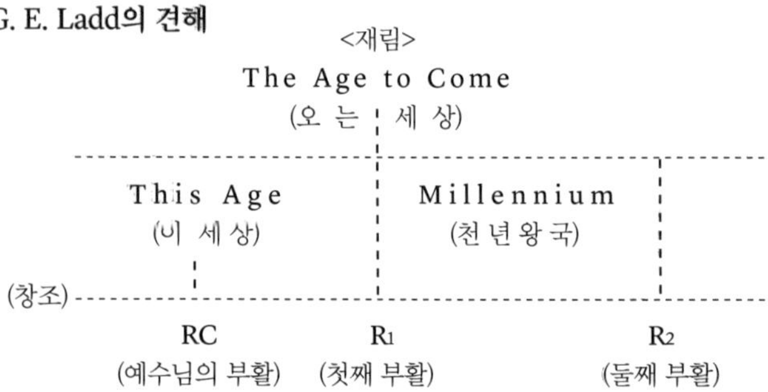

---

24. 휴즈, 『요한계시록 주석』, 304.

25. 휴즈, 『요한계시록 주석』, 308.

26. 여호와의 증인은 여기의 '천'을 문자적으로 본다. "그러나 여기에 나오는 '천'은 문자적인 것입니다. 그리스 원문으로는 계시록 20:5-7에 세 번 나오는 '천년'이라는 표현에 정관사가 붙어 있어 한정된 기간임을 나타내기 때문입니다." 참조. 워치 타워 성서 책자 협회, 『계시록』, 289. 그러나 관사가 붙어서 한정된 기간임을 나타낸다는 것과 문자적 의미라는 것은 관계가 없는 일이다.

27. G. E. Ladd, *The Gospel of the Kingdom of God* (Grand Rapids: Eerdmans, 1978), 42.

이에 반해 무천년주의자들(amillennialists)은 '천년'을 예수님의 초림부터 재림까지의 시기로 본다. 곧, 교회 시대를 천년왕국 기간으로 본다. 이것이 종교개혁자들과 개혁주의 신학자들의 견해이다.[28]

한편 흐레이다너스(Greijdanus)는 개혁주의 신학자이면서도 '천년' 기간에 대해서는 독특하게 본다. 곧, 콘스탄티누스 황제 이후로부터 시작해서 기독교가 타락하고 그 영광과 권세를 잃고 이방 민족들이 다시 깨어날 때까지라고 한다.[29] 화란개혁교회 목사인 판 드 캄프도 독특한 견해를 취한다. '천년'은 어떤 기간이 아니라 사탄이 미혹 활동을 중단해야만 하는, 그리스도의 승천 이후의 역사 속에 있는 모든 기간들에 대한 종합적인 예언적 명칭이라고 본다.[30] 곧, 연속되는 기간이 아니라 사탄의 활동이 중단되는 부분 기간들의 총합으로 본다. 그래서 이것은 '초시간적'(meta-temporeel)이라고 한다.[31]

그러나 이런 견해들은 옳지 않다. 이 '천년'은 예수님의 초림부터 재림 때까지의 기간 곧 교회 시대 전체를 가리킨다. 이 기간 동안에는 사탄의 활동이 제한되며 복음이 전파된다.[32] 사탄의 활동이 없다는 의미가 아니라, 그리스도의 오심으로 말미암아 사탄의 활동이 상대적으로 제약(制約)되고 있음을 말한다.

3절은 "무저갱에 던져 넣어 잠그고 그 위에 인봉하여 천년이 차도록 다시는 만국을 미혹하지 못하게 하였는데 그 후에는 반드시 잠깐 놓이리라."고 한다. 용을 무저갱(無底坑)에 던져 잠그고 그 위에 인봉(印封)한다는 것은 다 상

---

28. 칼뱅, 카이퍼, 바빙크, 워필드, 벌코프, 헨드릭슨 등.
29. Greijdanus, *Openbaring*, 403.
30. Van de Kamp, *Openbaring*, 438.
31. Van de Kamp, *Openbaring*, 438.
32 사탄 결박과 복음 전파의 관계에 대해서는 휴즈가 잘 설명하고 있다. "열국에 복음의 빛이 비친 것은 그리스도의 강림과 사단의 결박으로 말미암은 것이다. 그리스도의 강림과 사단의 결박은 서로 연관성이 있다. …" 휴즈, 『요한계시록 주석』, 306.

징적인 말이다. 따라서 문자적으로 이해할 것이 아니라 그 의미를 생각해야 한다.[33] 그것은 2절의 용 '결박'에서 설명한 것처럼 사탄의 활동에 제한이 가해졌다는 의미이다. 사탄의 무제한적인 활동이 일어나지 못하도록 하나님께서 제동을 거셨다는 의미이다.

그 목적은 "천년이 차기까지 다시는 만국을 미혹하지 못하도록 하기 위해서"(ἵνα μὴ πλανήσῃ ἔτι τὰ ἔθνη ἄχρι τελεσθῇ τὰ χίλια ἔτη, *히나 메 플라네세 에티 타 에뜨네 아크리 텔레스떼 타 킬리아 에테*)이다. 여기서 '미혹하지 못하도록'이란 말은 미혹이 전혀 없다는 뜻인가? 그렇다면 지금 역사하고 있는 사탄의 활동은 어떻게 이해할 것인가?(참조. 계 13:7; 벧전 5:8; 눅 22:31; 엡 2:2; 6:12 등) 따라서 이것은 미혹이 전혀 없다는 뜻이 아니라 그리스도의 오심 이전에 비해 사탄의 활동에 현저한 제한이 가해졌다는 의미로 이해해야 한다. 이에 대해 헨드릭슨은 다음과 같이 말한다. "활발한 복음 선교 사업에 의해서 교회가 열방 속으로 확장되어 가는 것을 사단이 가로막을 수 없다. 복음 시대에 있어서 열국들이 … 강력한 선교기관인 교회를 파괴토록 하는 것이 저지되었다."[34] "역사에 대한 이해력이 부족한 사람들, 즉 현대를 그리스도의 승천 이전의 세상에 만연된 모든 상황을 비추어 보지 못하는 사람들은 지금 우리가 살고 있는 이 천년 시대의 영광을 감사할 줄 모르는 것이다."[35]

---

33. 물론 사탄을 옥에 던져 넣었다는 것이 어떤 면에서는 실제 사실을 가리킬 수도 있다. 세상적인 감옥이 아니라 '지옥'에 던져 넣었다는 의미로 이해할 수 있다(유 6; 벧후 2:4). 그러나 이 구절은 요한이 본 환상 가운데 나온 말씀이며, '용', '쇠사슬', '인봉' 등의 말이 다 상징적인 것임을 볼 때 "무저갱에 던져 인봉했다"는 말도 그 상징의 의미를 따라 이해하는 것이 옳다고 생각된다.
34. 헨드릭슨, 『요한계시록』, 232.
35. 헨드릭슨, 『요한계시록』, 233.

❖ 특주: 사탄의 미혹과 천년 왕국

많은 사람들은 현재 이 시대에 사탄의 미혹이 많다는 사실을 들어 위의 견해를 반대한다. 예수님의 부활, 승천 후에도 사탄은 계속해서 강력하게 역사하고 있지 않은가? 대적 마귀가 우는 사자같이 두루 다니며 삼킬 자를 찾고 있지 않은가?(벧전 5:8) 이런 문제에 대해 우리는 어떻게 생각해야 하겠는가?

이필찬은 이 문제에 대해 나름대로 답변을 시도한다. "이러한 문제에 대해서 우리는 사단의 이중적 측면을 기억해야 할 것이다. 사단은 철저하게 패배하고 결박당하여 무력한 존재가 되어 버린 반면(계 12:7-12; 17:8, 11; 마 12:25-30; 눅 11:14-26), 또 다른 측면에서는 성도들과 싸워 이기고 각 족속과 백성과 방언과 나라를 다스리는 권세를 가지고 있다(13:7). 우리는 이 양 측면을 모두 인식할 때 사단을 올바르게 이해할 수 있으며, 본문을 보다 분명하게 이해할 수 있다."[36] 이필찬은 성경에 나타난 사탄의 활동에 대한 두 가지 흐름을 잘 지적하였으나, 현재 있는 사탄의 활동을 '사탄의 결박'과 관련하여 어떻게 이해해야 할 것인지에 대해서는 설명하지 않고 있다. 즉, 문제점만 지적했을 뿐 해결은 없다.

빌은 이 문제를 인식하고서 다음과 같이 설명한다. "1:18과 3:7-8의 관점에서 볼 때 사탄은 그가 예수의 부활 전에 가졌던 바와 같은 그러한 죽은 자들에 대한 권한을 더 이상 가지고 있지 않다고 말할 수 있다. 사탄 자신이 메시아의 권한 아래 있다. 왜냐하면 메시아가 부활을 통해 죽음과 사탄을 이기셨기 때문이다."[37] 빌의 이 설명은 기본적으로 옳다.

사탄을 결박했다는 것은 미혹이 전혀 없다는 의미가 아니다. 마귀는 지금도 활동하고 있다(벧전 5:8). 그러나 길게 보면, 예수님의 오심으

---

36. 이필찬, 『요한계시록 어떻게 읽을 것인가』, 217.

37 Beale, *Revelation*, 985.

로 말미암아 마귀의 권세는 결정적으로 꺾였다(마 12:29; 요 16:33; 히 2:14; 요일 3:8; 창 3:15; 계 12:7-12; 17:8, 11; 눅 11:14-26; 요일 5:4; 2:13; 4:4; 5:18; 유 1:24; 요 17:11-12; 고전 15:55-57 등). 뱀(사탄)의 머리가 상했다(창 3:15). 그리스도께서 사망 권세를 이기셨으므로, 마귀는 더 이상 죽음을 통해 우리를 두려움의 노예로 삼지 못한다(히 2:14-15). 따라서 기독교 복음이 들어가는 곳에는 사탄의 권세가 현저히 약해지고 물러난다. 물론 사탄은 아직도 불신자들 가운데서 강력하게 역사하고 있으며(엡 2:2), 믿는 자들도 미혹하려고 발버둥치고 있지만(마 24:24; 눅 22:31), 전체적으로 볼 때 복음으로 말미암아 사탄의 권세가 상대적으로 약화되었다고 말할 수 있다(요일 5:18).

여기서 우리가 또 하나 생각해야 할 중요한 것이 있다. 그것은 "만국을 미혹하지 못하게 하였다"고 번역된 부분의 원문(ἵνα μὴ πλανήσῃ ἔτι τὰ ἔθνη, *히나 메 플라네세 에티 타 에뜨네*)은 서술문이 아니라 목적절(purpose clause)로 되어 있다는 사실이다. 직역하면 "만국을 미혹하지 못하게 하기 위해"가 된다. 즉, 천사가 내려와서 용 곧 사탄을 사로잡아 천년 동안 결박한 것은 "만국을 미혹하지 못하게 하려는" 목적이었다. 따라서 이것은 사탄을 결박한 '목적'(purpose)을 말한 것이지 "미혹이 없다"는 '사실'(fact)을 말한 것이 아니다. 그런데도 많은 사람이 이것을 서술문으로 잘못 이해하여 "이것은 재림 이후에 있을 일이다."고 말하고 있다.[38]

그러나 성경이 말하는 바는 그리스도의 초림은 마귀가 만국을 미혹하지 못하게 하려는 '목적'을 가진 것이었다는 것을 말할 뿐 현 세상에 미혹이 없다는 '사실'을 말하는 것이 아니다. '목적'이란 것은 궁극적, 최후적 결과를 염두에 두고 미리 말하는 것이다. 이런 맥락에서 히브리서 2:14은 "사망으로 말미암아 사망의 세력을 잡은 자 곧 마귀를 없이 하

38. 예를 들면 박윤선, 『요한계시록』, 329.

시며"라고 말한다(개역한글판). 여기서도 헬라어 원문(ἵνα διὰ τοῦ θανάτου καταργήσῃ τὸ κράτος ἔχοντα τοῦ θανάτου, τοῦτ' ἔστιν τὸν διάβολον, *히나* …)은 마찬가지로 목적(目的)을 나타내는 절이다. 즉, 그리스도께서 성육신하신 '목적'은 '마귀를 파괴하기(무력화하기)[39] 위해서'라는 것이다. 마귀를 지금 당장 없앴다(무력화했다)는 것이 아니라 그런 목적을 위해 오셨다는 뜻이다. 따라서 지금 신약 시대에 마귀가 활동하고 있는 것은 사실이지만, 그리스도의 초림은 그런 활동을 무력화하기 위해 오신 것이다. 요한일서 3:8의 "… 하나님의 아들이 나타나신 것은 마귀의 일을 멸하려 하심이니라."(… ἵνα λύσῃ τὰ ἔργα τοῦ διαβόλου, … *히나* …)는 말씀도 마찬가지다. 이것도 목적을 나타내는 절이며, '멸하다'(λύω, *뤼오*)는 것은 원어상 '풀다, 파괴하다'는 뜻이다. 이처럼 헬라어 원어의 문장을 살펴보면 전천년설 주장의 강력한 지지 근거 하나가 사라지고 만다. 이것은 전천년설 주장자들에게 치명적인 타격이 된다. 그런데 무천년설을 주장하는 개혁수의 신학자들도 조직신학적으로는 많이 말했지만, 전천년설의 잘못을 문법적으로 분명하게 논박하는 데에는 별로 성공하지 못한 것 같다.

여기서 또 하나 생각할 것은 계시록의 많은 말씀들은 '환상(幻像)' 가운데 나오는 말씀이란 사실이다. 따라서 그 말씀들은 '실재'(實在, reality) 자체를 정확하게 묘사하기보다도 어떤 원리나 진리를 보여 주기 위한 것이다. 이런 목적을 위해 때로는 "전부 아니면 하나도 없다"(all or nothing)는 식의 극적

---

39. 여기 사용된 καταργέω(*카타르게오*)의 뜻에 대해 바우어(Bauer)는 먼저 '활동하지 못하게, 적용되지 못하게 하다, 능력을 빼앗다'(außer Wirksamkeit, Geltung setzen, entkräften)로 설명한다. 참조. W. Bauer, *Griechisch-Deutsches Wörterbuch zu den Schriften des Neuen Testaments und der übrigen urchristlichen Literatur*, 5. Aufl. (Berlin: W. de Gruyter, 1971), s.v. καταργέω.

표현(dramatic expression)이 자주 나타난다. 예를 들면 11장에서 교회가 핍박을 당하여 어려움에 처한다는 사실을 표현하기 위해, 두 증인이 죽임을 당하여 장사 지낸 바 되었다고 묘사하고 있는 것 등이다(계 11:7-9). 이것은 교회(두 증인)가 정말로 하나도 남김없이 파괴되었다는 의미가 아니라, 마귀의 세력의 공격으로 말미암아 교회가 큰 위기에 빠지고 인간의 눈에는 마치 일시적으로 패배한 것처럼 보인다는 것을 나타낸다. 이처럼 '환상'에서는 특정한 진리를 나타내기 위해 과감한 생략과 흑백식의 대비를 사용할 수 있다. 여기서 "만국을 미혹하지 못하게 하려 함"이란 것도 이런 맥락에서 이해할 수 있다. 뿐만 아니라 이 문장이 원문으로는 목적절(목적, 의도, 희망을 나타내는 절)로 되어 있으니 더욱 그렇게 표현할 수 있지 않겠는가?

이러한 표현법은 유대 랍비들의 교훈 방식이기도 하며 또한 예수님의 교훈 방식이기도 하다(참조. 마 5:29-30, 34-36; 6:19-20 등). 계시록의 '환상'은 그 자체로서 실재(實在) 사실을 보여 주기 위한 것이 아니라 그것을 통해 어떤 원리나 진리를 보여 주기 위한 것이기 때문에 이러한 마샬(Mashal)적 표현은 자연스럽다고 할 수 있다. 이러한 맥락에서 사탄의 활동이 결정적으로 제한되고 예수님의 권세에 굴복된 것을 가리켜 "미혹하지 못하게 하려 함"이라고 말하는 것은 전혀 이상한 것이 아니다.

❖ 특주: 랍비들의 교훈 방식과 '만국을 미혹하지 못하게 함'

랍비들의 교훈 방식은 마샬(Mashal)적이라고 알려져 있다.[40] 히브리어 '*마샬*'(מָשָׁל)은 1) 비유(similitude, parable); 2) 격언(sentence,

---

40. 참조. H. N. Ridderbos, *De strekking der Bergrede naar Mattheüs* (Kampen: J. H. Kok, 1936), 34-42.

opinion, sententious saying); 3) 잠언(a proverb); 4) 노래, 시(a song, poem) 등의 뜻을 가지고 있다(Gesenius). 마샬적 교훈의 특징은 다음과 같다.[41]

1) 병행법(parallelism)[42]
2) 일반적 진리가 구체적인 예들로 제시됨[43]
3) 예리하게, 의미심장하게 표현함[44]
4) 은유 사용[45]
5) 강하고 거친 표현들, 과장[46]
6) 진리의 특정한 면 강조[47]

---

41. 아래의 예들은 Ridderbos, *Bergrede*, 36-42에서 취하였다.
42. 잠언에 많이 사용되었다. 또한 *Pirqê Aboth* 4:3 "어떤 사람도 멸시하지 말고 어떤 것도 불가능하다고 여기지 말라. 그의 때를 가지지 않은 사람은 없고 그의 장소를 가지지 않은 것은 없기 때문이다."
43. 잠언에 많이 나타난다. 독자를 지루하게 만드는 추상적인 말들이 아니라 구체적이고 살아 있는 예들을 통해 독자들의 관심을 끈다. 예) *Pirqê Aboth* 3:17 및 많은 곳.
44. 예를 들면, "이스라엘의 모든 지혜로운 자들을 저울 한 쪽에 놓고 엘리에젤 벤 힐카누스를 다른 쪽에 둔다면, 그는 그들 모두보다 더 무거울 것이다."(*Pirqê Aboth* 2:8) 또 "선생 앞에 앉아서 배우는 자들 중에는 네 종류가 있다: 스폰지, 깔때기, 포도주 체, 키. 스폰지는 모든 것을 빨아들인다. 깔때기는 한 쪽 귀로 듣고 다른 쪽 귀로 흘려보낸다. 포도주 체는 포도주는 내보내고 찌꺼기는 가진다. 키는 작은 흩날리는 가루는 내보내고 꽃은 자기가 가진다."(*Pirqê Aboth* 5:15)
45. 예를 들면, "여우의 머리가 되기보다 사자의 꼬리가 되어라."(*Pirqê Aboth* 4:15b)
46. 짧고 돌발적이다. 예를 들면, "매우 겸손하여라. 왜냐하면 사람을 기다리고 있는 것은 구더기이기 때문이다."(*Pirqê Aboth* 4:4a) 또 다른 예로는 "이 세상에서 회개와 선행의 한 시간이 오는 세상의 전 생애보다 더 낫다."(*Pirqê Aboth* 4:17) "네가 죽기 하루 전에 회개하라."(*Pirqê Aboth* 2:10) "네가 죽는 날까지 네 자신을 믿지 말라."(*Pirqê Aboth* 2:4b) 등이 있다.
47. 가견적으로 충돌되는 두 주장을 동시에 하기도 한다. 예를 들면, 잠 26:4 "미련한 자의 어리석은 것을 따라 대답하지 말라. 두렵건대 네가 그와 같을까 하노라." 잠 26:5 "미련한 자의 어리석은 것을 따라 그에게 대답하라. 두렵건대 그가 스스로 지혜롭게 여길까 하노라." (그러나 필자가 볼 때 위 두 구절은 다르게 이해할 수 있다. 5절의 말씀은 만일 그렇게 한다면 그렇게 될까 두렵다는 의미로 이해할 수 있다). 다른 예로는 "그(높은 지위에 있는 사람)에게서 멀어지지 않도록 그에게 가까이 하지 말라. 네가 잊혀지지 않도록 너무 멀리 하지 말라."(예수 시락 13:10) "이 세상에서의 한 시간

예수님의 교훈도 마샬적이다.[48] "만일 네 오른 눈이 너로 실족하게 하거든 빼어 내버리라. 네 백체 중 하나가 없어지고 온몸이 지옥에 던져지지 않는 것이 유익하며 또한 만일 네 오른손이 너로 실족하게 하거든 찍어 내버리라. 네 백체 중 하나가 없어지고 온몸이 지옥에 던져지지 않는 것이 유익하니라."(마 5:29-30) 또한 마태복음 5:21-22; 5:39-41; 6:19-20; 7:3-5 등을 보라.

하물며 '환상(幻像)'에서 어떤 진리를 드러내기 위해 나머지 부분들을 과감하게 생략하거나 단순화하는 것은 지극히 당연하지 않겠는가? 예를 들어, 어린아이들을 가르치기 위해 전에 많이 사용하던 '융판(絨板)'이란 것이 있는데, 이 융판을 가지고 오병이어 이적을 설명할 때 열두 제자와 오천 명의 무리를 일일이 다 붙일 필요는 없는 것이다. 간단히 몇 개만 붙이면 된다. 왜냐하면 그것으로써 오병이어의 이적을 설명하는 데 충분하고 성경의 진리를 전달하는 데 지장이 없기 때문이다. 오천 명의 무리를 나타내기 위해 융판 오천 개를 일일이 다 붙인다면 시간이 엄청 많이 걸릴 뿐만 아니라 오히려 진리를 전달하는 데 방해가 될 수도 있다.

따라서 계시록 20:3의 "미혹하지 못하게 하려 함이라"는 표현은 사실적(事實的)으로 전혀 미혹이 없다는 뜻이 아니라 예수께서 사탄을 결박한 목적(目的)으로 이해하여야 한다. 목적 세세에서는 전에 비해 많이 약화된 것을 단순화하여 '미혹하지 못하게'라고 표현할 수 있는 것이다. 환상(幻像) 속에 나타날 때에는 더욱 그렇게 표현할 수 있다. 계시록에는 그런 예들이 많다. 예를 들어 계시록 11:7-8에서는 교회가 어려움에 빠진다는 것을 나타내기 위해 두 증인이 죽임당한 것으로 표현한다.

의 회개와 선행이 오는 세상의 전 생애보다 낫다; 오는 세상에서의 한 시간의 시원함이 이 세상의 전 생애보다 낫다."(*Pirqê Aboth* 4:17)가 있다.

48. Ridderbos, *Bergrede*, 35.

계시록 13:3의 “그의 머리 하나가 상하여 죽게 된 것 같다” 또는 “그 죽게 된 상처가 나았다”는 표현들과 계시록 17:8, 11의 “지금은 없다”는 표현 등은 문자적으로 ‘죽었다’거나 또는 절대적으로 ‘하나도 없다’는 의미가 아니라 ‘상대적으로 약화되었다’, ‘결정타를 맞았다’는 의미로 이해해야 한다. 이것은 예수 그리스도께서 사탄에게 치명타를 가하신 구속사적 사실을 말하는 것이다.

3) 용의 놓임(3하)

천년이 찬 후에 용은 “반드시 잠깐 놓이리라.”고 한다(3하). ‘반드시 … 하리라’(δεῖ, *데이*)는 것은 하나님의 작정(作定)을 말한다. 그것은 하나님의 작정 안에 들어 있다. 사탄은 하나님이 허락하지 않으시면 아무것도 할 수 없다.[49] ‘잠깐 놓인다’는 것은 마지막 종말 때에 사탄의 본격적인 활동이 있을 것임을 말한다(7-8절). 말세지말에 사탄은 본색을 드러낸다. 예수님의 재림 직전에 사탄의 강력한 활동과 미혹이 있을 것인데, 이것도 하나님의 허락하에 일어나는 것이다.

교훈과 적용

1. 예수님은 ‘용’을 잡아서 결박하셨다(1-2절). ‘용’ 또는 ‘옛 뱀’은 마귀, 사탄을 일컫는 상징인데 ‘온 천하를 꾀는 자’라고 하기도 한다(계 12:9). 여기서 요한이 본 ‘천사’는 그리스도를 나타내는 천사이다. 즉, 그리스도의 역할을 하는 천사이다. 마치 <예수 영화>에서 예수 역을 감당한 배우와 같다. 그 배우는 예수 자신은 아니지만 영화 속에서 예수의 역을 수행하고 있다. 이와 마찬가지로 요한이 본 환상 속에서 이 천사는 예수 그리스도의 역을 담당하여 어떤 특정한 진리를 보여 주고 있는 것이다.

---

49. Greijdanus, *Openbaring*, 403.

2. 예수님이 이 세상에 오셔서 하신 중요한 일 하나는 마귀를 결박한 것이다. 예수님은 이 땅에서 '강한 자' 마귀를 결박하셨기 때문에 그의 졸개들인 귀신들(악령들)을 마음대로 쫓아내실 수 있었다(마 12:29). 이 '결박'은 계시록 20:2의 '결박'과 원어상 같다(*데오*). 예수님은 초림 때 마귀를 박멸하거나 죽이신 것이 아니라 '결박'하셨다. 이 말은 마귀의 권세에 치명타를 가하셨다는 의미이다. 곧, 여자의 후손으로 오신 예수님이 뱀의 머리를 상하게 하신 것이다(창 3:15). 그러나 마귀는 아직 없어지지 않았으며 더욱 날뛰고 있다(벧전 5:8).

3. 예수님이 마귀를 결박하여 무저갱에 던져 넣어 잠근 목적은 (마귀가) 만국을 미혹하지 못하게 하기 위해서이다(3절). 이 말은 당장 전혀 미혹이 없다는 뜻이 아니라 마귀를 결박한 목적, 궁극적 목적이 그렇다는 것이다. 예수님이 성육신하신 것은 마귀를 멸하려 하심이라고 했는데(히 2:14; 요일 3:8), 이 말은 예수님이 초림하셔서 당장 마귀를 멸하셨다는 것이 아니라 그런 목적으로 오셨다는 것이다. 실제로 마귀가 완전히 무력화되는 것은 재림 때이다(계 20:10). 따라서 아직도 마귀가 활동하고 있지만 그 결정적 권세는 예수님의 십자가와 부활에 의해 꺾여졌다(창 3:15; 고전 15:20-28; 요 16:33).

2. 천년 동안 왕노릇함(20:4-6)

4 또 내가 보좌들을 보니 거기에 앉은 자들이 있어 심판하는 권세를 받았
더라 또 내가 보니 예수를 증언함과 하나님의 말씀 때문에 목 베임을 당한
자들의 영혼들과 또 짐승과 그의 우상에게 경배하지 아니하고 그들의 이
마와 손에 그의 표를 받지 아니한 자들이 살아서 그리스도와 더불어 천
년 동안 왕 노릇 하니 5 (그 나머지 죽은 자들은 그 천 년이 차기까지 살
지 못하더라) 이는 첫째 부활이라 6 이 첫째 부활에 참여하는 자들은 복
이 있고 거룩하도다 둘째 사망이 그들을 다스리는 권세가 없고 도리어 그
들이 하나님과 그리스도의 제사장이 되어 천 년 동안 그리스도와 더불어
왕 노릇 하리라

1) 보좌들과 그 위에 앉은 자들(4상)

그 후에 요한이 또 보았다(4상). 요한이 본 것은 '보좌들'(θρόνους, *뜨로누스*)[50]과 '그 위에 앉은'(ἐκάθισαν ἐπ' αὐτούς, *에카띠산 에프 아우투스*) 자들이었다. 이것은 땅 위의 일들이 아니라 하늘나라, 낙원에 있는 일들이다. 물론 환상 속에서 그렇게 보인 것이다. 따라서 4-6절의 내용은 하늘나라 곧 천당, 낙원에서 일어나는 일들에 관한 것이다.[51] 그리고 원문에 의하면 여기에 누가 앉았는지 주어가 나타나 있지 않다. 그냥 "(그들이) 그것들 위에 앉았다."고 되어 있다. 문맥상 이들은 '예수를 증언함과 하나님의 말씀 때문에 목 베임을 당한 자들의 영혼들'(4중)이다.[52] 여기에 또한 "짐승과 그의 우상에게 경배하지도 아니하고 그들의 이마와 손에 그의 표를 받지도 아니한 자들"(4하)을 주어로 포함시킬 수도 있을 것이다.[53]

또 "그들에게 심판하는 권세가 주어졌다."(κρίμα ἐδόθη αὐτοῖς, *크리마 에도떼 아우토이스*)고 한다. 여기에 사용된 '*크리마*'(κρίμα)는 재판관의 행위 곧 심판(judgment)을 뜻한다(BDAG). '심판' 또는 '판단' 행위는 성경에서 종종 통치 행위와 같은 의미로 이해된다(참조. 왕상 3:9; 마 19:28).[54] 이것은 최후 심판을 말하는 것이 아니다. 그것은 11절 이하에 나온다. 여기서 '판단(심판)이 주어졌다'는 것은 다스린다, 왕노릇한다, 영광스러운 지위를 누

---

50. 여기에 단수 '보좌'가 아니라 복수 '보좌들'임에 주목할 필요가 있다.
51. 물론 이 장면은 환상 속의 일이므로 하늘에서 일어나는 장면들을 통해 땅 위의 일들을 나타낸다고 볼 수도 있을 것이다(참조. 계 19:14). 그러나 4-6절의 전체 내용이 지상에서 순교한 자들과 믿음을 지킨 자들이 안식과 생명을 누리는 내용이므로 낙원에서 일어나는 일들로 보는 것이 옳다고 생각된다.
52. 참조. Osborne, *Revelation*, 703-705. 오스본은 이들은 물론 순교자들이지만 넓은 문맥에서 볼 때 모든 성도들도 포함되어 있다고 본다(705쪽).
53. 빌은 '높아진 신자들과 천사들'(exalted believers along with angels)로 본다. Beale, *Revelation*, 996. 그러나 여기에 '천사들과 함께'(along with angels)란 말은 필요 없다. 이들은 '순교자들'과 그리고 '우상에게 굴복하지 아니한 성도들'이다.
54. 헬라어 κρίμα(*크리마*)에 해당하는 히브리어 '*미쉬파트*'(*mishpāt*)는 '통치하다'(to rule)와 '심판하다'(to judge)의 이중적 의미를 가진다. 참조. Mounce, *Revelation*, 364 n.1.

린다는 의미이다.[55]

2) 천년 동안 왕노릇함(4하, 5절)

요한이 본 것은 '예수를 증언함과 하나님의 말씀 때문에 목 베임을 당한 자들의 영혼들'이다(4절). 여기서 주목해야 할 단어는 '영혼들'(ψυχαί, *프쉬카이*)이다. '영혼'(ψυχή, *프쉬케*)은 사람이 죽고 나서도 계속 존속하는 실체이다(마 10:28).[56] 따라서 요한이 본 이 '영혼들'은 낙원에 있는 순교자들의 영혼들이다(참조. 계 6:9). 순교자들은 비록 이 세상에서 말씀을 인하여 목 베임을 당하였지만, 그들의 '영혼'은 낙원(천당)에서 계속 살아 있다.

요한이 또 본 것은 '짐승과 그의 우상에게 경배하지 아니하고 그들의 이마와 손에 그의 표를 받지 아니한 자들'이다. 이들은, 바로 앞에서 '목 베임을 당한 자들의 영혼들'에 대해 말했기 때문에, 정확하게는 '… 그의 표를 받지 아니한 자들의 영혼들'로 이해할 수 있다.[57] 즉, 지상의 그리스도인들이 아니라 낙원에 있는 성도들의 '영혼들'로 이해해야 한다. 이들은 우상을 숭배하지 아니하고 끝까지 믿음을 지킨 자들이다. 그들은 육신은 죽었지만 영혼은 살아서 낙원에서 안식하고 있다.

---

55. 마운스는 브랫처와 해튼(Bratcher and Hatton)의 견해를 인용하면서, 성경에서 '심판'(judgment)은 종종 '통치'(rule)를 뜻하며, 4절 끝이 분명히 보여 주듯이 그들은 '천년 동안 그리스도와 함께 통치하는 권세'를 받았다고 한다. Mounce, *Revelation*, 364 각주 1. 한편, 빌은 "그들[성도들]을 위해 [마귀에 대해] 심판이 행해졌다"(judgment was passed [against the devil] on their [the saints'] behalf)고 설명한다. Beale, *Revelation*, 997. 하지만 앞의 마운스의 견해(곧 Bratcher and Hatton의 견해)가 더 좋아 보인다. 껄러르스도 다음과 같이 말한다. "… 신자들은 땅에서 이미 재판자들과 왕들로서 역할하고 있다." Keulers, *Boek der Openbaring*, 380.

56. 사람이 죽고 나서도 존속하는 실체에 대해 '영'(πνεῦμα, *프뉴마*)이라고 말하기도 하지만(마 27:50; 눅 23:46; 요 19:30), 계시록에서는 '영혼'(ψυχή, *프쉬케*)으로 말하고 있다(계 6:9; 20:4).

57. 한편 껄러르스는 여기에 '영혼들'이란 단어가 사용되지 않은 것을 의미 있게 보면서 이들은 '이미 죽었든 아니면 아직 지상에 살아 있든 간에 모든 신실한 그리스도인들'이라고 본다. Keulers, *Boek der Openbaring*, 381.

❖ 특주: 신천지의 20장 4절 해석

신천지에서는 순교자의 '영혼들'이 그들 신천지인들의 '육체'에 임한다고 주장한다. 이것이 소위 그들의 '육체 영생 교리'이다. 그 핵심 주장은 다음과 같다.[58]

1) 목 베임을 당한 순교자의 영과, 짐승과 그의 우상에게 경배하지 아니한 신천지인들의 육체가 하나가 되어 합하는 것이며, 그것이 첫째 부활이다. 설명하자면, 순교자들의 '영'과 신천지인들의 '육체'가 하나가 되어 육체적 죽음을 보지 않고 영생한다는 주장이다.
2) 예수님의 영이 이만희에게 임하고, 순교한 열두 제자와 이 땅에 이룬 영적 새 이스라엘의 열두 지파장이 하나가 되어(부활) 각인의 행위에 따라 책에 기록된 대로 심판한다.[59]

그러나 이런 주장은 성경에 없는 해괴한 주장으로 계시록 20:4을 잘못 읽은 것이다. 이 구절이 말하는 것은 순교자들과 참 믿음의 성도들이 낙원에서 영생을 누린다는 것이지 '영'과 '육체'가 하나가 된다는 의미가 아니다. 만일 신천지의 주장대로 신천지인들에게 순교자들의 영이 임한다면, 신천지인 자신들의 영혼은 사라지고 다른 사람이 되고 만다. 다른 사람의 영혼이 들어오면 다른 사람이 되는 것이다.

다른 한편, '순교자들의 영혼들'과 '짐승에게 경배하지 아니한 자들(의 영혼들)'은 동일 그룹인가? 다른 그룹인가? NKJV, NRSV, NIV, 표준새번역은 동일 그룹인 것처럼 번역했다. 그러나 KJV, RSV, NASB,

58. 이 아래 내용은 변종길, "이단들은 요한계시록을 어떻게 해석하는가?", 『개혁신학과 교회』 26(2012), 81 이하에서 발췌하였다.
59. 이와 같은 내용은 신천지에서 펴낸 『요한계시록의 실상』, 435, 436에도 간단하게 나온다.

ESV, SV은 다른 그룹으로 번역했다. 마운스는 동일 그룹 곧 순교자들을 가리키는 것으로 본다.[60] 빌은 두 가지 가능성이 다 있다고 하면서 어느 하나를 선택하지 않는다. 하지만 모든 신실한 성도들을 가리키는 데 초점을 둔다.[61]

필자가 볼 때 이들은 다른 그룹이라고 생각된다. 그 이유는 다음과 같다. 1) 앞의 순교자 그룹을 말할 때에는 요한이 대격(對格, accusative)을 사용하고, 그 다음에 경배하지 아니하고 표를 받지 아니한 자들을 말할 때에는 καί(*카이*, 그리고) 다음에 관계대명사 οἵτινες(*호이티네스*)와 함께 관계절을 사용한다. 그래서 우선 문법적으로 확연히 구분된다. 2) *호이티네스*를 사용함으로써 앞의 순교자들의 영혼들로 제한되지 아니하고 일반적으로 확대하여 누구든지(whoever)로 말하고 있다는 차이가 있다. 3) 내용상으로도 계시록에서 '경배하지도 아니하고 표를 받지도 아니한 자'란 표현은 신실한 성도들 곧 끝까지 믿음을 지킨 신자들 전체를 가리키는 표현이며(참조. 계 13:8; 14:9, 11) 순교자들만을 가리키는 표현이 아니다. '순교자들'과 '일반 신자들'은 그 범위가 다르고 지칭하는 표현이 다르다.

이들 곧 순교자들의 영혼들과 우상에게 경배하지 아니한 자들(의 영혼들)이 "살아서 그리스도로 더불어 천년 동안 왕노릇하였다."고 한다(4하). 여기서 '살았다'(ἔζησαν, *에제산*)는 말은 육체의 부활을 가리키는 것이 아니다. 왜냐하면 이들은 낙원에 있는 '영혼들'이기 때문이다. 또는 아우구스티누스(Augustinus)의 견해처럼,[62] 중생(重生)을 가리키는 것도 아니다. 왜냐하면

---

60. Mounce, *Revelation*, 365 이하.

61. Beale, *Revelation*, 999.

62. Augustine, *De Civ. Dei* 20:7 이하. (참조. Mounce, *Revelation*, 369 각주 23).

이들은 '낙원'에 있기 때문이다. 따라서 여기서 '살았다'는 것은 성도들이 낙원에서 영원한 생명, 참된 안식을 누리는 것을 의미한다.

여기의 ἔζησαν(*에제산*)을 '살아났다'(came to life)로 이해하는 사람들이 많다. 이것은 *에제산*을 '기동적(起動的) 아오리스트'(inchoative/inceptive aorist) 곧 '진입적(進入的) 아오리스트'(ingressive aorist)로 보는 것이다. 그러나 이것은 '글로벌 아오리스트'(global aorist)로 보아야 한다(살았다, lived).[63] 같은 4절의 ἐβασίλευσεν(*에바실류센*)은 글로벌 아오리스트임이 분명하다. 곧, "천년 동안 왕위에 올랐다"가 아니라 "천년 동안 왕노릇하였다(다스렸다)"이다. 왕위에 등극하는 것(기동적/진입적 아오리스트의 경우)은 한 시점의 사건이기 때문이다. 이와 마찬가지로 이들은 비록 육체는 죽었지만 그 영혼은 '살았다'(참조. 마 10:28). 즉, 천년 동안 '영적 생명'(ζωή, *조에*)을 누리고 있었다(글로벌 아오리스트). 따라서 이 죽은 순교자들과 성도들의 '영혼들'은 살아난 것이 아니라 살아있었다. 즉, 생명이 있었다. 영혼이 '살아난 것'은 이 지상에 있을 때 '중생'에서 이미 일어난 사건이었다(요 3:16; 5:25; 6:54 등). 그 결과로 그 영혼들은 낙원에서 '생명'을 누리고 있다.

이 점에 있어서 요스 껄러르스의 주석은 주목할 만하다. 그는 '살았다'에 대해 '초자연적 생명의 상태에 있었다'(verkeerden in een toestand van bovennatuurlijk leven)라고 설명한다. 이것은 두 그룹에 대해 말해진다고 하면서 "순교자들과 이미 죽은 고백자들은 영광의 영생을 누리고 있다."(De maartelaars en de belijders, die reeds gestorven zijn, genieten het eeuwige leven der glorie)고 한다. 그리고 아직 지상에 있는 고백자들은 '은혜의 영생'(het eeuwige leven der genade)을 소유하

63. '글로벌 아오리스트'는 과거에 일어난 동작을 지속적인 것이나 습관적인 것으로 보지 않고 단지 그 동작의 사실을 기록하기를 원할 때, 즉 그 동사에 의해 표현된 동작이 '전체적으로'(globally) 여겨질 때 사용된다. Zerwick, *Biblical Greek*, §253.

고 있다고 말한다.[64] 끝까지 신앙을 지키다가 천국(낙원)에 간 신자들과 아직 땅에 남아서 신앙을 지키는 자들을 다 포함해서 생각하는 것이 특징이지만, 이들이 '살았다'는 말에 대해 '영생을 누리고/소유하고 있다'는 것으로 이해한 것은 올바른 이해로 판단된다.

예수님은 "나는 부활이요 생명이니 나를 믿는 자는 죽어도 살겠고"라고 말씀하셨다(요 11:25). 곧, 예수님을 믿는 자는 육체가 죽는다고 해서 그 영혼도 같이 죽는 것이 아니라, 영혼은 낙원(천당)에 가서 그리스도와 함께 영원한 생명을 누린다. 그리고 마지막 날에 그 육체가 부활하여 영원히 산다. 이런 맥락에서 하이델베르크 요리문답은 이렇게 말한다. "우리의 죽음은 … 영생에 들어가는 관문이다."(제42문) 따라서 여기서 '살았다'(ἔζησαν, *에제산*)는 것은 이 세상에서 순교한 자들과 끝까지 믿음을 지킨 자들이 낙원에서 영원한 생명을 누리는 것을 의미한다. 흐레이다너스는 다음과 같이 설명한다. "그들의 죽음은 사실은 생명에 들어가는 것이었다. 여기에 이 영혼들이 육체를 다시 얻는 것에 대해서는 전혀 말하고 있지 않다. 여기서는 육체의 부활에 대해 말하고 있지 않다. 여기서 말해지는 것은 '영혼들'에게 일어나는 것이다. 그들은 죽을 때에 생명에, 참된 영원한 생명에 들어간다."[65]

❖ 특주: 래드의 *에제산*(살았다) 해석

전천년주의자인 래드는 이것은 '육체의 부활'(bodily resurrection)을 가리킨다고 보면서, 그 이유를 다음과 같이 든다.[66]

---

64. Keulers, *Boek der Openbaring*, 381.
65. Greijdanus, *Openbaring*, 406.
66. Ladd, *Revelation*, 265-67.

1) 신약에서 '살았다'(*에제산*)는 것은 육체의 부활을 의미한다(요 11:25; 롬 14:9; 계 1:18; 2:8; 13:14).
2) 5절에 동일한 단어(*에제산*)가 문자적 의미(육체의 부활)로 사용되었다. 한 문단 안에서 같은 한 단어가 서로 다른 의미로 사용되었다고 할 수는 없다.[67] 따라서 4절의 *에제산*도 육체의 부활을 의미할 수밖에 없다. "천년왕국기의 시작에 죽은 자들의 일부가 살아난다. 그 마지막에 나머지 죽은 자들이 살아난다."[68] "자연스런, 논리적인 주석을 따르자면 두 곳에 사용된 *에제산*은 같은 방법으로 곧 문자적 부활을 가리키는 것으로 이해해야 한다."[69]

그러나 이러한 주장은 사실이 아니다. 본문의 사건은 낙원의 상황이다. '영혼들'이 살았다고 말하며 '육체'가 살아났다고 말하지 않는다. 본문의 사건은 육체의 부활이 아니라 죽은 성도들이 천국(천당, 낙원)에서 예수님과 함께 영원한 생명을 누리는 것을 밀한디. 그 논거는 다음과 같다.

1) 4절에 보면 '영혼들'(ψυχαί, *프쉬카이*)이 살았다고 말한다. 따라서 이것은 낙원의 상황이다. 이들은 하늘(낙원)에 있다.
2) 계시록 6:9에 보면, 말씀을 인하여 목 베임을 받은 자들의 '영혼들'(*프쉬카이*)이 낙원에서 하나님께 호소하고 있다. 따라서 이것이 낙원의 상황임을 증거해 준다.

---

67. Ladd, *Revelation*, 266: "… it is not possible to speak of a spiritual and of a literal reality in the same context." 그의 다른 책 *Crucial Questions about the Kingdom of God* (Grand Rapids: Eerdmans, 1998), 144에도 같은 내용이 나온다(한글역: 조지 래드, 『하나님 나라』, 원광연 역, [서울: 크리스챤 다이제스트, 1997], 240-46).
68. Ladd, *Revelation*, 266.
69. Ladd, *Revelation*, 266 이하.

3) 계시록 14:13에 보면 "지금 이후로 주 안에서 죽는 자들은 복이 있도다."고 한다. 왜냐하면 그들은 이제 낙원에서 안식하고 있기 때문이다. 이것은 그들(영혼들)이 낙원에서 살아 있다는 것, 영생을 누리고 있다는 것을 의미한다. 죽은 성도들은 낙원에서 그리스도와 복된 교제를 누리고 있다.

4) 요한복음 11:25에서 예수님은 "나는 부활이요 생명이니 나를 믿는 자는 죽어도 살겠고"라고 하셨다. 육체가 죽었다고 해서 그 영혼이 같이 죽은 것은 아니다. 그 영혼은 낙원(천당)에서 계속 살아서 예수 그리스도와 더불어 천국의 복락을 누린다. 마지막 날에는 그 육체가 부활하여 영원히 살 것이다. 마태복음 10:28에서 예수님은 "몸은 죽여도 능히 영혼을 죽이지 못하는 자들을 두려워하지 말라."고 하셨다. 그래서 하이델베르크 요리문답은 "우리의 죽음은 … 영생에 들어가는 관문이다."고 말한다(제42문의 답).

5) 요한복음 5:25은 "죽은 자들이 하나님의 아들의 음성을 들을 때가 오나니 곧 이때라. 듣는 자는 살아나리라(ζήσουσιν, *제수신*)." 고 말한다. 여기서 '산다'는 것은 지금 영적으로 살아난다는 의미이다. 이것을 육체적 부활로 이해하는 사람들도 있지만,[70] 여기에 '이때'(νῦν, *뉜*)라고 말씀하셨고 또 앞 절에서 현재적 '영생'(ζωὴν αἰώνιον, *조엔 아이오니온*)에 대해 말씀하셨기 때문에 여기서도 영적 생명에 대해 말한다고 보는 것이 옳다.[71] 따라서 '산다'(ζάω, *자오*)는 동사가 항상 육체의 부활을 의미하는 것은 아님을 알 수 있다. 영적 의미도 충분히 가능하다.[72]

---

70. 예를 들면, Van Houwelingen, *Johannes*, 137.

71. 참조. W. Hendriksen, *The Gospel of John* (Edinburgh: Banner of Truth, 1959), 199. 물론 현재 영적 생명을 가진 자는 마지막 날에 육체의 부활을 가질 것이다.

72. 참조. Beale, *Revelation*, 1004. 여기서 빌은 ζάω(*자오*)의 여러 의미를 정리해 주고 있다. 계시록에서 문자적 의미로 사용된 곳도 있고(계 1:18; 2:8), 영적 의미로 사용된 곳도 있다(계 3:1; 아마도 7:17

6) 신약 성경에서 '*아나스타시스*'(ἀνάστασις)가 항상 육체의 부활을 의미하는 것은 아니다. '*아나스타시스*'는 원래 '일어섬'(standing up)이란 의미로 비유적 의미로 사용될 때도 있다. 누가복음 2:34에서는 '흥함'을 의미한다. 즉, 비유적 의미로 사용되었다. 따라서 *아나스타시스*가 여기서 육체의 부활을 의미한다는 주장[73]은 사실이 아님을 알 수 있다.[74]

결론적으로 흐레이다너스는 다음과 같이 설명한다. "그들은 목 베임을 당했거나 다른 방식으로 죽었다. 그럼에도 불구하고 그들은 살았다. 하이델베르크 요리문답이 신자들의 죽음은 '영생에 들어가는 관문'이라고 말하는 것처럼(제42문의 답), 그들의 죽음은 사실 생명에 들어가는 것이었다."[75]

이와 같은 맥락에서 "그리스도와 더불어 천년 동안 왕노릇하였다"(ἐβασίλευσαν μετὰ τοῦ Χριστοῦ χίλια ἔτη, *에바실류산 메타 투 크리스투 킬리아 에테*)는 것은 낙원에 있는 성도들이 그리스도 안에서, 그리스도와 함께, 그리스도로 말미암아 왕노릇한 것을 가리킨다.[76] '왕노릇한다'(βασιλεύω, *바실류오*)는 표현은 '다스린다, 주관한다, 통치한다'는 것을

과 13:14에서는 비유적으로 사용). 계시록 외에서는 마 9:18; 롬 14:9; 고후 13:4 참조.

73. 참조. J. S. Deere, "Premillennialism in Revelation 20:4-6," *Bibliotheca Sacra* 135(1978), 71(Beale, *Revelation*, 1004에서 재인용).

74. 참조. Beale, *Revelation*, 1004 이하.

75. Greijdanus, *Openbaring*, 406.

76. 여기서 *에바실류산*은 global aorist가 확실하다. ingressive(inchoative) aorist가 될 수 없다. "천년 동안 왕노릇하기 시작했다" 또는 "천년 동안 왕위에 올랐다"가 될 수 없다. *에바실류산*은 천년 동안 왕노릇한 것(다스린 것)을 전체적으로(globally) 나타낸다. 즉, 지속이냐 완료냐를 따지지 않고 단순히 과거에 있었던 사실을 나타낸다.

의미한다(롬 6:14-15; 5:17, 21; 고전 15:25; 계 11:17; 19:6; 5:10 등). '천년 동안'은 그리스도의 초림부터 재림까지의 교회 시대를 의미한다. 이 기간 동안에 그리스도(하나님)께서 만왕의 왕, 만주의 주로서 왕노릇하시는데(계 17:14; 11:17; 19:6; 고전 15:25), 주 안에서 죽은 성도들도 낙원에서 그리스도 안에서, 그리스도와 함께 왕노릇한다. 곧, 그리스도의 통치에 동참하며 영광과 존귀를 함께 누린다는 뜻이다.

> "천년 동안 왕노릇했다"는 것은 낙원에 있는 성도들이 그리스도 안에서, 그리스도와 함께, 은혜 안에서 왕노릇한 것을 가리킨다. '천년'은 예수님의 초림부터 재림까지의 기간을 가리킨다.[77] 물론 성도들은 그 후에도 그리스도와 함께 영원토록 왕노릇하지만, 그 이전에 그리스도의 초림부터 재림까지의 교회 시대에도 그리스도와 함께 왕노릇하고 있다. 이것은 땅 위에 있는 성도들에게도 마찬가지다. 이처럼 성도들이 현재 왕노릇하고 있음을 말하는 성경 구절들은 아주 많다.
>
> 롬 5:17 "한 사람의 범죄로 말미암아 사망이 그 한 사람을 통하여 왕노릇하였은즉 더욱 은혜와 의의 선물을 넘치게 받는 자들은 한 분 예수 그리스도를 통하여 **생명 안에서 왕노릇하리로다**."
>
> 롬 5:21 "이는 죄가 사망 안에서 왕노릇한 것 같이 은혜도 또한 **의로 말미암아 왕노릇하여** 우리 주 예수 그리스도로 말미암아 영생에 이르게 하려 함이라."
>
> 롬 6:14 "죄가 너희를 **주장하지** 못하리니 이는 너희가 법 아래 있지 아니하고 **은혜 아래에** 있음이니라."

---

77. 껄러르스는 이 천년왕국은 '그리스도의 영적 통치'(de geestelijke heerschappij van Christus)를 가리킨다고 하면서 그의 승천에서 시작하고 마지막 심판에서 끝난다고 한다. Keulers, *Boek der Openbaring*, 381.

고전 15:25 "그가 모든 원수를 그 발 아래에 둘 때까지 반드시 **왕노릇하시리니**"

엡 2:6 "또 함께 일으키사 그리스도 예수 안에서 **함께 하늘에 앉히시니**"

벧전 2:9 "그러나 너희는 택하신 족속이요 **왕 같은 제사장들**이요 거룩한 나라요 그의 소유가 된 백성이니…"

계 11:17 "감사하옵나니 옛적에도 계셨고 지금도 계신 주 하나님 곧 전능하신 이여, 친히 큰 권능을 잡으시고 **왕노릇하시도다**(⇨ **왕노릇하셨도다**)."

계 19:6 "… 할렐루야 주 우리 하나님 곧 전능하신 이가 **통치하시도다**(⇨**통치하셨도다**)."

계 5:10 "그들로 우리 하나님 앞에서 나라와 제사장들을 삼으셨으니 그들이 땅에서 **왕노릇하리로다**(대다수 사본: **왕노릇하는도다**)."

계 7:10 "… 구원하심이 **보좌에 앉으신** 우리 하나님과 어린양에게 있도다." (보좌에 앉으셨다는 것은 왕노릇함을 의미함)

낙원에 있는 성도들(의 영혼들)은 그리스도 안에서 그리스도와 함께 왕노릇한다. 이것은 그들이 낙원에서 영광스러운 지위를 누리고 있음을 의미한다. 4절은 이 기간 동안에 이 땅에서 믿음을 지키다가 죽은 성도들의 영혼이 낙원에서 어떤 상태에 있는가 하는 것을 보여 준다.

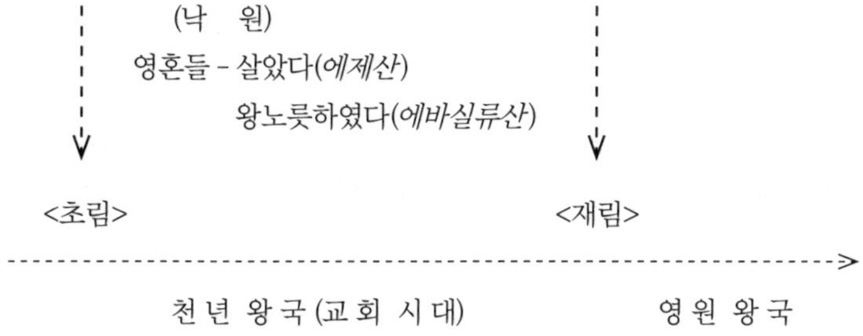

5절은 "그 나머지 죽은 자들은 그 천년이 차기까지 살지 못하였다."(οἱ λοιποὶ τῶν νεκρῶν οὐκ ἔζησαν ἄχρι τελεσθῇ τὰ χίλια ἔτη, *호이 로이포이 톤 네크론 우크 에제산 아크리 텔레스떼 타 킬리아 에테*)고 한다. '그 나머지 죽은 자들'은 그리스도를 믿지 않고 죽은 자들 곧 황제숭배에 참여한 자들, 우상숭배에 동참한 자들을 말한다. 이들은 '살지 못하였다'(οὐκ ἔζησαν, *우크 에제산*).[78] 이들은 그 육체가 죽었을 때 그 영혼들은 영원한 생명을 얻지 못하였다. 그들은 음부(지옥)에 갇혀서 고통당한다. 그래서 그들은 낙원에서의 생명을 누리지 못한다(즉, 살지 못하였다). 그들은 예수님 재림 때까지 생명을 누리지 못하며, 재림 후에는 영원한 형벌을 받을 것이다. 여기서는 '그 천년' 동안 즉 교회 시대 동안에 생명을 누리지 못함을 말한다. 그들의 육체가 죽었을 때 그들의 영혼도 음부(지옥)에서 고통당하며 영생을 누리지 못함을 말한다.[79]

여기서 그 천년이 차기까지 '살지 못하였다'(οὐκ ἔζησαν, *우크 에제산*)는 것은 꼭 천년이 차고 난 후에 '살았다'(*에제산*)는 것을 뜻하지는 않는다. 이 둘은 엄연히 다른 카테고리인데도 만일 동일시한다면 중대한 오류가 된다. 예를 들어, 어떤 학생이 2010년까지 대학을 졸업하지 못했다고 말한다면, 이것은 꼭 2011년에 졸업했다는 뜻은 아니다. 그 이후에도 계속 졸업 못했을 수 있다. 또 어떤 사람은 나이 마흔이 되기까지 결혼하지 못했다고 말한다면, 이

78. 여기의 *우크 에제산*도 global aorist로 보아야 한다. 그래서 정확하게 번역하면 '살아나지 못했다'가 아니라 '살지 못했다'가 맞다. 이들은 그 '천년' 동안에 생명이 없었다. 즉, 영생을 누리지 못하고 지옥에서 고통당하였다.

79. 껄러르스는 이 부분에 대해 아주 좋은 설명을 제공해 주고 있다. 그는 먼저, 자유주의자들은 옛날의 천년주의자들과 마찬가지로 요한이 두 개의 **육체적** 부활을 말하고 있다고 생각한다고 한다. 즉, 순교자들과 고백자들은 천년왕국의 시작에 부활해서 천년 동안 그리스도와 함께 땅에서 다스릴 것이며, 나머지 모든 죽은 자들은 천년왕국의 끝에 부활할 것이라고 생각한다. 그러고 나서 껄러르스는 자신의 생각을 피력한다. "그러나 우리가 확신하기로는, **나머지 죽은 자들**은 이생에서 떠나간 모든 죄인들을 가리킨다. 그들은 천년 동안, 육체적으로든 영적으로든, **어떤 방식으로든 살지** 못할 것이다. 왜냐하면 그들은 영원한 멸망을 받게 되기 때문이다." Keulers, *Boek der Openbaring*, 381.

것은 꼭 마흔 이후에 결혼했다는 말은 아니다. 계속 결혼하지 않고 독신으로 지낼 수도 있다. 이와 마찬가지로, 불신자들은 그들의 육체가 죽은 후에 그 영혼이 영생을 누리지 못하고 음부(지옥)에서 고통당하며 지낸다(살지 못하였다). 그러다가 예수님이 재림하시면 그들은 부활한 육체를 입고 심판을 받아 영원한 불못(지옥)에 던져진다. 따라서 그들에게는 영원토록 생명이 없다.[80]

❖ 특주: 래드(Ladd)의 논리적 오류

전천년주의자인 래드는 '천년'이 찬 후에 나머지 죽은 자들이 살아난다고 말한다. "천년의 시작에 어떤 죽은 자들이 살아난다; 종말 때에 나머지 죽은 자들이 살아난다. … 두 단어는 같은 의미 곧 문자적 부활을 가리키는 것으로 이해해야 한다."[81] 케어드도 요한은 하나의 부활이 아니라 두 개의 부활을 요구한다고 하면서 "**첫째 부활**은 순교자들에게 생명을 회복시켜 천년 동안 다스리게 하며, 둘째 [부활]은 모든 죽은 자들

---

80. 한상동은 무천년설에 대해 설명하면서 5절의 '살지 못하였다'에 대해 나음과 길이 말한다. "20:5절에서 그 나머지 죽은 자들이 천년이 차기까지 살지 못한다고 하는 것은 믿지 못하고 죽은 자들의 영이 살지 못하고(하나님과 끊어짐을 의미함) 음부에서 형벌 받음을 의미한다." 한 장 넘어가서 그는 이렇게 결론짓는다. "아브라함 카이퍼, 헨리 바빙크, 벤자민 워필드 등 3대 칼빈주의적 신학자와 겔할더스 보스, 크레이다너스, 루이스 벌코프, 촬스 홧지 등 근대와 현대의 유명한 신학자 등이 다 이 무천년설을 지지한다."(한자는 필자가 다 한글로 바꾸었음. 여기서 헨리는 헤르만의 오식[誤識]임). 참조. 한상동의 육필원고 『韓尙東牧師說敎集(한상동 목사 설교집)』 제5권 앞부분(이 원고는 현재 고려신학대학원 도서관에 소장되어 있는데 페이지가 매겨져 있지 않다). 한상동이 천년왕국에 대해 어느 설(說)을 지지했는지는 분명하지 않으나 천년기 3설에 대해 정확하게 이해하고 있었던 것으로 보인다.

81. Ladd, "Historic Premillennialism," 37: "At the beginning of the thousand years some of the dead come to life; at the conclusion, the rest of the dead come to life. There is no evident play on words here. The passage makes perfectly good sense when interpreted literally." "Natural inductive exegesis suggests that both words are to be taken in the same way, referring to literal resurrection."

을 큰 흰 보좌 앞으로 데려간다."고 말한다.[82]

그러나 천년이 차기까지 '살지 못하였다'(οὐκ ἔζησαν, *우크 에제산*)는 것은 반드시 천년이 차고 난 후에 '살았다'(ἔζησαν, *에제산*)는 의미는 아니다. 천년이 차기까지 살지 못하다가 천년이 차면 영원히 죽을 수도 있다. 새 하늘과 새 땅에서 우리가 '하나님의 아들'이 된다는 것(계 21:7; 참조. 롬 8:23)은 우리가 **지금** '하나님의 아들'이 아니라는 의미는 아니다. 우리는 **지금** '하나님의 자녀'이지만(요 1:12; 요일 3:1), 새 하늘과 새 땅에서는 영원토록 '하나님의 자녀'가 될 것이다. 또 예수님이 재림하시면 우리가 그리스도와 함께 **영원토록** 왕노릇할 것이라는 말은 우리가 그 전에는 왕노릇하지 않는다는 의미는 아니다. **지금** 우리는 그리스도 안에서, 그리스도와 함께, 은혜 안에서 왕노릇하고 있다. 그러나 예수님이 재림하시면 우리는 완전하고 충만한 의미에서 그와 함께 왕노릇할 것이다.

이와 마찬가지로 나머지 죽은 자들(불신자들)이 "천년이 차기까지 살지 못하였다"는 것은 꼭 천년 후에 '살았다'는 의미가 아니다. 사실 불신자들은 그 후에도 살지 못한다. 그들은 이 세상에서 우상을 숭배하며 살다가 육신이 죽은 후에는 그 영혼이 낙원에서의 '생명'을 누리지 못하고 음부(지옥)에서 고통당하고 지낸다. 즉, 생명 없이 지낸다(살지 못한다). 그러다가 예수님이 재림하시면 부활한 육체를 입고 심판을 받아 영원한 불못에 던져진다. 따라서 그들에게는 영원토록 '생명'이 없다. 따라서 예수님을 믿지 않는 자들은 이 '천년'의 기간(교회 시대) 동안에 생명을 누리지 못한다. 그 영혼들은 음부(지옥)에서 고통하고 있으면서 또다시 영원 형벌을 기다리고 있다.

그런데도 불구하고 래드는 "천년이 차기까지 살지 못하였다"는 것을 "천년 후에 살아났다"는 의미로 받아들였으니, 이것은 커다란 논리

82. Caird, *Revelation of St. John the Divine*, 254.

적 오류이다. "천년이 차기까지 살지 못하였다"는 것과 "천년 후에 살아났다"는 것은 서로 다른 의미인데도 동일한 의미로 본 것은 논리적 오류이다. <원명제> "A이면 B이다"가 참이라면, 그 <반명제>인 "A가 아니면 B가 아니다"는 참이 아니다. 이것을 수학적인 기호로 나타내면 다음과 같다. If A ⇨ B is T(true), then $\overline{A}$ ⇨ $\overline{B}$ is F(false).[83] 여기서 A를 '불신자들이 천년 동안 지내는 것'이라고 보고 B를 '살지 못하였다'로 보면, $\overline{A}$는 '천년이 지나다'로, $\overline{B}$는 '살았다'가 된다. 그런데 A ⇨ B는 참이지만, $\overline{A}$ ⇨ $\overline{B}$는 참이 아니다.

그런데도 래드를 비롯한 전천년주의자들은, 자기들은 오직 성경을 따른다고 주장한다. 계시록의 이 구절이 너무나 분명하게 말하기 때문에 움직일 수 없는 진리라고 주장하면서 성경 전체를 전천년설 구도로 해석한다. 그러면서 무천년설을 주장하는 사람들을 가리켜 '반(反)천년왕국론적 성격의 신학적 전제'에서 비롯된 것이라고 비판한다. 그러면서 자기 자신은 소위 '주해상의 이유'로 전천년적 해석이 옳다고 강하게 주장한다.[84] 그러나 사실은 그들이 성경을 제대로 읽지 않고 성경을 잘못 이해했음을 알 수 있다. 5절에서 "천년이 차기까지 살지 못하였다"를 "천년이 찬 후에 (나머지 죽은 자들이) 살아났다."로 잘못 읽어 놓고서는, 천년 후에 살아난 것이 '육체적 부활'을 말하는 것이 분명하므로 천년의 시초에 죽은 자들의 살아남도 '육체적 부활'을 말하는 것이 분명하다고 주장한다. 따라서 예수님 재림 시에 성도들의 부활이 먼저 있고, 그와 더불어 천년왕국이 시작되며, 천년왕국의 끝에 나머지 죽은 자들(불신자들)의 부활이 있다고 주장한다.

---

83. 이것을 논리학 기호로 표시하면 다음과 같다.

원명제(原命題) A ⇨ B : T　　역 명 제(逆命題) B ⇨ A : F

반명제(反命題) $\overline{A}$ ⇨ $\overline{B}$: F　　대우명제(對偶命題) $\overline{B}$ ⇨ $\overline{A}$: T

따라서 원명제가 참이라면, 참인 것은 대우명제밖에 없다. 반명제와 역명제는 거짓이다.

84. 래드, 『하나님 나라』, 245 이하. (Ladd, *Crucial Questions*, 149 이하.)

그러나 이 모든 주장은 결국 그들이 성경을 정확하게 읽지 않은 것에 기초해 있다. 그들은 "천년이 차기까지 살지 못하였다"는 것을 "천년이 찬 후에 살았다"는 것과 동일시하는 논리적 오류를 범하고 있다. 이런 논리적 오류에 기초해서 모든 성경을 해석하고 있는데, 그런 해석을 따르는 사람들이 온 세계에 엄청나게 많다는 사실이 놀라울 따름이다.

5절 끝에 보면 "이는 첫째 부활이라."고 말한다. 여기서 '부활'(ἀνάστασις, *아나스타시스*)은 육체적 부활이 아니라 영적 의미로 낙원에서 생명을 누림을 의미한다. 누가복음 2:34에 보면 시므온이 마리아에게 이렇게 말한다. "이 아이는 이스라엘 중 많은 사람을 패하거나 흥하게 하며 비방을 받는 표적이 되기 위하여 세움을 입었고". 여기서 '흥함'은 원어로 '*아나스타시스*'이다. 따라서 육체적 부활이 아니라 비유적 의미로 사용된 것을 알 수 있다.[85] 그리고 '첫째 부활'이라고 할 때의 '첫째'(ἡ πρώτη, *헤 프로테*)라는 말이 우리가 보통 이해하고 있는 육체의 부활과는 다르다는 것을 암시한다.[86] 따라서 '첫째 부활'은 성도들의 영혼들이 낙원(천당)에서 그리스도와 함께 사는 것을 의미한다(계 14:13). 곧, 낙원에서 영생을 누리는 것을 의미한다. "이것은 죽은 자기 이 땅에서 목숨을 잃을 때에 주님과 함께 영광스러운, 복된 생명에 참여하는 것을 말한다."[87] 드 파이스트는 다음과 같이 말한다. "여기서 '부활'에 대해 말할 수 있는 것은 신자의 영혼들이 죽을 때에 새로운 삶의 방식으로 일어나기 때문이다. 즉, 그리스도와 함께 하늘에서 그 중간기 기간 동안에 (사는 것

85. 참조. S. Greijdanus, *Het heilig evangelie naar de beschrijving van Lucas*, I (Amsterdam: H. A. van Bottenburg, 1940), 132

86. Beale, *Revelation*, 1004.

87. Greijdanus, *Openbaring*, 407.

을 의미한다.)"[88] 컬러르스도 이와 같이 말한다. "그것은 영적 부활이다. 곧, 천년 동안에 이미 모든 신자들에게 주어지는 바 은혜의 생명 또는 영광의 생명으로 일어남이다."[89]

❖ 특주: 20장 5절의 '첫째 부활'

래드는 '첫째 부활'이 문자적인 육체적 부활을 의미한다고 강하게 주장한다. "그러나 반면에 나머지 죽은 자들이 천년이 지난 후에 문자적인 부활을 경험한다면, 모든 해석의 법칙들로 볼 때에, 죽은 자들의 일부가 천년의 시초에 경험하는 첫 번째 부활도 문자적인 육체적 부활이어야 마땅한 것이다."[90] 그는 또 다음과 같이 말한다. "천년의 시초에 어떤 사람들이 **에제산**하여 그리스도와 함께 통치하게 되며, 천년의 끝에 가서 그 나머지 죽은 자들이 **에제산**하게 된다. 대부분의 주석가들은 두 번째의 **에제산**은 '그 나머지 죽은 자들'의 문자적인 부활을 가리키며 따라서 이를 영어 개정표준역(R.S.V.)처럼 '그들이 다시 살아났다'(they came to life again)로 번역할 수 있다는 데 동의한다. 문제는 첫 번째 **에제산**을 그것 말고 다른 의미로 볼 수 있느냐 하는 것이다. 두 번째 것이 문자적인 부활을 가리킨다면, 과연 그 첫 번째 것을 영적인 부활로 볼 수 있는가?"[91] 그래서 래드는 둘 다 문자적인 부활로 보아야 한다고 주장한다(다음 도표 참조).

---

88. De Vuyst, *Openbaring*, 125.
89. Keulers, *Boek der Openbaring*, 381.
90. 래드, "하나님 나라에 관한 중대한 질문들", in 『하나님 나라』 (서울: 크리스챤 다이제스트, 1997), 245. 영어 원본은 *Crucial Questions*, 148 이하에 있다.
91. 래드, 『하나님 나라』, 240 이하. (Ladd, *Crucial Questions*, 143 이하)

G. E. 래드의 견해

(재림)

시초 끝

↑ 천년왕국(지상) ↑

에제산 ------------------------------------ ***에제산***

(R_1) (R_2)

|

첫번째 ***에제산***도 문자적 <--------- 문자적, 육체의 부활
으로 보아야 한다.

그러나 래드의 이러한 주장은 옳지 않다. 그 이유는 다음과 같다.

1) 계시록 20장에 그 나머지 죽은 자들이 '**살았다(*에제산*)**'라는 말은 없다. 그 나머지 죽은 자들은 천년이 차기까지 '**살지 못하였다**'(οὐκ ἔζησαν, *우크 에제산*)고 말할 뿐이다(5절). 즉, 그 나머지 죽은 자들은 천년이 차고 나서 육체적으로 살아났다(문자적 부활)고 말하는 것이 아니라, 그 천년 동안 '살지 못했다'고 말하는 것이다. 즉, 낙원에서 하나님과 더불어 '생명'을 누리지 못하였다는 것을 말할 따름이다(즉, 음부에서 고통 가운데 지냈다). 그렇다면 첫 번째 '*에제산*'이나 두 번째 '*에제산*'이나 다 '낙원에서의 삶(생명)'을 말하는 것이며, 따라서 둘 다 문자적 부활이 아니라 영적 의미로 사용되었다. 곧, 낙원에서의 생명을 뜻한다(다음 그림 참조).

계시록 20장 4-5절이 말하는 바

초림 재림

<천 년 동안> (교 회 시 대)

4절: (낙원) 성도들(영혼들) - ***에제산*** (살았다)
영적 생명 有

↓ ↓

5절: (음부) 불신자들(영혼들) - ***우크 에제산*** (살지 못하였다)
영적 생명 無

따라서 여기서 ***에제산***은 육체의 부활을 가리키는 것이 아니라 영적 생명 곧 영생을 가리킨다. 불신자들은 낙원에서의 생명과 같은 영생을 누리지 못한다는 의미이다. 따라서 4절의 ***에제산***도 육체의 부활이 아니라 낙원에서의 생명을 누리는 것을 뜻한다.

천년이 차기까지 '살지 못하였다'(*우크 에제산*)는 것은 반드시 천년이 차고 나서 '살았다'(*에제산*)는 것을 뜻하지는 않는다(앞의 몇 가지 예 참조). 물론 성경의 다른 곳의 말씀들에 비추어 볼 때, 불신자들도 마지막 때에는 '다시 살아나는 것'이 맞지만(요 5:29; 행 24:15; 계 20:13 등) 악인의 부활은 심판받기 위한 부활이므로 별 의미가 없다. 불신자들이 "천년이 차기까지 살지 못하였다"고 하는 것은 그 기간 동안 '생명이 없는 상태' 곧 '영생을 누리지 못하는 상태'를 가리키는 것이다. 이처럼 '살지 못하였다'는 것과 '살았다'는 것은 단지 부정어(*우크*) 한 단어가 있고 없고의 차이뿐인 것 같지만, 실제로는 가리키는 바 내용이 전혀 다름을 알 수 있다.

살지 못하였다(*우크 에제산*) ---- 낙원에서 생명을 누리지 못하고 있음을 의미

살았다(*에제산*)는 단어 --------- 본문(5절)에 없음

그렇다면 래드를 비롯한 전천년주의자들은 본문을 정확하게 읽지 않은 것에 기초하여, 있지도 않은 문제를 제기하여 전천년설을 주장한 것이 되고 만다. 즉, 그들은 없는 문제를 만들어서 문제를 제기한 것이다. 그들은 계시록 20장의 한두 단어를 잘못 이해한 것에 기초하여 전천년설 교리를 주장하고 모든 성경 해석의 기초로 삼고 있다. 그러나 복음서와 서신서들은 분명히 예수님의 재림으로 말미암아 즉시 심판이 행해질 것을 말한다(마 25:31-46; 19:28; 벧후 3:10-13; 살전 4:16-18 등).

그런데 전천년주의자들을 비판하는 사람들도 성경 본문을 정확하게 읽지 않고서 비판하고 있다. 예를 들면 개혁주의적 입장에서 전천년설을 강력하게 비판하고 있는 W. J. 그리어는 그의 『재림과 천년왕국』이란 책에서, 4절은 영적 부활을 말하고 5절은 육체적 부활을 말한다고 한다.[92] 즉, 5절의 천년이 차기까지 '살지 못하였다'를 천년 후에 '살았다'로 잘못 읽고 있는 것이다. 그러면서도 전천년주의자들의 주장을 반박하기 위해 안간힘을 다 쓴다. 이러한 사실은 전천년주의자들이든 이를 반대하는 사람들이든 간에 성경 본문을 정확하게 읽지 않은 것에 기초해서 자기주장을 하고 있음을 알 수 있다.

2) 6절에서는 '둘째 사망'에 대해 말하고 있다. 만일 래드의 논리를 그대로 따른다면, '첫째 사망'은 문자적 의미이므로 '둘째 사망'도 문자적 의미로 이해해야 한다고 주장해야 할 것이다. 그러나 '둘째 사망'은 '첫째 사망'과는 다른 의미(영원한 죽음; 불못에 던져지는 것)로 이해해야 한다. 이처럼 같은 문단 안에서 문자적 의미에서 다른 의미로 옮겨가

92. W. J. 그리어, 『재림과 천년왕국』, 명종남 역 (서울: 새순출판사, 1987), 163.

는 일이 일어나고 있다.[93]

그렇다면 '첫째 부활'과 '둘째 부활'에 대해 말할 때, 그 의미가 영적 의미에서 문자적 의미로 옮겨간다고 해서 잘못이라고 할 수 있겠는가? 오히려 자연스러운 의미 전환이라고 해야 하지 않겠는가?[94]

[첫째 사망]: 문자적 의미 (육체의 죽음)	⇨	둘째 사망: 다른 의미 (영원한 불못)
첫째 부활: 영적 의미 (낙원에서의 삶)	⇨	[둘째 부활]: 문자적 의미 (육체의 부활)?

그러나 정확하게 말하면 본문(계 20:1-6)에는 '둘째 부활'이란 말도 없고 '첫째 사망'이란 말도 없다. 그런 것들은 다 유추된 개념에 불과하다. 그리고 더욱 중요한 것으로, 앞에서 이미 말한 것처럼, 5절은 '둘째 부활'에 대해 말한 것이 아니고 그 천년 기간 동안 '살지 못했다'는 것이다. 이것은 문자적 의미의 '둘째 부활'에 대해 말한 것이 아니고 첫 번째 것과 마찬가지로 '낙원에서의 복된 삶'이 없다는 의미이다(그들은 음부에서 그 영혼이 고통당한다). 즉, 둘 다 영적 의미이다. 따라서 우리는 전천년주의자들이 제기한 불필요한 문제에 휩싸일 이유가 없다.

93. 한 구절 안에서도 의미의 전이(轉移)가 있는 경우가 더러 있다. 예를 들면, 롬 9:6의 "이스라엘에게서 난 그들이 다 이스라엘이 아니요"에서 첫 번째 '이스라엘'과 두 번째 '이스라엘'의 의미는 다르다. '육적 이스라엘'(야곱)에서 '영적 이스라엘'(하나님의 자녀)로 그 의미가 자연스럽게 옮겨지고 있다. 롬 9:7에서도 "또한 아브라함의 씨가 다 그의 자녀가 아니라 오직 이삭으로부터 난 자라야 네 씨라 불리리라 하셨으니"에서 '씨'의 의미도 육적 의미에서 영적 의미로 변경되고 있다. 또한 롬 9:25의 "내가 내 백성 아닌 자를 내 백성이라, 사랑하지 아니한 자를 사랑한 자라 부르리라."는 말씀에서 첫 번째 '백성'은 육적 의미인데 반해, 두 번째 '백성'은 영적 의미이다. 따라서 한 구절 또는 같은 문맥 안에서 같은 단어는 무조건 같은 의미를 가져야 한다는 주장은 옳지 않음을 알 수 있다.

94. Beale, *Revelation*, 1005.

3) 첫째 부활과 둘째 사망(6절)

6절에서는 "이 첫째 부활에 참여하는 자들은 복이 있고 거룩하다."고 한다. 이것은 "지금 이후로 주 안에서 죽는 자들은 복이 있도다."(계 14:13)는 말씀과 상통한다. 곧, 끝까지 믿음을 지키고 낙원(천당)에 가서 영생을 얻은 자들은 복되고 거룩하다는 뜻이다. 낙원에는 슬픔도 없고 고통도 없으니 이곳에 들어가는 자는 거룩하고 복된 것이다.

이어서 "둘째 사망이 그들을 다스리는 권세가 없고 도리어 그들이 하나님과 그리스도의 제사장이 되어 천년 동안 그리스도와 더불어 왕노릇하리라."고 한다(6하). '둘째 사망'은 '불못'에 던져지는 것을 말한다(14절). '둘째 사망'은 부활한 몸과 함께 심판을 받아 영원 형벌에 처해지는 것이다. 이에 반해 '첫째 사망'은 현세에서 영혼과 육체가 분리되는 현상을 말한다. 예수님을 믿는 자들 곧 끝까지 믿음을 지킨 자들에게는 '둘째 사망'이 없으며 영원한 생명을 누리게 된다.

"하나님과 그리스도의 제사장이 된다"는 것은 하나님과 그리스도를 섬기는 자가 된다는 의미이다(계 1:6; 벧전 2:9; 출 19:6). 그들은 이미 하나님의 소유와 나라와 제사장이 되었다. 계시록 1:6에 보면 "우리를 나라와 제사장으로 삼으셨다(ἐποίησεν, *에포이에센*)"고 했다. 이것은 예수님의 재림 이후에 비로소 되는 것이 아니라 예수님을 믿는 그 순간부터 하나님의 소유요 거룩한 백성이요 제사장이 된다(요 1:12; 벧전 2:9-10; 계 1:6). 여기서 '제사장이 된다'는 것은 낙원에 있는 성도들(의 영혼들)이 하나님과 그리스도를 가까이서 섬기는 것을 의미한다.

이들은 또 "천년 동안 그리스도로 더불어 왕노릇하리라."고 한다. '왕노릇한다'(βασιλεύω, *바실류오*)는 것은 다스린다, 통치한다, 주관한다는 것을 의미한다. 이것은 영광스러운 지위, 복된 상태에 있음을 의미한다. 낙원에 있는 영혼들은 현재도 왕노릇하고 있으며 앞으로도 왕노릇할 것이다. '천년 동안'이라고 했으니 여기서는 그리스도의 재림 때까지 왕노릇하는 것을 말한다. 물론 그 후에도 '영원토록' 왕노릇할 것이다. 이처럼 지금 낙원에 있는 성도들은, 비록 지상에 있을 때에는 고난과 환난을 겪었지만, 이제는 낙원에서 그리스도와 함께 영광스러운 지위를 누리고 있으며 앞으로도 영원토록 누릴 것이다. 이것은 예수님을 믿고 끝까지 그 믿음을 지킨 자들이 받을 영광과 상급이다. 따라서 현세에서 당하는 핍박과 환난을 인하여 낙심하지 말고 믿음을 저버리지 말라는 메시지가 함축되어 있다.

교훈과 적용

1. 순교자들의 '영혼들'과 우상을 섬기지 아니한 자들의 '영혼들'은 살았다(4절). 이들이 '살았다'는 것은 낙원(천국, 천당)에서 '영혼들'이 살았다는 의미이다. 따라서 이것은 육체의 부활을 의미하는 것이 아니라 예수님을 믿는 자들이 주 안에서 죽으면 그 영혼은 낙원에 가서 안식을 누리고 영생을 누린다는 의미이다(계 14:13). 즉, 순교자들과 끝까지 믿음을 지킨 성도들은 비록 이 세상에서 그들의 육체가 죽더라도 그 영혼들은 낙원에서 '생명'을 누리며 그리스도와 더불어 복된 교제를 누린다는 의미이다(요 11:25-26).

2. 그 나머지 죽은 자들은 천년이 차기까지 '살지 못하였다'(5절). 이 말은 많은 사람이 생각하듯이 천년이 차고 나서 '살았다'는 의미가 아니다. "천년이 차기까지 살지 못하였다"는 것과 "천년이 차고 나서 살았다"는 것은 서로 다르며 같지 않다. 천년이 차고 나서도 살지 못하고 영원히 죽을 수도 있다(실제로 그러하다). 따라서 "천년이 차기까지 살지 못하였다"는 것은, 불신자들은 예수님이 재림하시기까지 (낙원에서의) 생명이 없으며 음부(지옥)에서 고통당한다는 것을 의미한다. 따라서 이것은 육체의 부활을 말하는 것이 아니다.

3. '첫째 부활'에 참여하는 자들은 복이 있다(6절). '첫째 부활'은 예수님을 잘 믿고 끝까지 인내한 자들의 '영혼'이 낙원에서 생명을 누리는 것을 말한다(계 14:13). 이 세상에서 '육체'는 죽어서 소멸되지만 '영혼'은 살아서 생명을 누리는 것이다. 따라서 이것은 육체의 부활이 아니며 영적인 의미의 부활이다. 누가복음 2:34의 '흥하게 함'이 헬라어로는 '*아나스타시스*'이다. 따라서 '*아나스타시스*'란 단어가 사용되었다고 해서 무조건 육체의 부활로 보는 것은 맞지 않다. 우리는 계시록 전체의 흐름을 알아야 하며 성경 전체를 바로 이해해야 한다.

3. 최후의 전쟁(20:7-10)

7 천 년이 차매 사탄이 그 옥에서 놓여 8 나와서 땅의 사방 백성 곧 곡과
마곡을 미혹하고 모아 싸움을 붙이리니 그 수가 바다의 모래 같으리라
9 그들이 지면에 널리 퍼져 성도들의 진과 사랑하시는 성을 두르매 하늘
에서 불이 내려와 그들을 태워버리고 10 또 그들을 미혹하는 마귀가 불과
유황 못에 던져지니 거기는 그 짐승과 거짓 선지자도 있어 세세토록 밤
낮 괴로움을 받으리라

1) 사탄이 옥에서 놓임(7-8절)

이제 장면이 바뀌어 '천년'이 찼을 때에 일어날 일들을 보여 준다. 천년이 찼을 때에 "사탄이 그 옥에서 놓여 나와서 땅의 사방 백성 곧 곡과 마곡을 미혹하고 모아 싸움을 붙이리니 그 수가 바다의 모래 같으리라."고 한다(7-8절). 사탄이 '옥에서 놓인다'는 것은 비유이다. 그 의미는 종말 직전 곧 예수님의 재림 직전에 사탄의 활동에 대한 제한이 풀려서 본격적인 활동, 격렬한 활동이 시작된다는 것이다. '땅의 사방 백성'은 온 세상을 의미하는데 곧 교회를 대적하는 세상의 악한 세력들이다.[95] '곡과 마곡'(τὸν Γὼγ καὶ Μαγώγ, *톤 곡 카이 마곡*)은 하나의 관사로 묶어져 있는데, 이것은 '하나의 권세'임을 나타낸다.[96] 곡과 마곡은 에스겔 38-39장에도 나오는데 이스라엘에 적대적인 세력을 가리킨다.[97] 계시록 20장 8절에서 이들은 곧 '땅의 사방 백성'이라고

95. 참조. Hendriksen, *More than Conquerors*, 194.

96. Greijdanus, *Openbaring*, 410.

97. Greijdanus, *Openbaring*, 410. 헨드릭슨은 다음과 같이 설명한다. "곡과 마곡의 공격은 (안티오커스 에피파네스가 통치하던 수리아) 구약시대에 하나님의 백성이 겪어내야 할 가장 극심한 최후의 시련이었다. 그런 고로 이 시련은 신약시대에서는 교회를 공격하고 핍박하는 적그리스도의 세력의 최종적인 공격의 상징으로 보는 것이 매우 타당하다." 헨드릭슨, 『요한계시록』, 239. 그러나 겔 38-39장의 '곡'의 공격이 안티오커스 에피파네스 시대의 환난을 가리킨다기보다도 마지막 종말

설명해 준다.[98] 따라서 이들은 교회를 대적하고 공격하는 세상의 세력인데, 말세에 하나의 큰 세력으로 뭉친다.[99] 그래서 교회와 전쟁을 벌이는데(참조. 계 16:14; 19:19), 이 전쟁은 물론 영적 전쟁을 의미한다.

2) 최후의 공격과 멸망(9-10절)

"그들이 지면에 널리 퍼져 성도들의 진과 사랑하시는 성을 둘렀다."고 한다(9상). 여기서 '성도들의 진'(τὴν παρεμβολὴν τῶν ἁγίων, *텐 파렘볼렌 톤 하기온*)은 교회를 의미하고, '사랑하시는 성'(τὴν πόλιν τὴν ἠγαπημένην, *텐 폴린 텐 에가페메넨*)도 마찬가지로 문자적인 예루살렘이 아니라 교회를 의미한다. 따라서 이 문장의 뜻은 소위 구소련이나 중국 또는 유럽 연합과 같은 나라들이 팔레스타인의 예루살렘으로 쳐들어온다는 것(소위 '제3차 세계대전')이 아니라, 세상의 악한 세력들이 연합하여 하나님의 교회를 공격한다는 것이다. 이것은 계시록 16:12-16(아마겟돈 전쟁)과 19:19(최후의 전쟁)에 이미 나왔었는데, 여기에 다시금 최종적으로 나온다. '둘렀다'(ἐκύκλευσαν, *에퀴클류산*)는 것은 포위 공격 곧 세상의 모든 세력이 연합하여 하나님의 교회를 공격하는 것을 말한다. 세상의 종교들과 철학들과 사상들뿐만 아니라 언론들과 인터넷 매체들과 향락들과 게임들이 다 하나로 뭉쳐서 하나님의 교회를 공격하며 성도들의 삶을 어렵게 만들 것이다.

때에 교회에 대한 세상의 공격을 예언한 것으로 보는 것이 옳다고 생각된다. 왜냐하면 안티오커스 에피파네스 시대에 겔 38-39장과 같은 그런 전쟁은 없었을 뿐만 아니라 무엇보다도 겔 38-39장의 의미가 계 20:7-10에 의해 분명히 밝혀졌기 때문이다.

98. 세대주의자들은 에스겔 37, 38장의 '마곡'을 대개 소련(러시아)으로 본다. 그래서 마지막 때에 북방의 소련 군대가 사해 지역의 지하자원을 노리고 이스라엘 땅으로 쳐들어온다고 본다. 참조. 린드세이, 『대유성 지구의 종말』, 61-65; 죤 W. 화이트, 『성경으로 본 세계 제3차 대전』, 권명달 역 (서울: 보이스사, 1979), 244, 248 이하.

99. Greijdanus, *Openbaring*, 410.

> 전천년주의자들과 세대주의자들은 예수님의 재림이 있고 나서 '천년왕국'(Millennium)이 있으며, 그 '천년왕국' 마지막 때에 곡과 마곡의 세력이 교회 또는 예루살렘을 공격한다고 한다. 그러면 이들 '악한 자들'은 어디서 왔단 말인가? 예수님이 재림하셨는데도, 소위 그들이 말하는 '천년왕국'이 임하였는데도 '불신자들'이 남아 있단 말인가? 재림의 능력이 불완전하단 말인가? 부활한 성도들이 사는 소위 '천년왕국'이 불완전하다는 말인가?
>
> 이에 대해 세대주의자들은 "천년왕국에 있는 원래 믿는 자들의 자손이 번성하여 믿지 않는 상태에 있는 많은 자들을 생산할 것이다."라고 한다.[100] 그러면 우리는 질문할 수 있다. 이들 '믿는 자들'이 누구인가? 예수님 재림 때 '부활'한 성도들인가? 아니면 재림 때까지 살아 있다가 홀연히 '변화'된 성도들인가? 어쨌든 이들은 예수님의 말씀에 의하면 장가도 가지 아니하고 시집도 가지 아니해야 한다(마 22:30). 그런데 어떻게 자녀를 생산한단 말인가? 이에 대해 이광복은 "분명 번성한다고 했으니 번성할 것이다."고 말한다.[101] 결혼은 없지만 하나님의 능력으로 어쨌든 번성할 것이라는 말이다.

그런데 그때 "하늘에서 불이 내려와 그들을 태워버렸다."고 한다(9하). 이것은 하나님의 개입으로 말미암아 갑자기 멸망하게 된 것을 말한다(참조. 겔 38:22; 39:6; 살후 2:8). 이 세상 역사는 사람의 힘에 의해서가 아니라 하나님의 초자연적인 간섭에 의해 갑자기 끝나게 될 것이다.

10절은 "또 그들을 미혹하는 마귀가 불과 유황 못에 던져지니 거기는 그 짐승과 거짓 선지자도 있어 세세토록 밤낮 괴로움을 받으리라."고 한다. '불

---

100. R. Thomas, "A Classical Dispensational View of Revelation," in: C. M. Pate (ed.), *Four Views on the Book of Revelation* (Grand Rapids: Zondervan, 1998), 223.

101. 참조. 이광복, 『4대 학파로 본 계시록 종말론의 비극』, 62-63; 『계시록 난해 해설』, 568.

과 유황 못'은 지옥을 말하는데,[102] 영원 형벌의 장소이다.[103] 세상 세력의 우두머리인 '마귀'가 결국 하나님에 의해 지옥에 던져졌는데, 거기에는 '그 짐승'과 '거짓 선지자'도 있었다(참조. 계 19:20).[104] 그리하여 마귀의 두 하수인인 '짐승'과 '거짓 선지자'와 함께 '마귀' 자신도 멸망하고 만다. 이로써 하나님의 교회를 핍박하고 괴롭히던 악의 세력들은 완전히 멸망하고, 그들은 세세토록 밤낮 괴로움을 당한다.

교훈과 적용

1. 천년이 차매 사탄이 옥에서 놓여 나온다(8절). 이것은 이 세상 역사(초림부터 재림까지)가 다 끝나갈 때 사탄이 그 본색을 드러내어 본격적인 최후의 발악을 하는 것을 말한다. 사탄이 땅의 사방 백성 곧 '곡과 마곡'을 미혹하여 싸움을 붙이는데, 이것은 최후의 영적 전쟁을 말한다. 여기서 '곡과 마곡'은 지구상의 특정한 나라나 세력이 아니라 '땅의 사방 백성'을 가리킨다(8절). 곧, 교회를 대적하는 악한 세력 전체를 일컫는다.

2. 이들 악한 세력이 힘을 모아 '성도들의 진'과 '사랑하시는 성'을 두른다(9절). '성도들의 진'은 교회를 의미하고 '사랑하시는 성'은 문자적으로는 '예루살렘'을 가리키지만 여기서는 '영적 예루살렘' 곧 교회를 가리킨다. 따라서 이 구절의 말씀은 세상의 악한 세력이 연합하여 교회를 공격하는 것을 말한다. 오늘날 종교다원주의와 관용, 동성애의 이름으로 세상 세력이 힘을 모아 양사방에서 교회를 공격하고 있는 것에서 이런 모습을 볼 수 있다.

---

102. 박윤선은 14절의 '불못'에 대해 다음과 같이 설명한다. "이곳은 풀무불과 같고(마 13:42, 50), 또한 지옥과 같다." 박윤선, 『요한계시록』, 338.

103. 참조. Greijdanus, *Openbaring*, 411; Beale, *Revelation*, 1030.

104. 이 말은 시간적으로 '짐승'과 '거짓 선지자'가 먼저 불못에 던져지고 나서 그 후에 사탄이 던짐을 당한다는 의미가 아니다. 이 두 사건은 실제로는 동시에(at the same time) 일어날 것이다. 둘 다 마지막, 영원한 심판을 말한다. 참조. Beale, *Revelation*, 1030 이하. 우리는 하나님이 보여 주신 환상의 순서를 실제적 시간의 순서로 오해하면 안 된다. 하나님은 요한에게 먼저 '짐승'과 '거짓 선지자'의 운명에 대해 보여 주시고 나서(19:20), 그 다음에 '사탄'의 운명에 대해 보여 주신 것이다(20:10). 따라서 이 둘은 시간적 순서가 아니라 환상의 순서이다.

3. 온 세상을 미혹하는 마귀 곧 사탄은 하나님의 개입으로 멸망하고 만다(9하, 10절). 하늘에서 불이 내려와 그들을 태워버린다는 것은 하나님의 개입에 의해 완전히 멸망한다는 뜻이다. 마귀가 '불과 유황 못'에 던져진다는 것은 영원한 지옥에 던져진다는 것을 의미한다. 마귀는 그 존재가 없어지는 것이 아니라 지옥에서 영원토록 고통을 당한다. 마귀를 따르던 하수인들인 '짐승'과 '거짓 선지자'도 그곳에서 함께 영원토록 고통을 당한다.

4. 마지막 심판(20:11-15)

11 또 내가 크고 흰 보좌와 그 위에 앉으신 이를 보니 땅과 하늘이 그 앞에
서 피하여 간 데 없더라 12 또 내가 보니 죽은 자들이 큰 자나 작은 자나 그
보좌 앞에 서 있는데 책들이 펴 있고 또 다른 책이 펴졌으니 곧 생명책이
라 죽은 자들이 자기 행위를 따라 책들에 기록된 대로 심판을 받으니 13 바
다가 그 가운데에서 죽은 자들을 내주고 또 사망과 음부도 그 가운데에서
죽은 자들을 내주매 각 사람이 자기의 행위대로 심판을 받고 14 사망과 음
부도 불못에 던져지니 이것은 둘째 사망 곧 불못이라 15 누구든지 생명책
에 기록되지 못한 자는 불못에 던져지더라

다음에 요한이 본 환상은 최후 심판에 관한 것이다. 이것은 세상 역사가 끝나고 나서 모든 사람들에게 행해질 하나님의 심판이다.

1) 크고 흰 보좌(11절)

요한은 먼저 '크고 흰 보좌와 그 위에 앉으신 자'를 보았다(11상). 여기의 '보좌'(θρόνος, *뜨로노스*)는 단수로서 하나님의 보좌이다. '크다'는 것은 하나님의 위대함을 상징하고, '희다'는 것은 하나님의 거룩한 의(義)를 상징한

다.[105] '그 위에 앉으신 자'는 성부 하나님을 가리킨다.

그리고 "땅과 하늘이 그 앞에서 피하여 간 데 없더라."고 한다(11하). 이것은 마지막 종말 곧 최후 심판 때의 상황을 말한다(참조. 계 16:20). 여기서 "간 데 없더라"(τόπος οὐχ εὑρέθη αὐτοῖς, *토포스 우크 휴레떼 아우토이스*)는 것은 직역하면 "그것들에게 장소가 발견되지 않았다"가 된다. 이것은 그것들(땅과 하늘)이 실제로 없어졌다는 말이 아니다. 그것들은 '새 하늘과 새 땅'에 자리를 비켜 주기 위해(계 21:1) 완전한 변화를 겪게 된다는 의미로 볼 수 있다(참조. 벧후 3:10-13).[106] 그러나 우리는 이런 표현에 너무 신경 쓸 필요가 없다고 본다. 왜냐하면 이것은 요한이 본 '환상' 중에 나오는 것이기 때문이다. 따라서 이것은 과학적인 사실을 말하고자 함이 아니다. "땅과 하늘이 그 앞에서 피하여 간 데 없다"는 말로써 하나님이 우리에게 나타내고자 하신 것은 이 세상 역사가 완전히 끝났다는 것이다.[107] 이 세상 역사는 끝이 나고 이제 하나님의 심판이 시작된다.

2) 죽은 자들의 심판(12-15절)

다음에 요한은 죽은 자들이 심판받는 것을 보았다. "또 내가 보니 죽은 자들이 큰 자나 작은 자나 그 보좌 앞에 서 있는데 책들이 펴 있고 또 다른 책이 펴졌으니 곧 생명책이라. 죽은 자들이 자기 행위를 따라 책들에 기록된 대로 심판을 받으니."(12절) 최후 심판은 큰 자나 작은 자나 누구나 다 받는다(요 5:28-29; 마 25:31-33; 행 17:31; 고후 5:10; 히 9:27). 예수님을 믿는 자도

105. Greijdanus, *Openbaring*, 412.

106. Greijdanus, *Openbaring*, 412.

107. 흐레이다너스는 이 표현에 대해 다음과 같이 설명한다. "그 의미는 그것들이 완전히 파괴되었다는 것이 아니다. 그러나 그것들은 완전한 변화를 겪었다(참조. 벧후 3:10-13). 그래서 그것들의 현재 존재가 새 하늘과 새 땅에 자리를 내주게 된다(21:1)." Greijdanus, *Openbaring*, 412. 그러나 빌은, 이 표현은 '악한 세상 체제 전부가 완전히 파괴되었다는 것'(the complete destruction of the entire evil world system)을 의미한다고 한다. Beale, *Revelation*, 1032.

심판받는다고 볼 수도 있는데, 그렇지만 우리는 예수 그리스도의 공로를 힘입어 의롭다고 판정받고 구원을 얻을 것이다(롬 2:13-16; 5:9). 따라서 형벌에 이르는 심판이 없다는 의미에서 심판을 받지 아니한다고 말할 수도 있다(요 3:18; 5:24).

보좌 앞에 '책들'(βιβλία, *비블리아*)이 펴져 있는데, 이것은 각자의 행위를 기록한 책이다(12절).[108] 죽은 자들은 각자 '자기 행위를 따라' 책들에 기록된 대로 심판을 받는다. 심판의 기준은 각자의 행위이다(계 2:23; 22:12; 마 16:27; 롬 2:6; 고전 3:8; 고후 5:10; 벧전 1:17). 그런데 또 '다른 책'이 펴 있었다. 이것은 '생명책'이다(12절). 생명책에 그 이름이 기록된 자들은 심판을 받지 아니한다(요 5:24). 또는 심판을 받지만 그리스도의 공로로 말미암아 형벌 심판에서 면제되고 '영생'을 얻는다고 말할 수 있다. 그 외에도 각자 행한 바를 따라 '상'을 받는다(고전 3:8, 14; 고후 5:10; 롬 14:10-12; 마 19:28; 5:12; 6:1; 10:41-42 등).[109] 예수님을 믿는 자들에게는 각자 자기의 행위에 따른 상급 판단만 있고 죄에 대한 판단은 없다고 봐야 한다. 죄는 예수 그리스도의 피로 다 용서받았다. 우리의 죄에 대한 형벌을 예수님이 이미 다 받으셨기 때문이다.

13절에 보면 "바다가 그 가운데서 죽은 자들을 내주고 또 사망과 음부도 그 가운데서 죽은 자들을 내주매 각 사람이 자기의 행위대로 심판을 받았다."고 한다. 여기서 죽은 자들을 내준다는 것은 죽은 자들이 다시 살아나는 것 곧 육체의 부활을 의미한다(참조. 사 26:19). 예수님이 말씀하신 대로 "선한 일을 행한 자는 생명의 부활로, 악한 일을 행한 자는 심판의 부활로" 나아오게 된다(요 5:29). 또는 사도 바울이 말한 대로 '의인과 악인의 부활'이 있을

---

108. 흐레이다너스는 이것을 '양심의 책들'(de boeken der conscientiën)이라고 한다. Greijdanus, *Openbaring*, 412. 하지만 이는 잘못이다. 이것은 12하에 있는 대로 각자의 행위들을 기록한 책들이다. 복수는 그 기록 량이 많다는 것을 시사한다.

109. '천국의 상급'에 대해서는 변종길, "천국에 상급이 있는가?", 8-9를 보라.

것이다(행 24:15). 부활 시에 사람이 어디에서 어떻게 죽었는가 하는 것은 문제가 안 된다. 하나님이 각 사람의 정보를 다 아시며 다시 살아나게 하신다. 그래서 모든 사람은 부활하여서 영혼과 육체가 다시 결합한 온전한 인간으로서 하나님 앞에서 심판을 받게 된다. 그러나 악인의 부활은 벌 받기 위한 부활이므로 의미가 없다.[110]

14절에서는 "사망과 음부도 불못에 던져지니 이것은 둘째 사망 곧 불못이라."고 한다. '둘째 사망'이란 영원토록 지옥에서 고통받는 것을 말한다(6절; 2:11). 영원한 형벌의 장소를 계시록에서는 '불못'이라고 표현하고 있다(19:20; 20:10, 14-15; 21:8). '불못'은 영원한 지옥이라고 할 수 있다. 이에 반해 일시적 형벌의 장소를 계시록에서는 '음부'라고 부르고 있다(1:18; 6:8; 20:13-14).[111] 그러나 '음부'와 '불못'이 본질적으로 다른 것은 아니다. 둘 다 마귀와 그의 수하들의 본거지이며 악인들이 고통받는 곳이다. 따라서 둘 다 '지옥'이라고 부를 수도 있다(마 5:22, 29, 30; 10:28; 23:15; 막 9:43-49).[112] 단지 차이가 있다면, '음부'에서는 육체가 없는 악인의 영혼이 고통받고 있으며, '불못'에서는 부활한 몸을 가진 악인이 영원토록 고통받는다는 것이다. '사망'과 '음부'를 '불못'에 던진다는 것은 사망과 그 사망의 권세를 완전히 멸한다는 의미이다(고전 15:26, 54, 55; 호 13:14; 사 25:8).

그러나 "누구든지 생명책에 기록되지 못한 자는 불못에 던져지더라."고

110. 참조. Keulers, *Boek der Openbaring*, 381.

111. '음부(陰府)'와 '지옥(地獄)'의 차이에 대해 박윤선은 다음과 같이 설명한다. "'음부'(눅 16:23)나 '옥'(벧전 3:19; 계 20:7)이나 '무저갱'(계 20:3)은 대심판 전의 멸망의 처소를 말함이고, '지옥'(약 4:4; 마 5:22)과 '불못'(계 19:20, 20:10, 14, 15, 21:8)은 대심판 후의 멸망의 처소를 말함이다(Bavinck, *Gereformeerde Dogmatiek*, 1911, IV, 782-784). 지옥과 불못을 동일시하는 이유는, 지옥은 음부와 달리(음부는 별세한 영혼들의 가는 곳임 - 눅 16:19 이하) 영혼과 몸이 함께 들어가는 곳이기 때문이다(마 10:28). 계시록에 있는 '불못'도 역시 그런 곳이다(20:14)." 박윤선, 『요한계시록』, 338 이하.

112. 즉, 영원한 형벌의 장소인 '불못'뿐만 아니라 현재 임시적 형벌의 장소인 '음부'도 '지옥'으로 부를 수 있다는 말이다. 계 1:18의 '음부'에 대한 본서의 설명 참조.

한다(15절). 하나님의 생명책에 그 이름이 기록되지 못한 자는 다 심판을 받아서 '불못' 곧 영원한 지옥에 던져지게 된다(참조. 마 25:46). 그러나 생명책에 그 이름이 기록된 자는 예수님의 피 공로를 힘입어 영원한 천국에 들어가게 된다. 곧, '둘째 사망'의 해(害)를 받지 않는다. '첫째 사망'은 육신이 죽는 것인데 곧 영과 육의 분리를 말한다. '둘째 사망'은 '불못'에 던져지는 것 곧 영원한 형벌 받는 것을 말한다.

따라서 예수님을 믿는 자는 두 번 나고 한 번 죽는다. 자연적 출생과 함께 중생(重生)이 있는 사람은 '첫째 사망'만 있고 '둘째 사망'이 없다. 이에 반해 불신자들은 한 번 나고 두 번 죽는다. 곧, 자연적 출생밖에 없는 사람들은 '첫째 사망'에 이어 '둘째 사망'을 맞이할 것이다. 따라서 "한 번 나면 두 번 죽고, 두 번 나면 한 번 죽는다."고 말할 수 있다.

교훈과 적용

1. 세상 역사가 끝난 후에는 모든 죽은 자들과 산 자들에 대한 심판이 있다(12절; 히 9:27). 이 최후 심판을 피할 사람은 아무도 없다. 죽은 자들은 그 몸이 부활하여 하나님 앞에서 심판을 받는다. 심판의 기준은 각자의 행위이다. 각자의 행위를 기록한 책들이 보좌 앞에 펴 있는데, 이 책들에 기록된 대로 심판을 받는다. 그런데 이 세상에서 죄 없는 사람은 없으며, 심판에서 자유로울 사람은 아무도 없다(롬 3:20; 전 7:20; 왕상 8:46). 그러나 예수님을 믿는 자들은 예수님의 피로 죄 용서함을 받아 심판에서 의롭다고 선언받아 영생을 누리게 된다.

2. 최후 심판 때에는 각자 '자기 행위를 따라' 심판받는다(12-13절; 마 16:27; 롬 2:6; 고후 5:10 등). 이 세상에서 죄 없는 사람은 아무도 없으므로 결국 모든 사람이 다 정죄를 받아 형벌을 받아야 마땅하다. 그러나 예수님을 믿는 사람은 예수님이 이미 죗값을 다 지불하셨으므로 무죄로 해방되어 영생에 들어가게 된다. 이런 점에서 예수님을 믿는 성도들은 심판을 받지 아니한다고 말할 수도 있다. 그러나 각자 행한 대로 상을 받는 상급 심판은 있다. 이 상(賞)은 다른 것이 아니라 하나님이 알아주시고 칭찬해 주시고 자기 영광에 참여하게 해 주시는 것이다.

3. 최후 심판 때에는 죽은 자나 산 자나 다 하나님의 보좌 앞에 서서 심판을 받는다. 예수님을 믿는 자들을 제외하고는 다 자기 죄로 인하여 영원 형벌에 처하게 된다. 이것을 요한계시록은 '둘째 사망' 또는 '불못(에 던져지는 것)'이라고 한다(14절). '둘째 사망'은 영원한 사망이며 영혼과 육체가 하나가 되어 지옥에서 영원토록 고통당하는 것이다. 그러나 살아 있을 때 중생(重生, 거듭남)한 사람은 둘째 사망을 받지 아니한다. 따라서 자연적 출생뿐인 사람은 첫째 사망(영혼과 육체의 분리) 후에 둘째 사망을 받게 된다. 그러나 중생한 사람은 한 번만 죽게 된다.

제22장

새 하늘과 새 땅, 새 예루살렘

(21:1-27)

계시록 21장은 '새 하늘과 새 땅'과 '거룩한 성 예루살렘'에 대해 말한다. 먼저 세상의 종말과 최후 심판 후에 이루어질 '새 하늘과 새 땅' 및 '거룩한 성 예루살렘'의 상태에 대해 말한다(1-8절). 그러고 나서 '거룩한 성 예루살렘'의 모습에 대한 자세한 묘사가 나온다(9-27절). 여기서 중요한 것은 '거룩한 성 예루살렘'은 문자적 의미의 돌과 보석으로 된 성(城)을 의미하는 것이 아니라는 사실이다. 9절은 이것이 '신부' 곧 '어린양의 아내'라고 말한다. 따라서 '거룩한 성 예루살렘'은 그리스도의 신부(아내)인 '교회'를 가리킨다는 것을 알 수 있다. 그렇다면 11절 이하에 묘사된 보석들과 성곽과 문들과 열두 기초석들은 문자적인 의미로 보아서는 안 될 것이다. 이런 것들은 다 '교회'의 모습을 묘사하는 상징적 표현들이다.

본문 개요

요한이 새 하늘과 새 땅을 보았는데 처음 하늘과 처음 땅이 없어졌고 바다도 다시 있지 않더라고 한다(1절). 이것은 환상 중에 본 모습이다. 따라서 실제로 처음 하늘과 처음 땅이 없어졌다고 생각하면 안 되며, 이것은 예수님 재림으로 말미암아 새 하늘과 새 땅이 된다는 것을 의미한다. 또 거룩한 성 새 예루살렘이 하늘에서 내려오는 것을 보았는데(2절), 이것도 환상 중에서 본 모습이다. 또 보좌에서 큰 음성이 났는데 그 내용들은 이 세상이 끝나고 새 하늘과 새 땅이 되어서 더 이상 눈물과 사망과 애통과 곡함과 아픔이 없다는 것이다(3-5절). 이 세상을 향한 하나님의 작정이 다 이루어지고 하나님의 백성은 성경에 약속된 생명을 얻게 될 것이다(6-7절). 그러나 믿지 아니하는 자들 곧 악인들은 불과 유황으로 타는 못에 던져질 것인데, 이는 곧 둘째 사망이다(8절).

9-22절은 '거룩한 성 예루살렘'의 모습을 보여 준다. 그 성(城)에는 하나

님의 영광이 비취고 모든 것이 보석같이 아름답다(11절). 크고 높은 성곽이 있고 열두 문이 있다(12절). 그 문들 위에는 이스라엘 열두 지파의 이름이 씌어 있다(12절). 그 성의 성곽에는 열두 기초석이 있고 그 위에는 열두 사도의 이름이 있다(14절). 그 성은 네모반듯하며 길이와 너비와 높이가 각각 일만 이천 스타디온이다(16절). 그 성곽은 벽옥으로 쌓였고, 그 성은 정금인데 맑은 유리 같았다(18절). 그 성곽의 기초석은 각종 보석으로 되어 있었다(19-20절). 그 열두 문은 열두 진주로 되어 있고, 그 성의 길은 맑은 유리 같은 정금이었다(21절). 성 안에서 성전을 보지 못하였는데, 이는 주 하나님 곧 전능하신 이와 어린양이 성전이시기 때문이다(22절). 그 성은 해와 달의 비췸이 쓸데없으니 이는 하나님의 영광이 비취고 어린양이 그 등불이 되시기 때문이다(23절). 거기에는 밤이 없으며(25절), 어린양의 생명책에 기록된 자들만 들어올 수 있다(27절).

내용 분해

1. 새 하늘과 새 땅(21:1-8)
   1) 새 하늘과 새 땅, 거룩한 성 예루살렘(1-2절)
   2) 하나님의 장막이 사람들과 함께 있음(3-4절)
   3) 만물을 새롭게 함(5절, 6상)
   4) 하나님의 약속과 경고(6하-8절)
2. 거룩한 성 예루살렘(21:9-27)
   1) 거룩한 성의 모습(9-14절)
   2) 거룩한 성을 측량함(15-17절)
   3) 거룩한 성의 보석들(18-21절)
   4) 하나님의 영광이 비췸(22-26절)

5) 거룩한 성에 들어가지 못할 자(27절)

1. 새 하늘과 새 땅(21:1-8)

1 또 내가 새 하늘과 새 땅을 보니 처음 하늘과 처음 땅이 없어졌고 바다
도 다시 있지 않더라 2 또 내가 보매 거룩한 성 새 예루살렘이 하나님께로
부터 하늘에서 내려오니 그 준비한 것이 신부가 남편을 위하여 단장한 것
같더라 3 내가 들으니 보좌에서 큰 음성이 나서 이르되 보라 하나님의 장
막이 사람들과 함께 있으매 하나님이 그들과 함께 계시리니 그들은 하나
님의 백성이 되고 하나님은 친히 그들과 함께 계셔서 4 모든 눈물을 그 눈
에서 닦아 주시니 다시는 사망이 없고 애통하는 것이나 곡하는 것이나 아
픈 것이 다시 있지 아니하리니 처음 것들이 다 지나갔음이러라 5 보좌에
앉으신 이가 이르시되 보라 내가 만물을 새롭게 하노라 하시고 또 이르시
되 이 말은 신실하고 참되니 기록하라 하시고 6 또 내게 말씀하시되 이루
었도다 나는 알파와 오메가요 처음과 마지막이라 내가 생명수 샘물을 목
마른 자에게 값없이 주리니 7 이기는 자는 이것들을 상속으로 받으리라
나는 그의 하나님이 되고 그는 내 아들이 되리라 8 그러나 두려워하는 자
들과 믿지 아니하는 자들과 흉악한 자들과 살인자들과 음행하는 자들과
점술가들과 우상 숭배자들과 거짓말하는 모든 자들은 불과 유황으로 타
는 못에 던져지리니 이것이 둘째 사망이라

1) 새 하늘과 새 땅, 거룩한 성 예루살렘(1-2절)

요한은 또 '새 하늘과 새 땅'을 보았다(1상; 참조. 사 65:17; 66:22; 벧후 3:13). 이것은 이 세상 역사가 끝나고 나서 종국적으로 이루어질 하나님의 나라를 가리킨다. 여기서 '새롭다'(καινός, *카이노스*)는 것은 그 성격, 성질, 존재에 있어서 새롭다는 것을 의미한다(참조. 계 2:17; 3:12; 5:9; 히 8:13; 마

9:17).[1] 베드로후서에 보면, 예수님이 재림하실 때에는 만물의 기본 구성 요소(στοιχεῖα, *스토이케이아*)에까지 변화가 있을 것을 말한다(벧후 3:10). 그렇다고 해서 기존의 세상이 완전히 소멸되고 무(無)에서 새로운 창조가 이루어진다고 볼 필요는 없다. '새롭다'는 것은 '무에서의 창조'(*creatio ex nihilo*)를 말하는 것이 아니라 '형태의 변화', '관계의 변화'를 의미한다.[2] 곧, 이미 존재하는 요소를 근본적으로 변화시키는 것을 의미한다. 죄(罪)의 소멸이 그 중심에 있으며, 의(義)가 거하는 것이 '새 하늘과 새 땅'의 특징이다(벧후 3:13). 그러나 근본적인 변화를 겪는다. 그 날에는 하늘이 큰 소리로 떠나가고 만물의 구성 요소가 뜨거운 불에 풀어질 것이다(벧후 3:10).

요한이 보니 "처음 하늘과 처음 땅이 없어졌고 바다도 다시 있지 않더라."고 한다(1하). 우리는 '처음 하늘과 처음 땅'이 존재적으로 없어졌다고, 즉 물질 자체가 소멸되었다고 볼 필요는 없다. 이것은 요한이 본 '환상' 속의 모습이다. 그러니 하나님이 '환상' 속에서 이렇게 보여 주신 것이지 꼭 실제 존재 자체가 그렇게 된다는 의미는 아니다. 요한은 지금 '처음 땅'에 발을 딛고 서서 이 장면을 보고 있다. 따라서 '처음 땅'이 실제로 없어진 것이 아니라 환상 속에서 그런 모습을 본 것이다. '처음 하늘과 처음 땅'은 죄와 악으로 물든 세상이다. 그래서 멸망할 수밖에 없는 운명에 처해 있다.

그런데 "바다도 다시 있지 않다."는 것이 특이하다. '바다'는 분리의 상징이며(사 43:16), 반항과 위협의 상징이다(시 65:7; 114:5).[3] 따라서 "처음 하늘과 처음 땅이 없어졌다."는 것은 죄와 악으로 물든 세상이 없어졌다는 의미이며, "바다가 다시 있지 않다."는 것은 우리를 위협하고 삼키는 것이 없어졌다는 의미이다. 이것은 세상 역사가 끝나고 종말이 왔다는 것을 의미한다.

요한은 또 "거룩한 성 새 예루살렘이 하나님께로부터 하늘에서 내려오는"

---

1. Greijdanus, *Openbaring*, 416.
2. Greijdanus, *Openbaring*, 416.
3. Greijdanus, *Openbaring*, 417.

것을 보았다(2절). '거룩한 성 새 예루살렘'은 문자적인 의미에서의 예루살렘 곧 팔레스타인에 있는 예루살렘을 가리키는 것이 아니다. '새'(καινή, *카이네*)라는 형용사가 이미 그것이 아님을 말하고 있다. 9절에서 이것은 '신부' 곧 '어린양의 아내'라고 말한다(참조. 10절). 따라서 '새 예루살렘'(그냥 '예루살렘'이라고 말하기도 한다)은 영적 예루살렘 곧 하나님의 택한 백성인 교회를 가리킴을 알 수 있다(갈 4:26; 히 12:22; 계 3:12).[4] 교회는 '거룩함'을 속성으로 한다. '거룩한 성 예루살렘'은 '큰 성 바벨론'(계 14:8; 16:19; 17:5; 18:2)과 대비되고 있다. 이 세상은 '크다'는 것을 자랑하지만, 하나님의 교회는 '거룩하다'는 것을 특징으로 해야 한다. 교회의 생명은 '큰 것'에 있지 않고 '거룩함'에 있다. 곧, 그리스도의 신부로서 정절과 정결을 지키는 것에 있다.

거룩한 성 새 예루살렘이 '하나님께로부터'(ἀπὸ τοῦ θεοῦ, *아포 투 떼우*) 내려온다는 것은 그 성(교회)의 기원이 하나님께 있음을 말한다. '하늘에서'(ἐκ τοῦ οὐρανοῦ, *엨 투 우라누*) 내려온다는 것도 그 기원이 '하늘'에 있음을 말한다.[5] 교회의 뿌리, 근본은 하늘에 있다(빌 3:20; 히 11:16). 여기서 '내려온다'(καταβαίνουσαν, *카타바이누산*)는 표현은, '하나님께로부터'와 '하늘에서'라는 표현과 함께, 거룩한 성(교회)의 존재가 인간의 노력에 의해서가 아니라 하나님의 주권적 행위에 의한 것임을 나타낸다. 따라서 우리는 이 세상 역사가 끝나고 나서 하늘에서 무엇이 문자적으로 우주 공간 어디에서 '내려온다'고 생각하면 안 된다.[6] 여기의 '내려온다'는 것은 요한이 본 '환상' 속

---

4. 시편에 '예루살렘'이란 말이 많이 나타나는데, 그것은 일차적으로 문자적 의미를 가리키기도 하지만 많은 경우에 그것은 또한 택함받은 백성 곧 교회를 의미한다(시 122:6; 128:5; 135:21 등).

5. 여기서 ἐκ(*에크*)는 기원(origin)을, ἀπό(*아포*)는 기원자(originator)를 나타낸다(참조. Greijdanus, *Openbaring*, 417).

6. 과학적으로 말하자면, '거룩한 성 새 예루살렘'은 마지막 날에 우주 어느 공간에서부터 '내려오는 것'이 아니라 근본적으로 변화된 '새 하늘과 새 땅'(벧후 3:10, 12) 안에 있다. 그러나 '새 하늘과 새 땅'과 '거룩한 성 새 예루살렘'을 엄밀하게 구별하는 것은 성경적으로 큰 의미가 없어 보인다. 둘 다 죄와 사망이 없으며, 의가 거하는 곳이며, 하나님의 영광이 충만한 곳이다.

에서 보여진 것임을 기억해야 한다. 따라서 우리는 그 의미를 생각해야 한다.

그 성(城)의 모습은 "그 준비한 것이 신부가 남편을 위하여 단장한 것 같더라."고 한다(2하). '신부(新婦)'는 물론 그리스도의 신부 곧 교회를 의미한다(계 19:7; 21:9; 22:17). '남편'은 그리스도이며(마 25:1-13; 막 2:19-21; 요 3:29; 참조. 엡 5:23; 골 1:18), '준비' 또는 '단장'은 신부가 신랑을 맞이하기 위해 자기를 준비하는 것을 말한다. 이것은 교회가 신랑 되신 그리스도를 맞이하기 위해 자신을 정결하게 하는 것을 의미한다(계 19:8).

2) 하나님의 장막이 사람들과 함께 있음(3-4절)

그때 요한은 보좌에서 큰 소리가 나는 것을 들었다. "보라. 하나님의 장막이 사람들과 함께 있으매 하나님이 그들과 함께 계시리니 그들은 하나님의 백성이 되고 하나님은 친히 그들과 함께 계실 것이다."(3절; 레 26:11-12) 하나님의 장막이 사람들과 함께 있다는 것은 하나님과 사람들 사이의 '매우 가까이 있음, 가장 충만한 교제, 가장 내적인 교통'을 의미한다(참조. 겔 37:27; 레 26:11).[7] "하나님이 그들과 함께 계신다"는 것은 하나님이 교회(택하신 백성)와 동거하신다는 것을 의미한다. '사랑'의 궁극적 목표는 '동거'(同居, 함께 거함)이다. 이와 마찬가지로 하나님이 우리를 사랑하신 궁극적 목표는 우리와 동거하는 것 곧 함께 사는 것이다. '하나님의 백성이 된다'는 것도 성경에서 자주 나오는 주제이다(레 26:12; 렘 31:33; 슥 8:8; 창 17:7; 출 19:5-6; 고후 6:16; 벧전 2:9-10 등). 성도들은 이 세상에서 이미 '하나님의 백성'이 되었지만(벧전 2:9-10; 엡 2:19; 계 1:6; 18:4), 새 하늘과 새 땅에서 온전한 의미에서 '하나님의 백성'이 될 것이다(계 21:3; 참조. 롬 8:23).

4절은 그때 교회(하나님의 백성)가 어떤 복락을 누릴 것인가를 말한다. "모든 눈물을 그 눈에서 닦아 주시니 다시는 사망이 없고 애통하는 것이나

---

7. Greijdanus, *Openbaring*, 417.

곡하는 것이나 아픈 것이 다시 있지 아니하리니 처음 것들이 다 지나갔음이러라." 종국적으로 이루어질 하나님 나라인 새 하늘과 새 땅에서는 '눈물'과 '사망'과 '애통하는 것'이나 '곡하는 것'이나 '아픈 것'이 다시 있지 아니할 것이다(사 35:10; 51:11; 65:19). 왜냐하면 "처음 것들이 다 지나갔기 때문"이다. 그곳에는 죄가 없으며, 따라서 그로 인한 사망이나 고통과 슬픔이 전혀 없다.

3) 만물을 새롭게 함(5절, 6상)

보좌에 앉으신 이 곧 하나님이 말씀하셨다. "보라. 내가 만물을 새롭게 하노라."(5상) 이것은 만물에 대한 근본적인 변화를 의미한다. '무에서의 창조'(*creatio ex nihilo*)가 아니라 죄악 된 질서와 요소들을 제거하는 것을 의미한다. 베드로후서 3장에 보면, 그 때에 만물의 구성요소와 질서에도 근본적인 변화가 있을 것을 말한다. 이 세상은 '점진적인 변화'를 통해 새 하늘과 새 땅이 되는 것이 아니라 갑자기 '파국'(catastrophe)을 맞이하게 될 것이다(벧후 3:10-12). 하나님이 또 말씀하셨다. "이 말은 신실하고 참되니 기록하라."(5하) 이것은 "하나님께서 만물을 새롭게 하신다"는 말씀이 반드시 이루어진다는 것을 강조하는 역할을 한다.

보좌에 앉으신 이가 또 말씀하셨다. "이루었도다. 나는 알파와 오메가요 처음과 마지막이라."(6상) 여기서 '이루었다'(γέγοναν, *게고난*)는 말은 세상 역사가 종료되었다, 하나님의 세상 역사 운행과 우주 운행이 완료되었다는 의미이다. 요한복음 19:30의 '다 이루었다'(τετέλεσται, *테텔레스타이*)는 말은 객관적인 구속(救贖) 사역이 완성되었다는 의미인데 반해, 계시록 21:6의 '이루었다'는 말은 이보다 넓은 개념으로서 세상 역사의 진행이 완성되었다는 의미이다. "나는 알파와 오메가요 처음과 마지막이라."는 말씀도 하나님께서 역사의 시작자와 종결자가 되심을, 곧 역사의 주관자와 운행자가 되심을 말한다(계 1:8; 22:13). 하나님은 지금도 만왕의 왕, 만주의 주로서 온 세상을 다스리고 계시며, 그리하여 만물을 그의 뜻대로 이루신다.

4) 하나님의 약속과 경고(6하-8절)

이어서 하나님은 믿음을 지키는 자들에게 약속을 주신다. "내가 생명수 샘물을 목마른 자에게 값없이 주리라."(6하) '생명수 샘물'은 영생 또는 성령을 뜻한다(요 4:14; 7:37-39; 계 7:17; 22:1). 이 샘물은 하나님께서 자기에게 나아오는 자에게 '값없이' 주신다(사 55:1; 계 22:17). 이것은 하나님의 풍성한 은혜를 의미한다.

이어서 "이기는 자는 이것들을 상속으로 받으리라. 나는 그의 하나님이 되고 그는 내 아들이 되리라."고 한다(7절). '이기는 자'(ὁ νικῶν, *호 니콘*)는 믿음으로 세상을 이기는 자 곧 끝까지 믿음을 지키는 자이다. '이것들'(ταῦτα, *타우타*)은 새 하늘과 새 땅에서 주어지는 복락들을 의미한다(3-6절). '내 아들이 된다'는 표현은 온전한 의미에서 하나님의 자녀가 된다는 뜻이다(마 5:45; 롬 8:23; 참조. 요 15:8). 우리는 지금 하나님의 자녀이지만(요 1:12; 요일 3:2; 롬 8:14), 마지막 때에는 온전하고 충만한 의미에서 하나님의 자녀가 될 것이다(롬 8:23).

한편, 믿지 않는 자들에 대해서는 무서운 벌이 선언되고 있다. "그러나 두려워하는 자들과 믿지 아니하는 자들과 흉악한 자들과 살인자들과 음행하는 자들과 점성가들과 우상 숭배자들과 거짓말하는 모든 자들은 불과 유황으로 타는 못에 던져지리니 이것이 둘째 사망이라."(8절) 여기서 '두려워하는 자들'로부터 '우상 숭배자들'까지는 하나의 관사로 연결되어 있다. 따라서 이들은 다 한 그룹의 사람들을 가리키는데, 곧 예수님을 믿지 아니하고 하나님께 경배하지 않는 자들이다. 이들은 세상의 압력에 굴복하여 우상을 숭배하던 자들이다. 그런 불신자들의 모습이 본 절에 여러 가지로 묘사되어 있다. 여기서 '두려워하는 자들'(δειλοί, *데일로이*)은 사람들과 무서운 위험들 때문에 주님과 주님 섬김을 부인한 자들이다.[8] '믿지 아니하는 자들'(ἄπιστοί,

8. Greijdanus, *Openbaring*, 421.

아피스토이)은 신실하지 아니한 자들인데 곧 하나님께 대해 신실함을 저버리고 우상 앞에 굴복한 자들이다. '거짓말하는 모든 자들' 앞에는 따로 관사가 붙어 있는데, 이들은 앞에서 말한 '두려워하는 자들 - 우상 숭배자들'과 동의어로서 그들 모습의 주된 특징을 다시 한번 드러내고 있다. 이들은 다 하나님을 경배하지 않는 자들을 가리키는데, 그 주요한 모습을 따라 여러 모양으로 말한 것이다.

이들은 "불과 유황으로 타는 못에 던져지리니 이것이 둘째 사망이라."고 한다(8하). '불과 유황으로 타는 못'은 영원한 형벌의 장소인 지옥을 말하고, 그러한 '불못'에 들어가는 것이 '둘째 사망'이다(계 19:20; 20:10, 14, 15). 이에 반해 '첫째 사망'은 영혼과 육체가 분리되는 현상이다. '첫째 사망'은 이 세상의 모든 사람이 다 겪게 되지만(히 9:27), '둘째 사망'은 예수님을 믿지 않는 사람만 겪게 된다. '둘째 사망'은 존재의 소멸이 아니라 지옥에서의 영원한 고통을 말한다(막 9:48-49).

교훈과 적용

1. 우리는 궁극적으로 이루어질 '새 하늘과 새 땅'을 바라보며 산다. 죄로 물든 이 세상 곧 '처음 하늘과 처음 땅'은 사라질 것이다(1절). 예수님 재림 때에 이 세상은 불에 타서 없어질 것이다(벧후 3:10-13). '새 하늘과 새 땅'은 무엇보다도 죄가 없고 사망이 없고 눈물이 없는 곳이다(4절). 그런 점에서 '거룩한 성 새 예루살렘'과 근본적으로 같다. 이것은 죄와 악으로 물든 이 땅의 '예루살렘'이 아니라 거룩함과 정결함이 지배하는 '새 예루살렘'을 가리킨다. 완전한 천상 교회, 궁극적으로 이루어질 미래 교회를 가리킨다(9-10절).

2. '거룩한 성 새 예루살렘'은 하나님께로부터, 하늘에서 내려온다(2절). 이것은 문자적으로 무엇이 우주의 어느 곳에서 내려온다는 의미가 아니라 그리스도의 신부인 '교회'는 그 기원이 하나님께 있으며 천상적이다는 것을 나타낸다. 즉, 교회는 사람에 의해 만들어지고 운영되는 인간적인 단체가 아니다. 주님의 교회는 하나님에 의해 조직되고 운영되며 '거룩함'을 그 특징으로 한다.

3. 이 세상 역사가 끝이 나서 처음 하늘과 처음 땅이 사라지고 새 하늘과 새 땅이 이루어질 때 하나님은 만물을 새롭게 하실 것이다(5절). 이 말은 하나님이 또다시 무(無)로부터 새로운 창조를 하신다는 것이 아니라 근본적으로 새롭게 하신다는 것을 말한다. 그 핵심은 죄를 없이하고 모든 불의를 제거하신다는 것에 있다. 뿐만 아니라 만물의 구성요소에 이르기까지 근본적인 변화가 있을 것이다(벧후 3:10, 12). 우리는 이처럼 '의가 거하는 새 하늘과 새 땅'을 바라보며 산다(벧후 3:13).

2. 거룩한 성 예루살렘(21:9-27)

9 일곱 대접을 가지고 마지막 일곱 재앙을 담은 일곱 천사 중 하나가 나아
와서 내게 말하여 이르되 이리 오라 내가 신부 곧 어린 양의 아내를 네게
보이리라 하고 **10** 성령으로 나를 데리고 크고 높은 산으로 올라가 하나님
께로부터 하늘에서 내려오는 거룩한 성 예루살렘을 보이니 **11** 하나님의
영광이 있어 그 성의 빛이 지극히 귀한 보석 같고 벽옥과 수정같이 맑더
라 **12** 크고 높은 성곽이 있고 열두 문이 있는데 문에 열두 천사가 있고 그 문
들 위에 이름을 썼으니 이스라엘 자손 열두 지파의 이름들이라 **13** 동쪽에
세 문, 북쪽에 세 문, 남쪽에 세 문, 서쪽에 세 문이니 **14** 그 성의 성곽에는
열두 기초석이 있고 그 위에는 어린 양의 열두 사도의 열두 이름이 있더
라 **15** 내게 말하는 자가 그 성과 그 문들과 성곽을 측량하려고 금 갈대 자
를 가졌더라 **16** 그 성은 네모가 반듯하여 길이와 너비가 같은지라 그 갈대
자로 그 성을 측량하니 만 이천 스다디온이요 길이와 너비와 높이가 같더
라 **17** 그 성곽을 측량하매 백사십사 규빗이니 사람의 측량 곧 천사의 측
량이라 **18** 그 성곽은 벽옥으로 쌓였고 그 성은 정금인데 맑은 유리 같더
라 **19** 그 성의 성곽의 기초석은 각색 보석으로 꾸몄는데 첫째 기초석은 벽
옥이요 둘째는 남보석이요 셋째는 옥수요 넷째는 녹보석이요 **20** 다섯째
는 홍마노요 여섯째는 홍보석이요 일곱째는 황옥이요 여덟째는 녹옥이

요 아홉째는 담황옥이요 열째는 비취옥이요 열한째는 청옥이요 열두째
는 자수정이라 21 그 열두 문은 열두 진주니 각 문마다 한 개의 진주로 되
어 있고 성의 길은 맑은 유리 같은 정금이더라 22 성 안에서 내가 성전을
보지 못하였으니 이는 주 하나님 곧 전능하신 이와 및 어린 양이 그 성전
이심이라 23 그 성은 해나 달의 비침이 쓸 데 없으니 이는 하나님의 영광
이 비치고 어린 양이 그 등불이 되심이라 24 만국이 그 빛 가운데로 다니
고 땅의 왕들이 자기 영광을 가지고 그리로 들어가리라 25 낮에 성문들을
도무지 닫지 아니하리니 거기에는 밤이 없음이라 26 사람들이 만국의 영
광과 존귀를 가지고 그리로 들어가겠고 27 무엇이든지 속된 것이나 가증
한 일 또는 거짓말하는 자는 결코 그리로 들어가지 못하되 오직 어린 양
의 생명책에 기록된 자들만 들어가리라

1) 거룩한 성의 모습(9-14절)

일곱 재앙을 담은 일곱 대접을 가진 일곱 천사 중 하나(참조. 계 17:1; 15:1)가 요한에게 와서 말하였다. "이리 오라. 내가 신부 곧 어린양의 아내를 네게 보이리라."(9절) 여기에 '신부'란 말과 '아내'란 말이 동의어로 사용된 것을 볼 수 있다(참조. 계 19:7; 21:2). 우리는 그리스도와 약혼한 '신부'인 동시에 그의 '아내'이다. 이 둘은 다 그리스도와의 밀접한 관계, 하나 된 관계를 나타낸다. 그러면서 그 천사가 성령으로 데리고 가서 보여 준 것은 '거룩한 성 예루살렘'이었다(10절). 따라서 '거룩한 성 예루살렘'은 그리스도의 신부인 '교회'를 가리킴을 알 수 있다. 그러므로 '거룩한 성'의 여러 모습들은 교회의 모습을 가리키는 것으로 이해해야 한다. 하나님의 택하신 백성들의 모임인 교회는 '거룩성'을 그 특징으로 한다. 그래서 '거룩한 성'이라 불린다. 이것은 부정(不淨)을 특징으로 하는 '음녀(淫女)'와 대비된다(계 17:1).

그 천사가 '성령으로'(ἐν πνεύματι, *엔 프뉴마티*)[9] 요한을 데리고 '크고 높은 산'으로 올라갔는데(10상), '크고 높은 산'은 '많은 물 위에 앉은 큰 음녀'(계 17:1)에 대비되는 상징으로 볼 수 있다.[10] 거기서 요한이 본 것은 "하나님께로부터 하늘에서 내려오는 거룩한 성 예루살렘"이었다(참조. 2절). '하나님께로부터'(ἀπὸ τοῦ θεοῦ, *아포 투 떼우*)는 거룩한 성(교회)의 기원자가 하나님임을 말하며, '하늘에서'(ἐκ τοῦ οὐρανοῦ, *엑 투 우라누*)는 그 기원이 천상적임을 말한다. '첫째 짐승'은 바다에서 올라오고(계 13:1), '거짓 선지자'는 땅에서 올라오지만(계 13:11), '거룩한 성 예루살렘'은 하늘에서 내려온다(계 21:2, 10). 이 사실은 교회가 인간의 힘에 의해 형성되고 유지되는 단체가 아니라, 하나님에 의해 신적인 능력으로 생성되고 유지되는 단체임을 말해 준다. 나아가서 교회의 본질은 신적(神的)이고 천상적(天上的)이며(엡 2:6; 골 3:1-4; 빌 3:9), 그 본향은 하늘에 있음을 말해 주기도 한다(빌 3:20; 히 11:16).

이어서 '거룩한 성 예루살렘'의 모습을 묘사한다. "하나님의 영광이 있어 그 성의 빛이 지극히 귀한 보석 같고 벽옥과 수정같이 맑더라."(11절) 교회는 '하나님의 영광'을 가지고 있다. '영광'(δόξα, *독사*)은 원래 빛이 찬란하게 비취는 것을 뜻한다(BDAG). 따라서 '하나님의 영광'은 하나님의 위엄과 존귀와 거룩함이 찬란하게 빛나는 것을 의미한다. 그 성의 '빛'은 '지극히 귀한 보석' 같다고 한다. '벽옥(碧玉) 같다'는 것은 티가 없이 순수하고 깨끗함을 의미한다(참조. 계 4:3).[11] '수정같이 맑다'는 것도 마찬가지로 깨끗함과 정결함을 의미한다(참조. 계 4:6; 22:1). 이것은 다 교회의 순결함과 정결함을 의미한다.

---

9. 이것은 요한을 이 세상이 아니라 다른 차원의 환상(vision)의 영역, 계시의 영역으로 인도함을 말한다(계 1:10; 4:2; 17:3; 참조. 겔 2:2; 3:12, 14, 24; 11:1; 43:5). 참조. Beale, *Revelation*, 1065.

10. 참조. 박윤선, 『요한계시록』, 355: "… 숭고(崇高)한(영화로운) 새 예루살렘(어린양의 신부)은 '크고 높은 산'에서 본다. 이것은, 바벨론은 황야(荒野)처럼 망하지만, 새 예루살렘은 산처럼 영원히 흥(興)하리라는 상징이다."

11. 박윤선은 "이것은 티가 없이 순수(純粹)하고 투명(透明)함을 말함"이라고 한다. 또 '순수 무잡(純粹無雜)한 하나님의 의(義)의 영광'이라고 설명한다. 박윤선, 『요한계시록』, 355.

12-14절에서는 '거룩한 성 예루살렘'의 모습을 좀 더 구체적으로 묘사한다. 곧, 거기 있는 '성곽'과 '문들'에 대해 말한다. 거룩한 성 예루살렘은 '크고 높은 성곽'을 가지고 있다(12상). '성곽(城郭)'(τεῖχος, *테이코스*)은 성의 담 곧 성벽을 의미한다. '크고 높은 성곽'은 그 성을 안전하게 보호한다는 것을 의미한다(참조. 슥 2:5).[12] 하나님의 교회는 안전하게 보호되고 있다. 그리고 "열두 문이 있는데 문에 열두 천사가 있고 그 문들 위에 이름을 썼으니 이스라엘 자손 열두 지파의 이름들이라. 동쪽에 세 문, 북쪽에 세 문, 남쪽에 세 문, 서쪽에 세 문이 있다."고 한다(12-13절). '열두 문'이 있다는 것은 문자적 의미가 아니라 "하나님으로 더불어 이 영광스럽고 놀라운 교제의 장소로 들어가는 기회가 풍부하다는 것"을 나타낸다.[13] 박윤선은 "'열두 문'은 출구(出口)가 아니고 입구(入口)이다(25절). 다시 말하면, 이것은 구원받은 자들이 천국으로 들어가는 문이다."고 말한다.[14] 이 열두 문에 있는 '천사들'은 그 문들을 지키는 역할을 한다(참조. 사 62:6). '열두 지파'는 구약에서 하나님의 거룩한 백성을 형성하였다(창 29:31-30:24; 35:16-18; 왕상 18:31). 따라서 이들은 구약의 모든 성도들을 대표한다.[15] 동서남북에 각각 세 문씩 가지고 있다는 것은 문자적 의미로 볼 것이 아니라, 박윤선이 말한 대로 "이 세상에서 어떤 나라의 민족 중에서든지 복음을 믿은 자들은 다 들어갈 수 있다는 것이다(창 28:14)."[16]

그 성의 성곽은 '열두 기초석'을 가지고 있는데, 그 위에 '어린양의 열두 사도의 열두 이름'이 있다고 한다(14절). 여기서 '열두 사도'는 신약 교회의 토

12. 참조. Greijdanus, *Openbaring*, 424.
13. 헨드릭슨, 『요한계시록』, 253 이하.
14. 박윤선, 『요한계시록』, 355.
15. 박윤선은 '열두 지파'에 대해 '신구약 시대의 모든 택한 백성'을 상징한다고 본다. 박윤선, 『요한계시록』, 356. 물론 이렇게 볼 수도 있지만, 14절에 열두 기초석 위에 '열두 사도의 열두 이름'이 있기 때문에 이것을 신약 시대의 모든 택한 백성으로 보고, 앞의 '열두 지파'를 구약 시대의 모든 택한 백성으로 보는 것이 더 좋을 것이다.
16. 박윤선, 『요한계시록』, 356.

대가 된 자들로서(엡 2:20; 마 16:18) 신약 교회의 대표들이다. 따라서 거룩한 성에 있는 '열두 지파'와 '열두 사도'는 구약 교회와 신약 교회의 대표들로서 하나님의 전체 교회를 나타낸다(참조. 계 4:4의 '24 장로').[17]

2) 거룩한 성을 측량함(15-17절)

이어서 15-17절에는 그 성을 측량하는 것이 기록되어 있다. 요한에게 말하던 그 천사가 금 갈대를 가지고 그 성과 그 문들과 성곽을 측량하였다(15절). 측량하니 그 성은 네모가 반듯하여(τετράγωνος, *테트라고노스*)[18] 길이와 너비와 높이가 같았으며, 각각의 길이가 12,000 스타디온이었다(16절). 1 스타디온(στάδιον)은 헬라의 길이 단위로 600 헬라 피트(= 625 로마 피트)이며, 약 607 영국 피트 곧 192미터쯤 된다(BDAG). 따라서 12,000 스타디온은 약 2,300km쯤 된다. 가로 세로 높이가 각각 2,300km가량 되는 입방체는 엄청난 규모이다. 12,000 스타디온은 실제 길이를 나타내는 것이 아니라 12 x 1,000으로서 선택의 완전성과 많음을 나타낸다. 따라서 이것은 하나님에 의해 택함받은 성도들 전체인 교회를 나타낸다.[19] 가로, 세로, 높이가 같다는 것은 정육각형 입방체로서 '완전성'의 개념을 표현하고 있다.[20] 구약의 '지성소(至聖所)'가 가로 세로 높이 각각 20 규빗의 정방형 입방체였다(왕상 6:20; 참조. 대하 3:8). 이처럼 거룩한 성 예루살렘 곧 천국은 '정직'과 '공의'와 '완전성'이 지배하는 곳이다(참조. 롬 14:17; 벧후 3:13).

또 "그 성곽을 측량하매 백사십사 규빗이니 사람의 측량 곧 천사의 측량이라."고 한다(17절). '144 규빗'은 12 x 12 규빗으로서 약 70m쯤 된다. 이것은

---

17. Greijdanus, *Openbaring*, 424.
18. τετράγωνος(*테트라고노스*)는 원래 '사각형의'(four-cornered)란 의미이다. Beale, *Revelation*, 1073. 흐레이다너스는 이것은 '규칙성'과 '견고함'의 개념을 나타낸다고 한다. Greijdanus, *Openbaring*, 425.
19. 계 7:4-8에 대한 본서의 주석을 보라.
20. Greijdanus, *Openbaring*, 425; Beale, *Revelation*, 1073.

거룩한 성의 성곽이 매우 높음을 말해 준다. 이처럼 높은 성벽은 곧 '보호'와 '안전'을 의미한다. 이 성은 '완전한 보호'를 제공해 준다.[21] 뿐만 아니라 이보다 더 중요한 것으로, '12'는 선택과 관련된 완전성을 상징하는 숫자이다. 따라서 12 x 12는 선택된 하나님의 백성 곧 교회를 상징하는 숫자이다(참조. 계 7:4; 14:1). "사람의 측량 곧 천사의 측량"이라는 말은 사람의 측량과 천사의 측량이 같다는 것이다(참조. 계 13:18). 그 정확한 의미는 알 수 없다.[22]

3) 거룩한 성의 보석들(18-21절)

그러고 나서 요한은 그 거룩한 성의 여러 '보석들'에 대해 말한다. 우선 "그 성곽은 벽옥으로 쌓였고 그 성은 정금인데 맑은 유리 같더라."고 한다(18절). '벽옥(碧玉)'(ἴασπις, *야스피스*)은 짙은 초록색인데(11절; 계 4:3),[23] 순결함과 정결함을 상징한다. '정금(精金)'(χρυσίον καθαρόν, *크뤼시온 카따론*)은 순수한 금을 말하며, '맑은 유리' 같다는 것은 깨끗함, 순결함, 정결함을 상징한다. 곧, 거룩한 성에는 죄가 없고 흠과 티가 없음을 나타낸다.

---

21. Greijdanus, *Openbaring*, 426.

22. 흐레이다너스는 다음과 같이 말한다. "이 언급은 아마도 우리의 생각에 도움을 주기 위해 덧붙여졌을 것이다. 그렇지 않았다면 전혀 다른 높이가 생각될 수도 있었기 때문일 것이다. 13:18 참조." Greijdanus, *Openbaring*, 426. 빌은 17절의 이 결론적 언급은 '이 숫자의 비유적 의도'(the figurative intention of the number)를 더욱 분명히 한다고 한다. 곧, 계시록에서 지상의 것들로 보여진 환상 속의 이미지들은 '천상적 또는 영적 진리들의 깊은 의미'(the deeper meaning of heavenly or spiritual truths)를 나타내기 위해 사용되었다고 한다. Beale, *Revelation*, 1077. 필자는 빌의 이 설명이 17하의 진술에 대한 가능한 한 설명이라고 생각하지만, 확실한 판단은 유보하도록 하겠다. 필자의 견해로는, "사람의 측량 곧 천사의 측량이라"는 말은 사람의 기준과 천사의 기준 사이에, 곧 지상의 일들과 천상의 일들 사이에 소통이 가능하다는 것을 말하는 것이 아닌가 생각된다. 왜냐하면 이 세상에서도 측량의 기준이 다르면 소통이 불가능하듯이 이 세상과 천국 사이에도 기본적인 기준이 같아야만 소통이 가능할 것이기 때문이다. 기본적인 기준(여기서는 '측량 단위'로 나타나 있음)이 다르면 이 세상과 천국 사이에 소통과 이해 자체가 불가능하게 될 것이다. 따라서 이 세상과 천국 사이에는 근본적인 다름에도 불구하고 소통을 가능하게 하는 기본적인 동일성이 있을 것이다. 그러나 이것은 추측일 뿐 정확한 것은 알 수 없다.

23. Greijdanus, *Openbaring*, 426.

그 성의 성곽의 '기초석'은 각색 보석으로 꾸며졌다고 한다(19-20절; 참조. 출 28:17-20; 겔 28:13; 사 54:11-12). 그 열두 보석의 이름이 여기에 열거되어 있다. 곧, 벽옥(碧玉, jasper), 남보석(藍寶石, saphire), 옥수(玉髓, chalcedony), 녹보석(錄寶石, emerald), 홍마노(紅瑪瑙, sardonyx), 홍보석(紅寶石, sardius), 황옥(黃玉, chrysolite), 녹옥(綠玉, beryl), 담황옥(淡黃玉, topaz), 비취옥(翡翠玉, chrysoprase), 청옥(靑玉, hyacinth), 자정(紫晶, amethyst)이다.

이런 다양한 보석들에 대해 흐레이다너스는 이렇게 말한다. "이런 다양한 색깔들은 하나님께서 신자들에게 여러 가지 은혜의 선물들을 주셔서 빛나게 하시는 다양한 하나님의 지혜를 반영한다(엡 3:10)."[24] 그러나 이것은 좀 지나치다고 생각된다. 여기서 이 보석의 각각의 의미를 따로 찾기보다 전체적으로 이해함이 옳다고 생각된다. 이에 대해 이필찬은 이렇게 말한다. "보석은 전체적으로 '거룩한 도시, 새 예루살렘의 영광, 순결성, 아름다움 그리고 소중함'을 나타내 주고 있다. 21:2과 관련해서 이러한 보석의 기능은 남편을 위해 단장한 신부의 아름다움을 더욱 강화시켜 준다."[25] 포이쓰레스도 다음과 같이 말한다. "이것은 온 도시의 엄청난 부요와 아름다움과 광채를 표현한다."[26] 이처럼 이런 보석들은 새 예루살렘의 귀함과 아름다움과 영광을 나타낸다. 이런 맥락에서 볼 때, 새 예루살렘 곧 영원한 천국이 문자적으로 이런 보석들로 되어 있다고 생각하는 것은 지나치게 단순한 것이다. 물론 천국에 이런 보석들이 있을 수 있지만(그리고 많이 있겠지만), 그런 것은 여기 본문이 말하고자 하는 바가 아니다. 본문은 새 예루살렘 곧 천국의 순결함과 아름다움, 고귀함을 말한다.

이어서 "그 열두 문은 열두 진주니 각 문마다 한 개의 진주로 되어 있고

---

24. Greijdanus, *Openbaring*, 427.

25. 이필찬, 『요한계시록 어떻게 읽을 것인가』, 250.

26. 포이쓰레스, 『요한계시록 맥잡기』, 211.

성의 길은 맑은 유리 같은 정금이더라."고 말한다(21절). 열두 문이 각각 '진주'(μαργαρίτης, *마르가리테스*)로 되어 있다는 것은 새 예루살렘의 영광과 아름다움을 나타낸다. "성의 길은 맑은 유리 같은 정금"이라는 것은 순수하고 깨끗하다는 것을 나타낸다. 여기서 '길'(πλατεῖα, *플라테이아*)은 넓은 길(wide road, street)을 의미한다(BDAG). 따라서 이것은 "이 성의 교통은 쉽고 막힘이 없다"는 것을 나타낸다.[27]

4) 하나님의 영광이 비침(22-26절)

그러고 나서 요한은 그 '거룩한 성 예루살렘'에 대해 중요한 사실들을 말해 준다. "성 안에서 내가 성전을 보지 못하였으니 이는 주 하나님 곧 전능하신 이와 및 어린양이 그 성전이심이라."(22절) 거룩한 성 안에 '성전'(ναός, *나오스*)이 없다는 사실은 미래의 영원한 천국에서뿐만 아니라 어떤 의미에서는 또한 현재의 시간 세상에도 해당된다(참조. 요 4:23-24).[28] 주후 70년의 예루살렘 성전 파괴 이후로 지상에는 성전(聖殿)이 없다. 예수님의 몸이 성전(*나오스*)이고(요 2:21), 성도의 몸이 성전(*나오스*)이다(고전 3:16; 6:19). 성령이 충만하고 하나님의 영광이 충만한 곳이 곧 성전이다(왕상 8:10-11; 대하 5:13-14; 7:1).

이와 마찬가지로 영원한 천국에도 성전이 없다. 왜냐하면 주 하나님 곧 전능하신 이와 및 어린양이 성전이기 때문이다. 천국은 성령이 충만히 거하며 죄악이 전혀 없기 때문에, 천국의 모든 장소가 다 거룩한 성전이라고 할 수 있다(참조. 슥 14:20-21). "하나님과의 교통은 직접적이며 매개체를 통하지 않으며 끊어지지 않는다. 구속받은 자들의 모든 삶과 일은 모든 곳에서 항상 하나님의 존전에서 제사장적으로 하나님을 섬기는 것이다."[29]

---

27. Greijdanus, *Openbaring*, 427.
28. Greijdanus, *Openbaring*, 427.
29. Greijdanus, *Openbaring*, 427.

그리고 "그 성은 해나 달의 비침이 쓸데없으니 이는 하나님의 영광이 비치고 어린양이 그 등불이 되심이라."고 한다(23절). "해나 달의 비침이 쓸데없다."는 말은 꼭 해나 달의 비침이 없다는 것이 아니라 그런 것이 필요 없다는 것, 곧 하나님의 영광에 비해 무색(無色)하다는 의미이다(참조. 사 60:19-20). 곧, 거룩한 성에는 하나님의 영광이 찬란하게 비치며 그 영광이 환하게 빛난다. 이 세상의 어떤 것으로도 비교할 수 없는 찬란한 영광이다. 이처럼 영원한 천국에는 하나님의 은혜와 영광이 충만하며 어떠한 죄악이나 부정적인 것도 없다.

해나 달의 비침이 쓸데없다는 것에 대해 흐레이다너스는 다음과 같이 설명한다. "오는 영원에서는 지금 존재하는 자연법칙이 새 예루살렘에 더 이상 존재하지 않을 것이다. 구속받은 자들은 끊임없이 직접적으로 하나님의 교통 가운데 산다."[30] 영원한 천국에서 자연법칙에 변화가 있을지 어떨지에 대해서는 우리가 알 수 없다. 물론 소위 '자연법칙'에 변화가 온다고 생각할 수도 있지만, 여기의 이 구절이 그런 것을 말하는 것으로 보는 것은 지나치다고 생각된다.

새 예루살렘에는 정말로 해와 달이 없다는 의미인가? 아니면 있는데도 쓸데없다는 의미인가? 이에 대해 빌은 아마도 비유적인 의미인 것 같다고 한다. "새 우주에서 문자적 의미의 해와 달이 있을 수도 있고 없을 수도 있지만, 여기서 말하고자 바는 하나님의 영광은 옛 창조(현 우주)나 새 창조(새 하늘과 새 땅)의 어떤 빛과도 비교할 수 없을 정도로 찬란하다는 것이다."[31] 마운스도 마찬가지 견해다. "요한은 그의 독자들에게 미래의 천문학적 변화에 대한 정보를 제공하는 것이 아니라, 통용되는 묵시적 상징들을 사용하여 하나님과 어린양 앞에서부터 장차 비취게 될 영화

30. Greijdanus, *Openbaring*, 428.

31. Beale, *Revelation*, 1093.

(榮華)를 나타낸다."[32]

이 문제를 해결하기 위해 우리는 이 구절이 나타나는 구약 이사야서의 문맥을 살펴보자. 이사야 60:19-20에 보면 "다시는 낮에 해가 네 빛이 되지 아니하며 달도 네게 빛을 비추지 않을 것이요 오직 여호와가 네게 영원한 빛이 되며 네 하나님이 네 영광이 되리니 다시는 네 해가 지지 아니하며 네 달이 물러가지 아니할 것은 여호와가 네 영원한 빛이 되고 네 슬픔의 날이 끝날 것임이라."고 한다. 이 구절들을 보면 이사야는 자연법칙에 대해 말하는 것이 아니라 하나님의 영광이 충만하고 그래서 슬픔이 없다는 맥락에서 말한다. 그렇다면 계시록의 이 구절도 비유적으로 이해해야 옳을 것이다.

23하는 23상에 대한 이유 설명이다. 그 성에 해나 달의 비침이 쓸데없는 이유는 "하나님의 영광이 비치었으며 어린양이 그 등불이 되시기 때문"이다. 하나님의 영광(δόξα, 독사)이 그 성을 환하게 비추었다. 물론 계속해서 비추고 있다. 그리고 '어린양' 예수님이 그 등불이 되신다. 그래서 거룩한 성 예루살렘은 하나님의 영광이 충만하고 성령이 충만하다. "구속받은 자들에 대한 모든 빛은 하나님과 어린양으로부터 직접 온다. … 구속받은 자들은 하나님과 주 그리스도와의 충만한 교통을 항상 충만하게 누린다."[33] 영원한 천국에서는 하나님의 영광이 100% 충만하게 비취고 있으며 그래서 하나님의 뜻이 온전히 이루어졌지만(마 6:10), 현재 천국에서는 부분적으로 비취고 있다. 그래서 성도들은 천국의 영광을 이 세상에서 맛보면서 산다. 성령 안에서 의와 평강과 희락(기쁨)이 충만한 것이 하나님 나라의 특징이며(롬 14:17), 이 세상에서 우리는 그런 것을 부분적으로 맛보고 있다.

이어서 "만국이 그 (성의) 빛 가운데로 다니고 땅의 왕들이 자기 영광을 가

32. Mounce, *Revelation*, 395 이하.

33. Greijdanus, *Openbaring*, 428.

지고 그리로 들어가리라."고 말한다(24상). "만국이 그 성의 빛 가운데로 다닐 것이다"란 말은 세상의 여러 민족들이 '거룩한 성'의 복락에 참여할 것을 말한다(사 60:3). 단지 유대 민족만이 아니라 세계의 열방(列邦)이 하나님의 영광 가운데 나아와서 그 빛 가운데로 다닐 것이다. 이 일이 일어나는 시점에 대해 빌은 "미래의 새 예루살렘에서 일어난다."고 본다.[34] 판 드 캄프는 '심판의 큰 날 후에' 일어난다고 본다.[35] 그러나 흐레이다너스는, 이 구절은 "단지 하늘과 땅이 새롭게 된 후에 일어날 일뿐만 아니라 또한 이미 이 시간 세상에서 일어나고 있는 일을 말하고 있다."고 본다.[36]

이 구절의 배경이 되는 이사야 60:3-5을 보면,[37] 메시아 시대에 열방이 메시아에게 나아올 것을 예언하고 있다. 따라서 계시록의 이 구절은 미래의 영원한 천국의 상태를 묘사할 뿐만 아니라 또한 이 세상에서 열방이 회개하고 주께로 돌아와서 천국의 영광에 참여할 것을 말하고 있다고 생각된다. 영원 천국에서는 하나님의 영광을 충만히 누리게 될 것이고, 이 세상에서는 부분적으로 맛보게 될 것이다. 그렇지만 열방이 하나님의 영광에 참여한다는 원리는 똑같다. 물론 계시록 21장은 새 예루살렘 곧 영원한 천국의 상태를 묘사한 것이다. 그렇지만 우리는 그 천국을 현재 이 세상에서 부분적으로 맛보고 있다. 영원한 천국과 현세 천국은 커다란 차이점에도 불구하고 그 기본 성격과 원리는 같다.[38]

---

34. Beale, *Revelation*, 1094.
35. Van de Kamp, *Openbaring*, 476.
36. Greijdanus, *Openbaring*, 429.
37. "나라들은 네 빛으로, 왕들은 비치는 네 광명으로 나아오리라 네 눈을 들어 사방을 보라 무리가 다 모여 네게로 오느니라 네 아들들은 먼 곳에서 오겠고 네 딸들은 안기어 올 것이라 그 때에 네가 보고 기쁜 빛을 내며 네 마음이 놀라고 또 화창하리니 이는 바다의 부가 네게로 돌아오며 이방 나라들의 재물이 네게로 옴이라."
38. 만국 백성은 이 세상에 있을 때에 메시아(예수님)를 믿어서 먼저 '교회'(현세 천국)에 들어온다. 한평생 살다가 죽으면 '낙원'(내세 천국)에 가서 안식하면서 기다린다. 그러다가 예수님 재림하실 때에 그 영혼들도 함께 와서(살전 3:13; 4:14) 부활한 그들의 육체와 결합하여 '새 예루살렘'(영원 천

24하의 "땅의 왕들이 자기 영광을 가지고 그리로 들어가리라."는 말씀도 같은 의미이다. 원문을 직역하면 "땅의 왕들이 자기 영광을 그 안으로 가지고 간다(온다)."가 된다. 여기서 '가지고 온다, 운반한다'는 뜻의 동사(φέρουσιν, *페루신*)는 현재인데, 환상 속에서 보여 주는 사건이기 때문에 '시제'(時制, tense)는 중요한 것이 아니지만 '시상'(時相, aspect)의 의미는 살아 있다고 생각된다. 현재 시상은 지속적인 동작을 나타낸다. 그리고 내용상으로 볼 때, 이것은 현재 이 세상에서 일어나는 것으로 생각된다. 왜냐하면 영원한 천국에서는 더 이상 회개도 없고 그리로 들어오는 자도 없기 때문이다(마 25:10-12; 눅 13:25). 여기 사용된 '현재'는 지금 이 세상에서 일어나고 있는 천국의 '원리' 또는 무시간적인 '진리'를 나타낸다고 볼 수 있다. 본 구절의 배경이 되는 이사야 60:4-11을 보면, 열방이 금, 은, 낙타와 양 등의 재물을 가지고 와서 메시아에게 드리며 섬길 것을 말하고 있다. 이사야 60장 전체가 메시아 시대의 구원에 대해 말하고 있다. 따라서 계시록 21:24의 말씀은 현 세상 곧 교회 시대에 일어나는 일을 말한 것이라고 볼 수 있다. "이것은 지금 이 시대에 일어나고 있다. … 이 지상의 세대에서 하나님은 또한 왕들과 권세 있는 자들과 큰 자들 곧 모든 영역에서 유력한 자들을 회개하게 하신다. 그리고 하나님은 또한 큰 영향력과 높은 지위에 있는 많은 사람들로 하여금 자신의 교회를 세우며 자신의 나라가 영광 가운데 오게 하는 일에 협력하게 하신다. 그리고 그것은 영원에서 아주 분명히 보여질 것이다."[39]

국)에 들어가서 영원한 생명을 누리게 된다. 만국 백성이 먼저 '교회'에 들어오지 않고 바로 '새 예루살렘'으로 갈 수는 없다. 먼저 예수님을 믿어서 '교회' 곧 현재 이 세상에서의 하나님의 나라에 들어와야만 한다. 따라서 이 세상에 있을 때에 예수님을 믿어서 교회에 들어오는 것이 각자의 영원한 운명을 결정짓게 된다.

39. Greijdanus, *Openbaring*, 429.

24하의 “땅의 왕들이 자기 영광을 그 안으로 운반한다.”는 것을 문화 활동으로 이해하는 사람들이 있다. 아브라함 카이퍼는 이 세상에서의 문화 활동 중 긍정적인 열매는 천국으로 이전된다고 주장하였다. 인간에 대한 ‘선택’뿐만 아니라 ‘문화 활동’도 하나님의 작정(作定) 속에 들어 있다고 한다. 튤립을 땅에 심으면 이듬해에 싹이 나고 꽃이 피듯이 이 세상의 문화 활동의 ‘씨’는 천국으로 이전된다고 주장하였다.[40] 그러나 이사야 60:4-11에서 열방이 재물을 가지고 메시아에게 나아온다는 것은 문화 활동을 말하는 것이 아니라 그들이 회개하고 메시아에게로 와서 예물을 드리고 섬긴다는 의미이다. 즉, 많은 이방인들이 회개하고 메시아에게 나아와서 경배드린다는 의미이다.[41]

따라서 24하의 말씀은 땅의 존귀한 자들이 새 예루살렘(미래 천국)으로 들어온다는 사실을 말한 것이다. 그들은 먼저 이 세상에서 ‘교회’로 들어오고, 죽어서는 그 영혼이 ‘낙원’에 가서 안식하다가, 마지막 날에는 부활한 육체와 함께 ‘새 예루살렘’에 들어와서 영원토록 복락을 누릴 것이다.

25절에서는 “낮에 성문들을 도무지 닫지 아니하리니 거기에는 밤이 없음이라.”고 말한다(참조. 사 60:11). 이 말씀은 물론 미래의 새 예루살렘 곧 영원한 천국의 상황을 묘사하는 것으로 볼 수 있다. 그런데 본 구절의 배경이 되는 이사야 60:11에는 “네 성문이 항상 열려 주야로 닫히지 아니하리니 이는 사람들이 네게로 이방 나라들의 재물을 가져오며 그들의 왕들을 포로로 이끌어 옴

---

40. A. Kuyper, *De Gemeene Gratie*, 3 dln. (Leiden: D. Donner, 1902-1904), I, 454-62. 카이퍼의 문화관에 대해서는 변종길, “아브라함 카이퍼의 문화관”, 『기독교 학문에 대한 성경적 조망』, 한석 오병세 총장 은퇴기념논문집, 논문집 편찬위원회 편 (부산: 고신대학교, 1996), 197-212를 보라. 판 드 캄프는 그의 주석에서 20세기에 있었던 이 논쟁에 대해 문헌들을 간단히 소개해 주고 있다. Van de Kamp, *Openbaring*, 477.

41. 참조. Beale, *Revelation*, 1095: “… that they are bringing not literal riches but themselves as worshippers before God's end-time presence(so 22:3-5).”

이라."고 되어 있다. 이 구절을 보면 '성문들을 닫지 아니할 것'이란 말은 거룩한 성 예루살렘으로 들어오는 회개가 끊이지 않고 항상 일어날 것을 뜻한다고 보는 해석[42]이 더 옳아 보인다. 그러나 다르게 볼 수도 있다. "성문들을 낮에 도무지 닫지 아니한다."는 것은, 여기 계시록에서는 구원의 문이 항상 열려 있다는 의미가 아니라 거룩한 성 예루살렘은 '안전하다, 위험이 없다'는 의미로 볼 수도 있다. 왜냐하면 이어서 나오는 문장이 그것을 말하기 때문이다.

"거기에는 밤이 없을 것이다."는 문장은 앞 문장에 대한 이유이다. 곧 "성문들을 낮에 도무지 닫지 아니하는" 이유는 "거기에는 밤이 없을 것이기 때문"이다. 여기서 '밤이 없다'는 것이 실제 자연 현상을 말하는지 아니면 영적 의미로 이해해야 할지는 판단하기 쉽지 않다.[43] 이를 위해 그 배경이 되는 이사야 60:19-20의 말씀을 보자. "다시는 낮에 해가 네 빛이 되지 아니하며 달도 네게 빛을 비추지 않을 것이요 오직 여호와가 네게 영원한 빛이 되며 네 하나님이 네 영광이 되리니 다시는 네 해가 지지 아니하며 네 달이 물러가지 아니할 것은 여호와가 네 영원한 빛이 되고 네 슬픔의 날이 끝날 것임이라." 이 구절들을 보면 '자연 현상'을 설명한다기보다는 '여호와 하나님'이 영원한 빛이 됨을 강조하는 문맥 가운데서 나오는 것을 알 수 있다. 이어서 나오는 21-22절을 보면 "네 백성이 다 의롭게 되어 영원히 땅을 차지하리니 그들은 내가 심은 가지요 내가 손으로 만든 것으로서 나의 영광을 나타낼 것인즉 그 작은 자가 천을 이루겠고 그 약한 자가 강국을 이룰 것이라. 때가 되면 나 여호와가 속히 이루리라."고 한다. 따라서 이 구절들의 말씀도 영원한 미래 천국(새 예루살렘)의 '자연 현상'을 설명하는 것이 아니라 '메시아 시대의 구원과 복락'에 대해 말하는 것임을 알 수 있다. 그 앞에 나오는 15-18절의 말씀들도 메시아 시대의 구원에 대해 말하고 있다. 따라서 여기서 '밤

---

42. Greijdanus, *Openbaring*, 430.

43. "거기에는 낮과 밤의 교대가 없다. 항상 빛이 있을 것이다. 따라서 문을 닫을 필요가 없다."고 말하는데, 그 의미에 대해서는 더 이상 설명이 없다. Greijdanus, *Openbaring*, 430.

이 없다'는 것은 새 예루살렘에는 항상 낮뿐이라는 자연 현상을 말한 것이라기보다도 '거기에는 죄악이 없다, 항상 의롭고 거룩하고 영광스럽다'는 의미로 볼 수 있다(벧후 3:13; 계 21:4; 22:5). "구원받은 자들이 하나님의 영광스러운 존전에 아무런 방해도 없이 나아가게 될 것이다."는 빌의 설명[44]도 같은 맥락의 견해이다.

26절의 "사람들이 만국의 영광과 존귀를 가지고 그리로 들어가겠고"라는 말씀은 24절에 이미 나왔던 말씀의 반복이라고 볼 수 있다. 이것은 앞에서 살펴본 바와 같이 미래의 영원한 천국에서 일어나는 일이라고 보기는 어렵다. 그때에는 더 이상 '회개'가 없기 때문이다. 물론 이 말씀은 이 세상에서 사람들이 회개하고 마지막 종말 때에 '새 예루살렘'으로 들어가는 것으로 볼 수도 있다. 원문에 가깝게 직역하면 "(그들이) 만국(열방)의 영광과 존귀를 그(성) 안으로 운반할 것이다."가 되는데, 이 문장만 두고 본다면 '만국의 영광과 존귀'에 초점이 있는 것처럼 보인다. 마치 아브라함 카이퍼의 견해처럼 이 세상의 문화 활동의 열매가 새 예루살렘으로 이전된다고 말하는 듯이 보인다고 생각할지도 모른다. 그러나 본 구절의 배경이 되는 이사야 60:4-11을 보면, 열방의 무리가 단지 재물만 가지고 오는 것이 아니라 그들 자신이 '여호와의 찬송을 전파'하며(6절), '여호와를 앙망'할 것이다(9절). 따라서 그들 자신이 하나님을 경배하는 자가 될 것이다. 그들이 재물을 가지고 와서 드린다는 것은 하나님에 대한 존경과 경배의 표시라고 볼 수 있다(참조. 마 2:11). 따라서 이 구절의 말씀은, 24절의 '가지고 들어간다'(현재 시상)와 함께 생각해 볼 때, 이 지상에서 열방의 무리들이 - 권세 있는 자들과 존귀한 자들을 포함해서 - 하나님의 교회로 들어온다는 사실을 표현한 것이라고 볼 수 있다. 이들은 물론 이 세상에서 죽을 때에 그 영혼들이 '천국'(낙원)으로 들어가서 안식하다가, 마지막 날에 부활의 몸과 하나가 되어서 영원한 천국인 '새 하늘과

44. Beale, *Revelation*, 1096.

새 땅' 곧 '새 예루살렘'에 들어갈 것이다.

5) 거룩한 성에 들어가지 못할 자(27절)

그러나 "무엇이든지 속된 것이나 가증한 일 또는 거짓말하는 자는 결코 그리로 들어가지 못할 것이다."(27상) '속된 것'이나 '가증한 일'이나 '거짓말'을 하는 자는 하나님을 믿지 않는 자들의 모습을 묘사한 것이다. 곧, 불신자들의 일상적 모습을 묘사한 것이다. '믿음'은 내적이고 보이지 않아서 우리가 바로 알 수 없다. 그러나 불신앙은 이런 죄악된 모습으로 나타난다. 그런 자들은 '거룩한 성 새 예루살렘'으로 들어가지 못할 것이다. 곧, 이들은 구원을 얻지 못할 것이다.

다만 '어린양의 생명책에 기록된 자들'만 그리로 들어가게 될 것이다. 이들은 하나님의 어린양 예수 그리스도를 믿는 자들이다. 이들은 예수 그리스도의 피로 죄 사함 받은 자들이며 끝까지 믿음을 지키고 인내한 자들이다. 이들은 마침내 '거룩한 성 예루살렘' 곧 '영원한 천국'에 들어가는 복락을 누리게 될 것이다.

교훈과 적용

1. 사도 요한이 본 '거룩한 성 예루살렘'은 이 땅에 있는 예루살렘이 아니다. 땅에 있는 예루살렘은 주후 70년에 로마 군대에 의해 멸망했으며, 거룩하지도 않고 하나님의 백성이 거기에 사는 것도 아니다. '거룩한 성 예루살렘'은 '신부' 곧 '어린양의 아내'라고 말한다(9절). 따라서 이것은 그리스도의 신부인 '교회'를 말하며 참 성도들로 이루어진 영적 이스라엘이다. 이 교회는 하나님에 의해 생성되고 운영되며(엡 4:15-16), 그 본향은 하늘에 있다(빌 3:20).

2. '거룩한 성 예루살렘'은 구약 시대의 '열두 지파'와 신약 시대의 '열두 사도'의 토대 위에 세워져 있다(12, 14절). 그리하여 구약 시대의 교회와 신약 시대의 교회를 합하여 전체 교회를 이루고 있다. 여기에는 유대인들 중에서 믿는 자들과 이방인들 중에서 믿는 자들이 있어 함께 하나님을 섬기며 하나님을 찬양한다. '거룩한 성 예루

살렘'은 거룩하며 아름답고 영광스럽다. 이것은 영원한 천국의 모습을 보여 준다. 오늘날 지상의 교회는 비록 부족하지만 이러한 천국의 아름다움을 부분적으로 맛보고 있다(롬 14:17).

3. '거룩한 성 예루살렘'에 있는 각종 보석들은 천국의 아름다움과 존귀함과 영광스러움을 나타낸다. 천국은 문자적으로 이런 보석들로 꾸며져 있다고 생각하면 안 된다. 물론 처음에는 이렇게 생각할 수도 있으나 신앙이 성숙하면 우리는 그 의미를 생각해야 한다. 이런 보석들은 천국의 아름다움을 상징하는 것이다. 천국은 무엇보다도 하나님의 영광이 빛나며, 그래서 몹시 아름답고 영광스럽다(11절). 동시에 천국은 성령이 온전히 충만한 곳이며(참조. 왕상 8:10-11; 대하 5:13-14), 성령 안에서 의와 평강과 희락이 넘치는 곳이다(롬 14:17).

제23장

생명수의 강

(22:1-5)

계시록의 마지막 환상은 '생명수의 강'에 대한 것이다(1-5절). 환상(1-5절)과 '마지막 권면'의 말씀들(6-15절), '예수님의 자기 계시와 초청'(16-17절) 및 '경고의 말씀'(18-19절), '재림 약속과 축원'(20-21절)으로 이루어져 있다.

본문 개요

계시록의 마지막 환상은 '생명수의 강'에 대한 것이다(1-5절). 요한은 하나님의 보좌로부터 생명수의 강이 흘러나와 길 가운데로 흐르는 것을 보았다(1-2절). 강 좌우에는 생명나무가 있어 열두 가지 열매를 맺으며 그 잎사귀들은 만국을 치료하기 위해 있었다(2절). 이것은 성령의 역사로 말미암아 생명의 역사, 치료의 역사가 있다는 것을 말한다.

다시 저주가 없으며 하나님과 어린양의 보좌가 그 가운데 있다(3절). 하나님의 종들 곧 예수 그리스도를 믿고 승리한 자들이 하나님을 섬기며 그의 얼굴을 볼 것이다(3하, 4상). 이것은 성도들이 하나님과 직접적이고 밀접한 교제를 누린다는 것을 말한다. 그래서 그들은 세세토록 왕노릇할 것이라고 말한다(5절).

내용 분해

1. 생명수의 강(22:1-5)
   1) 수정같이 맑은 생명수의 강(1절, 2상)
   2) 생명나무(2절)
   3) 종말의 축복(3-5절)

본문 주해

1. 생명수의 강(22:1-5)

1 또 그가 수정같이 맑은 생명수의 강을 내게 보이니 하나님과 및 어린 양
의 보좌로부터 나와서 2 길 가운데로 흐르더라 강 좌우에 생명나무가 있
어 열두 가지 열매를 맺되 달마다 그 열매를 맺고 그 나무 잎사귀들은 만
국을 치료하기 위하여 있더라 3 다시 저주가 없으며 하나님과 그 어린 양
의 보좌가 그 가운데에 있으리니 그의 종들이 그를 섬기며 4 그의 얼굴을
볼 터이요 그의 이름도 그들의 이마에 있으리라 5 다시 밤이 없겠고 등불
과 햇빛이 쓸데없으니 이는 주 하나님이 그들에게 비치심이라 그들이 세
세토록 왕 노릇 하리로다

요한이 본 마지막 환상(1-5절)은 '생명수의 강'에 관한 것이다. 이것은 에스겔 47:1-12; 요한복음 7:37-38; 창세기 2:10-14를 그 배경에 가지고 있다. 이 중에서도 에스겔 47장이 직접적인 배경이 된다. 거기에 보면 성전 문지방 밑에서 물이 흘러나와 큰 강이 되었으며, 강 좌우에 나무가 심히 번성하고, 또 그 물이 소성하여 물고기가 심히 많았다고 한다.

우리는 계시록의 이 환상을 문자적으로 즉 문자 그대로 일어날 것으로 생각하면 안 된다.[1] 계시록에서 환상은 대부분 상징을 통해 보여 주셨기 때문에 우리는 그 '의미'를 찾도록 해야 한다. 또한 우리는 이 환상에 나오는 사건이 '영원 세상'(새 하늘과 새 땅)에서 일어나는 일로만 한정하면 안 된다. 물론 기본적으로는 '영원 세상'에서 일어나는 일을 묘사한 것이지만, 그와 함께

1. 참조. 박윤선, 『요한계시록』, 381: "그것이, '하나님과 어린양의 보좌로부터 나온다'고 하였으니 만큼, 상징적 의미를 가지고 있음이 확실하다. 이것을 문자적(文字的)으로만 본다면, 말이 모순된다. '보좌'에서 어떻게 강수가 나올까?"

또한 '이 세상'에서 일어나는 일의 원리를 묘사하고 있다.[2]

1) 수정같이 맑은 생명수의 강(1절, 2상)

먼저 "또 그가 수정같이 맑은 생명수의 강을 내게 보이니 하나님과 및 어린양의 보좌로부터 나와 길 가운데로 흐르더라."고 한다(1절, 2상) 여기서 '생명수의 강'(ποταμὸς ὕδατος ζωῆς, *포타모스 휘다토스 조에스*)은 요한복음 7:38에 나오는 '생수의 강'(ποταμοὶ ὕδατος ζῶντος, *포타모이 휘다토스 존토스*)과 같은 것이다. '생수' 또는 '생명수'는 생명을 주는 물 곧 생명의 역사, 살리는 역사를 하는 물을 의미한다(요 4:10, 14). '강(江)'이 가지고 있는 이미지는 '흐른다'는 것과 '많다'는 것이다.[3] 따라서 '생명수의 강'은 생명을 주는 큰 역사를 말하는데, 요한복음 7:39에 보면 예수님을 믿는 자가 받을 '성령'을 가리킨다고 한다. 따라서 '생명수의 강'은 생명의 역사를 일으키는 '성령'을 가리키는 것으로 볼 수 있다.[4]

---

2. 이에 대해 흐레이다너스는 다음과 같이 설명한다. "22장과 함께 새로운 전환이 시작된다. 그러나 새로운 환상이 시작되는 것은 아니다. 거룩한 예루살렘에 대한 서술이 계속된다. 그리고 이 예루살렘에 대해 이제 그 삶의 영광과 구원이 묘사된다. 그것은 영원 천국에서 비로소 충만하게 바라보고 즐기게 될 것이다. 그러나 이미 여기서 주님의 신자들은 그것에 부분적으로 참여하게 될 것이다. 따라서 이 구절들은 지금 이미 주어지고 있는 것들뿐만 아니라 또한 새 하늘과 새 땅 후에 비로소 충만하게 받고 보게 될 것들에 대해 다시 말하고 있다." Greijdanus, *Openbaring*, 431.
3. 자세한 것은 변종길, 『성령과 구속사』(서울: 개혁주의신행협회, 2006), 216 각주 2를 보라.
4. 사람들은 '생명수의 강'을 대개 '생명' 또는 '영생'으로 본다(헨드릭슨, Beale, 박윤선 등). 물론 이것도 좋다. 그러나 요 7:39에서 '생수의 강'이 '성령'을 가리킨다고 분명히 말했으므로 여기의 '생명수의 강'도 그렇게 보는 것이 더 좋다고 생각된다. '생명'과 '성령'은 서로 대립되지 않는다. '성령'은 생명을 주시는 분이며, '생명'은 성령으로부터 나온다. 따라서 '성령'으로 보는 것은 그 의미가 좀 좁고 '생명'으로 보는 것이 넓다고 하는 견해(박윤선, 『요한계시록』, 381 이하)는 맞지 않다. '성령'은 우리에게 생명과 평강과 희락과 구원과 진리 등 모든 좋은 것을 주시는 분이기 때문에, 오히려 '성령'으로 보는 것이 더 넓은 의미를 가진다고 봐야 할 것이다. 여기서는 '생명'을 주시는 '성령'의 사역에 대해 말하기 때문에 어느 것으로 보든 큰 차이는 없다. 하지만 '생명수의 강'이 흘러나오는 근원이 되는 '하나님'과 '어린양'이 각각 '성부'와 '성자'를 가리키기 때문에 거기서 흘러나오는 '생명수의 강'은 '성령'으로 보는 것이 더욱 자연스럽다고 생각된다.

'수정같이 맑다'(λαμπρὸν ὡς κρύσταλλον, *람프론 호스 크뤼스탈론*)는 것은 깨끗함, 정결함을 말하는데, '맑다'의 원어 '*람프로스*'(λαμπρός)는 '밝다, 빛나다'(bright, shining)의 뜻을 가지고 있다.[5] 따라서 '생명수의 강'은 순수하고 정결할 뿐만 아니라 영광스러운 속성을 가지고 있다. 곧, 성령은 자기 스스로 정결하고 거룩할 뿐만 아니라 또한 하나님의 영광을 발하고 있다.

이 강이 "하나님과 및 어린양의 보좌로부터 나온다."는 것은 성령이 성부와 성자로부터 나온다는 것을 의미한다.[6] 여기에 '보좌'(θρόνος, *뜨로노스*)란 단어가 단수로 사용되었는데, 이것은 삼위일체론을 지지해 주는 역할을 한다. 또한 성령은 '하나님(성부)'으로부터만 아니라 '어린양(성자)'으로부터도 나온다(요 14:26; 15:26; 행 2:33). 에스겔 47:1에 보면 '성전' 문지방 밑에서 물이 나온다고 했다(12절에서는 '성소'에서 나온다고 함). 계시록 21:22에서는 "주 하나님 곧 전능하신 이와 및 어린양이 그 성전"이라고 했다. 따라서 성령은 '성전(성소)' 곧 성부와 성자로부터 나온다. 성령은 성자 곧 말씀의 통제에서 벗어나면 안 된다. 성령은 말씀과 함께, 말씀을 통해 역사한다. 말씀이 전파되는 곳에 성령의 역사가 있다.

생명수의 강이 "길 가운데로 흐른다"(2상)는 것은 성령은 인간 세상 가운데서 역사한다는 것을 의미한다. 성령은 이단들처럼 비밀리에, 한 귀퉁이에서 역사하는 것이 아니라 복음을 통해 세상 가운데서 역사한다(마 5:14-16; 10:27). 이것은 '영원 세상'에서뿐만 아니라 또한 '이 세상'에서 일어나고 있는 일이다.

---

5. BDAG. 참조. 박윤선, 『요한계시록』, 381: "여기 '맑'다는 말은, 중요 사본(重要寫本)의 원어대로 람프론(λαμπρόν)이니, 그 자역(字譯)은 빛난다는 의미이다."
6. 참조. Beale, *Revelation*, 1104.

2) 생명나무(2절)

그리고 "강 좌우에 생명나무가 있어 열두 가지 열매를 맺되 달마다 그 열매를 맺고 그 나무 잎사귀들은 만국을 치료하기 위하여 있더라."고 한다(2절). 생명수가 흘러가는 강 좌우에 '생명나무'가 있다는 사실은 중요하다. 에스겔 47장에 보면, 성전에서 흘러나오는 물이 큰 강이 되었는데 그 강 좌우편에 나무가 심히 많다고 한다(7절). "강 좌우 가에는 각종 먹을 과실나무가 자라서 그 잎이 시들지 아니하며 열매가 끊이지 아니하고 달마다 새 열매를 맺으리니 그 물이 성소를 통하여 나옴이라. 그 열매는 먹을 만하고 그 잎사귀는 약 재료가 되리라."(12절) 이처럼 생수의 강 좌우에 있는 '생명나무'는 성령의 역사로 일어나는 다양한 생명의 역사를 상징한다. 곧, 성령의 역사가 있는 곳에 생명의 역사, 살리는 역사가 있다. 이러한 성령의 역사는 복음이 전파되는 곳에, 곧 하나님의 말씀이 전파되는 곳에 일어난다(요 6:68; 5:25; 3:16; 11:25-26 등). 복음이 전파되는 곳에 성령의 역사가 있고, 성령의 역사가 있는 곳에 생명의 역사가 있다. 이것은 현재 이 세상 가운데 일어나는 사건이다. 영원 세상에서는 충만한 성령의 역사가 있지만 더 이상 살리는 역사, 회개의 역사는 없다.

그리고 "열두 가지 열매를 맺되 달마다 그 열매를 맺는다."는 것은 성령의 역사의 다양성, 곧 성령의 역사로 말미암아 다양한 생명의 역사가 있을 것을 말한다. 복음이 전파되면 개인의 삶이 변화되고, 가정이 회복되고, 이웃과 직장이 변화되고, 나아가서 정치, 경제, 사회, 문화, 음악, 미술 등 전(全) 영역에서 변화가 일어나게 된다. 로마 제국과 유럽의 역사가 이것을 잘 보여 준다. 그들이 복음을 받아들이고 하나님의 말씀을 들음으로 개인의 생활이 변화되고 정치, 경제, 사회, 음악, 미술 등 모든 영역에서 생명의 역사, 살리는 역사가 있었다.

그리고 "그 나무 잎사귀들은 만국을 치료하기 위하여 있더라."고 한다(2하). 이것은 무엇을 뜻하는 것일까? 이에 대해 학자들은 설명에 어려움을 느끼고 있다.[7] 그 생명나무의 잎사귀들이 '만국 곧 열방의 치료(θεραπεία, *떼라페이아*)[8]'가 된다는 것은 성령의 역사, 복음의 역사는 죄로 말미암아 병든 자들을 고치며 살린다는 것을 의미한다. 에스겔 47:12의 '약 재료(藥材料)가 된다'는 말도 같은 의미이다. 이처럼 이 세상의 죽은 영혼을 살리는 것은 성령이며(겔 37장), 개인과 사회의 병든 것을 치료하는 것도 성령의 역사 곧 복음 전파이다.[9] 따라서 이것은 '현재 이 세상'에서 일어나고 있는 일들을 상징적으로 묘사한 것으로 보아야 한다.[10] 왜냐하면 영원한 천국에서는 더 이상 구원의 역사도 없고 치료의 역사도 없기 때문이다. 거기에는 죽음도 없고 병든 것도 없고 아픈 것도 없다. 이에 대해 흐레이다너스는 이렇게 말한다. "이 구절이 말하는 것은 최후 심판 후에도 달의 구별이 있다는 것이 아니며(참조. 계 21:23), 또는 치료를 필요로 하는 이방인들이 남아 있다는 것이 아니다. 이 치료는 지금 이미 일어나고 있다. 그리고 생명나무가 이처럼 항상 열매를 맺는 것은 이미 여기서 일어나고 있다. … 그러나 충만한 생명의 향유와 부요한 구원 역사를 가리키기 위해 영원의 관점에서 우리의 시상직 인생의 언어로,

---

7. 예를 들어 헤르만 훅스마는 이 표현에 대해 "하나님의 성에는 어떠한 종류의 질병도 들어올 수 없다는 것을 비유적으로 말한 것일 따름"이라고 한다. 참소. H. Hoeksema, *Behold, He Cometh!* 2nd ed. (Grandville: Reformed Free Publishing Association, 2000), 712. 그러나 '질병이 없다'는 것과 '만국을 치료한다'는 것은 다르다. 한편 카이퍼는 이 구절에 대해 그의 특유의 사변적인 문화관을 장황하게 늘어놓는다. 그 핵심은 다음과 같다. 마지막에 이방인 중에서 하나님께로 돌아온 사람들은 기독교회의 성도들이 누린 바의 '역사상의 풍성한 발전'(rijkere geslachts-ontwikkeling)을 누리지 못하였다. 따라서 이방인 중에서 회개한 사람들은 이 '뒤쳐짐'(achterlijkheid)을 만회하여야 한다. 이를 위한 방편으로 생명나무의 잎사귀들이 준비되어 있다. 따라서 나중에 이방인들 중에서 들어온 사람들은 생명나무의 실과만 먹을 뿐만 아니라 또한 그 잎사귀를 통해 내적인 힘을 얻는다. 그래서 이방인들의 '뒤쳐짐'은 머지않아 만회되고 궁극적으로 아무런 차이도 있게 되지 않을 것이다. 참조. A. Kuyper, *Van de Voleinding*, IV (Kampen: J. H. Kok, 1931), 390-93. 이러한 카이퍼의 사변적 문화관에 대해 계시록의 이 본문이 아무런 말도 하고 있지 않음은 굳이 설명할 필요가 없을 것이다.

8. 개역한글판에는 '소성(蘇醒)'으로 번역되어 있다.

9. 성령은 '말씀을 통해'(*per verbum*), '말씀과 함께'(*cum verbo*) 역사하신다. 따라서 복음이 전파되는 곳에 성령이 역사하시며, 복음 전파가 없는 곳에는 생명을 주는 성령의 역사가 없다.

10. Greijdanus, *Openbaring*, 432.

상징적 언어로 여기에 말하고 있다."[11]

에스겔 47장 8-9절에 보면 "그가 내게 이르시되 이 물이 동쪽으로 향하여 흘러 아라바로 내려가서 바다에 이르리니 이 흘러 내리는 물로 그 바다의 물이 **되살아나리라**. 이 강물이 이르는 곳마다 번성하는 모든 생물이 살고 또 고기가 심히 많으리니 이 물이 흘러 들어가므로 바닷물이 **되살아나겠고** 이 강이 이르는 각처에 모든 것이 살 것이며"라고 하였다. 여기서 '되살아나리라'와 '되살아나겠고'[12]에 대해 NIV는 "becomes fresh"와 "makes … fresh"로 번역하였고, ESV는 "will become fresh"와 "may become fresh"로 번역하였다. 그러나 히브리어 원어는 '*라파*'(רָפָא)로서 고침받다는 뜻이다. NIV와 ESV는 현대인들이 이해하기에 쉽게 번역하기는 하였지만, 원어의 원래 의미를 살리지 못하고 있다. 오히려 KJV(shall be healed)와 NKJV(are healed, will be healed)가 원문에 충실하다. 원문의 뜻은 바닷물이 '고침받는다'는 것 곧 '치료의 역사'가 일어난다는 것이다. 이것은 성전(성소)에서 흘러나오는 물 곧 성령으로 말미암은 것이다.

그러나 '진펄'과 '개펄'은 소성함을 입지 못하고 소금 땅이 될 것이라고 한다(11절).[13] 히브리어로 '진펄'은 '*빗차*'(בִּצָּה)인데, 이것은 '늪, 습지'를 뜻한다. 그리고 '개펄'의 원어는 '*게베*'(גֶּבֶא)인데, 이것은 '습지, 늪, 웅덩이'를 뜻한다(Gesenius). 따라서 둘 다 같은 말인데 곧 물이 얕은 습지, 늪을 의미한다. 사해(死海)는 비가 오는 우기(雨期)가 되면 바닷가의 늪지에 물이 찬다. 그러나 물이 빠져나가고 나면 질퍽한 늪지가 되고 만다. 햇볕이 내리쬐어서 물이 빠르게 증발하고 나면 거기에는 두꺼운 소금 층이

---

11. Greijdanus, *Openbaring*, 432.
12. 개역한글판에서는 '소성함을 얻을지라'와 '소성함을 얻겠고'로 번역하였다.
13. 국립국어원의 표준국어대사전(http://stdweb2.korean.go.kr)에 의하면 '진펄'은 '땅이 질어 질퍽한 벌'이라고 한다. '개펄'은 '갯벌'과 같은데 '밀물 때는 물에 잠기고 썰물 때는 물 밖으로 드러나는 모래 점토질의 평탄한 땅'이라고 설명한다.

남는다고 한다.[14] 그러면 아무런 생물도 살지 못하고 황량한 땅이 되고 만다. 이와 마찬가지로, 아무리 성령이 역사하고 은혜가 역사하더라도 마음을 닫고 있는 사람은 하나님의 은혜를 받지 못하고 황량하게 되고 만다.

3) 종말의 축복(3-5절)

3절은 "다시 저주가 없으며 하나님과 그 어린양의 보좌가 그 가운데에 있으리니 그의 종들이 그를 섬길 것이다."고 한다. 이것은 새 예루살렘 곧 미래의 영원 천국의 상태를 묘사한다. 영원 천국에는 '저주'가 없다(참조. 계 21:4). 왜냐하면 그곳에는 죄가 전혀 없기 때문이다. '저주'(κατάθεμα, *카타떼마*)란 말은 하나님을 떠나 영원 형벌을 받게 되는 것, 하나님의 은혜와 사랑에서 완전히 제외되는 것을 말한다.[15] "하나님과 어린양의 보좌가 그 성 가운데 있을 것"이라는 말은 하나님(성부)과 어린양(성자)이 그 성을 통치하신다는 것과 또 하나님과 사람들 사이에 완전한 교제와 동거가 있다는 뜻이다(계 21:3). "그의 종들이 그를 섬길 것"이란 말은 성도들이 하나님을 섬길 것을 의미한다. 계시록에서 '하나님의 종들'은 하나님을 섬기는 사람들 곧 성도들을 의미한다(계 1:1; 2:20; 7:3).

"그의 얼굴을 볼 것이요"(4상)란 표현은 하나님과의 직접적인 대면, 밀접한 교통을 의미한다(요일 3:2; 고전 13:12; 마 5:8). "그의 이름이 그들의 이마에 있다."(4하)는 것은 완전히 하나님(그리스도)께 속했다는 것 곧 그리스도의 소유라는 것을 의미한다(참조. 아 8:6; 출 28:36-38).

5절은 "다시 밤이 없겠고 등불과 햇빛이 쓸데없으니 이는 주 하나님이 그들에게 비치심이라."고 말한다. '다시 밤이 없다'는 말은 죄가 없다는 것, 악한

---

14. C. F. Keil, F. Delitzsch, *Biblical Commentary on the Prophecies of Ezekiel*, tr. by J. Martin, Vol. II (Grand Rapids: Eerdmans, 1950), 357.
15. 히브리어로는 '*헤렘*'(חֵרֶם)인데 '어떤 것을 완전히 파괴하도록 바치는 것'(*the devoting* of anything to utter destruction)을 의미한다(Gesenius). 또한 Beale, *Revelation*, 1112를 보라.

것이나 부정적인 것이 없다는 것을 뜻한다(사 60:19-20; 슥 14:7; 계 21:23). '등불과 햇빛이 쓸데없다'는 말은 앞의 21:23에서 설명한 바와 같이 자연계의 현상을 묘사한다기보다도 하나님의 영광이 충만하게 비춰을 강조하는 것이다. 새 예루살렘의 영광스러움이 지극히 커서 해나 달이나 어떤 빛도 그 앞에서 무색(無色)하게 된다는 의미이다(참조. 사 60:19이하). 그 이유는 '주 하나님이 그들에게 비치기' 때문이다. 하나님의 영광이 충만하게 비취고 성령이 충만하게 역사하기 때문에 어떤 죄와 악도 없으며 오직 의와 평강과 희락이 지배한다.

"그들이 세세토록 왕노릇하리로다."(5하)는 것은 하나님의 백성이 그리스도 안에서 영원토록 왕노릇할 것을 의미한다. '왕노릇한다'(βασιλεύω, *바실류오*)는 것은 더 이상 죄의 종이 아니라 은혜 안에서 완전한 자유와 성숙에 도달한다는 의미이다.

교훈과 적용

1. 사도 요한이 마지막으로 본 환상은 '생명수의 강'인데 이것은 성령을 상징한다(1절; 요 7:37-39). '하나님'과 '어린양'의 보좌로부터 나온다는 것은 성부와 성자로부터 나온다는 것을 의미한다. 성령의 역사는 어린양 곧 말씀(로고스)의 역사와 관련됨을 알 수 있다. 여기에 '보좌'가 단수로 되어 있는 것도 삼위일체를 지지한다. 성부와 성자는 권세와 통치에 있어서 동등함을 나타낸다. 성부와 성자와 성령은 한마음, 한뜻으로 움직인다. '길 가운데로 흐른다'는 것은 세상 한가운데서 역사한다는 것을 나타낸다.

2. 생명수의 강이 흘러가는 곳 좌우에 생명나무가 있어 열두 가지 열매를 맺는다(2절; 겔 47:6-10). 이것은 성령이 역사하는 곳에 다양한 생명의 역사가 있다는 것을 의미한다. 성령은 말씀과 함께 역사하기 때문에 하나님의 말씀이 전파되는 곳에 참된 생명의 역사가 있고 살리는 역사가 있다. 개인의 영혼 구원뿐만 아니라 가정의 회복, 인간관계의 회복, 직장과 사회와 민족과 나라를 살리는 역사가 일어난다.

3. 복음이 전파되는 곳에 '치료'의 역사가 있다(3절). 생명나무의 나무 잎사귀들이 만

국을 치료하는 것이 된다는 것은 이런 '치료'의 역사, '고치는' 역사를 의미한다. 에스겔 47:12의 '약 재료'가 된다는 말도 같은 의미이다. 각 개인과 가정과 사회의 참된 치료는 복음 전파와 성령의 역사로 가능하다. 인간의 철학이나 사상이나 운동은 사람의 외양(겉모습)만 건드리기 때문에 참된 변화를 가져올 수 없다. 참된 치료와 생명의 역사는 사람의 마음 깊은 곳을 터치하는 성령의 역사와 복음 전파를 통해서만 가능하다(요 4:14; 렘 31:33).

제24장

마지막 권면들 및 결어

(22:6-21)

요한계시록의 마지막 부분은 '마지막 권면들'(6-15절)과 '예수님의 자기 계시와 초청'(16-17절) 및 '경고의 말씀'(18-19절), '재림 약속과 축원'(20-21절)으로 이루어져 있다. 이로써 사도 요한의 증거가 끝이 난다.

본문 개요

예수님은 먼저 자신의 증거의 말씀들이 신실하고 참되다는 것을 말한다(6절). 그리고 속히 오실 것을 말씀하신다(7상). 따라서 이 책의 말씀을 지키는 자가 복이 있다(7하). 그러자 요한은 이 천사의 발 앞에 경배하려고 엎드렸다(8절). 아마도 요한은 이 사람이 예수님인 줄로 착각했을 것이다. 그러자 천사가 깜짝 놀라며 말렸다(9절).

주님은 다시금 때가 가깝다는 것을 말한다(10절). 주님이 속히 오실 것이며 오시면 각자에게 줄 상이 있다고 하신다(12절). 그러면서 다시금 "자기 두루마리를 빠는 자들은 복이 있다."고 하시며 성결한 삶을 강조하신다(13-15절).

그리고 나서 예수님은 "다윗의 뿌리요 자손이며 곧 광명한 새벽별"이라고 하신다(16절). 이어서 성령과 신부(교회)가 예수님에 대해 "오시옵소서!"라고 화답한다(17절). 듣는 자도 "오시옵소서!"라고 말하라고 한다(17절). 그리고 목마른 자들과 원하는 자들은 다 와서 값없이 생명수를 받으라고 초청한다(17절).

그리고 이 예언의 말씀에 대해 엄중히 경고한다. 누구든지 이것들 외에 무엇을 더하면 이 책에 기록된 재앙들을 받을 것이다(18절). 그리고 누구든지 이 말씀에서 무엇을 제하여 버리면 이 책에 기록된 생명나무와 거룩한 성에 참여함을 제하여 버릴 것이다(19절). 즉, 구원과 천국에서 제외된다는 말씀이다.

마지막으로 다시 한 번 예수님의 재림 약속과 이에 대한 요한의 화답이 있고 나서(20절), 모든 청자들(독자들)에 대한 축원으로 끝맺고 있다(21절).

내용 분해

1. 마지막 권면들(22:6-15)
   1) 주님의 재림 약속(6-7절)
   2) 요한의 반응과 천사의 말(8-9절)
   3) 권면의 말씀들(10-15절)
2. 초청과 경고와 결어(22:16-21)
   1) 예수님의 자기 계시(16절)
   2) 성령과 신부의 초청(17절)
   3) 경고의 말씀(18-19절)
   4) 재림 약속과 축원(20-21절)

본문 주해

1. 마지막 권면들(22:6-15)

6 또 그가 내게 말하기를 이 말은 신실하고 참된지라 주 곧 선지자들의 영
의 하나님이 그의 종들에게 반드시 속히 되어질 일을 보이시려고 그의 천
사를 보내셨도다 **7** 보라 내가 속히 오리니 이 두루마리의 예언의 말씀을
지키는 자는 복이 있으리라 하더라

8 이것들을 보고 들은 자는 나 요한이니 내가 듣고 볼 때에 이 일을 내
게 보이던 천사의 발 앞에 경배하려고 엎드렸더니 **9** 그가 내게 말하기를

나는 너와 네 형제 선지자들과 또 이 두루마리의 말을 지키는 자들과 함께 된 종이니 그리하지 말고 하나님께 경배하라 하더라

10 또 내게 말하되 이 두루마리의 예언의 말씀을 인봉하지 말라 때가
가까우니라 11 불의를 행하는 자는 그대로 불의를 행하고 더러운 자는 그
대로 더럽고 의로운 자는 그대로 의를 행하고 거룩한 자는 그대로 거룩하
게 하라 12 보라 내가 속히 오리니 내가 줄 상이 내게 있어 각 사람에게 그
가 행한 대로 갚아 주리라 13 나는 알파와 오메가요 처음과 마지막이요 시
작과 마침이라 14 자기 두루마기를 빠는 자들은 복이 있으니 이는 그들이
생명나무에 나아가며 문들을 통하여 성에 들어갈 권세를 받으려 함이로
다 15 개들과 점술가들과 음행하는 자들과 살인자들과 우상 숭배자들과
및 거짓말을 좋아하며 지어내는 자는 다 성 밖에 있으리라

1) 주님의 재림 약속(6-7절)

마지막 환상이 끝나고 나서 또다시 음성이 들려 왔다. "이 말은 신실하고 참된지라. 주 곧 선지자들의 영의 하나님이 그의 종들에게 반드시 속히 되어질 일을 보이시려고 그의 천사를 보내셨도다."(6절) 이 말은 누구의 말인지 분명하지 않다. 그러나 7절의 "내가 속히 오리니"라는 말씀을 볼 때 예수님의 말씀으로 생각된다.[1] 여태까지 요한에게 보여 주신 것들에 대해 총 정리하는 의미에서 예수님이 직접 말씀하신다. '신실하다'(πιστοί, *피스토이*)는 것은 약속한 것이 반드시 이루어진다는 뜻이고, '참되다'(ἀληθινοί, *알레띠노이*)는 것은 거짓이 없다, 사실이다, 그대로 다 이루어진다는 것을 뜻한다.

---

1. Greijdanus, *Openbaring*, 437. 한편 빌은 7절을 볼 때 6절의 화자(話者)는 예수님일 수도 있지만 또한 21:9, 15과 22:1에서 요한에게 말한 천사일 수도 있다고 한다. 그렇다면 7절의 예수님의 말씀은 사자(使者)의 입을 통해 말해진 것으로 볼 수 있다고 한다. Beale, *Revelation*, 1123. 흐레이다너스도 이 가능성을 배제하지는 않는다. "만일 이 말을 한 자가 천사였다고 할지라도 그것은 그의 말이 아니라 주님의 말씀이었다. 그는 단지 요한에게 알게 하기 위해 (주님의) 입 역할을 하였을 뿐이다." Greijdanus, *Openbaring*, 437.

여기서 '선지자들의 영들의 하나님'(ὁ θεὸς τῶν πνευμάτων τῶν προφητῶν, *호 떼오스 톤 프뉴마톤 톤 프로페톤*)이라고 말한 것이 특이하다. '영들'(πνεύματα, *프뉴마타*)이라고 한 것은 예언 활동이 주로 선지자들의 '영'과 관계되어 있기 때문으로 생각된다(참조. 고전 14:32). '선지자들'(οἱ προφηταί, *호이 프로페타이*)은 하나님의 말씀을 전하는 자들이다. 그리고 '그 천사'(ὁ ἄγγελος, *호 앙겔로스*)는 계시록에서 하나님의 계시를 전달하는 매개자 역할을 한다(계 1:1; 22:16). 어떤 때는 그리스도의 역할을 맡아 그의 모습과 사역을 보여 주기도 한다(계 10:1-3; 20:1). 하나님이 그 천사를 보내신 목적은 '그의 종들에게 속히 될 일을 보이시기 위함'이었다(참조. 계 1:1; 4:1; 22:16). '그의 종들'은 성도들을 말한다.

이어서 "보라 내가 속히 오리니 이 두루마리의 예언의 말씀을 지키는 자는 복이 있으리라."고 한다(7절). 이것은 예수님 자신의 말씀이다. '속히 온다'(ἔρχομαι ταχύ, *에르코마이 타퀴*)는 것은 예수 그리스도의 재림을 가리키는 것으로서 지체하지 않을 것이라는 뜻이다(계 1:7; 3:11; 10:6; 22:12, 20). 예수님은 속히 오시기 위하여 세상의 모든 일들을 부지런히 운행하고 계신다. 여기에 예수님의 오심(재림)이 언급된 이유는 성도들에게 믿음과 인내와 충성을 격려하기 위해서이다.

"이 두루마리의 예언의 말씀을 지키는 자는 복이 있다."는 말씀에서 '읽는 자'와 '듣는 자'란 표현이 빠진 이유는 성도들이 이미 말씀을 다 들었기 때문이다. 그래서 이제 그 말씀들을 '지키는 것'이 중요하다(계 1:3; 마 7:24-27). 말씀을 지키는 자가 복 있는 이유는 주님이 속히 오시기 때문이다. 주님이 오시면 그런 사람에게 상(賞)을 주시며 칭찬하실 것이다.

> 여기의 "내가 속히 오리라"에 대해 이필찬은 이중적 종말론(double eschatology)의 관점에서 "이 문구는 반드시 예수님의 재림만을 의미하기 위해 사용되는 것이 아니라 초림 이후에 일어나는 상시적 오심의 의미

를 포함하고 있음을 알 수 있다."고 한다.[2] 이러한 주장은 앞의 1:7의 "구름을 타고 오시리라."는 말씀에 대해 "단지 구속과 심판의 대상으로 결정적으로 갈라지는 예수님의 재림의 사건으로 볼 수 없으며 초림과 재림 사이에 일어나는 상시적 오심"으로 보는 그의 견해와 일맥상통한다.[3] 그러나 이러한 견해는 앞에서 우리가 이미 논한 바와 같이 다니엘 7:13을 계시록 1:7에 기계적으로 적용하는 것과 함께, 계시록 1:7의 '오다'는 동사가 '현재형'이라는 것을 현재에 일어나는 일로 잘못 이해한 데 기초한 것이다.[4]

빌은 이것은 그리스도의 '마지막 나타나심'(final appearance)을 가리키지만 '교회 역사상 그 이전의 오심들'(earlier comings throughout the church's existence)을 포함한다고 말한다.[5] 이 강림은 교회의 매 세대에 임박하다고 한다. 따라서 그리스도의 오심은 축복과 심판을 통해 임하는 일련의 오심들이며, 최후의 축복과 단죄를 가져오는 결정적 오심에 의해 완성될 것이라고 한다. 그렇지만 여기 계시록 마지막 장에서의 초점은 아마도 최후의 오심에 있는 것 같다고 한다.[6]

그러나 우리는 이것이 마지막 때의 예수 그리스도의 재림을 가리킨다고 본다. 이 구절 이후의 문맥(10-15절)이 세상 마지막 때의 상급 또는 최후 심판에 대해 말한다. 20절의 내용도 예수님의 재림을 가리킨다고 보아야 할 것이다. 그리고 1:7의 "그가 구름을 타고 오시리라."는 말씀도 재림을 가리킨다. "내가 속히 오리라(ἔρχομαι, *에르코마이*)"에서 현재 시상이 사용된 것은 앞의 1:7 주석에서 설명한 것 같이 예수 그리스도의 초림을 의미하기 때문이 아니다. 또는 지속적인 오심을 말하기 때문이 아니다. 문법적으로 *에르코마이* 동사는 미래를 대신하여 많이 사용된다(눅

2. 이필찬, 『내가 속히 오리라』, 944.
3. 이필찬은 2021년에 나온 책에서 이것이 예수 그리스도의 '승천'을 가리킨다고 자기의 견해를 바꾸었다(본서 1:7 부분 설명을 보라).
4. 본서 1:7 부분 설명을 보라.
5. Beale, *Revelation*, 1127.
6. Beale, *Revelation*, 1127.

12:40; 요 4:35; 14:28 등).[7] 따라서 예수님의 재림을 말할 때에는 관용적으로 현재 *에르코마이* 동사를 많이 사용한다.

2) 요한의 반응과 천사의 말(8-9절)

이것들을 보고 들은 자는 '나 요한'이라고 말한다(8절). 이 '요한'은 복음 증거를 인하여 밧모 섬에 유배되었던 사도 요한이다(계 1:9). 그는 도미티아누스 황제에 의해 밧모 섬에 추방되어 있을 때에 계시를 받아 이 책을 기록하였다(95년 또는 96년경). 요한은 "내가 듣고 볼 때에 이 일을 내게 보이던 천사의 발 앞에 경배하려고 엎드렸다."고 한다(8절). 요한은 이 천사가 그리스도인 줄로 착각했을 수 있다(참조. 계 19:10). 왜냐하면 계시록에서는 '천사'가 가끔 그리스도의 역할을 대신하기도 했기 때문이다(계 10:1-3; 20:1-3).

그러자 그 천사가 요한을 말렸다. "나는 너와 네 형제 선지자들과 또 이 두루마리의 말을 지키는 자들과 함께 된 종이니 그리하지 말고 하나님께 경배하라."(9절) 원문에 의하면 "보라! 아니!"(ὅρα μή, *호라 메*)가 제일 앞에 나와 있어서 천사가 깜짝 놀라며 적극 만류한 모습이 연상된다. '함께 된 종'(σύνδουλος, *쉰둘로스*)이란 단어는, 이 천사가 특별한 존재가 아니라 성도들과 마찬가지로 하나님을 섬기는 종임을 말한다. 천사는 섬김을 받는 존재가 아니라 하나님과 성도들을 섬기는 존재이다(히 1:14; 골 2:18). 여기서는 성도들과 '함께 하나님을 섬기는 자'임이 강조되어 있다. 그리고 '네 형제들'을 또한 '선지자들'이라고 부르고 있다. 요한의 형제들 곧 성도들은 하나님의 말씀을 증거하는 자들이기 때문에 '선지자들'이라고 부르는 것이다(참조. 창 20:7). 이들은 성도들 중에서 특별한 자들을 가리키는 것이 아니라 모든 성도들을 가리킨다(참조. 계 11:10).[8] '이 책의 말을 지키는 자들'도 마찬가지다. 따

---

7. 참조. Zerwick, *Biblical Greek*, §278.

8. 참조. Beale, *Revelation*, 1125.

라서 이 두 표현은 모든 성도들, 모든 신자들을 가리킨다.[9]

3) 권면의 말씀들(10-15절)

그러고 나서 또다시 요한에게 권면의 말씀이 주어진다(10-15절). 이 부분의 말씀은 12절의 말씀을 볼 때 그리스도의 말씀임이 분명해 보인다. 또는 주님께서 천사의 입을 통해 이 말씀들을 하신다고 볼 수도 있다.[10] 내용은 몇 가지 권면들로 이루어져 있다. 첫째는 "이 두루마리의 예언의 말씀을 인봉하지 말라."는 것이다(10절). 왜냐하면 "때가 가깝기 때문이다."(계 1:1-3; 22:6; 참조. 단 12:9) 예수님의 오심으로 말미암아 창세전부터 감추었던 하나님의 비밀이 드러났는데(롬 16:25-26; 골 2:2), 말세가 되면 이 말씀이 더욱 분명하게 드러나고 온 세상에 전파될 것이다(마 24:14).

이어서 말씀하신다. "불의를 행하는 자는 그대로 불의를 행하고 더러운 자는 그대로 더럽고 의로운 자는 그대로 의를 행하고 거룩한 자는 그대로 거룩하게 하라."(11절) 이것은 세상의 종말이 다가올수록 사람들의 마음이 더욱 완악해질 것을 말한다. 사람들은 좀처럼 회개하지 않을 것이다. 그래서 말세지말이 다가올수록 '의로운 자'(택함받은 자)와 '불의한 자'(믿지 않는 자) 사이의 구별이 뚜렷해질 것이다. 즉, 분리 현상이 심화될 것이다.

그런데 여기의 문장이 미래에 대한 '예언'(서술문)으로 되어 있지 않고 '명령형'(-하라)으로 되어 있는 것이 특이하다. 이에 대해 우리는 다음과 같이 설명할 수 있다. 선지자는 미래에 대해 어떤 일을 '예언'할 수 있다(서술문; 참조. 단 12:10). 그런데 이 예언의 내용은 하나님의 의지(意志)의 작용에 의해 반드시 그렇게 될 것이다. 이 세상에서 일어나는 모든 일은 하나님께서 이미 작정(作定)하신 일이며 계획(計劃)하신 일이다. 따라서 현실 세계에서 일어

---

9. Greijdanus, *Openbaring*, 339 이하.

10. Greijdanus, *Openbaring*, 440.

나는 모든 일은 하나님의 작정 세계에서는 '목적'(-하게 하려 함이니라)으로 말할 수 있다(참조. 마 13:15하; 막 4:12; 눅 8:10). 나아가서 이것은 하나님의 적극적인 의지의 작용이라는 측면에서 '명령'(-하여라)으로 말할 수도 있다(사 6:9, 10상; 히브리어 본문). 여기 계시록에서는 말세에 일어날 일에 대해 아주 강한 어조의 '명령형'으로 말하고 있다. 이처럼 '서술문' 대신에 '명령문'이 사용된 것은 역사를 주관하시고 운행하시는 예수님께서 세상의 일이 그렇게 되도록 주권적 섭리를 발동하신다는 의미가 담겨 있다.

❖ 특주: 22장 11절의 명령과 하나님의 작정

흐레이다너스는 이 구절에 대해 다음과 같이 풀이한다. "각자의 내적 존재는 이제 그의 행위들로 나타나야만 한다."[11] 그러나 이러한 설명은 포인트가 안 맞다. 이 구절을 그저 '존재'와 '행동'의 관계로 설명하는 것은 부족하다. 마운스는 "변화가 불가능한 때가 온다. 왜냐하면 성격이란 평생 동안의 습관적 행동에 의해 이미 정해졌기 때문이다. 종말의 노래는 변화의 어떤 가능성도 사전에 배제한다."고 한다.[12] 이러한 설명은 종말이 되면 변화가 불가능하다는 것만 말했을 뿐, 이 구절의 의미를 충분하게 드러내지는 못했다. 이런 현상이 하나님의 작정에 의한 것임을 설명하지 못했다.

빌은 좀 더 진전된 설명을 해 준다. 그는 여러 견해들을 검토한 후에, 11절의 두 명령은 계시록 전체 문맥과 구약의 배경에서 이해해야 한다고 주장한다.[13] 특히 이사야 6:9-10과 에스겔 3:27의 말씀과, 직접적으

11. Greijdanus, *Openbaring*, 441.
12. Mounce, *Revelation*, 406.
13. Beale, *Revelation*, 1132.

로는 다니엘 12:10의 말씀에서 설명한다. 그러면서 다니엘서에서의 미래 진술(prediction)이 계시록 22:11에서 명령문(imperatives)으로 바뀐 것은 다니엘의 예언이 요한 자신의 시대에 성취되기 시작하고 있다는 의식을 나타낸다고 한다.[14] 우리는 빌의 설명이 진리에 근접했다고 보지만, '이 세상 역사(歷史)'와 '하나님의 작정(作定)' 사이의 관계에 대한 근원적 통찰에까지는 나아가지 못했다고 생각한다. 만일 그랬더라면 '진술(예언)'에서 '명령'으로의 전환에 대해 그런 시간적 진전의 관점에서 볼 필요가 없는 것이다. 이사야 선지자는 이미 '명령형'으로 말하지 않았던가?(사 6:10)

성경에는 같은 사실에 대해 '역사적 사실'로 말하는 것(서술문)과 '하나님의 의지'로 말하는 것(명령형)이 다 나타난다. 위에서 말한 다니엘 12:10과 계시록 22:11-12 외에도 이사야 6:10과 이사야 29:10이 그러하다. 이사야 6:10에서는 "이 백성의 마음을 둔하게 하며 그들의 귀가 막히고 그들의 눈이 감기게 하라."고 명령형으로 말한다. 이것은 하나님의 의지이다. 그런데 이사야 29:10에서는 "대저 여호와께서 깊이 잠들게 하는 영을 너희에게 부어 주사 너희의 눈을 감기셨음이니"라고 서술문으로 말한다. 이것은 역사적 사실인데, 하나님의 작정에 의해 그렇게 된 것이다. 이 세상에서 일어난 모든 일은 하나님의 뜻에 따라 된 것이다(참조. 마 11:26). 그런데 그것은 또한 하나님의 목적이다. 그래서 마가복음 4:12에서는 "이는 그들로 보기는 보아도 알지 못하며 듣기는 들어도 깨닫지 못하게 하여 돌이켜 죄 사함을 얻지 못하게 하려 함이라." 고 한 것이다.

이처럼 하나님의 작정의 세계에서는 이 세상에서 일어나는 모든 일이 '목적'이 된다. 선지자는 미래에 대해 어떤 일을 '예언'할 수 있다(-할

14. Beale, *Revelation*, 1133.

것이다). 그러나 이것은 미래의 일을 단지 지식적으로 아는 것에 그치는 것이 아니라 하나님의 의지의 작용에 의해 반드시 그렇게 될 것이다. 따라서 이 세상에서 일어나는 모든 일은 하나님께서 이미 작정하신 일이며 하나님의 적극적인 섭리의 결과이다. 따라서 현실 세계에서 일어나는 모든 일은 하나님의 작정의 세계에서는 '목적'(-하게 하려 함이니라)으로 말할 수 있다. 나아가서 이것은 하나님의 적극적인 의지의 작용이라는 측면에서 또한 '명령'(-하여라)으로 말할 수도 있다. 계시록 22장에서는 말세에 일어날 일에 대해 강한 어조의 '명령형'으로 말하고 있다.

바로(Pharaoh)의 완악함을 예로 들어 생각해 보자. 바로의 마음이 완악해진 것은 인간 측면에서 볼 때 바로가 자기의 자유 의지로 생각하고 판단한 결과이다. 그러나 하나님의 측면에서 볼 때는 하나님이 그렇게 하신 것이다. 하나님의 적극적인 의지의 결과이며 섭리의 결과이다. 이 두 측면은 함께 가며 모순되지 않는다. 왜냐하면 차원이 서로 다르기 때문이다. 그래서 성경은 이 두 측면을 아무런 갈등 없이 자유롭게 말한다. 예를 들면 사무엘상 17:35에서 다윗은 "**내가** 따라가서 그것을 치고 그 입에서 새끼를 건져내었고"라고 말한다. 즉, 다윗의 자유 의지에 의한 행동으로 말한다. 그러나 37절에서는 "**여호와께서** 나를 사자의 발톱과 곰의 발톱에서 나를 건져내셨은즉"이라고 고백한다. 다윗의 그러한 행동이 하나님의 역사요 하나님의 섭리임을 고백한 것이다.

예수님도 마찬가지로 말씀하신다. 마태복음 11:20-24에서는 '현실 세계'에 대해 말한다. 예수님께서 복음을 전하셨으나 당시 사람들이 잘 받아들이지 아니하였다. 그래서 예수님은 탄식과 저주를 하신다. 그러나 25-27절에서 예수님은 기도 중에 하나님께 감사하신다. 그렇게 된 것이 하나님 아버지의 뜻임을 고백하고 감사하신다. 이렇게 함으로써 예수님은 실망하지 않고 좌절하지 않으실 수 있었다. 그러고 나서 28-30절에서 예수님은 다시 현실 세계로 돌아와서 죄인들을 초청하신다. 하나님이 주신 사명을 성실하게 감당하시는 모습을 볼 수 있다.

이처럼 이 세상에서 일어나는 모든 일들이 하나님의 작정에 의해 되는 것이지만, 우리는 우리가 해야 할 의무가 있고 사명이 있다. 하나님은 세상 마지막 때에 어떻게 될 것을 이미 작정하시고 또 그렇게 되도록 운행하신다. 그러나 우리는 우리로서 해야 할 책임이 있다.

이어서 예수님은 다시금 자신이 속히 오실 것을 말씀하신다. "보라 내가 속히 오리니 내가 줄 상이 내게 있어 각 사람에게 그가 행한 대로 갚아주리라."(12절) 예수님이 오시면 각자 행한 대로 갚아주실 상이 있다. '상(賞)'(μισθός, *미스또스*)은 원래 '삯, 임금'(pay, wages)을 뜻하는데, 어떤 일에 대한 '대가, 보상'(reward, recompense)의 의미로도 많이 사용된다(BDAG). 상(賞)의 기준은 각 사람의 '행한 대로'이다(롬 2:6; 14:12; 마 16:27; 계 2:23; 20:12 등). 이 '상'에는 단지 '영생'과 '영원 형벌'의 구분만 있는 것이 아니라, 구원받은 자들 사이에도 '상'의 많고 적음의 구별이 있다(마 5:12; 10:41-42; 고전 3:8, 14-15; 고후 5:10; 롬 14:10-12 등). 만일 각자에게 행한 대로 갚아줄 '상급'이 없다면 무엇 때문에 각자 행위에 따른 심판이 필요하겠는가? 그냥 생명책을 가지고 영생(永生)과 영벌(永罰)을 결정하면 될 것이 아닌가? 생명책에 기록된 사람이라 할지라도 각자 행한 대로 심판하는 이유는 각자에게 줄 '상급(賞給)'을 결정하기 위해서라고 보아야 한다. 마태복음 10:42에는 "또 누구든지 제자의 이름으로 이 작은 자 중 하나에게 냉수 한 그릇이라도 주는 자는 … 그 사람이 결단코 상을 잃지 아니하리라"고 하셨다. 냉수 한 그릇으로 얻는 상은 '구원'이나 '영생'이 아니라 행함에 따른 '상급'이다. 각자에게 주어질 '상'이 구체적으로 무엇인지 우리는 모른다. 그렇다고 어떤 사람들이 생각하듯이 세상적인 기준으로 생각하는 것은 옳지 않다(예를 들면 '개털 모자'와

'면류관', '초가집'과 '맨션' 등). 그런 인간적이고 세상적인 것이 아니라 우리가 알지 못하는 상이 있을 것이다. 주님의 인정과 칭찬, 그리고 주님의 영광과 즐거움에 참여하는 것 등을 생각할 수 있다. 어쨌든 각자 행한 대로 갚아 주시는 것은 하나님의 공의에 합당한 것이며, 그의 풍성한 은혜의 발로이다.[15]

13절의 "나는 알파와 오메가요 처음과 마지막이요 시작과 마침이라."는 말씀은 앞에 나온 말씀이다(계 21:6; 참조. 1:8). 이것은 앞에서 설명한 대로 예수님 또는 하나님이 세상 역사의 시작자와 종결자가 되시며 주관자와 운행자가 되심을 말한다.

14절은 "자기 두루마기를 빠는 자들은 복이 있으니 이는 그들이 생명나무에 나아가며 문들을 통하여 성에 들어갈 권세를 받으려 함이로다."고 한다. '두루마기를 빠는 자들'은 예수님의 보혈로 자기 죄를 씻는 자들을 말한다(참조. 계 7:14). 이는 예수 그리스도를 믿는 자들 곧 성도들을 가리키는 표현이다. 이들이 복이 있는 것은 그들이 "생명나무에 나아가며 문들을 통하여 성에 들어갈 권세를 받기" 때문이다.[16] 이것은 그들이 영생을 얻으며 영원한 천국에 들어가게 된다는 것을 말한다.

그러나 "개들과 점술가들과 음행하는 자들과 살인자들과 우상 숭배자들과 및 거짓말을 좋아하며 지어내는 자는 다 성 밖에 있을 것이다."(15절; 참조. 계 21:8, 27) '개들'(οἱ κύνες, *호이 퀴네스*)은 성경에서 부정적인 이미지를 가지고 있다(마 7:6; 빌 3:2; 벧후 2:20-22). '개들'은 불결한 자들 곧 구원

---

15. 천국의 상급에 대해서는 변종길, "천국에 상급이 있는가?", 8-9를 보라.
16. 여기서 14하의 문장이 인과절(ὅτι …*호티* …)로 되어 있지 아니하고 목적절(ἵνα …*히나* …)로 되어 있는 이유는 "생명나무에 나아가며 문들을 통하여 성에 들어갈 권세를 얻는 것"이 아직 실현되지 아니한 미래의 일이며 목적의 세계, 가능성의 세계에 있기 때문이다. 그런데 생명나무에 대한 권세가 '있을 것이다'(ἔσται, *에스타이*)는 (미래) 직설법을 사용하고, 문들을 통하여 성에 '들어갈 것이다'(εἰσέλθωσιν, *에이셀또신*)는 (아오리스트) 가정법을 사용한 것이 특이하다. *히나*절에서 직설법을 사용하는 것(참조. 계 6:4; 9:20)에 대해서는 Zerwick, *Biblical Greek*, §340을 보라. *히나*절에서 직설법과 가정법이 함께 사용된 것(참조. 계 3:9)에 대해서는 같은 책 §342를 보라.

받지 못한 자들이다.[17] '점술가들'(οἱ φάρμακοι, *호이 파르마코이*)은 마술(魔術)이나 주술(呪術)을 행하는 자들을 말한다(BDAG). 마지막의 '지어내는 자'(ποιῶν, *포이온*)는 '행하는 자'로 번역할 수 있다. '거짓을 좋아하고 행하는 자'가 자연스러워 보인다. 이들은 다 예수님을 믿지 않는 불신자들의 여러 모습을 묘사한 것이다. 이들은 다 예루살렘 성 밖에 있을 것이다. 곧, 천국에 들어오지 못할 것이다.

교훈과 적용

1. 예수님은 계시록의 말씀을 끝내고 나서 "내가 속히 오리라."고 말씀하신다(7절, 20절). 왜냐하면 이 세상의 모든 환난과 불행과 비참은 예수님이 다시 오셔야만 해결되기 때문이다. 따라서 예수님의 재림은 모든 성도들의 소망이며 공의의 실현이며 위로의 기다림이다. 따라서 우리는 예수님의 "내가 속히 오리라."는 말씀에 대해 "아멘. 주 예수여, 오시옵소서."라고 대답해야 한다(20절). 그렇지 않으면 세상을 사랑하거나 딴마음을 품고 있다는 것을 나타낸다.

2. 세상의 종말이 다가올수록 사람들은 더욱 완악해질 것이다. 불의한 자는 불의를 행할 것이며, 악한 사람은 악을 행할 것이며, 의로운 자는 의를 행하고, 거룩한 자는 그대로 거룩할 것이다(11절; 단 12:10). 말세지말이 되면 사람들이 좀처럼 회개하지 않을 것이다. 믿는 자들과 믿지 않는 자들 사이의 구별이 뚜렷해질 것이다. 그래서 전도가 더욱 어렵게 된다. 이것은 또한 하나님의 작정과 섭리에 의해 그렇게 된 것이다(참조. 마 11:25-27). 따라서 우리는 믿음을 지키기 위해 노력하고 기도에 더욱 힘써야 한다(눅 18:1-8).

3. 자기 두루마기를 빠는 자들은 복이 있다(14상). 이들은 생명나무에 나아가며 예루살렘 성에 들어가기 때문이다(14하). 이것은 곧 천국에 들어가서 영원한 생명을 누리게 된다는 의미이다. '두루마기를 빤다'는 것은 자기 죄를 씻는다는 것을 의미한다. 이것은 자기의 노력으로 천국에 들어간다는 의미가 아니다. '자기 두루마기를 빠는 자들'은 원어로 볼 때 <관사 + 현재 분사>의 형태로 '일상적으로 … 하는 자들'

---

17. 박윤선, 『요한계시록』, 384.

곧 어떤 종류의 사람을 가리키는 표현이다. 따라서 이들은 '성도들'을 가리킨다. '성도들'은 하나님께서 '거룩하다'고 칭해 주신 자들인데, 이들은 또한 일상생활에서 거룩하게 살려고 노력하는 자들이다. 따라서 이들은 비록 완전하지는 않지만 일상생활에서 '자기 죄를 씻는 자들'이라고 말할 수 있는 것이다(요 13:10; 요일 1:9; 3:6; 마 6:12; 벧전 1:14).

2. 초청과 경고와 결어(22:16-21)

16 나 예수는 교회들을 위하여 내 사자를 보내어 이것들을 너희에게 증
언하게 하였노라 나는 다윗의 뿌리요 자손이니 곧 광명한 새벽별이라 하
시더라 17 성령과 신부가 말씀하시기를 오라 하시는도다 듣는 자도 오라
할 것이요 목마른 자도 올 것이요 또 원하는 자는 값없이 생명수를 받으
라 하시더라
18 내가 이 두루마리의 예언의 말씀을 듣는 모든 사람에게 증언하노니
만일 누구든지 이것들 외에 더하면 하나님이 이 두루마리에 기록된 재앙
들을 그에게 더하실 것이요
19 만일 누구든지 이 두루마리의 예언의 말씀에서 제하여 버리면 하
나님이 이 두루마리에 기록된 생명나무와 및 거룩한 성에 참여함을 제
하여 버리시리라
20 이것들을 증언하신 이가 이르시되 내가 진실로 속히 오리라 하시거
늘 아멘 주 예수여 오시옵소서
21 주 예수의 은혜가 모든 자들에게 있을지어다 아멘

1) 예수님의 자기 계시(16절)

다시금 예수님이 말씀하신다. 여기서는 직접 자기 이름을 밝히는 것이 특별하다. "나 예수는 교회들을 위하여 내 사자를 보내어 이것들을 너희에

게 증언하게 하였노라."(16상) 여기서 '사자(使者)'(ἄγγελος, *앙겔로스*)는 천사를 말한다. 이 천사는 계시록에서 예수님의 계시를 하나님의 종들에게 전달하는 역할을 하였다(계 1:1; 22:6). 여기서 '교회들을 위하여'(ἐπὶ ταῖς ἐκκλησίαις, *에피 타이스 에클레시아이스*)는 '교회들에 대하여'로 번역하는 것이 옳다(참조. 계 10:11; Zer.-Gros.).[18] 곧, '교회들에게'란 의미이다. 여기서 알 수 있는 것은, 요한계시록은 예수님이 증거하신 것이며 요한이 지어낸 사상이 아니라는 사실이다. 요한계시록은 묵시문학에서 온 것도 아니며 초대 교회의 사상을 취한 것도 아니며 예수 그리스도의 계시이다(계 1:1). 예수께서 천사를 통해 사도 요한에게 주신 말씀이다.

그리고 나서 예수님은 자기가 누구인지를 말씀하신다. "나는 다윗의 뿌리요 자손이니 곧 광명한 새벽별이라."(16하) 이것은 예수님의 자기 선언이다. 이런 '자기 선언'을 주신 목적은 자신을 자랑하기 위함이 아니라 예수님을 바로 아는 것이 우리의 신앙과 생활에 중요하기 때문이다. '다윗의 뿌리'란 말은 다윗의 근본, 다윗의 주란 뜻이다(계 5:5; 참조. 마 22:42-45; 시 110:1; 롬 15:12). 이것은 예수님께서 이 땅에 오시기 전에 이미 존재하셨고, 다윗의 주로서 다윗을 주관하고 다스리셨다는 것을 의미한다. 따라서 이것은 예수님의 '신성(神性)'을 나타낸다. '다윗의 자손'은 인간적 혈통으로 볼 때 다윗의 후손으로 이 땅에 오신 메시아임을 말한다(롬 1:3; 딤후 2:8; 마 20:30; 사 11:1; 삼하 7:12-15 등). '광명한 새벽별'(참조. 계 2:28; 민 24:17)은 '다윗적인 왕'에 대한 상징이다.[19] 밝게 빛나는 '새벽별'은 어두움을 밝히는 등불과 같이(참조. 벧후 1:19) 우리의 삶을 인도하는 이정표요 나침반이다. 따라서 우리의 '인도자'가 되시는 예수님을 가리키는 칭호로서 적합하다고 하겠다.

---

18. Greijdanus, *Openbaring*, 444.
19. Mounce, *Revelation*, 409.

2) 성령과 신부의 초청(17절)

그 다음에 '성령과 신부의 초청'이 있다. "성령과 신부가 말씀하시기를 오라 하시는도다."(17상) 이 문장은 서술문(λέγουσιν, *레구신*, 말한다)으로서 사실을 나타낸다. '신부(新婦)'는 교회를 말하는데(계 21:2, 9; 19:7), '성령'이 앞에 온 것은 계시록에서 '성령'은 교회에게 말씀하시는 자로 많이 나타나기 때문이다(계 2:7, 11, 17, 29; 3:6, 13, 22). '오라'("Ερχου, *에르쿠*)는 말은 2인칭 단수 명령형으로서 7절과 12절의 "내가 속히 오리라"고 하신 주님의 약속에 대한 교회의 응답이다.[20] 따라서 '오시옵소서!'라고 번역했더라면 더 좋았을 것이다. 헨드릭슨은 이렇게 말한다. "이것은 성령에 의하여 감동된 신부가 간절히 간구하는 기도이다. 성령과 신부는 항상 함께 동행하고 역사한다(롬 8:16 참조). 이들은 끊임없이 '오시옵소서!'라고 간구하고 있다."[21] 따라서 한국의 성도들이 많이 생각하듯이 불신자들에 대한 복음에의 초청으로 볼 것이 아니다. 그러려면 '오라'는 단어가 2인칭 복수형("έρχεσθε, *에르케스떼*)으로 사용되었을 것이다. 물론 개개인에 대한 초청을 나타내기 위해 단수형이 사용되었다고 생각할 수도 있을 것이다. 그러나 여기에 '목마른 자는'과 같은 말이 없이 바로 '오라'고 되어 있다는 사실과, 바로 이어서 나오는 문장이 복음에의 초청이 아니라 예수님의 재림을 바라는 말씀이라는 사실을 생각할 때(아래 주석 참조), 예수님의 재림에 대한 교회의 화답(和答)으로 보는 견해가 옳음을 알 수 있다.

이어서 "듣는 자도 오라 할 것이요"라고 하는데, 이 문장은 명령문(εἰπάτω, *에이파토*, 말하여라)으로서 신자 각자가 개인적으로도 예수님의 오심을 기다리며 "오시옵소서!"라고 말해야(화답해야) 한다는 것을 의미한다. 따라서 이것은 복음에의 초청이 아니다. 복음에의 초청이 되려면 '말하여라'가 없어야

---

20. Greijdanus, *Openbaring*, 444.

21. 헨드릭슨, 『요한계시록』, 261.

한다. 따라서 이것은 예수님의 재림에 대한 신자 개개인의 마땅한 태도를 가리킨다. 신랑 되신 예수께서 "내가 속히 오리라."고 말씀하시는데, 신부 된 교회(또는 성도)가 "아닙니다. 좀 더 있다가 오시옵소서."라고 대답하면 안 되는 것이다. 이 세상을 사랑하는 사람이라면 그렇게 대답할 것이지만, 그런 사람은 '간음하는 여자'이다(약 4:4). 곧, 신랑 되신 예수님보다 세상을 더 사랑하는 사람이다.

이어서 나오는 "목마른 자도 올 것이요 또 원하는 자는 값없이 생명수를 받으라."(17하)는 말은 목마른 자, 갈급한 자에 대한 초청이다.[22] 이 세상에서 만족하지 못하고 하나님의 은혜를 사모하는 자는 주님께로 나오라는 말이다(사 55:1; 요 7:37; 마 11:28). 주님께 나아오는 자에게 약속된 '생명수'는 생명을 주는 물인데, 이것은 '영생' 또는 '성령'으로 이해할 수 있다(요 4:14; 요 7:38-39; 계 21:6). 우리가 '값없이' 생명수를 받을 수 있는 것은 예수님이 이미 그 값을 다 지불하셨기 때문이다(요 19:30; 딤전 2:6). 따라서 우리는 와서 받아먹기만 하면 된다. 예수님께 '나아온다'는 것은 예수님을 '믿는다, 영접한다'는 것을 의미한다(요 6:35, 37). 또 예수님을 믿는 자라 할지라도 낙심한 자, 연약한 자는 다시금 말씀과 기도로 하나님께 나아와야 한다(호 14:1-2; 요 10:10; 사 40:28-31).

3) 경고의 말씀(18-19절)

마지막으로 예수님은 엄중한 경고를 하신다. "내가 이 두루마리의 예언의 말씀을 듣는 모든 사람에게 증언하노니."(18상) 여기서 '나'는 예수님이다(16, 20절). 그 증언의 내용은 이 예언의 말씀에 무엇을 더하거나 제하는 자에 대한 경고이다. 먼저 "만일 누구든지 이것들 외에 더하면 하나님이 이 두루마

---

22. 여기에는 '말하여라'(εἰπάτω, *에이파토*)가 없고 그냥 "목마른 자는 오라"고 되어 있다. 따라서 복음에의 초청이 분명하다.

리에 기록된 재앙들을 그에게 더하실 것이요"라고 한다(18하). 여기서 '이것들'은 계시록의 예언의 말씀들을 가리킨다. '이것들' 외에 무엇을 더하는 자는 하나님이 그에게 이 책의 재앙들을 더하실 것이라고 하신다. 이단들은 성경 외에 자기들의 경전을 더하는 경향이 있다. 그러면서 자기들의 경전을 성경보다 더 권위 있게 받아들이며, 그 경전에 맞게 성경을 왜곡 해석한다. 이런 것은 성경 외에 다른 것을 더하는 잘못을 범하는 것이다. 우리는 하나님의 말씀에 무엇을 더하면 안 된다. 우리는 하나님의 말씀인 성경만이 유일무이한 최고의 권위 있는 책으로 받아들인다(고전 4:6; 딤후 3:16-17). 이것 외에 다른 경전은 없으며 앞으로 추가될 수도 없다.

예수님은 또 경고하신다. "만일 누구든지 이 두루마리의 예언의 말씀에서 제하여 버리면 하나님이 이 두루마리에 기록된 생명나무와 및 거룩한 성에 참여함을 제하여 버리시리라."(19절) 이 책의 말씀에서 무엇을 제하여 버리는 자는 영생을 얻지 못할 것이며 천국에 들어가지 못할 것이다. 오늘날 성경 비평가들은 성경을 잘라낸다. 이런 저런 말씀은 하나님의 말씀이 아니라고 가위질해 낸다. 자기 생각에 맞지 않는 구절은 원래의 말씀이 아니라고 하거나 후대의 삽입이라고 하거나 후대 사람들의 저작이라고 한다. 그래서 하나님의 말씀의 권위를 제하여 버린다. 하나님의 말씀보다도 자기의 생각이나 현대의 사조를 더 따른다. 이런 사람은 결국 영생과 천국에 참여하는 복을 받지 못하게 될 것이다.

4) 재림 약속과 축원(20-21절)

마지막으로 예수님은 다시 한 번 속히 오실 것을 약속하신다. '이것들을 증언하신 이'는 예수님이다(16, 18절). 그 예수님은 "내가 진실로 속히 오리라."고 하신다(20절). 예수님의 재림 약속은 참되며 지체하지 않을 것을 다시 강조하신 것이다(참조. 7, 12절). 그만큼 예수님의 재림은 확실하며 그 약속은 반드시 지켜진다는 것을 말한다. 또한 환난과 핍박 가운데 고통받는 성도들을 주님이 잊지 않고 기억하신다는 의미도 들어 있다.

예수님이 다시 오시기 전에 이 세상에는 수많은 일들이 일어나야 한다. 온 세상에 복음이 전파되기 위해 수많은 일들이 일어나야 한다(마 24:14; 막 16:15; 행 1:8). 곳곳에 지진과 기근과 전쟁들이 일어나야 하고, 그래서 구호 활동이 있어야 하고 자원봉사자들이 찾아가야 한다. 폐쇄된 나라가 개방되고 경제가 발전(또는 퇴보)되어야 하고, 그러는 가운데 복음이 전파되어야 한다. 이슬람 세계도 경제가 개방되고 세속화가 진행되어야 한다. 그래야만 복음이 들어갈 수 있기 때문이다. 이처럼 이 세상에는 예수님이 재림하시기 전에 수많은 일들이 일어나야 하는데, 주님은 이 모든 일들을 지체하지 아니하시겠다는 것이다. 이 모든 일들을 바쁘게 진행하여서 주님이 속히 오도록 하시겠다는 것이다.

이에 대해 요한은 "아멘. 주 예수여, 오시옵소서!"라고 대답한다(20하). 이것은 또한 정상적인 교회의 올바른 대답이다. 정상적인 신부는 신랑이 오기를 간절히 기다리고 바란다. 이처럼 정상적인 교회는 주 예수의 오심을 사모하고 고대한다. 물론 일상적인 생활을 팽개치고 예수님의 재림만 기다리고 있는 것은 옳지 않다. 그런 사람은 주님이 오실 때 야단맞을 것이다(살후 2:1-2; 3:11-12). 우리는 항상 깨어 있어 기도하면서 주님이 우리에게 맡겨 주신 일들을 성실히 감당하여야 한다(마 24:42-51; 25:11 등).

계시록의 마지막 구절은 축원(祝願)으로 끝맺고 있다. "주 예수의 은혜가 모든 자들에게 있을지어다. 아멘." 이것은 사도 요한이 이 편지를 받는 모든 교회들과 이 글을 읽는 모든 성도들에게 하는 기원(祈願)이다. 요한은 그들에게 '주 예수의 은혜'(ἡ χάρις τοῦ κυρίου Ἰησοῦ, *헤 카리스 투 퀴리우 예수*)가 있기를 빌고 있다. 이 세상의 어떤 것보다도 '은혜(恩惠)'가 중요하다(잠 22:1). 돈이나 건강, 성적이나 출세보다도 '주 예수의 은혜'가 생명을 얻게 하고 평안을 얻게 한다. 주 예수 그리스도의 은혜가 있어야만 이 세상의 환난과 핍박 가운데서도 승리할 수 있다. 따라서 우리는 그 어떤 것보다도 주 예수 그리스도의 '은혜'가 있기를 바라야 한다. '아멘'(ἀμήν)은 '참되다, 진실되다, 신실하다'는 뜻의 히브리어이다.[23] 곧, 방금 한 기원(祈願)의 말에 대해 재차 긍정하는 역할을 한다. "진실로 그러하다, 참이다"는 의미이다.

교훈과 적용

1. 예수님은 '다윗의 뿌리이며 자손'이다(16절). '다윗의 뿌리'라는 것은 예수님은 구약 시대에도 이미 계셨으며 다윗의 뿌리(근원)가 되셨다는 의미이다. 예수님은 이 땅에 오시기 전에 하늘나라에 계셨으며, 성부 하나님과 함께 이 세상을 다스리셨다. 그래서 다윗은 그를 가리켜 '내 주'라고 말하고 있다(시 110:1). '광명한 새벽별'은 예수님을 가리킨다. 예수님은 어두운 밤에도 우리의 갈 길을 밝히 비춰 주는 '새벽별'이 되신다(참조. 시 119:105).

2. 예수님은 "내가 속히 오리라."고 말씀하신다(7, 12, 20절). 이 말은 지체하지 않고 오시겠다는 의미이다. 이를 위해 하나님은 세상 역사를 속히 운행하시며 많은 일들이 지체없이 일어나게 하신다. 세상에서 일어나는 모든 일들은 예수님의 재림을 향하여 달려가고 있다. 속히 오겠다고 하시는 예수님의 말씀에 대해 우리는 "아멘. 주 예수여, 속히 오시옵소서."(20절)라고 대답하여야 한다. 이것이 정상적인 신부(아내, 성도)의 대답이다. 그러지 않고 "아니, 조금 있다가 오시옵소서."라고 대답하는 사람은 뭔가 수상한 사람이다. 따라서 우리는 예수님의 재림을 바라보고 사모하며 살아야 한다.

3. 계시록의 마지막에 주님은 엄중한 경고를 하셨다. 이 책의 예언의 말씀에 무엇을 더하는 자는 이 책에 기록된 재앙들을 받을 것이요(18절), 이 말씀에 무엇을 제하는 자는 생명나무와 거룩한 성에 참여함을 제하여 버릴 것이다(19절). 따라서 우리는 하나님의 말씀에 조금도 무엇을 더하거나 제하면 안 된다. 이단들은 구약과 신약 외에 자기들의 경전을 더하는 일이 많다. 가톨릭교회는 신구약 정경(正經) 외에 외경(外經)을 경전으로 더한다. 현대 신학자들 중에 사실상 이렇게 하는 자들이 많다. 또 비평학자들은 자기의 생각에 맞지 않는 구절들은 '후대의 첨가'라고 하거나

23. A를 제외한 거의 모든 사본이 문장 끝에 '아멘'(ἀμήν)을 가지고 있다. 또 '모든 성도들' 대신에 '모든 자들' 또는 '성도들'로 되어 있는 사본들도 일부 있으나 내용상 차이가 없다.

또는 오늘날에는 맞지 않는 사상이라고 하면서 하나님의 말씀에서 제거해 버린다. 이런 자들은 이 세상에서 아무리 유명하고 존경받을지라도 결국 하나님의 벌을 면치 못할 것이다.

부록

이단들은 요한계시록을 어떻게 해석하는가?

서론*

오늘날 한국에는 기독교 계통의 이단들이 많이 활동하고 있다. 이것은 비단 한국만의 문제는 아니며 전 세계 곳곳에서 이단들이 활동하고 있다. 또한 오늘날만 그런 것이 아니라 옛날에도 그러하였다. 주후 1세기 초대교회 시대에도 많은 이단들이 활동하고 있었으며 복음을 흐리게 하고 있었다. 특히 할례를 주장하는 유대주의자들과 금욕주의적 영지주의자들이 복음이 전파되는 곳마다 진리를 흐리게 하며 교회를 어지럽게 하려고 하였다.

이러한 이단의 역사는 인류 역사상 낙원에서 최초로 시작되었다고 할 수 있다. 거짓의 아비인 마귀는 뱀을 통해 하와를 꾀어 하나님의 말씀을 왜곡하고 부정하여 하나님의 말씀을 어기고 불순종하게 만들었다. 그 결과 인류는 죄에 빠져 비참함에 처하게 되었으며 멸망에 처하게 되었다. 오늘날 이단들도 근본적으로 이와 다르지 않다. 오늘날도 이단들은 거짓말로 하나님의 말씀을 왜곡하고 부정하며, 사람들로 하여금 진리에서 떠나 멸망 길로 가게 하고 있다. 오늘날 한국에는 이러한 이단들의 활동이 그 어느 때보다 극심하며 많은 사람들이 피해를 보고 있는 실정이다.

따라서 이 논문에서는 한국 교회에 활동하고 있는 이단들의 뿌리와 특징을 간단히 살펴본 후에 오늘날 특히 많은 문제를 일으키고 있는 신천지 이단의 역사와 주장들을 살펴보고자 한다. 특히 한국의 이단들이 요한계시록의 말씀을 어떻게 왜곡하고 있는지를 살펴보고 나서 오늘날 우리가 어떻게 대처하여야 하겠는지를 제언하고자 한다.

I. 한국 교회 이단들의 뿌리와 특징

오늘날 한국에서 횡행하는 이단들을 바로 이해하기 위해 한국 교회에 들어와서 활동한 이단들의 뿌리와 역사를 간단하게나마 살펴보는 것이 필요하다. 여기서는 오늘날 신천지를 비롯한 이단들을 이해하는 데 도움이 되는 범위 내에서 중요한 것만 간략하게 살펴보고자 한다.

1. 유명화, 김성도, 허호빈, 박을룡

한국 교회의 이단들의 역사에는 일제강점기 때 활동한 유명화, 김성도, 허호빈, 박을룡이라는 네 여인이 중요한 위치를 차지하고 있다. 이들은 '직통 계시'와 '재림주가 한국에 도래한다'는 주장과 '피가름 교리' 등을 주장하였다.[1]

먼저 유명화는 직통 계시를 주장하였다. 곧 예수님께서 그녀 자신에게 친림(親臨)하셨다고 주장하였다. "이렇게 입류(入流)하는 것이 '재림'이다. 또 다른 재림이 없나니라."[2] 따라서 그는 직통 계시와 함께 잘못된 재림론을 가지고 있었음을 알 수 있다.

김성도(1882-1944)는 1923년 4월에 예수님과 두 번 대화를 나누었다고 한다. 처음에 나눈 대화는 '죄의 뿌리와 음란'에 관한 주제였고, 두 번째 나눈 대화의 주제는 '재림 주님이 육신을 쓴 인간으로 한반도에 온다'는 것이었다. 그녀의 신도들은 새 주님인 김성도가 이 땅(한국)에 왔다는 것을 노래했다. 그의 사상 가운데에는 후에 피가름 교리의 뿌리가 되는 것도 발견되는데, 곧 "죄의 뿌리는 선악과라는 과일을 따먹은 것에서부터 온 것이 아니라 남녀 관계가 원인이 되어 나타났다. 즉 음란이 타락의 동기가 되었다."고 하는 사상이다. 그리고 그는 "재림주는 여인의 몸을 통해 오신다."는 사상과 "재림 주님은 한국으로 오시며, 만인이 한국을 신앙의 종주국으로 알고 찾아오게 된

---

* 이 글은 『개혁신학과 교회』 26 (2012, 고려신학대학원): 67-112에 게재된 논문임.

1. 여기 이단의 계보에 관한 부분은 최병규, "한국 이단들의 요한계시록 오용에 대한 역사적 고찰"(최병규 편, 『한국 이단들의 요한계시록 오용의 역사에 대한 비판과 정통 견해』, 한국장로교총연합회 이단대책위원회, 2008, 11-65)을 많이 참조하였다. 이하 "요한계시록 오용."
2. 최병규, "요한계시록 오용," 15에서 인용.

다."는 사상도 주장하였다("요한계시록 오용," 16).

김성도가 죽고 난 후 성주교단 평양교회의 허호빈이 그녀의 사상을 계속 전파하였다. 그녀는 재림 주님은 구름을 타고 오시는 것이 아니라 인간으로 오신다는 것과 평양에 오신다는 것을 전파하였다. 허호빈이 예언한 재림 시기는 1946년 6월 2일이었다. 그리고 인간의 타락은 선악과를 따먹은 것이 아니라 '성적인 타락'이며, 모든 성경은 '비유와 상징'으로 되었다고 했다고 한다("요한계시록 오용," 17).

이러한 사상은 박을룡 노파에게도 전해진 것으로 보인다. 그는 자신을 '하나님의 부인'이라고 불렀다고 한다. 문선명 씨는 그 당시 박을룡 노파를 이상으로 모시는 입장에 있었으나 점차 그들의 위상이 바뀌어 나중에는 박씨 노파가 문선명 씨를 예수님의 아버지 곧 하나님의 실체, 자기 남편이라고 증거했다고 한다("요한계시록 오용," 17 이하).

2. 백남주

백남주(1901-1949)는 이용도가 유명화를 만나기 전부터 상당 기간 유명화의 기도회에 참석하고 있었다고 한다. 유명화가 실신상태로 예언할 때에 한준명, 백남주 등은 그 현상을 입류(入流)라고 해석하여 강신극을 행했다고 한다. 백남주는 1934년에 처녀 조필과 '천국결혼'을 거행했다. 이 일 후에 그는 퇴출되어 김성도의 성주교회로 가게 되었다고 한다. 백남주는 성주교단에서도 성간(聖姦) 혹은 귀간(鬼姦)을 하라고 지시 권장하는 일이 있었다고 한다("요한계시록 오용," 18 이하).

3. 김백문

백남주의 제자인 김백문(1917-1990)은 1946년 1월과 3월에 예수님의 현현을 체험했다고 하며 직통 계시를 받았다고 주장한다. 김백문은 1946년 3월 2일 오전 11시-12시에 그리스도께서 경기도 어느 산곡(山谷)에 현현하셨다고 한다. 그는 『성신신학』에서 1946년 3월 2일부터 성신위가 주동적으로 역사하는 새 시대라고 말하는데, 이 성신위의 역사를 땅에서 수행할 사명자는 그 자신이라고 한다("요한계시록 오용," 21). 김백문도 아담과 하와의 타락을 남녀 간의 성적인 것으로 보고 있다. "에덴동산에 선악과를 배암이 해와에게 먹였다는 사실은 그것이 식물성 실과가 아니고, 해와에 육체상 처녀정조를 배암에게 빼앗김으로, 인류는 그로부터 배암에 혈통성을 받고 난 가인의 배암에 자손이란 것이다."[3]

4. 문선명

문선명 씨는 1945년 10월에 김백문을 찾아가 만나고 그의 축복을 받았다고 한다. 그 후 만 8개월 후에 평양으로 갔는데 그 때 김백문은 그에게 '솔로몬 왕과 같은 사명'을 받은 사람이라고 증거하고 축복하였다고 한다("요한계시록 오용," 21 이하).

5. 박태선

박태선 씨는 1947년 5월 이후에 평양에서 남하해 온 여인 정득은(丁得恩)을 자기 집에 모셔 집회 장소를 제공하였다. 박태선은 정 여인의 설교를 듣고 김백문에게서 성서해석법을 배워 영체 교리를 체계적으로 세웠다. 그리하여 50대 중반의 정 여인으로부터 여러 사람들에게 혈분(피가름)이 행해졌다고 한다.[4]

당시에 특종 보도된 세계일보의 기사는 너무나 추악한 내용이 많으므로 다음의 결론을 인용함으로 마치고자 한다. "속칭 '영체 교환'이라는 혼음은 김성도의 강력한 영향력 아래 백남주의 시범으로 시작하여 황국주, 정득은

3. 김백문, 『성신신학』 (평문사, 1954), 361-63. 최병규, "요한계시록 오용," 19 각주 12에서 인용.
4. 1957년 3월 17일 18일 세계일보(현재의 세계일보와는 다름) 보도와 잡지 『실화』 1957년 6월호 보도 (김xx, 파워포인트 자료).

에 의해서 실현되어 문선명, 박태선의 계보를 형성해 온 것인데 구체적인 방법은 정득은의 이야기에서 밝혀졌다."[5]

그 외에도 많은 이단들이 있지만 이들은 공통점을 가지고 있다. 최병규에 의하면, 한국 이단들의 공통점은 '직통 계시', '자의적 해석'(恣意的 解釋), '그릇된 종말론', '동방일인(동방의인, 해 돋는 동방은 한국)', '두 감람나무, 두 증인', '영적 재림', '이긴 자'라고 한다("요한계시록 오용," 23-33).

오늘날의 신천지도 마찬가지로 '직통 계시'를 주장한다. 자신을 '대언의 증인'이라 부르는 이만희 씨는 그의 『천국 비밀 요한계시록의 실상』이란 책의 머리말에서 다음과 같이 주장한다. "… 오늘날 필자는 주께서 약속하신 예언이 '실상'으로 응한 것을 보고 '성령에게 설명 들은 대로' 본서에 기록하였다. 그러므로 이 책의 해석과 실상이 참임을 증거하는 바이다."[6] 또 '요한계시록 총론'에서도 "그러나 이제 성취 때가 되어 계시록의 예언이 홀연히 이루어졌으므로 필자는 그 실상을 직접 보고 성령에게 설명 들은 대로 낱낱이 증거하려 한다."고 말한다(『요한계시록의 실상』, 35). 이처럼 객관적인 계시인 성경을 떠나서 직통 계시를 주장하는 것이 이단들의 중요한 한 특징임을 알 수 있다.

II. 유재열의 장막성전과 이만희의 신천지

그러면 오늘날 한국에서 특별히 문제가 많이 되고 있는 이만희 씨의 신천지와 그 전신이 되는 유재열 씨의 장막성전에 대해 간략하게 살펴보자.

---

5. 김xx, 파워포인트 자료.

6. 보혜사·이만희, 『천국 비밀 요한계시록의 실상』, 머리말 27. 이하 『요한계시록의 실상』.

1. 유재열의 장막성전

유재열은 1966년에 경기도 과천에 그의 부친인 유인구 씨 등 7명과 함께 장막성전을 세웠다.[7] 이 중 7명은 천사 직분으로, 1명은 제사장 직분으로 봉사했다고 한다. 그 해 5월에 칼로 동맥과 손바닥에 십자가를 그어 피로 하나님과 언약을 하였다고 한다. 그러나 창립 14년만인 1980년에 오평호 목사에게 모든 권한을 넘겨주고 10월 말경 미국으로 떠났다고 한다. 유재열 씨는 미국의 웨스트민스터 신학교에서 가서 신학 박사학위를 받아 1984년에 귀국했다고 주장하나,[8] 웨스트민스터 신학교 당국에 조회해 본 결과 그런 사실이 없다고 한다.[9] 신천지에서는 이 사건을 계시록 12:6-13의 말씀대로 "뱀의 낯을 피하여 큰 독수리의 두 날개를 받아 광야로 가서, 한 때와 두 때와 반 때를 양육 받는 일이 현실로 나타난 사건"이라고 한다.[10] 그래서 신천지에서는 1980년 9월 14일부터 1984년 3월 14일까지를 '42달' 또는 '1260일'이라고 한다.

유재열 씨가 떠난 후에 이 교회는 '이삭중앙교회'라는 명칭을 사용하며 오평호와 최병준, 김수학 목사들의 노력에 의해 정통 신앙을 회복했다고 한다.[11] 그러나 신천지에서는 이 사건을 '배도'라고 보며 오평호를 '멸망자'로 본다.

유재열 씨의 사상에서 강조되고 있는 것은 '말세 구원의 사명자'이다. 그는 "하나님의 계획을 전할 수 있는 사명자는 하늘에 속한 자입니다. 그들 가리켜 많은 사도들과 선지들은 '이루시는 사명자' 또는 '약속의 자손'이라고 했습니다."고 말한다.[12] 그는 또한 '대언의 영', '피 뿌리는 옷을 입은 백마 탄 자'라고

---

7. 유재열의 장막성전은 이단계보상 호생기도원의 김종규 씨에게서 왔다고 한다. 참조. 김xx, 이단계보도 (파워포인트 자료).
8. 『신천지 발전사』, 44 (김xx, 파워포인트 자료).
9. 2009년 4월 15일자 웨스트민스터 신학교 당국의 회신. 그 편지 본문은 다음과 같다. "According to our records, the following people were never enrolled as students at Westminster Theological Seminary. Jae Yul You Jae Yeol Ryu" (김xx, 파워포인트 자료)
10. 『신천지 발전사』, 44.
11. 그러나 정통 신앙을 완전히 회복했는지에 대해서는 아직도 논란이 계속되고 있다.
12. 유재열, 『영원한 생명』, 10. 최병규, "요한계시록 오용," 39에서 인용.

도 한다. 그리고 계시록 12:5에 나오는 '여자가 낳은 아들'을 설명하기를 "여자는 예수님이고 남자는 어린아이인데, 이 어린아이야말로 야곱의 죄를 알려 주며 이스라엘의 허물을 지적해 줄 '말세 구원의 사명자'이며…"라고 했다.[13]

유 씨는 자신을 따르던 무리들을 '시온의 딸'로 해석하고, 그 무리들 즉 시온의 딸들이 모이는 장소를 '시온산' 개념으로 보았다. 시온산이라는 것은 그 당시의 '장막성전'을 가리켰던 개념이라고 할 수 있다("요한계시록 오용," 41).

2. 이만희의 신천지

이만희 씨의 신천지(시온기독교신학원)는 유재열의 장막성전에서 나왔다. 이만희는 1931년 9월 15일 경북 청도군 풍각면 현리동에서 출생하였으며, 어릴 적에 전쟁과 가난으로 교육의 혜택을 누리지 못하고 국문도 제대로 배우지 못했다고 한다. 그러다가 1957년에 고향 땅 야외에서 성령으로부터 환상과 이적과 계시에 따라 전도관에 입교했다고 한다. 1967년에 성령의 계시에 이끌려 경기도 과천시 소재 장막성전에 입교했다고 한다. 그러나 1971년에 첫 장막에서 나와 낙향하였다고 한다.

그러나 1978년에 다시 상경하였는데 이것을 '사데 들어가심'이라고 한다. 여기서 '사데'는 백만봉의 사데 집단을 말한다. 이만희 씨는 1980 83년에 계시록 1장 17-20절에서와 같이 예수님께 안수 받고 일곱 교회에 편지하였으며, 장막성전에 침노한 니골라 당과 싸워 이겼다고 주장한다. 일곱 교회에 편지한 것을 이만희의 '공생애 시작'이라고 한다. 그리고 1980년 9월 14일부터 '42달'이 시작되었으며 1981년 2월 2일에 출감하였고, 1984년 3월 14일에 '42달'이 끝났다고 한다.

이만희 씨는 1984년 3월 14일에 하나님의 뜻과 계시에 따라 (출 25장의

---

13. 유재열, 『영원한 생명』, 61. 최병규, "요한계시록 오용," 39에서 인용.

모세와 같이) 신천지 예수교 증거장막성전을 창설하고 새 이스라엘(이긴 자) 열두 지파를 창설했다고 한다.[14] 2011년 말 현재 85,513명의 신도 수(총회 등록자)를 가지고 있으며, 2012년 목표는 15만여 명이라고 한다. 3달에 한 번씩 신학교 수료식을 하는데 3천 명씩 수료한다고 한다.

III. 신천지 이단의 핵심 주장들

1. 비유 풀이

신천지 이단에게 있어서 비유 풀이는 매우 중요한 위치를 점하고 있다. 성경 말씀에 대한 비유 풀이를 통해 기성 교회 신자들을 미혹하고, 그들의 교주를 신격화하며 그들이 주장하는 교리를 합리화하는 도구로 사용한다. 문맥을 벗어난 끼워 맞추기 식의 해석이지만, 이것을 분별하지 못하는 연약한 사람들은 그만 이 비유 풀이에 혹하여 이단에 빠지는 경우가 허다하다.

먼저 이만희 씨는 모든 성경이 비유로 되어 있다고 말한다. "성경에 기록된 하나님의 말씀은 육적인 것을 빙자하여 비유를 베푼 영적인 것인데 사람들이 문자에 매여 육적으로 해석하여 행동한다면 하나님의 뜻에 맞을 리가 없다."[15] 또 이렇게 말한다. "비유로 기록된 말씀의 뜻을 정확하게 알고 깨달아야만 하나님께서 성경을 통하여 우리에게 무엇을 말씀하셨는지 알 수 있고 또 그 뜻대로 행할 수도 있다(약 1:23-25; 2:26)."[16] 이를 통해 결국 비유 해석의 권한을 이단 교주가 가지고 있음을 주장하고, 성경의 모든 비유를 풀어 주는 그에게로 와서 배워야 한다고 주장하는 것이다(『요한계시록의 실상』, 494).

---

14. 이상 신천지 이만희 씨 약사는 김xx, 파워포인트 자료("이단의 계보")에서 많이 참조하였다.
15. 이만희, 『성도와 천국』, 26 (김xx, 파워포인트 자료).
16. 이만희, 『성도와 천국』, 26.

이러한 비유 풀이는 조금만 성경을 주의 깊게, 문맥을 보면서 읽어 보면 옳지 않다는 것을 알 수 있을 것이나 많은 사람들이 미혹되고 있다는 사실이 놀랍다. 따라서 신천지에서는 어떤 식으로 비유 풀이를 하는지 예 두 가지만 살펴보기로 하자.

1) 구름

신천지에서는 예수님 재림 시에 "구름을 타고 오시리라."(계 1:7)는 말씀에서 '구름'을 비유로 본다. "하나님께서 임하실 때마다 동반된 구름은 성령의 강림하심을 뜻한다. 하나님께서는 빽빽한 구름 속에서 초림 예수님에게 말씀하셨다(마 17:5). 한편, 구름에 가린 채 하늘로 올라가심을 본 그대로 다시 오신다고 하셨다(행 1:9). 이로 보건대 주께서 구름을 타고 오신다는 것은 영으로 오신다는 뜻이다."(『요한계시록의 실상』, 55). 이런 해석을 통해 예수님의 육체 재림을 부인하고 영적 재림을 주장하는데 이것은 단지 신천지뿐만 아니라 한국의 여러 이단들이 공통적으로 주장하는 것이다. 이는 결국 그들의 교주를 '재림 예수'로 신격화하기 위한 한 방법이다.

그러나 우리는 예수님이 말씀하신 '구름'은 문자적인 구름으로 보아야 한다. 왜냐하면 사도행전 1:9 "이 말씀을 마치시고 그들이 보는데 올려져 가시니 구름이 그를 가리워 보이지 않게 하더라."에서 '구름'은 문자적인 구름이 분명하며, 이어서 11절에서 "이로되 갈릴리 사람들아 어찌하여 서서 하늘을 쳐다보느냐? 너희 가운데서 하늘로 올려지신 이 예수는 하늘로 가심을 본 그대로 오시리라 하였느니라." 하셨기 때문에 예수님께서 문자 그대로 '구름'을 타고 다시 오신다고 보아야 하는 것이다. 뿐만 아니라 예수님이 직접 하신 말씀에도 보면 "그 때에 인자의 징조가 하늘에서 보이겠고 그 때에 땅의 모든 족속들이 통곡하며 그들이 인자가 구름을 타고 능력과 큰 영광으로 오는 것을 보리라."(마 24:30)고 하셨다. 따라서 예수님은 '하늘'에서부터 오시는 것이 분명하며, 그렇다면 여기의 '구름'도 하늘에 있는 구름으로 보아야 하는 것이다. 사도 바울도 말하기를 "주께서 호령과 천사장의 소리와 하나님의 나팔 소리로 친히 하늘로부터 강림하시리니."(살전 4:16)라고 했다. 따라서 '하늘'로부터 세상 모든 사람이 볼 수 있도록 강림하시는 것이 예수님의 재림이지, 사람들 몰래 살짝 이 땅에서 태어난 사람은 재림주가 될 수 없는 것이다.

2) 공중의 새

신천지에서는 또한 나무에 깃들인 공중의 새(마 13:32)에 대해 '사람들에게 임한 영'으로 해석한다. "말씀으로 거듭난 목자와 성도들을 한 그루의 나무로 비유하시고 사람들에게 임한 영을 나무에 깃들인 새로 비유하셨다."[17] 이어서 이렇게 말한다. "하나님의 씨로 된 나무는 진리의 말씀으로 거듭난 속사람을 두고 하신 말씀이며, 이 나무에 새들이 와서 깃들인다 하심은 말씀으로 거듭난 사람에게 하나님의 성령이 임하여 함께 하신다는 의미이다."[18] 그러나 이런 해석은 성경 말씀을 문맥에서 보지 않고 따로 떼 내어서 자기 마음대로 해석한 자의적 해석이다.

마태복음 13:32의 말씀은 예수님의 '겨자씨 비유' 중에 나오는 말씀인데 천국은 마치 사람이 자기 밭에 갖다 심은 겨자씨 한 알과 같아서(31절), 모든 씨보다 작은 것이지만 자란 후에는 나물보다 커서 나무가 되매 공중의 새들이 와서 그 가지에 깃들인다는 것이다(32절). 따라서 여기서 '나무가 된다'는 것은 천국 복음이 처음에는 미약하게 시작되었지만 나중에는 크게 번성하게 됨을 말한다. 그리고 '공중의 새들이 깃들인다'는 것은 그만큼 큰 나무가 된다는 것을 의미한다고 보거나,[19] 또는 에스겔 17:23과 관련해서 여기의 '새들'은 메시아에게서 피난처를 찾고 그 언약의 축복을 누리는 이방 민족들을 나

17. 김xx, 파워포인트 자료.
18. 김xx, 파워포인트 자료.
19. 박윤선, 『공관복음』, 345: "주님께서 여기서 새로써 무엇을 비유하지 않으시고 다만 겨자 나무에 새들이 깃들일 수 있는 큰 나무가 된다는 사실을 지적하신 것뿐이다."

타낸다고 볼 수도 있다.[20] 그러나 신천지에서는 이 말씀의 문맥을 무시하고 따로 떼어 내어서 자의적인 해석을 갖다 붙이고 있다.

2. 배도-멸망-구원 교리

신천지의 교리들 중 배도-멸망-구원 교리는 매우 중요하다. 이것은 이만희를 구원자로 내세우기 위한 억지 교리인데, 성경의 전(全) 역사를 이 구도에 맞추어서 해석한다. 신천지에서는 다음과 같이 주장한다. "성경을 크게 분류하면 역사와 교훈과 예언으로 기록되었고 성사과정은 **목자 택함 ⇨ 언약 ⇨ 배도 ⇨ 멸망 ⇨ 심판 ⇨ 구원 ⇨ 재창조 ⇨ 새 언약 ⇨ 부활**의 순리로 되어 있다(사 1:1-2:5)."고 한다.[21] 또 다음과 같이 말한다. "택한 목자와 선민이 언약을 배도하여(렘 32:31-35) 멸망을 받아 없어지게 되므로 불가불 재창조의 역사가 시작되는데, 이는 시대마다 있었던 6000년 성경의 역사가 잘 증거해 주고 있다."고 한다(『종교 세계 관심사』, 17). 그리고 나서 "재창조는 배도한 첫 언약의 장막에서 멸망을 피한 작은 씨로 시작되고 구성이 된다(사 1:7-9; 계 3:4; 6:6)."고 한다(『종교 세계 관심사』, 17). 여기서 '배도한 첫 언약의 장막'은 유재열의 장막성전을 의미하고 '멸망을 피한 작은 씨'는 이만희를 가리킨다.

여기의 '배도자'와 '멸망자'와 '구원자'에 대해 신천지에서는 다음과 같이 설명한다. "배도자는 하나님으로부터 택함 받아 언약한 목자와 민족이 이방과 손을 잡아 언약하고 하나님의 법이 아닌 이방의 교법을 따르는 것이 배도의 행위요, 아담처럼 언약을 어긴 그들이 바로 배도자인 것이다(살후 2:1-4;

20. *New Geneva Study Bible* (Nashville: Thomas Nelson Publishers, 1995)에 있는 마 13:32의 각주 설명. 이 두 견해는 서로 배척하는 것이 아니라 조화되는 것이다. 곧 '공중의 새가 깃든다'는 것은 그처럼 큰 나무가 되어서, 곧 크게 번성하여서(널리 전파되어서) 이방인들이 와서 그 은혜를 함께 누린다는 의미로 볼 수 있다.

21. 신천지 책자 『종교 세계 관심사』, 17 (김xx, 파워포인트 자료).

호 6:7)."(『종교 세계 관심사』, 18) 멸망자에 대해서는 다음과 같이 말한다. "하나님과 언약한 장막에 침노하여 선민을 이방 교권으로 미혹[하여] 이마와 오른손에 표하여 삼키고 장막까지 무너뜨린 침노자들이다(계 13:)."(『종교 세계 관심사』, 18) 또 구원자에 대해서는 다음과 같이 설명한다. "구원자는 하늘 장막이 배도로 이방에게 멸망 받은 후 이방에게 포로된 민족에게 와서 증거의 말씀으로 빼내어 구원하는 자들이다(계 17:14; 요 5:24-29)."(『종교 세계 관심사』, 18)

배도자, 멸망자, 구원자에 대한 이러한 설명은 유재열의 장막성전이 정부의 단속으로 무너진 것을 두고 말한 것인데, 과천의 한 교회가 정부의 개입으로 말미암아 무너지고 기성교회로 돌아오게 되는 것을 성경의 말씀의 성취라고 자의적(恣意的)으로 해석한 것이다. 곧 '배도자'는 유재열과 첫 장막 7 천사(함께 언약한 자들)이며, '멸망자'는 유재열의 장막성전을 인수하여 '이삭중앙교회'를 맡게 된 오평호와 청지기교육원 7 목자이며, '구원자'는 이만희 씨를 가리킨다.[22] 그래서 신천지에서는 결론적으로 다음과 같이 말한다. "성도는 누구나 이 예언이 성취될 때 세 가지 사건과 세 존재를 순리적으로 바로 깨달아 믿고 지켜 구원자에게로 가야 산다(요 16:14; 마 24:45; 계 10:)."(『종교 세계 관심사』, 18). 이 말은 곧 '구원자'인 이만희에게로 가야 구원받는다는 의미이다.

『신천지 교육자료』에 보면 각 시대별로 하나님이 목자를 세워 언약을 세웠으나 배반함으로 말미암아 새로운 목자를 세우셨다는 것이 도표로 나와 있는데, 그 순서는 다음과 같다. **아담 ⇨ 노아 ⇨ 아브라함 ⇨ 모세 ⇨ 예수님 ⇨ 신천지**. 아담이 배도함으로 노아를 세웠으나, 노아도 배도함으로 아브라함을 세웠고, 그도 배도함으로 모세를 세웠고, 또 모세가 배도함으로 예수님을 세

---

22. 신천지를 비롯한 이단들의 글들은 문법이 맞지 않고 뜻이 분명하지 않은 경우가 많다. 여기서도 '구원자'가 단수인지 복수인지 분명치 않다. 어떤 때는 단수로 말하고, 어떤 때는 복수로 말한다. '구원자'를 복수로 말할 때에는 이만희 씨를 비롯한 신천지 신도들을 가리킨다고 볼 수 있지만, 단수로 말할 때에는 이만희 씨 일개인을 가리킴이 분명하다.

웠으나 예수님도 실패함으로 신천지를 세웠다는 것이다. 그래서 예수님 밑에는 o 표와 x 표가 있다. 하나님이 예수님을 세웠으나 실패함으로 이제 마지막으로 신천지의 이만희를 세웠다는 의미이다.

이러한 주장에 대해서는 굳이 반박할 만한 가치도 없는 것이지만 성도들을 위하여 간단히 비판해 보기로 하자. 우선 아담이 하나님과 맺은 언약을 어기고 범죄(불순종)한 것은 맞지만, 그렇다고 해서 그가 배도하고 하나님을 완전히 떠나간 것은 아니다. 하나님은 곧 찾아오셔서 벌을 내리심과 동시에 가죽옷을 지어 입히시므로 사죄의 은혜를 베풀어 주셨다(창 3:21). 아담은 아들 아벨이 죽은 후에 셋을 낳고서 하나님을 고백하였다(창 4:25). 또 노아 시대의 홍수는 노아의 배도 때문이 아니라 세상에 죄악이 관영했기 때문이다(창 6:5-7, 11-12). 세례 요한도 배도한 것이 아니라 메시아에 대해 잠시 의문이 들었거나 또는 더 확실히 알기를 원하였을 따름이다(마 11:2-5). 예수님은 세례 요한을 가리켜 '바람에 흔들리는 갈대'라고 하지 않으셨고 '선지자'이며 '선지자보다 나은 자' 곧 '여자가 낳은 자 중에서 제일 큰 자'라고 하셨다(마 11:9-11).[23] 그리고 무엇보다도 예수님은 십자가상에서 "다 이루셨다"고 하셨으며(요 19:30), 결코 실패하지 않으셨다. 그리스도께서는 "성경대로 우리를 위해 죽으셨으며"(고전 15:3), "하나님 곧 우리 아버지의 뜻을 따라 이 악한 세대에서 우리를 건지시려고 우리 죄를 위하여 자기 몸을 드리셨다."(갈 1:4)

뿐만 아니라 오평호를 멸망자라고 하는데 그는 멸망자가 아니다. 그는 자기를 하나님이라고 하지 않았다(참조. 살후 2:4). 그는 유재열의 장막성전을

---

23. 그런데 신천지에서는 세례 요한을 '바람에 흔들리는 갈대'(마 11:7)라고 주장한다. 그러나 이것은 전후문맥을 고려하지 않고 잘못 읽은 것이다. 예수님은 제자들이 '바람에 흔들리는 갈대'를 보려고 광야에 나간 것이 아니라는 의미에서 "너희가 무엇을 보려고 광야에 나갔더냐? 바람에 흔들리는 갈대냐?"라고 말씀하셨다. 즉, '바람에 흔들리는 갈대'를 보려고 나간 것이 아니라는 말씀이다. 그런데도 신천지에서는 이 구절만 따로 떼어서 세례 요한이 '바람에 흔들리는 갈대'라고 주장한다.

인수받아 기성교회로 돌아오게 한 사람이지 자기를 '하나님'이라고 한 배도자가 아니다. 신천지에서 배도-멸망-구원 교리의 근거로 삼는 데살로니가후서 2:1-4은 멸망자가 배도자를 멸망시킨다는 내용이 아니다. 그것은 예수님 재림 전에 먼저 배도하는 일이 있고 '불법의 사람' 곧 '멸망의 아들'이 나타날 것이라는 말씀이다. 따라서 이 말씀은 신천지에서 주장하는 것처럼 멸망자가 배도자를 멸망시킨다는 것과는 관계가 없다. 배도-멸망-구원 교리는 이 시대의 이만희 씨를 신격화하기 위한 억지 교리에 불과하다.

3. 육체 영생 교리

신천지의 주장 중 해괴한 것 한 가지는 그들의 '육체 영생 교리'이다. 이것은 그들이 계시록 20:4-6을 잘못 해석한 데 기초해 있는데, 그런데도 이 '육체 영생'을 붙들고 있는 사람이 많다. 그 핵심 주장은 다음과 같다.[24]

1) 목 베임을 당한 순교자의 영과, 짐승과 그의 우상에게 경배하지 아니한 신천지인들의 육체가 하나가 되어 합하는 것이며, 그것이 첫째 부활이다. 설명하자면, 순교자들의 '영'과 신천지인들의 '육체'가 하나가 되어 육체적 죽음을 보지 않고 영생한다는 것이다.
2) 예수님의 영이 이만희에게 임하고, 순교한 열두 제자와 이 땅에 이룬 영적 새 이스라엘의 열두 지파장이 하나가 되어(부활) 각인의 행위에 따라 책에 기록된 대로 심판한다.

그러나 이런 주장은 성경에 없는 해괴한 주장으로 계시록 20:4을 잘못 읽은 것이다. 계시록 20:4은 "또 내가 보좌들을 보니 거기에 앉은 자들이 있어 심판하는 권세를 받았더라. 또 내가 보니 예수를 증언함과 하나님의 말씀 때

24. 아래 내용은 김xx의 파워포인트 자료에서 채택하였다.

문에 목 베임을 당한 자들의 영혼들과 또 짐승과 그의 우상에게 경배하지 아니하고 그들의 이마와 손에 그의 표를 받지 아니한 자들이 살아서 그리스도와 더불어 천년 동안 왕노릇하니."라고 되어 있다. 여기서 중요한 것은 '목 베임을 당한 자들의 영혼들'과 또 '우상에게 경배하지 아니한 자들'이 '살아서 왕노릇했다'는 것이다. 요약하자면 순교자들과 참 믿음의 성도들이 '살았다'는 것이다. 곧 이들이 죽지 않고 (낙원에서) 영생을 누린다는 것이지 '영'과 '육체'가 하나가 된다는 의미가 아니다. 만일 신천지의 주장대로 신천지인들에게 순교자들의 영이 임한다면, 신천지인들의 영혼은 사라지고 다른 사람이 되고 만다. 자기 영혼이 있어야 하지 다른 사람의 영혼이 자기 육체에 들어오면 다른 사람이 되고 마는 것이다. 마치 어떤 사람에게 악령(귀신)이 들어오면 귀신 들린 자가 되는 것처럼 신천지인들의 육체에 다른 영들이 들어오면 다른 사람이 되고 마는 것이다.

계시록 20:4은 그런 해괴한 교리를 주장하는 것이 아니다. 여기서 사도 요한이 본 것은 낙원(천당)에 있는 보좌들과 또한 순교자들의 '영혼들(*프쉬카이*)'과 '우상 숭배하지 않은 자들(의 영혼들)'이다. 따라서 이 세상에서 예수님을 믿는 믿음을 끝까지 지킨 사람들은 이 세상에서 죽었다고 해서 끝난 것이 아니라 낙원(천당, 천국)에 그 '영혼들'이 살아서 영생을 누리고 있다는 말이다. '그리스도와 더불어 왕노릇하였다'는 것은 낙원에서 영광스러운 지위를 누리고 있다는 의미이다. 이 낙원의 '영혼들'은 그리스도의 재림과 함께 이 세상에 다시 올 것이며(살전 3:13; 4:14), 그 때 부활한 자기 육체와 결합하여 새 하늘과 새 땅에서 영원복락을 누리게 될 것이다(계 21:1-5; 벧후 3:10-13).

IV. 이단들의 잘못된 요한계시록 해석들

그러면 이제 신천지를 비롯한 이단들과 또 이단은 아닐지라도 요한계시록에 대해 잘못 해석하고 있는 것들을 지적하고 비판하고자 한다.[25] 여기서는 이단들이 주장하는 중요한 주제들을 택하여 논하였다.

1. 해를 입은 여자

계시록 12장은 '해를 입은 여자'와 '용' 사이의 전쟁에 대해 말한다. 해를 입은 여자의 발 아래는 달이 있고 그 머리에는 열두 별의 면류관을 썼다고 말한다(1절). 그러면 여기서 '해를 입은 여자'는 누구인가? 가톨릭교회에서는 '마리아'로 보지만 개신교에서는 그리스도를 배출한 구약 교회와 그리스도 이후의 신약 교회를 통틀어서 말하는 것으로 본다.[26] 그리스도는 구약 교회의 오랜 기다림과 고통 끝에 오셨다. 그래서 '여자'가 그리스도(아이, 철장으로 만국을 다스릴 남자)를 해산했다고 말한다(2, 5절). 그리고 이 '여자'는 '용(사단)'에 의해 핍박을 받으나(6, 13, 15절) 하나님에 의해 보호를 받는다(14, 16절). 17절에서 '그 여자의 남은 자손'은 곧 '하나님의 계명을 지키며 예수의 증거를 가진 자들'이라고 분명히 밝혀 주고 있다. 곧 여기서 '여자'는 교회 전체를 말하며 '그 여자의 남은 자손'은 교회의 성도들을 말한다.

그런데 홍종효(洪鍾孝) 씨는 여기의 '해를 입은 여자'에 대해 "주의 길 예비자로서 오늘의 예비 장막을 이끌어 가는 선지자 버드나무 세례 요한"이라고 해석한다.[27] '버드나무 세례 요한'은 홍종효 자신을 가리키는데, 그는 자신

---

25. 아래의 글은 2008년 6월 5일 한국장로교총연합회 이단대책위원회가 주관한 세미나에서 발표한 논문을 옮겨 실은 것으로 최병규 편, 『한국 이단들의 요한계시록 오용의 역사에 대한 비판과 정통 견해』, 107-34에 "이단들의 계시록 오용 비판과 요한계시록 주해: 12-22장"이라는 제목으로 실려 있다.
26. 박윤선, 헨드릭슨, Greijdanus, Van de Kamp, Beale 등.
27. 홍종효, 『계시록실상증거』 (1994), 158.

을 성령으로 잉태한 ‘두 증인’ 중 하나라고 하며, ‘주의 앞에 보낸 자 세례 요한’이라고 한다(『계시록실상증거』, 171). 다른 곳에서 그는 ‘버드나무 세례 요한’을 ‘버드나무 솔로몬 왕’이라고도 부르며, “바다에서 나온 스바 여왕에게 금 120 달란트를 받아 처음 짐승에게 음부의 권세를 주므로 그래서 죽게 되었던 자가 나온 것”이라고 말한다(『계시록실상증거』, 186). 이처럼 그는 계시록의 말씀을 임의적이고 자의적으로 해석하고 있다.

다른 한편, 신천지에서는 요한계시록 12장의 ‘여자’를 ‘교회’로 보는 전통적인 견해를 강력하게 비판한다(『요한계시록의 실상』, 255). 그러면서 신천지에서는 이 여자를 ‘일곱 금 촛대 교회(해, 달, 별이 있는 하늘)를 인도하는 목자’를 가리킨다고 해석한다(『요한계시록의 실상』, 249). 그리고 ‘장막성전의 목자’라고도 말한다(『요한계시록의 실상』, 250). 계시록 13:7 해설에 보면, ‘일곱 금 촛대 장막의 일곱 사자와 성도들’을 ‘세상의 일반 교회 목자와 성도들’과 구별하고 있다. “예수님의 손에서 역사하던 일곱 사자와 성도들이 본장의 짐승에게 경배할 정도라면 세상에 있는 일반 교회 목자와 성도는 어떠할지 말할 가치가 있겠는가.”(『요한계시록의 실상』, 281). 그러면 도대체 ‘일곱 금 촛대 장막의 일곱 사자와 성도들’은 누구란 말인가?

계시록 1:20 해설에서 ‘일곱 금 촛대 교회와 일곱 사자’를 요한계시록에 예언한 ‘배도자와 그 장막’이라고 말한다(『요한계시록의 실상』, 62). 그렇다면 계시록 12장의 ‘해를 입은 여자’를 ‘배도자’로 보는 셈이다. 계시록 12장 해설 <결론> 부분에서도 ‘해, 달, 별을 가진 여자’는 ‘배도자’라고 분명히 말한다. “본장에서 배도자는 해, 달, 별을 가진 여자요 멸망자는 일곱 머리와 열 뿔 가진 용이며 구원자는 만국을 다스릴 남자로 나타난다.”(『요한계시록의 실상』, 270). 그리고 계시록 12:14 해설에서는 이 여자를 ‘배도한 하늘 장막의 목자’라고 하였다(『요한계시록의 실상』, 267). 그리고 “그곳(광야)에서 배도한 하늘 장막의 목자는 하나님의 말씀이 아닌 이방 교리를 배우게 된다.”고 말한다(『요한계시록의 실상』, 267). 또 ‘배도자인 여자’란 표현도 나타난다(『요한계시록의 실상』, 268).

그러면 이 '배도자'는 누구인가? 여기서 '배도자' 곧 '장막성전의 목자'는 과거 장막성전의 어린 종 유재열 씨를 가리킨다. 그는 1966년에 경기도 과천에 다른 7명과 함께 장막성전을 세우고 포교활동을 해왔으나, 1980년에 정부의 압력으로 모든 것을 포기하고 기성 교단에 넘겼다.[28] 그래서 신천지에서는 이 '장막성전' 집단을 '배도자와 그 성도'라고 부르는 것이다.

2. 이 여자가 낳은 아이

계시록 12:5에 보면 "여자가 아들을 낳으리니 이는 장차 철장으로 만국을 다스릴 남자라."고 말한다. 이 아들은 그리스도를 가리킴이 분명하다(시 2:9; 계 2:27; 참조. 창 3:15; 갈 4:4). 모든 학파의 모든 주석학자들이 '이 아이'가 그리스도라고 하는 점에서 의견의 일치를 보이고 있다고 한다.[29]

그런데 여호와의 증인에서는 이 아이를 예수 그리스도로 보기는 보되, 초림한 예수가 아니라 "하느님의 왕국이 하나의 실체로서 1914년에 탄생한 것"을 가리킨다고 한다. 예수는 "그 때 그 왕국의 왕으로 즉위"하셨다고 한다.[30] 여호와의 증인에서는 1914년 10월에 예수께서 하늘에 즉위하셨다고 한다(『계시록. 그 웅대한 절정은 가까웠다!』, 32).

신천지에서는 이 여자가 낳은 아이에 대해 "그는 장막 성전의 목자가 영적으로 낳은 성도(벧전 1:23) 곧 말씀의 씨로 낳은 영적인 아들이며, 혈통으로 난 육신의 아이가 아니다(요 1:12-13)."고 말한다. 그리고 "이 아들은 본장 10절과 같이 용과 싸워서 이기고 철장으로 다스릴 남자(5절)"라고 말한다(『요한계시록의 실상』, 250). 그러면 이 '영적 아들'은 누구이며 '철장으로 다스릴 남자'는 누구인가? 신천지는 이렇게 말한다. "또한 본장의 아이는 초림 예수

---

28. 참조. 최병규, "요한계시록 오용," 25.

29. 헨드릭슨, 『요한계시록』, 165 각주 199.

30. 워치 타워 성서 책자 협회, 『계시록』, 180.

님처럼 말구유에서 태어난다. 차이가 있다면 예수님은 실제 말구유에서, 본장의 남자는 하나님의 말들(계 6장)인 천천만만의 천사들(계 5:11)과 용의 말들인 이만만의 악령들(계 9:14-19)이 집결한 영적인 말구유에서 난다는 것이다."(『요한계시록의 실상』, 253). 따라서 이 '영적 아들' 곧 '철장으로 다스릴 남자'는 예수님과는 다른 별개의 인물임을 알 수 있다. 그리고 이 남자는 '하나님께서 약속하신 목자'라고 하기도 하고(『요한계시록의 실상』, 251), '구원자'라고 하기도 한다(『요한계시록의 실상』, 270). 이는 신천지의 교주를 가리킨다. 이것은 다음 설명에서 분명해진다.

3. 이긴 자

계시록 12:5 해석에서 신천지는 이렇게 말한다. "계시록의 주인공이라 할 수 있는 이 남자는 과연 누구인가?"(『요한계시록의 실상』, 254) 우리가 볼 때 이 질문은 불필요해 보인다. 계시록의 주인공은 예수 그리스도이지 또 누가 있단 말인가? 그러나 신천지는 분명히 다른 사람을 지칭하고 있다. "철장으로 '만국을 다스릴 남자'는 예수님께서 '계시록 2, 3장에 약속한 이긴 자'이다. 그는 본장 11절에서 보게 될 용과 싸워서 승리한 그의 형제들 즉 이긴 자'들'과는 달리 '예수님의 보좌에 앉게 되는 약속한 목자(계 3:21)'이다."(『요한계시록의 실상』, 254).

또 계시록 12:10-12 해설에서 이렇게 말한다. "본문과 같이 용을 이긴 만국을 다스릴 남자는 예수님께서 마귀를 이기시고(요 16:33) 하늘 영계에 열두 지파를 만드신 것처럼(계 21장), 새 이스라엘이 되어 이 땅에 열두 지파를 창설한다."(『요한계시록의 실상』, 264) 따라서 이 남자는 예수님과는 다른 존재임을 알 수 있다. 신천지는 이어서 이렇게 말한다. "또한 하나님의 아들이 되어(계 21:7) 계시록 2, 3장에 약속한 천국과 영생을 유업으로 받는다. 이 이긴 자 아이가 창조하는 영적 새 이스라엘이 바로 계시록 7장에 약속한 하나님 나라요 다니엘 2장 44-45절에 말한 영원한 나라이며 마태복음 6장 33절에서

구하라고 한 하나님의 나라이다."(『요한계시록의 실상』, 264 이하)

계시록 13:1-2 해설에서는 '이긴 자'에 대해 좀 더 분명하게 말한다. "예수님의 대언자이자 대행자인 그는 하나님의 아들이 되어(계 21:7) 하나님과 예수님의 보좌에 함께 앉게 될 뿐만 아니라 만국을 다스리는 권세를 비롯한 계시록 2, 3장에 약속한 복을 받는다. 그러므로 하나님과 예수님의 보좌와 권세와 능력은 2, 3장에 약속한 이긴 자에게 있게 된다."(『요한계시록의 실상』, 276)

그러나 계시록에서 '이긴 자'는 예수님을 믿는 믿음으로 환난과 시험을 이기고 승리한 자 곧 끝까지 인내한 성도들을 가리킨다(계 2:7, 11, 17; 3:5, 12, 21 등). 이런 자는 하나님이 주시는 생명수 샘물을 받아 마시며(계 21:6), 하나님의 자녀가 되며(계 21:7), 둘째 사망에 들어가지 않게 된다(계 21:8). 이처럼 계시록에서 말하는 '이기는 자'가 어떤 종교의 특정인을 가리키는 것이 아니라 모든 참된 성도들을 가리키는 것임은 다음과 같은 이유들로 인하여 분명하다.

첫째, '이기는 자'에 대한 말씀 바로 앞 또는 뒤에 "성령이 교회들에게 하시는 말씀을 들을지어다"라고 말하고 있다. "귀 있는 자는 성령이 교회들에게 하시는 말씀을 들을지어다. 이기는 그에게는 내가 하나님의 낙원에 있는 생명나무의 과실을 주어 먹게 하리라."(계 2:7) "귀 있는 자는 성령이 교회들에게 하시는 말씀을 들을지어다. 이기는 자는 둘째 사망의 해를 받지 아니하리라."(계 2:11) "귀 있는 자는 성령이 교회들에게 하시는 말씀을 들을지어다. 이기는 그에게는 내가 감추었던 만나를 주고 또 흰 돌을 줄 터인데…."(계 2:17) 또한 계시록 2:26-29; 3:5-6, 12-13, 21-22도 마찬가지다. 따라서 이런 말씀의 바로 앞 또는 뒤에 나오는 '이기는 자'는 교회 성도들을 가리킴이 분명하다.

둘째, '이기는 자'에게 약속된 '낙원에 있는 생명나무의 과실을 먹는 것'

이라든지 '둘째 사망의 해를 받지 아니하는 것'이나 '감추었던 만나 또는 흰 돌을 받는 것' 등은 일반적으로 모든 성도들에게 주어진 것이지 특정한 한 개인에게 주어진 약속이 아니다.

셋째, '이기는 자'에 대한 약속은 아시아 일곱 교회의 각 교회 사자에게 주신 말씀의 마지막 부분에 나오는데, 이 앞에 나온 권면의 말씀(예를 들면, "회개하여 처음 행위를 가지라", "네가 죽도록 충성하라" 등)은 각 교회 성도들 전체에게 해당되는 말씀이지 어떤 특정인에게만 해당되는 말씀이 아니다.

넷째, 두아디라 교회에 주신 말씀 중에서 "다만 너희에게 있는 것을 내가 올 때까지 굳게 잡으라."(계 2:25)고 말한 후에 이어서 "이기는 자와 끝까지 내 일을 지키는 그에게 만국을 다스리는 권세를 주리니."(26절)라고 말한다. 따라서 여기서 '이기는 자'란 앞의 25절에 있는 말씀을 지켜 행하는 자를 말한다. 즉, '너희' 중에서 누구든지 예수님의 말씀을 잘 듣고 지키는 자를 말한다.

그러나 신천지에서는 이 '이기는 자'를 특별하게 해석하여 특별한 한 개인을 가리키는 것으로 본다. 이 '이긴 자 아이'는 '영적 새 이스라엘'을 창조한다고 말한다. 그리고 오늘날 성도는 "용과 싸워 이기는 아이와 하나가 될 수 있도록 계시록의 예언을 깨닫고 그 성취 장소와 인물을 찾아보아야 한다."고 말한다(『요한계시록의 실상』, 262). 이 말은 곧 오늘날 성도는 '이긴 자 아이' 되는 신천지 교주와 연합하여야 한다는 것을 의미한다.

신천지에서 가르치는 교리의 핵심은 이 '이기는 자' 또는 '이긴 자'를 중심으로 하고 있다. "구약 성경 39권이 구원자이신 예수님 한 분을 증거하는 것이라면 신약 성경 27권은 니골라 당과 싸워 이기는 자 한 사람(계 2-3장)을 알리는 것이라고 할 수 있다."(『요한계시록의 실상』, 26). 그리고 또 "계시록이 응하고 있는 오늘날은 계시록에 약속한 이긴 자(계 2, 3장; 21:7)를 통하지 않고는 구원이 없다."고 말한다(『요한계시록의 실상』, 37). "이를 부인하는 사람은 예수님과 그 말씀을 믿지 않는 자이며 마귀의 영에게 조종을 받는 자이다. 천하만국은 계시록 10장에 기록한 열린 책을 받아먹은 약속한 목자 앞으로 나아와 진리의 말씀을 배우고 소성 받아 하나님과 예수님께 감사와 영광을 돌려드려야 한다."(『요한계시록의 실상』, 37) 또 이렇게 말한다. "계시록에 예언한 말씀이 이루어질 때는 계시록에 약속한 구원의 처소와 구원의 목자를 찾아야만 구원 받을 수 있다. 그 구원의 목자는 니골라 당과 싸워 이기는 자이며 구원의 처소는 그가 인도하는 장막이다."(『요한계시록의 실상』, 40)

4. 영적 새 이스라엘

그러면 신천지에서 말하는 '영적 새 이스라엘'은 무엇인가? 신천지에서는 '육적 이스라엘' 및 '영적 이스라엘'과 대비되는 것으로서 '영적 새 이스라엘'을 말한다. "신구약 성경은 하나님께서 시대마다 한 목자를 세워 대언자로 삼으시는 것과 한 세대가 가고 다른 한 세대가 오는 것을 말하고 있다. 초림 예수님 때 육적 이스라엘이 끝나고 영적 이스라엘이 창조되었듯 세상 끝인 오늘날은 영적 이스라엘이 종말을 맞고 영적 새 이스라엘이 시작되었다."(『요한계시록의 실상』, 36) 이것을 보면 신천지에서는 이 세상 역사를 세 시대로 구분하고 있음을 알 수 있다. 곧 예수님 오시기까지의 시대(구약 시대. **육적 이스라엘**)와 예수님이 오셔서 활동하시던 시대(신약 시대. **영적 이스라엘**), 그리고 마지막으로 '**영적 새 이스라엘**'의 시대이다. 이 새 세계를 그들은 '신천지 세계'라 부른다. "계시록은 예수님 초림 이후의 세계가 끝이 나고 도래한 영적 새 이스라엘 곧 신천지 세계를 알린다."(『요한계시록의 실상』, 360)

여기서 우리는 기독교 역사상 많은 이단들이 구약 시대와 신약 시대와 구별되는 새로운 시대가 도래하였음을 주장하는 경향이 있음을 지적하고자 한다. 2세기 후반의 이단인 몬타누스(Montanus)는 예수님이 약속하신 보혜사 성령(요 14-16장)이 오순절 날에 오신 것이 아니라 2세기 후반의 자기들에게 임하여 강력히 역사한다고 주장하였다. 그래서 그들에게 '새 예언'(*nova prophetia*)을 주신다고 주장하였다. 이처럼 예수님 이후의 신약 시대에 또 다시 특별한 새로운 한 시대를 주장하고, 여기에 그들 교주들의 활동을 결부시키는 것이 역사상 나타난 이단들의 중요한 한 특징이라고 할 수 있다.

5. 하늘의 전쟁

계시록 12:7-9은 하늘에 있는 전쟁에 대해 말한다. "하늘에 전쟁이 있으니 미가엘과 그의 사자들이 용과 더불어 싸울새 용과 그의 사자들도 싸우나, 이기지 못하여 다시 하늘에서 그들이 있을 곳을 얻지 못한지라. 큰 용이 내쫓기니 옛 뱀 곧 마귀라고도 하고 사탄이라고도 하여 온 천하를 꾀는 자라. 그가 땅으로 내쫓기니 그의 사자들도 그와 함께 내쫓기니라." 여기서 '용의 사자들'은 사단을 따르는 악령들을 가리킴이 분명하다.[31]

그런데 신천지에서는 이것을 이상하게 해석한다. 그들은 먼저 영계와 육계 둘로 나누어서 이해한다. "영계의 하나님과 사단에게는 각각 그 소속의 영들로 구성된 군대가 있다. 그리고 소속된 육체가 있으니 이 땅의 목자와 성도들이다."(『요한계시록의 실상』, 258) 그리고 '용의 사자'는 '일곱 머리와 열 뿔과 꼬리들(계 9:15-19)'이라고 한다(『요한계시록의 실상』, 258). 일곱 머리는 '선견자인 일곱 목자'를, 열 뿔은 머리인 '목자에게 속한 열 권세자'들, 꼬리는 '사단에게 속한 거짓 선지자'를 말한다고 한다(『요한계시록의 실상』, 251).

여기서 '일곱 머리'와 '열 뿔'에 대한 해석이 이상하다. 개혁주의 주석가들에 의하면, 계시록 12:3의 '일곱 머리'는 세상 정부들을 가리키고 '열 뿔'은 작은 나라들을 상징한다.[32] 이처럼 머리 일곱에 일곱 면류관을 쓴 것은 마귀가 세상을 통치함을 말한다.[33] 그런데 신천지에서는 이 하늘의 전쟁에 대해 '만

---

31. Greijdanus, *Openbaring*, 256.
32. Greijdanus, *Openbaring*, 251.
33. 헨드릭슨, 『요한계시록』, 165.

국을 다스릴 아이'가 '기독교 목자들'과 싸우는 것이라고 해석한다. "만국을 다스릴 아이는 '불신자들'과 싸우는 것이 아니라 하나님을 믿는다고는 하나 사단의 일꾼이 되어버린 '기독교 목자들'과 성경을 들고 싸우게 된다."(『요한계시록의 실상』, 259). 여기서 '만국을 다스릴 아이'는 앞에서 본 것처럼 신천지 교주를 가리키고 '기독교 목자들'은 그가 싸우는 대적이 된다.

이처럼 신천지에서는 영적 전쟁의 대상을 이 세상의 불신 세력이 아니라 기독교 목자와 성도들로 보고 있다. 이것은 세상 종말에 대해 설명할 때에도 드러난다. "이와 같이 주 재림이 이루어지는 계시록 성취 때에 해와 달이 어두워지고 별들이 다 떨어진다는 것(계 6:12-14)은 '기독교 세계의 목자와 성도'가 다 심판을 받고 끝난다는 말이지 세상 종말을 뜻하는 것은 아니다."라고 한다(『요한계시록의 실상』, 261). 이처럼 신천지는 전통적인 종말론을 부정하고 기성 교회의 목자와 성도들을 공격하는 데 초점을 맞추고 있다.

또 계시록 12:10 해설에서 "성경에 기록한 용의 무리가 바로 너희라고 증거를 하니 이 사단의 조직은 부인할 수 없어 하늘 장막을 떠나게 된다."고 말한다(『요한계시록의 실상』, 263 이하). 또 "용이 들어서 쓴 일곱 머리와 열 뿔 가진 짐승은 선한 목자로 가장한 멸망자들이다."고 말한다(『요한계시록의 실상』, 264). 또 계시록 12:12 해설에서 신천지는 이렇게 말한다. "하늘에 거하는 자들은 이긴 자 아이와 그 형제들이요(계 17:14) 땅은 배도한 장막 선민이며 바다는 짐승에게 속한 세상 교인들이다(계 17:15)."(『요한계시록의 실상』, 265) 여기서 '이긴 자 아이'는 신천지의 교주를 말하며 '그 형제들'은 그에게 소속된 자들을 말하고, '배도한 장막 선민'은 유재열의 장막성전 성도들을 말한다. 또 계시록 13:1-2 해설에서 세상 목자들은 '양과 같은 성도를 해치는 멸망자'임을 나타낸다고 한다(『요한계시록의 실상』, 275).

그래서 신천지는 기성 교회 교인들을 향하여 속히 그들의 교주에게로 와서 하나가 될 것을 촉구한다. "그러므로 모든 세상 교인들은 용을 이긴 자와 하루 속히 하나가 되어 살 길을 찾아야 한다."(『요한계시록의 실상』, 265) 또 이렇게 말한다. "목자들은 자칭 정통, 전통, 권세, 능력 등을 앞세우기보다 본장에 기록한 만국을 다스릴 목자가 출현하는 때와 장소를 깨달아 성도에게 가르쳐야 한다. 왜냐하면 본장에 기록한 예언이 응할 때에는 약속한 목자와 하나가 되어야만 하나님의 나라와 구원에 동참할 수 있기 때문이다."(『요한계시록의 실상』, 265) 그러면서 참 목자와 거짓 목자를 구별하는 성경 지식을 갖추어야 한다고 말한다. "그러므로 성도에게는 용에게 보좌와 권세와 능력을 받는 거짓 목자와 예수님께 보좌와 권세와 능력을 받는 참 목자를 구별할 줄 아는 성경 지식이 있어야 한다."(『요한계시록의 실상』, 277)

6. 바다에서 나온 짐승

요한계시록 13장 전반부(1-10절)는 바다에서 나온 짐승에 대해 말한다. 이 짐승은 뿔이 열이요 머리가 일곱이며, 그 뿔에는 열 면류관이 있고 그 머리들에는 참람된 이름들이 있더라고 한다(1절). 이 짐승은 포악하고 잔인하며 성도들을 핍박한다(2, 6-7절). 여기서 '뿔'은 권세와 힘의 상징이며 따라서 나라들을 상징한다. '머리'는 세상의 주권들을 상징하며, 따라서 나라들을 상징한다. 따라서 이 첫째 짐승은 이 땅의 나라들과 그 나라의 정부들을 통하여 작용하는 사단의 핍박의 권능을 나타낸다.[34] 또는 전 인류의 정부, 정치적 집단으로서의 모든 민족들, 나라들을 상징한다고 볼 수도 있다.[35]

그런데 홍종효 씨는 이것을 이상하게 풀이한다. 이 짐승의 일곱 머리에 대해 "세상에서 나온 이방 기성 교회의 일곱 목회자"를 가리킨다고 본다(『계시록실상증거』, 171. 참조. 160). 이 일곱 목회자 중 한 존재는 첫 장막의 간판을 기성 교단의 이름으로 갈아 치운 후에 그 제단을 맡은 당회장이 된 자라고 말한다(『계시록실상증거』, 175). 이처럼 계시록의 말씀을 오늘날의 특정 인물

34. 헨드릭슨, 『요한계시록』, 176.

35. Greijdanus, *Openbaring*, 267.

에게 자의적으로 연결시키고 있다. 그리고 '열 뿔'은 '열 장로'를 가리키는데 '하나님의 이름으로 일컬음을 받은 히브리 사람 열 장로'라고 말한다(『계시록실상증거』, 160). 그리고 '참람된 이름들'에 대해서는 머리가 일곱이라 한 이 멸망자의 집단이 구성한 조직이 스스로 만들어 가지고 있는 감투 이름들을 가리킨다고 한다(『계시록실상증거』, 174).

신천지에서는 "일곱 머리는 일곱 두령(頭領) 곧 일곱 목자이며(계 17:10) 열 뿔은 일곱 목자에게 속한 열 명의 권세자이다(계 17:12, 사 9:15)"고 한다(『요한계시록의 실상』, 276). 그리고 이 열 뿔에 있는 열 면류관은 "열 명의 권세자가 일곱 목자에게 받은 직분을 비유한 것"이며, 참람된 이름들은 '자신들이 스스로 만들어 쓴 감투'를 말한다고 한다(『요한계시록의 실상』, 276). 또 계시록 17:8 해설에서는, 전에 있었다가 시방 없어진 짐승은 '멸망자'이며 계시록 13장에서 본 '땅에서 올라온 짐승' 즉 '장막 출신 거짓 목자'로서 "이방 목자 일곱 명에 합세하여 일곱 금 촛대 장막을 무너뜨린 존재"라고 말한다(『요한계시록의 실상』, 378). 이처럼 신천지에서는 계시록의 말씀을 오늘날 경기도 과천의 특정 인물들에게 적용하고 있다.

7절의 "또 권세를 받아 성도들과 싸워 이기게 되고"에 대해서도 신천지는 이상하게 해석한다. "짐승이 성도들과 싸워 이긴 무기는 '교권'이나. 이들은 자신들이 가진 낡고 부패한 전통을 정통인 양 앞세워 하나님께서 세우신 장막과 성도를 대적한다."(『요한계시록의 실상』, 281) 또 같은 책 293쪽에서 "본장(13장) 짐승의 실체는 마지막 때 세상에 나타난 공중 권세 잡은 마귀에게 속한 거짓 목자이다. 그는 교권을 무기로 삼아 자칭 정통 행세를 하며 이단이라는 말로 하나님의 장막을 미혹하여 자신의 교회와 교인으로 만들고 자기가 믿는 교리와 교법을 따르게 했다."고 말한다. 이처럼 신천지는 세상 나라 특히 당시의 로마 제국이 세상 권세로 성도들을 핍박하는 것을 가리켜 말한 것을 오늘날 특정 집단에 관계된 사건으로 잘못 해석하고 있다.

7. 땅에서 올라온 짐승

요한계시록 13장 후반부(11-18절)는 '땅에서 올라온 짐승'에 대해 말한다. 이 둘째 짐승은 새끼 양같이 두 뿔이 있고 용처럼 말하였다(11절). 또 땅과 땅에 거하는 자들로 처음 짐승에게 경배하게 하였다(12절). 이 둘째 짐승은 이 세상의 거짓 선지자들을 가리킨다. 곧 뭇 세대를 걸쳐 하나님과 그의 그리스도와 그의 말씀을 대항하여 행하는 거짓 예언과 거짓되이 일컫는 학문이다.[36] 새끼 양같이 두 뿔이 있다는 것은 거짓 선지자들이 그리스도를 모방하는 것을 말하고, 용처럼 말한다는 것은 이 짐승의 본질이 마귀적임을 말한다.

그런데 신천지에서는 땅에서 올라온 짐승은 "바다에서 들어온 짐승 곧 이방 목자와 하나가 된 '장막성전 출신 목자'"라고 말한다(『요한계시록의 실상』, 285). 이는 곧 유재열 씨 계열의 장막성전 출신 목자(오평호?)를 가리킨다고 생각된다. 그리고 "그에게 두 뿔이 있다는 것은 힘을 실어 주는 권세자들이 있다는 뜻"이라고 말하며, "용처럼 말한다는 것은 용에게 받은 교리를 대언한다는 의미"라고 한다(『요한계시록의 실상』, 285).

다른 한편, 안상홍 씨는 땅에서 올라온 짐승은 '미국'이라고 본다. "현재 미국은 용과 같이 말하는 전 짐승의 우상을 만들고 있다. 321년의 일요일 휴업령과 같은 일요일 휴업령을 내리고 있으며 종교연합운동으로 자유 신앙을 금지하는 일들이 또 부활되고 있다."고 한다.[37] 안식교의 김대성 목사도 이와 비슷하게 해석한다. 두 뿔은 "미국의 건국 정신이며 힘의 상징인 두 가지 권리 개념"을 뜻하는 것으로 미국 헌법 제1조에 명시되어 있다고 한다.[38] 그리고 '용처럼 말하더라'에 대해서는 "이렇게 양처럼 순수한 기독교 정신으로 시작된 미국이라는 나라가 장차 변절되어 용[사단]처럼 말하며 먼저 나온 짐

36. Greijdanus, Beale, 헨드릭슨, 박윤선 등.

37. 안상홍, 『성서설교집. 제2권, 요한계시록과 다니엘 연구』 (1982), 33.

38. 김대성, 『요한계시록 연구』 (서울중앙교회, 2004), 210.

승[교황권]을 돕겠다고 한 것이다."라고 풀이한다.[39]

그러나 이러한 해석들은 계시록 본문의 역사적 배경을 무시한 자의적 해석이다. 사도 요한 당시의 성도들은 로마 황제숭배를 강요당하고 있었으며, 이로 인하여 큰 환난과 핍박을 당하고 있었다(참조. 계 2:10, 13; 3:8; 7:14 등). 사도 요한은 도미티아누스 황제 시대에 황제숭배를 반대하다가 밧모 섬에 유배되어 있을 때(계 1:9) 계시를 받아서 이 책을 기록하였다(95년경). 따라서 계시록 13장의 첫째 짐승은 이 세상 역사에 일어나는 '나라들과 권세들'을 가리키면서 또한 동시에 당시의 '로마 제국'을 가리키며, 특별히 그 제국의 정점에 있는 '로마 황제'를 가리키고 있다. 따라서 4절과 8절의 '짐승에게 경배한다'는 말은 곧 당시의 황제숭배를 말하는 것이다. 이러한 황제숭배에 협력하고 앞장선 사람들이 바로 당시의 거짓 선지자들과 이방 제사장들이었는데, 이들을 가리켜 계시록은 '땅에서 올라온 짐승'(둘째 짐승)으로 묘사하고 있다. 이에 대해 헨드릭슨은 다음과 같이 말한다. "두 짐승들은 - 적그리스도 정부와 적그리스도의 종교 - 완벽하게 서로 협동하여 일을 한다. 이 경우는 결코 변하지 않는다. 이미 사도 요한의 시대에도 이방종교의 제사장은 총독과 절친한 사이였다. 성도들을 핍박하는 세상권세를 보조하고 협조하는 데에 제사장은 지대한 영향을 주었다. 이방 종교와 이방 정권은 교회를 대항하는 싸움에 있어서 서로 협조하였다."[40]

뿐만 아니라 땅에서 올라온 짐승(둘째 짐승)은 큰 이적을 행하여 심지어 사람들 앞에서 불이 하늘로부터 땅에 내려오게 하였다고 한다(13절). 안상홍 씨는 이에 대해 "이차대전의 원자탄을 제일 먼저 사용함으로 예언이 성취된 것이다."고 말한다.[41] 김대성 목사는 '강신술(降神術)'로 본다.[42] 한편, 신천지

39. 김대성, 『요한계시록 연구』, 211.

40. 헨드릭슨, 『요한계시록』, 181.

41. 안상홍, 『성서설교집』, 33.

42. 김대성, 『요한계시록 연구』, 214.

에서는 다음과 같이 해석한다. "불이 하늘에서 내려오게 하는 것은 불같은 짐승의 교리를 일곱 금 촛대 장막의 단상에서 성도들에게 내려 생령(生靈)을 죽인다는 뜻이다."(『요한계시록의 실상』, 286) 이것은 그들이 말하는 바 소위 배도한 장막성전 목자들이 전통 교리로 사람들을 죽인다는 의미로 보는 것이다. 이처럼 신천지에서는 계시록 곳곳에서 억지 해석을 끌어내고 있다.

그러나 이 구절은 그런 뜻이 아니다. 여기서 불이 하늘에서 내려오게 한다는 것은 당시의 이방 제사장들이 행한 마술을 뜻한다. 그 당시의 제사장들은 아무런 화인(火因)이 없이도 불이 쏟아져 나오게 하고 복화술(腹話術)을 사용하여 황제의 조각상이 정말로 말을 하는 것처럼 했다고 한다.[43] 고대 동방에서 황제숭배 의식을 행할 때에 천둥과 번개가 치는 이적이 있었다고 한다.[44] 박윤선도 "옛날 근동 지방에 잡종교들이 요술법에 의하여 우상으로 하여금 말하게 하는 일이 있었다고 한다(Charles)."고 말한다.[45]

8. 육백 육십 육

계시록 13장의 마지막 절은 이 (첫째) 짐승의 수가 '육백 육십 육'이라고 말한다. "지혜가 여기 있으니 총명 있는 자는 그 짐승의 수를 세어 보라. 그 수는 사람의 수니 육백 육십 육이니라."(18절) 이 '육백 육십 육'이란 수는 여러 가지로 다양하게 해석되고 있다. 종교 개혁가들은 이 '짐승'을 로마 교회로 보았으며, 헤르만 바빙크는 이것을 죄악의 세력으로 보았다. 아브라함 카이퍼는 이것을 어떤 개인이라고 생각하였으며, 박윤선은 이것이 세상의 종말기에 접근하여 일어날 적그리스도 나라를 가리킨다고 보았다.[46] 한편 흐레이다너스는 6은 하나님께 드려진 안식이라는 거룩한 도장이 없는 피조물의 충만함

---

43. W. M. Ramsay (참조. 헨드릭슨, 『요한계시록』, 181).
44. Van de Kamp, *Openbaring*, 320.
45. 박윤선, 『요한계시록』, 255.
46. 박윤선, 『요한계시록』, 256.

을 가리키고 6이 세 개인 666은 온 세상의 충만을 의미하며 이를 통해 세상의 지배자로서의 적그리스도를 가리킨다고 보았다.[47] 헨드릭슨은 666은 영원토록 완전에 도달할 수 없다는 것, 목표에 미치지 못한다는 것 곧 '실패'를 뜻한다고 보았다.[48] 또 다른 학자들은 이것을 네로 황제를 가리킨다고 보기도 하고, 도미티아누스 황제를 가리킨다고 보기도 한다.[49]

그런데 신천지에서는 '육백 육십 육'이란 이름의 짐승을 '마치 솔로몬과 같은 자'라고 본다(『요한계시록의 실상』, 290). 솔로몬은 금 육백 육십 육 달란트를 해마다 이방에서 세금으로 거둬들였다(대하 9:13). 그래서 "본문의 육백 육십 육은 솔로몬이 받은 세입금의 무게에서 따온 것으로 '땅에서 올라온 짐승이 소유하고 있는 지식의 분량'을 나타낸다."고 한다(『요한계시록의 실상』, 291). '땅에서 올라온 짐승'은 신천지에 의하면 "마치 장막 성전의 교주가 마치 영적인 가나안 일곱 족속에 비교할 수 있는 세상 목자 일곱과 하나가 되어 낳은 영적 아들이요 자신의 치리권을 넘겨준 자"라고 말한다(『요한계시록의 실상』, 291). 이어서 이렇게 말한다. "장막 성전의 당회장이 된 땅에서 올라온 짐승은 자신뿐 아니라 배도한 장막 성전의 성도들로 하여금 영적 이방인 세상 교단 일곱 목자와 마귀를 섞기게 하며 그들의 교리와 교법으로 안수하고 선서하며 예배하게 하였다."(『요한계시록의 실상』, 291) 이것은 유재열의 장막성전이 정통교회로 돌아오게 된 것을 두고 말한 것으로 생각된다.

한편 홍종효 씨는 666에 대해 매우 이상하게 푼다. "그러나 하나님의 법도를 지키지 않고 14년 역사 끝에는 이방인으로 더불어 손을 잡아 언약하고 이방 스바 여왕이 가져온 세입금의 중수 666 금 달란트로 十八 망대를 지어 적의 동정을 망보게 하는 것이 멸망을 스스로 자초한 것이다."(『계시록실상증거』, 188) 그리고 나서 이렇게 말한다. "솔로몬이 스바 여왕에게 받은 세입

47. Greijdanus, *Openbaring*, 285.

48. 헨드릭슨, 『요한계시록』, 184.

49. '666'에 대한 자세한 논의에 대해서는 Beale, *Revelation*, 718-28을 보라.

금의 중수가 666 세겔이라면 1981년 9월 20일 14시 그 년, 월, 일, 시에 바다에서 올라온 이방 목사에게 목사 안수 표를 받아 목사가 된 사람이 18사람이다. 그래서 총명 있는 자는 그 짐승의 수를 세어보라 그 수는 사람의 수니 하셨다."(『계시록실상증거』, 188) 이러한 아전인수 격의 해석은 비판할 가치조차 없다고 하겠다. 그는 솔로몬의 세입금의 중수를 스바 여왕이 가져온 예물과 혼동하고 있으며, 달란트와 세겔도 혼동하고 있다.

9. 십사만 사천

계시록 14장에 보면 "어린양이 시온산에 섰고 그와 함께 십사만 사천이 서 있는" 모습이 나온다(1절). 여기서 '십사만 사천'(원어: 백 사십 사 천)이 누구인가 하는 것이 중요한 문제이다. 개혁주의 주석가들은 이들을 '모든 그리스도인들', '구속받은 하나님의 교회 전체'로 본다.[50] 즉, 문자적인 숫자로 보지 아니하고 상징적인 의미를 가진 숫자로 본다(12 x 12 x 1,000). 이렇게 보는 이유는 3절에서 '땅에서 구속함을 받은 자들'이라고 성경이 친히 설명해주고 있기 때문이다. 그리고 4절, 5절의 설명도 모든 그리스도인들에게 해당되는 말씀이기 때문이다.

그러나 여호와의 증인에서는 144,000을 '영적 이스라엘'로 보면서도 문자적인 숫자로 본다.[51] 이답게 씨(전의 다미선교회의 이장림)는 구원 받은 성도 전체로 보지 아니하고 '환난 시대에 하나님의 인침을 받고 특별히 구원받은 유대인들의 첫 열매'로 본다.[52] 한편, 홍종효 씨는 이것을 매우 이상하게 해석한다. "144,000인은 땅에서 구속함 받은 자들에게 생명의 속전, 만나의 세겔 받은 수량이 144,000이라는 것이지 사람의 인명 인수가 144,000인이 아니다."(『계시록실상증거』, 190) 계시록 7장 4절 부분 해석에서(92쪽 이하) 그

50. Van de Kamp, Beale, 박윤선, 헨드릭슨, 휴즈 등.

51. 워치 타워 성서 책자 협회, 『계시록』, 118.

52. 이답게, 『요한계시록 강해』(새하늘교회 문서 출판부), 302.

가 제시하는 그의 이상한 주장과 계산은 논평할 가치도 없다.

신천지에서는 십사만 사천에 대해 '영적 새 이스라엘의 제사장'이며 '알곡 신앙인'이라고 한다. "어린양과 함께 시온산에 서 있는 십사만 사천 명은 계시록 6장에서 본 해, 달, 별(창 37:9-11)이 어두워지고 떨어진 후에 하나님의 인을 쳐서 모은 영적 새 이스라엘의 제사장이며(계 7:1-8) 천사들이 사방 성읍과 족속 중에서 하나 또는 둘씩 추수하여 모은 알곡 신앙인이다(렘 3:14-15; 마 24:31; 계 14:14-16)."(『요한계시록의 실상』, 300) 이에 대한 좀 더 자세한 설명은 계시록 7장 해설에 나와 있다. 여기에 보면 십사만 사천은 상징적인 숫자가 아니라 '실제 수'라고 한다(『요한계시록의 실상』, 160). 그러면서 영적 새 이스라엘 열두 지파 십사만 사천 명은 "새로 창조하는 이스라엘의 제사장 직책을 맡을 새 목자"라고 말한다(『요한계시록의 실상』, 160). '새로 창조하는 이스라엘' 곧 '영적 새 이스라엘'은 신천지 단체를 말하고(『요한계시록의 실상』, 18, 36). '새 목자'란 곧 그 단체의 일꾼들을 말한다. 그렇다면 '십사만 사천'은 모든 그리스도인을 가리키는 것이 아니라 신천지에 속한 그들만을 가리킨다. 여기에 이 신천지 집단의 배타성이 나타나 있다. 신천지의 이만희 총회장은 <시사저널뉴스>와의 인터뷰에서 다음과 같이 말했다. "신천지 12지파는 이 시대 세계 민족 중에 유일한 하나님의 나라와 민족입니다. … 성경에서는 마지막 때에 이 12지파에 속하지 않는 자는 하나님 나라의 백성이 아니라고 했습니다."(『요한계시록의 실상』, 18) 또 계시록 7장 해설에서 이렇게 말한다. "하나님께서는 이천 년간 존속한 기독교 세계를 끝내시고 7장과 같이 영적 새 이스라엘 열두 지파의 새로운 제사장이 될 십사만 사천 명을 먼저 인 치신다."(『요한계시록의 실상』, 161)

10. 새 하늘과 새 땅

계시록 21장은 '새 하늘과 새 땅'에 대해 말하고 있다. "또 내가 새 하늘과 새 땅을 보니 처음 하늘과 처음 땅이 없어졌고 바다도 다시 있지 않더라."(1절)

이 '새 하늘과 새 땅'은 예수 그리스도의 재림과 최후 심판 후에 최종적으로 이루어질 하나님의 나라를 가리킨다(벧후 3:13). 이곳에는 완전한 의가 지배하며 눈물과 사망과 애통이 다시 없다(계 21:4). 여기서 '새롭다(*카이노스*)'는 것에 대해 일부 루터파 학자들은 '무에서의 창조'를 말하지만, 개혁주의 주석가들은 대개 형태의 변화, 관계의 변화로 이해한다.[53] 무엇보다도 죄가 없고 저주가 없으며 하나님의 뜻이 완전히 실현되었다는 점이 중요한 변화이다. 하나님의 장막이 사람들과 함께 있으며 하나님과 사람들의 영원한 동거가 시작된다(계 21:3). 바다도 다시 없다고 했으며(계 21:1), 만물의 근본 구성 요소가 불에 녹아 새로워진다고 했다(벧후 3:10). 따라서 예수님 재림 때에는 만물의 구성 요소와 질서 자체에도 근본적인 변화가 있다고 봐야 할 것이다.

그런데 신천지에서는 '새 하늘과 새 땅' 즉 '신천지(新天地)'에 대해 "처음 하늘과 처음 땅인 일곱 금 촛대 장막과 그 성도가 멸망받고 바다 곧 짐승의 조직 바벨론이 하늘에서 내어 쫓긴 후에 하나님의 인을 쳐서 창조한 '영적 새 이스라엘 열두 지파(계 7장)'요 '시온산과 알곡 성도(계 14장)'이며 '증거장막 성전(계 15:50)과 그 성도'이다."라고 풀이한다(『요한계시록의 실상』, 448). 그래서 '새 하늘과 새 땅'을 교명으로 말할 때는 '증거장막성전'으로, 하나님의 나라로 부를 때에는 '영적 새 이스라엘 12 지파'로, 장소로는 '시온산'이라고 말한다(『요한계시록의 실상』, 500). 쉽게 말하자면, 그들이 신천지 집단이 '새 하늘과 새 땅'이라는 것이다. 이에 반해 없어질 '처음 하늘과 처음 땅'은 '일곱 촛대 장막과 그 성도'를 가리킨다고 본다(『요한계시록의 실상』, 448). 곧 유재열 씨 계열의 '장막성전'과 그 추종자들을 '처음 하늘과 처음 땅'으로 보고, 거기서 나온 이만희 계열의 '신천지'를 '새 하늘과 새 땅'으로 보는 것이다. "계시록 13장에서 일곱 금 촛대 장막을 하늘이라 하고 그 성도를 땅이라 하였으므로 그들을 대신하여 창조한 계시록 15장의 증거장막은 새 하

---

53. Greijdanus, *Openbaring*, 416.

늘, 다시 택한 증거장막 성도는 새 땅이라 한다."(『요한계시록의 실상』, 448)

그러면 '새 하늘과 새 땅'은 언제 이루어지는가? 신천지에 의하면 이미 그들에 의해 이루어지고 있다. "예수님께서는 … 재림 때인 오늘날은 등불의 역사를 하는 일곱 금 촛대 장막을 일곱 머리와 열 뿔 가진 짐승이 멸망시킨 다음에 신천지를 창조하셨다."(『요한계시록의 실상』, 449) 그래서 그들은 지금 이 시대를 '재림의 추수 때'라고 부른다. "그리고 이천년간 존속한 예수님의 세계는 재림의 추수 때를 맞이하여 일곱 금 촛대 장막과 그 성도의 종말과 더불어 끝이 나고 본문의 신천지가 창조된다."(『요한계시록의 실상』, 449) "다시 말하지만, 이 새 하늘과 새 땅은 초림 이후 복음의 씨를 뿌리던 모든 기독교 세계를 끝내고 알곡 성도를 추수하여 창조한 재림의 세계이다."(『요한계시록의 실상』, 449)

그러나 성경은 분명히 '새 하늘과 새 땅'은 예수님의 재림과 더불어 종말 때에 이루어질 전혀 새로운 세계라고 말한다. "또 내가 새 하늘과 새 땅을 보니 처음 하늘과 처음 땅이 없어졌고 바다도 다시 있지 않더라."(계 21:1) 그 날에는 하늘이 불에 타서 풀어지고 체질이 뜨거운 불에 녹아질 것이라고 하였다(벧후 3:12). 거기에는 '의'가 거하며 다시 '눈물'이나 '사망'이나 '애통'이 없다(벧후 3:13; 계 21:4). 그러나 우리는 지금 이 세상이 아직 끝나지 않았으며, 세계 곳곳에 '눈물'과 '애통'과 '사망'이 있음을 보고 있다. 지금 이 순간에도 많은 사람들이 병에 걸려 고통하며 죽어가고 있다. 따라서 아직은 '새 하늘과 새 땅'이 오지 않은 것이 분명하다.

11. 약속한 목자

신천지에 의하면, 요한계시록의 결론은 '약속한 목자와 약속한 성전을 찾는 것'이라고 말한다(『요한계시록의 실상』, 499). 여기서 '약속한 목자'란 예수님의 말씀을 대언하고 대행할 한 육체로서 '사도 요한의 입장에 있는 목자'이다(『요한계시록의 실상』, 498). 이 '약속한 목자'를 10장에서는 '책을 받아

먹은 사도 요한'으로, 11장에서는 '두 증인 중 하나'로, 12장에서는 '용과 싸워 이긴 만국을 다스릴 남자'로, 2장과 3장에서는 '니골라 당과 싸워 이기는 자'로 표현하고 있다고 한다(『요한계시록의 실상』, 499 이하). 이들은 표현은 다르나 모두 동일한 인물을 가리키는데, 곧 신천지의 교주 이만희를 가리킨다.

그리고 신천지에서는 신약 27권이 '재림의 약속한 목자 곧 이긴 자' 한 사람을 증거한 것이라고 말한다(『요한계시록의 실상』, 500). 재림 때 약속한 목자는 예수님의 영과 하나가 되어 신약 성경에 여러 모양으로 예언된 자기 자신을 증거한다고 한다(『요한계시록의 실상』, 500). "그러므로 성도는 반드시 계시록 전장 말씀을 가르치기로 약속된 목자(계 1:1-3; 10장)에게 배워야 한다."(『요한계시록의 실상』, 494) 그러면서 다음과 같이 질문한다. "성도는 어느 목자를 택하겠는가? 일반 기성 신학교에서 부분적으로 성경을 배우고 사람에게 안수를 받고 목회자가 되어 자기 교단에서만 설교를 할 수 있는 일반 목자를 따를 것인가, 아니면 예수님께서 직접 안수하시고(계 1:17-19) 영계 하나님 나라를 보여 주시고(계 4장) 열린 책을 받아먹게 하시고(계 10장) 천사를 보내어 계시록 전장 사건을 설명해 주신(계 22장) 약속한 참 목자를 따르겠는가? 계시록의 실상이 응하였으므로 이제는 스스로 판단하고 선택해야 한다."(『요한계시록의 실상』, 494)

그래서 오늘날 성도들은 다 이 '약속된 참 목자'에게로 와서 '신천지'에 속해야만 구원받는다고 주장한다. "계시록의 예언한 말씀이 이루어질 때는 계시록에 약속한 구원의 처소와 구원의 목자를 찾아야만 구원받을 수 있다. 그 구원의 목자는 니골라 당과 싸워 이기는 자이며 구원의 처소는 그가 인도하는 장막이다."(『요한계시록의 실상』, 40) "계시록이 응하고 있는 이 시대의 신앙인은 오늘날 창조된 열두 지파에 속해야만 구원받는 하나님의 백성이 된다. 누구든지 이 열두 지파에 속하지 않으면 이방인으로 남게 된다."(『요한계시록의 실상』, 501)

이로써 신천지는 신구약 성경이 증거하는 하나님의 아들 예수님을 믿어야 구원받는 것이 아니라 그들의 교주인 총회장 이만희 씨를 찾아서 그들 집단에 속해야만 구원받는다고 가르친다는 것을 알 수 있다. 그래서 그들은 불신자들을 전도하기보다도 기성 교회를 공격하고 그 성도들을 데려가는 일에 열심하고 있음을 알 수 있다.

V. 이단들의 미혹에 대한 대처방안

그러면 이처럼 오늘날 한국에서 맹위를 떨치고 있는 이단들의 발호에 대해 기성 교회가 어떻게 대처해야 할 것인가? 성도들이 이들의 미혹에 넘어가지 않고 신앙에 굳건히 서도록 할 수 있는 효과적인 대처방안은 무엇인가? 몇 가지를 생각해 볼 수 있다.

1. 하나님의 말씀의 올바른 전파

제일 중요한 것은 목사가 **하나님의 말씀**을 바로 전하는 것이다. 사람들이 이단에 빠지는 근본적인 이유는 그들이 하나님의 말씀을 (잘) 모르기 때문이다. 기성 교회에 오래 다니긴 했지만 하나님의 말씀을 모르고 있는 사람들이 이단의 미혹에 넘어가기 쉽다. 그중에서도 특히 기존의 교회 생활에 만족하지 못하고 새로운 것을 좇거나 신기한 것을 좋아하는 사람들이 빠지기 쉽다. 이런 사람들이 우연한 기회에 이단들의 비유 풀이를 접하거나 성경 공부에 참석하게 되면 기성 교회에서 배우지 못한 것을 체계적으로 배우게 되고, 여태껏 알지 못했던 것들을 깨우치는 것에 혹하여 넘어가기 쉽다.

그러면 기성 교회 교인들은 **왜 하나님의 말씀**을 **모르는가?** 그 이유는 두 가지다. 첫째는 **자기 자신이 성경을 읽지 않기 때문**이다. 오늘날 한국 교회 성도들은 그냥 성경을 들고 다니기만 할 뿐 읽지를 않는다. 심지어 많은 성도들은 성경을 들고 다니지도 않는다. 그냥 교회에 비치된 성경을 사용하거나 화면에 띄워준 말씀만 읽고 만다. 옛날처럼 성경을 열심히 읽는 성도들이 적다. 열심 있는 성도라 할지라도 요즘은 성경 자체를 읽지 않고 큐티 책자를 들고 짤막한 본문만 읽고 마는 경우가 많다. 이렇게 단편적으로 성경을 읽고 주관적으로 적용하는 일에 익숙한 사람들은 이단들의 단편적이고 자의적인 성경 해석에 넘어가기 쉽다. 문맥에 전혀 맞지 않고 아전인수식으로 해석하는 이단들의 자의적인 해석과 엉터리 주장에 무방비적인 상태에 놓이게 된다.

따라서 오늘날 성도들이 성경 자체를 통독하는 것이 중요하다. 그래서 성경 전체의 흐름을 파악하고 문맥을 바로 이해하는 것이 중요하다. 이런 기초가 잘 되어 있으면 어떤 이단이 와서 감언이설로 꾄다고 할지라도 그 이상함과 잘못됨을 단번에 느끼고 따라가지 않을 것이다.

오늘날 한국 교회 성도들이 하나님의 말씀을 잘 모르는 두 번째 이유는 **목사들이 강단에서 하나님의 말씀을 전하지 않기 때문**이다. 하나님의 말씀이 아니라 인간의 이야기들과 세상 이야기들로 때우는 설교들이 많다. 성경 본문을 읽고 나서는 인간적인 성공철학과 긍정주의 심리학, 축복의 비결, 만사형통의 비법, 세상적인 코미디와 우스갯소리들로 설교를 때우는 경우가 많다. 그러니 사람들이 교회에 가도 하나님의 말씀을 듣지 못하고 배우지 못하는 것이다.

그런데 이단들의 특징들 가운데 하나는 어쨌든 성경을 가지고 말하며, 성경을 풀고 가르친다는 것이다. 물론 아전인수 격의 잘못된 해석이긴 하지만, 그들은 성경을 가지고 그들의 주장이 옳다는 것을 증명하려고 하며 성경을 가지고 그들의 교주를 신격화하고 있다. 그래서 많은 사람들은 성경이 그렇게 말하기 때문에 그 말이 옳다고 생각하며, 하나님의 말씀이기 때문에 그들의 가르침에 절대적으로 순종하려고 하는 것이다. 이단들의 권위는, 비록 잘못된 해석과 잘못된 인용이긴 하지만, 어쨌든 성경에서 나오고 있다. 그렇다면 우리가 성경을 바로 해석하고 바로 가르친다면, 그 올바른 성경에서 나오는 권위는 이단들의 권위보다 훨씬 더 강력해야 하지 않겠는가?

따라서 오늘날 한국의 목사들에게는 하나님의 말씀을 가르치고 성경으로 승부를 보아야겠다는 결단이 필요하다. 오늘날 유행하는 유명 인사들의 설교 스타일을 답습하려고 할 것이 아니라, 오히려 이단들의 설교와 가르침의 방법을 연구해서 역으로 그것을 이용하는 지혜가 필요하다고 생각된다. 왜냐하면 사탄은 거짓된 교리를 효과적으로 전하는 데에는 탁월한 재주를 가지고 있기 때문이다.

2. 교리교육의 강화

이와 더불어 교인들에게 교리교육을 강화할 필요가 있다. 이단에 빠지는 사람들은 성경 전체의 흐름을 모르고 있다. **창조 ⇨ 타락 ⇨ 오실 메시아 예언 ⇨ 메시아 곧 예수 그리스도의 오심 ⇨ 성령의 오심과 교회 시대 ⇨ 예수 그리스도의 재림과 종말**과 같은 기본적인 구속사적 흐름도 모르고 있다. 뿐만 아니라 **창조와 타락, 이신칭의와 예수 그리스도에 의한 구속, 기독론과 성령론, 종말론** 등 기본적인 교리도 잘 모르고 있다. 따라서 교인들에게 이런 기초적인 교리교육을 실시할 필요가 있다.

화란개혁교회는 오랫동안 매주일 오후예배 또는 저녁예배 시에 하이델베르크 요리문답을 강해해 왔다. 뿐만 아니라 유아세례를 받은 자녀들은 중고등학교 시절에 매주 1시간씩 교회에 가서 목사님에게서 또 다시 교리교육을 5~6년간 받은 후에 입교(신앙고백)를 하였다. 이렇게 교리교육을 철저히 받은 성도들에게는 이단이 발붙일 틈이 없으며, 교인의 모든 생각과 생활이 요리문답의 가르침을 따라 형성되게 된다. 이것이 수백 년 동안 개혁교회의 신앙과 생활, 정치와 학문과 문화를 꽃피운 밑바탕이 되었다. 그러나 아쉽게도 화란개혁교회에서도 오늘날 이런 교리교육을 실시하는 교회가 많이 줄어들었으며, 이와 함께 개혁주의 신앙과 생활도 많이 퇴보하게 되었다.

물론 오늘날 한국 교회의 상황에서 이런 교리교육을 그대로 모방하는 것은 쉽지 않다. 무엇보다도 예배 시간에 설교 대신에 교리교육을 한다는 것은 문제가 있다. 교리교육을 설교처럼 하는 것은 많은 목사들에게 쉬운 일이 아니다. 뿐만 아니라 한국의 성도들은 교리를 지겨워하고 싫어하는 경향도 있다. 따라서 한국 교회에서 교리교육을 바로 실시하기 위해서는 어떻게 하는 것이 효과적인지에 대해 많은 연구와 노력이 필요하다. 이를 위해서는 교리교육의 전문가를 양성하고 초청해서 듣고 배우는 것도 한 방법이 될 것이다.

이와 더불어 중요한 것은 우리 한국 교회 실정에 맞는 새 신자 교재 및 양육 교재를 개발하는 것이다. 이단들의 공통된 특징은 각자 그들에게 맞는 효율적인 성경공부 교재를 가지고 있다는 것이다. 그래서 그들의 목적에 맞춰 단계적으로 공부하는 교재가 잘 만들어져 있다. 아주 간단한 설명과 그것을 뒷받침 하는 성경 구절들이 제시되어 있으며, 일목요연하게 볼 수 있는 도표들과 그림들이 있다. 그래서 처음에는 일반적인 내용으로부터 시작해서 점점 그들 교주의 신격화 교리로 나아간다.

이런 교재들이 이단들의 포교 활동에 대단히 효과적인 것으로 볼 때, 기성 교회에서도 정통 교리를 효과적으로 가르칠 수 있는 통일된 새 신자 교재와 양육 교재 개발이 시급하다고 생각된다. 물론 이미 시중에 나와 있는 것들이 많이 있겠지만, 과연 한국 교회의 실정에 맞는 것인지, 실제 사용에서 그 효과가 검증된 것인지를 검토해 볼 필요가 있다. 우리 교단의 최우선 과제 중 하나로 교단의 모든 교회가 다 사용할 수 있는 효과적인 교재를 개발함이 필요하다고 생각된다.

3. 이단 특강 실시

이와 더불어 각 교회에서 이단에 대한 특강을 실시하는 것도 도움이 될 것이다. 특히 어떤 특정 이단이 발호할 때에는, 그 이단에 대한 특강을 실시하면 온 교인이 미리 예방주사를 맞는 것과 같은 효과가 있으며 이단에 빠지는 것을 미연에 방지할 수 있다. 이를 위해서는 평소에 이단들에 대해 연구하고 대비하는 전문 인력을 양성하고 활용하는 것이 필요할 것이다. 뿐만 아니라 각 교회 목사들이 이단들에 대한 정보를 제 때에 잘 공급받을 수 있도록 하는 것도 중요하다.

4. 성경 주석 간행

이단에 대한 좀 더 근본적인, 장기적인 대책 중 하나는 정통한 견해를 담은 개혁주의 성경 주석을 간행하여 보급하는 것이다. 작년(2011년) 총회의 결의로 현재 우리 교단에서 성경주석 간행 작업이 진행 중에 있는데 지나치게 학적이거나 복잡한 논의를 피하고 각 구절에 대한 올바른 해석이 무엇인지, 정통 개혁주의 해석이 무엇인지를 쉽게 설명해 주는 것이 필요하다. 그래서 단지 목사들뿐만 아니라 한국의 모든 성도들이 표준으로 삼고 참조할 수 있는 주석이 필요하다.

특히 이단들은 요한계시록에 대한 자의적인 해석을 많이 하므로 요한계시록에 대한 올바른 주석이 필요하다. 현재 한국에서는 요한계시록에 대한 책들이 많이 나오고 있지만 잘못된 견해들을 담고 있는 것들은 오히려 혼란을 조장할 수 있다. 현재 고려신학대학원 교수회에서 집필한 『요한계시록 주석』이 있는데, 앞으로 좀 더 보완하여 더욱 깊이 있는 주석을 펴낼 필요가 있다. 이와 더불어 외국의 좋은 주석들을 번역하여 보급하는 것도 필요하다.

5. 이단 상담소 설치 운영

이미 이단에 빠진 사람들을 건져 내어 정통 신앙으로 돌아오게 하는 일은 힘든 일이긴 하지만 매우 중요한 일이다(약 5:20). 특히 잘 알지 못하여 미혹되어 빠진 연약한 사람들에게 진리를 바로 가르쳐 주고 돌아오게 하는 일이 필요하다. 그러나 이것은 보통 사람의 노력으로는 매우 힘든 일이다. 따라서 이를 위해서는 이 분야에 전문적으로 연구하고 종사하는 전문 인력이 필요하다.

이를 위해서는 각 지역별로 이단 상담소를 설치하여 운영하는 것이 필요하다고 생각된다. 한 교단만의 노력으로는 힘이 들므로 여러 교단이 연합하여 지역별로 이단 상담소를 설치하여 운영하는 것이 필요하다. 이단 상담소에서는 이단들에 대한 여러 자료들을 수집하여 연구하며, 그 이단들의 주장의 문제점들과 허위가 무엇인지를 잘 파악하며, 또 어떻게 하면 이단에 빠진 사람들이 돌이킬 수 있는가에 대한 효과적인 상담법을 개발하여야 하며, 필요한 교재들과 자료들을 만들어서 필요한 사람들에게 제공해 주어야 할 것이다.

6. 인터넷 사역 강화

이단들의 발호를 막고 그 피해를 방지하기 위해서는 인터넷이나 SNS 공간을 통해 그들 주장의 비합리성과 허구성을 지적하고 올바른 진리를 보급하는 일이 필요하다. 이를 위해서는 이단들에 대해 전문가들이 쓴 좋은 글들을 인터넷이나 SNS 공간에 신속하게 올리고 퍼 나르는 작업이 필요하다. 이 일을 전담하는 부서가 있으면 좋을 것이다. 그리고 인터넷을 통해 올라오는 질문들이나 반박들에 대해서도 대답하고 대응하는 일도 필요하다.

7. 법률적 지원 및 재정적 후원

이단들과 대항하여 싸울 때에는 법률적 분쟁에 휩싸이거나 위협에 처할 수 있다. 따라서 이런 경우에 대비해서 교단적으로 또는 범교단적으로 법률적 지원이 필요하다. 그래서 이단들과 대항하여 싸우는 사람들을 법적으로 보호하고 지원해야 할 것이다. 또한 이런 일에는 재정이 많이 소요됨으로 재정적으로 후원하는 것도 필요하다. 앞에서 말한 여러 사역들을 위해서도 다 재정이 뒷받침되어야 하는 경우가 많다. 따라서 성도들이 이단 방지를 위해 재정을 기부할 수 있는 일원화된 창구가 있으면 도움이 될 것이다.

결론

이단들의 활동의 배후에는 근본적으로 사탄 곧 마귀가 있다. 에덴동산에서 거짓말로 하와를 꾀어 죄에 빠지게 한 마귀는 세상 끝날까지 쉬지 않고 성도들을 미혹하려고 할 것이다. 마지막 날이 다가올수록 마귀의 활동은 더욱 격렬해지며 노골화될 것이다. 따라서 지금이 그런 마지막 때인 줄을 알고 모든 교회 성도들은 더욱 깨어 근신하여야 할 것이다.

이단의 미혹에 빠지지 않기 위해서는 무엇보다도 하나님의 말씀을 붙드는 것이 중요하다. 이를 위해서는 파수꾼 역할을 맡은 교회 목사들이 하나님의 말씀을 바로 전하고 가르치는 것이 무엇보다 중요하다. 한국 교회를 흐리게 하는 인본주의 사상이나 성공주의 철학, 긍정주의 심리학, 세상 이야기와 만담 위주의 설교를 버리고 하나님의 말씀인 성경을 바로 가르치고 전하는 목회로 돌아가야 할 것이다.

이를 위해서는 이단들의 전략을 분석하여 역이용하는 것도 하나의 방법이 될 것이다. 곧 성경을 효과적으로 가르치는 방법을 배워서 성경의 권위로 성도들을 지도하고 인도하는 것이다. 어쨌든 처음부터 끝까지 하나님의 말씀으로 마귀의 시험을 물리치신 예수님의 방법을 우리가 배우고 본받아야 할 것이다.

참고 문헌

I. 국내 문헌

고려신학대학원 교수회. 『요한계시록 주석』. 총회유사기독교연구위원회·연구소 편. 서울: 총회출판국, 2009.

권성수. 『요한계시록』. 서울: 선교횃불, 2001.

그리어, W. J. 『재림과 천년왕국』. 명종남 역. 서울: 새순출판사, 1987.

김경행. 『계시록 설교 전집』. 대구: 보문출판사, 1979.

김대성 『요한계시록 연구』. 서울중앙교회, 2004.

김서택. 『묵시의 비밀』. 서울: 솔로몬, 2014.

김추성. 『요한계시록 1-9장』. 용인: 킹덤북스, 2018.

더 흐레이프, 불페르트, 『칼빈의 생애와 저서들』. 황대우·김미정 공역. 서울: SFC 출판부, 2006.

래드, 조지. 『하나님 나라』. 원광연 역. 서울: 크리스챤 다이제스트, 1997.

렌스키. 『성경주석 계시록』. 배영철 역. 서울: 백합출판사, 1979.

린드세이, 핼(Linsey, Hal). 『대유성 지구의 종말』. 서울: 생명의 말씀사 (연도 표기 없음).

린세이, 홀(Linsey, Hal). 『신세계의 도래』. 김용순 역. 서울: 보이스사, 1979.

민중서림 편집국 편. 『엣센스 영한사전』, 제7판. 서울: 민중서림, 1997.

바키오키, 사무엘레. 『안식일에서 주일로』 (*From Sabbath To Sunday*). 이국헌 역. 서울: 나무그루, 2012.

박수암. 『요한계시록』. 서울: 대한기독교출판사, 1991.

박윤선. 『성경주석 공관복음』. 서울: 영음사, 1981.

______. 『성경주석 소선지서』. 서울: 영음사, 1991.

______. 『성경주석 시편』. 서울: 영음사, 1984.

______. 『성경주석 요한계시록』. 서울: 영음사, 1981.

벌코프, 루이. 『성경해석학』, 개역판. 윤종호 송종섭 역. 서울: 개혁주의신행협회, 1994.

벵겔, J. A. 『신약주석 요한계시록』. 라형택 역. 서울: 로고스, 1991.

변종길. "7년 대환난은 정말 있는가?" 신약 난제 해설(4). 『선지동산』 62호(천안: 고려신학대학원, 2012): 2-3.

______. "만물의 머리 되신 그리스도. 골로새서 1:24-2:23의 주해와 적용". 『그말씀』 126(1999년 12월): 53-61 (= 『두란노 HOW 주석 에베소서 골로새서 어떻게 설교할 것인가』. 2009. 371-82).

______. "베리칩과 짐승의 표". 『기독교보』. 2011. 10. 8.

______. 『성령과 구속사』. 서울: 개혁주의신행협회, 2006.

______. 『신약 정경론』. 서울: 생명의 양식, 2013.

______. "아브라함 카이퍼의 문화관". 『기독교 학문에 대한 성경적 조망』. 한석 오병세 총장 은퇴 기념논문집. 논문집 편찬위원회 편. 부산: 고신대학교, 1996. 197-212.

______. "이단들은 요한계시록을 어떻게 해석하는가?" 『개혁신학과 교회』 26(2012): 67-112.

______. "이단들의 계시록 오용 비판과 요한계시록 주해: 12-22장". 최병규 편. 『한국이단들의 요한계시록 오용의 역사에 대한 비판과 정통 견해』. 107-34.

______. "적그리스도는 누구인가?" 신약 난제 해설(9). 『선지동산』 67호(천안: 고려신학대학원, 2014): 8-9

______. "천국에 상급이 있는가?" 신약 난제 해설(6). 『선지동산』 64호(천안: 고려신학대학원, 2013): 8-9.

______. 『핵심 헬라어. 문법과 강독』. 대구: 말씀사, 2020.

______. "헤르만 리덜보스의 『바울 신학』에 나타난 주요 문제점". 『개혁신학과 교회』 5(1995): 39-70.

보혜사·이만희. 『천국 비밀 요한계시록의 실상』. 도서출판 신천지 (연도 표기 없음).

안상홍. 『성서설교집(제2권). 요한계시록과 다니엘 연구』. 1982.

오윤표. "성경 연구의 대가 오종덕 목사(II)". 『월간고신 생명나무』 2009년 11월호. 58-61.

오종덕. 『66권 각권 뜻 설교』. 서울: 성광문화사, 1975.

______. 『오종덕 목사 교안 묵시록』. (출판사, 연도 표기 없음).

왈프드, J. F. 『아마겟돈, 석유와 중동위기』. 전준식 역. 서울: 마라나다, 1995.

워치 타워 성서 책자 협회. 『계시록. 그 웅대한 절정은 가까웠다!』. 안성: 워치 타워 성서 책자 협회, 2006.

월부르드, 죤 F. 『아마겟돈 전쟁』. 권명달 역. 서울: 보이스사, 1978.

이광복. 『4대 학파로 본 계시록 종말론의 비극』. 서울: 흰돌, 2012.

______. 『계시록 강해』, 제2권. 서울: 흰돌, 1993.

______. 『계시록 강해(난해 해설) 1』. 서울: 흰돌, 1994.
______. 『계시록 난해 해설』. 서울: 흰돌, 1996.
______. 『계시록 설교노트』. 서울: 흰돌, 2009.
______. 『마태복음으로 본 계시록 통합강해』. 서울: 흰돌, 2012.
이답게. 『요한계시록 강해』. 새하늘교회 문서 출판부 (연도 표기 없음).
이상근. 『신약성서주해 요한계시록』. 대한예수교장로회 총회교육부, 1982.
이우제. 『요한계시록 어떻게 설교할 것인가』, 두란노HOW주석 50. 서울: 두란노아카데미, 2008.
이필찬. 『내가 속히 오리라』. 서울: 이레서원, 2012.
______. 『에덴 회복의 관점에서 읽는 요한계시록. 1-11장: 때가 가까우니라』. 경기도 용인: 에스카톤, 2021.
______. 『요한계시록 어떻게 읽을 것인가』, 개정6쇄. 서울: 성서유니온선교회, 2009.
조용기. 『평신도를 위한 요한계시록 강해』. 서울: 영산출판사, 1981.
최병규. "한국 이단들의 요한계시록 오용에 대한 역사적 고찰". 11-65. 최병규 편. 『한국 이단들의 요한계시록 오용의 역사에 대한 비판과 정통 견해』. 한국장로교총연합회 이단대책위원회, 2008.
포이쓰레스, 번 S. 『요한계시록 맥잡기』. 경기도 고양시: 크리스챤 출판사, 2002.
한상동. 『韓尙東牧師說敎集(한상동 목사 설교집)』(육필 원고), 제5권. 고려신학대학원 도서관 소장; 페이지가 매겨져 있지 않음.
헨드릭슨, 윌렴. 『요한계시록』. 김영익·문영탁 역. 서울: 아가페, 1981.
홍종효. 『계시록실상증거』. 1994 (출판지 표기 없음).
화이트, 존 W. 『성경으로 본 세계 제3차 대전』. 권명달 역. 서울: 보이스사, 1979.
휴즈, 필립 E. 『요한계시록 주석』. 서울: 여수룬, 1994.

II. 국외 문헌

Aune, D. E. *Revelation 1-5*, WBC 52A. Dallas: Word Books, 1997. (솔로몬 역간. 『요한계시록 상』.)
______. *Revelation 6-16*, WBC 52B. Nashville: Thomas Nelson Publishers, 1998. (솔로몬 역간. 『요한계시록 중』.)
______. *Revelation 17-22*, WBC 52C. Nashville: Thomas Nelson Publishers, 1998. (솔로몬 역간. 『요한계시록 하』.)
Bauer, W. *A Greek-English Lexicon of the New Testament and other Early Christian Literature*. rev. and ed. by F. W. Danker. Chicago and London: The University of

Chicago Press, 2000. (BDAG)

Beale, G. K. *The Book of Revelation*, NIGTC. Grand Rapids: Eerdmans, 1999. (새물결플러스 역간. 『NIGTC 요한계시록 상, 하』.)

Berkhof, L. *Systematic Theology*. Edinburgh: Banner of Truth, 1958. (CH북스 역간. 『벌코프 조직신학』.)

Bijbel. *Dat is de gansche Heilige Schrift*, 3 dln. Houten: Den Hertog, 1980. (SV 최초판: 1637)

Blass, F. Debrunner, A. Rehkoph, F. *Grammatik des neutestamentlichen Griechisch*, 16. Aufl. Göttingen: Vandenhoeck & Ruprecht, 1984.

Caird, G. B. *The Revelation of St. John the Divine*, BNTC. London: Adam & Charles Black, 1966.

Charles, R. H. *The Revelation of St. John*, ICC, 2 vols. Edinburgh: T. & T. Clark, 1920.

Corsini, E. *The Apocalypse. The Perennial Revelation of Jesus Christ*. tr. & ed. by Moloney, F. J. Wilmington: M. Glazier, 1983.

De Vuyst, J. *De Openbaring van Johannes*. Kampen: J. H. Kok, 1987.

Düsterdieck, F. *Critical and Exegetical Handbook to the Revelation of John*. tr. by Jacobs, H. F. New York: Funk & Wagnalis, 1887.

Farrar, F. W. *History of Interpretation*. Grand Rapids: Baker Book House, 1979.

Ford, J. M. *Revelation*, AB, Garden City/New York: Doubleday & Company, 1975. (CLC 역간. 『앵커바이블 요한계시록』.)

Gesenius, W. *Hebrew-Chaldee Lexicon to the Old Testament Scriptures*. tr. S. P. Tregelles. Grand Rapids: Eerdmans, 1949.

Gispen, W. H. “Dan”. in *Bijbelse Encyclopaedie*. Gispen, W. H. and F. W. Grosheide, F. J. Brijel, A. van Deursen. eds. Kampen: J. H. Kok, 1950.

Greijdanus, S. *Bizondere Canoniek*, II. Kampen: J. H. Kok, 1949.

______. *De brief van den apostel Paulus aan de gemeenten in Galatië*. Amsterdam: H. A. van Bottenburg, 1936.

______. *De brieven van de apostelen Petrus en Johannes, en de brief van Judas*. Amsterdam: H. A. van Bottenburg, 1929.

______. *De Openbaring des Heeren aan Johannes*, KNT XIV. Amsterdam: H. A. van Bottenburg, 1925.

______. *De Openbaring des Heeren aan Johannes*, Korte Verklaring, 2e dr. Kampen: J. H. Kok, 1938.

______. *Het heilig evangelie naar de beschrijving van Lucas I*, KNT III. Amsterdam: H. A. van Bottenburg, 1940.

Hendriksen, W. *Colossians & Philemon*, NTC. Edinburgh: Banner of Truth, 1962. (아가페 출판사 역간. 『골로새서, 빌레몬서』)

_____. *More than Conquerors. An Interpretation of the Book of Revelation.* Grand Rapids: Baker Books, 1998. (아가페출판사 역간. 『요한계시록』)

_____. *The Gospel of John*, NTC. Edinburgh: Banner of Truth, 1959.

Hoeksema, H. *Behold, He Cometh!* 2nd ed. Grandville: Reformed Free Publishing Association, 2000.

Keil, C. F. and Delitzsch, F. *Biblical Commentary on the Prophecies of Ezekiel*, Vol. II. tr. by J. Martin. Grand Rapids: Eerdmans, 1950. (기독교문화사 역간. 『카일 델리취 구약주석』.)

Keulers, J. *De Katholieke Brieven en het Boek der Openbaring (De Boeken van het Nieuwe Testament).* Roermond en Maaseik: J. J. Romen & Zonen, 1956.

Koester, C. R. *Revelation*, AB, New Haven & London: Yale University Press, 2014. (CLC 역간. 『앵커바이블 요한계시록 1-2』.)

Küng, H. *Die Kirche*. Freiburg/Basel/Wien: Herder, 1967. (한들 역간. 『한스 큉 교회』.)

Kuyper, A. *De Gemeene Gratie*, 3 dln. Leiden: D. Donner, 1902-1904.

_____. *Van de Voleinding*, IV. Kampen: J. H. Kok, 1931.

Ladd, G. E., "Historic Premillennialism," 17-40 in R. G. Clouse ed. *The Meaning of the Millennium. Four views.* Downers Grove: IVP, 1977. (새물결플러스 역간. 『천년왕국 논쟁』.)

_____. *A Commentary on the Revelation of John*, Grand Rapids: Eerdmans, 1972.

_____. *Crucial Questions about the Kingdom of God*, Grand Rapids: Eerdmans, 1998.

_____. *The Gospel of the Kingdom of God*, Grand Rapids: Eerdmans, 1978.

Mounce, R. H. *The Book of Revelation*, NICNT. rev. ed. Grand Rapids: Eerdmans, 1998. (부흥과개혁사 역간. 『NICNT 요한계시록』.)

Newman, B. M. *A Concise Greek-English Dictionary of the New Testament.* rev. ed. Deutsche Bibelgesellschaft/United Bible Societies, 2014.

Osborne, G. R. *Revelation*, BECNT. Grand Rapids: Baker Academic, 2002. (부흥과개혁사 역간. 『BECNT 요한계시록』.)

Ramsay, W. M. *The Letters to the Seven Churches*, Grand Rapids: Baker Book House, 1985 (repr. of the 1904 edition).

Ridderbos, H. N. *De strekking der Bergrede naar Mattheüs*, Kampen: J. H. Kok, 1936.

Schilder, K. *Christus and cultuur.* 5e dr. Franeker: T. Wever, 1977.

Scofield Reference Bible. New York: Oxford University Press, 1967.

The Greek New Testament according to the Majority Text. 2nd ed. ed. by Z. C. Hodges and

A. L. Farstad. Nashville: Thomas Nelson Publishers, 1985. (MT)

Thomas, R. "A Classical Dispensational View of Revelation." in C. M. Pate. ed. *Four Views on the Book of Revelation*. Grand Rapids: Zondervan, 1998.

Van de Kamp, H. R. *Openbaring. Proefetie vanaf Patmos*, CNT. 2e dr. Kampen: Kok, 2002.

_____. *Israël in Openbaring. Een onderzoek naar de plaats van het joodse volk in het toekomstbeeld van de Openbaring aan Johannes*. Kampen: J. H. Kok, 1990.

Van Eck, J. *Kolossenzen en Filemon*, CNT. Kampen: J. H. Kok, 2007.

Van Houwelingen, P. H. R. *Johannes. Het evangelie van het Woord*, CNT 2e dr. Kampen: J. H. Kok, 2004.

Van Leeuwen, J. A. C. *Paulus' zendbrieven aan Efeze, Colosse, Filémon, en Thessalonika*, KNT X. Amsterdam: H. A. van Bottenburg, 1926.

Wilken, R. L. *The Christians as the Romans saw them*. New Haven and London: Yale University Press, 1984. (비아 역간. 『그리고 로마는 그들을 보았다』)

Zahn, Theodor. *Einleitung in das Neue Testament*. Wuppertal und Zürich: R. Brockhaus, 1994 (Nachdruck der 3. Aufl., Leipzig: Deichert, 1906/1907).

Zerwick, M. *Biblical Greek*. English edition by J. Smith. Rome: Pontificio Istituto Biblico, 1963.

---------- *Graecitas Biblica*, 5th ed. Romae: Pontificio Instituto Biblico, 1966.

Zerwick, M. and Grosvenor, M. *A Grammatical Analysis of the Greek New Testament*. Rome: Biblical Institute Press, 1981. (Zer.-Gros.)

저자 변종길

서울대학교(B.A.), 고려신학대학원, 네덜란드 캄펀신학대학교에서 야콥 판 브루헌 교수 지도로 석사(drs.), 박사 학위(Th.D.)를 받았다. 1992년 귀국하여 2022년 은퇴할 때까지 모교인 고려신학대학원에서 신약학 교수로 가르쳤다. 은퇴 후 고려성경연구소 소장으로 일하며 성경 연구에 힘쓰고 있다. 저서로는 『마가복음』, 『로마서』(총회출판국), 『신약 정경론』, 『성경 길라잡이』(생명의양식), 『우리 안에 계신 성령』, 『신약 총론』(말씀사) 등이 있다.

요한계시록

초판1쇄 2025년 6월 30일
지은이 변종길
발행인 김하연
편집위원장 황원하
편 집 고신 총회성경연구소
펴낸곳 고신 총회출판국
후 원 고려신학대학원(원장 기동연)
주 소 서울특별시 서초구 고무래로 10-5(반포동)
전 화 (02)592-0986~7
팩 스 (02)595-7821
홈페이지 qtland.com
등 록 1998년 11월 3일 제22-1443호
디자인 CROSS-765
ISBN 978-89-5903-384-3 (94230)
978-89-5903-298-3 (94230) (세트)